Oscar Paul

**Boethius und die griechische Harmonik**

Oscar Paul

**Boethius und die griechische Harmonik**

ISBN/EAN: 9783743332041

Hergestellt in Europa, USA, Kanada, Australien, Japan

Cover: Foto ©Andreas Hilbeck / pixelio.de

Manufactured and distributed by brebook publishing software
(www.brebook.com)

Oscar Paul

**Boethius und die griechische Harmonik**

# ANICIUS MANLIUS SEVERINUS BOETIUS

## FÜNF BÜCHER ÜBER DIE MUSIK

AUS DER LATEINISCHEN IN DIE DEUTSCHE SPRACHE
ÜBERTRAGEN UND MIT BESONDERER BERÜCKSICHTIGUNG

DER

## GRIECHISCHEN HARMONIK

SACHLICH ERKLÄRT

VON

## OSCAR PAUL.

MIT VIELEN TABELLEN UND FACSIMILES.

### LEIPZIG,

VERLAG VON F. E. C. LEUCKART

(CONSTANTIN SANDER).

1872.

Durch die Güte des Herrn Geheimen Hofrath von GERSDORF, welcher mir die Benutzung der auf der Universitätsbibliothek befindlichen Handschriften des Werkes »De musica« von BOETIUS in wohlwollendster Weise verstattete, — ferner des Herrn Oberbibliothekar Dr. NAUMANN, dessen Fürsorge mir das Studium der griechischen Handschriften, des von Herrn Bibliothekar Dr. O. von HEINEMANN in Wolfenbüttel freundlichst übermittelten Codex des Boetius und vieler der Leipziger Stadtbibliothek angehörenden Druckwerke ermöglichte, — sodann durch die gütige Unterstützung, welche mir die Herren Bibliothekare der Universitäts-Bibliothek, sowie die Herren Stadtbibliothekare ALFRED DÖRFFEL und Dr. WUSTMANN, endlich Herr Dr. HASPER mit seltenen Werken aus seinem trefflich geordneten Bücherschatze und mein sachkundiger Herr Corrector KANT gewährten, bin ich in den Stand gesetzt worden, die unternommene Arbeit durchzuführen und in der vorliegenden Form der Oeffentlichkeit zu übergeben. Allen den genannten hochverehrten Männern beehre ich mich hierdurch meinen wärmsten und ergebensten Dank abzustatten.

Leipzig, im Februar 1872.

Dr. Oscar Paul.

# Inhalt.

————

Buch IV.

## Sachliche Erklärungen.

# Einleitung.

Das Fundament jeder theoretischen Entwickelung ist die Erkenntniss der historischen Wahrheit. Der Theoretiker kann nicht eher ein
neues System erfinden, bevor er nicht das frühere genau erfasst und
verstanden hat ; keine Lehre wird in sich den rechten Organismus tragen,
wenn sie nicht von dem Verständniss bereits vorhandener Anschauungen
Zeugniss ablegt ; — ein Hauptmann wäre nicht ohne einen Fux, Rameau
und Kirnberger erstanden. So wächst in der Wissenschaft aus dem Alten
das Neue hervor, welches berichtigend, ergänzend, weiterführend
immer das Streben nach wahrheitsvoller Darlegung des Stoffes bekunden
und die Lauterkeit der Gesinnung im Behandeln desselben offenbaren
soll. Auf solchem Princip erwuchsen auch die glänzenden Resultate der
verehrungswürdigen Männer, welche das antike musikalische Wesen ihrer
Zeit zu vermitteln suchten. Hätten Meibom, Wallis, Burette, Marpurg,
Forkel, G. Hermann, Boeckh nicht unablässig in ihren Studien nach
gründlicher Erkenntniss der in den Quellen enthaltenen Gedanken gerun-
gen und dadurch den Boden für die fernere Forschung bebaut, gewiss
würden wir nicht die herrlichen Errungenschaften auf dem Felde der
antiken Metrik besitzen, welche durch das Genie und die Arbeitskraft
eines Ritschl, Westphal und anderer hochachtbarer Denker gewonnen worden sind. In rein musikalischer Beziehung ist namentlich
durch Rudolph Westphal die Rhythmik und Metrik der Alten mit
solchem Scharfsinn, mit so lichtvoller Klarheit und genialer Durchdrin-
gung der schwierigen Materie behandelt worden, dass man diesem hochverdienten Erklärer der Aristoxenischen Analysen nicht genug danken

Boetius. b

kann; denn seine durchaus genialen Arbeiten brachten nicht allein der
Wissenschaft ausserordentlichen Nutzen, sondern dieselben beweisen
auch mit unumstösslicher Sicherheit, wie die rhythmischen Elemente
und metrischen Formen der modernen Musik auf das Grundsystem für
den Periodenbau der griechischen Kunst zurückzuführen sind. Wie sich
stets das Alterthum als eine unversiegbare Quelle für den Wissensdurst
der späteren Zeiten erwiesen hat, so wird es auch nach solchen bedeu-
tungsvollen Reconstructionen des geistreichen Philologen Westphal seinen Einfluss auf die lernenden Kunstjünger ausüben, wenn die gewonnenen Resultate mehr und mehr in die praktische Unterweisung übergehen. Bezüglich der H a r m o n i k hat der Genannte seinen Mitforschern
noch Manches übrig gelassen, weil dieses Gebiet dem wissenschaftlichen
M u s i k e r jedenfalls näher liegt, als dem musikalischen P h i l o l o g e n,
und daher finden wir denn auch, dass gerade unter den deutschen Gelehrten die Fachmusiker z u e r s t die genauere Entwickelung der griechischen Harmonik unternahmen. Vor Allen ist Calvisius als der gründliche Sammler zu nennen, welcher den Anfang und Fortgang der Musik [1])
mit scharfen Blicken betrachtete, wodurch jedenfalls die weitere Unter-

---

1) »De initio et progressu artis musicae, Lipsiae 1600.« Diese lateinische
Schrift ist wenig bekannt und citirt; ein Beispiel, die Wirksamkeit Terpander's
betreffend, wird genügen, um darzulegen, mit welcher Sorgfalt Calvisius die
hebräische und griechische Musik zu vergleichen suchte: »Boethius«, sagt Cal-
visius, »versichert mit einigen andern, dass Terpander aus Lesbos zuerst die
Lyra von 7 Saiten hergestellt und die lyrischen Moden aufgeschrieben habe.
Terpander aber war, wie einige wollen, der Sohn des Urenkels vom Dichter
Homer, wie andere behaupten, der Sohn des Hesiod. Er lebte zur Zeit des
Propheten Jesaias, ungefähr hundert Jahre vor der Einnahme Babylons, als
einige Olympiaden verflossen waren, über 400 Jahre nach der Zerstörung Trojas.
Aber Homer selbst, welcher hundert Jahre vor der ersten Olympiade lebte, hat
zur Zeit des Propheten Elisa, hundert Jahre nach dem Ableben Salomons, im
Hymnus des Mercur, der Lyra 7 Saiten beigelegt. Daher muss nothwendigerweise der Gebrauch von 7 Saiten auf der Lyra viel älter sein, als dass Terpander
der Erfinder von jenen sein könnte. Wegen seiner ausgezeichneten künstlerischen
Fertigkeit vielleicht, und weil er zuerst die Musik bei den Lacedämoniern am
vortrefflichsten ausübte, ist ihm die Erfindung von 7 Saiten beigelegt worden.
Man glaubt, dass die Siebenzahl unter den Saiten der Lyra entweder wegen
jener 7 Atlantiden, zu welchen man die Mutter Mercur's Maja rechnet, oder
wegen der 7 Planeten beobachtet worden sei. Es erkennt aber auch hier der
Musikhistoriker, wieviel älter und vollkommner die Musik bei den Hebräern,
als bei den Heiden war.« Wir haben jetzt natürlich genauere Kenntniss von der
griechischen Musik.

suchung grosse Anregung und Förderung erhielt. Das schon vor ihm von Glarean [1]) und nach ihm von Meibom [2]) und Wallis [3]) gebotene

---

[1]) Bezüglich der griechischen Musik ist besonders die von Glarean besorgte Ausgabe der »5 Bücher über Musik des Boethius«, Basel 1570 hervorzuheben.

[2]) Meibom hat sich ein unsterbliches Verdienst durch die Herausgabe von musikalischen Schriften über griechische Musik erworben, welche unter folgenden Titeln erschienen sind: 1. Aristoxeni harmonicorum elementorum libri III; 2. Euclidis introductio harmonica, und Sectio canonis; 3. Nicomachi Geraseni Pythagorici harmonices manuale; 4. Alypii introductio musica; 5. Gaudentii Philosophi introductio harmonica; 6. Bacchii senioris introductio artis musicae; 7. Aristidis Quintiliani de musica libri III; hierzu noch 8. Martiani Capellae de musica liber IX. (De nuptiis Philolog.). Die ganze Sammlung trägt den Titel: »Antiquae musicae auctores septem. Graece et latine. Marcus Meibomius restituit ac Notis explicavit. Amstelodami, apud Ludovicum Elzevirium 1652.« In neuester Zeit sind von dieser Sammlung die harmonischen Elemente des Aristoxenus erschienen und zwar unter dem Titel: »Die harmonischen Fragmente des Aristoxenus. Griechisch und Deutsch mit kritischem und exegetischem Commentar und einem Anhang, die rhythmischen Fragmente des Aristoxenus enthaltend, herausgegeben von Paul Marquard. Berlin, Weidmann'sche Buchhandlung, 1868.« Jedenfalls ist eine solche Unternehmung, bei welcher der geistreiche philologische Forscher Professor Dr. Studemund in Marburg durch Sammlung des Quellenmaterials hülfreiche Hand leistete, mit besonderem Danke anzuerkennen. Hoffentlich ist es uns bald vergönnt, auf diese verdienstvolle Arbeit an einem andern Orte näher einzugehen; nur möchten wir hier unsere Verwunderung nicht zurückhalten, dass Paul Marquard die Ausgabe des Gogavinus »nirgends auftreiben« konnte. Die Leipziger Stadtbibliothek, welche die Ausgabe besitzt, würde sich gewiss zur Uebermittelung bereit erklärt haben. Auch citirt Paul Marquard diese Ausgabe nicht genau. Denn sie erschien nicht 1542, sondern 1562 und führt folgenden Titel: »Aristoxeni Musici antiquiss. harmonicorum elementorum libri III. Cl. Ptolemaei harmonicorum seu de musica libri III. Aristotelis de objecto auditus fragmentum ex Porphyrii commentariis; omnia nunc primum latine conscripta et edita ab Ant. Gogavino Graviensi. Venetiis, apud Vicentium Valgrisium 1562.« Besonders hinsichtlich der Uebersetzung und Erklärung des geschätzten Forschers Marquard dürften sich manche abweichende Ansichten bei näherer Beurtheilung ergeben, und wir glauben dann zuversichtlich, dass der Philologe Marquard auch die Meinungen des Fachmusikers einer Betrachtung unterziehen wird; denn offenbar ist es erspriesslich, wenn sich bei der musikhistorischen Forschung Philologie und Musik die Hand reichen. Dies kann aber nur durch umfassende Kritik geschehen, weil beide unabhängig von einander Resultate zu gewinnen suchen müssen.

[3]) »Johannis Wallis operum mathematicorum volumen tertium, quo continentur Claudii Ptolemaei, Porphyrii, Manuelis Bryennii harmonica, Oxoniae 1699.« In einem Anhang (Appendix) entwickelt Wallis auf Grund der von ihm

Material wurde von Burette [1], Marpurg [2] und Forkel [3] bereits so ausgebeutet, dass der gründliche Boeckh [4] für seine Auseinandersetzungen fachmännisch gesichteten und theilweise auch systematisch geordneten Stoff vorfand. Mit Gewissenhaftigkeit wies er auf seine Vorgänger hin, wo er ihre Anschauungen zu den seinigen machte, und in klarer Auseinandersetzung ergänzte er die Lücken, so weit dies seine Zwecke verlangten. Offenbar hatten diese Arbeiten den Erfolg, dass sich überhaupt die Philologen zu den musikwissenschaftlichen Erörterungen hingezogen fühlten, — und dieser Neigung haben wir auch gewiss die Werke von Fortlage [5], Friedrich Bellermann [6] und R. Westphal [7] zu danken. Ganz besonders gelang es Friedrich Bellermann, sich unter den Philologen als musikalische Autorität festzusetzen, ohne dass man die Haltbarkeit seiner der Oeffentlichkeit übergebenen Ansichten untersucht hätte. In meiner Habilitationsschrift »Die absolute Harmonik der Griechen« wies ich schon darauf hin, wie so manche Punkte in der griechischen Harmonik von dem verdienstvollen Friedrich Bellermann nicht recht klar gestellt worden seien und wie sich die Darlegung seiner Tonsysteme als eine vielfach ganz unhaltbare herausstelle. Der Hinweis auf die angedeuteten Irrthümer erschien um so wichtiger, als sich auch die Auseinandersetzungen späterer Historiker von der Bellermann'schen Theorie be-

besorgten lateinischen Uebersetzung des griechischen Textes von seinem Standpunkte aus die Hauptsachen der griechischen Harmonik.

1) Burette in den »Mémoires de littérature« tom. IV, p. 116 ff. V, p. 152 ff. VIII, p. 27, p. 44, p. 169, X, p. 3, XIII, p. 173, XV, p. 293, XVII, p. 31, p. 61, p. 83, p. 107.

2) Marpurg in seiner »Kritischen Einleitung in die Geschichte und Lehrsätze der alten und neuen Musik, Berlin 1759«.

3) Forkel, »Geschichte der Musik, 1. Theil, Leipzig 1788«.

4) Boeckh, hauptsächlich in seiner Ausgabe des Pindar, Leipzig 1811, in den Studien von Daub und Creutzer, in den Heidelberger Jahrbüchern für Literatur u. a. a. O.

5) Fortlage, »Das musikalische System der Griechen, Leipzig 1847«.

6) Friedrich Bellermann, »Tonleitern und Musiknoten der Griechen, Berlin 1847«; »Anonymi scriptio de musica, Berlin 1841«; »Die Hymnen des Dionysios und Mesomedes, Berlin 1840«.

7) Rudolph Westphal, »System der antiken Rhythmik, Breslau (jetzt Leipzig) F. E. C. Leuckart (Constantin Sander) 1864«, ein geniales Werk hinsichtlich der Vergleichung harmonischer und rhythmischer Messungen. Die rhythmischen λόγοι sind in demselben herrlich entwickelt. »Plutarch über die Musik, griechisch und deutsch nebst Anmerkungen«, in demselben Verlage 1866; »Rhythmik und Harmonik nebst der Geschichte der drei musikalischen Disciplinen, zweite Auflage, Leipzig bei Teubner 1867«.

einflusst zeigten, und zwar nicht allein in Bezug auf geringfügige Kleinigkeiten, sondern in Rücksicht auf die Elemente und Kernpunkte der griechischen Musik.

Als erstes und wichtigstes Element zur Bildung der Tonarten stellen die Griechen das Tetrachord auf, ohne welches überhaupt die Klangverbindung der Alten ganz undenkbar ist. Diese Folge von vier Klängen besteht im diatonischen Geschlecht aus zwei feststehenden und zwei beweglichen Klängen, von welchen wir die ersteren durch fettere Schrift hervorheben. Die Klangfolge ist so geordnet, dass von der Tiefe nach der Höhe zu gerechnet, Halbton, Ganzton und Ganzton auf einander folgen z. B. **h** c′ d′ **e′**

Nehmen wir an, es sei dieses Tetrachord das tiefste in einer bestimmten Tonart, so heissen die Klänge :

$$\begin{aligned}
\text{Hypate hypaton} &= \mathbf{h}' \\
\text{Parhypate hypaton} &= c' \\
\text{Lichanos hypaton} &= d' \\
\text{Hypate meson} &= \mathbf{e}'
\end{aligned}$$

Die erwähnte Folge repräsentirt das diatonische Klanggeschlecht, welches auch in derselben Weise von Friedrich Bellermann dargestellt worden ist. Darauf folgt nun das chromatische Klanggeschlecht, dessen Bildung mit grosser Bestimmtheit von den griechischen Schriftstellern so vorgeschrieben wird, dass der mit Lichanos hypaton bezeichnete Klang sich einen Halbton abwärts zu bewegen habe. Alle griechischen Autoren über Musik stimmen mit Boetius und Ptolemäus überein, dass die Lichanos im chromatischen Geschlecht einen Halbton abwärts und im enharmonischen Klanggeschlecht an die Stelle der diatonischen Parhypate zu treten habe , wie dies namentlich sehr ausführlich und anschaulich bei der Erklärung von den feststehenden und beweglichen Klängen, sowie bei der Berechnung des Monochordes von Boetius auseinandergesetzt ist. [1]) Nach praktisch musikalischer Anschauung kann diese Bewegung um einen Halbton nicht anders geschehen, als dass z. B. die Lichanos hypaton = d′ nach des′ schreitet und das chromatische Klanggeschlecht sodann in folgender Gestalt erscheint: **h** c′ des′ **e′** =

wobei die Lichanos = des′ den Zusatz chromatice erhält zum Unter-

---

1) Boetius im vierten Buche; hierzu sind zu vergleichen Ptolemäus lib. 1, c. 12—16; Euclid p. 6 ff. u. a. a. O.

schiede von der diatonischen Lichanos = d'. Friedrich Bellermann stellt

nun das chromatische Geschlecht aber so dar:

woraus hervorgeht, dass er nicht nach Vorschrift der griechischen Autoren die Lichanos abwärts, sondern die Parhypate aufwärts bewegt hat.
Zu diesem Irrthum wurde er jedenfalls durch die bereits von Burette,
Marpurg, Forkel, Boeckh entwickelte Angabe der Griechen verleitet,
dass im diatonischen Klanggeschlecht ein zusammengesetztes, im
chromatischen ein unzusammengesetztes Trihemitonium vorhanden sein müsse. Das diatonische Trihemitonium finden wir in den
Klängen h c' d', wo das Intervall h-d' 'in den Halbton h-c' und
Ganzton c'-d' getheilt erscheint. Friedrich Bellermann meint nun mit
seinen Vorgängern ganz richtig, dass dem diatonischen Halbton der
Griechen h-c' das Zahlenverhältniss 243 : 256 und dem Ganzton die
Proportion 8 : 9 zukomme. Beide Verhältnisse in ein Intervall h-d'
zusammengefasst ergeben die Zahlenbestimmung 27 : 32. Das chromatische Trihemitonium müsste nun ein gleiches Verhältniss aufweisen,
wenn Friedrich Bellermann für seine Darlegung nur einen Grund geltend
machen wollte ; praktisch war sie schon den Quellen widersprechend,
weil der genannte Schriftsteller offenbar die Parhypate hypaton nach
Oben und nicht, wie vorgeschrieben, die Lichanos nach Unten bewegt
hatte. Aber auch akustisch lässt sich die Aufstellung Friedrich Bellermann's, welche uns das chromatische Trihemitonium als ein diatonisches zeigt, nicht vertheidigen ; denn nach der Berechnung des
regulären Monochordes wurde der Lichanos hypaton chromatice die Zahl
7296 und der Hypate meson die Zahl 6144 zugetheilt. Beide Zahlen
mit einander verglichen 6144 : 7296 ergeben aber das Verhältniss 16 : 19,
mithin ist das »unzusammengesetzte chromatische Trihemitonium« auch
akustisch ein anderes Intervall, als das »zusammengesetzte diatonische
Trihemitonium«, und muss folglich in anderer Weise für das Gefühl ausgedrückt werden, als letzteres. Eine durchschlagende Bestätigung erhält diese Angabe noch durch den von Boetius über Archytas[1]) ausge-

---

1) Boetius sagt über Archytas im 5. Buche, Cap. 16: »Archytas, der Alles
in der Berechnung zu begründen suchte, vernachlässigte nichtnur die Beobachtung des Gehörssinnes bei den ersten Consonanzen, sondern er folgte bei Eintheilung der Tetrachorde nur der Berechnung. Ja er machte es sogar so, dass
weder er die Berechnung, welche er erforschte, wirksam entwickelte, noch
auch die von ihm aufgestellte Berechnung mit dem Sinne übereinstimmte«,

sprochenen Tadel, weil dieser für das chromatische Trihemitonium das Verhältniss von 27 : 32 aufgestellt hatte, gleichwie auch alle übrigen Theoretiker Aristoxenus, Didymus, Eratosthenes, Ptolemäus sich von einer solchen dem Chroma ganz unnatürlichen und sinnwidrigen Proportion entfernt hielten. Ganz bestimmt drückt sogar Aristoxenus, welcher dem diatonischen Halbton $\frac{6}{12}$ zuerkennt, auch das tonisch-chromatische Klanggeschlecht durch $\frac{6}{12} + \frac{6}{12} + \frac{18}{12}$ aus, mithin ist im chromatischen Klanggeschlecht die Entfernung von der Parhypate zur Lichanos auch als ein Verhältniss zu fassen, das unserer Anschauung vom diatonischen Halbton entspricht. Ein solches besteht aber von der Parhypate hypaton = c′ zur Lichanos hypaton = des′ und nicht von c′ zu cis′, welches im griechischen Sinne eine Apotome, d. h. ein chromatischer Halbton, wäre [1]). Mithin ist Friedrich Bellermann sowohl in einen praktisch-musikalischen, als auch theoretisch-akustischen Irrthum verfallen, der um so folgenschwerer erscheint, als dadurch die ganze Aufstellung seiner chromatisch-enharmonischen Scala als gänzlich nichtige in sich zusammenfällt. Bei Ausdruck des enharmonischen Klanggeschlechts, für dessen Bildung die Griechen vorschreiben, dass die Parhypate eine Diesis (Viertelston) abwärts bewegt und die Lichanos an Stelle der diatonischen oder chromatischen Parhypate gesetzt werde, verfällt der Forscher in den Fehler, den feststehenden Klang, die Hypate hypaton, zu verletzen, indem er vor h ein Doppelkreuz stellt; er bewegt mithin die feststehende Hypate hypaton, welche in keinem Geschlecht verändert werden durfte,

zwei Apotomen aufwärts in dieser Gestalt :  .

Wenn wir nun auch keinen Klang in der modernen Musik besitzen, welcher dieser enharmonischen Parhypate entspricht, so dürfen wir doch keinenfalls den feststehenden Klang aufwärts bewegen; unbedingt müssen wir die Darstellung so wählen, dass die Parhypate zwischen der Hypate und Lichanos erscheint. Dies geschieht, indem wir d′ um zwei Apoto-

---

wonach Boetius die sinnwidrige Aufstellung der Klanggeschlechter von Seiten des Archytas darlegt. Mit Boetius stimmt Ptolemäus vollständig überein. Vergl. Ptolem. harm. lib. 1, cap. 13 ff.

2) Trotz dieser Irrthümer giebt Friedrich Bellermann ebenso wie sein Vorgänger Boeckh ganz richtig an, dass die Apotome ein chromatischer Halbton c″-cis″ oder des″-d″, das Limma ein diatonischer Halbton sei, z. B. c″-des″ oder cis″-d″. Vergl. Fr. Bellermann, Tonl. und Musikn. der Griechen, Seite 17.

men erniedrigen. Denn da im griechischen Sinne zwei Apotomen ein grösseres Verhältniss ausmachen, wie ein diatonischer Ganzton, so ist desdes' etwas tiefer als c', fällt mithin zwischen h und c' oder zwischen Hypate hypaton und Lichanos hypaton enharmonios. Weil aber die Messung in der modernen Musik doch nicht ganz genau ausgedrückt werden kann, so fügen wir ein Sternchen für diesen nicht genügend zu bezeichnenden Klang hinzu. Diese Darstellung habe ich in der folgenden Abhandlung gewählt, z. B. in dieser Form:

Hypate hypaton = h
Parhypate hypaton = desdes'*
Lichanos hypaton
   enharmonios = c'
Hypate meson = e'

Weniger ist dieser Irrthum Friedrich Bellermann's von Bedeutung, als der hinsichtlich des chromatischen Geschlechts, welcher sofort erkennen lässt, wie der verdiente Forscher die musikalischen Systeme nicht gehörig auseinanderzuhalten vermochte. Noch schlimmer gestaltet sich jene Reconstructionsschwäche bei Aufstellung der Tonarten, für welche er eine ganz merkwürdige Folge annimmt, die leider auf seine Nachfolger theilweise übergegangen ist. Obgleich die Griechen keine chromatische Scala in unserm Sinne besassen, sondern einzig und allein in jeder Tonart die drei vorgenannten Geschlechter in den einzelnen Tetrachorden zur Bildung der diatonischen, chromatischen und enharmonischen Scalen annahmen, hat Friedrich Bellermann doch eine chromatisch-enharmonische Scala construirt, um daraus seinen tiefsten Proslambanomenos der hypodorischen Tonart zu entwickeln. Er meint dann, dass er diesen in dem Klange F gefunden habe, eine Errungenschaft, die wir leider nur als eine vom Dilettantismus dictirte bezeichnen können. Jenes F entstand nämlich durch die Vorausnahme Friedrich Bellermann's, dass die lydische Scala ohne Vorzeichen notirt werden müsse, wie ich dies in meinen sachlichen Erklärungen vollständig nachgewiesen habe; Friedrich Bellermann's Proslambanomenos = F ist somit nicht erforscht, sondern lediglich durch eine falsche Voraussetzung entstanden. Gern wollten wir nun von jeder Polemik absehen, wenn einzig und allein seine chromatischen Verhältnisse falsch wären, jedoch die Tonartendarstellung an sich nicht gelitten hätte. Jetzt notirt aber der geehrte Forscher die Anfangstöne seiner Scalen mit seinem vermeintlichen »einzig richtigen« Proslambanomenos = F in folgender Weise:

| | | | |
|---|---|---|---|
| F | = Hypodorisch | cis | = Aeolisch |
| Fis | = Hypoionisch | d | = Lydisch |
| G | = Hypophrygisch | dis | = Hyperdorisch |
| Gis | = Hypoäolisch | e | = Hyperionisch |
| A | = Hypolydisch | f | = Hyperphrygisch |
| Ais | = Dorisch | fis | = Hyperäolisch |
| H | = Ionisch | g | = Hyperlydisch |
| c | = Phrygisch | | |

Die falsche Notirung dieser Anfangsklänge und demgemäss auch die aller übrigen Klänge in den einzelnen Scalen leuchtet sofort jedem ein, welcher die Quellen genauer kennt. Nach Aristoxenischer Auffassung giebt es nur ei n e Dorische [1] und auch nur ei n e hypodorische; nimmt nun Friedrich Bellermann den Proslambanonemos der hypodorischen Tonart = F an, so darf er ihn in Rücksicht auf die beiden hypophrygischen, von welchen die tiefere auch hypoionisch oder hypoiastisch heisst, nicht chromatisch erhöhen; er hätte also für die hypoionische Tonart den Klang Ges und dann für die hypophrygische den Klang G als Proslambanomenos wählen müssen; derselbe Fehler zeigt sich nun auch im Verhältniss der übrigen Scalen, unter denen man z. B. die dorische = Ais [2] als eine erhöhte hypolydische = A findet, obgleich sie doch in ihrer Darstellung ganz unabhängig von allen übrigen bestehen soll. Diese Unabhängigkeit wird nicht allein von den Aristoxenern vorgeschrieben, sondern auch die anderen griechischen Theoretiker erklären auf das Bestimmteste: die dorische Scala liegt um ein Li m m a [3], d. h. um einen diatonischen Halbton, höher, als die hypolydische. Da nun auch Friedrich Bellermann nach dem Vorgange Boeckh's mit Recht das Limma als diatonischen Halbton und die Apotome als chromatischen hinstellt, so dürfte klar bewiesen sein, dass seine Notation der Tonarten eine ganz unrichtige ist. Die dorische Scala liegt bei ihm eine übermässige Terz höher, als die hypodorische, während sie doch um ein unversehrtes Diatessaron, d. h. um eine

---

1) Vergl. Euclid pag. 20 : δώριος εἷς.

2) Da Friedrich Bellermann seine dorische Tonart in Aismoll notirt, so ist daraus die Folgerung zu ziehen, er meine, dass die »einfachen, kräftigen« dorischen Tonweisen (nach Plato) alle in Aismoll notirt worden sind. Möchte man vielleicht für unsere einfachen ältesten Volkslieder in Moll eine Tonart mit 7 Kreuzen, also Aismoll wählen? In der That eine merkwürdige Erfindung Fr. Bellermann's!

3) Ptolem. harm. lib. 2, cap. 10 : τούτου (ὑπολυδίου) δὲ πρὸς τὸν δώριον ἡ (ὑπεροχή) τοῦ λείμματος.

reine Quart, höher zu notiren gewesen wäre [1]). Desgleichen erweisen sich in Folge seiner grundlosen Entwickelung der Transpositionsscalen auch die anderen Verhältnisse als ganz irrige ; denn Ptolemäus schreibt ausdrücklich vor [2]), dass die tiefere mixolydische, von den Aristoxenern auch hyperdorisch genannt, ein Limma von der lydischen entfernt sein müsse. Friedrich Bellermann beginnt jedoch die lydische von d', die hyperdorische aber von dis aus, mithin stellt er fälschlich die Differenz (ὑπεροχή) in der Apotome dar, gleichwie seine lydische Transpositionsscala von der dorischen unrichtigerweise um eine verminderte Quart, oder im griechischen Sinne : um ein »Trihemitonium und Limma« entfernt ist. Ausdrücklich heisst es aber in den griechischen Quellen, dass die dorische Transpositionsscala von der lydischen um eine grosse Terz differirt [3]). Da nun Fr. Bellermann nach Boeckh die pythagoreische Terz unserer grossen Terz gleich setzt, so müsste er doch auch hier zwischen der dorischen und lydischen eine pythagoreische Terz annehmen. Vielleicht verleitete ihn das moderne Clavier mit seiner erst im 18. Jahrh. n. Chr. sicher festgestellten Temperatur zu jener Notirung ; der Musiker weiss aber genau, dass zwischen dem Verhältniss von Ais-d, d. h. der verminderten Quart, und dem von B-d, d. h. der grossen Terz, ein bedeutender Unterschied stattfindet. Eine ähnliche Differenz kannten auch die Griechen ; denn ihr »Trihemitonium und Limma«, z. B. Ais-d, hatte das Verhältniss von $\frac{27}{32} \times \frac{243}{256} = \frac{6561}{8192}$ , und ihr Ditonon, z. B. B-d, bestand aus zwei Ganztönen, d. h. aus $\frac{8}{9} \times \frac{8}{9} = \frac{64}{81}$. Dieses Ditonon wird nun von den griechischen Autoren zwischen der dorischen und lydischen Transpositionsscala verlangt, welche Forderung jedoch von Fr. Bellermann nicht erfüllt ist, da er die Entfernung Ais-d und nicht B-d annimmt, zwischen welchen Tonverhältnissen die Proportion $\frac{64}{81} : \frac{6561}{8192}$ besteht. Es

---

1) Bacch. sen. Introd. mus. p. 13 τοῦ δὲ ὑποφρυγίου ποῖος βαρύτερος ; Ὑποδώριος. Πόσῳ ; Τόνῳ · τοῦ δὲ ὑπολυδίου διτόνῳ · τοῦ δὲ δωρίου διὰ τεσσάρων · τοῦ δὲ φρυγίου διὰ πέντε · τοῦ δὲ λυδίου τετρατόνῳ καὶ ἡμιτονίῳ · τοῦ δὲ μιξολυδίου πεντατόνῳ.

2) Ptolem. harm. lib. 2, c. 10, pag. 71 bezeichnet die hypolydische mit η, die dorische mit β, die lydische mit ζ und die tiefere mixolydische = hyperdorische mit α. Er sagt dann, dass zwischen ηβ und ζα der Unterschied von einem Limma sein müsse : τὰς (ὑπεροχὰς) δὲ τῶν η β καὶ ζ α τοῦ καλουμένου λείμματος περιεκτικάς.

3) Ptolem. harm. lib. 2, c. 10, pag. 70 ἀπὸ τοῦ δωρίου ἐπὶ τὸν λύδιον δίτονον·

stellt sich daher zwischen Ais und B der Unterschied des Comma heraus in dem Verhältniss 524288 : 531441, sodass also, wie man auch aus den Klanggeschlechtern des Aristoxenus sieht, Ais durchaus nicht = B nach griechischer Anschauung ist. Mithin ist nicht allein die chromatisch-enharmonische, sondern auch die aus den Transpositionsscalen gewonnene chromatische Scala und sogar die einfache Aufstellung der diatonischen Transpositionsscalen von Seiten Friedrich Bellermann's eine gänzlich verfehlte, selbst wenn man die Vorausnahme des verdienten Schriftstellers, die hypolydische Scala sei als ein Moll ohne Vorzeichen und der Proslambanomenos der hypodorischen Tonart als das grosse F anzunehmen, nicht weiter angreifen wollte, da ja als Hauptsachen die S y s t e m e an sich und ihre B e z i e h u n g e n erscheinen, nicht aber die absoluten Tonhöhen, von welchen man ausgeht. Dennoch hat man auch hinsichtlich ihrer Notirung triftige Gründe, die hypodorische Scala mit Amoll ohne Vorzeichen hinzustellen; denn 1. ist es angemessen, dass dem einfachen Alten in der modernen Musik das Einfache entspreche, und dies geschieht, sobald man die ältesten Systeme, d. h. die beiden dorischen, in folgender Weise schreibt:

a)  d | e f g a h c′ d′ e′ |
b)  d | e f g a b c′ d′ |

Unter a) finden wir das dorische Diapason mit der alten Hyperhypate = d, unter b) aber das Grundsystem der dorischen Tonart (Transpositionsscala), gebildet durch die beiden verbundenen Tetrachorde meson und synemmenon mit der alten Hyperhypate, welche Aufstellung sowohl den in den sachlichen Erklärungen mitgetheilten Entwickelungen des Claudius Ptolemäus als auch der von den anderen Autoren aufgestellten Theorie entspricht. 2. Nimmt aber auch das frühere Mittelalter, welches sich auf die Definitionen des Boetius stützt, die Transpositionsscalen dieses Eklektikers sammt den Octavengattungen auf; die letzteren machen die mittelalterlichen Schriftsteller deswegen in umgekehrter Ordnung namhaft, weil Boetius meint, man könne die Ordnung anstatt mit dem Diapason von Hypate hypaton bis Paramese auch vom Diapason: Mese bis Nete hyperbolaeon anfangen, welches das hypermixolydische Diapason sei, woraus sich die sogenannten Kirchentonarten ergaben. Daneben bestanden aber auch die Transpositionsscalen, von welchen die hypodorische als Ausgangspunkt diente und diese bezeichnet bereits Hucbald mit A B (quadratum = H) C D E F G A B C D E F G A; man wird daher den Zusammenhang mit dem früheren Mittelalter richtig hergestellt haben, wenn man die hypodorische Transpositionsscala als Moll ohne

Vorzeichen, mithin als Amoll notirt. Die Friedrich Bellermann'sche Notirung steht, abgesehen davon, dass sie an sich erwiesenermassen ganz
irrig ist und das von den griechischen Autoren geforderte akustische
Verhältniss nicht respectirt, ausser allem historischen Zusammenhange,
— um so merkwürdiger ist es, dass sich sonst scharfsinnige Philologen
durch jene dilettantische Aufstellung täuschen lassen konnten. Gleichwie
nun die Tetrachorde und die Transpositionsscalen in ihrer Beziehung zu
einander von diesem Forscher irrthümlich verzeichnet worden sind, entbehrt auch seine Hypothese von den Octavengattungen mit Bezugnahme
auf Plato und Aristoteles jedes Grundes. Zur Vergleichung habe ich in
den sachlichen Erklärungen die Entwickelung Friedrich Bellermann's in
einer Anmerkung beigegeben, woraus man ersieht, dass derselbe die
technischen Ausdrücke der griechischen Autoren nicht immer richtig er-
fasste. Denn bei Aufstellung der Octavengattungen verwechselt der verehrte Forscher die Tetrachorde mit den Quartengattungen, indem
er ganz ruhig Tetrachorde mit beweglichen Einschlussklängen bildet,
welche erweislich nur mit feststehenden gebildet werden durften, d. h.
der tiefste und höchste Klang eines jeden Tetrachords waren stets feststehende, in allen Klanggeschlechtern unabänderliche. Ferner versteht
er unter einer ἁρμονία παραπλησία eine Octavengattung, welche zu einer
anderen die Plagaltonart bildet, wogegen doch darunter ein harmonisches System [1]) zu verstehen ist, welches »in der Nähe« (παραπλησία)

---

1) Ueberhaupt ist es ganz irrig, unter ἁρμονία schlechthin Octavengattung
verstehen zu wollen; denn Plato und Aristoteles sagen ausdrücklich, dass ἁρμονία ein harmonisches System sei, in welchem das symphonische Melos gebildet werde; daher könnten auch Männer und Knaben zusammen eine Antiphonie
singen und zwar vermittelst der Symphonie Diapason. Vrgl. Plato de legibus lib. 2,
pag. 665: τῇ δὴ τῆς κινήσεως τάξει ῥυθμὸς ὄνομα εἴη, τῇ δ᾽ αὖ τῆς φωνῆς, τοῦ τε
ὀξέος ἅμα καὶ βαρέος συγκεραννυμένων, ἁρμονία ὄνομα προσαγορεύοιτο, χορεία δὲ τὸ
ξυναμφότερον κληθείη. Ferner folgende Stellen bei Aristoteles: Μουσικὴ δὲ ὀξεῖς
ἅμα καὶ βαρεῖς, μακρούς τε καὶ βραχεῖς φθόγγους μίξασα ἐν διαφόροις φωναῖς,
μίαν ἀπετέλεσεν ἁρμονίαν...
Τὸ μὲν ἀντίφωνον σύμφωνόν ἐστι διὰ πασῶν...
ἐκ παίδων γὰρ νέων καὶ ἀνδρῶν γίνεται τὸ ἀντίφωνον οἳ διεστᾶσι τοῖς τόνοις,
ὡς νήτη πρὸς τὴν ὑπάτην. διὰ τί ἥδιον τὸ ἀντίφωνον τοῦ συμφώνου; ἢ ὅτι μᾶλλον
διὰ δῆλον γίνεται τὸ συμφωνεῖν ἢ ὅταν πρὸς τὴν συμφωνίαν ᾄδῃ, ἀνάγκη γὰρ τὴν
ἑτέραν ὁμοφωνεῖν· ὥστε δύο πρὸς μίαν φωνὴν γινόμεναι ἀφανίζουσι τὴν ἑτέραν...
Διὰ τί δὶς μὲν δι᾽ ὀξειῶν, καὶ δὶς διὰ τεττάρων οὐ συμφωνεῖ, δὶς διὰ πασῶν δέ;
Μαγαδίζουσι γὰρ ταύτην διὰ πασῶν συμφωνίαν, ἄλλην δὲ οὐδεμίαν. — Μαγαδίζουσι δὲ ἐν τῇ διὰ πασῶν συμφωνίᾳ.
Διὰ πέντε καὶ διὰ τεσσάρων οὐκ ᾄδουσιν ἀντίφωνα. — Ἡ διὰ πασῶν συμφωνία
ᾄδεται μόνη.

eines anderen liegt ; denn für das Plagiale wie überhaupt für die »harmonische Verwandtschaft« durch Quarten, haben die Griechen einen

und bei Athenäus 14, 635 : Διόπερ καὶ Πίνδαρον εἰρηκέναι ἐν τῷ πρὸς Ἱέρωνα σκολίῳ τὴν μάγαδιν ὀνομάσαντα ψαλμὸν ἀντίφθογγον, διὰ τὸ δύο γενῶν ἅμα καὶ διὰ πασῶν ἔχειν τὴν συνῳδίαν, ἀνδρῶν τε καὶ παίδων.

Wenn also griechische Männer und Knaben zusammen in Octaven sangen, so konnten sie doch nicht auf einer Octave stehen bleiben, sondern sie brauchten dazu eben ein harmonisches System (ἁρμονία), welches grösser war, als ein Diapason. Deshalb bedeutet ἁρμονία in der Verbindung mit Tonartennamen δωριστί, φρυγιστί etc. nicht Octavengattung, sondern dorisches, phrygisches etc. Tonartensystem, in welchem man antiphonisch, also auch in verschiedenen Octavengattungen singen konnte. Man erkennt aus den mittelalterlichen Schriftstellern, wie die Ansichten der griechischen Autoren noch lange in der christlichen Zeitrechnung ihre Geltung behaupteten; ich erinnere nur an einen früheren Aufsatz über Hucbald, in welchem ich Folgendes mittheilte:

»Indem Hucbald die drei verschiedenen Quartengattungen erklärt, welche sich durch den Sitz des Halbtones unterscheiden, z. B. H c d e, c d e f, d e f g, und diesen auch die vier Quintengattungen nach denselben Grundsätzen hinzufügt, bemerkt er zugleich, dass vermittelst dieser Symphonien, nämlich der Quarten und Quinten, das Organum bewerkstelligt werden könne. Das Organum, meint er, sei eine Antwort, welche der Principalstimme nachfolge, und zwar könne eine einzige Stimme einer vorhergehenden Principalstimme auf der Quarte oder Quinte als »Organum« antworten, oder auch zwei durch Octaven verdoppelte Stimmen dürften die Antwort bewirken, ja, es wären sogar zwei durch Octaven verbundene Stimmen berechtigt, ein »Organum« zu zwei durch Octaven verknüpfte Principalstimmen herzustellen. Organum *) bedeutet eben weiter nichts als »Nachahmung«, »Nachfolger«, »Antwort« auf der Quarte oder Quinte. Z. B. stellt er ein Exempel in vier Zeilen auf, welches wir durch Buchstaben in unserer Tonbezeichnung aufschreiben und jedem Tone die ihm zugehörige Silbe beisetzen :

| 4. Principalst. | d′ f′ g′ g′ g′ g′ g′<br>Tu pa tris sem pi ter nus<br>a′ f′ e′ d′    .<br>es fi li us | Knabenst. |
|---|---|---|
| 3. Organum. | a c′ d′ d′ d′ d′ d′<br>Tu pa tris sem pi ter nus<br>e′ c′ h a<br>es fi li us | Knabenst. |
| **2. Principalst.** | **d f g g g g g**<br>Tu pa tris sem pi ter nus<br>**a f e d**<br>**es fi li us** | **Männerst.** |
| 1. Organum. | A c d d d d d<br>Tu pa tris sem pi ter nus<br>e c H A<br>es fi li us | Männerst. |

*) Organon, griech. = Werkzeug, Ausdrucksmittel, äussere Form, musikalische Kunstform.

bestimmten technischen Ausdruck (ὅ μ ο ι ο ς scil. τόνος) oder (ὅ μ ο ι ο ν scil. σύστημα), worüber uns namentlich Claudius Ptolemäus genauen Auf-

»Hierzu sagt Hucbald Folgendes:

»»Sive namque simplici cantui duplex organum adjungas, quod potest significare primus versus ac tertius, qui ad secundum versum vicem tenent organi; sive ad duplicem cantum simplex organum referatur, quod versus secundus designat et quartus, organum in suo medio continentes, seu et organum gemines et cantum, sive etiam triplum utrumque facias, descripta ad invicem consonat ratione. Possunt enim et humanae voces, et in aliquibus instrumentis musicis non modo binae et binae, sed etiam ternae ac ternae hac sibi collatione misceri, dum utique uno impulsu, vel tribus in unum vocibus actitatis, totidem voces respondent organum. Ubi attendendum, ut vox media inter duas ne aequo spatio se ad utrasque habeat, quippe cum in octavo numero unitatis medietas non sit; verum si ab inferiori latere ad cantum diatessaron spatio respondeatur, a superiore vero spatio diapente. Et ut hoc clarius insinuetur nescientibus sine fastidio scientium, si voce virili organizetur simul cum voce puerili, sunt hae duae voces sibi per diapason consonae; ad eam autem vocem, quam inter se mediam continent, ad quam scilicet utraeque organum respondent, acutior, quae est puerilis, quinto extat loco superior, ea

»»Möge man nun dem einfachen Gesange (der einfachen Principalstimme) ein doppeltes Organum hinzufügen, welches die erste und dritte Zeile bezeichnen kann, die (beide zusammen) zur zweiten Zeile den Wechsel des Organums festhalten (den Wechselgesang bewirken); oder möge man auf den doppelten Gesang (auf die verdoppelte Principalstimme) ein einfaches Organum beziehen, welches Verfahren die zweite und vierte Zeile kennzeichnet, die in ihrer Mitte (d. i. zwischen sich) das Organum enthalten, oder möge man sowohl das Organum, als auch den Gesang (die Principalstimme) verdoppeln oder auch beide verdreifachen, so consonirt es wechselseitig auf die beschriebene Weise. Denn es können sowohl Menschenstimmen, als auch Instrumentalstimmen nicht nur je zwei und zwei, sondern auch je drei und drei in dieser Verbindung sich mischen, indem jedenfalls, sogar wenn drei Stimmen auf einerlei Weise thätig waren, ebensoviel Stimmen auf einen Antrieb (d. h. zugleich) als Organum antworten. Hierbei ist zu beachten, dass die zwischen beiden liegende mittlere Stimme sich nicht in gleichem Zwischenraumsverhältniss zu beiden befindet, weil nämlich in der 8. Zahl die Mitte der Einheit nicht ist; sondern wenn von der Tiefe aus gerechnet dem Gesange (der Principalstimme) im Zwischenraumsverhältniss einer Quarte geantwortet wird, dann von der Höhe aus gerechnet im Zwischenraumsverhältniss einer Quinte. Und damit dies den Nichtwissenden ohne Ueberdruss der Wissenden deutlicher eingeprägt werde: wenn nämlich durch eine Männerstimme zugleich mit einer Knabenstimme organizirt wird, so sind diese beiden Stimmen sich selbst in der Octave consonirende; zu der Stimme aber, welche sie zwischen sich als die mittlere halten, der nämlich beide als Organum antworten, zeigt sich die höhere, nämlich die Knabenstimme, auf der fünften Tonstufe als die höhere, die Männerstimme auf der vierten Tonschluss giebt. Dieser letztgenannte griechische Autor jst nun auch durch die Friedrich Bellermann'sche Theorie am allerschlimmsten bedacht wor-

quae virilis, quarto loco gravior. Sic enim cognato nexu sese mutuo symphoniae ligant: ut quicumque sonus ex hac parte quartana collatione sese habet ad alium, ex illa parte per diapason quinta regione ad eundem respiciat.«« stufe als die tiefere. Denn so vereinigen sich durch verwandtschaftliche Verbindung wechselseitig die Symphonien, so dass jedweder Klang, der auf der einen Seite in Quartenbeziehung zu einem andern steht, auf der andern Seite in der Octave auf der fünften Stufe zu demselben zurückblickt (d. h. das Quintenverhältniss zeigt).«« 

»Hucbald sagt also, dass ein Gesang, eine Principalstimme gegeben sei, wie ich sie in dem aufgestellten Exempel durch fettere Schrift in Nr. 2 ausdrücken konnte. Zu dieser Principalstimme könne man ein doppeltes Organum setzen, z. B. Nr. 1 und Nr. 3, welche zusammen den Wechselgesang herstellen, d. h. nach dem Vortrage der Principalstimme beginne der Wechselgesang, welcher nichts Anderes sei, als eine durch die tiefere Octave verdoppelte Nachahmung auf der Quinte, so dass natürlich die tiefste Stimme des Organums um eine Quarte tiefer lag, als die Principalstimme und von dieser die höchste Stimme des Organums um eine Quinte entfernt war. Aber auch die Principalstimme dürfe man verdoppeln, wie es Nr. 2 und 4 darstellen, wo dann Nr. 3, wenn eben nur drei Stimmen vorhanden sind, als Organum, d. h. als Nachfolger, als Antwort erscheint. Endlich sei man auch im Stande, sowohl die Principalstimme, als auch das Organum, die Antwort, durch Octaven zu verdoppeln, ja zu verdreifachen, wo dann eben so viel Stimmen als Organum antworten, wie viele als Principalstimme thätig waren. Das Verhältniss des Gesanges beruht nämlich auf der Theilung der Octave. Die Octave A — a konnte eingetheilt werden in Quinte und Quarte A — e — a, oder in Quarte und Quinte A—d—a, wie ich es schon in meiner absoluten Harmonik der Griechen darlegte. Dem angeführten Beispiele liegt die Eintheilung A—d—a zu Grunde, mithin der mittelalterlich-hypodorische Ton, dessen authentischer Ton die Octavengattung d — a — d' war. Wenn also die Principalstimmen auf dem authentischen Tone die Melodie vorgetragen hatten, so begannen dann die Stimmen des Organums ihre Antwort auf dem Plagaltone, und zwar wurden die beiden Principalstimmen eben so vom Manne und Knaben in der Octave, mithin in äquisonen Klängen ausgeführt, wie die beiden Stimmen des Organums. Hucbald findet es also passend, wenn Knaben- und Männerstimmen in Octaven den Gesang vortragen, wonach in der Quarte oder Quinte, wiederum durch Octaven verbunden, Knaben- und Männerstimmen als Organum antworten. Die Octave hatte eben gleichklingende Stimmen (voces aequisonae), wo die tiefere Stimme zugleich mit der höheren Stimme (simul cum voce) eine Melodie vortragen konnte. Im Diatessaron und Diapente, d. h. in der Quarte und Quinte, konnte aber nur der Wechselgesang, die Diaphonie, stattfinden, weil diese Sinfonien bei genauer Beobachtung der Klangstufen berechtigt waren, den Wechsel des Organums (vicem organi tenere), den Wechselgesang zu behaupten und aus dieser Verknüpfung, d. h. aus der Aufeinanderfolge des

den, ja nach den Auseinandersetzungen des Berliner Gelehrten müsste
man unbedingt glauben, Ptolemäus sei ein schlechter Dilettant gewesen,
welcher die Tonarten seiner Vorgänger nur zu nutzlosen Spielereien
verwendet habe. Natürlich habe ich nicht versäumt, die ganze Angabe Friedrich Bellermann's in einer Anmerkung beizufügen, damit
man erkenne, wie sich die eigentliche Theorie des Ptolemäus zur
Bellermann'schen verhält. In den »Tonleitern und Musiknoten« des
Berliner Forschers wird nämlich behauptet, Ptolemäus habe den Umfang der menschlichen Stimme auf eine allgemein sangbare Octave
beschränkt und zwar (natürlich dem Bellermann'schen Proslambanomenos $=$ F zu Liebe) auf die Octave von f zu f'; auf diese hätte er
alle Octavengattungen bezogen und diese in jenem Tonumfange ausgedrückt. Die ganze Musik zur Zeit des Ptolemäus hätte also nur
folgende Systeme [1]) gekannt:

f g  as b c'  des' es' f'  $=$ Hypodorisch

f g  a  b c'  d'  es' f'  $=$ Hypophrygisch

f g  a  h c'  d'  e'  f'  $=$ Hypolydisch

f ges as b c'  des' es' f'  $=$ Dorisch

f g  as b c'  d'  es' f'  $=$ Phrygisch

f g  a  b c'  d'  e'  f'  $=$ Lydisch

f ges as b ces' des' es' f'  $=$ Mixolydisch.

Durch diese Uebertragung auf eine Octave wird Alles umgeworfen, was
Cl. Ptolemäus über die feststehenden und beweglichen Klänge, über die
Tetrachordbildung, über Klanggeschlechter, über die harmonischen
Uebergänge in Rücksicht auf das Melos, und über die Modulationen in
Bezug auf die harmonisch verwandten Transpositionsscalen mit so bewun-
dernswerthem Scharfsinn exponirt hat. Ptolemäus war sicherlich kein
Dilettant, sondern jedenfalls der grösste Theoretiker des Alterthums,
welcher mit eminenter Combinationsgabe die sieben Octavengattungen

---

Gesanges und der Antwort (organale responsum) entstand dann eine angenehme Melodie (suavis concentus).« Auch Aristoteles sagt, dass nur in Octaven
Männer und Knaben zusammen singen können. Die mittelalterliche Theorie ist
also ursprünglich eine griechische.

1) Friedrich Bellermann bedachte nicht, dass im hypolydischen Diapason
die Klänge a, h, e' feststehende sind; wenn dieses das Grundsystem sein soll,
so müssten jene Klänge nach der Vorschrift des Ptolemäus doch unverändert
bleiben. Das Bellermann'sche System ist mithin erweislich eine ganz unmusikalische Erfindung, aber keine Forschung.

zu zweioctavigen Systemen innerhalb der sieben Transpositionsscalen verwerthete und in diesen die harmonischen Verhältnisse zur Anwendung brachte. Er unterschied dabei die dynamischen und thetischen Benennungen; von ersteren sagt er, dass sie durch die Transpositionsscala festgestellt seien, weil in dieser jeder Klang seine Dynamis besitze. Die thetischen Benennungen beziehen sich aber bei ihm lediglich auf die Octavengattungssysteme, indem eine jede Octavengattung als mittleres Diapason gesetzt wird, damit im ganzen System die harmonische und arithmetische Theilung der Octave zur Geltung komme, — eine geniale Theorie, die um so mehr Gewicht erhält, als sie für alle sieben Transpositionsscalen gilt, deren einzelne Systeme wechselseitig zu einander in Beziehung treten. Der genauere Beweis ist in den sachlichen Erklärungen gegeben; hier wird es genügen, an zwei Transpositionsscalen den Bildungsprocess vorzunehmen.

Die hypodorische Transpositionsscala heisst:

$$\text{A H c d e f g a h c' d' e' f' g' a'.}$$

Die Octavengattungen sind:

$$\text{H-h, c-c', d-d', e-e', f-f', g-g', a-a';}$$

wenn man jede derselben als mittleres Diapason setzt, so erhält man folgende Systeme:

E F G **A H** c d **e** f **g a** h c′ d′ **e′** = Mixolydisch

F G **A H** c d e f g a h c′ d′ e′ f′ = Lydisch

G **A H** c d e f g a h c′ d′ e′ f′ g′ = Phrygisch

**A H** c d e f g a h c′ d′ e′ f′ g′ a′ = Dorisch

**H** c d e f g a h c′ d′ e′ f′ g′ a′ h′ = Hypolydisch

c d e f g a h c′ d′ e′ f′ g′ a′ h′ c″ = Hypophrygisch

d e f g a h c′ d′ e′ f′ g′ a′ h′ c″ d″ = Hypodorisch.

Die hypophrygische Transpositionsscala ist:

$$\text{H cis d e fis g a h cis' d' e' fis' g' a' h'}$$

Die Octavengattungen sind:

$$\text{cis-cis', d-d', e-e', fis-fis', g-g', a-a', h-h';}$$

c

dieselben zum mittleren Diapason verwandt ergeben nachstehende Systeme:

**Fis** G A **H cis** d e **fis** g a **h cis'** d' e' **fis'** = Mixolydisch

G A **H cis** d e **fis** g a **h cis'** d' e' **fis'** g' = Lydisch

A **H cis** d e **fis** g a **h cis'** d' e' **fis'** g' a' = Phrygisch

**H cis** d e **fis** g a **h cis'** d' e' **fis'** g' a' **h'** = Dorisch

**cis** d e **fis** g a **h cis'** d' e' **fis'** g' a' **h' cis''** = Hypolydisch

d e **fis** g a **h cis'** d' e' **fis'** g' a' **h' cis''** d'' = Hypophrygisch

e **fis** g a **h cis'** d' e' **fis'** g' a' **h' cis''** d'' e'' = Hypodorisch.

In jeder der beiden Transpositionsscalen heissen die Klänge der Reihe nach Proslambanomenos, Hypate hypaton, Parhypate hypaton, Lichanos hypaton, Hypate meson, Parhypate meson, Lichanos meson, Mese, Paramese, Trite diezeugmenon, Paranete diezeugmenon, Nete diezeugmenon, Trite hyperbolaeon, Paranete hyperbolaeon, Nete hyperbolaeon, und diese gelten als d y n a m i s c h e Benennungen, welche hier im diatonischen Klanggeschlecht ausgedrückt sind. Diese dynamischen Benennungen werden jedem Klange beigegeben und zwar so, dass bei Bildung der Octavengattungssysteme unterhalb, wo die Transpositionsscala in ihrem Umfange überschritten wird, das Tetrachord hyperbolaeon auch in der Tiefe, und oberhalb das Tetrachord hypaton auch in der Höhe ganz oder zum Theil erscheint. Zugleich aber hat jedes Octavengattungssystem von unten nach oben dieselben Namen als thetische Benennungen, d. h. jedes zweioctavige Octavengattungssystem fängt hinsichtlich der thetischen Benennung mit Proslambanomenos in der Tiefe an und hört in der Höhe mit Nete hyperbolaeon auf. Wie wichtig für Ptolemäus diese Theorie ist, zeigt er nicht allein durch seine Erörterungen über das Melos, wo er besonders die durch Quarten verwandten Transpositionsscalen und die durch Quarten verwandten Octavengattungssysteme im Auge hat, sondern er weist dies auch an einem Beispiele nach, dass gerade die Bildung der zweioctavigen Systeme innerhalb der verschiedenen sieben Transpositionsscalen von der grössten Bedeutung sei. Er vergleicht nämlich das hypodorische Octavengattungssystem innerhalb der hypodorischen Transpositionsscala mit dem hypophrygischen Octavengattungssystem innerhalb der hypophrygischen Transpositionsscala, weil diese beiden gerade von einerlei Klanghöhe ausgehen; dieselben heissen:

## A. Hypodorischer Ton

in der hypodorischen Transpositionsscala.

| Stellungen (Thetisch) | | Bedeutungen (Dynamisch) | | Klänge |
|---|---|---|---|---|
| Nete hyperbolaeon | —— | Lichanos hypaton | bew. | $\overset{=}{d}$ |
| Paranete hyperbolaeon | 1 1/9 | Parhypate hypaton | bew. | $c$ |
| Trite hyperbolaeon | 1 1/20 | Hypate hypaton | steh. | $h$ |
| Nete diezeugmenon | 1 1/8 | Nete hyperb. od. Prosl. | steh. | $a$ |
| Paranete diezeugmenon | 1 1/7 | Paranete hyperbolaeon | bew. | $g$ |
| Trite diezeugmenon | 1 1/9 | Trite hyperbolaeon | bew. | $f$ |
| Paramese | 1 1/20 | Nete diezeugmenon | steh. | $e$ |
| Mese | 1 1/7 | Paranete diezeugmenon | bew. | $\overset{.}{d}$ |
| Lichanos meson | 1 1/9 | Trite diezeugmenon | bew. | $c$ |
| Parhypate meson | 1 1/20 | Paramese | steh. | $h$ |
| Hypate meson | 1 1/8 | Mese | steh. | $a$ |
| Lichanos hypaton | 1 1/7 | Lichanos meson | bew. | $g$ |
| Parhypate hypaton | 1 1/9 | Parhypate meson | bew. | $f$ |
| Hypate hypaton | 1 1/20 | Hypate meson | steh. | $e$ |
| Proslambanomenos | 1 1/7 | Lichanos hypaton | bew. | $d$ |

## B. Hypophrygischer Ton

in der hypophrygischen Transpositionsscala.

| Stellungen | | Bedeutungen | | Klänge |
|---|---|---|---|---|
| Nete hyperbolaeon | —— | Parhypate hypaton | bew. | $\overset{=}{d}$ |
| Paranete hyperbolaeon | 1 1/20 | Hypate hypaton | steh. | $cis$ |
| Trite hyperbolaeon | 1 1/8 | Nete hyperb. od. Prosl. | steh. | $h$ |
| Nete diezeugmenon | 1 1/7 | Paranete hyperbolaeon | bew. | $a$ |
| Paranete diezeugmenon | 1 1/9 | Trite hyperbolaeon | bew. | $g$ |
| Trite diezeugmenon | 1 1/20 | Nete diezeugmenon | steh. | $fis$ |
| Paramese | 1 1/7 | Paranete diezeugmenon | bew. | $e$ |
| Mese | 1 1/9 | Trite diezeugmenon | bew. | $d$ |
| Lichanos meson | 1 1/20 | Paramese | steh. | $cis$ |
| Parhypate meson | 1 1/8 | Mese | steh. | $h$ |
| Hypate meson | 1 1/7 | Lichanos meson | bew. | $a$ |
| Lichanos hypaton | 1 1/9 | Parhypate meson | bew. | $g$ |
| Parhypate hypaton | 1 1/20 | Hypate meson | steh. | $fis$ |
| Hypate hypaton | 1 1/7 | Lichanos hypaton | bew. | $e$ |
| Proslambanomenos | 1 1/9 | Parhypate hypaton | bew. | $d$ |

Man sieht sogleich, dass beide Systeme eine gleiche thetische Mese haben, aber in ihrem Charakter verschieden sind. Wenn man nun von allen Transpositionsscalen, die nach Ptolemäus von den Transpositionsstufen A, H, cis, d, e, fis, g gebildet werden, auch Octavengattungssysteme ableitet, dann erhält man ein so reichhaltiges Material zur Modulation, dass nicht allein jede hohe, mittlere oder tiefe Menschenstimme, sondern auch die Instrumentalmusik mit genügender theoretischer Unterlage nach der Meinung des Ptolemäus bedacht ist. Von einer Beschränkung auf eine bestimmte Octave sagt er kein Wort, im Gegentheil spricht er von den Transpositionsscalen (τόνοι), dass man sie zu höherer oder tieferer Stimmung für die Instrumente benutzen könne; sie genügen ihm aber nicht zu den Uebergängen für das Melos, welches erst in den Octavengattungssystemen (τόνοι κατὰ τὸ εἶδος) das rechte Fundament erhalten. Die Theorie des Cl. Ptolemäus ist bisher nicht musikalisch erklärt worden, weshalb ich es für nothwendig gehalten habe, die Capitel 5 bis 11 aus dem 2ten Buche der Harmonik desselben griechisch anzuführen und dazu eine deutsche Uebersetzung nebst erläuternden Bemerkungen hinzuzufügen, wodurch ich eine endgültige Lösung bewirkt zu haben meine. Als Vergleichungspunkte habe ich die Hauptsache der Westphal'schen Theorie und auch die Bellermann'sche Phantasie von der »allgemein sangbaren Octave« wörtlich mitgetheilt, damit man die Verschiedenheit der Ansichten leicht erkenne. Auch konnte ich es mir nicht versagen, jenen von einem nicht gehörig unterrichteten Gegner veröffentlichten Angriff auf meine »absolute Harmonik der Griechen« mitzutheilen, weil in demselben z. B. gesagt wird, meine Theorie sei mit der Westphal'schen ganz gleich. Es sei ferne von mir, zu glauben, der Angreifer habe den Leuten » Sand in die Augen streuen wollen«, wie er dies von mir hinsichtlich meiner angeführten Schrift zu behaupten versuchte. Vielmehr ist guter Grund vorhanden, die Meinung auszusprechen, dass ihm überhaupt keine der früheren Theorien recht bekannt war; denn sonst hätte er wissen müssen, dass R. Westphal gar keine Rücksicht auf die feststehenden und beweglichen Klänge nimmt, auch seine Scalen von anderen Tonstufen aus aufbaut und dass die thetischen Benennungen bei ihm ein von meiner Aufstellung der Systeme ganz verschiedenes Verhältniss besitzen. — Desgleichen ist gegen die Wahrheit in beregtem Angriff bemerkt, dass ich zu den Ansichten von Burette und Wallis zurückkehre. Selbstverständlich weiss ich nicht, ob mein Gegner überhaupt ein Wort von Burette und Wallis gelesen hat; gewiss ist aber, dass ich die irrigen Anschauungen beider kannte, bevor ich die »absolute

Harmonik« verfasste, welche schon bei aller Verehrung vor dem älteren
Schriftsteller die Fehler Friedrich Bellermann's andeutete. Dass ein ihm
Nahestehender für ihn und somit auch für sich selbst Einiges zu retten
suchte, verarge ich ihm nicht; nur hätte meiner Ueberzeugung nach
die Darstellung des Gegenstandes eine wissenschaftlichere und sachlich be-
gründetere sein müssen. Doch es war meinem Gegner nicht möglich, diesen Ton der Wissenschaft zu treffen, wie er sich mit Hülfe der classischen
Bildung ergreifen lässt. Zur Erklärung sei kurz gesagt, dass Westphal
die feststehenden und beweglichen Klänge, von denen ich gerade auf
Grund der Theorie des Ptolemäus meinen Ausgangspunkt nahm, bei
Feststellung der dynamischen und thetischen Benennungen ganz und
gar negirt und sie für »irrelevant« erklärt, dass ferner nicht ich, wohl
aber F r i e d r i c h B e l l e r m a n n zur Ansicht Burette's [1]) zurückkehrt,
wenn er ebenso wie seine Vorgänger die Klanggeschlechter in irrthüm-
licher Weise behandelt, und dass auch darin eine gewisse Uebereinstimmung zwischen dem verdienstvollen Schriftsteller Friedrich Bellermann mit Wallis und Burette stattfindet, wenn der erstere alle vermeintlichen Systeme des Ptolemäus von einer einzigen Tonhöhe aus
bildet, was aber sowohl der v e r s c h i e d e n a r t i g e n N a t u r der griechischen Instrumente und der Menschenstimmen, als auch den Worten
des griechischen Autors ganz entgegengesetzt ist. Wallis hat uns zwar
nach guten Manuscripten den Text überliefert, ihn jedoch an wichtigen
Stellen nicht verstanden, wie aus seiner lateinischen Uebersetzung und
manchen Erklärungen hervorgeht. Ganz besonders aber blieb er über
die Octavengattungssysteme vollständig im Unklaren. Seine Tonarten,
welche Burette genau ausgeschrieben hat, sind nämlich mit Hervor-
hebung der von ihm angenommenen Mitten (Mesen) folgende:

| | |
|---|---|
| Dorisch | = A H c d e f g a h c' d' e' f' g' a' |
| Mixolydisch | = A B c d e f g a b c' d' e' f' g' a' |
| Hypolydisch | = A B c d es f g a b c' d' es' f' g' a' |
| Lydisch | = As B c d es f g as b c' d' es' f' g' as' |
| Hypodorisch | = A H c d e fis g a h c' d' e' fis' g' a' |
| Phrygisch | = A H cis d e fis g a h cis' d' e' fis' g' a' |
| Hypophrygisch | = A H cis d e fis gis a h cis' d' e' fis' gis' a'. |

---

1) Burette hat das chromatische Klanggeschlecht ebenso dargestellt, wie Friedrich Bellermann, was folgende Stelle aus Burette beweist (Mémoires de littérature Tom. V, 2. Abth., p. 171): »En effet, dans le genre enharmonique, la modu-

Dies sind nach Wallis (Ptolem. harm. pag. 75 ff.) und Burette [1]) die vermeintlichen Scalen des Ptolemäus, welche mein Herr Gegner nicht kannte. Abgesehen davon, dass die Uebertragung hinsichtlich der Klangfolge falsch ist, weil hier bei nicht gehöriger Beobachtung der feststehenden und beweglichen Klänge das Mixolydisch als dorische, Hypolydisch als mixolydische, Lydisch als hypolydische, Hypodorisch als phrygische, Phrygisch als hypophrygische, Hypophrygisch als lydische Tonart erscheint, hat aber auch Ptolemäus nie daran gedacht, eine solch unmusikalische Theorie, welche das Seitenstück zur Bellermann'schen bildet, zu entwickeln; vielmehr hat er mit weiser Berücksichtigung aller Mittel das, was er in Bezug auf Klanggeschlechter, auf die Tetrachordbildung, den Stillstand und die Bewegung der Klänge auseinandersetzte, auch auf die Tonarten übertragen. Ganz übereinstimmend mit seinen Analysen ist meine Reconstruction der Systeme, aus welchen man klar zu erkennen vermag, wie keiner der feststehenden oder beweglichen Klänge aus seiner ursprünglichen Bedeutung gedrängt wird, sondern wie man jedes Klanggeschlecht genau nach den Vorschriften des Ptolemäus in jedem Octavengattungssysteme in richtiger Weise ausdrücken kann.

Es entsteht nun die Frage, aus welchem Grunde Claudius Ptolemäus die Tonarten, d. h. die Transpositionsscalen, auf sieben beschränkt. Obgleich er sich selbst hierüber deutlich in den angeführten Capiteln seiner Harmonik ausdrückt, wird es doch zum näheren Verständ-

---

lation procédoit trois fois de suite par deux quarts de ton consécutifs, puis une tierce majeure ou deux tons en cet ordre; si, si-dièse, ut, mi, mi-dièse, fa, la, la-dièse, si bé-mol, ré: dans le chromatique l'intonation se conduisoit aussi trois fois de suite par deux demi-tons consécutifs, puis une tierce mineure ou un ton & demi; si, ut, ut-dièse, mi, fa, fa-dièse, la, si bé-mol, si, ré: enfin, dans le diatonique, la voix montoit encore trois fois de suite d'un demi ton, puis de deux tons l'un après l'autre; si, ut, ré, mi, fa, sol, la, si bémol, ut, ré.«

1) Burette sagt über die Tonarten des Ptolemäus: »Voyons présentement à quelles de nos cordes ou notes répondent les mèses et les paramèses de chacun des sept modes de Ptolemée. Dans le dorien, ce sont le la & le si de notre 2e octave: dans le mixolydien, ce sont le ré & le mi de notre 3e octave; mais il faut y bémoliser les si: dans l'hypolydien, ce sont le sol & le la; mais il faut y bémoliser les si & les mi: dans le lydien, ce sont l'ut & le ré de la troisième octave; mais il faut encore y bémoliser les mi, les la & les si: dans l'hypodorien, ce sont le mi & le fa; mais il faut y diéser les fa: dans le phrygien, ce sont le si & l'ut; mais il faut y diéser les ut & les fa: enfin, dans l'hypophrygien, ce sont le fa & le sol; mais il faut y diéser encore les ut, les fa & les sol.«

niss nothwendig sein, die Notenscalen des Alypius mit in Betracht zu ziehen.

Friedrich Bellermann hebt richtig hervor, dass in der griechischen Notation eine Inconsequenz liege, weil dieselbe offenbar zeigt, wie die Griechen bald für ein und dieselbe Klanghöhe verschiedene Zeichen, bald für verschiedene Klanghöhen gleiche Zeichen gebrauchten. Der verdienstvolle Forscher führt dafür unter Anderem einen Beweis mit dem hypodorischen Tetrachord hypaton an:

Mit der Bezeichnung »genau« will Friedrich Bellermann ausdrücken, wie die Griechen eigentlich hätten notiren sollen, und »nach dem Alypius« versucht er die Inconsequenz der griechischen Notirung darzustellen. »Genau« ist seine eigene Bezeichnung auch nicht; denn angenommen, sein tiefster Proslambanomenos = F möchte Gültigkeit haben, so wäre dennoch die Bewegung von As nach A im chromatischen Geschlecht eine irrige, weil die Lichanos B abwärts bewegt wurde, also nach BB, damit auch wirklich ein chromatisches Trihemitonium BB - c entstehe; ferner ist es ganz verfehlt, im enharmonischen Geschlecht die feststehende Hypate = G durch ein Doppelkreuz zu erhöhen; denn die enharmonische Parhypate soll zwischen dem Halbton G - As liegen, in der Bellermann'schen Bezeichnung liegt sie aber, da er selbst eine Kreuzerhöhung als Apotome annimmt, zwischen As und c, d. h. zwischen dem enharmo-

nischen Ditonon, welches nach griechischer Theorie als ein ungetheil-
tes Intervall erscheinen soll. Wollte man akustisch annähernd das Dazwi-
schenliegen der enharmonischen Parhypate ausdrücken, so müsste man
in Rücksicht auf die Bellermann'sche Hypate = G für die enharmonische
Parhypate BBB* ![schreiben] schreiben; denn As ist einen Ganzton, also
»eine Apotome und ein Limma« von B entfernt; da nun, wie oben bc-
reits ausgesprochen, zwei Apotomen eine grössere Entfernung, als sie
ein Ganzton darstellt, ausdrücken, so fällt dann BBB* zwischen G und
As; das hinzugefügte Sternchen zeigt an, dass die Klanghöhe nur als
eine annähernde gelten soll. Correct auf die Klanghöhe von H aus übertragen, die man ganz motivirt als hypodorische Hypate hypaton betrachten kann, ergiebt sich folgendes Schema:

### Hypodorisches Tetrachord hypaton nach dem Alypius:

Diatonisch

Chromatisch

Enharmonisch

Wir wollen nicht scharf dagegen auftreten, dass Friedrich Bellermann
für die Instrumentalnote der diatonischen Lichanos das Zeichen Ⴑ annimmt, obschon Alypius ausdrücklich sagt: π̄ι διπλοῦν (Pi duplex) und
nicht hinzusetzt καὶ ἐλλειπές[1]), also auch kein Grund vorhanden ist,

---

1) Die Zeichen übersichtlich zusammengestellt sind folgende:

| | | |
|---|---|---|
| ᴌ | ᴧ | ἡμίφι πλάγιον ἀπεστραμμένον . καὶ ἡμίφι πλάγιον |
| ᴛ | Τ | ταῦ πλάγιον . . . . . . . . . . - ταῦ ὀρθόν |
| 3 | Ɛ | σίγμα διπλοῦν ἀπεστραμμένον . - σίγμα διπλοῦν |
| ᖯ | Ш | ῥῶ ἀνεστραμμένον . . . . . . - σίγμα διπλοῦν ἀνεστραμμένον |
| ᴖ | 3 | π̄ι ἀνεστραμμένον . . . . . . . - σίγμα διπλοῦν ἀπεστραμμένον |
| Ϙ | Η | ο̄υ κάτω γραμμὴν ἔχον . . . . - ῆτα |

den Strich rechts wegzulassen. Ueber die Herstellung der Zeichenfiguren
wollen wir aber, wie gesagt, nicht streiten, da selbst in den Hand-

| | | |
|---|---|---|
| ᚺ | ξῖ διπλοῦν πλάγιον ...... | καὶ πῖ διπλοῦν ἀνεστραμμένον |
| ᚱ | ἀντίνυ ............. | – πῖ διπλοῦν |
| ᚼ | μῦ ἀνεστραμμένον ....... | – ἦτα ἐλλειπές |
| ⅃ | λάμβδα ἀνεστραμμένον .... | – ἦτα ἐλλειπές πλάγιον |
| ꓩ | κάππα ἀνεστραμμένον ..... | – ἦτα ἐλλειπές ἀπεστραμμένον |
| Ε | ἰῶτα πλάγιον ........ | – εῖ τετράγωνον |
| Ш | ἡμίθητα ......... | – εῖ τετράγωνον ὕπτιον |
| Ⴈ | ἦτα ἐλλειπές ....... | – εῖ τετράγωνον ἀπεστραμμένον |
| ⌐ | ζῆτα ἐλλειπές ....... | – ταῦ πλάγιον |
| ⊥ | δίγαμμα........ | – ταῦ ἀνεστραμμένον |
| ⅂ | δέλτα ἀνεστραμμένον ..... | – ταῦ πλάγιον ἀπεστραμμένον |
| Γ | γάμμα ἀπεστραμμένον ..... | – γάμμα ὀρθόν |
| L | βῆτα ἐλλειπές ..... | – γάμμα ἀνεστραμμένον |
| Ŀ | ἄλφα ἀνεστραμμένον ..... | – δίγαμμα ἀνεστραμμένον |
| ⋌ | ω̄ ............ | – ἡμίμυ |
| ⋋ | ψῖ ............ | – ἡμίμυ ὕπτιον |
| Ч | χῖ ............ | – ἡμίμυ δεξιόν |
| F | φῖ ............ | – δίγαμμα |
| ⊔ | ῡ ............ | – δίγαμμα ἀνεστραμμένον |
| Ⅎ | ταῦ ............ | – δίγαμμα ἀπεστραμμένον |
| C | σίγμα ....... | – σίγμα |
| Ͻ | ῥῶ ........... | – σίγμα ἀνεστραμμένον |
| Ͻ | πῖ ........... | – σίγμα ἀπεστραμμένον |
| K | οῦ ........... | – κάππα |
| Ӿ | ξῖ ........... | – κάππα ἀνεστραμμένον |
| Ӿ | νῦ ........... | – κάππα ἀπεστραμμένον |
| Π | μῦ ........... | – πῖ καθειλκυσμένον |
| ⋜ | λάμβδα ...... | – ἡμίδελτα ὕπτιον |
| ⋋ | κάππα ........ | – ἡμίδελτα καθειλκυσμένον |
| ⋖ | ἰῶτα ........ | – λάμβδα πλάγιον |
| V | θῆτα ........ | – λάμβδα ἀνεστραμμένον |
| ⋗ | ἦτα ........ | – λάμβδα πλάγιον ἀπεστραμμένον |
| ⊏ | ζῆτα ........ | – πῖ πλάγιον |
| Ш | εῖ τετράγωνον ....... | – πῖ ἀνεστραμμένον |
| ⊐ | δέλτα ........... | – πῖ πλάγιον ἀπεστραμμένον |
| Ͷ | γάμμα ..... | – νῦ |
| / | βῆτα ....... | – ὀξεῖα |
| ⟋ | ἄλφα ....... | – βαρεῖα |
| Ζ | ω̄ τετράγωνον....... | – ζῆτα |
| ⋀ | ψῖ κάτω νεῦον ....... | – ἡμίαλφα δεξιὸν κάτω νεῦον |
| ⋔ | χῖ διεφθορός ....... | – ἡμίαλφα ἀριστερὸν κάτω νεῦον |
| И | φῖ πλάγιον ....... | – ἦτα ἀμελητικὸν καθειλκυσμένον |
| Ⴠ | ῡ κάτω νεῦον ........ | – ἡμίαλφα ἀριστερὸν ἄνω νεῦον |

schriften und zwischen den einzelnen Autoren zuweilen sogar nicht
unerhebliche Abweichungen vorkommen. Trotz derselben würde man
dennoch die Bedeutung der Zeichen in den einzelnen Fällen leicht erkennen, wenn man noch mehrere mit griechischen Noten aufgezeichnete
Lieder vorfände, als die bisher veröffentlichten, deren Herausgabe ich
mir für später vorbehalte. Die vollständige Reihe der Zeichen habe ich
bei Aufzeichnung der Transpositionsscalen des Alypius Seite 264 gegeben, woraus man ersehen kann, dass auch die enharmonischen und
chromatischen Lichanen und Paraneten bereits in den diatonischen Scalen
theilweise vorhanden sind, und zwar erscheinen dieselben zum Theil
in der nächst höheren diatonischen Scala, z. B. die chromatischen und
enharmonischen Zeichen der hypodorischen und dorischen Transpositionsscala unter den diatonischen Zeichen der hypoiastischen und iastischen Transpositionsscala, wo dann die enharmonischen Klanghöhen der
tieferen Scala mit den diatonischen der höheren zusammentreffen, wie
eine Vergleichung der Scalen sogleich lehrt. Ferner sind die chromatischen und enharmonischen Zeichen einer Scala mit den chromatischen
und enharmonischen Zeichen ihrer vertieften Scala, sobald man das
System diezeugmenon mit Hinweglassung des Tetrachord synemmenon
zu Grunde legt, ohne Ausnahme vollkommen gleich, es haben also die
hypoiastische und hypophrygische, die hypoäolische und hypolydische,
die iastische und phrygische, die äolische und lydische (der Strich
bei den chromatischen Zeichen der lydischen Scala war jedenfalls nur
Merkmittel) ganz gleiche chromatische und enharmonische Zeichen. Ein
anderes Verhältniss tritt jedoch nach der hyperdorischen (d. h. der

| | | | | |
|---|---|---|---|---|
| ⊥ | Ꝩ | ταῦ ἀνεστραμμένον | . . . . . . | καὶ ἡμίαλφα δεξιὸν ἄνω νεῦον |
| Ο | Κ′ | οῦ | . . . . . . . . . . . . . . | - κάππα |
| Ξ | Ɣ′ | ξῖ | . . . . . . . . . . . . . . | - κάππα ἀνεστραμμένον |
| Ν′ | Ϗ′ | νῦ | . . . . . . . . . . . . . | - κάππα ἀπεστραμμένον |
| Μ | ˥′ | μῦ | . . . . . . . . . . . . . | - πῖ καθειλκυσμένον |
| Λ | Ꞁ′ | λάμβδα | . . . . . . . . . | - ἡμίδελτα ὕπτιον |
| Κ | Λ′ | κάππα | . . . . . . . . . | - ἡμίδελτα καθειλκυσμένον |
| Ι | Ϲ′ | ἰῶτα | . . . . . . . . . . | - λάμβδα |
| Θ | Ѵ′ | θῆτα | . . . . . . . . . . | - λάμβδα ἀνεστραμμένον |
| Η | Ϡ′ | ἦτα | . . . . . . . . . . | - λάμβδα πλάγιον ἀπεστραμμένον |
| Ζ | Ϲ′ | ζῆτα | . . . . . . . . . | - πῖ πλάγιον |
| Δ | ⅃′ | δέλτα | . . . . . . . . . | - πῖ πλάγιον ἀπεστραμμένον |
| Γ | И′ | γάμμα | . . . . . . . . . | - νῦ |
| Α | Ѵ′ | ἄλφα | . . . . . . . . . | - βαρεῖα |
| Ս | Ζ′ | ω τετράγωνον | . . . . . . . . | - ζῆτα |

| | | | | | | | | | | | | | |
|---|---|---|---|---|---|---|---|---|---|---|---|---|---|
| **Hypodorisch.** | | | | | | | | | | | | | |
| **Hypoionisch oder Tief Hypophrygisch.** | | | | | | | | | | | | | |
| **Hoch Hypophrygisch.** | | | | | | | | | | | | | |
| **Hypaeolisch oder Tief Hypolydisch.** | | | | | | | | | | | | | |
| **Hoch Hypolydisch.** | | | | | | | | | | | | | |
| **Dorisch.** | | | | | | | | | | | | | |
| **Ionisch oder Tief Phrygisch.** | | | | | | | | | | | | | |
| **Hoch Phrygisch.** | | | | | | | | | | | | | |
| **Aeolisch oder Tief Lydisch.** | | | | | | | | | | | | | |
| **Hoch Lydisch.** | | | | | | | | | | | | | |
| **Hyperdorisch oder Tief Mixolydisch.** | | | | | | | | | | | | | |
| **Hyperionisch oder Hoch Mixolydisch.** | | | | | | | | | | | | | |
| **Hyperphrygisch oder Hypermixolydisch.** | | | | | | | | | | | | | |
| **Hyperaeolisch.** | | | | | | | | | | | | | |
| **Hyperlydisch.** | | | | | | | | | | | | | |

tieferen mixolydischen) nach der Höhe zu ein, wo zwar einzelne Zeichen gleich sind und zwar für enharmonische Klangstufen, z. B. b = ais (hyperdorisch-enharmonisch b = X ч, hyperiastisch-diatonisch ais = X ч), das Princip aber nicht durchgeführt ist, wie bei den chromatischen Vertiefungen [1]). (S. beil. Tab.) Ueberhaupt ist es der griechischen Musik eigenthümlich, dass bei Veränderungen der Klanghöhen das Princip der Vertiefung das vorherrschende ist, woraus sich auch leicht erkennen lässt, aus welchem Grunde Claudius Ptolemäus die Transpositionsscalen auf sieben beschränkte. Ausdrücklich meint er nämlich, dass Diejenigen sehr unrecht handeln, welche bei Bildung der Transpositionsscalen eine

---

1) Auf der Tabelle fehlen noch die Zeichen, welche Aristides Quintilian für die Klänge unterhalb des hypodorischen Proslambanomenos angiebt. Die Stelle ist jedenfalls verdorben; sie lässt sich aber mit Rücksicht auf die Theorie des Ptolemäus so herstellen:

τοῦ μὲν βαρυτάτου πάντων (scil. τόνων) ποδωρίου διὰ τεσσάρων (anstatt τόνον) ἐπὶ τὸ βαρύτερον ἀνέντες, τὸ ⊐ λαμβάνομεν ἀρχὴν τῶν σημείων · ἔπειτα τὸ μετὰ τοῦτο · ἐν μὲν ἁρμονίᾳ, διέσεως ἐπέχον λόγον, ἐν δὲ χρώματι καὶ διατόνῳ, ἡμιτονίου · εἶτα τὸ μετὰ τοῦτο · εἶτα τὸ τέταρτον, τόνον ἐπέχειν ὁριζόμεθα. Dann ist mit dieser Stelle das tiefste Tetrachord bezeichnet, weil unterhalb A das Tetrachord E F G A liegt. In den drei Geschlechtern ausgedrückt, würden wir folgende Eintheilung erhalten, wenn wir nach Aristides die Zeichen ⊐ ⊏, ɜ- ∈, X X, ⊢ ⊣ unterlegten:

| | | | | | | | |
|---|---|---|---|---|---|---|---|
| Diatonisch: | E | ½ | F | 1 | G | 1 | A |
| | ⊐ ⊏ | | ɜ- ∈ | | ⊢ ⊣ | | ᗝ ᗝ |
| Chromatisch: | E | ½ | F | ½ | Ges. | chrom. Trihemitonium | A |
| | ⊐ ⊏ | | ɜ- ∈ | | X X | | ᗝ ᗝ |
| Enharmonisch: | E | ¼ | Ges Ges* | ¼ | F | Ditonon | A |
| | ⊐ ⊏ | | ɜ- ∈ | | X X | | ᗝ ᗝ |

(Die Zahlen bezeichnen die Aristoxenische Messung.)

Im Uebrigen bemerke ich, dass Meibom das Verdienst gebührt, die griechischen Tonzeichen überliefert zu haben. Die Zeichen der Breitkopf & Härtel'schen Officin, welche zur Herstellung dieser Schrift benutzt sind, sind den Meibom'schen nachgebildet, und auch Friedrich Bellermann richtete sich nach den Figurenbildungen Meibom's, wie aus der Vergleichung hervorgeht. Nur in ganz unwesentlichen und nicht einmal zu rechtfertigenden Kleinigkeiten weicht Friedrich Bellermann von Meibom ab. Z. B. hat Meibom das Zeichen Ħ, Bellermann schreibt P, dieser lässt mithin den Strich rechts weg; ferner giebt Meibom Φ, Bellermann φ, letzterer nimmt also den kleinen Buchstaben φῖ für den grossen, wie es auch in Manuscripten vorkommt. Für das ξῖ διπλοῦν steht bei Meibom ꟽ, bei Bellermann M. Man kann in diesen Abweichungen eine wichtige Forschung durchaus nicht erblicken.

theoretische Theilung in Halbtöne vornehmen, weil z. B. die tiefere hypophrygische Scala (hypoiastische Scala) ganz dieselbe sei, wie die höhere hypophrygische, man brauche ja nur die Instrumente etwas tiefer zu stimmen. Die Natur der Instrumente verstattete also eine solche chromatische Halbtonvertiefung im Ganzen, ohne dass ihre Klangwirkung besonders geschädigt wurde. Zugleich ersieht man auch daraus, dass Ptolemäus nicht allein die chromatischen und enharmonischen Zeichen, sondern auch die diatonischen Zeichen für die chromatisch vertiefte Scala beibehalten will, weil hier nur auf ein und demselben Instrumente eine geringe Abänderung entsteht. Auch tadelt er Diejenigen, welche in H a l b t ö n e n bis zum Diapason vorschreiten, weil eine Tonart stets unharmonisch sein würde. Und in der That ist dies auch der Fall ; denn die höhere mixolydische = hyperiastische ist von gis aus gebildet und deshalb zu ihrer eigentlich harmonisch verwandten Scala, zur iastischen = es unharmonisch, und wollte man die hyperiastische als eine vertiefte hypermixolydische = vertiefte hyperphrygische betrachten, sie also von as aus notiren, so würde sie zur höheren phrygischen (cis) unharmonisch sein, weil im ersteren Falle kein reines Intervall Diatessaron, im letzteren kein reines Intervall Diapente vorhanden ist. Theoretisch consequent ist es also gehandelt, wenn Ptolemäus gegen die Aufzeichnung von mehr als sieben Transpositionsscalen eifert. Er gewinnt dadurch eine bessere Uebersicht der Notenscalen, ein reineres, harmonisches System, ein regelrechteres Verhältniss der einzelnen Scalen zu einander und eine klangschönere Praxis. Gewiss wusste der scharfsinnige Theoretiker genau, dass Instrumente mit offenen Saiten eine üble Klangwirkung hervorbringen, wenn sie z. B. für g e s und f i s und für andere enharmonische Klänge ein und dieselbe Saite besitzen ; dies ist aber in Anbetracht der Scalen des Alypius und der alten Kithara ganz sicher anzunehmen, wenn man zur Zeit des Ptolemäus Instrumente baute, auf welchen wo möglich alle Transpositionsscalen dargestellt werden konnten. Die einfachen Instrumente waren gewiss so gebaut, dass nur die harmonisch verwandten Transpositionsscalen auf denselben zur Erscheinung kamen, z. B. die hypodorische, dorische und mixolydische, oder die hypophrygische und phrygische etc., welche Systeme sich stets am leichtesten verbanden. Zieht man jedoch einen Vergleich mit unseren älteren Harfen, für welche ja dieselbe akustische Basis vorhanden ist, wie für die alte Kithara, so findet man, dass eine nach dem älteren System gebaute Harfe, deren Grundtonart in Es ist, die nächsten sechs Tonarten am leichtesten besitzt, welche in Quarten abwärts gewonnen werden, also es – B – F – C – G, – D, – A,,, oder auf eine Octave übertragen es – B – F – c – G – d – A. Geht man nun bei der alten Kithara von der mixolydischen Transpositionsscala in gleicher Weise aus, so findet man die sieben Transpositionsscalen g – d – A – e – H – fis – cis, die auf einem Instrumente ausgedrückt werden konnten. Durch akustische Experimente und mathematische Consequenzen gewann dann Claudius Ptolemäus die verschiedenen Färbungen (χρόαι), welche den Kitharoden und Lyroden zu Gebote standen.

Wir haben ähnliche Färbungen auch in der modernen Musik, wenn wir z. B. einen plötzlichen Uebergang von F - dur nach D - dur bewirken, als:

Hier treten also die Systeme nach einander auf: B̅ ̅d̅ ̅F̅ ̅a̅ ̅C̅ ̅e̅ ̅G̅ und G̅ ̅h̅ ̅D̅ ̅fis̅ ̅A̅ ̅cis̅ ̅E̅; das Terz - a von F geht mithin über in ein Quint - A von D, oder akustisch zusammengestellt finden wir, dass in der Reihe F a C e G h D fis A der Klang A, d. h. die vierte Quint in die Klangregion von a gebracht, zu F die pythagoreische Terz d. h. 64 : 81 ergiebt, während a die moderne Terz mit F bewirkt, d. h. das Verhältniss von 4 : 5. In dem Uebergange vollzieht sich daher eine Färbung im Klange a, welche noch viel feiner ist, als eine enharmonische Färbung, z. B. zwischen cis' und des', es' und dis' etc., denn zwischen a und A ist nur der Unterschied von 80 : 81. Moritz Hauptmann hat die Unterschiede der modernen Tonverhältnisse in seinen Artikeln »Klang« und »Temperatur« in Chrysander's »Jahrbüchern für musikalische Wissenschaft«, sowie in seiner »Natur der Harmonik und der Metrik« geistvoll auseinandergesetzt, gleichwie wir nicht unterlassen wollen, auf den neuerdings von M. W. Drobisch veröffentlichten Artikel: »Ueber ein zwischen Altem und Neuem vermittelndes Tonsystem« (Allgem. Musik. Zeitung Nr. 49 ff. Jahrg. 1871) hinzuweisen, in welchem die Gleichsetzung der Schwingungsverhältnisse äusserst scharfsinnig behandelt worden ist.

Die musikalische Theorie des Claudius Ptolemäus, welche in jeder Beziehung das vollständigste Verständniss für die Praxis der damaligen Zeit bezeugt und als eine Reinigung, ja wesentliche Verbesserung der oft nconsequenten älteren Theorie der Aristoxener und Pythagoreer erscheint, liegt unbestreitbar dem Werke »Ueber die Musik« des **Boetius** zu Grunde. Diesem verdanken wir zugleich die Aufzeichnung der sieben Transpositionsscalen des Ptolemäus, welche so oft zu Muthmassungen und falschen Erklärungen Veranlassung gegeben haben. Das Verständniss für dieselben und für die im Ptolemäus befindlichen Capitel über Tonartenbildungen wird ganz besonders durch die Entwickelungen des lateinischen Schriftstellers erleichtert, dessen ganze Erziehung seinen Geist frühzeitig auf die philosophischen, mathematischen und daher auch auf die musikalischen Schätze der Griechen hinlenkte. Dies bezeugen die Zeitgenossen Cassiodorus, der Kanzler Theodorichs des Grossen, Ennodius, der Bischof von Ticinum (Pavia), Procopius, ein byzantinischer Geschichtsschreiber, und jener Chronist Anonymus Valesianus, dessen Bericht in den Ausgaben des Ammianus Marcellinus [1]) veröffentlicht ist. Aus den Schriften der Genannten und aus den eigenen Werken unseres Autors kann man mit Wahrscheinlichkeit schliessen, dass Anicius Manlius Severinus Boetius zwischen den Jahren 473 und 485 geboren wurde, wogegen frühere Historiker ohne Grund die Zahl 455 als Bezeichnung des Geburtsjahres aufstellten [2]). Mit Recht glaubt man wohl, dass die einzelnen Namen vom Geschlecht und von der Familie

---

1) Der angeführte Chronist lebte höchst wahrscheinlich zur Zeit des Boetius; die Gebrüder Valois veranstalteten eine Ausgabe des Ammianus Marcellinus (Lugd. Batav. 1693), welche wiederum durch Gronovius zum Abdruck benutzt wurde (Lipsiae 1773).

2) Vergl. Baur, die christl. Lehre von der Dreieinigkeit; Obbarius in der Ausgabe der Schrift de consol. phil. von Boetius, Jena 1843, pag. IX; Ennod. eucharist. de vita sua in Migne Patrolog. curs. complet. Tom. 63, Paris 1847, p. 248, wo Boetius als der Jüngere in Bezug auf Ennodius angesehen wird, welch Letzterer 473 geboren ist. Mithin hat Boetius nach 473 das Licht der Welt erblickt. 510 war er Consul, also weniger als 37 Jahre alt. Seine Klagen über vorzeitige graue Haare (De consol. philos. I Metrum I) geben keine Anhaltepunkte zur Beurtheilung seines Lebensalters, wohl aber die Angabe, dass seine beiden Söhne in sehr jungen Jahren Consuln gewesen seien [522]. (De consol. phil. II, prosa III, IV; Baur p. 13, not. 13.) Jedenfalls war er daher bei seinem Tode älter als 40 Jahre. In der vita Boetii (De consol. philos., editio Paris. 1695) wird ungefähr das Jahr 475 als Geburtsjahr angegeben: »Boetius natus Romae (Consol. philos. lib. I, p. 5: Tuae civitatis antiquissimam legem), circa annum Domini quadringentesimum septuagesimum quintum, aequaevus Joanni Summo Pontifici, Justino imperatori, Fulgentio, Ennodio et Cassiodoro doctoribus ecclesiasticis.«

»Ohne Grund« tadelt z. B. Forkel (Gesch. d. Musik) den Cellier (Hist. génér. des Auteurs sacr. T. XV, pag. 555), dass dieser 470 als Geburtsjahr annimmt.

herrühren [1]), ohne stichhaltigen Grund hat man jedoch die Schreibart Boethius angewendet, weil man von der Ansicht ausging, der Name stamme von βοηθός, d. h. Helfer. Sowohl in den Manuscripten der Schrift » De musica« als auch in den Zeugnissen der Zeitgenossen ist aber stets die Schreibart Boetius gewählt [2]), weshalb man gar keine Veranlassung findet, irgendwelche Veränderung einzuführen; denn auf Grund der Quellen möchte wohl sicher anzunehmen sein, dass Boetius selbst ohne den Buchstaben h seinen Namen geschrieben hat. Möglicherweise trat hierzu noch der in die Familie eingeführte Name Torquatus und vielleicht auch Flavius hinzu, ohne dass für beide ganz unzweifelhafte Beweise beigebracht werden könnten. Dem hochangesehenen und reichen Geschlechte der Anicier entsprossen, Sohn des Anicius Manlius Flavius Boetius, welcher im Jahre 487 die Consulwürde bekleidete [3]), Enkel eines angesehenen, 454 als Praefectus praetorii fungirenden Staatsbürgers [4]), hatte er das Unglück, frühzeitig den Vater durch den Tod zu

---

1) De cons. phil. ed. Paris. vita Boetii cap. 2: »Ut autem saepe praenomen nomini, et nomen cognomini olim anteponetatur, sic non raro inverso ordine, ut nunc, positis nomine et cognomine, praenomen subjiciebatur. Sic ergo auctor noster nomine gentis dicitur A n i c i u s, quod ex antiquissima nobilissimaque Aniciorum gente esset prognatus. Sic nomine familiae dicitur M a n l i u s S e v e r i n u s, quia ex Manliis Severinis ortus erat: sive fuerint duae familiae, quarum alteram, nimirum Manliorum per patrem, alteram videlicet Severino rum per matrem attigerit: sive eadem fuerit familia cognomine altero dicta Severinorum, propter illam severitatem, qua T. Manlius, qui ob detractum Gallorum duci a se occiso t o r q u e m, inde Torquati cognomen in familiam intulit, filium securi caedi jussit, quod contra edictum, ductorem Tusculanorum singulari certamine provocantem interfecerit.«

2) Allerdings sagt schon Fabricius »Bibliotheca latina« Tom. 3 pag. 202: »In veteribus lapidibus et monumentis jam Boethius jam Boetius scriptum invenitur, ut notavit Sirmondus ad Ennodium p. 31.« Die Manuscripte haben aber Boetius, desgleichen die Zeitgenossen Ennodius epist. 13, lib. 7, Cassiodor. epist. 15, lib. 1, derselbe epist. 40, lib. 2, und so auch die Musiker des Mittelalters Aurelianus, Hucbald, Guido etc. — Massgebend ist vor Allem der griechische Text des Procopius, welcher Hist. Gothic. lib. 1, 1 schreibt: Σύμμαχος καὶ Βοέτιος, ὁ τούτου γαμβρὸς, εὐπατρίδαι μὲν τὸ ἀνέκαθεν ἤστην etc. und weiterhin: τὴν ἐς Σύμμαχόν τε καὶ Βοέτιον ἁμαρτάδα ἔκλαιεν (Procop. edit. Byzant. Vol. 2, 11, 9 u. 2, 12 ff.). — Peiper's Ausgabe der »Consolatio philosophiae« enthält fünf kürzere Vitae nach Handschriften, in welchen stets der Name Boetius, nicht Boethius, geschrieben ist; in der letzten wird der Name aus dem Griechischen hergeleitet.

3) Hagenbuch p. 98.

4) Der Grossvater Flavius Boetius wurde im Jahre 454 hingerichtet (Cassiodorus in chronico ad consulatum Aëtii et Studii anno Christi 454, Hagenbuch

verlieren. Der Fürsorge würdiger und durch Lebensstellung ausgezeich-
neter Männer übergeben, unter welchen man Festus und Symmachus zu
verstehen meint, wuchs der Knabe im Studium der griechischen Philosophen zu einem der gebildetsten Römer heran und vermählte sich später mit Rusticiana[1], der Tochter des Symmachus. Die zwar nicht in
Athen[2], sondern durch das Studium der Griechen erworbenen viel-
seitigen Kenntnisse und das Geschick in der Verwerthung seines Wissens,
der edle Charakter und die staatsmännische Klugheit erwarben ihm die
Gunst des Ostgothenkönigs T h e o d o r i c h im höchsten Grade, wie aus
einem auf Befehl desselben von C a s s i o d o r verfassten Briefe[3] an

p. 32, 82, 105, Hand in der Encyclop. v. Ersch und Gruber unter Boethius
Anm. S. 283).

1) Rusticiana, die Gattin des Boetius war die Tochter des Symmachus;
denn Procopius Histor. Gothic. lib. 3, 20 sagt: Καὶ οὐχ᾽ ἥκιστα Ῥουστικιανῇ, τῇ
Βοετίου μὲν γαμετῇ γενομένῃ, παιδὶ δὲ Συμμάχου etc. edit. Byzant. 2, 365. Die
Erzählung, dass eine gewisse Elpis, nach Vallinus die Tochter des Festus, seine
Gattin gewesen sei, beruht wohl auf Fabeln. Vergl. Hand a. a. O. Fabricius
Biblioth. lat. pag. 203 sagt (in Uebereinstimmung mit alten Ausgaben der Cons.
phil.): »Uxor E l p i s Boëthium in exilium comitata est, ut constat ex ejus epi-
taphio, quod exstat Romae in porticu S. Petri, affertque Gyraldus Dial. 5. de
Poëtis. Epitaphium illud etiam hoc loco integrum apponere juvat ex Prae-
fatione R e n a t i V a l l i n i, quoniam illud in editione A. 1671 est ommissum:
> Helpes dicta fui, Siculae regionis alumna,
>> Quam procul a patria conjugis egit amor:
> Quo sine moesta dies, nox anxia, flebilis hora,
>> Nec solum caro, sed spiritus unus erat.
> Lux mea non clausa est, tali remanente marito,
>> Majorique animae parte superstes ero.
> Porticibus sacris jam nunc peregrina quiesco
>> Judicis aeterni testificata thronum.
> Ne qua manus bustum violet, nisi forte jugalis
>> Haec iterum cupiat jungere membra suis,
> Ut thalami tumulique comes nec morte revellar,
>> Et socios vitae nectat uterque cinis.«
Mit Rusticiana erzeugte er die beiden so frühzeitig zu Consuln gewählten Söhne
Aur. Anicius Symmachus und Anicius Manlius Severinus Boetius. Vergl. De
consol. phil. lib. 2, pros. 3: »Duos pariter consules liberos tuos domo provehi
sub frequentia patrum, sub plebis alacritate vidisti«... und »viri consulares,
quorum jam ut in id aetatis pueris vel paterni vel aviti specimen elucet ingenii«.

2) Man glaubte früher, Boetius habe zu Athen studirt, weil Cassiodor schreibt
»Sic enim Atheniensium scholas longe positus introisti«. Cassiodor versteht
darunter aber jedenfalls nur die wissenschaftlichen Systeme der Griechen,
welche Boetius sich angeeignet hatte.

3) Cassiodori epist. 45, lib. 1: »Boetio viro illustri Patricio Theodoricus

Boetius hervorgehl, in welchem lobpreisend hervorgehoben wird,
dass Boetius die Lehrsätze der Griechen zu einer Wissenschaft der
Römer gemacht, durch seine Uebersetzungen den Musiker Pythagoras, den Astronomen Ptolemäus, den Arithmetiker Nicomachus,
den Geometriekundigen Euclides, den Theologen Plato, den Logi-
ker Aristoteles, den Mechaniker Archimedes so deutlich und schön
in lateinischer Sprache habe reden lassen, ferner dass er mit der Physik und Mathematik, mit allen edlen Wissenschaften und Künsten innig
vertraut sei und als Autorität betrachtet werden müsse. In Folge
seiner Gelehrsamkeit und des Adels seiner Gesinnung erlangte er bereits
im Jünglingsalter die vornehmsten Ehrenstellen, unter welchen ganz besonders die Consulwürde [1]) zu seiner Macht im Staate wesentlich beitrug.
Diese erwarb er als Patricier bereits im Jahre 510, nachdem er schon
durch seine Leistungen in den verschiedenen Gebieten der Wissenschaft
Aufsehen erregt hatte. Fort und fort wuchs sein Einfluss durch das Vertrauen, welches ihm der Ostgothenkönig Theodorich schenkte, unter
dessen Herrschaft über Italien sich das Talent des Knaben, Jünglings
und reifen Mannes entfaltete. Die Regulirung des Münzwesens [2]) wurde
ihm übertragen, in der Astronomie und Zeitrechnung erbat man seine
Hülfe, wie die an ihn gestellte Bitte des Burgunderkönigs G u n d o b a l d
um eine Wasser- und Sonnenuhr beweist [3]), auf dem Gebiete der Musik
überliess man seinem Urtheil die Wahl von praktischen Tonkünstlern
zur Ergötzung der Könige [4]), und betrachtete ihn mit Recht als den Erben

---

Rex«..... worin u. A. geschrieben steht: »Translationibus enim tuis Pythagoras musicus, Ptolemaeus astronomus leguntur Italis. Nicomachus arithme-
ticus, geometricus Euclides audiuntur Ausoniis. Plato theologus, Aristoteles
logicus Quirinali voce disceptant. Mechanicum etiam Archimedem Latialem
Siculis reddidisti: et quascumque disciplinas vel artes foecunda Graecia per
singulos viros edidit, te uno auctore, patrio sermone Roma suscepit, quos tanta
verborum luculentia reddidisti claros, tanta linguae proprietate conspicuos, ut
potuissent et illi opus tuum praeferre, si utrumque didicissent.«

1) Hagenbuch de diptych. p. 81; Hand a. a. O.
2) Cassiod. epist. var. 1, 10.
3) Cassiod. ep. var. 1, 45.
4) Cassiod. ep. 40, lib. 2: »Boetio Patricio Theodoricus Rex.« »Cum Rex
Francorum, convivii nostri fama pellectus, a nobis cytharoedum magnis preci-
bus expetisset, sola ratione complendum esse promisimus, quod te eruditionis
musicae peritum esse noveramus. Adjacet enim vobis doctum eligere, qui di-
sciplinam ipsam in arduo collocatam, potuistis attingere. Quid enim illa prae-
stantius, quae coeli machinam sonora dulcedine modulatur, et naturae conve-
nientiam ubique dispersam virtutis suae gratia comprehendit? ... Sed quoniam

griechischer Musikwissenschaft, als den bedeutsamsten Theoretiker seiner Zeit; ja selbst in der Mechanik schätzte man die Erfahrungen des
Mannes, welcher inmitten einer Zeit religiöser und politischer Streitigkeiten seine schweren Pflichten mit strengster Gewissenhaftigkeit zu
erfüllen und nicht selten den aus Parteisucht und Hass fälschlich Ange-
klagten Recht zu verschaffen suchte. Auf der Höhe seines Ruhmes sollte
der treffliche Mann bald erkennen, wie das Leben nur selten ein dauern-
des Glück bietet und wie oft inmitten der glänzendsten Verhältnisse das Un-
glücksschwert über dem ruhmgekrönten Haupte schwebt. Je mehr seine
Popularität wuchs, je kräftiger er die Armen unterstützte und sich die
Liebe des ganzen Volkes sicherte, desto mehr suchten die neidischen,
gewinnsüchtigen Höflinge seinen Charakter zu verkleinern und seine
Königstreue zu verdächtigen. Wahrscheinlich hatten die Streitigkeiten der
Arianer und der Vertheidiger des katholischen Glaubens wenig oder gar
keinen Einfluss auf seinen Sturz[1], obgleich es nahe lag, aus den Zeit-
umständen eine solche Folgerung zu ziehen. Der arianische König Theo-
dorich gerieth nämlich trotz seiner geschickten Politik und tactvollen
Haltung gegenüber dem griechischen Kaiserthum mit letzterem in einen
Streit, als der griechische Kaiser Justinus die Kirchengemeinschaft mit
Rom herstellte und dann ein Edict gegen die Arianer erliess, nach welchem diese ihrer Kirchen beraubt, zu Staatsämtern nicht mehr zugelassen und mit Gewaltmassregeln zur Anerkennung des Katholicismus getrieben wurden. Theodorich verlangte Zurücknahme des kaiserlichen
Erlasses und drohte vergebens mit Gegenmassnahmen. Die Sendung des
römischen Bischofs Johannes I. nach Constantinopel, wo dieser die
Aufhebung der Verordnungen Justin's auswirken sollte, blieb ohne Erfolg, sie führte vielmehr zur Verhaftung dieses Gesandten, weil man

---

nobis facta est voluptuosa digressio (quia semper gratum est de doctrina collo-
qui cum peritis) cytharoedum, quem a nobis diximus postulatum, sapientia ve-
stra eligat praesenti tempore meliorem; facturus aliquid Orphei, cum dulci
sono gentilium fera corda domuerit. Et quantae nobis gratiae fuerint actae, tan-
tae vobis ex nostra aequabili compensatione referentur, qui et imperio nostro
paretis, et, quod vos clarificare possit, efficitis.«

1) Hand a. a. O. geht zu weit, wenn er dem Boetius das Christenthum vollständig abspricht; erwiesen ist allerdings nicht, dass Boetius Christ war, weil
sein eigentliches Glaubensbekenntniss aus den philosophischen Schriften nicht
klar ersehen werden kann. Aber auch Cassiodor und andere christliche Zeitgenossen legten das Hauptgewicht auf humanistische Studien, so wahrscheinlich auch Boetius; denn das Geschlecht der Anicier hatte längst vor ihm das
Christenthum angenommen.

ihn der Conspiration gegen Theodorich und des Einverständnisses mit
dem griechischen Kaiser beschuldigte. Sein Tod im Gefängniss 526 war
die Folge der unfruchtbaren Gesandtschaft.· Aufgeregt durch jene widri-
gen Verhältnisse, misstrauisch gegen seine Umgebung, bewahrte sich
Theodorich nicht mehr den freien Blick, die vorurtheilslose Anschauung
aus seinen früheren Jahren, und in leicht erklärbarer Ueberreizung
wandte sich auch sein Herz von Boetius ab, der ihm so treu mit Rath
und That zur Seite stand. Der römische Senator Albinus, vielleicht
derselbe, welchen unser Autor in seiner Schrift »De musica« citirt, war
des Hochverrathes angeklagt, — Boetius übernahm die Vertheidigung
zu Verona, wo er auch den Senat vor ungerechten Anschuldigungen
durch freimüthige Rede schützte. Von diesem aber mit Undank belohnt
und bei Theodorich angeschwärzt, musste er den Verdächtigungen seiner Ankläger Basilius, Opilio und Gaudentius unterliegen. Sein Sehnen
und Hoffen nach Wiederherstellung römischer Freiheit ging mit ihm
unter. Er wurde, des heimlichen Einverständnisses mit Justin und des
Hochverraths angeklagt, im Jahre 525 oder schon 524 hingerichtet,
nachdem er zu Pavia im Kerker geschmachtet und während seiner Ge-
fangenschaft das Werk vom »Troste der Philosophie« verfasst hatte [1].
Von seinen zahlreichen Werken [2] beschäftigt uns hier allein die Schrift

1) Ueber die muthmasslichen Anklagegründe und über die erzählten Fabeln
vergl. Hand a. a. O. und Schröckh, Kirchengesch. Band 16.

2) Die Schriften, welche unter dem Namen des Boetius existiren, sind:
1) De consolatione philosophiae, libri V. 2) De unitate et uno. 3) De arithmetica,
libri II. 4) De musica, libri V. 5) Euclidis Megarensis geometriae libri II, ab An.
Manl. Sev. Boetio translati. 6) Dialogi II in Porphyrium a Victorino translatum.
7) Boetii commentariorum in Porphyrium a se translatum libri V. 8) In catego-
rias Aristotelis, libri IV. 9) In librum de interpretatione: editionis primae libri
II; editionis secundae libri VI. 10) Interpretationis priorum analyticorum Aristotelis libri II. 11) Interpretationis posteriorum analyticorum Aristotelis libri II.
12) Introductio ad syllogismos categoricos. 13) De syllogismo categorico, libri II.
14) De syllogismo hypothetico, libri II. 15) Liber de divisione. 16) Liber de
definitione. 17) Interpretationis topicorum Aristotelis libri VIII. 18) Interpretationis elenchorum sophisticorum Aristotelis libri II. 19) Commentariorum in
topica Ciceronis libri VI. 20) De differentiis topicis libri IV. 21) De rhetoricae
cognatione. 22) Locorum rhetoricorum distinctio. 23) De disciplina scholá-
rium. 24) De unitate trinitatis. 25) Utrum pater et filius ac spiritus sanctus de
divinitate substantialiter praedicentur. 26) Quomodo substantiae bonae sint.
27) Brevis fidei christianae complexio. 28) Liber de persona et duabus naturis.
Besonders die Aechtheit der theologischen Schriften ist stark in Zweifel gezogen worden. Der neueste Herausgeber des Werkes »De consolatione philosophiae«, welches bei Teubner unter dem Titel erschien: »Anicii Manlii Severini

d*

über die Musik, welche in fünf Büchern abgefasst in vielen Manuscripten vorhanden ist. Zu der von G o d o f r e d u s F r i e d l e i n besorgten neuesten Ausgabe (Leipzig, bei Teubner, 1867) sind hauptsächlich die Münchner Handschriften, ein Bamberger Codex, der Codex Cantabrigiensis (Cambridge) und das aus Pariser Handschriften gezogene Decret der Lacedämonier (s. Seite 4) benutzt worden. Dem genannten Herausgeber müssen wir gewiss sehr dankbar sein, dass er das Werk »De musica« nebst der Arithmetik und Geometrie des Boetius einem grösseren Leserkreise zugänglich machte und zum Theil auch einige correctere Lesarten aus den Handschriften anführte, als sie im Glarean zu finden sind. Hoffentlich wird es mir bei meiner lateinischen Ausgabe der erwähnten Schrift gelingen, den Beweis vollständig zu führen, dass mir noch ein bei Weitem besserer Handschriftenapparat zu Gebote stand, als ihn die früheren Herausgeber aufzuweisen hatten. Die in Paris bei J. P. Migne erschienene Edition (1860) ist nur ein Abdruck der Ausgabe G l a r e a n's (Basileae 1570, fol., 55 Blätter von der Seite 1371 angefangen), welcher die Baseler Ausgabe v. 1546 voranging (Basileae ex offic. Henricpetriana 1546, fol., 55 Blätter von der Seite 1063 angefangen, mit den Demonstrationibus Glarean's). Ebenso sind die fünf Bücher über Musik des Boetius in zwei Ausgaben enthalten, welche zu Venedig in den Jahren 1492 u. 1499 erschienen (1. Boetii opera. Venetiis, Joan. et Greg. de Gregoriis 1492. XVIII. Aug. fol. mit gothischer Schrift. 2. Boetii opera. ibidem 1499. XVIII. Jul. fol. ebenfalls mit gothischer Schrift). Ueber die mir genau bekannten

---

Boetii Philosophiae Consolationis libri quinque. Accedunt ejusdem atque incertorum opuscula sacra. Recensuit R u d o l p h u s P e i p e r. Lipsiae in aedibus B. G. Teubneri MDCCCLXXI.« (LXVII und 245 S. in 8°) glaubt in den theologischen Schriften des Boetius den Verfasser der »Consolatio philosophiae« zu erkennen und ist geneigt, dieselben für jugendliche Versuche des Autors zu halten, der später von derartigen theologischen Studien, zu denen er keinen inneren Beruf in sich gefühlt, sich ganz der Philosophie zugewendet habe. Bekanntlich vertheidigt der italienische Gelehrte Giovanni Bosisio (»Sull' autenticità delle opere teologiche de Anicio M. T. S. Boezio«. Pavia 1869 in 4°) die Aechtheit der theologischen Schriften mit grossem Eifer.

Ausser den genannten haben wir Kenntniss von anderen Werken, welche Boetius verfasst haben soll, die uns aber nicht überliefert sind, nämlich: 1) Commentaria in Aristotelis topica (nach de differ. top. lib. II), 2) nach Cassiodor Uebersetzungen aus griechischen Schriftstellern (Ptolemäus, Archimedes, Nicomachus, Pythagoras d. h. Schule des Pythagoras, Plato), 3) möglicherweise die Hebdomades (nach Quomodo substantiae bonae sunt), 4) vielleicht auch De praedicatione potestatis et possibilitatis und Epistolarum liber I nach Trithemius).

Handschriften, unter welche auch die Münchner und die Pariser gehören,
werde ich in meiner lateinischen Ausgabe sprechen, wo ich zugleich die bis
jetzt vorhandenen Ausgaben zu würdigen gedenke. Letztere sind wenigstens alle von der Art, dass dem Kundigen der Sinn des Inhalts bis auf
die schlecht hergestellten Tabellen und Notenfiguren nicht verborgen
bleiben konnte; und dennoch haben alle Historiker bis auf die neueste
Zeit das Werk für ein ungemein schwer verständliches erklärt, welches
oft in einem nicht aufzuhellenden mystischen Dunkel gehalten sei. Eine
Uebersetzung und sachliche Erklärung war somit das erste Erforderniss,
weil aus derselben allein das Verständniss für die Sache hervorgeht; denn häufig werden Ausgaben auf Grund guter Handschriften
und mit anerkennenswerther sorgsamer Vergleichung der verschiedenen
Lesarten veranstaltet, ohne dass der Herausgeber immer die genaue Einsicht in den Gegenstand besitzt; sehr oft begnügt er sich nur mit
sprachlichen Gründen und wählt für den Text aus dem Handschriftenapparat oder aus den verschiedenen Ausgaben die Lesart, welche ihm als
die grammatikalisch bessere erscheint. Ein Werk aber, dessen Inhalt
die Historiker ganz besonders interessirte, weil sie die hohe Wichtigkeit
desselben zur Erkenntniss mittelalterlicher Theorien wohl bemerkten,
welches auch in der Ursprache mehrfach erschienen und dennoch als
ein in derselben unverständliches hingestellt worden ist, musste zunächst
in der deutschen Sprache auf Grund eines correcten Textes zugänglich
werden, damit auch die Fachmusiker und diejenigen Männer der Wissenschaft, deren Beruf das philologisch-musikalische Specialstudium ver-
hindert, auf leichtere Weise, als durch mühsame Forschungen, einen
Einblick in die akustisch-musikalischen Lehrsätze des Autors gewinnen
können, welcher von den Theoretikern des Mittelalters immer mit höchster Verehrung genannt und als oberste Autorität angeführt wurde.
Diese erste Uebertragung in die deutsche Sprache, für welche
ich keine von einem Anderen herrührende Vorarbeit finden konnte,
durfte ich aber nicht unternehmen, ohne das Lehrgebäude der griechischen Musik in genaue Erwägung zu ziehen; denn Boetius selbst erscheint
als musikalischer Schriftsteller nicht in productiver Kraft, sondern als
ein Sammler und sorgfältiger Beurtheiler des vorhandenen Materials,
welches er aus den griechischen Quellen mit emsiger Sichtung des Stoffes
zog. Um so wichtiger ist daher die Schrift, weil sie nicht allein den
musikalischen Ausdruck ihrer Zeit repräsentirt, sondern auch zugleich
die Entwickelungen der Vorgänger in logischem Zusammenhange der
Nachwelt vermittelt, — ja kein anderes Werk über die griechische Musik-

wissenschaft gewährt einen so umfassenden Einblick in die verschiedenen Methoden akustischer Forschung und Berechnung der Aristoxener
und Pythagoreer. — Obwohl nun Boetius ganz besonders die Analysen
des griechischen Schriftstellers Claudius Ptolemäus zu Grunde legt, auch
die Systeme desselben aufnimmt und den von diesem zusammengetragenen
Stoff in lateinischer Sprache reproducirt, erscheint dennoch die Art und
Weise der Darlegung von Seiten des lateinischen Autors praktischer, ein-
gänglicher und deshalb, ganz abgesehen von dem im Mittelalter herr-
schenden sprachlichen Ausdruck, den Nachfolgern werthvoller, als die
vor Boetius geschriebenen Abhandlungen über dieselben Gegenstände.
Um nun aber einen genauen Quellenvergleich herzustellen, unternahm ich
zugleich für die sachlichen Erklärungen die vollständige Uebersetzung der
»harmonischen Einleitung« (Εἰςαγωγὴ ἁρμονική) des Euclid
(siehe Seite 230) auf Grund des in der Sammlung Meibom's abgedruckten griechischen Textes, weil in dieser Schrift die Ansichten des Aristoxenus in übersichtlichster und klarster Form hervortreten, und auch die
Uebersetzung (mit beigegebenem griechischen Text nach Wallis) der bereits erwähnten sieben Capitel (Cap. 5 bis Cap. 11)˙ aus der Harmonik
des Claudius Ptolemäus. Jene Abhandlung des Euclid ist, so viel
mir bekannt, ebenfalls noch niemals in die deutsche Sprache übertragen worden, und von den in gleicher Weise bisher nicht übersetzten
Capiteln des Ptolemäus urtheilten Bellermann und Westphal, dass sie
sehr schwer verständlich seien. Durch diese Uebersetzungen glaubte
ich unumstössliche Belege für meine Auffassung der griechischen Harmonik zu gewinnen, in welche meiner Ansicht nach so viel Modernes
hineingetragen worden ist, und deren Vorführung besonders in Bezug
auf die Lehrsätze des Ptolemäus mir noch so lückenhaft erschien, dass
ich dem Drange, einen ergänzenden Versuch zu wagen, nicht widerstehen
konnte, nachdem ich zur Erkenntniss gekommen war, welch wichtige
Stellung Boetius inmitten der historischen Entwickelung einnimmt. Er
kannte die Meinungen des Plato und Aristoteles, des Archytas, Euclid,
Nicomachus, Eubulides, Hippasus, Didymus, Aristoxenus, Claudius Ptolemäus u. A., welche er in seinem Werke oft in erschöpfender Weise
wiedergiebt. Leider scheint es ihm nicht vergönnt gewesen zu sein, das
Werk zu vollenden, wie man aus der unterlassenen Ausführung der Eintheilungen in Färbungen der Klanggeschlechter nach Claudius Ptolemäus
schliessen möchte, zumal einige Manuscripte die Capitel-Ueberschriften
zu den scheinbar beabsichtigten Divisionen enthalten. Deshalb entwarf ich
zur Ergänzung erklärende Tabellen der Färbungen, welche sich genau

an den griechischen Text anschliessen und die Beobachtungen des Ptolemäus hinsichtlich des Kitharspiels bezeugen. So dürfte also in meiner Abhandlung kein wesentlicher Punkt aus der Harmonik der Griechen fehlen, deren Fortpflanzung auf das Mittelalter dem A n i c i u s M a n l i u s S e v e r i n u s B o e t i u s zu danken ist. Wie er selbst zu seiner Zeit als musikalische Autorität galt, bezeugt vor Allen der obenerwähnte Zeitgenosse Cassiodor in den angeführten Stellen aus den Briefen Theodorich's ; durch Cassiodor ist auch unwiderleglich bewiesen, dass die Schrift »De musica« von Boetius selbst herrührt, weil Cassiodor mit Bestimmtheit auf die Arithmetik desselben hinweist [1] und diese Schrift noch dadurch charakterisirt, dass sie eine lateinische Uebertragung der Arithmetik des Nicomachus sei. Da nun Boetius selbst in den fünf Büchern über Musik häufig seine Arithmetik citirt und sich vielfach auf die Entwickelungen des Nicomachus stützt, so unterliegt es gar keinem Zweifel, dass die in den meisten Punkten übereinstimmenden Manuscripte indirecte Abschriften von einem Werke sind, welches Boetius wahrscheinlich unmittelbar nach der Arithmetik verfasste. Den mächtigen Einfluss seiner Entwickelungen auf die vornehmsten Lehrer des Mittelalters finden wir z. B. in den Schriften des Aurelianus Reomensis [2] (9. Jahrhundert), Remigius Altisiodorensis [3] (9. Jahrhundert), des Hucbald [4] (10. Jahr-

---

1) Cassiodor pag. 555 edit. Venet. 1729: »Arithmetica disciplina, quam apud Graecos Nicomachus exposuit. Hunc primum Madaurensis Apulejus, deinde magnificus vir B o e t i u s Latino sermone translatum, Romanis contulit lectitandum.«

2) Gerbert, scriptor. eccles. Tom. I, pag. 32: »A Boëtio quoque viro eruditissimo et aliis quibusdam praecipue aucta est« (ars musica).

3) Gerbert, scriptor. eccles. Tom. I, pag. 77: »Singulae enim chordae habent suas notulas, sicut habetur in B o e t i o«.

4) Hucbaldi Monachi Eln. opuscula bei Gerbert, scriptor. eccles. Tom. I, pag. 108: »De quarum mentione vel ordine, seu vocabulis singularum, cum caeteri perplures ejusdem disciplinae scriptores tam graeci quam latini, tum praecipue D o c t o r mirabilis, omnium prudentissimus artium liberalium perquisitor Boëtius in primo suae institutionis Armonicae libro sufficienter edisserit«; pag. 110: »Haec enim distributio secundum V i r i disertissimi B o ë t i i dispositionem, qui commensurabili concordia numerorum haec omnia diligenti examinat ratione, est instituta«; pag. 111: »positionem Boëtius a summis vocibus ordiens«; pag. 114: »Sic enim a V i r o clarissimo B o ë t i o rata eorum contexitur modulatio«; pag. 117: »de quarum (chordarum) inventione vel adjectione plenius nosse volentem primus harmonicae disciplinae liber Boëtii diligentius instruere poterit«; pag. 118: (notae chordarum) »quae a B o ë t i o per singulos octo modos binae singulis chordis appositae in CCLXXXVIII tenduntur«; von pag. 125—152

hundert), dessen ganze Theorie sich in ihren Grundzügen auf die
des Boetius stützt, bestätigt. Ferner ersehen wir denselben aus
den Abhandlungen des Regino Prumiensis [1]), Oddo, welcher Auszüge
giebt, Adelboldus, dessen Excerpte dem Wortlaute nach mit Boetius übereinstimmen, und anderer Musiker aus dem 9., 10. und 11. Jahrhundert.
Auch Guido Aretinus, der nach Hucbald so berühmte Theoretiker und
Lehrer im Mittelalter, führt den Boetius als Zeugen [2]) und als Autorität
an, um die eigenen Grundsätze zu befestigen, gleichwie fast alle musikalischen Schriftsteller von Guido bis zu Glarean, Zarlino und Calvisius
(16. Jahrhundert) die Musikwissenschaft jenes römischen Consuls zur
Unterlage für ihre Folgerungen benutzten. Der bedeutungsvolle, geistreiche und in der Darstellung unübertroffene Historiker Dr. A. W. Am-
bros hat in seiner, bei F. E. C. Leuckart (Constantin Sander) erschienenen, so verdienstvollen Geschichte der Musik ebenfalls ausgesprochen,
dass Boetius von mächtigem Einfluss auf das Mittelalter gewesen sei,
weshalb wohl auf Grund aller der auch aus neuester Zeit herrührenden
Zeugnisse mein Unternehmen genügende Rechtfertigung findet.

Möchte die mit wahrer Liebe zur Sache ausgeführte deutsche Uebertragung und die beigefügte Erklärung der griechischen Harmonik zum Verständniss der antiken Tonsysteme beitragen, möchte diese aus redlichem
Streben hervorgegangene That nicht ganz hinter dem guten Willen zu-
rückgeblieben sein. Mit dem grössten Danke werde ich stets Berichti-
gungen, motivirte Correcturen Berufener entgegennehmen; gern und
mit Freuden werde ich aber auch gegen Widersacher meine Principien
und Auseinandersetzungen vertheidigen.

---

mehrfache Citate und Auszüge aus »De musica« von Boetius; pag. 167 ff. wiederum Auszüge u. a. a. Orten.

  1) Gerbert, scriptor. Tom. I. pag. 234: »Haec secundum Boetium«; pag.
246: die ganze Definition über die Bedeutung eines »Musicus« nach Boetius.

  2) Gerbert, scriptor. eccles. Tom. II, pag. 6: »Cumque tam paucis clausulis,
teste Boetio« etc. u. a. a. Orten.

# BUCH I.

## VORREDE.

### I.

**Die Musik ist von Natur aus mit uns verbunden und vermag die Sitten sowohl zu veredeln, als auch zu verderben.**

Das Auffassungsvermögen aller Sinne ist bei gewissen lebenden Wesen von selbst und von Natur aus vorhanden, so dass ohne diese Sinne ein lebendes Wesen nicht gedacht werden kann. Die Erkenntniss und die sichere Auffassungskraft derselben wird aber nicht auf gleiche Weise durch Forschung des Geistes erworben. Nun hat man erkannt, dass wir Menschen den Sinn bei Aufnahme von sinnlichen Dingen zur Anwendung bringen. Welche Natur aber den Sinnen selbst, denen gemäss wir handeln, und welche Eigenthümlichkeit den sinnlichen Dingen zukommt, liegt nicht gleich so zur Hand und Keinem kann es ganz klar sein, wenn ihn nicht eine umfangreiche und tiefe Erforschung der Wahrheit bei seiner Betrachtung geleitet hat. Alle Menschen sind mit Sehkraft begabt. Ob diese nun durch Figuren, welche zu Gesicht kommen, oder durch Strahlen, welche auf die Sinneswerkzeuge gerichtet sind, hervorgebracht wird: darüber sind die Gelehrten im Zweifel, die Laien berührt dieser Zweifel nicht. Ferner: wenn Jemand einen Triangel oder ein Quadrat erblickt, so erkennt er wohl ganz leicht, was ihm seine Augen zeigen, die Eigenschaften eines Triangels oder eines Quadrates muss er aber nothwendigerweise von einem Mathematiker erlernen. Ganz ebenso steht es mit den übrigen Sinnen und ganz besonders auch mit dem Gehör, welches die Kraft besitzt, die Töne so aufzunehmen, dass es nicht nur über die Töne selbst ein Urtheil erhält und ihre Differenzen erkennt, sondern dass es auch öfter ergötzt wird, wenn es liebliche und schön geordnete Weisen vernimmt, dass es aber verletzt wird, wenn ungeordnete und unzusammenhängende den Sinn

Boetius.                                                    1

quälen. Daher kommt es denn, dass von den vier Disciplinen der Berechnungskunde die übrigen auf Erforschung der Wahrheit hinarbeiten, die Musik aber nicht nur mit dem Verstande, sondern auch mit dem Herzen verbunden ist. Denn es ist ganz besonders die Eigenschaft der menschlichen Natur, durch weiche Tonweisen beruhigt, durch entgegengesetzte erregt zu werden, und dies liegt nicht nur bei einzelnen Individuen in ihrem Studium oder Lebensalter, sondern es ist über alle Studien verbreitet. Kinder, Jünglinge, sowie auch Greise werden so durch einen gewissen freien, natürlichen Affect von den Weisen der Musik ergriffen, dass es überhaupt kein Alter giebt, welches der Ergötzlichkeit einer süssen Melodie sich entziehen kann. Hieraus kann auch erkannt werden, was nicht unrichtig von Plato gesagt worden ist, dass die Weltseele aus einer musikalischen Harmonie bestehe. Wenn wir nämlich mit dem, was in uns verbunden und angemessen geordnet ist, das vergleichen, was in den Tönen schön und geschmackvoll verbunden ist und wodurch wir ergötzt werden, so erkennen wir, dass wir selbst auch mit eben dieser Aehnlichkeit gewissermassen einen Vertrag geschlossen haben. Denn Aehnlichkeit ist sich freund, Unähnlichkeit aber ist sich verhasst und feindlich. Hieraus ergeben sich auch am besten die Abweichungen des Charakters. Ein zügelloser Sinn nämlich ergötzt sich entweder selbst an üppigen Melodien, oder er wird, wenn er dieselben oft hört, schnell verweichlicht und verdorben. Hingegen freut sich entweder ein härterer Sinn über aufgeregtere Weisen oder er wird selbst hart durch dieselben Weisen. Daher sind nun auch die musikalischen Tonreihen (Modi) mit einem Völkernamen bezeichnet worden, z. B. der Modus Lydius und der Modus Phrygius. Denn der Modus, über welchen sich gleichsam irgend ein Volk freut, wird mit dessen Namen selbst genannt, da sich das Volk an den Weisen wegen der Aehnlichkeit mit den Sitten ergötzt. Es ist ja auch unmöglich, dass sich das Zarte mit dem Rauhen, das Rauhe mit dem Zarten verbinde und das Eine über das Andere Freude oder Wohlgefallen empfinde; sondern es verbindet, wie gesagt, die Aehnlichkeit Liebe und Freude. Daher glaubt auch Plato, dass man sich am meisten vor Veränderungen in einer recht würdigen Musik zu hüten habe. Und ferner sagt er auch, dass im Staate nichts den Sitten so sehr schade, als wenn er sich nach und nach von einer züchtigen und sittsamen Musik abwende. Denn es würden auch sogleich die Gemüther der Hörer darunter leiden, nach und nach schlechter werden und keine Spur des Erhabenen und rechten Maasses festhalten, wenn durch lockere Weisen etwas Ungeziemendes, oder durch rauhere etwas Wildes und Unbändiges die Gemüther befällt. Der Belehrung ist ja kein Weg mehr zum Herzen geöffnet, als der vermittelst der Ohren. Wenn also durch diese die Rhythmen und Weisen bis zum Herzen herabgestiegen sind, so kann man nicht bezweifeln, dass sie, ebenso wie sie selbst sind, den Sinn lenken und bilden. Das aber kann sogar bei einzelnen Völkern erkannt werden. Z. B. gehören die Geten zu den rauheren Völkern, diese werden auch durch härtere Tonweisen ergötzt. Die Völker aber von sanftem Charakter erfreuen sich an gemässigten Weisen, obschon dies in dieser Zeit fast nirgends stattfindet. Das Volk nun, welches in Sitten locker und weichlich ist, das ist ganz und gar eingenommen von den Tonweisen, welche auf der Bühne und in den Theatern gesungen werden. Es war aber die Musik züchtig und anspruchslos, so lange sie mit einfachen Instrumenten ausgeübt wurde. Als man sie jedoch verschiedenartig und vermischt behandelte, verlor sie den Charakter der Würde und Ehrbarkeit, und beinahe in Zügellosigkeit verfallen, ist sie aus der alten ehrbaren Form ganz herausgetreten. Daher giebt auch Plato die Lehre, dass die Knaben durchaus nicht in allen Weisen zu unterrichten seien, sondern nur in den kräftigen und einfachen. Hierbei muss noch ganz besonders erwähnt werden, dass, wenn nämlich in einer Melodie irgend etwas verändert wird, auch wenn dies in den kleinsten Abänderungen besteht, das Neue zwar augenblicklich nicht so gefühlt und erkannt werden möchte, in der Folge aber einen grossen Unterschied hervorbringt und vermittelst der Ohren bis zum Herzen dringt. Deswegen, meint Plato, müsse der Staat eine grosse Aufmerksamkeit darauf verwenden, dass die Musik der strengen Sitte und Zucht entspreche und deshalb in der würdigsten Weise componirt werde, so dass sie züchtig, einfach und männlich, nicht aber weibisch, wild und unstät sei. Dies haben auch die Lacedämonier mit der grössten Mühe aufrecht zu erhalten gesucht, so lange bei ihnen der Creter Thaletas aus Gortyna, um eine grosse Summe gewonnen, die Knaben in der Musik unterrichtete. Es gehörte dies nämlich bei den Alten zur guten Sitte, welche sich lange Zeit erhielt. Als aber unter ihnen Timotheus aus Milet zu den Saiten, welche er vorher gefunden hatte, noch eine Saite hinzufügte und so eine mannigfaltigere Musik in's Leben rief, verbannte man ihn aus Lacedämon und verhängte über ihn einen Senatsbeschluss. Weil dies nun in der Sprache der Lacedämonier bemerkenswerth ist, dass sie den Buchstaben S in R verwandeln, so habe ich eben diesen über jenen verhängten Senatsbeschluss, wie er in der griechischen Sprache lautet, hinzugefügt:

4

ΕΠΕΙΔΗ ΤΙΜΟΘΕΟΡ Ο ΜΙΛΗΣΙΟΡ ΠΑΡΑΓΙ-
ΝΟΜΕΝΟΡ ΕΝ ΤΑΝ ΑΜΕΤΕΡΑΝ ΠΟΛΙΝ ΤΑΜ
ΠΑΛΑΙΑΝ ΜΩΑΝ ΑΤΙΜΑΣΔΕ ΚΑΙ ΤΑΝ ΔΙΑ
ΤΑΝ ΕΠΤΑ ΧΟΡΔΑΝ ΚΙΘΑΡΙΖΙΝ ΑΠΟΣΤΡΕΦΟ-
ΜΕΝΟΡ ΠΟΛΥΦΩΝΙΑΝ ΕΙΣΑΓΩΝ ΛΥΜΑΙΝΕ-
ΤΑΙ ΤΑΡ ΑΚΟΑΡ ΤΩΝ ΝΕΩΝ ΔΙΑ ΤΕ ΤΑΡ
ΠΟΛΥΧΟΡΔΙΑΡ ΚΑΙ ΤΑΡ ΚΕΝΟΤΑΤΟΡ ΤΩ
ΜΕΛΕΟΡ ΑΓΕΝΝΗ ΚΑΙ ΠΟΙΚΙΛΑΝ ΑΝΤΙ
ΑΠΛΟΑΡ ΚΑΙ ΤΕΤΑΓΜΕΝΑΡ ΑΜΦΙΕΝΝΥΤΑΙ
ΤΑΝ ΜΩΑΝ ΕΠΙ ΧΡΩΜΑΤΟΡ ΣΥΝΕΙΣΤΑΜΕ-
ΝΟΡ ΤΑΝ ΤΩ ΜΕΛΕΟΡ ΔΙΑΣΚΕΥΑΝ ΑΝΤΙ ΤΑΡ
ΕΝΑΡΜΟΝΙΩ ΠΟΤ ΤΑΝ ΑΝΤΙΣΤΡΟΦΟΝ ΑΜΟΙ-
ΒΑΝ ΠΑΡΑΚΛΗΘΕΙΣ ΔΕ ΚΑΙ ΕΝ ΤΟΝ ΑΓΩΝΑ
ΤΑΡ ΕΛΕΥΣΙΝΙΑΡ ΔΑΜΑΤΡΟΡ ΑΠΡΕΠΗ ΔΙΕ-
ΣΚΕΥΑΣΑΤΟ ΤΑΝ ΤΩ ΜΥΘΩ ΔΙΑΣΚΕΥΑΝ ΤΑΝ
ΤΑΡ ΣΕΜΕΛΑΡ ΟΔΥΝΑΡ ΟΥΚ ΕΝΔΙΚΑ ΤΩΡ
ΝΕΩΡ ΔΙΔΑΚΚΗ ΔΕΔΟΧΘΑΙ ΦΑ ΠΕΡΙ ΤΟΥΤΟΙΝ
ΤΩΡ ΒΑΣΙΛΕΑΡ ΚΑΙ ΤΩΡ ΕΦΟΡΩΡ ΜΕΜΨΑΤ-
ΤΑΙ ΤΙΜΟΘΕΟΝ ΕΠΑΝΑΓΚΑΖΑΙ ΔΕ ΚΑΙ ΤΑΝ
ΕΝΔΕΚΑ ΧΟΡΔΑΝ ΕΚΤΑΜΟΝΤΑΡ ΤΑΡ ΠΕ-
ΡΙΤΤΑΡ ΥΠΟΛΙΠΟΜΕΝΩΡ ΤΑΡ ΕΠΤΑ ΟΠΩΡ
ΕΚΑΣΤΟΡ ΤΟ ΤΑΡ ΠΟΛΙΟΡ ΒΑΡΟΡ ΟΡΩΝ
ΕΥΛΑΒΗΤΑΙ ΕΝ ΤΑΝ ΣΠΑΡΤΑΝ ΕΠΙΦΕΡΕΝ ΤΙ
ΤΩΝ ΜΗ ΚΑΛΩΝ ΕΟΝΤΩΝ ΜΗ ΠΟΤΕ ΤΑΡΑΡ-
ΡΕΤΑΙ ΚΛΕΟΡ ΑΓΩΝΩΝ·

Dieser Senatsbeschluss enthält nämlich Folgendes: »Die Spartaner
geriethen über Timotheus aus Milet deswegen in Zorn, weil er durch
seine Erfindung der mannigfaltigen Musik dem guten Sinne der zur Erziehung angenommenen Knaben Eintrag thue und ihrer Tugend und Sitt-
lichkeit hinderlich sei, und weil er die Harmonie, welche ihm als eine
bescheidene überliefert war, in das weichere chromatische Klanggeschlecht verwandelte.« So gross war also bei ihnen die Liebe und die
Sorgfalt für die Musik, dass sie sogar der Meinung waren, dieselbe fessele
auch die Herzen und nähme sie ganz gefangen. Es ist ja auch bekannt,
wie oft eine Cantilene den Jähzorn zurückgedrängt und wie viel Bewun-
derungswürdiges sie in körperlichen und geistigen Zuständen bewirkt
hat. Denn wer sollte nicht wissen, dass Pythagoras einem trunkenen
Jüngling aus Tauromenium, welcher durch einen Ton der Phrygischen
Tonweise in Raserei versetzt worden war, durch das Vorsingen eines

Spondeus die Gemüthsruhe und Selbstbeherrschung wiedergab? Ein
Nebenbuhler jenes Jünglings nämlich hatte die Geliebte im Hause eingeschlossen, wodurch dieser Jüngling so in Wuth gerieth, dass er das Haus
verbrennen wollte. Zu derselben Zeit in der Nacht beobachtete P y t h a-
g o r a s nach gewohnter Sitte den Lauf der Sterne und bemerkte nun, wie
dieser Jüngling durch einen Ton der Phrygischen Tonweise so in Raserei
versetzt worden sei, dass er sich trotz der vielfältigsten Ermahnungen
seiner Freunde nicht vom Verbrechen abbringen lassen wollte. P y t h a-
g o r a s gab daher den Rath, die Tonweise zu verändern, wodurch er
das Gemüth des rasenden Jünglings auf die friedlichste Art in die vollständigste Ruhe und Mässigung versetzte.

Das Nämliche erwähnt M a r c u s  T u l l i u s in seinem Buche »de con-
siliis« zwar mit andern Worten, aber doch in ähnlicher Weise. »Um aber
das Kleinste mit dem Grössten, durch eine Aehnlichkeit darauf gebracht,
zu vergleichen, so will ich erzählen, wie z. B. P y t h a g o r a s, als wein-
trunkene Jünglinge, durch Flötenspiel angestachelt, die Thür, welche in
das Haus eines züchtigen Weibes führte, zerbrechen wollten, den Flötenspieler ermahnt haben soll, einen Spondeus zu blasen. Als es dieser
nun in langsamem Tempo und mit der Würde eines Vorspielers gethan
habe, so sei die rasende Ausgelassenheit jener Jünglinge vollständig zur
Ruhe gebracht worden.« Aber um in Kürze noch einige ähnliche Beispiele anzuführen: so heilten T e r p a n d e r und A r i o n aus Methymna
mit Hülfe des Gesanges die Lesbier und Ionier von den schwersten Krank-
heiten, und I s m e n i a s aus Theben soll mehrere Boeotier, welche die
Qualen eines Hüftschmerzes erduldeten, durch Tonweisen von allen
Beschwerden befreit haben. Aber auch E m p e d o c l e s soll, als Jemand
den Gastfreund desselben wüthend mit dem Schwerte angriff, weil dieser
als Ankläger seinem Vater eine Verurtheilung zugezogen hatte, einen
Gesang angestimmt und so den Zorn des Jünglings zur Ruhe gebracht
haben. Auch unter den alten Philosophen war die Macht der Musik so
bekannt, dass die Pythagoreer, wenn sie sich von den täglichen Sorgen
im Schlummer erholen wollten, gewisse Gesänge in Anwendung brachten, damit sie ein sanfter und ruhiger Schlaf befalle. Wenn sie dann am
Morgen wieder erwachten, so rissen sie sich aus ihrer Schlaftrunkenheit
durch andere Tonweisen heraus. Jedenfalls wussten sie auch, dass die
ganze Verbindung unserer Seele und des Körpers in einer musikalischen
Harmonie bestehe. Denn wie die Bewegung des Körpers ist, so werden
auch die Schläge des Herzens durch die Bewegungen erregt. Dies nämlich
soll D e m o c r i t u s dem Arzte H i p p o c r a t e s erzählt haben, als dieser den

Democritus, der von allen seinen Mitbürgern für wahnsinnig gehalten wurde, im Gefängniss der Heilung wegen besuchte. Aber wozu soll das hier? Weil es nicht bezweifelt werden kann, dass unser geistiger und körperlicher Zustand gewissermassen nach denselben Proportionen zusammengesetzt zu sein scheint, nach welchen, wie die spätere Abhandlung zeigen wird, die harmonischen Modulationen verbunden und verknüpft werden. Denn daher kommt es, dass sogar die Kinder an einer süssen Melodie Gefallen finden, etwas Rauhes aber und Unliebliches dem Hörer alle Lust und Freude benimmt. Sicherlich zeigt sich diese Erscheinung bei jedem Alter und bei jedem Geschlecht. In ihren Handlungen unterscheiden sich allerdings die verschiedenen Alter und Geschlechter; in der Liebe zur Musik sind sie aber allesammt verbunden. Woher kommt es denn, dass Trauernde unter Weinen sogar Trauergesänge anstimmen? Dies gerade liegt ganz besonders im Charakter des Weibes, dass mit dem Gesange selbst der tiefe Schmerz in sanfte Wehmuth übergeht. So war es auch Sitte bei den Alten, dass Flötenspiel den Trauergesängen vorausging. Zeuge dafür ist Papinius Statius in folgendem Verse:

»Bei dem Schalle des dröhnenden Horns und der lieblichen Flöte pflegt man in Liebe die Todten zur ewigen Ruh zu bestatten.«

So singt auch der, welcher eigentlich nicht singen kann, irgend ein Stückchen, nicht, weil ihm das, was er singt, irgend welches sinnliche Vergnügen verschafft, sondern weil man Gefallen daran findet, eine gewisse Herzensfreudigkeit, auf welche Weise dies auch geschehen möge, dem Gemüthe zu entlocken. Ist es denn nicht allbekannt, dass der Muth der Kämpfer durch das Schmettern der Trompeten zum Kriege entflammt wird? Auch ist es gewiss, dass ein Jeder aus vollständiger Gemüthsruhe in die heftigste Wuth und in den grössten Zorn beim Singen versetzt werden kann. Ebenso ist nicht zu bezweifeln, dass eine sanftere Tonweise den Zorn eines aufgeregten Gemüthes oder allzu grosse Lüsternheit und Wollust im Zaume hält. Wird man denn auch nicht, sobald man eine Cantilene gern mit dem Gehöre und mit dem Gemüthe erfasst, dazu aus freiem Antriebe gebracht, dass der Körper eine der gehörten Cantilene ähnliche Bewegung nachbildet, und dass überhaupt irgend welche gehörte Melodie der sich erinnernde Geist aufnimmt?

Aus all dem Gesagten muss man also mit der vollständigsten Klarheit einsehen können, dass die Musik von Natur aus in uns liegt und dass wir derselben, auch wenn wir es wünschten, nicht entbehren können. Deswegen nun muss auch die Kraft des Geistes darnach streben, durch

die Wissenschaft das zu ordnen und zu befestigen, was uns von der
Natur als Angebinde gegeben ist. Denn gleichwie diejenigen, welche
Farben und Formen zu erblicken gelernt haben, für ihr geistiges Auge
keinen Vortheil haben, wenn sie nicht die innere Beschaffenheit und
Eigenthümlichkeit derselben erfassen und erforschen, so hat man auch
von der Ergötzung der musikalischen Tonweisen keinen Gewinn, wenn
man nicht lernt, nach welchen Regeln und Tonverhältnissen die Composition derselben zu bewerkstelligen ist.

## II.

### Es giebt drei Arten von Musik, und es wird von der Bedeutung der Musik gehandelt.

Vor allen Dingen, glaube ich, muss der, welcher über die Musik
eine Abhandlung schreibt, erwähnen, wie viel Gattungen der Musik von
denen, welche diese Kunst zu ihrem Studium gemacht haben, zusammengefasst worden sind, soweit dieselben zu unserer Kenntniss gelangten. Es giebt nämlich drei Arten von Musik; und zwar ist die erste die
Musik des Weltalls (musica mundana), die zweite aber die menschliche, die dritte aber die, welche auf gewissen Instrumenten
ausgeübt wird, z. B. auf der Kithar, oder auf der Tibia, kurz auf allen
Instrumenten, auf denen man eine Melodie spielen kann. Zuerst nun
kann man die Musik des Weltalls an den Dingen am besten erkennen,
welche man am Himmel selbst oder in der Zusammenfügung der Elemente oder in der Verschiedenheit der Zeiten wahrnimmt! Wie könnte
es denn sonst geschehen, dass die Maschine des Himmels so schnell und
in so schweigsamem Laufe bewegt wird? Obschon jener Ton zu unseren Ohren nicht gelangt — und dass es in dieser Weise geschieht, ist
aus vielen Gründen nothwendig, — so wird dennoch nicht eine so unendlich schnelle Bewegung so grosser Körper überhaupt keine Töne hervorbringen, zumal da die Bahnen der Gestirne durch eine so grosse Harmonie
verbunden sind, dass nichts so gesetzmässig Zusammengefügtes, nichts
so Verschmolzenes erkannt werden kann. Man hält nämlich einige Bahnen für höher, andere für niedriger und glaubt, es befänden sich alle in
so gleichmässiger Schnelligkeit, dass sich die vernünftige Ordnung der
Bahnen durch verschiedene Ungleichheiten hindurchziehe. Daher kann
auch von dieser himmlischen Drehung eine vernünftige Ordnung der
Modulation nicht abweichen. Nun aber, wenn nicht eine gewisse Harmonie die Verschiedenheiten der vier Elemente und die entgegenstehen-
den Gewalten verbände, wie könnte es denn zugehen, dass sie sich in

einem einzigen Körper und in einer einzigen Maschine vereinigten? Diese ganze Verschiedenheit bringt ebenso auch die Verschiedenheit der Zeiten und Früchte hervor, so dass sie dennoch e i n e n Jahreskörper bewirkt. Wenn man daher von dem, was den Dingen eine so grosse Verschiedenheit verschafft, mit dem Verstande und Denkvermögen etwas wegnehmen wollte, so möchte vielleicht Alles untergehen und nicht möchte sich, so zu sagen, etwas Consonirendes erhalten. Wie sich nun in den tiefen Tönen das Gesetz der Stimme vorfindet, dass die Tiefe nicht bis zur Schweigsamkeit herabsinkt, und auch in den hohen Tönen das Gesetz der Höhe beobachtet ist, dass die wegen der Dünne des Klanges allzusehr angespannten Saiten nicht zerreissen, sondern dass Alles für sich vernunftgemäss und harmonisch ist: so erkennen wir auch in der Musik des Universums, wie nichts so gross sein könne, dass es etwas Anderes durch die eigene Grösse auflöse. Jedes Ding bringt entweder seine eigenen Früchte hervor oder es hilft andern Dingen zur Hervorbringung derselben. Denn was der Winter zusammenzieht, löst der Frühling auf, dörrt der Sommer und bringt der Herbst zur Reife, und so bringen die Zeiten abwechselnd entweder selbst ihre Früchte hervor, oder sie sind einander zur Hervorbringung dienstbar. Darüber soll später noch eingehender gesprochen werden. Die m e n s c h l i c h e Musik nun sieht Jeder ein, der in sich selbst einen Blick thut. Was ist es denn Anderes, was jene u n k ö r p e r l i c h e Lebhaftigkeit der Vernunft mit dem K ö r p e r vermischt, als eine gewisse Harmonie und Organisation, welche gleichsam eine einzige Consonanz von tiefen und hohen Stimmen bewirkt? Und was ist es denn Anderes, was die Theile der Seele unter einander verbindet, welche nach der Meinung des Aristoteles aus einer vernünftigen und unvernünftigen zusammengesetzt ist? Was ist es aber, was die Elemente des Körpers vermischt oder die Theile für sich durch eine vernünftige Verbindung zusammenhält? Auch darüber werde ich später sprechen. Die dritte Art von Musik ist die, von der man sagt, dass sie in gewissen Instrumenten bestehe. Diese wird ausgeübt entweder durch Anspannen, z. B. durch Saiten, oder durch Blasen, z. B. durch Blasinstrumente, oder durch die Instrumente, welche mit Gebrauch des Wassers bewegt werden, oder durch ein gewisses Schlagen, z. B. bei denen, welche in einem hohlen ehernen Gefässe mit dem Klöppel geschlagen werden, und daher werden auch verschiedene Töne hervorgebracht. Es liegt uns die Aufgabe ob, über diese Musik der Instrumente zuerst zu sprechen. Nun ist es genug mit der Vorrede; jetzt werde ich über die Elemente der Musik sprechen.

### III.

### Ueber die Stimmen und die Elemente der Musik.

Die Consonanz, welche die ganze musikalische Modulation regiert, kann ohne Klang nicht vorhanden sein ; der Klang aber wird ohne einen gewissen Schlag und Stoss nicht hervorgebracht. Der Schlag aber und der Stoss kann auf keine Weise da sein, wenn nicht eine Bewegung vorhergegangen ist. Denn wenn Alles unbeweglich ist, so wird Eins mit dem Andern nicht zusammenlaufen können, so dass das Eine von dem Andern angetrieben wird. Wenn nun Alles steht und ohne Bewegung ist, so kann nothwendigerweise kein Klang vorhanden sein. Deswegen wird der Klang »als ein unaufgelöster Luftstoss, welcher bis zum Gehör dringt,« definirt. Einige von diesen Bewegungen sind schneller, andere langsamer, und von eben diesen Bewegungen sind einige seltner (rariores), andere dichter (spissiores). Wenn nämlich Jemand auf eine fortwährende Bewegung schaut, so muss er dabei nothwendigerweise entweder Schnelligkeit oder Langsamkeit wahrnehmen. Und wenn Jemand die Hand bewegt, so wird er dies entweder in einer häufigen oder seltnen Bewegung thun. Wenn nun die Bewegung langsam und zugleich seltner ist, so müssen durch eben diese Langsamkeit und Seltenheit des Stosses tiefe Töne erzeugt werden. Wenn aber die Bewegungen schnell und häufig sind, so müssen hohe Töne zum Vorschein kommen. Wenn also die Saite mehr angespannt wird, so entsteht ein hoher Ton, wenn sie schlaffer gemacht wird, so gewinnt man einen tiefen Ton. Denn wenn die Saite angespannter ist, so bringt sie einen schnelleren Stoss hervor und wird auch schneller in Ruhe versetzt und schlägt häufiger und dichter die Luft. Eine schlaffere Saite hingegen bewirkt lose und langsame Schläge, und indem sie sich durch eben diese Schwäche des Schlages selten bewegt, dauert auch die Bewegung längere Zeit. Nun muss man nicht glauben, dass nur eine einzelne Schwingung einen einzigen Klang hervorbringe, oder dass nur ein einziger Stoss in diesen Schwingungen sei, sondern die Luft wird eben so oft in Schwingung versetzt, als die zitternde Saite dieselbe stösst. Weil aber die Schnelligkeiten der Klänge verbunden sind, so nimmt man mit den Ohren keine Unterbrechung wahr. Nur einen einzigen Klang vernimmt man, sei derselbe tief oder hoch, obschon er in beiderlei Form aus mehreren Klängen besteht : der tiefe Klang nämlich aus langsameren und selteneren, der hohe jedoch aus schnellen und dichten. Gleichwie wenn

Jemand einen Kegel, den man gewöhnlich Kreisel nennt, sorgfältig aus-
schmückt, indem er ihn mit einem Striche von rother oder anderer Farbe
bemalt und ihn dann mit möglichster Schnelligkeit in drehende Bewegung
setzt: dann scheint der ganze Kreisel mit rother Farbe überzogen zu
sein, nicht weil er im Ganzen wirklich roth ist, sondern weil die Schnelligkeit die unbemalten Theile des Kreisels mit dem rothen Striche zusammenfasst und diese ersteren nicht zur Erscheinung kommen lässt.
Hierüber jedoch später. Weil nun also hohe Töne durch dichtere und
schnellere Bewegungen, hingegen tiefe durch langsamere und seltene
erzeugt werden, so erhellt, dass man durch Addition der Bewegungen
von der Tiefe nach der Höhe gelangt, hingegen durch Subtraction der
Bewegungen von der Höhe nach der Tiefe herabkommt, da ja die Höhe
aus mehr Bewegungen besteht, als es bei der Tiefe der Fall ist. Worin
nun die Mehrheit eine gewisse Differenz hervorbringt, da ist es nothwendig, dass eben diese Differenz in einer bestimmten Zahl besteht,
indem sich jede Wenigkeit zur Mehrheit so verhält, wie es die Vergleichung einer Zahl mit der andern ergiebt. Wenn man diese Vergleichung mit der Zahl nun vornimmt, so ergiebt sich Gleiches und Un-
gleiches. Deswegen sind die Töne theils gleich, theils weichen sie durch
Ungleichheit von einander ab. In den Tönen nun, welche durch keine
Ungleichheit von einander abweichen, kann überhaupt keine Consonanz
vorhanden sein. Denn die Consonanz ist die zur Einheit ge-
brachte Vereinigung der unter einander verschiedenen Töne.

### IV.

#### Ueber die Gattungen der Ungleichheit.

Was unter sich ungleich ist, bewahrt auf fünferlei Art die Momente
der Ungleichheit. Denn entweder wird das Eine vom Andern durch das
Vielfache überschritten, oder durch einzelne Theile, oder durch mehrere
Theile, oder durch das Vielfache und einen Theil, oder durch das Vielfache und mehrere Theile. Zuvörderst nennt man die erste Gattung der
Ungleichheit das Vielfache. Vielfach ist aber das, wenn eine grössere
Zahl die kleinere in sich ganz enthält, entweder zweimal, oder dreimal,
oder viermal und so fort, nichts darf fehlen, nichts darüber sein, und
dann nennt man es das Doppelte, Dreifache, Vierfache, und so schreitet
diese Ordnung bis in's Unendliche fort. Die zweite Gattung der Un-

gleichheit ist das, was man Uebertheilig [1]) nennt, d. h. wenn die grössere Zahl die kleinere ganz in sich enthält und noch e i n e n Theil derselben, und zwar die Hälfte, wie 3 : 2, welche Proportion Sesquialtera [2]) genannt wird : oder das Drittel, wie 4 : 3, welche Proportion man Sesquiterz [3]) nennt. Auf diese Weise ist auch das Verhältniss in den ferneren Zahlen, nämlich dass die grösseren Zahlen in irgend einem Theile die kleineren übertreffen. Die dritte Gattung der Ungleichheit ist die, wo die grössere Zahl die kleinere ganz in sich enthält und noch einige Theile darüber; wenn sie zwei Theile darüber enthält, so wird sie superbipartiens (überzweitheilig) genannt, z. B. 5 : 3. Wenn sie drei Theile darüber enthält, so wird sie supertripartiens (überdreitheilig) genannt, z. B: 7:4. Und in den übrigen kann dieselbe Aehnlichkeit vorhanden sein. Die vierte Gattung der Ungleichheit ist die, wo das Vielfache und Uebertheilige (multiplex et superparticulare) verbunden wird, wenn nämlich die grössere Zahl die kleinere ganz in sich enthält, z. B. zweimal, dreimal oder irgend wievielmal und noch irgend einen Theil derselben. Wenn die grössere Zahl die kleinere zweimal und noch die Hälfte der letzteren in sich enthält, so nennt man die Proportion Doppel-Supersesquialter (duplex supersesquialtera), z. B. 5 : 2. Wenn aber die grössere Zahl die kleinere zweimal und noch den dritten Theil der letzteren in sich enthält, so wird die Proportion Doppel-Supersesquiterz (duplex supersesquitertia) genannt, z. B. 7:3. Wenn die grössere Zahl jedoch die kleinere dreimal und die Hälfte der letzteren in sich enthält, so nennt man es dreifachen Supersesquialter (triplex supersesquialter), z. B. 7:2. Auf dieselbe Weise werden auch in den übrigen Zahlen die Ausdrücke für das Vielfache und Uebertheilige verändert. Die fünfte Gattung der Ungleichheit nennt man vielfach übermehrtheilig (multiplex superpartiens), wenn nämlich die grössere Zahl die kleinere mehr als einmal ganz in sich enthält und noch dazu mehr als einen Theil derselben. Wenn nun die grössere Zahl die kleinere ganz in sich enthält und noch zwei Theile darüber, so nennt man es doppelt überzweitheilig (duplex superbipartiens), z. B. 8:3, und wiederum dreifach überzweitheilig (triplex superbipartiens), z. B. 11:3. Hierüber gebe ich deswegen nur eine kurze und bündige Entwickelung, weil ich den Gegenstand schon in meinen Büchern »über die arithmetische Institution« sorgfältiger dargestellt habe.

---

1) superparticulare.
2) der mathematische Ausdruck für Quinte.
3) der mathematische Ausdruck für Quarte.

## V.

**Welche Gattungen der Ungleichheit für die Consonanzen geschickt sind.**

Von diesen Gattungen der Ungleichheit übergehen wir die beiden letzten, weil sie mit den früheren vermischt sind. Ueber die drei ersten Gattungen wollen wir jedoch eine Untersuchung anstellen. In Betreff der Consonanzen scheint also das Vielfache und in der Folge auch das Uebertheilige die grössere Herrschaft zu behaupten. Das Uebermehrtheilige jedoch (superpartiens) ist unpassend für den harmonischen Zusammenklang, wie mit Ausnahme des Ptolemaeus die Meinung gewisser Theoretiker zu sein scheint.

## VI.

**Warum das Uebertheilige und Vielfache für die Consonanzen passend ist.**

Das wird zur Vergleichung für vernunftgemäss erachtet, was von Natur einfach ist. Weil nun die Tiefe und Höhe in der Grösse (quantitas) bestehen, so scheint das am meisten dem Wesen der Harmonie zu entsprechen, was, von einander getrennt, die Eigenschaft der Grösse bewahren kann. Denn da eine Grösse getrennt, die andere stetig ist, so endet die getrennte im Kleinsten, aber die stetige schreitet durch Grösseres bis in's Unendliche fort. Denn in dieser kleinsten Grösse ist eben die Einheit geendigt, bis in's Unendliche aber wird das Maass der Vielheit vermehrt, da die Zahl, wenn sie von der geendigten Einheit anfängt, im Wachsen kein Ende hat. Ferner ist die stetige zwar ganz geendigt, aber sie wird durch Ungeendigtes verringert; denn die stetige Linie wird immer in der ungeendigten Theilung getheilt, da die Summe derselben entweder zweifüssig oder von sonstiger abgemessener Ausdehnung ist. Deswegen wächst die Zahl bis in's Unendliche fort, die stetige Grösse aber wird bis in's Unendliche verringert. Weil also die Vielfältigkeit (das Vielfache) im Wachsen kein Ende hat, so entspricht sie am besten dem Wesen der Zahl. Die Uebertheiligkeit aber bewahrt, weil sie die kleinere Zahl bis in's Unendliche verkleinert, die Eigenschaft der stetigen Grösse. Sie verringert aber die kleinere, indem sie die kleinere Zahl immer in sich enthält und noch einen Theil derselben, z. B. die Hälfte, den dritten, den vierten, den fünften Theil. Denn der von der grösseren Zahl benannte Theil nimmt selbst ab. Da nun das Drittel von drei, das Viertel von vier benannt ist, so findet man, dass vier grösser ist als drei, dass das Viertel kleiner ist als das Drittel. Das Uebermehrtheilige (superpartiens) aber verlässt gleichsam die Einfachheit. Denn es hat zwei, drei, vier Theile darüber, und von der Einfachheit abweichend, wächst es zu einer gewissen Vielheit der Theile. Wiederum stützt sich jede Vielfachheit auf die Integrität. Denn das Doppelte enthält die ganze kleinere zweimal. Ferner das Dreifache enthält die ganze kleinere dreimal und in dieser Weise weiter. Die Uebertheiligkeit bewahrt nichts Ganzes, sondern sie hat die Hälfte, den dritten, vierten oder fünften Theil mehr. Dennoch aber nimmt sie eine Theilung mit einzelnen und einfachen vor. Die übermehrtheilige Ungleichheit aber bewahrt nichts Ganzes und nimmt auch nicht einzelne Theile hinweg. Daher wird sie auch nach der Meinung der Pythagoreer für untauglich zum Ausdruck der Consonanzen gehalten. Ptolemäus jedoch setzt auch diese Proportion unter die Consonanzen, wie ich nachher zeigen will.

## VII.

### Welche Proportionen zu musikalischen Consonanzen geeignet sind.

Das muss man erkannt haben, dass alle musikalischen Consonanzen in doppelter, dreifacher, vierfacher Proportion oder in der Proportion Sesquialtera oder Sesquitertia bestehen. Das, was in den Zahlen Sequiterz heisst, nennt man in den Tönen Diatessaron (Quarte). Was in den Zahlen Sesquialter heisst, nennt man in den Tönen Diapente (Quinte). Was aber in den Proportionen das Doppelte ist, nennt man in den Consonanzen Diapason (Octave). Das Dreifache aber nennt man Diapente et Diapason (Quinte mit Octave). Das Vierfache nennt man Bisdiapason (Doppeloctave). Hier mag dies im Allgemeinen und ohne genauere Entwickelung ausgesprochen sein; in der Folge aber wird die ganze Aufstellung der Proportionen klar werden.

## VIII.

### Was Ton, was Intervall, was Harmonie ist.

Ton ist Fall der Stimme, wie er für den Gesang passend ist, auf eine einzige Tonhöhe. Wir wollen den Ton aber nicht im Allgemeinen definiren, sondern nur den, welchen man griechisch φθόγγος nennt, der von der Aehnlichkeit mit dem Sprechen (φθέγγεσθαι) so benannt ist. Das Intervall ist die Entfernung eines hohen und eines tiefen Tones.

Die Consonanz ist die Mischung eines hohen und eines tiefen Tones, welche lieblich und gleichsam als Einheit zu den Ohren gelangt. Die Dissonanz aber ist für das Gehör ein rauhes und unangenehmes Zusammenschlagen zweier mit einander vermischten Töne. Denn indem sich die Töne nicht mischen wollen, sucht ein jeder von ihnen unversehrt an einen Ruhepunct zu gelangen, und da nun der eine den andern beleidigt, so berühren sie auch beide das Gefühl unangenehm.

## IX.

**Nicht Alles muss dem Sinne überlassen werden, sondern der Berechnung ist mehr zu glauben, wobei über die Täuschung der Sinne gesprochen wird.**

Wir stellen nun die Meinung auf, dass man sein ganzes Urtheil nicht dem Sinne überlassen müsse, obschon vom Gehörsinn der ganze Grund der Kunst hergenommen wird. Denn wenn kein Gehör vorhanden wäre, so würde man überhaupt von Tönen nicht sprechen können. Den Grund und den Wechsel der Erinnerung hält gewissermassen das Gehör fest. Die letzte Vollendung also und die Macht der Erkenntniss besteht in der Berechnung, welche, sich auf gewisse Regeln stützend, niemals in einen Irrthum verfällt. Was sollen wir weiter über die Täuschung der Sinne sagen, da ja bekanntlich nicht alle Menschen ein und dieselbe Sinnesstärke besitzen, und auch bei dem einzelnen Menschen nicht zu allen Zeiten gleiche Sinnesstärke vorhanden ist? Vergebens wird also irgend einer dem verschiedenartigen Urtheil vertrauen, was er in Wahrheit zu suchen vermeint. Deswegen schlagen nun die Pythagoreer einen Mittelweg ein, indem sie nicht Alles auf das Gehör geben und dennoch gewisse Dinge nur durch das Gehör erforschen. Denn sogar die Consonanzen messen sie mit dem Gehör. In welchen Entfernungen die Consonanzen aber von einander liegen, dies überlassen sie nicht den Ohren, deren Urtheil nicht scharf genug ist, sondern sie vertrauen darin gewissen Regeln und der Berechnung, so dass gleichsam der Sinn gehorchender Diener, die Berechnung aber befehlender Richter ist. Mögen immerhin die Momente aller Künste, ja des Lebens selbst, durch Zufall der Sinne hervorgekommen sein, so liegt dennoch in ihnen kein sicheres Urtheil, kein rechtes Erfassen der Wahrheit, wenn ein durch Berechnung gewonnenes Urtheil fehlt. Der Sinn selbst wird ja vom Grössten und Kleinsten gleicherweise getäuscht. Denn er kann das Kleinste wegen der Kleinheit der Empfindungen selbst nicht fühlen und wird auch oft mit dem Grössten verschmolzen; z. B. hinsichtlich der Töne, die das

Gehör nicht so leicht aufnimmt, wenn sie sehr klein sind ; wenn dieselben jedoch sehr gross sind, so wird das Gehör durch die Anspannung des Schalles taub.

## X.

### Wie Pythagoras die Proportionen der Consonanzen erforscht hat.

Das war also die Hauptursache, weshalb Pythagoras mit Hintansetzung des Urtheils der Ohren zu den Beweggründen der Regeln schritt, indem er nicht den menschlichen Ohren traute, die ja durch die Natur selbst oder durch andere Zufälligkeiten oder durch das Alter selbst Veränderungen erfahren. Auch traute er den Instrumenten nicht, bei denen oft eine grosse Veränderung und Unbeständigkeit erzeugt wird. Denn wenn man sein Augenmerk auf die Saiten richtet, so erkennt man, dass bald eine feuchtere Luft die Schläge abstumpft, bald eine trocknere die Saiten spröde macht, bald eine dickere Saite einen tiefen Ton, eine dünnere einen hohen Ton erzeugt, oder dass durch irgend einen Zufall die vorher bestehende Beschaffenheit verändert wird. Und da sich dasselbe auch bei andern, als Saiteninstrumenten, vorfand, und sich Alles als unbeständig und unzuverlässig erwies, so suchte er lange mit emsiger Forschung, auf welche Weise er fest und sicher die Beweggründe der Consonanzen erkennen könnte. Da ging er, durch göttliche Eingebung geleitet, bei einer Schmiedewerkstatt vorbei und hörte die Schläge der Schmiedehämmer, wie aus den verschiedenen Tönen nur eine Harmonie hervortönte. So also zu dem, was er lange suchte, durch Zufall hinzugeführt, schritt er zum Werk ; und in langer Betrachtung versunken meinte er, dass die Verschiedenheit der Töne durch die verschiedenen Kräfte der Schlagenden erzeugt würde. Um dies sicher zu wissen, liess er die Schmiede die Hämmer unter einander vertauschen. Die Eigenschaft der Töne hing aber nicht von den Armen der Männer ab, sondern begleitete die vertauschten Hämmer. Als er dies bemerkte, nahm er das Gewicht der Hämmer ab. Da es nun 5 Hämmer waren, so fand er zwei, die in doppeltem Gewicht zu einander standen ; diese ertönten in der Consonanz der Octave. Von diesen beiden stand der, welcher das doppelte Gewicht hatte, zu einem andern im Sesquiterz und ertönte mit diesem in der Consonanz der Quarte. Zu einem andern stand der doppelte im Verhältniss des Sesquialter und ertönte also mit diesem in der Quinte. Diese beiden aber, zu denen der erste im doppelten Sesquiterz und Sesquialter stand, bewahrten zu einander wechselseitig eine Sesquioctave.

Der 5te wurde verworfen, welcher allen inconsonirend war. Da nun vor P y t h a g o r a s die musikalischen Consonanzen Octave, Quinte, Quarte, welche letztere die kleinste Consonanz ist, genannt wurden, so fand also P y t h a g o r a s zuerst die Art und Weise, in welchen Proportionen diese Consonanzen ausgedrückt werden konnten. Um das Gesagte deutlicher zu machen, so nehmen wir an, die vier Gewichte seien in Zahlen ausgedrückt diese: 12, 9, 8, 6. 12:6 ertönten in der Consonanz der Octave, 12:9 und 8:6 ertönten in der Consonanz der Quarte, 9:6 und 12:8 in der Consonanz der Quinte, 9:8 gab aber in der Sesquioctave den Ganzton.

## XI.

### Auf welche Weise die verschiedenen Proportionen der Consonanzen vom Pythagoras abgewogen worden sind.

Von hier nach Hause zurückgekehrt, wog er durch verschiedene Versuche ab, ob in diesen Proportionen das ganze Wesen der Symphonien bestehe. Er übertrug die Gewichte auf die Saiten und beurtheilte die Consonanzen derselben mit dem Ohre. Jetzt stellte er auch in Bezug auf die Länge der Pfeifen das Doppelte und die Mitte her und richtete die übrigen Proportionen ein; durch diese verschiedenartige Erfahrung erlangte er die unantastbarste Sicherheit. Oft auch stellte er für das Maass der Spannungen die Cyathen [1]) der gleichen Gewichte mit den Acetabulen [2]) zur Vergleichung zusammen. Auch freute er sich gefunden zu haben, dass es in nichts verschieden sei, ob er mit einem ehernen oder eisernen Stabe die durch verschiedene Gewichte gebildeten Acetabulen schlage. Dann gelangte er auch dahin, die Länge und Dicke der Saiten gegen einander abzuwägen. Auf diese Weise fand er die später zu erwähnende Regel, welche von der Sache den Ausdruck entlehnt, nicht weil die Regel ein hölzernes Maass ist, nach welchem wir die Grösse der Saiten und den Ton messen, sondern weil ein derartiger fester und sicherer Einblick gewissermassen eine Richtschnur (regula) ist, so dass Keiner in seiner Forschung durch ein zweifelhaftes Urtheil getäuscht wird.

---

1) Cyathus, i, m. (κύαθος) eigentlich Becher, Trinkbecher, Hor. Od. 3, 8, 13, Suet. Caes. 49; übertr. das Maass für trockene und flüssige Gegenstände, zwölfter Theil eines Sextarius, Hor. Od. 3, 19, 12, Plin. 20, 21, 84.

2) Acetabulum, i, n. (acetum) urspr. Essiggefäss; doch übertr. 1) becherartiges Gefäss, Becher, Quint. 8, 6, 35. 2) als Maassstab für nasse und trockene Dinge, der vierte Theil einer Hemina. 3) Musikalischer Tonmesser. —

## XII.

### Ueber die Eintheilung der Stimmen und deren Entwickelung.

Hierüber so weit; jetzt wollen wir die Differenzen der Stimmen nach und nach entwickeln. Jede Stimme ist nämlich entweder συνεχής, d. h. stetig (continua), oder διαστηματική, d. h. mit dem Intervall schwebend [1]. Und zwar heisst diejenige Stimme stetig, mit der wir im Sprechen oder bei dem Vortrag einer ungebundenen Rede Worte durcheilen (hinter einander hersagen). Im ersteren Falle beeilt sich die Stimme, dass sie nicht in hohen und tiefen Tönen lange verharre, sondern dass sie so schnell, als es der Ausdruck verstattet, die Worte durchlaufe, und dass die Macht der Stimme in Bezug auf Entwickelung des Sinnes und Ausdruck der Rede fortwährend wirksam sei. Intervallartig ist aber die Stimme, welche wir durch Singen in Schwebung versetzen, in der wir dann weniger den Wortausdrücken als vielmehr den Tonweisen dienen. Hier ist die Stimme selbst langsamer und sie bewirkt durch Verschiedenheiten beim Singen einen gewissen Zwischenraum, nicht etwa indem sie schweigt, sondern indem sie vielmehr eine schwebende und langsame Tonweise vorträgt. Diesen beiden Stimmunterschieden wird nach der Meinung des Albinus noch ein dritter hinzugefügt, der zwischen beiden die Mitte hält; wenn wir nämlich Heldengedichte lesen, so geschieht dies weder in ununterbrochenem Flusse, wie bei der Prosa, noch in schwebender und zögernder Weise, wie bei dem Gesang.

## XIII.

### Die Unendlichkeit der Stimmen hat die menschliche Natur begrenzt.

Die stetige Stimme nun, und auch die, mit welcher wir eine Tonweise singen, sind von Natur unendlich. Denn wenn wir die Sache betrachten, so erkennen wir wohl, dass es bei Darstellung der Rede, oder bei Erhebung der Stimme in höhere Tonlagen, oder bei Senkung in tiefere an sich kein Maass giebt; beiden aber (der Stimme beim Sprechen wie beim Singen) hat die menschliche Natur eine eigene Grenze gesetzt. Der stetigen Stimme hat der menschliche Athem eine Grenze gesetzt, über die hinaus jene nicht zu kommen vermag, da ein Jeder nur so lange ununterbrochen spricht, als es der menschliche Athem zulässt. Wiederum

---

1) Cum intervallo suspensa.

setzt die menschliche Natur auch der schwebenden Stimme (Singstimme) eine Grenze, welche die Höhe und Tiefe der menschlichen Stimme begrenzt, da ein Jeder nur so weit in die Höhe heraufsteigen und in die Tiefe herabsteigen kann, als es die natürliche Beschaffenheit der Stimme verstattet.

## XIV.

### Wie die Art und Weise des Hörens ist.

Jetzt wollen wir erörtern, wie die Art und Weise des Hörens ist. Denn in Bezug auf die Stimmen findet fast dasselbe statt, wie wenn ein aus der Ferne geworfener Stein in Sümpfen oder andern ruhigen Gewässern untersinkt. Zuerst sammelt er die Welle zu einem ganz kleinen Kreise, dann aber zerstreut er die Wellenmassen in grössere Kreise und zwar so, bis die unruhige Bewegung von der Hervorlockung der Wogen ablässt und sich nach und nach beruhigt, indem sich die Wellchen in immer weiteren und grösseren Umkreisen verlaufen. Wenn nun etwas vorhanden ist, was den wachsenden Wellen Widerstand entgegensetzen kann, so wird sofort jene Bewegung zurückgewendet und wird gleichsam nach dem Mittelpunkt hin, wo sie ausgegangen ist, durch dieselben Wellchen abgerundet. Wenn also auf dieselbe Weise ein Luftstoss einen Ton erzeugt hat, so treibt dieser zunächst einen andern Luftstoss an und setzt so gewissermassen einen runden Luftstrom in Bewegung. Auf diese Art wird der Ton vertheilt und berührt zugleich das Gehör aller Umstehenden. Der nun in weiterer Entfernung steht, dem erscheint die Stimme schwächer, weil zu ihm eine kleinere Welle der geschlagenen Luft gelangt.

## XV.

### Ueber die Ordnung der Theoreme, d. h. der Speculationen.

Nach dem Vorausgegangenen scheint es mir nothwendig zu sein auszusprechen, in wie viel Geschlechtern sich eine jede Tonweise bewegen kann, über welche (Geschlechter) die Lehre von der harmonischen Erfindung Betrachtungen anstellt. Es sind folgende: das diatonische, chromatische und enharmonische Geschlecht. Ueber diese wollen wir jedoch dann erst Einiges entwickeln, wenn wir vorher von den Tetrachorden gesprochen und erörtert haben, wie die Zahl der Saiten nach und nach vermehrt und zu der jetzigen Menge gebracht worden ist. Dies soll

geschehen, wenn wir vorher erwähnt haben, nach welchen Proportionen
sich die musikalischen Symphonien (Consonanzen) mischen.

## XVI.

### Ueber die Proportionen der Consonanzen, über den Ganzton und Halbton.

Diapason (Octave) ist die Consonanz, die in der Verdoppelung
besteht wie 1:2. Diapente (Quinte) hat die Verhältnisszahlen 2:3. Diatessaron (Quarte) hat die Proportion 3:4. Der Ganzton befindet sich in der
Proportion Sesquioctave, wo er aber durchaus nicht Consonanz ist, wie
8:9. Diapason und Diapente stellt man in dreifacher Vergleichung dar:
2:4:6. Bisdiapason bringt man in vierfache Verknüpfung: 2:4:8. Diatessaron und Diapente vollenden zusammen ein Diapason auf folgende
Weise: 2:3:4. Denn wenn eine hohe oder tiefe Stimme mit einer andern in doppeltem Verhältniss steht, so wird hieraus die Consonanz Diapason entstehen. Wenn aber eine höhere oder tiefere Stimme mit einer
andern die Proportion Sesquialter oder Sesquiterz bildet, so wird man
die Consonanzen Diapente oder Diatessaron erhalten; in der Proportion
Sesquioctave wird man den Ganzton finden. Ebenso wenn man Diapason
2:4 und Diapente 4:6 verbindet, so entsteht eine dreifache Symphonie,
nämlich Diapason und Diapente. Hingegen geben 2:4 und 4:8 eine vierfache Consonanz, nämlich Bisdispason. Wenn die Proportionen Sesquialter und Sesquiterz, d. h. Diapente und Diatessaron, verbunden werden,
also 2:3 und 3:4, so entsteht eine doppelte Consonanz, nämlich die Consonanz Diapason. Denn 4:3 ist die Proportion Sesquiterz, 3:2 ist Sesquialter und ebenso ist 4:2 das Zweifache. Sesquiterz erzeugt die Consonanz Diatessaron, Sesquialter die Consonanz Diapente. Das Zweifache
bewirkt die Symphonie des Diapason. Diatessaron also und Diapente
verbinden sich zu einer Consonanz Diapason. Der Ganzton kann nicht
in gleiche Theile zerlegt werden, wovon der Grund später angegeben
werden soll. Hier nützt nur das, dass man erkennt, wie niemals der Ganzton in ganz gleiche Theile zerlegt wird. Um dies leichter erkennbar zu
machen, nehmen wir die Proportion Sesquioctave 8:9. Dazwischen liegt
keine andere Zahl. Wenn wir nun diese Zahlen zweimal nehmen, so
wird aus 8 16 und aus 9 18. Zwischen 16 und 18 liegt natürlicherweise nur die eine Zahl 17, woraus die Reihe entsteht 16, 17, 18.
16:18 als Proportion Sesquioctave giebt den Ganzton. Die mittlere Zahl
17 theilt aber diese Proportion nicht in gleiche Theile. Denn 17 zu 16 ver-

glichen erkennt man, dass 17 die Zahl 16 ganz in sich enthält und noch den 16ten Theil derselben, d. h. die Einheit. Wenn wir aber 18 zu 17 vergleichen, so hat 18 die Zahl 17 ganz in sich und noch den 17ten Theil derselben. Die Zahl 17 übertrifft also die Zahl 16 nicht mit denselben Theilen, wie 18 die Zahl 17; denn der 17te Theil ist kleiner als der 16te. Beide Proportionen jedoch (nämlich 16:17 und 17:18) stellen Halbtöne dar, nicht etwa deswegen, dass die Halbtöne überhaupt aus Gleichem die Mitte seien, sondern weil man das einen Halbton zu nennen pflegt, was nicht zum Ganzen gelangt. Aber von den beiden Halbtonverhältnissen wird das erste »grösserer Halbton«, das zweite »kleinerer Halbton« genannt.

## XVII.

### In welchen ersten Zahlen der Halbton besteht.

Nun wollen wir genauer entwickeln, was ein vollkommner Halbton ist, und in welchen Zahlen er besteht. Denn das, was wir über die Theilung des Ganztones sagten, bezieht sich nicht auf eine etwa beabsichtigte Darlegung der Halbtonverhältnisse, sondern vielmehr auf unsere Behauptung, dass der Ganzton nicht in zwei gleiche Theile zerlegt werden kann. Diatessaron ist die Consonanz, welche aus 4 Stimmen und 3 Intervallen besteht. Sie besteht aus 2 Ganztönen und einem nicht vollkommnen Halbton. Wir haben z. B. folgende Zahlen: 192, 216, 243, 256. Wenn nun 192 zu 256 verglichen wird, so hat man die Proportion Sesquiterz und es ertönt die Consonanz Diatessaron. 216 aber zu 192 verglichen, giebt die Proportion Sesquioctave; denn die Differenz derselben ist 24, welche Zahl der 8te Theil von 192 ist; es ist also der Ganzton. Ferner ist 243:216 die andere Proportion Sesquioctave, denn die Differenz derselben ist 27, also der 8te Theil von 216. Es bleibt noch übrig die Proportion 256:243, deren Differenz 13 ist. Diese letztere Zahl, 8 mal genommen, giebt aber nicht die mittlere Zahl 243. Es ist also nicht ein vollkommner Halbton, sondern der kleinere Halbton. Denn dann würde er mit Recht ein vollkommner Halbton genannt, wenn die Differenz 13, 8 mal genommen, der mittleren Zahl 243 gleich käme. Es hat also der kleinere Halbton das Verhältniss 243:256.

## XVIII.

### Diatessaron steht von Diapente um einen Ganzton auseinander.

Ferner ist Diapente eine Consonanz von 5 Klängen, also von 4 Inter-tervallen, nämlich von drei Ganztönen und einem kleineren Halbton. Setzen wir dieselbe Zahl 192 und nehmen hiervon den Sesquialter, welche Proportion die Consonanz Diapente bewirkt. Es sei also die Zahl 288. Nun werden die früher im Verhältniss zu 192 stehenden Zahlen in die Mitte gesetzt, dann erhält man diese Reihe: 192, 216, 243, 256, 288. Bei dem früheren Verhältniss wurde gezeigt, das 192 und 256 zwei Ganztöne und einen Halbton (den kleineren) enthielten. Es bleibt also die Proportion 256:288 übrig, welche eine Sesquioctava ist, d. h. ein Ganzton, indem die Differenz 32 und folglich der 8te Theil von 256 ist. Also besteht die Consonanz Diapente aus 3 Ganztönen und einem Halbton. Die Consonanz Diatessaron bestand unstreitig in den Zahlen 192:256. Diapente aber wurde eben auch von 192 zu 288 ausgedehnt. Es wird also die Consonanz Diatessaron von Diapente durch die Pro-portion 256:288 übertroffen, und das ist der Ganzton. Die Symphonie Diatessaron wird also von der Quinte um einen Ganzton überschritten.

## XIX.

### Diapason wird aus fünf Ganztönen und zwei Halbtönen verbunden.

Die Consonanz Diapason besteht aus 5 Ganztönen und 2 Halbtönen, welche letzteren dennoch einen Ganzton nicht erfüllen. Denn weil ge-zeigt wurde, dass Diapason aus Diapente und Diatessaron bestehe, Dia-tessaron aber bewiesenermassen aus 2 Ganztönen und einem Halbton, Diapente aber aus 3 Ganztönen und einem Halbton, so werden sie, mit einander verbunden, 5 Ganztöne und 2 Halbtöne ausmachen. Weil nun jene beiden Halbtöne zusammengenommen nicht die Verbindung von 2 gleichen Hälften zu einem Ganzton sind, sondern der eine Halbton grösser, der andere kleiner als die Hälfte eines Ganztones ist, so besteht Diapason nach dieser Berechnung aus 5 Ganztönen und 2 Halbtönen, welche letzteren zusammengenommen einen ganzen Ton nicht erreichen, das Maass eines vollkommnen Halbtones jedoch überschreiten. Die Be-rechnung hiervon, oder die Art und Weise, nach welcher die musika-lischen Consonanzen selbst aufgefunden werden, wollen wir später ausführlicher entwickeln. Einstweilen wollen wir auch bei noch unvollkommner Einsicht der gegenwärtigen Abhandlung Glauben beimessen, und dann erst eine sichere Ueberzeugung erhalten, wenn ein Jedes durch die eigentliche Beweisführung klar gemacht ist. Nach diesen Auseinandersetzungen wollen wir in der Kürze über die Saiten der Kithar und über die Namen derselben sprechen, und erörtern, auf welche Weise sie vermehrt und mit Namen versehen worden sind. Wenn man hiervon Kenntniss erlangt hat, dann wird es leicht sein, durch die Wissenschaft das Folgende zu erfassen.

## XX.

### Ueber Hinzufügung der Saiten und deren Namen.

Nicomachus erzählt, dass zu Anfang eine ganz einfache Musik vorhanden gewesen sei, so dass sie nur aus 4 Saiten bestanden habe. Dies wäre bis zur Zeit des Orpheus der Fall gewesen, dass die 1ste und 4te Saite zusammen in der Consonanz Diapason erklangen. Die Mittelsaiten hätten mit den äusseren Diapente und Diatessaron, zu einander aber den Ganzton ergeben. Von diesem Quadrichord soll Mercur der Erfinder sein. Die 5te Saite fügte hierauf Torrebus, Sohn des Atys, König der Lyder hinzu. Hyagnis der Phrygier aber fügte die 6te Saite hinzu. Die 7te wurde von Terpander aus Lesbos angefügt, nach der Aehnlichkeit der 7 Planeten. Und von diesen 7 Saiten wurde die tiefste Hypate genannt, gleichsam als grössere und ehrwürdigere, woher sie auch den Jupiter Hypatos nennen. Auch den Consul nennt man seiner hohen Würde wegen mit demselben Namen (ὕπατος), und dem Saturn ist er wegen der Langsamkeit der Bewegung und Tiefe des Tones zugetheilt worden. Die zweite heisst Parhypate, gleichsam als neben Hypate gestellt. Die dritte heisst deswegen Lichanos, weil dieser Ausdruck den Finger bedeutet, welchen wir Zeigefinger nennen. Der Grieche leitet Lichanos vom Stamm »lich«[1] her. Weil nun beim Spielen bei der Saite, die von Hypate aus gerechnet die 3te ist, der Zeigefinger (Lichanos) gefunden wurde, deswegen ist auch die Saite selbst Lichanos genannt worden. Die 4te Seite wird Mese genannt, weil sie unter sieben die mittlere ist. Die 5te ist Paramese, weil sie neben der Mitte liegt. Die siebente ist Nete, gleichsam νεάτη, d. h. letzte. Zwischen dieser Nete und Paramese liegt die sechste, welche Paranete genannt wird als die neben Nete gesetzte. Weil

---

[1] λείχω, lat. lingo.

aber Paramese die 3te von Nete ist, so wird sie auch mit dem Wörtchen
Trite genannt, d. h. die 3te, so dass folgendes Schema entsteht:

Hypate
Parhypate
Lichanos
Mese
Paramese oder Trite
Paranete
Nete.

Diesen Saiten fügte Lichaon aus Samos die 8te hinzu und setzte sie
zwischen Paramese (auch Trite genannt) und Paranete, so dass sie selbst
die 3te von Nete war. Paramese wurde nun eben blos mit dem einen
Namen benannt, als sie hinter die Mitte gesetzt wurde. Den Namen Trite
verlor sie, da zwischen sie und Paranete ein von Nete aus gerechneter
Ton an die dritte Stelle gesetzt wurde, welcher mit Recht den Namen
Trite erhielt, so dass nach der Hinzufügung des Lichaon folgendes
Octachord entstand:

Hypate
Parhypate
Lichanos
Mese
Paramese
Trite
Paranete
Nete.

In Bezug auf diese beiden Eintheilungen, also des Heptachordes
und Octachordes, wird das Heptachord synemmenon, d. h. verbundenes genannt; das Octachord hingegen diezeugmenon, weil es getrennt
ist. Denn im Heptachord ist das eine Tetrachord dieses: Hypate, Parhypate, Lichanos, Mese; das andere aber: Mese, Paramese, Paranete,
Nete, indem wir die Saite Mese auch im 2ten Tetrachord zählen, und also
durch eben diese Saite 2 Tetrachorde verbunden werden. Hingegen
machen im Octachord, weil also 8 Saiten vorhanden sind, die ersten 4:
Hypate, Parhypate, Lichanos, Mese, zusammen ein Tetrachord aus. Von
diesem aber vollkommen getrennt, fängt das andere von Paramese an,
schreitet durch Trite und Paranete und endigt in Nete. In diesem Octachord findet sich also die Trennung vor, die man Diazeuxis nennt. Und
zwar ist es die Trennung von Mese und Paramese um einen ganzen Ton.
Hier also behauptet Mese nur noch den Namen, weil ihre Stellung nicht

in der Mitte ist, indem im Octachord immer 2 Mitten gefunden werden, und eine Mitte allein durchaus nicht aufzufinden ist. Theophrastus aus Pieria fügte in der Tiefe noch eine Saite hinzu, um ein vollständiges Enneachord (Neunsait) hervorzubringen. Weil diese Saite unterhalb Hypate hinzugefügt wurde, hiess sie Hyperhypate, und so lange als die Kithar früher nur 9 Saiten hatte, wurde diese Saite Hyperhypate genannt. Jetzt wird sie Lichanos hypaton genannt, da noch andere Saiten hinzugekommen sind, in welcher Ordnung und Einrichtung sie darum Lichanos genannt wurde, weil sie mit dem Zeigefinger berührt wird. Das wird später noch klarer werden. Jetzt verhält sich die Ordnung des angegebenen Enneachordes folgendermassen:

Hyperhypate

Hypate

Parhypate

Lichanos

Mese

Paramese

Trite

Paranete

Nete.

Histiaeus aus Colophon fügte in der Tiefe die 10te Saite hinzu, Timotheus aus Milet die 11te. Weil diese nun über Hypate und Parhypate hinzugefügt wurden, so wurden sie Hypate hypaton genannt, gleichsam als grösste von den grossen, als tiefste von den tiefen, als ausgezeichnetste der ausgezeichneten. Die erste von den 11 Saiten wurde also Hypate hypaton genannt. Die zweite Parhypate hypaton, weil sie neben Hypate hypaton aufgezogen ist. Die 3te, die schon früher im Enneachord Hyperhypate genannt wurde, erhielt nun den Namen Lichanos hypaton. Die 4te, von Alters her Hypate genannt, behielt ihren Namen. Die 5te hiess Parhypate. Die 6te, von Alters her Lichanos genannt, behielt ihre Bezeichnung. Die 7te nennt man Mese, die 8te Paramese, die 9te Trite, die 10te Paranete, die 11te Nete. Das erste Tetrachord ist also dieses: Hypate hypaton, Parhypate hypaton, Lichanos hypaton, Hypate. Das 2te ist folgendes: Hypate, Parhypate, Lichanos, Mese, welche beiden Tetrachorde verbunden sind. Das 3te Tetrachord ist dieses: Paramese, Trite, Paranete, Nete. Weil nun zwischen dem früheren Tetrachord, nämlich Hypate hypaton, Parhypate hypaton, Lichanos hypaton, Hypate meson und zwischen dem letzten, nämlich: Paramese, Trite, Paranete, Nete ein Tetrachord in der Mitte liegt, nämlich : Hypate, Parhypate, Lichanos, Mese, so ist dieses ganze mittlere Tetrachord meson genannt worden, d. h. gleichsam Tetrachord der Mitten, und die einzelnen Saiten desselben werden also mit Hinzufügung dieses Ausdruckes sogenannt : Hypate meson, Parhypate meson, Lichanos meson, Mese. Weil nun ferner zwischen diesem Tetrachord meson und dem letzten (dem der Neten) die Trennung liegt, nämlich der Mese und Paramese, so ist das ganze letzte Tetrachord diezeugmenon, d. h. getrenntes, genannt worden, und auch hier wird allen Saiten desselben dieser Ausdruck beigelegt, nämlich : Paramese diezeugmenon, Trite diezeugmenon, Paranete diezeugmenon, Nete diezeugmenon, so dass nachstehendes Schema entsteht :

Hypate hypaton
Parhypate hypaton
Lichanos hypaton
Hypate meson
Parhypate meson
Lichanos meson
Mese
Paramese diezeugmenon
Trite diezeugmenon
Paranete diezeugmenon
Nete diezeugmenon.

Es ist also hier zwischen Paramese und Mese eine Trennung vorhanden, und daher ist dieses Tetrachord diezeugmenon genannt worden. Wenn jedoch Paramese weggenommen wird, und es bleiben die Saiten Mese, Trite, Paranete, Nete, dann sind 3 Tetrachorde mit einander verbunden, d. h. griechisch synemmena, und das letzte Tetrachord wird synemmenon genannt, in folgender Weise :

Hypate hypaton
Parhypate hypaton
Lichanos hypaton
Hypate meson
Parhypate meson
Lichanos meson
Mese synemmenon
Trite synemmenon
Paranete synemmenon
Nete synemmenon.

Weil nun in dieser Eintheilung oder auch in der früheren des Hendecachordes die Saite Nete zur Mese, die wegen ihrer mittleren Stellung so benannt wurde, als nächste (zur Bildung eines Tetrachordes) hinzutritt, so ist, weil zwar Mese weit genug von den letzten Hypaten absteht, aber doch nicht die eigentliche Stellung behauptet (d. h. die Octave) oberhalb von Nete diezeugmenon noch ein Tetrachord hinzugefügt und hyperbolaeon genannt worden, weil es die früher aufgestellten Neten in der Höhe überschreitet, auf folgende Weise:

> Hypate hypaton
> Parhypate hypaton
> Lichanos hypaton
> Hypate meson
> Parhypate meson
> Lichanos meson
> Mese
> Paramese
> Trite diezeugmenon
> Paranete diezeugmenon
> Nete diezeugmenon
> Trite hyperbolaeon
> Paranete hyperbolaeon
> Nete hyperbolaeon.

Weil nun aber wiederum (in dieser Tonreihe) die Mese nicht recht in der Mitte stand, so wurde deswegen über Hypate hypaton noch eine Saite hinzugefügt, die man Proslambanomenos nennt, von einigen wird sie auch Prosmelodos genannt, die um einen ganzen Ton von Hypate hypaton entfernt ist, und zwar ist Proslambanomenos von Mese der 8te Ton und tönt mit dieser in der Symphonie Diapason und mit Lichanos hypaton ertönt sie im Diatessaron, welche letztere Saite mit Mese in der Symphonie Diapente erklingt, da sie von dieser der 5te Ton ist. Ferner steht Mese von Paramese um einen Ganzton auseinander; mit Nete diezeugmenon ertönt Mese in der Consonanz Diapente, und diese Nete diezeugmenon bewirkt mit Nete hyperbolaeon die Consonanz Diatessaron, und Proslambanomenos ertönt mit Nete hyperbolaeon in der Consonanz Bisdiapason, auf folgende Weise:

> Proslambanomenos oder Prosmelodos
> Hypate hypaton
> Parhypate hypaton
> Lichanos hypaton
> Hypate meson

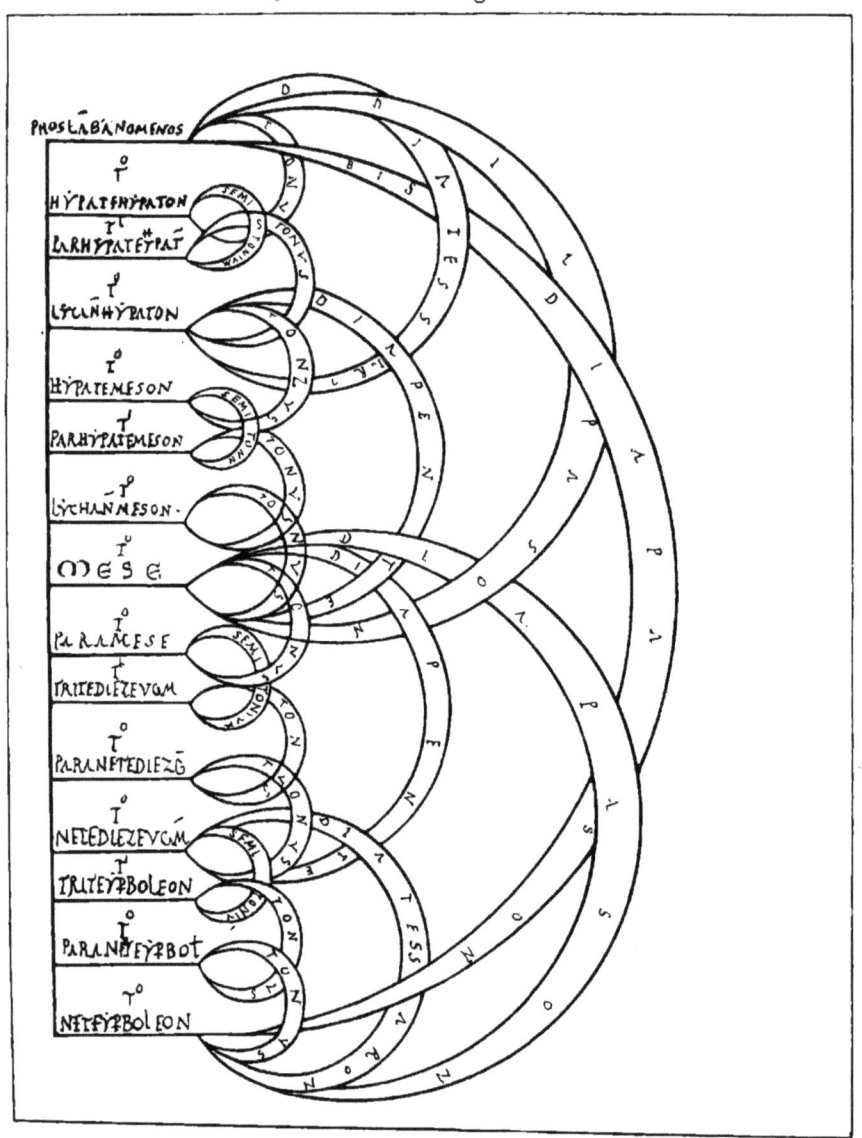

Facsimile aus dem Cölner Codex.

Parhypate meson

Lichanos meson

Mese

Paramese

Trite diezeugmenon

Paranete diezeugmenon

Nete diezeugmenon

Trite hyperbolaeon

Paranete hyperbolaeon

Nete hyperbolaeon.

## XXI.

### Ueber die Klanggeschlechter.

Nach diesen Entwickelungen wollen wir über die Klanggeschlechter sprechen. Es sind folgende drei : das diatonische, chromatische, enharmonische. Das diatonische ist um etwas härter und natürlicher, als die übrigen. Das chromatische weicht von jener gleichsam natürlichen Tonfolge ab und verfällt in eine weichere. Das enharmonische ist schön und geschmackvoll verbunden. Da nun also 5 Tetrachorde sind, nämlich hypaton, meson, synemmenon, diezeugmenon, hyperbolaeon, so schreitet in diesen allen gemäss dem diatonischen Geschlecht die Singstimme durch Halbton und 2 Ganztöne fort, so wohl im 1sten und 2ten, als auch in allen übrigen Tetrachorden. Daher wird das Geschlecht diatonisch genannt, weil es gleichsam von Ton zu Ton fortschreitet. Das chromatische Geschlecht, welches von Farbe (χρῶμα) hergeleitet wird, ist gleichsam die erste Veränderung von jener ersten Tonfolge und wird in der Fortschreitung von 2 Halbtönen und 3 Halbtönen gesungen. Denn das vollständige Diatessaron ist eine Consonanz von 2 Ganztönen und einem nicht vollkommnen Halbton. Dieses Wort, also Chroma, ist von Oberflächen hergeleitet, welche, wenn sie verändert werden, in eine andere Farbe übergehen. — Das enharmonische ist noch mehr zusammengesetzt und wird in allen Tetrachorden durch 2 Diesen und Ditonus gesungen. Diesis ist die Hälfte eines Halbtones. Die Beschreibung von allen 3 Geschlechtern durch alle Tetrachorde hindurchlaufend ist daher folgende:

Diatonisches Geschlecht:

| s | o | o |
|---|---|---|
| T | T | T |
| Halbton | Ton | Ton |

Chromatisches Geschlecht:

| s | s | s | s | s |
|---|---|---|---|---|
| T | T | T | T | T |
| Halbton | Halbton | | Drei Halbtöne | |

Enharmonisches Geschlecht:

| s | s | o | o |
|---|---|---|---|
| D | D | T | T |
| Diesis | Diesis | | Ditonus |

## XXII.

### Ueber die Ordnung der Saiten und von den Namen in den drei Geschlechtern.

Jetzt wollen wir die Ordnung der Saiten auseinandersetzen, die in den 3 Geschlechtern sich verändern und in feststehender Ordnung aneinandergereiht werden. Die erste Saite ist Proslambanomenos, die eben auch Prosmelodos genannt wird. Die 2te ist Hypate hypaton. Die 3te Parhypate hypaton. Die 4te nennt man allgemein Lichanos. Wenn sie im diatonischen Geschlecht gebraucht wird, dann sagt man Lichanos hypaton diatonos; wenn sie im chromatischen Klanggeschlecht vorkommt, so heisst sie Diatonos chromatice oder Lichanos hypaton chromatice. Wenn sie im enharmonischen Geschlecht erscheint, so heisst sie Lichanos hypaton enharmonios. Nach dieser Saite folgt Hypate meson. Darauf Parhypate meson und dann Lichanos meson. Im diatonischen Geschlecht heisst sie einfach Lichanos meson. Im chromatischen aber Lichanos meson chromatice oder Diatonos meson chromatice. Im enharmonischen jedoch Lichanos meson enharmonios oder Diatonos meson enharmonios. Hierauf folgt Mese. Nach dieser Saite folgen 2 Tetrachorde, nämlich synemmenon und diezeugmenon. Im ersteren folgt nach Mese Trite synemmenon, darauf folgt Lichanos synemmenon, die im diatonischen Geschlecht Diatonos synemmenon ist, im chromatischen aber entweder Diatonos synemmenon chromatice oder Lichanos synemmenon chromatice. Im enharmonischen Geschlecht jedoch: Diatonos synemmenon enharmonios oder Lichanos synemmenon enharmonios. Hierauf folgt Nete synemmenon. Wenn aber der Saite Mese das Tetrachord synemmenon nicht angefügt wird, sondern das Tetrachord diezeugmenon folgt, so kommt nach Mese Paramese, darauf Trite diezeugmenon, dann Lichanos diezeugmenon, die man im diatonischen Geschlecht Diatonos diezeugmenon chromatice oder Lichanos diezeugmenon chromatice nennt. Im enharmonischen Geschlecht heisst die Saite Diatonos diezeugmenon enharmonios oder Diatonos hypaton enharmonios. Dieselbe Saite wird auch Paranete genannt mit Hinzufügung des Wortes diatonos, chromatice oder enharmonios. Nach diesen folgen noch Nete diezeugmenon, Trite hyperbolaeon, Paranete hyperbolaeon, Nete hyperbolaeon, und zwar wird Paranete hyperbolaeon im diatonischen: diatonos hyperbolaeon, im chromatischen: hyperbolaeon chromatice, im enharmonischen: hyperbolaeon enharmonios genannt. Von diesen Saiten ist Nete hyperbolaeon die letzte. Wir lassen jetzt das Schema der Saiten in allen 3 Klanggeschlechtern folgen, in welchem man die Gleichheit und Verschiedenheit der Namen in allen 3 Geschlechtern erkennen wird. Wenn man nun alle Saiten in diesem zählt, sowohl die, welche gleiche Namen haben, als auch die mit verschiedenen Nammen, so wird man zusammen 28 Saiten vorfinden, wie es eben dieses folgende Schema deutlich macht:

| Diatonisches Geschlecht. | Chromatisches Geschlecht. | Enharmonisches Geschlecht. |
|---|---|---|
| Proslambanomenos. | Proslambanomenos. | Proslambanomenos. |
| Hypate hypaton. | Hypate hypaton. | Hypate hypaton. |
| Parhypate hypaton. | Parhypate hypaton. | Parhypate hypaton. |
| Lichanos hypaton diatonos. | Lichanos hypaton chromatice. | Lichanos hypaton enharmonios. |
| Hypate meson. | Hypate meson. | Hypate meson. |
| Parhypate meson. | Parhypate meson. | Parhypate meson. |
| Lichanos meson diatonos. | Lichanos meson chromatice. | Lichanos meson enharmonios. |
| Mese. | Mese. | Mese. |
| Trite synemmenon. | Trite synemmenon. | Trite synemmenon. |
| Paranete synemmenon diatonos. | Paranete synemmenon chromatice. | Paranete synemmenon enharmonios. |
| Nete synemmenon. | Nete synemmenon. | Nete synemmenon. |
| Paramese. | Paramese. | Paramese. |
| Trite diezeugmenon. | Trite diezeugmenon. | Trite diezeugmenon. |
| Paranete diezeugmenon diatonos. | Paranete diezeugmenon chromatice. | Paranete diezeugmenon enharmonios. |
| Nete diezeugmenon. | Nete diezeugmenon. | Nete diezeugmenon. |
| Trite hyperbolaeon. | Trite hyperbolaeon. | Trite hyperbolaeon. |
| Paranete hyperbolaeon diatonos. | Paranete hyperbolaeon chromatice. | Paranete hyperbolaeon enharmonios. |
| Nete hyperbolaeon. | Nete hyperbolaeon. | Nete hyperbolaeon. |

## XXIII.

### Was es für Proportionen der Klänge (Stimmen) in den einzelnen Klanggeschlechtern giebt.

In Bezug auf die Eigenthümlichkeit der Klanggeschlechter machen wir in den einzelnen Tetrachorden die Theilung so, dass wir alle 5 Tetrachorde des diatonischen Geschlechtes in 2 Ganztöne und einen Halbton theilen. In diesem Geschlechte nennt man den Ton unzusammengesetzt, deswegen, weil er ein Ganzton ist und ihm kein anderes Intervall zugefügt wird. Es sind auch hier in den einzelnen Intervallen die Töne immer Ganztöne. Im chromatischen Geschlecht geschieht aber die Theilung durch 2 Halbtöne und durch das unzusammengesetzte Trihemitonium [1]: aber deshalb nennen wir dieses Trihemitonium unsammengesetzt, weil es in einem Intervall besteht. Im diatonischen Geschlecht kann man auch die Benennung Trihemitonium anwenden in der Verbindung von Halbton und Ganzton; dann aber ist es nicht unzusammengesetzt, denn es wird durch 2 Intervalle bewirkt; im enharmonischen Geschlecht findet dasselbe statt. Denn dieses besteht aus zwei Diesen und einem unzusammensetzten Ditonus, welchen wir deswegen unzusammengesetzt nennen, weil er in einem Intervalle besteht.

## XXIV.

### Was Synaphe ist.

Nun findet in den so aufgestellten Tetrachorden eine Synaphe statt, welchen Ausdruck wir durch die lateinische Bezeichnung »conjunctio« (Verbindung) wiedergeben können, so oft nämlich zwei Tetrachorde mit einer gemeinschaftlichen Grenze durch die Mitte verbunden werden, wie in folgenden Tetrachorden:

> Hypate hypaton
> Parhypate hypaton
> Lichanos hypaton
> Hypate meson
> Parhypate meson
> Lichanos meson
> Mese.

---

1) Entspricht ziemlich der kleinen Terz.

Hier ist das eine Tetrachord: Hypate hypaton, Parhypate hypaton, Lichanos hypaton, Hypate meson. Das andere Tetrachord ist: Hypate meson, Parhypate meson, Lichanos meson, Mese. Zu beiden Tetrachorden gehört also Hypate meson, welcher Klang vom ersten Tetrachord der höchste, vom 2ten aber der tiefste ist. Es stellt somit ein und dieselbe Saite, nämlich Hypate meson, die Verbindung zwischen dem Tetrachord hypaton und Tetrachord meson her, wie es in jenem Schema zu ersehen ist. Synaphe, lateinisch conjunctio (Verbindung), definirt man also als Mittelstimme zweier Tetrachorde, die vom ersten der höchste, vom zweiten der tiefere Klang ist.

## XXV.

### Was Diazeuxis ist.

Diazeuxis, d. h. Trennung (disjunctio), ist da vorhanden, wo zwei Tetrachorde in der Mitte um einen Ganzton getrennt werden, wie in den beiden folgenden Tetrachorden:

Hypate meson
Parhypate meson
Lichanos meson
Mese
Paramese
Trite diezeugmenon
Paranete diezeugmenon
Nete diezeugmenon.

Folglich sind 2 Tetrachorde vorhanden, da 8 Saiten da sind. Diazeuxis, lateinisch disjunctio (Trennung), ist vorhanden zwischen Mese und Paramese, die unter einander um einen ganzen Ton differiren, worüber wir noch deutlicher sprechen wollen, da die Abhandlung späterhin ein Jedes zur sorgfältigeren Entwickelung heranziehen wird. Der aufmerksam Betrachtende findet nicht mehr als 5 Tetrachorde, nämlich hypaton, meson, synemmenon, diezeugmenon, hyperbolaeon.

## XXVI.

### Mit welchen Namen Albinus die Saiten benannt hat.

Albinus hat die Namen der Saiten in lateinischer Sprache so erklärt, dass er die Hypaten principales (Hauptsaiten), die Mesen mediae (Mitten),

die Synemmenen conjunctae (verbundene), die Diezeugmenen disjunctae
(getrennte), die Hyperbolaea excellentes (hinausragende) nennt; aber bei
einem fremden Werke wollen wir nicht verweilen.

## XXVII.

### Mit welchen Gestirnen diese Saiten verglichen werden.

Hier muss noch in Betreff der früher erwähnten Tetrachorde, deren
Klangordnung von Hypate meson bis Nete ist, hinzugefügt werden, dass
diese Ordnung gleichsam ein Spiegelbild von der himmlischen Ordnung und
Trennung giebt. Denn Hypate meson wurde dem Saturn beigelegt, Parhypate dem Umkreis des Jupiter, Lichanos meson dem Mars, Mese der
Sonne, Trite synemmenon der Venus, Paranete synemmenon dem Mer-
curius, Nete jedoch dem Umkreis der Luna (des Mondes). Marcus Tullius stellt die entgegengesetzte Ordnung auf; denn im 6ten Buche »de
re publica« sagt er so: »Die Natur bringt es mit sich, dass die äussersten
Spitzen einerseits tief, andererseits hoch klingen. Deswegen wird auch
jener höchste gestirnte Himmelslauf, dessen Drehung erregter ist, in
einem losen und erregten Tone bewegt, in einem sehr tiefen Tone aber
der des Mondes und der unterste. Denn die Erde als neunte bleibt
immer unbeweglich und haftet immer am untersten Sitze.« Tullius setzt
die Erde gleichsam für das Stillschweigen, indem er sie für unbeweglich
hält. Nach ihr giebt er der Luna (dem Monde) den tiefsten Ton, der
dem Stillschweigen zunächst liegt, so dass Luna Proslambanomenos,
Mercur Hypate hypaton, Venus Parhypate hypaton, Sol Lichanos hypaton, Mars Hypate meson, Jupiter Parhypate meson, Saturn Lichanos
meson, der Himmel schliesslich Mese ist. Welche von diesen Tönen
unbeweglich, und welche im Ganzen beweglich sind, welche ferner als
unbewegliche und bewegliche bestehen, hierüber wird der Ort zur
Entwickelung passender sein, wenn ich die Eintheilung des regulären
Monochordes behandeln werde.

## XXVIII.

### Welches Wesen die Consonanzen haben.

Der Gehörsinn hat die Berechtigung, die Consonanz zu beurtheilen ;
doch steht die Berechnung höher. Wann nämlich 2 Saiten, eine höhere
und eine tiefere, aufgespannt werden und zugleich berührt einen ver-

mischten und lieblichen Ton erzeugen und 2 Stimmen gleichsam verbunden zu einer verwachsen, dann entsteht das, was man Consonanz nennt. Wenn die Saiten aber zugleich berührt werden und doch eine jede für sich fortschreiten will, und beide sich nicht zu einem für das Ohr lieblichen und einem einzigen Klange, der dennoch aus 2 Klängen besteht, vermischen, dann entsteht eine Dissonanz.

## XXIX.

### Wo die Consonanzen gefunden werden.

In diesen Vergleichungen von Höhe und Tiefe müssen nothwendigerweise die Consonanzen gefunden werden, welche für sich messbar sind, d. h. welche eine gemeinschaftlich bezeichnete Mensur haben, wie z. B. in den Vielfachen jener Theil das Doppelte misst, welcher zwischen beiden Grenzen die Differenz abgiebt, wie z. B. zwischen 2 und 4 das Zweifache beide misst, zwischen 2 und 6, welche das Dreifache der erstern Zahl ist, doch das Zweifache beide Zahlen misst; zwischen 9 und 8 ist es aber die Einheit, die beide misst. Ferner in den »übertheiligen«, wo z. B. in der Proportion Sesquialter, also 4 : 6, das Zweifache beide misst, da es von beiden die Differenz ist. In der Proportion Sesquiterz wie 8 : 6 misst das Zweifache beide; dies findet aber nicht in den übrigen Gattungen der Ungleichheit statt, welche wir vorher erwähnt haben, z. B. im Uebermehrtheiligen. Denn wenn wir 5 mit 3 vergleichen, findet man, dass sie kleiner ist, nimmt man sie zweimal, so ist sie grösser. Ebenso wenn man die Differenz zweimal nimmt und mit 5 vergleicht, so ist sie kleiner, nimmt man sie aber dreimal, dann ist sie grösser als 5. Deswegen ist diese erste Gattung der Ungleichheiten nicht passend für die Consonanzen, weil in den Zahlen, welche die Consonanzen bilden, mehr Aehnlichkeit zu finden ist, als in den eben erwähnten; man beweist dies auf folgende Weise: Das Doppelte ist nichts Anderes, als die einfache Zahl zweimal genommen (2 : 4); das Dreifache nichts weiter, als die einfache Zahl dreimal genommen (2 : 6); das Vierfache [nichts Anderes, als die einfache Zahl viermal genommen (2 : 8). Sesquialter ist ei ne Zahl und die Hälfte der einfachen Zahl genommen (2 : 3, oder 4 : 6, oder 8 : 12, oder 6 : 9). Sesquiterz aber ist die einfache Zahl und der 3te Theil derselben (3 : 4, oder 6 : 8, oder 9 : 12), was bei den übrigen in der Gattung der Ungleichheiten nicht leicht gefunden wird.

Boetius.                                                                3

## XXX.

### Was Plato über die Bildung der Consonanzen meint.

Plato meint, dass die Consonanz im Ohre auf folgende Weise sich bilde. Er sagt, es sei nothwendig, dass ein höherer Ton auch schneller sei. Da dieser also dem tieferen vorausgeht, so kommt er schneller zum Ohre, und nachdem dieser Theil des Körpers gleichsam geöffnet ist, wird gleichsam der Schlag durch wiederholte Bewegung zurückgewendet. Nun strömt aber der andere langsamere Ton in nicht zu schnellen Schwingungen dahin, weshalb er auch tiefer ist. Indem nun der höhere Ton zurückkehrt, begegnet er dem jetzt erst ankommenden tiefen Tone auf ähnliche Weise und mischt sich mit ihm, woraus nach der Meinung Plato's eine Consonanz entsteht.

## XXXI.

### Was gegen Plato Nicomachus meint.

Nicomachus meint, dass dies nicht der Wahrheit gemäss gesagt worden sei; denn es sei die Consonanz nicht die Zusammenführung von ähnlichen, sondern vielmehr von unähnlichen Klängen zu einem einzigen Klange, und wenn sich nun der höhere Klang mit dem tieferen nach jener Weise in der Begegnung vermische, so gebe das keine Consonanz, weil die Aehnlichkeit diesen Zusammenklang nicht bewirkt, sondern weil er aus der Unähnlichkeit hervorgeht, die die einzelnen Stimmen von einander unterscheidet, die aber in der Mischung bei den Consonanzen verschwindet. So, meint nun Nicomachus, entständen die Consonanzen. Nicht, sagt er, ist es nur ein Stoss, welcher den einfachen Ton hervorbringt, sondern wenn die Saite einmal gestossen wurde, dann schlägt sie auch öfter die Luft und bewirkt mehrere Töne. Weil aber die Schnelligkeit des Stosses von der Art ist, dass ein Ton den andern gewissermassen zusammenfasst, so nimmt man keinen Abstand wahr, und es gelangt gleichsam nur ein Ton zu den Ohren. Wenn also die Stösse der tiefen Töne mit den Stössen der hohen messbar sind, wie in den vorhergenannten Proportionen, so ist es unzweifelhaft, dass sich die Messung selbst mischt und nur eine Consonanz der Töne bewirkt.

## XXXII.

### Welche Consonanz mit Recht vorausgeht.

In Betreff aller der erwähnten Consonanzen muss das Urtheil festgehalten werden, damit man sie ebenso wie im Ohre, auch durch Berechnung abwäge und feststelle. Denn die Töne stehen zum Gehör oder der Anblick zum Auge in ganz demselben Verhältniss, wie die Zahlen oder stetigen Grössen zum Urtheil des Geistes. Denn wenn man eine Zahl oder eine Linie hinstellt, so ist nichts leichter, als mit dem Auge oder Geiste das Doppelte zu erkennen. Nachdem man das Doppelte gefunden hat, kann man leicht daraus die Hälfte folgern; ebenso findet man leicht das Dreifache und kann daraus den 3ten Theil folgern. Weil nun die Beschreibung des Doppelten leichter ist, so meint Nicomachus, dass Diapason die beste Consonanz sei, nach dieser komme Diapente, welche die Mitte hält, hierauf Diapente und Diapason als Dreifaches. Die übrigen beurtheilt er nach derselben Art und Form. Nicht thut dies Ptolemaeus auf dieselbe Weise, dessen ganze Meinung wir später entwickeln werden.

## XXXIII.

### Auf welche Weise das aufzunehmen ist, was gesagt wurde.

Jetzt wollen wir auf all das Gesagte, das jedoch immer noch sorgfältiger zu entwickeln ist, übersichtlich und kurz aufmerksam machen, damit es unterdessen immer den Geist des Lesers an eine gewisse Uebersicht gewöhne, welcher durch die weitere Abhandlung zur tiefern Erkenntniss gelangen wird. Wir wollen es hier ebenso machen, wie es bei den Pythagoreern Sitte war. Wenn da der Lehrer Pythagoras etwas gesagt hatte, so wagte Keiner einen Beweis dafür zu verlangen, da das Ansehen des Lehrers Beweis genug war. So lange geschah dies, bis der Geist des Schülers durch weitere und befestigendere Unterweisung dahin erstarkte, dass er selbst denselben Beweis für die gestellten Behauptungen auch ohne Unterweisung auffand. So müssen wir auch unsere Behauptungen vor der Hand dem Glauben des Lesers empfehlen, dass er glaubt, Diapason bestehe in der doppelten Proportion, Diapente im Sesquialter, Diatessaron im Sesquiterz, Diapente und Diapason in dreifacher, Bisdiapason in vierfacher Proportion. Nachher aber wird dies die Beweisführung sorgfältiger erklären und deutlich machen, auf

welche Art und Weise auch mit dem Gehör die musikalischen Consonanzen erfasst werden; kurz, alles Uebrige, was vorhergesagt wurde,
soll die fernere Abhandlung darthun, dass der Ganzton sowohl eine Proportion Sesquioctave bewirkt, als auch nicht in gleiche Theile getheilt
werden kann, sowie auch in keiner übertheiligen Proportion enthalten
ist; dass auch die Consonanz Diatessaron aus 2 Ganztönen und einem
Halbton besteht, dass es 2 Halbtöne giebt, einen grössern und einen
kleinern, und dass Diapente 3 Ganztöne und einen kleinern Halbton
in sich enthält, dass Diapason durch 5 Ganztöne und 2 kleinere Halbtöne
erfüllt wird und zu 6 Ganztönen auf keine Weise gelangen kann.

Dies werde ich später durch Zahlenberechnung und durch das
Urtheil der Ohren beweisen. Soweit darüber. —

## XXXIV.

### Was ein Musiker ist.

Jetzt müssen wir auch das betrachten, dass die ganze Kunst und
ihre ganze Lehre natürlicherweise einen ehrenvolleren Rang einnimmt,
als die praktische Leistung in derselben, die mit der Hand und Anstrengung des ausübenden Künstlers bewerkstelligt wird. Denn es ist bedeutend wichtiger und erhabener, das zu wissen, was jeder praktische
Künstler thut, als selbst es zu machen. Denn die rein körperliche praktische Ausführung eines Kunstwerkes ist gleichsam nur ein dienender
Sklave; die Wissenschaft aber befiehlt als Herrin, und wenn es die Hand
nicht gerade so ausführt, wie es die Wissenschaft vorschreibt, so möchte
wohl Alles vergeblich sein. Um wie viel vortrefflicher ist also die Kenntniss der Musik in Bezug auf Erkenntniss der Wissenschaft, als in Bezug
auf praktische Ausführung? Gerade um so viel steht sie höher, als der
Geist über dem Körper steht. Der Körper nämlich verharrt untheilhaftig der Wissenschaft in Sklaverei, der Geist aber befiehlt, und lenkt den
Körper zum Rechten, und gehorcht dieser dem Befehle nicht, so wird
er das Werk sogar als vernunftlos bezeichnen. Daher kommt es, dass
die wissenschaftliche Forschung der praktischen Ausführung nicht bedarf. Es giebt aber keine Ausführungen mit der Hand, wenn sie nicht
durch die Wissenschaft geleitet werden. Wie gross aber der Ruhm und
das Verdienst der Wissenschaft ist, kann hieraus erkannt werden, dass
ja die übrigen, so zu sagen, körperlichen Künstler nicht von der Disci-
plin, sondern vielmehr von ihren Instrumenten selbst den Namen erhal-

ten. Der Citherspieler erhält von der Cither, der Flötenspieler von der Flöte seinen Namen, und so ist es auch bei den übrigen der Fall, dass sie von ihren Instrumenten benannt werden. Der aber ist ein Musiker, welcher bei genauer Abwägung der Wissenschaft die Kenntniss des Musicirens nicht im Dienste praktischer Ausführung, sondern mit der Herrschaft der Forschung in sich aufnimmt. Dies sehen wir sowohl bei Ausführung schöner Kunstwerke, als auch durch die Wortbezeichnung. Denn mit den Namen derjenigen werden die Kunstwerke benannt und für die werden Triumphe gefeiert, durch deren Befehl und Wissenschaft dieselben entworfen wurden, nicht aber mit den Namen derer, durch welche diese Kunstwerke praktisch ausgeführt und vollendet wurden. Es giebt also 3 Klassen, welche sich mit der Musik beschäftigen. Die eine beschäftigt sich mit Spielen von Instrumenten, die andere componirt Lieder, die dritte beurtheilt die Instrumentalleistungen und die Composition der Lieder.

Diejenigen nun der erstgenannten Klasse, also die sich mit Spielen der Instrumente beschäftigen und alle Mühe darauf verwenden, z. B. die Citherspieler, oder diejenigen, welche auf der Orgel oder den übrigen musikalischen Instrumenten ihre Kunst beweisen, sind von einer tiefern Einsicht in die musikalische Wissenschaft weit entfernt, weil sie, so zu sagen, nur dienen und keine Wissenschaft in Anwendung bringen, sondern ganz und gar untheilhaftig aller Erforschung sind. Die zweite Klasse der Musiktreibenden ist die der Componisten, welche mehr durch einen natürlichen Instinct zur Verfertigung eines Liedes gelangt, als durch wissenschaftliche Forschung, weswegen auch diese Klasse von der Musik (nämlich als Wissenschaft betrachtet) zu trennen ist. Die dritte Klasse ist die, welche sichere Erfahrung der Urtheilskraft besitzt, so dass sie Rhythmus, Melodie und die ganze Composition abwägen kann. Diese Klasse nun, da sie sich ganz und gar mit wissenschaftlicher Erforschung beschäftigt, gehört eigentlich zur Musik. Der also ist ein Musiker, welcher die Fähigkeit besitzt, gemäss der wissenschaftlichen Erforschung und Regel in der Musik über Tonart und Rhythmus, über Klanggeschlechter und deren Vermischung, über die Lieder der Composition, kurz über Alles zu urtheilen, was wir später entwickeln werden.

# BUCH II.

## I.

### Vorwort.

Im vorigen Buche wurde das alles in übersichtlicher Ordnung dargelegt, dessen sorgfältigere Entwickelung wir uns jetzt zur Aufgabe gemacht haben. Vor allen Dingen komme ich zur Lehre von den eigentlichen Berechnungen und werde daher nur wenige Dinge vorausschicken, durch welche der erleuchtete Geist des Jüngers zur Aufnahme der vorzutragenden Gegenstände gelangt.

## II.

### Was Pythagoras für Behauptungen über das Wesen der Philosophie aufgestellt hat.

Zuerst von Allen hat Pythagoras das Studium der Weisheit »Philosophie« genannt, die er nämlich als lehrreiche Erkenntniss des Gegenstandes ansah, welchen man für eigenthümlich und wahr hielt. Er hielt nämlich dasjenige dafür, was weder durch Anspannung wachsen, noch durch Verringerung abnehmen, noch durch irgend welche Zufälligkeiten verändert werden könnte, und dies seien die Formen, Grössen, Beschaffenheiten, Gestalten und andere Begriffe, die an sich betrachtet unveränderlich sind, in Verbindung mit den Körpern jedoch Veränderungen erleiden und nach der Erkenntniss des veränderlichen Gegenstandes selbst vielfältige Umwandlungen erfahren.

## III.

### Ueber die Differenzen der Grösse, und welche Grösse einer jeden Disciplin zukommt.

Nach Pythagoras ist jede Grösse entweder stetig oder getrennt (vel continua vel discreta). Welche nun stetig ist, wird »Menge«, die getrennte hingegen »Vielheit« genannt. Die Eigenschaft dieser beiden ist folgendermassen verschieden. Die Vielheit fängt bei einer begrenzten Grösse an, und wachsend schreitet sie bis in's Unendliche fort, so dass sie an kein Ende des Wachsens gelangt. In Bezug auf das Kleinste ist sie begrenzt, in Bezug auf das Grössere unbegrenzbar, und ihr Grund, von dem sie ausgeht, ist die Einheit, indem es nichts Kleineres, als diese, giebt. Sie wächst also vermittelst der Zahlen und schreitet bis in's Unendliche fort, und keine Zahl setzt dem Wachsthum eine Grenze. — Die »Menge« nun nimmt für ihre Messung eine begrenzte Grösse auf, aber sie' verringert sich bis in's Unendliche. Z. B. es sei eine Linie einen Fuss lang, oder auch von beliebiger Länge, so kann sie in zwei gleiche Theile getheilt werden; eine jede der hierdurch entstandenen Hälften kann wiederum in der Mitte getheilt werden u. s. w., so dass für die Menge der Theilung keine Grenze besteht. So also ist die Menge in Bezug auf ihr grösstes Quantum begrenzt, in Bezug auf ihre Verringerung jedoch unbegrenzt. Hingegen ist aber die Zahl in Bezug auf ihr geringstes Quantum begrenzt, im Wachsen jedoch unendlich. Obgleich dies also so unendlich ist, so handelt dennoch die Philosophie gleichsam von Begrenztem und macht im Unbegrenzten etwas Begrenztes ausfindig, um darauf mit Recht den Scharfsinn eigener Forschung anwenden zu können. Einige zum Begriffe der Menge gehörende Dinge sind u n b e - w e g l i c h, wie die Erde, wie das Quadrat, wie der Triangel, wie der Kreis; andere aber b e w e g l i c h, z. B. die Weltkugel und Alles, was sich in derselben in geordneter Schnelligkeit dreht. Von der getrennten Grösse ist Einiges für sich (absolut), z. B. 3, 4 und die übrigen Zahlen, Einiges entsteht aber durch Vergleichung zu Anderem, z. B. das Zweifache, Dreifache u. s. w. Die Erforschung der unbeweglichen Menge umfasst die Geometrie, die Kenntniss der beweglichen verfolgt die Astronomie. Von dem Absoluten (Fürsichsein) der getrennten Grösse ist die Arithmetik Urheberin. Die Kenntniss aber der Beziehungen der einzelnen Grössen zu einander liegt in der Musik.

## IV.

### Ueber die Differenzen der relativen Grösse.

Ueber die getrennte Grösse haben wir in der Arithmetik ausreichend gesprochen. Von der Grösse aber, die man auf etwas bezieht, giebt es drei einfache Geschlechter. Das erste heisst vielfach (multiplex), das zweite übertheilig (superparticulare), das dritte übermehrtheilig (superpartiens). Wenn nun das vielfache mit dem übertheiligen und übermehrtheiligen vermischt wird, so entstehen hieraus noch zwei andere Geschlechter, nämlich das vielfach übertheilige (multiplex superparticulare) und das vielfach übermehrtheilige (multiplex superpartiens). Für alle diese gelten folgende Regeln: wenn man die Einheit mit allen Zahlen in der natürlichen Zahlenreihe vergleichen will, so bildet sich eine proportionirte Reihe des Vielfachen; denn 2:1 giebt das Zweifache, 3:1 das Dreifache, 4:1 das Vierfache u. s. w. Wenn man eine übertheilige Proportion sucht, so muss man die natürlichen Zahlen mit einander vergleichen, nachdem man die Einheit abgezogen hat, z. B. 3:2 giebt den Sesquialter, 4:3 den Sesquiterz, 5:4 den Sesquiquartus, und bei den übrigen Zahlen findet dasselbe statt. Das Uebermehrtheilige aber findet man so, dass man in der natürlichen Zahlenreihe von 3 anfängt und mit einer andern diese Zahl vergleicht. Wenn nun eine Zahl zwischen der ersten und zweitnächsten steht, so nennt man die Proportion überzweitheilig, z. B. 3:5, wenn zwei dazwischen stehen, überdreitheilig, z. B. 4:7, wenn drei dazwischen stehen, überviertheilig, z. B. 5:9 u. s. w. Wenn man diese Reihe genau anblickt, so wird man bei sorgfältiger Durchlesung sicher die Proportionen erkennen, welche aus dem »Vielfachen und Uebertheiligen« und aus dem »Vielfachen und Uebermehrtheiligen« zusammengesetzt sind. Ueber all diese Dinge wurde in der Arithmetik genauer gesprochen.

## V.

### Warum die Vielfachheit voransteht.

Nun ist das zu betrachten, dass die vielfache Gattung der Ungleichheit bei weitem älter zu sein scheint, als die beiden übrigen. Denn es werden in der natürlichen Zahlenreihe die vielfachen Zahlen immer mit der Einheit als der ersten Zahl verglichen. Die übertheilige Proportion wird aber nicht durch Vergleichung mit der Einheit bewirkt, sondern durch Vergleichung der Zahlen, welche nach der Einheit gesetzt sind, z. B. 3:2, 4:3 u. s. w. Die Bildung der übermehrtheiligen Proportionen aber steht weit zurück, da sie nicht in der Vergleichung von fortlaufenden Zahlen, sondern von unterbrochenen besteht, wobei die Untersuchung nicht immer gleichmässig ist. Denn bald liegt eine Zahl dazwischen, bald sind es zwei, bald drei, bald vier Zahlen, und so wächst die Menge der dazwischenliegenden Zahlen bis in's Unendliche. Ferner fängt die vielfache Proportion von der Einheit an, die übertheilige von zwei, die übermehrtheilige von drei. Soweit hiervon. Jetzt müssen wir einige Grundsätze vorausschicken, welche die Griechen »Axiomata« nennen, da wir dann erst Alles genau erkennen, wenn wir von dem Beweise einer jeden Sache handeln werden.

## VI.

### Welche Zahlen Quadratzahlen sind, und über deren Erforschung.

Die Quadratzahl ist die, welche durch Multiplication von zwei gleichen Factoren entsteht, z. B. 2×2, 3×3, 4×4, 5×5, 6×6, u. s. w., wie folgendes Schema zeigt:

| 2 | 3 | 4 | 5 | 6 | 7 | 8 | 9 | 10 |
|---|---|---|---|---|---|---|---|---|
| 4 | 9 | 16 | 25 | 36 | 49 | 64 | 81 | 100. |

Es ist also die früher angegebene natürliche Zahlenreihe die Basis der Quadrate; denn die Quadrate sind natürlich stetig, welche in der untergeschriebenen Ordnung auf einander folgen, wie 4, 9, 16, u. s. w.

| 4 | 9 | 16 | 25 | 36 | Quadrate |
| 2 | 3 | 4 | 5 | 6 | Basis der Quadrate. |

Wenn wir nun das stetige kleinere Quadrat von dem stetigen grösseren abziehen, so bleibt nur der Werth übrig, welcher aus der Addition der beiden Grundzahlen dieser Quadrate entsteht, z. B. wenn ich 4 von 9 subtrahire, so bleibt 5 übrig, welche Zahl durch Addition von 2 und 3 entsteht, die ja die Grundzahlen der beiden genannten Quadrate sind. Ebenso, wenn ich 9 von 16 subtrahire, so bleibt 7 übrig, welche Zahl aus der Addition von 3 und 4 entsteht, welche Zahlen die Grundzahlen der genannten Quadrate sind. Ebendasselbe findet bei den übrigen statt.

Wenn jedoch die Quadrate nicht stetig sind, sondern ein Quadrat zwischen zwei Quadraten ausgelassen ist, z. B. 4 und 16, wo 9 fehlt, so erhält man, wenn das kleinere vom grösseren abgezogen wird, eine Differenz, deren Hälfte durch die Addition von den beiden Grundzahlen der Quadrate entsteht. Wenn wir z. B. 4 von 16 subtrahiren, so erhalten wir die Zahl 12, deren Hälfte 6 ist; die Grundzahlen der Quadrate 2 und 4 addirt, geben diese Hälfte. In den übrigen Quadraten findet dasselbe statt. Wenn man zwei Quadrate auslässt, z. B. 4 und 25, wo 9 und 16 fehlen, und man diese Quadrate von einander abzieht, so erhält man eine Differenz, deren dritter Theil aus der Addition der beiden Grundzahlen entsteht. Wenn wir z. B. 4 von 25 subtrahiren, so erhalten wir 21, von welcher Zahl der dritte Theil 7 ist, die aus der Addition der Grundzahlen 2 und 5 besteht. Diese Regel geht nun so fort, so dass, wenn drei Quadrate ausgelassen sind, aus der Subtraction der beiden Quadrate eine Differenz entsteht, deren vierter Theil durch Addition der beiden Grundzahlen gewonnen wird; wenn vier Quadrate dazwischen liegen, so wird der fünfte Theil der aus der Subtraction entstandenen Differenz durch Addition der beiden Grundzahlen hervorgehen[1]). So wird also der genannte Theil stets in der natürlichen Zahlenreihe um eine Zahl weiter fortschreiten, wenn immer wieder noch ein Quadrat mehr in der Reihe der Quadrate weggelassen wird, und die Zahl der weggelassenen Quadrate ist immer um eins kleiner, als die Zahl der Theile.

## VII.

**Die ganze Ungleichheit geht aus der Gleichheit hervor, und der Beweis dafür.**

Wie nun die Einheit der Ursprung der Mehrzahl ist, so ist auch die Gleichheit der Grund der Proportionen. Indem wir drei vorausnehmen, wie schon in der Arithmetik gesagt wurde, gewinnen wir also aus der Gleichheit vielfache Proportionen, aus den versetzten vielfachen erhalten wir übertheilige Grössen, ebenso wie wir aus den versetzten übertheiligen übermehrtheilige Proportionen gewinnen. Wir setzen z. B. drei Einheiten hin, oder drei Zweiheiten, oder drei Dreiheiten, oder überhaupt drei Zahlen von beliebig gleicher Grösse; die vielfachen Zahlen gewinnen wir dann so, dass wir hieraus eine zweite Reihe herstellen, in welcher die erste Zahl gleich der ersten Zahl in der ersten Reihe ist; die zweite Zahl der zweiten Reihe ist gleich der Addition der ersten Zahl in der ersten Reihe und der ersten Zahl in der zweiten Reihe. Die dritte Zahl in der zweiten Reihe ist dann gleich der Addition der ersten Zahl in der ersten Reihe und der zweiten Zahl in der zweiten und der dritten in der ersten Reihe; denn indem auf diese Weise die Zahl in Progression tritt, entsteht die erste doppelte Proportion der Vielfachheit, wie folgendes Schema zeigt:

$$1 \qquad 1 \qquad 1$$
$$1 \qquad 2 \qquad 4.$$

Hier ist also die Einheit in der zweiten Reihe gleich der Einheit in

---

1) Z. B. 4 von 36 subtrahirt, giebt 32, der vierte Theil ist 8, die Grundzahlen 2 und 6 addirt, geben 8; ferner ist 4 von 49 = 45, der fünfte Theil ist 9, die Grundzahlen 2 und 7 addirt, geben 9, u. s. w.

der ersten. Ebenso ist die Zweiheit (in der zweiten) gleich der Addition der beiden Einheiten in der ersten und zweiten Reihe. Ebenso ist das Vierfache gleich der Addition der Einheit in der ersten Reihe, der Zweiheit in der zweiten und der dritten Einheit in der ersten Reihe. Es ist also 1, 2, 4 die doppelte Proportion. Wenn man nun mit diesen Zahlen dasselbe vornimmt, so erhält man eine dreifache Proportion; wenn man mit dieser dasselbe macht, so gewinnt man eine vierfache, aus dieser wiederum auf dieselbe Weise eine fünffache, und so schreitet die Progression der Grössen fort. [1])

Wenn wir ferner wiederum drei Zahlen uns vorsetzen, so erhalten wir auf folgende Art die übertheiligen Proportionen. Wir drehen nämlich die vorhergehende Ordnung um und setzen die Zahlen 4, 2, 1 hinter einander; dann gewinnen wir eine zweite Reihe, in welcher die erste Zahl gleich der ersten in der ersteren Reihe ist, also $= 4$. Die zweite Zahl in der zweiten Reihe $=$ der ersten $+$ der zweiten in der ersten Reihe, also $= 6$. Die dritte Zahl in der zweiten Reihe $=$ der ersten Zahl $+$ dem Zweifachen der zweiten Zahl $+$ der dritten Zahl in der ersten Reihe, welche Zahlenordnung die Proportion Sesquialter ergiebt, wie dieses Schema zeigt:

$$4 \qquad\qquad 2 \qquad\qquad 1$$
$$4 \text{ Sesquialter} \quad 6 \text{ Sesquialter} \cdot \quad 9. \text{[2])}$$

Wenn es vom Dreifachen geschieht, so entsteht die Proportion Sesquiterz; wenn es vom Vierfachen geschieht, die Proportion Sesquiquart, und wenn es von ähnlichen Begriffen in irgend einem Theile geschieht, so entsteht die Proportionalität aus der Vielfachheit. Aus der umgekehrten Uebertheiligkeit wird die übermehrtheilige Proportion hergeleitet. Man stellt nämlich die Proportion Sesquialter in umgekehrter Ordnung auf, als: 9, 6, 4, aus welcher Reihe man folgende zweite gewinnt: Man setzt die erste Zahl gleich der ersten, also $9 = 9$. Die

---

1) Die nächste Zahl würde also 8, die darauf folgende 16, die darauf folgende 32 sein etc. ;

denn
$$1 + 2 + 4 + 1 = 8$$
$$1 + 2 + 4 + 8 + 1 = 16$$
$$1 + 2 + 4 + 8 + 16 + 1 = 32$$
$$1 + 2 + 4 + 8 + 16 + 32 + 1 = 64$$
$$1 + 2 + 4 + 8 + 16 + 32 + 64 + 1 = 128$$

2) Denn
$$4 = 4$$
$$4 + 2 = 6$$
$$4 + 2 + 2 + 1 = 9.$$

zweite Zahl entsteht aus der Addition der ersten und zweiten, also
9 + 6 = 15. Die dritte Zahl entsteht aus der Addition der ersten +
dem Zweifachen der zweiten + der dritten Zahl, also 9 + 6 + 6 + 4
= 25. Man stellt nun die Reihe so unter die vorhergehende:

$$\begin{array}{ccc} 9 & 6 & 4 \\ 9 & 15 & 25 \\ \text{Ueberzweitheilig.} & & \text{Ueberzweitheilig.} \end{array}$$

Die überzweitheilige Proportion ist also aus der umgekehrten Reihe
der Proportion Sesquialter hervorgegangen. Wenn Jemand diese Forschung als sorgfältiger Untersucher betrachtet, so kann er aus der umgekehrten Ordnung der Proportion Sesquiterz die überdreitheilige Proportion ableiten und wunderbarerweise wird er auch finden, dass aus
den übrigen ähnlichen verglichenen Bezeichnungen alle Gattungen der
übermehrtheiligen Proportion hervorgehen. Aus den nicht umgekehrten
Reihen der übertheiligen Proportionen, nämlich wie dieselben aus den
vielfachen hervorgingen, müssen nothwendigerweise die vielfach-über-
theiligen entstehen. Aus der stehenbleibenden Ordnung (nicht umgekehrt) der übermehrtheiligen Proportionen, nämlich wie sie aus den
übertheiligen entstanden, erhält man keine anderen, als die vielfach-über-
mehrtheiligen. Hierüber soweit; über diese Vergleichung haben wir
schon sorgfältiger in der Arithmetik gesprochen.

## VIII.

### Eine Regel, beliebig viel stetige übertheilige Proportionen aufzufinden.

Es geschieht aber oft, dass der, welcher über Musik spricht, beliebig viel gleiche übertheilige Proportionen erforscht. Damit diese Erforschung jedoch nicht durch Zufall und unbewusst gethan werde und
kein Irrthum dieselbe erschwere und ihr hinderlich sei, so wollen wir
jetzt durch folgende Regel beliebig viel gleiche Proportionen aus dem
Vielfachen herleiten. Eine jede vielfache Zahl, die nämlich von der Einheit aus berechnet wurde, geht um so viel den übertheiligen Grössen
voran, um wie viel sie selbst sich von der Einheit entfernte. So also
geht das Doppelte dem Sesquialter voraus, das Dreifache dem Sesquiterz, das Vierfache dem Sesquiquart und so fort in dieser Weise. Es
sei also folgendes nachstehendes Schema der Verdoppelungen:

| 1 | 2 | 4 | 8 | 16 | 32 |
|---|---|---|---|----|----|
|   | 3 | 6 | 12 | 24 | 48 |
|   |   | 9 | 18 | 36 | 72 |
|   |   |   | 27 | 54 | 108 |
|   |   |   |    | 81 | 162 |
|   |   |   |    |    | 243. |

In dem obenstehenden Schema ist also das Zweifache die erste vielfache Zahl; 1 hinzugerechnet, giebt 3, welche Zahl die Proportion Sesquialter bewirken kann. Die Zahl 3 hat aber keine andere Zahl, welche mit ihr einen Sesquialter bilden könnte, weil ihr die Mitte fehlt.[1]) Ferner ist die Zahl 4 die zweite Verdoppelung, diese geht den beiden Sesquialtern voran: 6 und 9, welche letztere ebenfalls der Mitte entbehrt. Deswegen wird mit dieser letzteren keine Zahl in der Proportion Sesquialtera verglichen, und bei den übrigen findet dasselbe statt. Aus dem Dreifachen entstehen auf dieselbe Weise die Sesquiterz-Proportionen, wie folgende ähnliche Tabelle, aus dem Dreifachen zusammengesetzt, beweist:

| 1 | 3 | 9 | 27 | 81 |
|---|---|---|----|----|
|   | 4 | 12 | 36 | 108 |
|   |   | 16 | 48 | 144 |
|   |   |    | 64 | 192 |
|   |   |    |    | 256. |

In der voranstehenden Tabelle sind die Proportionen, wie ersichtlich, so entstanden, dass die erste dreifach genommene Zahl einem Sesquiterz vorangeht, die zweite zweien, die dritte dreien und immer der dritte Theil in der letzten durch ein gewisses natürliches Ende geschlossen wird. Wenn man nun das Vierfache aufstellt, so findet man auf dieselbe Weise Sesquiquart-Proportionen; wenn man das Fünffache aufstellt, Sesquiquint-Proportionen und so fort. Es gehen die einzelnen vielfachen Zahlen um so viel den übertheiligen voran, als sie selbst von einander durch Einheiten verschieden sind. Wir werden also nun eine Aufstellung vom Vierfachen geben, damit an derselben, wie an den übrigen, der fleissige Leser den Scharfsinn des Geistes übe.

| 1 | 4 | 16 | 64 | 256 |
|---|---|----|----|-----|
|   | 5 | 20 | 80 | 320 |
|   |   | 25 | 100 | 400 |
|   |   |    | 125 | 500 |
|   |   |    |    | 625. |

---

1) Die Mitte von 3 ist nämlich keine ganze Zahl, sondern $1\frac{1}{2}$; $\frac{4}{6}$ und $\frac{6}{9} = \frac{2}{3}$.

Diese Erforschung scheint also zu dem Nutzen aufgefunden zu sein, damit man in keinen Irrthum verfällt, wenn man 4 oder 5 oder beliebig viele Sesquialter-, Sesquiterz-, Sesquioctav- oder beliebig viele andere Proportionen aufsuchen will, und damit man solche Proportionen nicht mit dieser ersten Zahl zu vergleichen sucht, welche nicht so vielen Zahlen vorangehen und nicht so viele nach sich haben kann, wie viel ihr vorangesetzt sind: sondern dass man vielmehr die vielfachen Zahlen aufstelle und zusehe, wie viele übertheilige Proportionen man sucht; und dann möge man auf die vielfache Zahl blicken, welche gerade da die Einheit verliess, wie es in den obenstehenden Tabellen gezeigt ist; wenn man also vielleicht drei Sesquialter-Proportionen sucht, so möge man nicht von der dritten Zahl aus seine Erforschung machen. Denn diese, weil die zweite vielfache Zahl die Verdoppelung der Zahl 2 ist, schreitet nur zwei übertheiligen voraus, und die dritte übertheilige kann mit dieser Zahl nicht verglichen werden, da diese letztere noch die Hälfte von 8 hinzuzufügen sucht. Weil diese Zahl 8 nun die dritte ist, so wird sie die drei zu suchenden Sesquialter-Proportionen vollenden. Bei den übrigen Proportionen verfährt man auf dieselbe Weise. Es giebt auch noch einen anderen Weg, die Proportionen zu vermehren, nämlich in folgender Weise: Die Wurzeln der Proportionen werden in denselben Vergleichungen die »kleinste« der Proportion genannt. Man stelle also die natürliche Zahlenreihe, wo jede folgende Zahl immer um eine Einheit vermehrt ist, so auf:

$$2 \qquad 3 \qquad 4 \qquad 5 \qquad 6 \qquad 7.$$

Die kleinsten Proportionen sind also im Sesquialter $3:2$, im Sesquiterz $4:3$, im Sesquiquart $5:4$, und so fort werden sich bis in's Unendliche die nächstfolgenden Proportionen immer um die Einheit übertreffen. Es möge also die Aufgabe vorliegen, zwei Sesquialter-Proportionen in einer stetigen Vergleichung vorzuführen. Vor allen Dingen stelle ich die Wurzeln des Sesquialter auf, und die sind 2 und 3. Ich vervielfältige 2 durch 2, wonach ich 4 erhalte. Ebenso multiplicire ich 3 mit 2, woraus ich 6 gewinne. Ferner multiplicire ich 3 mit sich selbst, wodurch ich 9 erhalte, welche Reihe wir folgendermassen aufstellen:

$$2 \qquad 3 \qquad 4 \qquad 6 \qquad 9.$$

Wir finden also die beiden als Aufgabe gestellten Sesquialter-Proportionen $5:4$ und $9:6$. Die Aufgabe möge nun vorliegen, 3 zu finden. Ich stelle jetzt dieselben Zahlen hin, welche ich vorher bei Aufsuchung der beiden Sesquialter-Proportionen gebrauchte, und die daraus gewonnenen Proportionen setze ich dazu. Dann multiplicire ich 4 mit

2, das giebt 8. Ferner multiplicire ich 6 mit 2, das giebt 12. Ferner multiplicire ich 9 mit 2, das giebt 18. Ferner 9 mit 3, das giebt 27, welche Zahlen in folgender Ordnung aufgestellt werden:

$$
\begin{array}{llll}
2 & 3 & & \\
4 & 6 & 9 & \\
8 & 12 & 18 & 27.
\end{array}
$$

.Dasselbe wird sich auch bei den übrigen Proportionen zeigen, z. B. wenn man eine Reihe von Sesquiterz-Proportionen finden will, so wird man die Wurzelproportion 3 : 4 aufstellen:

$$
\begin{array}{llll}
3 & 4 & & \\
9 & 12 & 16 & \\
27 & 36 & 48 & 64.
\end{array}
$$

Auf dieselbe Weise kann man die Vervielfältigung vornehmen, wenn man die Wurzeln der Sesquiquart-Proportionen aufstellt, und durch eben dieselbe Multiplication wird man dann beliebig viele Sesquiquart-Proportionen erhalten. Welchen Nutzen uns diese Betrachtungen gewähren, wird die folgende Zahlenreihe beweisen.

## IX.

### Ueber die Proportion von Zahlen, welche nach andern gemessen werden.

Wenn zwei Zahlen durch ihre Differenz vollkommen ausgemessen wurden, so stehen die Zahlen, welche eben von ihrer Differenz ausgemessen worden sind, in derselben Proportion, wie die Zahlen, nach welchen jene die Differenz ausgemessen hat. Wir haben z. B. die Zahlen 50 und 55. Diese Zahlen werden also durch das Sesquidez-Verhältniss wechselseitig verglichen, und ihre Differenz ist 5, welche Zahl der zehnte Theil von 50 ist. Diese Zahl 5 wird also die Zahl 50 zehnmal messen, die Zahl 55 aber elfmal. Nach den Zahlen 10 und 11 misst also die eigentliche Differenz, nämlich 5, die Zahlen 50 und 55 und es sind 10 und 11 in der Sesquidez-Vergleichung zusammengesetzt. Es stehen also die Zahlen, welche von ihrer eigenen Differenz vollkommen gemessen wurden, ganz in derselben Proportion, wie die Zahlen, nach welchen die eigentliche Differenz dieselben gemessen hat; wenn nun irgend eine Zahlendifferenz diese Zahlen, deren Differenz sie ist, so misst, dass eine Mehrheit der Zahlen eben diese Messung überschreitet, ferner dieselbe Mehrheit sich bei beiden Zahlen vorfindet, und endlich die Messung der Differenz kleiner ist, als die Mehrheit der Zahlen: so werden die Zahlen wechselseitig eine grössere Proportion bilden, als es bei ihrer ursprünglichen Gestalt der Fall war, wenn von ihnen das, was nach der Messung übrig bleibt, abgezogen wurde, da ihre eigene Differenz eben dieselben abmass.

Wir haben z. B. die beiden Zahlen 53 und 58. Diese beiden Zahlen wird also ihre Differenz 5 messen. Die Zahl 5 misst also 53 zehnmal bis zu 50 ; es bleibt jedoch 3 übrig. Ferner wird 58 von der Zahl 5 elfmal gemessen bis zu 55, und hier bleibt wiederum 3 übrig. ′ Von beiden wird also 3 weggenommen, wonach 50 und 55 bleibt, welche Reihe so aufgestellt wird :

53    58    50    55.

Hier steht es fest, dass 50 und 55 eine grössere Proportion bilden, als 53 und 58. Denn in kleineren Zahlen wird immer eine grössere Proportion vorgefunden, was wir gleich nachher beweisen werden. Wenn aber jene Messung der Differenz die Grösse der Zahlen über schreitet, und beide Zahlen durch dieselbe Mehrheit übertrifft, so werden die früher gemessenen Zahlen kleinere Proportionen bilden, mit der Addition der Summe, um welche die messende Differenz beide übertrifft, als vorher, wo die eigentliche Differenz dieselben abmass. Es seien also die Zahlen 48 und 53, von denen 5 die Differenz ist. Es misst also die Zahl 48 die Zahl 5 zehnmal, woraus 50 entsteht. Die Zahl 50 übertrifft nun 48 um 2 ; ebenso misst 5 die Zahl 53 elfmal, woraus 55 entsteht, welche ebenfalls die Zahl 53 um 2 übertrifft, und zu beiden ersten Zahlen wird die Zahl 2 addirt, woraus sich folgende Reihe ergiebt :

48    53    50    55 ;

50 : 55 sind aber kleinere Verhältnisse, als 48 : 53, was aus der Messung mit 5, wonach 2 addirt werden muss, zu ersehen ist. Grössere und kleinere Proportionen kann man nun hieraus erkennen. Die Hälfte ist grösser als der dritte Theil. Der dritte Theil grösser als der vierte, der vierte grösser als der fünfte, und in dieser Weise so fort. Daher kommt es, dass die Sesquialter-Proportion grösser ist als die Sesquiterz-Proportion, und wiederum letztere grösser ist als die Sesquiquart-Proportion. Ebenso findet das Verhältniss bei den übrigen statt ; daher kommt es, dass bei grösseren Zahlen immer eine kleinere, und bei kleineren immer eine grössere Proportion der übertheiligen Zahlen zur Erscheinung kommt. Dies zeigt sich in der natürlichen Zahlenreihe. Wir stellen die Reihe auf 1, 2, 3, 4 ; 2 ist von 1 das Doppelte. 3 : 2 giebt den Sesquialter, 4 : 3 den Sesquiterz. Die Zahlen 3 und 4 sind die grösseren Zahlen, 2 ′und 1 die kleineren. In den grösseren findet man

eine kleinere, in den kleineren hingegen eine grössere Proportion. Hieraus erhellt, dass, wenn irgendwelchen Zahlen, die eine übertheilige Proportion enthalten, eine gleiche Mehrheit zugefügt wird, die Proportion vor der Addition der gleichen Mehrheit grösser ist, als nachdem eine gleiche Mehrheit zugefügt wurde.

## X.

### Welche Vielheiten sich aus den vielfachen und übertheiligen Zahlen ergeben.

Etwas glaube ich auch nicht übergehen zu dürfen, was ich gleich nachher beweisen will. Wenn ein vielfaches Intervall mit 2 multiplicirt wird, so ist das, was aus jener Multiplication ensteht, auch ein Vielfaches. Wenn aber das, was aus einer solchen Multiplication entsteht, kein Vielfaches ist, so ist auch das kein Vielfaches, was durch 2 multiplicirt wurde. Ebenso wenn eine übertheilige Proportion mit 2 multiplicirt wird, so ist das, was entsteht, entweder übertheilig oder vielfach. Wenn das, was aus einer solchen Multiplication entsteht, weder übertheilig noch vielfach ist, dann ist auch das, was mit 2 multiplicirt wurde, weder übertheilig noch vielfach, sondern von einer andern Gattung.

## XI.

### Welche Uebertheilige Vielfache hervorbringen.

Hier ist nun hinzuzufügen, dass die ersten beiden Uebertheiligen die erste vielfache Proportion bewirken. Wenn z. B. Sesquialter und Sesquiterz verbunden werden, so bewirken sie das Doppelte. Wir haben die Zahlen 2, 3, 4. — 3 : 2 giebt den Sesquialter und 4 : 3 den Sesquiterz; 4 : 2 aber das Zweifache. Wenn ferner die erste vielfache Zahl der ersten übertheiligen hinzugefügt wird, so entsteht die zweite vielfache Zahl. Wir haben die Zahlen 2, 4, 6; 4 : 2 ist das Doppelte, mithin das erste Vielfache. 6 : 4 giebt den Sesquialter, was die erste übertheilige Proportion ist; 6 : 2 ist das Dreifache, also das zweite Vielfache. Wenn man das Dreifache zum Sesquiterz addirt, so erhält man das Vierfache; wenn man das Vierfache zum Sesquiquart addirt, erhält man das Fünffache. Wenn man also in dieser Weise die vielfachen mit den übertheiligen Zahlen verbindet, so schreiten die Vielfachen bis in's Unendliche fort.

# XII.

## Ueber die arithmetische, geometrische und harmonische Mitte.

Weil wir das Nöthige über die Proportionen vorher behandelt haben, so wollen wir jetzt über die Mitten sprechen. Die Proportion ist eine gewisse Vergleichung zweier Grenzen[1]) zu einander, die Grenzen nun nenne ich Zahlensummen. Die Proportionalität ist die Sammlung gleicher Proportionen; diese Proportionalität besteht in drei kleinsten Grenzen. Häufig besteht sie auch in mehreren, wie in vier oder sechs Grenzen. Wenn die erste Grenze zur zweiten eben dieselbe Proportion enthält, wie die zweite zur dritten, so nennt man dies Proportionalität. Und unter drei Grenzen ist die zweite die mittlere. In Bezug auf diese mittlere Grenze, welche diese Proportionen verbindet, findet eine dreifache Theilung statt. Die Differenz der kleineren Grenze zur mittleren und der mittleren zur grössten ist gleich; aber nicht ist die Proportion gleich, wie in diesen Zahlen 1, 2, 3, wo zwischen 1 und 2 und zwischen 2 und 3 nur die Einheit Differenz ist. Die Proportion ist hier nicht gleich; denn 2:1 ist das Doppelte, 3:2 ergiebt den Sesquialter. Eine gleiche Proportion bei beiden Vergleichungen wird nicht durch gleiche Differenzen bewirkt, wie in den Zahlen 1, 2, 4, obgleich 2:1 ebenfalls das Doppelte ist, wie 4:2. Zwischen 4 und 2 ist aber 2, zwischen 2 und 1 hingegen die Einheit Differenz. Die dritte Gattung der Mitte ist nun die, welche weder aus denselben Proportionen, noch aus denselben Differenzen besteht. Wie sich aber die grösste zur kleinsten Grenze verhält, so verhält sich die Differenz der grösseren Grenzen zur Differenz der kleineren Grenzen, wie in diesen Zahlen 3, 4, 6. Denn 6:3 ist das Doppelte; zwischen 6 und 4 ist jedoch 2 Differenz, zwischen 3 und 4 aber die Einheit. 2:1 verglichen giebt wiederum das Doppelte, also verhält sich die grösste Grenze zur kleinsten, wie die Differenz der grössern zur Differenz der kleineren Grenzen. Jene Mitte wird arithmetische genannt, in welcher gleiche Differenzen sind. In welcher jedoch gleiche Proportionen sind, die wird geometrische genannt. Jene aber, die wir als dritte beschrieben haben, harmonische, von welchen wir folgende Beispiele hinsetzen:

| Arithmetische: | Geometrische: | Harmonische: |
|---|---|---|
| 1, 2, 3. | 1, 2, 4. | 3, 4, 6. |
| Gleiche Differenzen. | Gleiche Proportionen. | Verschiedene Differenzen und Proportionen. |

---

1) Grenze = Zahlengrenze = Zahl.

Wir wissen jedoch recht wohl, dass es auch andere Mitten der Proportionen giebt, von denen wir in der Arithmetik gesprochen haben; zur gegenwärtigen Abhandlung sind indess nur diese nothwendig. Von diesen drei Mitten nennt man im eigentlichen Sinne und ganz besonders nur die geometrische: Proportionalität, deswegen, weil sie ganz und gar mit gleichen Proportionen verknüpft ist. Dennoch gebrauchen wir dieses Wort ohne Unterschied von allen dreien und nennen eben auch die übrigen Proportionalitäten in dieser Weise.

## XIII.

### Ueber die stetigen und getrennten Mitten.

Von diesen Mitten nennen wir die eine stetige, die andere getrennte Proportionalität. Die stetige ist so, wie wir sie vorher auseinandergesetzt haben; eine und dieselbe mittlere Zahl nämlich steht an Werth der grösseren nach, übertrifft jedoch an Werth die kleinere. So oft aber zwei mittlere Zahlen sind, dann nennt man das Verhältniss getrennte Proportionalität, wie z. B. in der geometrischen auf folgende Art: 1, 2, 3, 6. Wie sich hier 2:1 verhält, so verhält sich auch 6:3, und man nennt dies getrennte Proportionalität, woraus man ersehen kann, dass die stetige Proportionalität immer in drei Zahlen gefunden wird, die getrennte aber in vier Zahlen. Es kann aber auch in vier und noch mehreren Zahlen eine stetige Proportion vorhanden sein, wenn nämlich folgendes Zahlenverhältniss stattfindet: 1, 2, 4, 8, 16. Hier werden aber nicht nur zwei, sondern mehrere Proportionen vorhanden sein, und es wird in der Anzahl der Proportionen immer eine weniger sein, als Zahlen aufgestellt sind.

## XIV.

### Warum die früher erläuterten Mitten so genannt worden sind.

Deswegen nun wird die eine Mitte die arithmetische genannt, weil zwischen den Grenzen, der Zahl nach, eine gleiche Differenz besteht. Die andere wird deswegen geometrische genannt, weil die Beschaffenheit der Proportion ähnlich ist. Die letzte wurde harmonische genannt, weil sie so beschaffen ist, dass man in Bezug auf die Differenzen und Grenzen Gleichheit der Proportionen wahrnimmt. Hierüber wurde

schon eingehender in der Arithmetik gesprochen; jetzt durchlaufen wir
es nur flüchtig, um es zu erwähnen.

## XV.

### Wie von der Gleichheit die vorhergenannten Mitten ausgegangen sind.

Jetzt wollen wir ein wenig darüber sprechen, wie jene Proportionalitäten von der Gleichheit hervorgebracht werden. Es wurde vorher darüber gesprochen, was in der Zahl die Einheit vermag. Dasselbe vermag in den Proportionen die Gleichheit, und wie die Einfachheit das Haupt der Zahlen ist, so ist die Gleichheit der Grund der Proportionen. Deswegen entsteht nun die arithmetische Mitte von der Gleichheit auf folgende Weise: Wenn wir drei gleiche Grenzen (Zahlen) aufstellen, so giebt es zwei Arten, nach welchen diese Proportionalität hergeleitet wird. Man setzt die erste Zahl der ersten gleich. Die zweite setzt man gleich der Summe der ersten und zweiten. Die dritte setzt man gleich der Summe der ersten, zweiten und dritten, was folgendes Beispiel zeigt:

Wir haben drei Einheiten. Die erste wird der ersten gleich gesetzt, also ist $1 = 1$. Die zweite ist gleich der Summe der ersten und zweiten, folglich $= 2$. Die dritte ist gleich der Summe der ersten, zweiten und dritten, mithin $= 3$, wie die Aufstellung zeigt:

$$1 \qquad 1 \qquad 1$$
$$1 \qquad 2 \qquad 3.$$

Ferner mögen drei Zweiheiten in der Gleichheit aufgestellt werden, nämlich 2, 2, 2, so wird die erste gleich der ersten gesetzt, d. h. $= 2$, die zweite gleich der Summe der ersten und zweiten, folglich $= 4$, die dritte gleich der Summe der ersten, zweiten und dritten, also $= 6$, und die Reihe wird dann diese sein:

$$2 \qquad 2 \qquad 2$$
$$2 \qquad 4 \qquad 6.$$

Hierbei ist noch zu beachten, dass, wenn die Einheit als Grundelement der Gleichheit aufgestellt wurde, die Einheit auch in Bezug auf die Differenzen der Zahlen vorhanden sein wird, und die Zahlen selbst keine andere Zahl (als die Einheit) zwischen sich lassen. Wenn jedoch die Zweiheit Grund der Gleichheit ist, dann ist auch Zwei Differenz zwischen den einzelnen Grenzen; es liegt also eine natürliche Zahl dazwischen. Wenn die Dreiheit Grund der Gleichheit ist, dann ist auch

Drei Differenz zwischen den einzelnen Grenzen; es liegen also zwei natürliche Zahlen dazwischen, und auf diese Weise geht es fort.

$$\begin{array}{ccc} 3 & 3 & 3 \\ 3 & 6 & 9. \end{array}$$

Es giebt auch noch einen andern Weg, die arithmetische Proportionalität herzustellen. Man setzt drei gleiche Grenzen und setzt die erste Zahl gleich der Summe der ersten und zweiten, die zweite gleich der Summe der ersten und zweimal zweiten, die dritte gleich der Summe der ersten, der zweimal zweiten und der dritten Grenze. Z. B. es sind drei Einheiten. Dann wird die erste Zahl gleich der Summe der ersten und zweiten Einheit, d. i. Zwei. Die zweite wird gleich der Summe der ersten und zweimal zweiten, d. i. Drei. Die dritte wird gleich der Summe der ersten und zweimal zweiten und dritten Zahl, d. i. Vier.

$$\begin{array}{ccc} 1 & 1 & 1 \\ 2 & 3 & 4. \end{array}$$

Hier also ist die Einheit die Differenz der Grenzen; denn zwischen 2 und 1 und zwischen 3 und 2 liegt die Einheit. Weiter liegt keine natürliche Zahl dazwischen. Nach der Einheit nämlich liegt zunächst die Zweiheit, und nach dieser naturgemäss die Dreiheit. Dasselbe findet nun auch in der Zweiheit statt. Wir haben z. B. drei Zweiheiten, dann wird die erste Zahl gleich der Summe der ersten und zweiten, d. i. 4; die zweite gleich der Summe der ersten und zweimal zweiten, d. i. 6; die dritte gleich der Summe der ersten, zweimal zweiten und dritten, d. i. 8.

$$\begin{array}{ccc} 2 & 2 & 2 \\ 4 & 6 & 8. \end{array}$$

Hier ist Zwei die Differenz der Grenzen, und es liegt immer eine natürliche Zahl zwischen diesen. Denn zwischen 4 und 6 liegt die natürliche Zahl 5, und zwischen 6 und 8 die natürliche Zahl 7. Wenn nun die Dreiheit der Grund der Gleichheit ist, so ist die Differenz 3; z. B. es seien drei Dreiheiten nach obiger Regel

$$\begin{array}{ccc} 3 & 3 & 3 \\ 6 & 9 & 12. \end{array}$$

Bei diesen ist die Differenz 3, und es liegen immer zwei natürliche Zahlen zwischen den Grenzen, also immer eine Zahl weniger, als die Differenz anzeigt. Dasselbe findet bei der Zahl 4, bei der 5 u. s. w. statt, was wir mit Stillschweigen übergehen können, da es sich nach den angegebenen Regeln der aufmerksame Leser selbst abstrahiren kann. Dann wollen wir zeigen, wie die geometrische Proportionalität von der Gleichheit gefunden werden kann, wann wir auseinandersetzen werden, wie auch von der Gleichheit jede Ungleichheit hervorgeht; wenn es nicht Ueberdruss verursacht, so wollen wir es jetzt auch kurz wiederholen. Es werden also die gleichen Grenzen aufgestellt; dann wird die erste der ersten gleich. Die zweite wird gleich der Summe der ersten und zweiten. Die dritte gleich der Summe der ersten, der zweimal zweiten und der dritten. — Dasselbe geschieht stetig, und so nimmt auch die geometrische Proportionalität von der Gleichheit ihren Anfang. — Ueber diese Eigenschaften der Proportionen haben wir schon in der Arithmetik so sorgfältig als möglich gesprochen; wenn darauf der mit jenem vertraute Leser Bedacht nimmt, so wird er durch keinen Zweifel und Irrthum beunruhigt werden. Die harmonische Mitte nun, von welcher wir jetzt ausführlicher handeln werden, entsteht auf folgende Weise. Wenn wir doppelte (Proportionen) bilden wollen, so nehmen wir drei gleiche Grenzen an; dann wird die erste gleich der Summe der ersten und der zweimal zweiten. Die zweite gleich der Summe der zweimal ersten und zweimal zweiten. Die dritte gleich der Summe der ersten, der zweimal zweiten und dreimal dritten. Wir haben also hier drei Einheiten:

$$1 \qquad 1 \qquad 1.$$

Die erste Zahl wird gleich der Summe der ersten und der zweimal zweiten, d. i. 3. Die zweite gleich der Summe der zweimal ersten und zweimal zweiten, d. i. 4. Die dritte gleich der Summe der ersten, der zweimal zweiten und dreimal dritten, d. i. 6. Wenn man in den Zweiheiten oder in den Dreiheiten die Gleichheit construirt, so ergiebt sich hieraus dieselbe Berechnung für die Mitte, indem im erstern Falle 2 und im letzteren 3 als Differenz für die Grenzen erscheint, wie es folgendes Schema erklärt:

$$
\begin{array}{ccc}
1 & 1 & 1 \\
3 & 4 & 6, \\
2 & 2 & 2 \\
6 & 8 & 12, \\
3 & 3 & 3 \\
9 & 12 & 18.
\end{array}
$$

Wenn man in den Endpunkten eine dreifache Proportion machen will, so setzt man wiederum drei Grenzen gleich. Dann wird die erste Zahl gleich der Summe der ersten und zweiten werden. Die zweite gleich der Summe der ersten und zweimal zweiten. Die dritte gleich der Summe der ersten, zweimal zweiten und dreimal dritten, wie das nachstehende Schema zeigt:

| | | |
|---|---|---|
| 1 | 1 | 1 |
| 2 | 3 | 6, |
| 2 | 2 | 2 |
| 4 | 6 | 12, |
| 3 | 3 | 3 |
| 6 | 9 | 18. |

## XVI.

### Ueber die harmonische Mitte, und über dieselbe eine eingehendere Forschung.

Da wir nun das harmonische Gespräch (Gespräch über die harmonische Mitte) angefangen haben, so meine ich, dürfen wir auch nicht mit Stillschweigen übergehen, was sich weiter darüber sagen lässt. Man stelle die harmonische Proportionalität auf, und in dieses Schema, nach der früheren Ordnung der Grenzen unter einander, setze man die Differenzen dazwischen:

Differenzen der Zahlen

1               2

3    Diatessaron     4    Diapente     6
Sesquiterz        Sesquialter

Doppelte Proportion
Diapason.

Man sieht also, dass 4:3 die Consonanz Diatessaron hervorbringt, 6:4 in Diapente consoniren, 6:3 sich in der Symphonie Diapason mischen und ihre Differenzen selbst wiederum dieselbe Consonanz feststellen. Denn 2:1 ist als Doppeltes in der Consonanz Diapason aufgestellt. Wenn man die äusseren Zahlen mit einander multiplicirt und ebenso auch die mittlere Zahl durch Multiplication mit sich selbst wächst, so geben die Producte der Zahlen mit einander verglichen die Proportion des Ganztones; denn 3$\times$6 giebt 18, und 4$\times$4 giebt 16. Die Zahl 18 überschreitet die Zahl 16 um den 8. Theil der kleineren Zahl (16). Wenn man die kleinste Zahl, also hier 3, mit sich selbst multiplicirt, so erhält man 9. Wenn man ferner die grösste Zahl mit sich selbst multiplicirt, so erhält man 36, welche beiden Zahlen, mit einander verglichen, das Vierfache ergeben, also die Consonanz Bisdiapason bewahren. Wenn wir dies genauer betrachten, so wird die ganze Sache aus der wechselseitigen Multiplication der Differenzen oder Grenzen bestehen. Wenn wir die kleinste Zahl mit der mittleren multipliciren, so erhalten wir 12. Ebenso wenn wir die kleinste Zahl mit der grössten multipliciren, so erhalten wir 18. Wenn aber die Mittelzahl mit der grössten multiplicirt wird, so entsteht daraus 24. Wenn wir weiter die kleinste Zahl mit sich selbst multipliciren, so giebt es 9. Auf dieselbe Weise entsteht aus der mittleren 16. Wenn man die grösste Zahl, also 6, mit sich selbst multiplicirt, so erhält man 36, welche Zahlen alle in dieser Ordnung aufgestellt werden: 36, 24, 18, 16, 12, 9.

$$9 \qquad 16 \qquad 36$$
$$3 \qquad 4 \qquad 6$$
$$12 \qquad 24$$
$$18.$$

Es sind also die Proportionen für die Consonanz Diatessaron 24:18 und 12:9. Für Diapente aber 18:12, 24:16, und 36:24. Das Dreifache ist Diapason mit Diapente 36:12. Das Vierfache ist Bisdiapason 36:9. Epogdous aber, d. i. Ganzton, wird in der Vergleichung von 18 und 16 dargestellt:

| | |
|---|---|
| 36 : 9 | 24 : 16 |
| Doppeloctave, | Quinte, |
| 36 : 12 | 18 : 12 |
| Octave und Quinte, | Quinte, |
| 24 : 12 | 24 : 18 |
| Octave, | Quarte, |
| 18 : 9 | 12 : 9 |
| Octave, | Quarte, |
| 36 : 24 | 18 : 16 |
| Quinte, | Ganzton. |

## XVII.

### Wie zwischen zwei Zahlen die vorhergenannten Mitten wechselseitig gesetzt werden.

Es werden aber oft zwei Zahlen gegeben und so aufgestellt, dass wir zwischen diese bald die arithmetische, bald die geometrische, bald die harmonische Mitte setzen können, worüber wir auch in der Arithmetik gesprochen haben; wir wollen es hier in Kürze noch einmal entwickeln. Wenn man die arithmetische Mitte sucht, so muss man die Differenz der gegebenen Grenzen (Zahlen) finden, dieselbe theilen und zu der kleineren Zahl addiren. Wenn also 10 und 40 die wechselseitig aufgestellten Zahlen sind, so suchen wir die Mitte derselben nach der arithmetischen Proportionalität auf folgende Weise: Die Differenz beider

Zahlen ist 30; diese theilen wir und gewinnen dadurch 15, welche Zahl wir zur kleineren Zahl, also zu 10, addiren, wodurch wir 25 erhalten. Wir setzen nun diese Zahl als Mitte zwischen 10 und 40, wodurch wir die arithmetische Proportionalität gewinnen, in dieser Weise: 10, 25, 40. Ebenso können wir zwischen die angegebenen Zahlen die geometrische Mitte setzen. Ich multiplicire die beiden Zahlen 10 und 40 mit einander, wodurch ich 400 erhalte, hiervon nehme ich die tetragonale Seite (d. h. die Wurzel), welche ist 20; denn 20×20 giebt 400. Wenn ich also 20 zwischen 10 und 40 als mittlere Zahl setze, so erhalte ich die geometrische Mitte nach ihrer Ordnung: 10, 20, 40. Wenn wir aber die harmonische Mitte suchen, so addiren wir die gegebenen Zahlen 10 und 40 mit einander, woraus wir 50 gewinnen. Die Differenz der beiden Zahlen ist 30. Die kleinere Zahl 10 multipliciren wir mit dieser Differenz 30 und erhalten hieraus 300, welches Product wir durch die Summe der Zahlen, d. h. durch 50, theilen, was 6 ergiebt. Wenn wir diese Zahl zur kleineren addiren, so erhalten wir 16; und diese Zahl zwischen 10 und 40 als mittlere Zahl gesetzt, giebt uns die harmonische Proportionalität 10, 16, 40 [1]).

## XVIII.

### Ueber die Beschaffenheit der Consonanzen nach Nicomachus.

Hierüber soweit; jetzt wollen wir hinzufügen, wie die Pythagoreer beweisen, dass die musikalischen Consonanzen in vorgenannten Proportionen gefunden werden, in welchem Punkte Ptolemaeus nicht mit ihnen übereinzustimmen scheint, worüber wir gleich nachher sprechen wollen. Diese Consonanz ist als die erste und lieblichste hinzustellen, deren Eigenthümlichkeit der Sinn leichter erfasst. Denn wie ein jedes Ding an sich beschaffen ist, eben so wird es vom Sinne aufgefasst. Wenn also die Consonanz, welche in der Verdoppelung besteht, leichter als alle anderen erkennbar ist, so ist unzweifelhaft Diapason die erste Consonanz von allen und steht mit Recht voran, weil sie zuerst am leichtesten erkannt wird. Die übrigen Consonanzen aber stehen nothwendiger Weise nach der Meinung der Pythagoreer in der Ordnung, welche die Vermehrungen der Vielfachheit und die Verringerungen der übertheiligen Grössen

---

1) Die Proportion ist also:

40 : 10 = (40 — 16) : (16 — 10) oder

40 : 10 = 24 : 6; denn 240 = 240.

ergeben haben. Es ist schon gezeigt worden, dass die vielfache Ungleichheit die übertheiligen Proportionen an Alter des Werthes übertrifft. Es werde deswegen die natürliche Zahlenreihe von 1 bis 4 aufgestellt, also: 1, 2, 3, 4. Zwei mit 1 verglichen giebt die doppelte
Proportion und erzeugt die Consonanz Diapason (Octave), welche die
höchste und durch Einfachheit am leichtesten erkennbare ist. Wenn
man 3 mit 1 vergleicht, so erhält man die Consonanz Diapason und
Diapente (Octave mit Quinte). Vier mit 1 verglichen zeigt das Vierfache
und bewirkt die Symphonie Bisdiapason (Doppeloctave); wenn 3 mit 2
verglichen wird, so erhält man Diapente (Quinte). Wenn 4 mit 3 verglichen wird, so erfüllt es die Consonanz Diatessaron (Quarte). Dies ist
die Ordnung derselben, nachdem allesammt wechselseitig verglichen
wurden. Denn die übrigbleibende Vergleichung 4 : 2 liegt in der doppelten Proportion und ist ganz dieselbe wie 2 : 1. Ein gleiches Verhältniss
haben auch die Töne in Bisdiapason, wenn sie durch vielfache Ausdehnung des Intervalls von einander getrennt sind. Das kleinste (consonirende) Intervall ist aber das, wenn der höhere Ton den tieferen um
den dritten Theil des tieferen überschreitet, und so steht ferner der Charakter der Consonanzen fest, dass dieser weder über das Vierfache ausgedehnt, noch mehr als bis zum dritten Theil verringert werden kann. Nach
Nicomachus ist die Ordnung der Consonanzen folgende: 1. Diapason,
2. Diapason und Diapente, 3. Bisdiapason, 4. Diapente, 5. Diatessaron.

## XIX.

### Ueber die Ordnung der Consonanzen nach Eubulides und Hippasus.

Eubulides und Hippasus stellen jedoch eine andere Ordnung
der Consonanzen auf. Sie sagen, dass die Vermehrung der Vielfachheit
der Verringerung der Uebertheiligkeit in vernünftiger Ordnung entspreche. Es könne nämlich kein Zweifaches ohne die Hälfte, kein Dreifaches ohne den dritten Theil geben. Weil also ein Doppeltes existirt,
so entsteht daraus die Consonanz Diapason. Weil es nun eine Hälfte
giebt, so entsteht gleichsam aus dieser entgegengesetzten Theilung die
Proportion Sesquialter, d. i. Diapente. Wenn diese vermischt werden,
nämlich Diapason und Diapente, so entsteht die dreifache Proportion,
welche beide Symphonien in sich fasst. Und ferner entsteht der dritte
Theil durch die entgegengesetzte Theilung des Dreifachen. Hieraus entsteht wiederum die Symphonie Diatessaron. Wenn die dreifache und Sesquiterz-Proportion verbunden werden, so bewirkt man eine vierfache Pro-

portion, woher es kommt, dass aus der Verbindung von »Diapason und Diapente« (welche eine Consonanz ist) und »Diatessaron« eine Consonanz hervorgeht, welche, im Vierfachen bestehend, Bisdiapason genannt wird. Nach diesen Männern ist die Ordnung also folgende : 1. Diapason, 2. Diapente, 3. Diapason und Diapente, 4. Diatessaron, 5. Bisdiapason.

## XX.

### Was nach der Meinung des Nicomachus diesen Consonanzen entgegengesetzt wird.

Nicomachus meint, dass diesen Consonanzen nicht eben diese gegenseitige Stellung zukomme ; sondern wie vielmehr in der Arithmetik die Einheit der Ausgangspunkt des Wachsens und des Abnehmens war, so sei auch die Symphonie Diapason der Ausgangspunkt der übrigen Consonanzen ; diese aber könnten durch entgegengesetzte Theilung festgestellt werden. Dies wird leichter erkannt, wenn man es vorher in den Zahlen gesehen hat. Es wird also die Einheit aufgestellt, und zwei Theile entstehen aus dieser, einer in der Vervielfältigung, der andere in der Theilung. Die Formel ist daher diese :

$$1$$
$$\tfrac{1}{2} \quad 2$$
$$\tfrac{1}{3} \quad\quad 3$$
$$\tfrac{1}{4} \quad\quad\quad 4$$
$$\tfrac{1}{5} \quad\quad\quad\quad 5$$
$$\tfrac{1}{6} \quad\quad\quad\quad\quad 6.$$

In dieser Weise schreitet die Reihe bis in's Unendliche fort. Denn 2 ist das Doppelte von 1 ; der gegenüberstehende Theil zeigt die Hälfte der Einheit ($\tfrac{1}{2}$). Drei ist das Dreifache, das Gegentheil ist der dritte Theil ($\tfrac{1}{3}$). Vier ist das Vierfache, das Gegentheil ist der vierte Theil ($\tfrac{1}{4}$). So liegt in der einfachen Einheit der Anfang des Wachsens und Abnehmens. Dasselbe wenden wir jetzt auf die Consonanzen an. Es steht also die Consonanz Diapason, welche die Verdoppelung ist, an Stelle des letzten Ausgangspunktes, und die übrigen liegen an der entgegengesetzten Theilung auf folgende Weise : Sesquialter nämlich im Dreifachen, Sesquiterz aber im Vierfachen, was durch nachstehenden Beweis dargethan wird. Eben dieselbe Zahl ist der erste Sesquialter, welche das erste Dreifache, nämlich von der Grundeinheit, ist. Denn Drei ist in Bezug auf die Einheit das erste Dreifache. Eben diese Zahl ist der erste Sesquialter,

wenn sie mit 2 verglichen wird. Ferner ist eben diese Zahl 3 das Dreifache derselben Differenz, welche sie mit der Zahl 2 macht, als deren
natürlicher Sesquialter sie eben bewiesen worden ist. Da also mit Recht
der Sesquialter zum Dreifachen gerechnet wird, so ist Diapente Consonanz; »Diapente und Diapason« werden vernünftigerweise ebenfalls zu
den Consonanzen gezählt.

Ferner enthält das Vierfache die entgegengesetzte Theilung des Sesquiterz. Denn die Zahl, welche das erste Vierfache ist, eben dieselbe
wird auch als erster Sesquiterz vorgefunden. Vier ist nämlich das erste
Vierfache, wenn diese Zahl mit der Einheit verglichen wird, und im Vergleich zu 3 ist sie erster Sesquiterz. Ferner ist eben diese Zahl das Vierfache derselben Differenz, welche sie mit der 3 macht. Daher kommt
es, dass die Proportion Sesquiterz, welche Diatessaron ist, der vierfachen Proportion zugerechnet wird, welche Bisdiapason ist und eine
entgegengesetzte Theilung besitzt. Weil aber das Doppelte keine entgegengesetzte Proportion hat, und es von ihr selbst keinen Sesquialter
giebt, ebenso wie auch keine Zahl vorhanden ist, mit welcher die Zahl
2 als erstes Doppeltes in der übertheiligen Proportion verbunden werden
könnte, so scheidet es eine solche Form der gegentheiligen Proportion
aus. Deswegen behauptet nach der Meinung des Nicomachus Diapason
den Grund der Consonanzen in dieser Weise:

1) Diapason
2) Diapente und Diapason    3) Diapente
4) Bisdiapason              5) Diatessaron.

Er sagt aber: obschon es sich so verhalte, so gingen doch besser
die vielfachen Proportionen der Consonanzen voraus, die übertheiligen
folgen dann, ebenso wie wir es vorher beschrieben haben. Die Consonanz sei also die vernünftige Vereinigung zweier Stimmen, der Klang
aber der Fall einer modulirten Stimme, auf eine Klanghöhe hingeführt,
und ebenderselbe Klang sei das kleinste Theilchen der Modulation und
jeder Klang entstehe aus einem Schlage, jeder Schlag gehe aber hervor
aus der Bewegung. Da einige Bewegungen gleich, andere ungleich und
von eben den ungleichen Bewegungen einige mehr, andere weniger,
noch andere mässig ungleich sind, so entsteht aus der Gleichheit die
Gleichheit der Klänge. Aus der Ungleichheit sind die, welche nach
Maassnahme der Entfernung ungleich sind, offenbare, woraus die ersten
und einfacheren Consonanzen kommen, welche nämlich vielfach und
übertheilig sind, also die Consonanzen des Doppelten, Dreifachen, Vierfachen, Sesquialter und Sesquiterz. Aus den Klängen aber, welche in

den übrigen Proportionen enthalten sind, also in den vielfältigen oder in den nicht so deutlichen oder in denen, die im Allgemeinen weit von einander entfernt stehen, gehen Dissonanzen hervor, und keine Eintracht der Klänge ergebe sich daraus.

## XXI.

### Was vorauszuschicken ist, damit bewiesen würde, dass Diapason im vielfachen Geschlecht sich vorfinde.

In dieser Erörterung soll bewiesen werden, dass die Consonanz Diapason, welche die beste von allen ist, in der vielfachen Gattung der Ungleichheit und in der Proportion der Verdoppelung gefunden wird. Zuerst muss das dargethan werden, wie man in der Gattung der Vielfachheit Diapason als Consonanz erkennen kann. Es ist also Einiges kurz vorauszuschicken, nach dessen Erkenntniss der Beweis von jeder übertheiligen Proportion leichter wird. Wenn man die stetige übertheilige von der wegnimmt, welche kleiner ist, so ist das, was übrig bleibt, kleiner, als die Mitte desjenigen, was von der Proportion abgezogen ist, z. B. im Sesquialter und Sesquiterz. Weil der Sesquialter grösser ist, so ziehen wir den Sesquiterz vom Sesquialter ab, und es bleibt übrig die Proportion Sesquioctave, welche in der Verdoppelung nicht eine ganze Proportion Sequiterz bewirkt, sondern sie ist um diese Entfernung, welche im Halbton gefunden wird, kleiner. Wenn die verdoppelte Proportion Sesquioctave nicht eine ganze Proportion Sesquiterz ist, so ist die einfache Proportion Sesquioctave auch nicht die volle Hälfte der Proportion Sesquiterz, und wenn man den Sesquiqart vom Sesquiterz abzieht, so giebt das, was übrig bleibt, nicht die Hälfte des Sesquiquart. Dasselbe findet bei den übrigen statt.

## XXII.

### Beweis durch Negation, dass Diapason im vielfachen Geschlecht liegt.

Wir wollen nun zur Consonanz Diapason zurückkehren. Wenn diese nicht in der vielfachen Gattung der Ungleichheit liegt, so fällt sie in die übertheilige Gattung der Ungleichheit hinein. Es sei also die übertheilige Proportion die Consonanz Diapason. Von dieser wird die stetige Consonanz Diapente weggenommen, und dann bleibt übrig Diatessaron. Bisdiatessaron ist also kleiner als Diapente, und Diatessaron selbst erfüllt nicht die Hälfte der Consonanz Diapente, was unmöglich ist, denn es wird gezeigt, dass Bisdiatessaron die Consonanz Diapente um einen Ganz-

ton und Halbton überschreitet. Deswegen kann auch nicht Diapason in
die übertheilige Gattung der Ungleichheit gesetzt werden.

| Ganzton | Ganzton |
|---|---|
| 288 : 256 | 216 : 192 |
| Differenz | Differenz |
| 32 | 24 |
| Halbton | Diatessaron |
| 256 : 243 | 256 : 192 |
| Differenz | Differenz |
| 13 | 64 |
| Ganzton | Diapente |
| 243 : 216 | 288 : 192 |
| Differenz | Differenz |
| 27 | 96. |

## XXIII.

Beweis durch Negation, dass Diapente, Diatessaron und der Ganzton in
der übertheiligen Proportion liegen.

Es bleibt also übrig zu zeigen, dass Diapente, Diatessaron und der
Ganzton in die übertheilige Proportion zu setzen seien. Denn obschon
dies auch bereits im ersten Beweise, wo wir zeigten, dass Diapason in
die übertheilige Gattung nicht zu setzen sei, durch eine gewisse Berech-
nungsart klar wurde, so wollen wir doch jetzt diesen Punkt besonders und
sorgfältiger behandeln. Wenn nämlich Jemand sagt, dass diese Proportionen nicht in die übertheilige Gattung zu setzen seien, so wird er zuge-
stehen, dass sie in der vielfachen Gattung liegen. Denn warum sie nicht
in der übermehrtheiligen oder in den übrigen vermischten Gattungen
liegen können, ist schon früher, wie ich meine, erklärt worden. Sie
mögen also (wenn es geschehen kann) in die vielfache Gattung gesetzt
werden. Und weil nun Diatessaron die kleinere Consonanz, Diapente
aber die grössere ist, so möge Diatessaron der doppelten, Diapente aber
der dreifachen Proportion der Vielfachheit angepasst werden. Denn
wahrscheinlicherweise wird, da die Consonanz Diatessaron mit der Consonanz Diapente stetig ist, ebenso Diapente, wenn Diatessaron in das
Doppelte gesetzt wird, im stetig Doppelten liegen, d. i. im Dreifachen.
Der Ganzton jedoch, weil er in den musikalischen Proportionen nach
Diatessaron gesetzt ist, muss gewiss in der Proportion liegen, welche
kleiner als das Doppelte ist. Das kann man aber in der Gattung der

Vielfachheit nicht finden. Es bleibt also übrig, dass die Proportion des Ganztones in die Proportionen der Uebertheiligkeit hineinfällt. Es sei also die erste, nämlich Sesquialter, die Proportion des Ganztones. Denn wenn wir das Doppelte vom Dreifachen wegnehmen, so ist das, was übrig bleibt, Sesquialter. Wenn also Diatessaron das Doppelte ist, Diapente aber das Dreifache, so bleibt, wenn Diatessaron von Diapente abgezogen wird, der Ganzton übrig; es kann also auf keine Weise bezweifelt werden, dass der Ganzton in die Proportion Sesquialter gestellt werden muss. Zwei Sesquialter-Proportionen sind aber grösser, als das Doppelte, wie ein jeder Unterrichtete aus der Arithmetik folgern kann. Zwei Ganztöne also würden grösser sein als Diatessaron, was ganz unsinnig ist; denn Diatessaron überschreitet zwei Ganztöne um eine Halbtonstufe. Diatessaron und Diapente müssen also unbedingt in die übertheilige Gattung der Ungleichheit gesetzt werden. Nun könnte Jemand behaupten, der Ganzton liege auch in der vielfachen Gattung, weil derselbe kleiner ist als Diatessaron. Diatessaron aber ist kleiner, als Diapente, und nun liege Diapente im Vierfachen, Diatessaron im Dreifachen, der Ganzton im Doppelten. Diapente besteht aber aus Diatessaron und Ganzton. Das Vierfache besteht also nach dieser Rechnung aus dem Dreifachen und Zweifachen, was unmöglich ist. Ferner werde Diatessaron in's Dreifache, Diapente in's Vierfache gestellt. Wenn wir also das Dreifache vom Vierfachen wegnehmen, so wird Sesquiterz übrig bleiben. Wenn man ferner Diatessaron von der Consonanz Diapente abzieht, so bleibt der Ganzton übrig. Der Ganzton wird also nach dieser Rechnung in der Proportion Sesquiterz bestehen. Drei Sesquiterzen sind aber kleiner als ein Dreifaches. Drei Ganztöne werden also auf keine vernünftige Weise ein Diatessaron ausfüllen, weil es grundfalsch ist. Denn zwei Ganztöne und ein kleinerer Halbton erfüllen die Consonanz Diatessaron. Hieraus also erklärt sich, dass die Consonanz Diatessaron nicht vielfach ist. Ich behaupte aber, dass auch Diapente nicht in der vielfachen Gattung liegen kann. Denn wenn sie darin feststeht, so wird, weil die kleinere Consonanz, nämlich Diatessaron, mit ihr stetig ist, Diapente nicht in das kleinste Vielfache gesetzt werden, d. h. nämlich in das Doppelte, so dass sie an der Stelle steht, wohin die Consonanz Diatessaron passen könnte. Die Consonanz Diatessaron ist aber nicht von der vielfachen Gattung. Deswegen kann auch Diapente nicht in einer grössern Proportion des Vielfachen, als im Doppelten, was die kleinste ist, die rechte Stelle finden. Wenn also Diapente in der kleinsten, d. h. im Doppelten, liegt, so kann Diatessaron, was kleiner ist, der vielfachen Gattung nicht angepasst werden. Denn nichts Kleineres giebt es von dieser Gattung, als das Doppelte. So sei also Diatessaron Sesquialter, der Ganzton aber Sesquiterz; denn er liegt ja in der stetigen Proportion. Zwei Sesquiterzen sind jedoch grösser, als ein Sesquialter. Zwei Ganztöne also sind grösser, als eine Consonanz Diatessaron, was durchaus nicht angeht. Aus alle dem wird bewiesen, dass Diapente und Diatessaron in der vielfachen Gattung nicht liegen können; deswegen werden sie mit Recht in die übertheilige Gattung der Ungleichheit gesetzt.

## XXIV.

### Beweis, dass Diapente und Diatessaron in den grössten übertheiligen Proportionen liegen.

Ferner ist nothwendiger Weise hinzuzusetzen, dass, wenn Diapente und Diatessaron übertheilige Proportionen enthalten, sie auch in den grössten übertheiligen Proportionen zusammengesetzt werden. Die grössten sind aber Sesquialter und Sesquiterz. Dies wird auf folgende Weise bewiesen. Wenn die Consonanzen Diapente und Diatessaron in kleinere Proportionen gesetzt werden als Sesquialter und Sesquiterz, so unterliegt es keinem Zweifel, dass, gleichwie andere übertheilige Proportionen — ausser eben Sesquialter und Sesquiterz — mit einander verbunden ein Doppeltes nicht bewirken, so auch Diapente und Diatessaron ein Diapason auf keine Weise umschliessen können. Denn weil gezeigt wurde, das Diapason in der doppelten Proportion liegt und die doppelte Proportion aus Sesquialter und Sesquiterz zusammengesetzt ist, Diapason aber aus der Verbindung von Diatessaron und Diapente besteht: so ist es unzweifelhaft, dass, wenn das ganze Diapason im Doppelten besteht, Diapente und Diatessaron in die Proportion Sesquialter und Sesquiterz gesetzt werden müssen. Denn auf andere Weise verbunden, würden sie nicht ein Diapason bewirken, welche Consonanz in der doppelten Proportion besteht, wenn sie nicht in diesen beiden Proportionen Sesquialter und Sesquiterz ständen; denn andere übertheilige Proportionen werden eben diese doppelte auf keine Weise zusammenschliessen [1].

---

[1] Sesquialter = Diapente      = 3 : 2,
   Sesquiterz = Diatessaron    = 4 : 3,
   Diapason = Diapente und Diatessaron = $3/2 \times 4/3 = 2 : 1$.

## XXV.

### Diapente liegt im Sesquialter, Diatessaron im Sesquiterz, der Ganzton in der Sesquioctave.

Ich behaupte aber, dass gerade ganz eigenthümlich Diapente in der Proportion Sesquialter und Diatessaron in der Proportion Sesquiterz besteht. Weil nämlich von beiden Proportionen Sesquialter die grössere und Sesquiterz die kleinere ist, und weil auch in den Consonanzen Diapente grösser und Diatessaron kleiner ist, so ist ganz klar, dass die grössere Proportion der grösseren Consonanz, die kleinere Proportion der kleineren Consonanz entspricht. Man wird also Diapente in die Proportion Sesquialter, Diatessaron aber in die Proportion Sesquiterz legen. Denn wenn wir die Consonanz Diatessaron von Diapente wegnehmen, so bleibt ein Zwischenraum, den man Ganzton nennt. Wenn wir den Sesquiterz vom Sesquialter wegnehmen, so bleibt die Proportion Sesquioctave, woraus erhellt, dass der Ganzton in die Proportion Sesquioctave gesetzt werden muss.

$$[6:8 = \text{Sesquiterz},$$
$$6:9 = \text{Sesquialter},$$
$$8:9 = \text{Sesquioctav-Proportion.}]$$

## XXVI.

### Diapason und Diapente liegen in dreifacher Proportion, Bisdiapason in vierfacher.

Weil nun bewiesen wurde, dass Diapason in der doppelten, Diapente aber in der Sesquialter-Proportion liegt, so erhellt daraus, wenn die doppelte und die Sesquialter-Proportion mit einander verbunden eine dreifache Proportion bewirken, dass auch Diapente und Diapason zusammen in dreifache Proportion gestellt werden. Wenn man nun mit der dreifachen Proportion die Sesquiterz-Proportion verbindet, so ergiebt sich eine vierfache. Wenn also Diatessaron mit den Consonanzen Diapente und Diapason verbunden wird, so entsteht ein vierfacher Zwischenraum der Stimmen, welchen wir früher als Bisdiapason dargelegt haben.

## XXVII.

### Diatessaron und Diapason ist nach den Pythagoreern keine Consonanz.

Hieraus möchte der sorgfältige Leser erkennen, dass, wenn Consonanzen mit Consonanzen zusammengesetzt werden, auch andere Con-

sonanzen entstehen. Denn die Verbindung von Diapente und Diatessaron
bewirkt, wie schon gesagt, Diapason; wenn diese Consonanz wiederum
mit der Symphonie Diapente verbunden wird, so entsteht eine Consonanz, welche nach beiden Worten benannt wird, nämlich »Diapason und
Diapente«. Wenn nun dieser Consonanz Diatessaron angefügt wird, so
entsteht Bisdiapason, welche eine vierfache Proportion enthält. Wie
also, wenn wir die Consonanzen Diatessaron und Diapason verbinden,
werden sie dann nach den Pythagoreern nicht eine Consonanz bewirken?
Keinesweges. Denn sie fällt zunächst in das übermehrtheilige Geschlecht
der Ungleichheit hinein und bewahrt weder die Ordnung der Vielfachheit, noch die Einfachheit der Uebertheiligkeit. Wir wollen nun die
Zahlen aufstellen, mit welchen wir dies leichter beweisen können. Wir
haben also 3 und das Doppelte hiervon, nämlich 6, welche Proportion
im Diapason liegt. Hieran fügen wir die Proportion Sesquiterz, nämlich
8, von der wir vorher sagten, dass sie Diatessaron sei. Denn 8 : 6 ist
die Proportion für Diatessaron; 8 mit 3 verglichen ergiebt, dass 8 die
Zahl zweimal enthält; jedoch ist 8 kein Vielfaches von 3, denn sie enthält noch ausserdem zwei einfache Theile derselben, da sie das Doppelte von 3 durch zwei Einheiten übertrifft, die beide die dritten Theile
von 3 sind, welche letztere Zahl wir als erste und kleinste Grenze (Zahl)
setzen. Es seien also folgende drei Grenzen (Zahlen): 3, 6, 8.
Diapason mit Diatessaron eine Dissonanz,

$3 : 6 =$ Diapason (Consonanz),

$6 : 8 =$ Diatessaron (Consonanz),

$3 : 8 =$ Diapason mit Diatessaron (Dissonanz).

Hier fällt auch etwas zwischen die beiden an sich stetigen Consonanzen; denn weder das Doppelte ist vollständig, so dass es die Consonanz Diapason hervorbringe, noch auch das Dreifache, so dass es die
Symphonie Diapason und Diapente bewirke. Wenn wir hier den Ganzton zusetzen, so wird er zunächst eine dreifache Art der Proportion bewirken, weil Diapason und Diapente mit einander verbunden das Dreifache hervorbringen. Diatessaron und der Ganzton ergeben zusammen
die Consonanz Diapente. Wenn nun der Consonanz Diapason die Consonanz Diatessaron angefügt wird, so entsteht etwas Unconsonirendes,
weil natürlich zwischen der doppelten und dreifachen keine Proportion
der Vielfachheit erkannt werden kann. Wenn wir hier den Ganzton
zufügen, so entsteht Diapason, Diatessaron und Ganzton, was unzweifelhaft dasselbe ist, wie Diapason und Diapente, da Diatessaron und
Ganzton Diapente bewirken. Es sei also Diapason 3 : 6, Diatessaron

6 : 8, Ganzton 8 : 9, Diapente 6 : 9, Diapason und Diapente 3 : 9. Die dreifache Proportion wird also die sein 3, 6, 8, 9. Obschon hierüber Nicomachus vielerlei gesagt hat, so haben wir doch in möglichster Kürze ganz dasselbe, was die Pythagoreer als Meinung aufstellen, bewiesen und hieraus gewisse beweisführende Consequenzen gezogen. Wenn also Diatessaron der Consonanz Diapason angefügt wird, so kann aus dieser Verbindung keine Consonanz entstehen. Was hierüber Ptolemaeus meint, wollen wir später anführen. Hierüber soweit; jetzt wollen wir über den Halbton Betrachtungen anstellen.

[Diapason mit Diapente

3 : 9,

Diapente

6 : 9,

Diapason (doppelte Proportion)

3 : 6,

Diatessaron (Sesquiterz-Proportion)

6 : 8,

Ganzton (Sesquioctav-Proportion)

8 : 9,

Diapason mit Diatessaron

3 : 8.]

## XXVIII.

### Ueber den Halbton, in welchen kleinsten Zahlen er besteht.

Man hat nun die Bezeichnung Halbtöne nicht deswegen, weil sie etwa die Mitten der Ganztöne wären, sondern weil sie nicht ganze Töne sind. Die Art des Zwischenraumes, welchen wir jetzt mit »Halbton« bezeichnen, wurde bei den Aelteren »Limma« oder »Diesis« genannt. Wenn nämlich aus der Proportion Sesquiterz, welche Diatessaron ist, zwei Sesquioctav-Proportionen, die also Ganztöne sind, weggenommen werden, so bleibt ein Zwischenraum übrig, den man als Halbton bezeichnet. Wir wollen also zwei Ganztöne suchen, die in stetiger Stellung beschrieben wurden. Weil nun diese, wie gesagt wurde, in der Sesquioctav-Proportion bestehen und wir zwei Sesquioctav-Proportionen als stetige nicht anwenden können, wenn nicht jene Zahl, von welcher sich dieselben ableiten lassen, als ein Vielfaches gefunden wird, so nehmen wir 1 an, von welcher 8 das Achtfache ist. Von dieser Zahl werden wir eine sesquioctave Zahl ableiten können. Weil wir aber zwei

5*

suchen, so müssen wir 8 ✕ 8 nehmen, und hieraus, also aus 64, werden sie entwickelt. Es wird also das zweite Achtfache sein, aus welchem wir 2 sesquioctave Proportionen herleiten können. Denn 8, welche Zahl der 8te Theil von 64 Einheiten ist, diesen Einheiten hinzuaddirt giebt die ganze Summe 72; dieser Zahl auf dieselbe Weise der 8te Theil, also 9, hinzuaddirt, giebt 81. Diese beiden Ganztöne werden also in ihrer ersten Ordnung so zusammengeschrieben 64, 72, 81; 64 : 72 = Ganzton (Sesquioctav) und 72 : 81 = Ganzton (Sesquioctav).

Jetzt wollen wir von 64 Einheiten den Sesquiterz suchen. Weil nun 64 keinen 3ten Theil hat, so wird sich bald, wenn wir alle diese Zahlen durch 3 multipliciren, aus diesen der 3te Theil ergeben, und alle werden in derselben Proportion bestehen, in welcher sie vorher bestanden, ehe 3 als Multiplicator zu ihnen herantrat. 3 ✕ 64 ist 192, deren 3ter Theil, also 64, zu diesem Producte hinzugefügt, 256 ergiebt. Es wird diese Sesquiterz-Proportion die Consonanz eines Diatessaron behaupten.

Jetzt wollen wir zwei Sesquioctav-Proportionen in richtiger Ordnung aufstellen, die zu 192 in 2 Zahlen bestehen. Wir nehmen also 3 ✕ 72 = 216, ferner 3 ✕ 81 = 243, welche beiden Producte zwischen jene Zahlen 192 und 256 auf folgende Weise gesetzt werden:

$$192, 216, 243, 256.$$
$$192 : 216 = \text{Ganzton}, \quad 216 : 243 = \text{Ganzton},$$
$$243 : 256 = \text{Halbton}, \quad 192 : 256 = \text{Diatessaron}.$$

In dieser Aufstellung der Proportionen ist die erste Zahl zur letzten als Consonanz Diatessaron aufgestellt. Die erste zur 2ten und die 2te zur 3ten stellen zwei benachbarte (nebeneinanderliegende) Ganztöne dar. Der Zwischenraum, welcher übrig bleibt, also 243 : 256, bezeichnet die kleinste Form des Halbtones.

## XXIX.

### Beweise, dass 243 : 256 nicht die Hälfte eines Ganztones ist.

Ich will also beweisen, dass die Entfernung von 243 bis zu 256 nicht die vollkommne Ausdehnung der Mitte eines Ganztones ist. Denn die Differenz von 243 und 256 besteht nur aus 13 Einheiten, welche Zahl also weniger Einheiten enthält, als der 18te Theil der kleineren Zahl (243), mehr aber, als der 19te Theil derselben. Denn 18 ✕ 13 giebt 234, welche Zahl der Zahl 243 durchaus nicht gleich ist; 19 ✕ 13 ist wiederum grösser als 243. Jeder Halbton müsste, wenn er etwa dennoch die volle Hälfte eines Ganztones ausmacht, zwischen den 16ten und 17ten Theil gesetzt werden, was nachher gezeigt wird.

Jetzt wird klar werden, dass zwei nebeneinanderliegende Halbtöne einen ganzen Ton nicht vollmachen können. Wenn wir also das Verhältniss 256 : 243 haben, so wollen wir nach der früher entwickelten Regel 2 solche mit einander stetige Proportionen aufstellen. — 256 mit sich selbst multiplicirt, giebt die grösste Zahl 65536. Ebenso 243, mit sich selbst multiplicirt, giebt die kleinste Zahl 59049. Ferner multipliciren wir 256 mit 243, so erhalten wir die Zahl 62208, welche als mittlere in dieser Weise gesetzt wird:

$$65536 : 62208 : 59049.$$

In der Proportion 65536 : 62208 liegt also die Proportion 256 : 243, Ebenso in der Proportion 62208 : 59049. Die grösste Zahl 65536 zur kleinsten 59049 bewirkt dennoch nicht einen ganzen Ton. Wenn nun die Proportion der ersten zur zweiten Zahl, welche gleich ist der 2ten zur 3ten, als ein vollkommner Halbton bewiesen ist, so können also die beiden verbunden nothwendig einen ganzen Ton bewirken. Da nun aber die Proportion der äussersten Zahlen (65536 : 59049) keine Sesquioctav-Proportion ist, so ist hierdurch bewiesen, dass die beiden Zwischenräume als keine eigentlichen Hälften eines ganzen Tones erscheinen. Denn die Verdoppelung einer Hälfte ist das Ganze der Hälfte. Wenn also die neben einander liegenden gleichen Theile das Ganze nicht vollmachen können, so ist ein Theil kleiner, als die Hälfte. Wenn sie aber grösser sind, als das Ganze, so ist auch ein Theil grösser als die Hälfte, weshab also bewiesen wird, dass 65536 : 59049 keine Sesquioctav-Proportion macht. Denn wenn wir den 8ten Theil von 59049 nehmen und diesen Einheiten (59049) zusetzen wollten nach den Regeln, wie sie in der Arithmetik gegeben wurden, so finden wir, dass dieser 8te Theil nicht in ganzen Zahlen besteht; deswegen überlassen wir diesen 8ten Theil der Sorgfalt der Leser zur Betrachtung. Es erhellt also, dass diese Proportion 256 : 243 nicht die vollkommne Hälfte eines Ganztones ist und deswegen das, was in Wahrheit Halbton genannt wird, ein kleinerer Theil ist, als die Hälfte des Ganztones.

## XXX.

### Ueber den grösseren Theil von einem Ganzton, und in welchen kleinsten Zahlen er besteht.

Der übrige Theil, welcher der grössere ist, wird von den Griechen »Apotome« genannt, von uns kann er mit »Abschnitt« (decisio) bezeichnet

werden. Es bringt die Natur mit sich, dass, wenn man etwas abschnei-
det und zwar so, dass das Ganze nicht in gleiche Theile zerlegt wird,
der kleinere Theil um so viel kleiner als die Hälfte sein muss, um wie
viel der grössere Theil grösser als die Hälfte ist. Um wie viel also der
kleinere Halbton kleiner als die ganze Hälfte eines Ganztones ist, um so
viel übertrifft Apotome die volle Hälfte eines Ganztones. Nachdem wir
nun dargethan haben, dass der Halbton hauptsächlich in den Zahlen 256
und 243 besteht, wollen wir jetzt das beweisen, was Apotome genannt
wird, und auseinandersetzen, in welchen kleinsten Zahlen dieselbe vorkommt. Wenn nämlich 243 den 8ten Theil zu sich nehmen könnte, da
sie zu dieser als sesquioctave Zahl verglichen wird, dann würde 256,
zur sesquioctaven Summe der kleinsten Zahl verglichen, nothwendigerweise eine Apotome zeigen. Weil nun dargethan wird, dass der 8te
Theil zu derselben fehlt, so multipliciren wir beide Zahlen mit 8. Aus
243 wird durch Multiplication mit 8 die Zahl 1944. Wenn hierzu der
eigentliche 8te Theil, also 243, hinzuaddirt wird, so erhält man 2187.
Ferner multipliciren wir 256 mit 8, woraus 2048 entsteht, welche Zahl
zwischen die vorhergenannten Zahlen in die Mitte gesetzt wird.

Kleinerer Halbton, Apotome

104       139

Erster Klang, Zweiter Klang, Dritter Klang

1944      2048      2187

Ganzton (Sesquioctav-Proportion)

1944 : 2187.

Die dritte Zahl, zur ersten verglichen, behauptet die Proportion
eines Ganztones. Die zweite zur ersten die eines kleineren Halbtones.
Die 3te zur 2ten aber ist die Proportion der Apotome. Und gerade in
diesen scheint die Proportion der Apotome zu bestehen, da der Zwischenraum eines Halbtones in den kleinsten Zahlen 256 und 243 enthalten ist. Deswegen nun sind 1944 und 2048 in derselben Proportion,
wie 243 und 256, weil 256 und 243 durch 8 multiplicirt worden sind.
Denn wenn ein und dieselbe Zahl 2 beliebige Zahlen multiplicirt, so
werden sich die aus der Multiplication entstandenen Zahlen in derselben
Proportion befinden, in der sich die Zahlen befinden, welche die Zahl
vorher multiplicirt hat.

## XXXI.

### In welchen Proportionen Diapente und Diapason bestehen, und dass Diapason aus 6 Ganztönen nicht besteht.

Nachdem wir uns nun über die Consonanz Diatessaron weiter verbreitet haben, wollen wir kürzer und mit reinen Zahlen über die Consonanzen Diapason und Diapente sprechen. Diapente besteht aus drei Ganztönen und einem Halbton, d. h. aus Diatessaron und dem Ganztone. Es werden die Zahlen, welche das frühere Schema zusammenfasst, folgendermassen aufgestellt: 192, 216, 243, 256. Diatessaron besteht aus zwei Ganztönen und einem kleineren Halbton

192  :  216  :  243  :  256<br>Ganzton    Ganzton    Halbton.

In dieser Aufstellung ergiebt das Verhältniss der 1sten zur 2ten und der 2ten zur 3ten Zahl Ganztöne. Das Verhältniss der 3ten zur 4ten aber ist das eines kleineren Halbtones, wie vorher gezeigt wurde. Wenn wir also von 256 den 8ten Theil (32) nehmen und der ganzen Zahl zusetzen, so erhalten wir 288. Diese Zahl, mit 192 verglichen, ergiebt die Proportion Sesquialter:

192 : 288 .<br>Diapente.

Mithin sind hier drei Ganztöne, wenn die 1ste Zahl zur 2ten, die 2te zur 3ten, die 4te zur 5ten verglichen wird. Der Halbton aber hat die Proportion der 3ten Zahl zur 4ten. Wenn also Diatessaron aus zwei Ganztönen und einem kleineren Halbton besteht, so dürfte die Verbindung von Diatessaron und Diapente ein Diapason bewirken, das also fünf Ganztöne und zwei kleinere Halbtöne enthält, welche letzteren einen Ganzton nicht zu erfüllen scheinen. Diapason ist also nicht eine Consonanz, die aus sechs Ganztönen besteht, wie Aristoxenus meint, da es auch die Zahlenaufstellung augenscheinlich zeigt. Es werden nämlich sechs Ganztöne in einer Reihe aufgestellt und zwar in den Sesquioctav-Proportionen. Sechs Sesquioctav-Proportionen werden aber vom 6ten Achtfachen hergeleitet. Es werden also sechs Achtfache auf folgende Weise aufgestellt:

1, 8, 64, 512, 4096, 32768, 262144.

Von dieser letzten Zahl werden sechs Ganztöne in der Sesquioctav-Proportion aufgestellt und zwar so, dass die 8ten Theile der Zahlen zu dem Umfang der Zahlen selbst hinzuaddirt werden. Es sei also die Ordnung von folgender Art:

Sechs Achtfache

1, 8, 64, 512, 4096, 32768, 262144.

Die Sesquioctav-Proportionen     Die achten Theile

| 262144 | 32768 |
|---|---|
| 294912 | 36864 |
| 331776 | 41472 |
| 373248 | 46656 |
| 419904 | 52488 |
| 472392 | 59049 |
| 531441. | |

Der Beweis für diese Anordnung ist nun folgender: Die fortlaufende Reihe nämlich, welche die Grenzlinie genannt wird, weist 8fache Zahlen auf. Von der 6ten Achtfachen aber werden die Sesquioctav-Proportionen hergeleitet. Wo wir die 8ten Theile hingeschrieben haben, da sind es eben die 8ten Theile der Zahlen, zu welchen sie hinzuaddirt werden. Durch diese Addition wachsen die folgenden Zahlen, wie es z. B. bei der ersten der Fall ist, bei der Zahl 262144. Der 8te Theil hiervon ist 32768; diesen zur ganzen Zahl hinzuaddirt, ergiebt die folgende Zahl 294912. Dasselbe findet bei den übrigen Zahlen statt. Wenn also die letzte Zahl 531441 das Doppelte von der ersten Zahl 262144 wäre, so würde mit Recht Diapason aus 6 Ganztönen bestehen. Jetzt suchen wir das Doppelte von der kleinsten Zahl der angegebenen. Dies wird kleiner sein, als die Zahl, welche die grösste und letzte ist. Denn das Doppelte von der Zahl 262144, welche mit dieser Zahl proportionirt in der Octave liegt, also 524288, ist kleiner, als die Zahl, welche den 6ten Ganzton behauptet, nämlich 531441. Die Consonanz Diapason ist demnach kleiner als 6 Ganztöne. Und das, um was sechs Ganztöne die Consonanz Diapason übertreffen, nennen wir »Comma«, welches in folgenden kleinsten Zahlen besteht:

524288 und 531441

Differenz

7153.

Comma oder Zwischenraum, um welchen sechs Ganztöne grösser sind, als ein Diapason

524288 : 531441.

Was hierüber Aristoxenus meint, welcher den Ohren das ganze Urtheil zutraute, werde ich an andern Orten erwähnen. Jetzt will ich

zur Vermeidung eines Tadels die ganze Reihe der Veränderungen zu-
sammenfassen.

| Sechs ——————————————— Achtfache | | | | | | | |
|---|---|---|---|---|---|---|---|
| 1 | 8 | 64 | 512 | 4096 | 32768 | 262144 | Alle Sesquioctav- |
| | 9 | 72 | 576 | 4608 | 36864 | 294912 | Proportionen, die |
| | | 81 | 648 | 5184 | 41472 | 331776 | zuletzt aus den frü- |
| | | | 729 | 5832 | 46656 | 373248 | heren hervorgehen |
| | | | | 6561 | 52488 | 419904 | und die sechs Ganz- |
| | | | | | 59049 | 472392 | töne bewirken. |
| | | | | | | 531441 | |

Alle neunfachen Diagonalen.

# BUCH III.

Beweis gegen Aristoxenus, dass die übertheilige Proportion nicht in
Gleiches getheilt werden kann, und daher auch nicht der Ganzton.

## I.

Im vorigen Buche wurde gezeigt, dass die Consonanz Diatessaron
aus 2 Ganztönen und einem Halbton, Diapente aber aus drei Ganztönen
und einem Halbton bestehe, dass aber diese die vollkommne Hälfte eines
Ganztones nicht bewirken, wenn man sie einzeln betrachtet und berechnet, und daher auch Diapason den Umfang von 6 Ganztönen auf keine
Weise erreichen kann. Weil nun aber der Musiker Aristoxenus, der
Alles dem Urtheil der Ohren überliess, nicht der Ansicht war, dass
diese Halbtöne, wie nach den Pythagoreern, von der Hälfte verschieden
seien, sondern dass sie, wie sie Halbtöne genannt würden, eben auch
die Hälften der Ganztöne seien: so müssen wir hierüber wiederum
ein wenig sprechen und darthun, dass keine früher genannte übertheilige Proportion durch eine bekannte Zahl in eine vollkommne Hälfte zerlegt werden kann.

Wenn zwischen zwei Zahlen eine übertheilige Proportion besteht,
entweder zwischen zwei Grundzahlen, wo die Einheit Differenz ist, oder
zwischen zwei anderen Zahlen, so wird man keine mittlere Zahl so zu setzen
vermögen, dass die mittlere zur letzten dieselbe Proportion behauptet, wie
die kleinste zur mittleren, wie z. B. in der geometrischen Proportion;
jedoch kann man eine mittlere Zahl so setzen, dass sie gleiche Differenzen
bewirkt und also nach Art der arithmetischen Mitte eine Gleichheit hervor-
ruft, oder nach Art der harmonischen Theilung eine Mitte herstellt oder
auf irgend welche Art, wie wir es in der Arithmetik erwähnt haben. Wenn
dies bewiesen wird, so wird auch das nicht als Behauptung aufgestellt
werden können, dass die Sesquioctav-Proportion, welche den Ganzton
darstellt, sich in Hälften theilen lässt, da jede Sesquioctav-Proportion
zur übertheiligen Gattung der Ungleichheit gehört. Dies wird jedoch

besser durch inductiven Beweis gethan. Wenn man nämlich seine Betrachtung auf die einzelnen übertheiligen Proportionen gelenkt hat, und einem weiter keine begegnet, welche, nach zwischengeschobener Mittelzahl, in gleiche Proportionen getheilt wird; so ist nicht zweifelhaft, dass eine übertheilige Proportion nicht in Gleiches getheilt werden kann. Wenn nun das den Ohren als Consonirendes zu erklingen scheint, sobald eine Stimme zu einer andern verglichen wird, die von einander um zwei Ganztöne und einen vollkommenen Halbton [1]) abstehen, so wird gezeigt, dass dies von Natur nichts Consonirendes ist. Weil nun aber jeder Sinn die kleinsten Theile nicht erfassen kann, so kann auch daher der Sinn der Ohren diese Differenz, welche über das Consonirende herausschreitet, nicht unterscheiden; dann wird er sie aber wahrnehmen, wenn ein solches Theilchen häufig durch eben dieselben Irrthümer wächst. Denn was im Kleinsten nicht hinreichend erkannt wird, das sieht man ein, wenn es in der Zusammensetzung und Verbindung anfängt, ein Ganzes zu werden. Mit welcher Proportion nun sollen wir beginnen? Vielleicht werden wir die Untersuchung abkürzen, wenn wir mit dem anfangen, was gerade jetzt vorliegt. Die Frage liegt nämlich vor, ob der Ganzton in zwei gleiche Theile zerlegt werden kann, oder nicht. Jetzt wollen wir also vom Ganzton handeln und beweisen, wie derselbe in zwei gleiche Theile nicht getheilt werden kann. Wenn man diesen Beweis auf die übrigen übertheiligen Verhältnisse überträgt, so wird in ähnlicher Weise gezeigt, dass sich ein übertheiliges Verhältniss durch eine bekannte und ganze Zahl nicht in gleiche Theile zerlegen lässt. Die Grundzahlen, welche den Ganzton enthalten, sind also 8 und 9. Weil sich nun diese in der natürlichen Zahlenreihe folgen, so dass keine Zahl zwischen diesen besteht, so multipliciren wir dieselben mit der kleinsten Zahl, mit welcher man überhaupt multipliciren kann, nämlich mit 2. Dann entstehen aus den Zahlen 8 und 9 die Zahlen 16 und 18, zwischen welchen in der natürlichen Zahlenreihe die Zahl 17 liegt. 18 : 16 ist also der Ganzton. 18 zu 17 verglichen hat diese (nämlich die Zahl 17) ganz und den 17ten Theil derselben. Der 17te Theil ist aber natürlich kleiner als der 16te. Die Proportion, welche zwischen 16 und 17 stattfindet, ist grösser, als die zwischen 17 und 18. Wir stellen dieselben so auf: es sei A = 16, C = 17 und B = 18. Die vollständige Mitte eines Ganztones liegt also keineswegs zwischen C und B. Denn es ist die Proportion CB kleiner als die Proportion CA. Zu dem grösseren

---

1) Ein Halbton, der gerade die Hälfte eines Ganztones wäre.

Theil ist also eine richtige Mitte zu setzen. Diese Mitte sei D. Weil die Proportion DB, welches die richtige Hälfte eines Ganztones ausmacht, grösser ist als die Proportion CB, welche der kleinere Theil von einem Ganztone ist, die Proportion AC aber als grösserer Theil von einem Ganztone grösser ist als die Proportion AD, welche die richtige Hälfte eines Ganztones, und AC eine Proportion Sesquisextadecima, CB aber eine Sesquiseptimadecima-Proportion ist: so ist es unzweifelhaft, dass die richtige Mitte eines Ganztones zwischen die Sesquisextadecima- und Sesquiseptimadecima-Proportion fällt. Diese Mitte kann aber durchaus nicht in einer ganzen Zahl gefunden werden.

$$16 \qquad 17 \qquad 18$$
$$A \qquad D\ C \qquad B$$

A—D = richtige Hälfte eines Ganztones,

A—C = grösserer Theil eines Ganztones,

D—B = richtige Hälfte eines Ganztones,

C—B = kleinerer Theil eines Ganztones.

Wenn aber zur Zahl 16 die Zahl 17 verglichen wird, so behauptet sie darüber eine Ueber-Sesquisextadecima-Proportion; wenn wir von derselben Zahl 17 den 16ten Theil suchen, so wird es die Einheit und der 16te Theil der Einheit sein; wenn wir dies zur Zahl 17 addiren, so entsteht $18\frac{1}{16}$. Wenn wir also $18\frac{1}{16}$ mit der Zahl 16 vergleichen, so scheint der 16te Theil mit Recht die Mensur des Ganztones zu überschreiten, da zur Zahl 16 allein die Zahl 18 die Proportion Sesquioctave inne hält. Weil also die Ueber-Sesquisextadecima-Proportion doppelt genommen den Ganzton überschreitet, so kann sie nicht die richtige Hälfte eines Ganztones sein. Denn was, zweimal genommen, eine Grösse überschreitet, kann nicht die richtige Hälfte derselben sein. (Denn was, zweimal genommen, eine Grösse überschreitet, muss an sich die Hälfte dieser Grösse überschreiten.) Deswegen wird die Ueber-Sesquisextadecima-Proportion nicht die Hälfte eines Ganztones sein. Aus diesem Grunde wird auch nicht irgend eine grössere Proportion als die Sesquisextadecima-Proportion die Hälfte eines Ganztones sein können, da sie selbst ja schon grösser als die richtige Hälfte eines Ganztones ist. Da nun der Sesquisextadecima-Proportion in fortlaufender Ordnung die Sesquiseptimadecima-Proportion folgt, so wollen wir sehen, ob diese letztere, zweimal genommen, den Ganzton nicht vollmacht. Den 17ten Theil der Zahl 17 enthält die Zahl 18. Wenn wir in derselben Proportion noch eine andere Zahl zu 18 vergleichen, so wird es 19 sein und der 17te Theil. Wenn wir zur Zahl 17 eine Zahl vergleichen, die in der Sesquioctav-Proportion liegt, so entsteht 19 und der 8te Theil. Der 8te Theil ist aber grösser, als der 17te Theil. Die Proportion der Zahlen 17 und 19¹/₈ ist also grösser als die, welche in 17 und 19¹/₁₇ besteht, welches die Sesquiseptimadecima-Proportionen zweimal genommen sind. Zwei Sesquiseptimadecima-Proportionen also scheinen nicht einen Ganzton zu geben. Nicht ist die Sesquiseptimadecima-Proportion die Hälfte eines Ganztones, weil das, was bei der Verdoppelung nicht das Ganze giebt, an sich nicht die Hälfte desselben ausmacht. Denn immer ist die verdoppelte Hälfte mit dem gleich, dessen Hälfte sie ist.

## Die Sesquisextadecima-Proportion.

Der ganze Zwischenraum besteht aus zwei Apotomen; die wahre Sesquioctav-Proportion ist 16 : 18.

|        | Apotome.          | Apotome.          |
|--------|-------------------|-------------------|
|        | Grösserer Theil   | Grösserer Theil   |
|        | des Ganztones.    | des Ganztones.    |
| 16     | 17                | 18¹/₁₆.           |

Der Ganzton mit dem Comma ¹/₁₆; die Proportion ist um ein Comma grösser als die Sesquioctav-Proportion. Der Ganzton ist darüber vermehrt.

**Kein ganzer Ton besteht aus 2 Diesen, indem zu einem ganzen Ton ein Comma fehlt.**

| Die Proportion Sesquiseptima-decima, enthaltend die Diesis, d. h. einen kleineren Halbton. | Ebenso die Proportion Sequiseptimadecima, bewirkend und enthaltend einen kleineren Halbton. |
|---|---|
| 17 | 18                       19¹/₁₇ |

Die kleinere Sesquioctav-Proportion mit dem Comma.

Die Sesquioctav-Proportion enthält einen ganzen Ton aus der Diesis und Apotome.

17      18      18¹/₁₇      19¹/₈

Kein ganzer Ton.

## II.

**Wenn man von der Sesquiterz-Proportion 2 Ganztöne wegnimmt, bleibt nicht die Hälfte eines Ganztones übrig.**

Wenn wir nun diese Zahlen aufstellen wollen, welche nach Hinwegnahme von 2 Ganztönen von der Sesquiterz-Proportion übrig bleiben, so können wir dabei betrachten, ob diese Proportion, die nach Hinweg-nahme von 2 Ganztönen übrig bleibt, für einen vollkommenen Halbton [1]) Geltung hat; wenn dies gefunden ist, dann ist auch bewiesen, dass die Consonanz Diatessaron aus 2 Ganztönen und einem vollkommenen Halb-ton zusammengesetzt ist.

Es war also früher die erste Zahl 192. Zu dieser hielt die Zahl 256 eine Sesquiterz-Proportion. Zur ersten bewirkt 216 einen Ganzton. Zu 216 bewirkt wiederum 243 eine Ganztonstufe. Was von der ganzen Proportion Diatessaron übrig bleibt, ist also die Proportion, die in 243 und 256 Einheiten besteht. Wenn von dieser Proportion bewiesen wird, dass sie die Hälfte eines Ganztones ist, so kann nicht bezweifelt wer-den, dass Diatessaron aus 2 Ganztönen und einer Ganztonhälfte besteht. Weil nun bewiesen wurde, dass die Hälfte des Ganztones zwischen der Sesquisextadecima- und Sesquiseptimadecima-Proportion liegt, so muss von dieser Vergleichung auch diese Proportion gemessen werden. Um nicht lange Umschweife zu machen, so wollen wir von 243 den 18ten Theil nehmen; dieser ist $13\frac{1}{2}$. Wenn wir dies zu 243 addiren, so erhalten wir $256\frac{1}{2}$. Es erhellt hieraus, das 256:243 eine kleinere Pro-portion ist, als die Sesquioctavadecima-Proportion. Wenn nun die Hälfte eines Ganztones kleiner ist, als die Sesquisextadecima-Proportion, aber grösser als die Sesquiseptimadecima-Proportion, ferner die Sesquioctáva-decima-Proportion kleiner ist als die Sesquiseptimadecima und endlich die Proportion 256 : 243, die nach Hinwegnahme zweier Ganztöne von Diatessaron übrig bleibt, kleiner ist, als die Sesquioctavadecima-Propor-tion, so ist es nicht zweifelhaft, dass diese Proportion der beiden Zahlen bei weitem geringer ist, als eine Ganztonhälfte.

### III.

**Beweise gegen Aristoxenus, dass die Consonanz Diatessaron aus 2 Ganz-tönen und einer Ganztonhälfte nicht besteht und auch Diapason nicht aus 6 Ganztönen.**

Wenn, wie Aristoxenus sagt, die Consonanz Diatessaron aus 2 Ganztönen und einer Ganztonhälfte besteht, so werden 2 Consonanzen Diatessaron nothwendigerweise 5 Ganztöne ausmachen und Diapente, mit Diatessaron verbunden, wird, gleich wie dies eine Octave giebt, ebenso 6 Ganztönen in fortlaufender Proportion gleichgesetzt werden.

---

1) Der die wirkliche Hälfte eines Ganztones ist.

Weil wir nun kurz vorher 6 Ganztöne aufgestellt haben, deren kleinste Zahl 262144 war, so wird zu dieser im 6ten Ganztone die letzte Zahl 531441 gesetzt werden. Den 5ten Ganzton aber wird die Zahl bezeichnen 472392. Wir stellen sie auf folgende Weise auf:

262144

      Erster Ganzton

294912

      Zweiter Ganzton

331776

      Dritter Ganzton

373248

      Vierter Ganzton

419904

      Fünfter Ganzton

472392

      Sechster Ganzton

531441

262144 Fünf Ganztöne 472392

262144 Sechs Ganztöne 531441.

Jetzt wollen wir über die kleineren Zahlen, d. h. über 5 Ganztöne sprechen. Wenn also Diatessaron aus 2 Ganztönen und einer Ganztonhälfte bestände, so würden 2 Diatessaron aus 5 Ganztönen bestehen, wenn wir ein Diatessaron von 262144 hinauf- und von 472392 ein anderes Diatessaron zurückleiteten. Es müsste dann zwischen beiden Auf- und Abwärtsleitungen dieselbe Zahl aufgefunden werden. Dies geschieht aber auf folgende Weise: Von der Zahl 262144 führe ich ein Diatessaron 3:4 hinauf, d. h. eine Sesquiterz-Proportion, welche ist $349525\frac{1}{3}$. Ferner führe ich von der Zahl 472392 eine Sesquiterz-Proportion zurück, welche ist 354294. Diese Proportionen wollen wir also in der Weise aufstellen, dass die erste Zahl A, die 2te B, die 3te C und die 4te D sei.

A $=$ 262144

B $=$ $349525\frac{1}{3}$

C $=$ 354294

D $=$ 472392.

A ($=$ 262144) zu D $=$ (472392)

    $=$ fünf Ganztöne

A : B $=$ 3 : 4,   D : C $=$ 4 : 3

  Diatessaron     Diatessaron

   aufwärts       abwärts

$$C - B = 4768^2/_3$$
Differenz.

Weil also die Grenze A von der Grenze D um 5 Ganztöne entfernt ist, und weil Diatessaron in 2 Ganztönen und einer Ganztonhälfte besteht, wie Aristoxenus meint, und das eine Diatessaron zwischen A und B, das andere aber zwischen C und D liegt, so dürften die Grenzen B und C nicht verschieden sein, sondern sie müssten in ein und denselben Zahlen liegen, so dass wirklich 5 Ganztöne aus 3 Consonanzen Diatessaron zu bestehen scheinen. Weil nun aber die Differenz $4768^2/_3$ ist, so wird bewiesen, das Diatessaron keinesweges aus 2 Ganztönen und einer Ganztonhälfte besteht.

## IV.

### Der Consonanz Diapason fehlt zu 6 Ganztönen ein Comma, und welches die kleinste Zahl für die Commata ist.

Wenn wir nun versuchen, diese Differenz in ganzen Zahlen auszudrücken, so sehen wir, dass, wenn der 3te Theil zu dem, welcher ist $^2/_3$, hinzu addirt wird, die volle Einheit entsteht, da der 3te Theil die Hälfte von $^2/_3$ ist. Wenn ich also die Hälfte der ganzen Differenz, welche ist $2384^1/_3$, zu ihr selbst hinzu addire, so entsteht die ganze Summe 7153. Und diese Zahl enthielt schon früher die Proportion eines Comma. Denn ein Comma ist an der Stelle zu finden, wo 6 Ganztöne die Consonanz Diapason übertreffen, was eben in der ersten ganzen Zahl 7153 zusammengehalten wird. Wie wir also zur Differenz ihre richtige Hälfte hinzu addirten, damit sie bis zur Zahl 7153 wachse, so auch können wir zu allen Zahlen A B C D ihre richtigen Mitten hinzu addiren; dann wird bei allen dieselbe Proportion entstehen, wie sie auch früher war, und es wird sich zwischen 5 Ganztönen und Bisdiatessaron dieselbe Differenz herausstellen, welche zwischen 6 Ganztönen und der Consonanz Diapason stattfindet, nämlich 7153 Einheiten. Hieraus erkennt man, dass 5 Ganztöne Bisdiatessaron und 6 Ganztöne ein Diapason nur um ein Comma übertreffen, was in den ersten Einheiten 7153 gefunden wird. Dies zeigt das untenstehende Schema:

## Fünf Ganztöne.

| Diatessaron hinaufgeführt | | Differenz C—B mit ihrer Mitte. Comma, um welches 6 Ganztöne ein Diapason und 5 Ganztöne Bisdiatessaron übertreffen. | Diatessaron hinabgeführt | |
|---|---|---|---|---|
| Zahl mit ihrer Mitte | Zahl mit ihrer Mitte | | Zahl mit ihrer Mitte | Zahl mit ihrer Mitte |
| 393216 | 524288 | 7153 | 531441 | 708588 |
| A 262144 | B 349525$^1$/$_3$ | C—B 4768$^2$/$_3$ | C 354294 | D 472392 |
| 131072 | 174762$^2$/$_3$ | 2384$^1$/$_3$ | 177147 | 236196 |
| Mitte A. | Mitte B $^1$/$_2$ und $^1$/$_6$ geben $^2$/$_3$, und $^2$/$_3$ mit $^1$/$_3$ verbunden giebt 1. | Mitte d. Differenz C—B. $^1$/$_3$+$^2$/$_3$ geben auch hier eine Einheit. | Mitte von C. | Mitte von D. |

## Sechs Ganztöne.

Es übertreffen 6 Ganztöne ein Diapason um ein Comma.

Diapente und Diatessaron und der Ganzton.

Diatessaron.

| Zahl A mit ihrer Mitte | Zahl B mit ihrer Mitte | Differenz C—B mit ihrer Mitte | Zahl C mit ihrer Mitte | Zahl D mit ihrer Mitte | Der 6te sesquioctave Ganzton m. seiner Mitte |
|---|---|---|---|---|---|
| 393216 | 524288 | 7153 | 531441 | 708588 | 797161$^1$/$_2$ |
| 262144 | 349525$^1$/$_3$ | 4768$^2$/$_3$ | 354294 | 472392 | 531441 |
| 131072 | 174762$^2$/$_3$ | 2384$^1$/$_3$ | 177147 | 236196 | 265720$^1$/$_2$ |
| Mitte | Mitte | Mitte der Differenz | Mitte | Mitte | Mitte der 6. Sesquioct. |
| A | B | C—B | C | D | |

## V.

### Wie Philolaus den Ganzton eintheilt.

Der Pythagoreer **Philolaus** versuchte den Ganzton auf andere Weise zu theilen. Er stellte nämlich den Anfang des Ganztones von der Zahl auf, die den ersten Cubus von der ersten ungleichen bewirkte (welches Verfahren bei den Pythagoreern sehr angesehen war). Die Zahl 3 ist nun die erste ungleiche Zahl und $3 \times 3 = 9$; wenn man diese Zahl dreimal nimmt, so erhebt man sie nothwendig zu 27, welche zur Zahl 24 um einen Ganzton entfernt ist und dieselbe Differenz 3 bewahrt. Denn 3 ist von 24 der 8te Theil und dieser (also 3), zu der ersten Zahl (also 24) hinzugefügt, giebt den Cubus von 3=27. Hieraus gewinnt **Philolaus** 2 Theile; den einen, der grösser als die Hälfte ist, nennt er »Apotome«, den andern, der kleiner ist als die Hälfte, nennt er »Diesis«, welche die späteren Theoretiker »kleineren Halbton« und die Differenz beider »Comma« genannt haben. Und zuerst meint er, dass die Diesis in 13 Einheiten bestehe, deswegen, weil diese Zahl als Differenz zwischen 256 und 243 erschien. Dieselbe Zahl 13 nämlich besteht aus 9, 3 und der Einheit, welche die Stelle eines Punktes einnimmt, während 3 die der ersten ungleichen Linie, 9 die des ersten ungleichen Quadrates behauptet. Da er also aus solchen Ursachen 13 als »Diesis« bezeichnet, was Halbton genannt wird, so stellt er den übrigen Theil von der Zahl 27, der aus 14 Einheiten besteht, als »Apotome« hin. Weil nun zwischen 13 und 14 die Einheit die Differenz bewirkt, so meint er, dass die Einheit an Stelle des Commas zu setzen sei. Den Ganzton aber stellt er in 27 Einheiten auf, deswegen, weil zwischen 216 und 243, welche Zahlen um einen Ganzton von einander entfernt sind, die Differenz 27 ist.

Die Eintheilung des Ganztones nach Philolaus:

| 1 | 13 | 27 |
|---|----|----|
| Diesis | Apotome. | |
| 13 | 14 | |

## VI.

### Der Ganzton besteht aus zwei Halbtönen und einem Comma.

Aus dem Vorhergehenden erkennt man leicht, dass der Ganzton aus 2 kleineren Halbtönen und einem Comma besteht. Denn wenn der Ganzton aus Apotome und dem Halbtone besteht, der Halbton von der Apotome aber um ein Comma differirt, so ist Apotome nichts Anderes, als der kleinere Halbton und ein Comma. Wenn also Jemand 2 kleinere Halbtöne von einem Ganztone wegnimmt, so bleibt ein Comma übrig.

## VII.

### Beweis, dass der Ganzton von zwei Halbtönen um ein Comma differirt.

Dasselbe wird auch auf diese Weise bewiesen. Wenn Diapason aus 5 Ganztönen und 2 kleineren Halbtönen besteht und 6 Ganztöne die Consonanz Diapason um ein Comma übertreffen, so ist es nicht zweifelhaft, dass, wenn von beiden Entfernungen 5 Ganztöne weggenommen werden, vom Diapason 2 kleinere Halbtöne, von 6 Ganztönen jedoch ein Ganzton übrig bleibt. Und dieser Ganzton übertrifft diese beiden Halbtöne, welche übrig bleiben, um ein Comma. Wenn also zu diesen beiden Halbtönen ein Comma zugesetzt wird, so werden sie dem Ganztone gleichkommen. Es steht also fest, dass ein Ganzton zwei kleineren Halbtönen und einem Comma gleich ist, was in den ersten Einheiten 7153 vorgefunden wird.

## VIII.

### Ueber die Intervalle, welche kleiner sind, als der Halbton.

Philolaus fasst nun diese, gleichwie die kleineren Zwischenräume, in folgende Definitionen zusammen. »Diesis«, sagt er, »ist das Intervall, um welches die Sesquiterz-Proportion grösser ist, als 2 Ganztöne. Comma aber ist das Intervall, um welches die Sesquioctav-Proportion grösser ist als 2 Diesen, d. h. als 2 kleinere Halbtöne. Schisma ist die Hälfte des Commas. Diaschisma aber die Hälfte der Diesis, d. h. des kleineren Halbtones.« Hieraus geht Folgendes hervor. Weil der Ganzton hauptsächlich in den kleineren Halbton und Apotome getheilt wird, so wird er auch in 2 Halbtöne und ein Comma getheilt, woher es kommt, dass er auch in 4 Diaschismata und ein Comma zerlegt wird. Die genaue Hälfte eines Ganztones, also der wirkliche Halbton, besteht aus 2 Diaschismaten, d. h. einem kleinen Halbton, und einem Schisma, d. i. der Hälfte von einem Comma. Denn da der Ganzton aus 2 kleineren Halbtönen und einem Comma verbunden ist, so muss man, wenn man dies richtig theilen will, einen kleineren Halbton und die Hälfte eines Comma herausbringen. Ein kleinerer Halbton wird nun in 2 Diaschismata getheilt. Die Hälfte von einem Comma ist aber ein Schisma. Richtig wurde also gesagt, dass die wirkliche Hälfte eines Ganztones in 2 Diaschismata und ein Schisma zerlegt werden könne. Daher kommt es, dass der wirkliche Halbton von einem kleineren Halbtone um ein Schisma augenscheinlich differirt. Die Apotome aber ist um 2 Schismata grösser als der kleinere Halbton, denn sie differirt um ein Comma, 2 Schismata aber geben ein Comma.

Der Ganzton ist zu zerlegen:

1) In Apotome und den kleineren Halbton = Diesis; — aufwärts und abwärts.

2) In den kleineren Halbton = Diesis + dem Comma + dem kleineren Halbton = Diesis.

3) In die Diesis + dem Schisma + der Diesis + dem Schisma.

4) In zwei Diaschismata + dem Schisma + dem Schisma + zwei Diaschismaten.

## IX.

### Ueber die Theile des Ganztones, wie dieselben durch Consonanzen zu nehmen sind.

Hierüber soweit. Jetzt müssen wir nun das sagen, wie wir die durch musikalische Consonanzen angeordneten Intervalle bald in die Höhe führen, bald in die Tiefe herablassen können. Dies geschieht linienweise, und die Linien, welche wir beschreiben, werden anstatt der Stimmen aufgenommen. So ergiebt sich die Berechnung von selbst. Es sei also die Aufgabe, das Intervall eines Ganztones durch eine Consonanz nach der Höhe und Tiefe zu führen. Es sei der Klang A (B) [1]), von diesem ziehe ich einen andern Klang in die Höhe, welcher durch das Intervall Diapente (Quinte) von dem Klange A entfernt ist, und dieser ist e (C). Von diesem führe ich die Consonanz Diatessaron (Quarte) abwärts zu dem Klange H (D), und weil zwischen Diapente und Diatessaron der Ganzton die Differenz bildet, so ist A H (B D) als der Zwischenraum eines Ganztones gefunden.

Nach der tieferen Seite zu werden wir aber den Ganzton so bilden. Von dem Klange A (B) führe ich ein Diatessaron nach der Höhe bis zu d (F) und von d führe ich Diapente abwärts bis zu G (K), so wird G A (K B) ein Ganzton sein. Der sorgfältige Leser wird also beobachten, dass nach der Höhe hin der Ganzton A H (B D), nach der Tiefe hin der Ganzton G A (K B) hergestellt wurde.

Es sei die Aufgabe, einen kleineren Theil von einem Ganztone durch eine Consonanz nach der Höhe und Tiefe hin zu erhalten. Der kleinere Theil des Ganztones ist das Intervall, um welches die Consonanz Diatessaron 2 Ganztöne überschreitet. Es sei also der Klang A (A), von A führe ich ein Diatessaron in die Höhe bis zu d (B). Ferner führe ich von d ein Diatessaron in die Höhe bis zu g (C), von g führe ich ein Diapente nach der Tiefe bis zu c (D), so wird d c (B D) der Ganzton sein. Ferner führe ich von c (D) ein Diatessaron in die Höhe bis zu f (E) und führe von f eine Quinte nach der Tiefe bis zu B (F), so wird nun c B (D F) der Ganzton sein. Die beiden Ganztöne sind also d c (B D) und c B (D F). Es war aber A d (A B) ein vollkommenes Diatessa-

---

[1]) Hier stehen im Boetius für den Klang A der Buchstabe B, für den Klang e der Buchstabe C, für den Klang H der Buchstabe D. Da wir jedes Missverständniss beseitigen wollen, so haben wir anstatt der willkürlichen Benennungen die Bezeichnung unserer Klänge eingesetzt und in Klammern die Bezeichnungen des Boetius beibehalten.

ron. Es wird also B A (F A) der kleinere Theil des Ganztones sein, welcher Halbton genannt wird[1].

Nach der Tiefe hin aber geschieht es auf diese Weise: Es sei der Klang A (A), ich führe 2 Ganztöne durch eine Consonanz bis zu cis (G), von cis (G) führe ich ein Diatessaron abwärts bis zu Gis (K). Es wird also Gis A (K A) der kleinere Theil eines Ganztones sein, wie es geschehen musste.

Gis—A   = Halbton
A—cis   = 2 Ganztönen
Gis—cis = Diatessaron nach der Höhe zu.

Wenn wir nun von 3 Ganztönen Diatessaron wegnehmen, so bleibt Apotome übrig. Es seien 3 Ganztöne A H (A B), H cis (B C), cis dis (C D), von diesen nehme ich weg Diatessaron A d (A E), so wird cis D (C E) der kleinere Halbton sein, d dis (E D) also ist Apotome[2].

A—H   = Ganzton
H—cis = Ganzton
cis—d = Kleinerer Halbton
d—dis = Apotome
A—d   = Diatessaron.

Bequemer wollen wir diese Apotome so erhalten. Zuerst führe ich 3 Ganztöne nach der Höhe zu, von A zu dis (A zu B), von dis (B) führe ich nach Ais (C) abwärts die Consonanz Diatessaron; so ist A Ais (C A) die Apotome[3].

A—dis = drei Ganztöne nach der Höhe zu
A—Ais = Apotome
dis—Ais = Diatessaron nach der Tiefe zu geführt.

Wenn wir denselben Zwischenraum (Apotome) nach der Tiefe hin erhalten wollen, so geschieht dies auf folgende Weise.

Es sei der Klang A (A) gegeben, ich führe hierzu einen kleinern Halbton nach der Höhe, welcher ist A B (A D), zu B (D) nehme ich einen Ganzton nach der Tiefe, welcher ist B As (D E), so wird As A (A E) die gesuchte Apotome sein[4].

---

1) Für die Töne A d g c f B stehen im Boetius die Bezeichnungen
A B C D E F

2) Für A H, H cis, cis dis steht A B, B C, C D im Boetius. — Für A d steht A E, für D cis steht E C. — Für d dis steht E D.

3) Für A steht A, für dis steht B. — Für Ais steht C.

4) Für A steht auch A im Boetius, für A B aber A D. — Für B As steht D E, für As A steht E A.

A—As = Apotome nach der Tiefe
A—B = kleinerer Halbton nach der Höhe
B—As = Ganzton nach der Tiefe.

Es sei die Aufgabe, nach der Höhe hin ein Comma zu erhalten. So sei der Klang A (A) gegeben; ich führe eine Apotome nach der Höhe, also A Ais (A B), ich führe einen kleineren Halbton nach der Tiefe Ais Gisis (B C); weil nun der Halbton um ein Comma kleiner ist als Apotome, so wird Gisis A (C A) das Comma sein.

A—Ais = Apotome nach der Höhe
Ais—Gisis = Kleinerer Halbton nach der Tiefe
A—Gisis = Comma.

Wiederum nach der Tiefe zu auf folgende Weise: ich nehme nach der Höhe zu von A (A) einen kleineren Halbton, welcher ist A B (A D), und nehme von B aus nach der Tiefe eine Apotome, welche ist B—BB (D E), so wird das Comma sein BB—A (E A).

A—B = Kleinerer Halbton
B—BB = Apotome
BB—A = Comma.

## X.

### Regel, um einen Halbton zu erhalten.

Es ist aber nöthig, dass alle diese Consonanzen (nämlich Octave, Quarte, Quinte) mit dem Geiste und mit den Ohren gehörig erkannt worden sind; denn nimmermehr kann man hiervon durch Vernunft und Wissenschaft überzeugt werden, wenn es nicht vorher durch Gebrauch und Uebung ganz bekannt war.

Damit aber das, was wir in der musikalischen Unterweisung angefangen haben, nicht zunächst mit den Ohren, was sich für die ziemt, welche in der Musik schon vorgeschritten sind, sondern mit dem Verstande beurtheilt werde: so wollen wir ein Beispiel geben, den Zwischenraum von einem kleineren Halbton aufzufinden, was ein wenig schwerer scheint, nämlich wie er nach beiden Seiten hin nach der Höhe und nach der Tiefe in richtiger Ordnung gefunden werden kann. Es sei Diatessaron A d (A B); man soll also bei der Consonanz A d (A B) einen kleineren Halbton nach der Höhe und Tiefe hin ableiten; ich führe Diatessaron d g (B C) in die Höhe. Wiederum führe ich nach der Tiefe von g (C) aus Diapente g c (C D), so wird dann c d (D B) ein Ganzton sein.

Denn die Consonanz Diatessaron wird von der Consonanz Diapente um einen Ganzton übertroffen, und der Zwischenraum d g (B C) wird von dem Zwischenraum c g (C D) um den Zwischenraum d c (B D) überschritten. Ferner führe ich das Diatessaron c f (D E) nach der Höhe und führe nach unten Diapente f B (E F); so ist der Ganzton c B (D F); c d (D B) war aber auch ein Ganzton; der kleinere Halbton also ist A B (A F), welcher nach Abzug der beiden Ganztöne B c (F D) und c d (D B) von dem Diatessaron A d (A B) übrig bleibt. Ferner führe ich ein Diatessaron nach unten A E (A G) und führe von E ein Diapente nach oben, nämlich E H (G H), so wird dann A H (A H) der Ganzton sein; es war aber A B (A F) Halbton; es wird also B H (F H) Apotome. Ferner führe ich ein Diatessaron von H abwärts, also H Fis (H K), und führe von Fis ein Diapente aufwärts, also Fis cis (K L), so wird der Ganzton H cis (H L) sein. Es war aber auch H A (H A) [1]) ein Ganzton. Der kleinere Halbton also ist cis d (L B). Es war aber d c (B D) auch ein Ganzton. Es wird also cis c (L D) Apotomes ein. Ferner führe ich von B ein Diatessaron hinauf, nämlich B es (F M). Der Halbton also ist des (B M); ferner führe ich von cis (L) ein Diatessaron abwärts, nämlich cis Gis (L N); der Halbton ist dann also Gis A (N A). Durch Consonanzen sind nun vom Diatessaron A d (A B) zwei Halbtöne d es (B M) am hohen Klange, Gis A (N A) aber am tiefen Klange gewonnen worden, und es Gis (M N) ist kleiner als Diapente, denn es besteht aus 5 Halbtönen und 2 Apotomen; aus 2 Ganztönen also und 3 kleineren Halbtönen besteht das genannte Intervall. Weil nun 2 Halbtöne einen Ganzton nicht voll machen können, so bleibt zu einem Ganztone ein Comma übrig; der Zwischenraum es Gis (M N) ist also um ein Comma kleiner als der Zwischenraum der Consonanz Diapente, was der sorgfältige Leser ganz leicht erkennt. [2]) Weil wir nun kurz vorher über die Beschaffenheit des Comma gesprochen haben, so dürfen wir nicht übergehen, auch zu zeigen, in welcher Proportion ebendasselbe Comma enthalten ist. Denn es ist das Comma das Letzte, was man mit dem Gehör wahrnehmen kann, und es ist nun zu sagen: aus welchen Commaten, durch Zeichen ausgedrückt, der grössere und kleinere Halbton zu bestehen scheint; auch: aus welchen Commaten der Ganzton verbunden wird. Von hier werde also passenderweise der Anfang gemacht.

---

1) Die Bezeichnungen treffen, wie oben, zufällig überein.
2) Eine Quinte ist es As, das Comma ist Gis As.

## XI.

**Beweis des Architas, dass die übertheilige Proportion in gleiche Theile nicht getheilt werden könne, und die Widerlegung desselben.**

Die übertheilige Proportion kann durch eine proportionsartig dazwischen geschobene Zahl nicht in gleiche Theile zerlegt werden. Dies soll später sicher bewiesen werden. Der Beweis, welchen Architas hierüber giebt, ist gar sehr unlogisch. Er ist folgender Art: »Es sei«, sagt er, »die übertheilige Proportion A B (4 : 6). Ich nehme in derselben Proportion die kleinsten Zahlen C E (2 : 3). Weil also in derselben Proportion C E die kleinsten Zahlen und dabei übertheilige sind, so überschreitet die Zahl E die Zahl C um einen ihrer Theile. Es sei dieser Theil D. Ich sage, dass D keine andere Zahl als die Einheit sein wird. Denn wenn D eine andere Zahl und ein Theil der Zahl E ist, so misst D die Zahl E. Dann wird sie auch die Zahl C messen. Es misst also die Zahl D beide Zahlen, nämlich C und E, was unmöglich ist. Denn welche Zahlen die kleinsten in ebenderselben Proportion sind, die auch durch beliebig andere Zahlen ausgedrückt werden kann, diese sind auch die ersten wechselseitig zu einander und haben als Differenz allein die Einheit; die Einheit also ist D und folglich überschreitet die Zahl E die Zahl C um die Einheit. Deswegen fällt keine mittlere Zahl dazwischen, welche diese Proportion gleich theilen könnte. Daher kommt es, dass auch nicht zwischen die Zahlen (nämlich höherer Ordnung), welche dieselbe Proportion, wie jene, behaupten, eine mittlere Zahl gesetzt werden kann, welche dieselbe Proportion in gleiche Theile zerlegen könnte.«

Uebertheilige Proportion = 6 : 4

Die kleinsten Zahlen dieser Proportion = 3 : 2

Die kleinste Differenz = 1

Denn A = 4, C = 2, D = 1, E = 3, B = 6.

Und nach der Berechnung des Architas liegt deswegen keine mittlere Zahl in der übertheiligen Proportion, weil die kleinsten Zahlen in derselben Proportion durch die Einheit allein differiren. Auf gleiche Weise erhalten nicht auch in der vielfachen Proportion die kleinsten Zahlen die Einheit als Differenz, da wir sehen, dass mehrere vielfach sind, ausser denen, welche in den Wurzeln aufgestellt sind, zwischen welchen die mittlere Zahl, die dieselbe Proportion in gleiche Theile zerlegt, passend gesetzt werden könnte. Dies wird derjenige leichter erkennen, welcher unsere arithmetischen Bücher sorgfältig durchgesehen hat. Hier ist noch hinzuzufügen, dass nach der Meinung des

Architas dies nur in der übertheiligen Proportion allein geschehe. Im Allgemeinen kann dies aber nicht gesagt werden. Jetzt wollen wir zum Folgenden übergehen.

## XII.

**In welcher Zahlenproportion das Comma besteht, und dass es in der besteht, welche grösser ist als 75:74, die aber kleiner ist als 74:73.**

Zuerst also behaupte ich, dass die Zahlen, welche ein Comma enthalten, eine grössere Proportion mit einander bilden als 75 : 74, eine kleinere jedoch als 74 : 73. Dies wird folgendermassen bewiesen. Vor allen Dingen muss daran erinnert werden, dass 6 Ganztöne ein Diapason um ein Comma überschreiten. Es sei also A = 262144; a (B) möge hierzu die Consonanz Diapason im Doppelten ausgedrückt behaupten, nämlich 524288 ; gisis (C) aber möge um 6 Ganztöne von der Zahl A abstehen und sei = 531441, was Alles aus der Stellung der Ganztöne im 2ten Buche einzusehen ist. Zwischen a (B) also und gisis (C) ist die Proportion eines Comma enthalten. Ich subtrahire nun die Zahl a (B) von der Zahl gisis (C) wonach q (D) übrig bleibt, was in 7153 Einheiten besteht. Diese Zahl q (D) ist kleiner als der 73te Theil der Zahl a (B), grösser aber als der 74te Theil. Denn wenn ich dieselbe Zahl q (D), also 7153, mit 73 multiplicire, so erhalte ich die Zahl r (E), die in 522169 Einheiten besteht. Wenn ich dieselbe Zahl (7153) mit 74 multiplicire, so erhalte ich die Zahl s (F) 529322. Von diesen Zahlen ist r (E) kleiner als die Zahl a (B), s (F) aber grösser als die Zahl a (B). Richtig wurde also von der Zahl q (D) gesagt, dass sie kleiner als der 73te Theil, grösser aber als der 74te Theil von a (B) sei.

Deswegen übertrifft auch die Zahl gisis (C) die Zahl a (B) um einen kleineren Theil, als es der 73te Theil von der letztern ist, um einen grösseren aber, als es der 74te Theil derselben Zahl ist. Also ist auch die Proportion gisis : a (C : B) grösser als 75 : 74, kleiner aber als 74 : 73. Denn in der ersteren ist die Einheit der 74te Theil der kleineren Zahl, in der späteren ist die Einheit der 73te Theil.

6 Ganztöne = A [= 262144] : gisis (C) [= 531441]

Diapason = A [= 262144] : a (B) [= 524288]

Comma = a (B) [= 524288] : gisis (C) [= 531441]

Differenz = q (D) = 7153

73 × 7153 = 522169 = r (E)

74 × 7153 = 529322 = s (F).

Dasselbe ist auch auf andere Art zu entwickeln, als es vorher geschah. Wenn nämlich eine Proportion um die richtige Differenz der Zahlen gleicherweise vermehrt wird, so wird zwischen den Zahlen, welche nach der Addition entstehen, eine kleinere Proportion stattfinden, als zwischen den Zahlen, die vor der Addition in einer gewissen Proportion zu einander standen. Wenn wir z. B. zu den beiden Zahlen 4 und 6 ihre Differenz 2 hinzu addiren, so erhalten wir 8 und 6 ; zwischen 6 und 4 besteht die Proportion Sesquialter, zwischen 8 und 6 die Proportion Sesquiterz. Die Proportion Sesquiterz ist aber kleiner, als die Proportion Sesquialter. Nachdem wir dies vorausgeschickt haben, wollen wir die früheren Zahlen aufstellen, welche die Proportion eines Comma enthalten; also es sei gisis (A) $=$ 531441, a (B) $=$ 524288, deren Differenz q (C) $=$ 7153. [1]) Die Zahl q (C) möge nun die grössere Zahl gisis (A) 75 mal messen. Wenn man die Zahl q (C) mit 75 multiplicirt, so erhält man t (D) $=$ 536475. Die Zahl t (D) übertrifft die Zahl gisis (A) um die Zahl u (E) $=$ 5034. Ferner möge die Zahl q (C) die Zahl a (B) 74 mal messen; q (C) werde also mit 74 multiplicirt, woraus man s (F) $=$ 529322 erhält. Diese Zahl s (F) ist um dieselbe Zahl u (E) grösser als a (B), also um 5034. Die Zahl t (D) überschreitet also die Zahl gisis (A) um die Zahl u (E), und die Zahl a (B) wird von der Zahl s (F) ebenfalls um die Zahl u (E) überschritten. Wenn wir also zur Zahl gisis (A) die Zahl u (E) addiren, so erhalten wir t (D). Wenn wir aber zur Zahl a (B) dieselbe Zahl u (E) addiren, so erhalten wir s (F). Die Zahl t (D) ist das Product aus 75 und q (C); s (F) aber ist das Product aus 74 und q (C). Es behaupten also t (D) und s (F) die Proportion 75 : 74 ; t (D) und s (F) sind die Zahlen gisis (A) und a (B), wozu die Zahl u (E) addirt wurde. Nothwendigerweise also findet zwischen gisis (A) und a (B) eine grössere Proportion statt, als zwischen t (D) und s (F). Denn durch die Addition von u (E) zu gisis (A) und a (B) erhielten wir t (D) und s (F). Die Proportion zwischen t (D) und s (F) ist also kleiner als zwischen gisis (A) und a (B). Zwischen t (D) und s (F) ist dieselbe Proportion, wie zwischen 75 und 74. Zwischen gisis (A) also und a (B) ist eine grössere Proportion, als zwischen 75 und 74 ; gisis (A) und a (B) enthielten das Comma. Mithin ist die Proportion des Comma grösser, als 75 : 74.

---

[1]) Die Buchstabenbezeichnung der Zahlen ist hier, wie die Buchstaben in Klammern beweisen, bei Boetius theilweise eine andere, als die frühere.

gisis (A) $=$ 531441 grössere Zahl

a (B) $\quad=$ 524288 kleinere Zahl

Das Comma 531441 : 524288 ist grösser als 75 : 74

q (C) $=$ 7153

t (D) $=$ 536475

u (E) $=$ 5034

s (F) $=$ 529322

536475 : 529322 $=$ 75 : 74.

Da wir also gezeigt haben, dass die Proportion eines Comma grösser ist, als die Proportion von 75 : 74, so müssen wir jetzt zeigen, wie die Zahlen, welche den Zwischenraum eines Comma in sich enthalten, eine kleinere Proportion bilden, als 74 : 73. Dies wird auf folgende Weise gezeigt. Zuvörderst muss an das erinnert werden, was wir im zweiten Buche schon ausgesprochen haben, als wir über die Messung der Differenz einige Erklärungen gaben. Wenn wir nämlich von einer beliebigen Proportion die Differenz von den Zahlen subtrahiren, welche diese Differenz enthalten, so werden die Zahlen, welche übrig bleiben, eine grössere Proportion behaupten, als die Zahlen, welche vor der Verringerung um die Differenz vorhanden waren. Wir haben z. B. die Zahlen 8 und 6. Von diesen subtrahire ich ihre richtige Differenz, nämlich 2, so bleiben die Zahlen 6 und 4. In den früheren Zahlen 8 : 6 lag eine Proportion Sesquiterz, in diesen jedoch ist eine Proportion Sesquialter enthalten. Die Proportion Sesquialter ist aber grösser als die Proportion Sesquiterz. Wir haben also dieselben Zahlen gisis (A) und a (B), wie wir sie früher bezeichneten, deren Differenz q (C) ist. Wir multipliciren die Differenz q (C) 74 mal, so erhalten wir die Zahl s (F), nämlich 529322, welche, mit der Zahl gisis (A) verglichen, von dieser übertroffen wird um die Zahl p (G), nämlich 2119. Ferner multipliciren wir dieselbe Zahl q (C) 73 mal, dann erhalten wir die Zahl v (K), nämlich 522169, welche, mit der Zahl a (B) verglichen, von dieser um dieselbe Zahl p (G) übertroffen wird, nämlich um 2119. Die Zahl p (G) nun von den Zahlen gisis (A) und a (B) subtrahirt, ergiebt s (F) und v (K). Es werden also gisis (A) und a (B) eine kleinere Proportion enthalten, als s (F) und v (K); s (F) und v (K) behaupten nun die Proportion 74 : 73, denn sie entstanden aus dem Product von q (C) und 74 und dem Product von q (C) und 73. Die Proportion der Zahlen gisis (A) und a (B), die das Comma enthalten, ist also kleiner, als 74 : 73. Kurz vorher wurde gezeigt, dass dieselbe Proportion des Comma grösser sei als 75 : 74. Es wurde mithin dargethan, dass die Zahlen, welche das Comma enthalten, eine grössere Proportion als $75:74$, eine kleinere aber als $74:73$ unter einander bilden, was eben zu zeigen nöthig war.

gisis (A) $=$ 531441

a (B) $=$ 524288

Das Comma $531441:524288$, also gisis (A) : a (B) ist kleiner als die Proportion $74:73$.

p (G) $=$ 2119

q (C) $=$ 7153

s (F) $=$ 529322

v (K) $=$ 522169

s (F) : v (K) $529322:522169 = 74:73$.

## XIII.

### Dass der kleinere Halbton grösser ist, als $20:19$, und kleiner als $19^1/_2 : 18^1/_2$.

Wenn in Bezug auf den kleineren Halbton auch eine solche Untersuchung angestellt wird, so werden wir leicht die Proportion desselben finden. Sie besteht zwischen 256 und 243. Es sei also $256 = $ a (A) und $243 =$ b (B) und deren Differenz $13 = $ z (C). Wir behaupten, dass a (A) und b (B) eine kleinere Proportion enthalten, als $19^1/_2 : 18^1/_2$. Es möge z (C), $19^1/_2$ mal genommen, die Zahl a (A) messen, so entsteht $253^1/_2$, welche Zahl wir mit x (D) bezeichnen. Diese Zahl also, mit a (A) verglichen, ergiebt, dass sie von dieser letzteren um $2^1/_2$ überschritten wird. Es sei diese Differenz $2^1/_2 = $ r (F). Ferner möge die Zahl z (C), $18^1/_2$ mal genommen, die Zahl b (B) messen, so erhalten wir $240^1/_2$, welchen Werth wir mit y (E) bezeichnen; y (E) verglichen zu b (B) ergiebt, dass jene von dieser um dieselbe Zahl r (F) überschritten wird, nämlich um $2^1/_2$; x (D) und y (E) sind also um dieselbe Differenz (F) kleiner, als a (A) und b (B); r (F), von a (A) und b (B) subtrahirt, ergiebt x (D) und y (E); x (D) : y (E) ergiebt eine grössere Proportion als a (A) : b (B). — Es bilden x (D) und y (E) mit einander dieselbe Proportion wie $19^1/_2 : 18^1/_2$; a (A) : b (B) ist also eine kleinere Proportion als $19^1/_2 : 18^1/_2$, was zu erweisen war.

a (A) $=$ 256 grössere Zahl

b (B) $=$ 243 kleinere Zahl

der kleinere Halbton $256:243$ bildet eine kleinere Proportion als $19^1/_2 : 18^1/_2$; denn $253^1/_2 : 240^1/_2 = 19^1/_2 : 18^1/_2$.

Diese Proportion 256 : 243 scheint dennoch grösser zu sein, als 20 : 19. Wir haben also a (A), b (B), z (C), als dieselben Zahlen, wie wir sie oben bezeichnet haben. Es möge nun z (C), 20 mal genommen, die Zahl a (A) messen, so erhalten wir 260, welchen Werth wir mit r (D) bezeichnen; diese Zahl also, zu a (A) verglichen, ergiebt, dass sie letztere um 4 überschreitet, welche Differenz wir mit u (F) bezeichnen. Ferner möge z (C), 19 mal genommen, die Zahl b (B) messen, so erhalten wir 247, welchen Werth wir mit m (E) bezeichnen; diese Zahl m (E), mit b (B) verglichen, ergiebt ebenfalls, dass sie letztere um dieselbeZahl u (F) = 4 überschreitet. Die Zahl r (D) überschreitet also die Zahl a (A) um dieselbe Zahl u (F), wie die Zahl m (E) die Zahl b (B); u (F) also, zu a (A) und b (B) addirt, ergiebt r (D) und m (E). Die Proportion der Zahlen a (A) und b (B) ist mithin grösser als die der Zahlen r (D) und m (E). Die Zahlen r (D) und m (E) entstanden aber aus dem Product von z (C) und 20, und z (C) und 19. Die Proportion von a (A) und b (B), welche den Halbton enthält, ist also grösser als die von 20 und 19. Es wurde mithin bewiesen, dass der kleinere Halbton eine grössere Proportion hat als 20 : 19, eine kleinere aber als $19^{1}/_{2} : 18^{1}/_{2}$. Jetzt wollen wir den kleineren Halbton mit dem Comma vergleichen, welches als das Letzte dem Gehör unterworfen ist und also auch die letzte Proportion bildet.

Das Verhältniss des kleineren Halbtones a : b = 256 : 243 ist eine grössere Proportion als 20 : 19 [1].

## XIV.

### Dass der kleinere Halbton grösser sei, als 3 Oommata, kleiner aber als 4 Oommata.

Wir setzen uns also die Aufgabe zu beweisen, dass der kleinere Halbton grösser ist, als 3 Commata, kleiner aber als 4 Commata, was man aus Folgendem ganz leicht erkennen kann. Es seien nun 3 Zahlen so aufgestellt, dass sie zu einander die Proportion eines Diapason und auch von 6 Ganztönen enthalten. Es sei A (A) = 262144. Von dieser Zahl nehmen wir die Proportion von 5 Ganztönen bis fisis (B), und es sei fisis (B) = 472392. Zu A werde a (C) als Diapason gesetzt, und es sei a (C), 524288. Sodann nehmen wir von A aus 6 Ganztöne bis zu gisis (D), und es sei gisis (D) = 531441. Nachdem diese Zahlen

---

1) 256 : 243 nach der Saitenlänge, zu welcher die Zahl der Schwingungen im umgekehrten Verhältniss steht.

so aufgestellt wurden, ist klar, dass zwischen a (C) und gisis (D) ein Comma liegt, und dass deren Differenz 7153 = K ist. Es werden also 2 Ganztöne von fisis (B) aus nach unten geführt bis zu der Zahl dis (E) = 373248. Ferner führe ich von dis (E) ein Diatessaron herauf bis zu gis (F) = 497664. Weil nun zwischen dis (E) und fisis (B) zwei Ganztöne sind und zwischen dis (E) und gis (F) ein Diatessaron, so wird zwischen fisis (B) und gis (F) ein kleinerer Halbton gefunden. Denn wenn von der Consonanz Diatessaron 2 Ganztöne weggenommen werden, so bleibt ein kleinerer Halbton übrig, der in den ersten Zahlen 256 und 243 besteht, wie vorher gesagt wurde. Wenn wir eben dieselben Zahlen mit 1944 multipliciren, so erhalten wir die Zahlen fisis (B) und gis (F). Und diese behaupten nothwendigerweise dieselbe Proportion als die vorhergenannten Zahlen, weil diese letzteren durch ein und dieselbe Zahl multiplicirt wurden und dann die ersteren ergaben. — Ebenso führe ich von gis (F) ein Diatessaron nach der Höhe bis zu cis' (G) = 663552. Wiederum führe ich von cis' (G) zwei Ganztöne herunter bis zu a (P) = 524288. Und dieses a (P) stellt nothwendigerweise denselben Klang dar, als a (C), da a (P) durch solche Berechnung zur Gleichheit mit a (C) gelangt ist. Denn A a (A C) ist die Consonanz Diapason, welche aus 5 Ganztönen und 2 kleineren Halbtönen besteht und von 6 Ganztönen durch ein Comma überschritten wird. Von derselben Zahl A ist die Zahl a (P) um 5 Ganztöne und 2 Halbtöne auf folgende Weise entfernt. Von der Zahl A zur Zahl fisis (B) erhält man sicher 5 Ganztöne, von fisis (B) zu gis (F) wird ein kleinerer Halbton gerechnet, gis (F) zu a (P) schliesst wiederum einen kleineren Halbton ein. — Von A sind bis zu a (P) 5 Ganztöne und 2 kleinere Halbtöne geführt worden. Mit Recht also werden a (P) und a (C) mit denselben Zahlen geschrieben. Weil nun zwischen gis (F) und a (C) ein kleinerer Halbton ist, so wollen wir sehen, welche Differenz sie haben, und wir können dieselbe mit dem Comma vergleichen. [1]) Die Differenz derselben ist aber 26624, welche wir mit M bezeichnen. K also ist die Differenz des Comma, und M die des kleineren Halbtones. Wenn wir nun die Zahl K (7153) mit 3 multipliciren, so erhalten wir 21459. Diese Zahl sei = L. Wenn wir dieselbe Zahl (7153) mit 4 multipliciren wollen, so erhalten wir 28612, und es sei diese Zahl N. M ist also grösser als L, kleiner aber als N. N ist nun das Product aus K und 4, L jedoch das Product aus K und 3, M aber behauptet die

---

1) Bei den folgenden Zahlenwerthen behalte ich die Buchstabenbenennung des Boetius bei; daher auch nicht durch Klammern seine Buchstaben besonders angedeutet sind.

Differenz des kleineren Halbtones. Mit Recht also wurde gesagt, dass der kleinere Halbton kleiner sei als 4 Commata, jedoch grösser als 3 Commata.

[Um die Sache annähernd modern auszudrücken, so sei der Klang c = 262144, dann ist:

Diapason = c : c' = 262144 : 524288

Intervall von fünf Ganztönen = c : ais = 262144 : 472392

Intervall von sechs Ganztönen = c : his = 262144 : 531441

Kleinerer Halbton = ais : h = 472392 : 497664

Zwei Ganztöne = ais : fis = 472392 : 373248

Diatessaron fis : h = 373248 : 497664

Diatessaron h : e' = 497664 : 663552

Intervall von zwei Ganztönen e' : c' = 663552 : 524288

Differenz zwischen ais und h = 25272

Differenz zwischen h und c' = 26624

Intervall von sechs Ganztönen = c : his = 262144 : 531441

Comma = his : c' = 531441 : 524288

Differenz des Comma = 7153.]

## XV.

**Dass Apotome grösser als 4 Commata ist, kleiner aber als 5, und dass der Ganzton grösser als 8, kleiner als 9 Commata ist.**

Auf dieselbe Weise können wir auch in Bezug auf den grösseren Halbton, von dem wir vorher sagten, dass er »Apotome« genannt werde, finden, wie viel Commata er enthalte.

Es sei A (A) = 262144, der Klang, welcher um 5 Ganztöne entfernt ist, sei fisis (B) = 472392; der Klang, welcher von A um 6 Ganztöne entfernt ist, sei gisis (D) = 531441. Zwischen fisis (B) also und gisis (D) ist ein Ganzton; fisis (B) ist von gis (C) = 497664 um einen Halbton entfernt. Zwischen gis (C) und gisis (D) bleibt nun die Proportion der Apotome übrig. Denn da der Ganzton fisis gisis (B D) ist, so bleibt, wenn man von diesem Ganztone fisis gisis (B D) den kleineren Halbton wegnimmt, der grössere Halbton gis gisis (C D) übrig, den wir vorher als Apotome bezeichneten, zwischen gisis (D) also und gis (C) ist die Differenz 33777, diese sei = v (E). Die Differenz für ein Comma war = 7153, welche wir mit x (F) bezeichnen. Man multiplicire nun dieses Comma 7153 fünfmal, so erhält man 35765, und diese Zahl sei = m (G). Wenn man aber dieselbe Zahl x (F) 4 mal multiplicirt, so erhält man die Zahl y (K) = 28612; m (G) also ist grösser

als v (E) = 33777, y (K) aber ist kleiner als v (E) ; m (G) ist das fünfmal
genommene Comma, y (K) das viermal genommene, und v (E) ist die Differenz der Apotome. Mit Recht wurde daher gesagt, dass Apotome kleiner
sei als 5 Commata, grösser aber als 4 Commata. Hieraus ist also bewiesen, dass der Ganzton grösser ist, als 8 Commata, kleiner aber als 9 Commata. Denn wenn der kleinere Halbton grösser als 3 Commata ist, und
wenn Apotome grösser als 4 Commata und kleiner als 5 Commata ist, so
wird der kleinere Halbton mit dem grösseren (also mit der Apotome`
verbunden grösser als 8 Commata, kleiner aber als 9 Commata sein.
Apotome und der kleinere Halbton ergeben zusammen den Ganzton.
Der Ganzton ist also grösser als 8, kleiner aber als 9 Commata.

$$
\begin{array}{ll}
\text{A (A)} & = 262144 \\
\text{fisis (B)} & = 472392 \\
\text{gis (C)} & = 497664 \\
\text{gisis (D)} & = 531441 \\
\text{m (G)} & = 35765 \\
\text{y (K)} & = 28612
\end{array}
$$

A : fisis  = 262144 : 472392 = sechs Ganztöne
fisis : gis = 472392 : 497664 = Halbton
gis : gisis = 497664 : 531441 = Apotome.

## XVI.

### Beweis durch Zahlen für das früher Gesagte.

Obschon nun durch diese Berechnung gezeigt wurde, wie der Ganzton sich zu den Commaten verhält, so ist es gleichsam den Säumigen
nicht zu erlassen, dass gezeigt werde, wie der Ganzton selbst für sich
betrachtet diese Proportion mit den Commaten behauptet. Es sei also A
(A) = 262144, fisis (B) aber sei von diesem 5 Ganztöne entfernt = 472392,
q (C) aber behaupte zu A (A) die Symphonie Diapason in der Zahl
524288, und gisis (D) = 531441 sei von A (A) 6 Ganztöne entfernt; gisis
(D) steht von a (C) um ein Comma ab, also um eben so viel, als 6 Ganztöne von der Consonanz Diapason differiren ; es sei diese Differenz v (E)
= 7153 ; gisis (D) ist von fisis (B) um einen Ganzton entfernt, wie es
6 Ganztöne von 5 Ganztönen sind ; dies sei = p (F) 59049. Wenn
wir v (E) mit 9 multipliciren, so erhalten wir r (H) = 64377. Wenn
wir es mit 8 multipliciren, so erhalten 56324, und dies sei m (G) :
r (H) übertrifft die Zahl p (F) ; m (G) aber ist kleiner als p (F), welches
die Differenz des Ganztones ist; r (H) aber enthält 9, m (G) 8 Commata.

Es wurde also bewiesen, dass der Ganzton kleiner als 9, grösser als 8 Commata sei. Durch das Vorhergegangene möchte wohl schon gezeigt worden sein, dass der grössere Halbton vom kleineren Halbton um ein Comma entfernt ist; wir werden dies jedoch auch für sich und mit hinzugesetzten Zahlen durch folgende Berechnung beweisen. Es sei gis (A) = 497664, von dieser ist die schon vorher bezeichnete Zahl a (B) = 524288 um einen kleineren Halbton entfernt. Apotome ist von gis (A) die Zahl gisis (C) = 531441. Weil also gis a (A B) der kleinere Halbton, gis gisis (A C) aber der grössere Halbton ist, so ist die Differenz zwischen a (B) und gisis (C) zu suchen. Diese ist 7153 und dies sei v (D). Diese Zahl zeigte schon vorher das Comma. Zwischen dem grössern und kleinern Halbton ist also ein Comma Differenz[1]).

| Kleinerer | Comma | |
|---|---|---|
| Halbton | (Differenz 7153) | |
| gis (A) | a (B) | gisis (C) |
| 497664 | 524288 | 531441 |
| | Apotome. | |

Ferner nehme ich mir vor zu beweisen, dass der Ganzton um ein Comma allein grösser sei als 2 kleinere Halbtöne. Es sei ais (A) = 472392. Hierzu werde ein Ganzton nach der Höhe zu genommen, also his (D) = 531441. Von ais (A) werde nun ein kleinerer Halbton nach der Höhe zu genommen und dies sei h (B) = 497664. Ebenso werde von h (B) ein anderer kleiner Halbton nach der Höhe genommen, und dieser sei c (C) = 524288. Weil also ais his (A D) der Ganzton ist, ais c (A C) aber 2 kleinere Halbtöne enthalten, so wollen wir sehen, welche Differenz zwischen den Zahlen c (C) und his (D) besteht; diese ist v (E) = 7153.

---

[1]) Für den Vergleich mit der modernen Musik eignet sich auch folgende Tonbestimmung besonders gut:

his (C) = 531441, c (B) = 524288, h (A) = 497664.

Denn wenn man vom Tone C ausgeht und die 12te Quinte, also $(\frac{3}{2})^{12}$ nimmt, so erhalten wir für his und die neben demselben liegende 7te Octave c $(\frac{2}{1})^7$ die Verhältnisszahlen 531441 : 524288, von welchen die erstere dem Tone his, die letztere aber dem Tone c entspricht.

| Kleinerer | Comma | |
|---|---|---|
| Halbton | (Differenz 7153) | |
| h (A) | c (B) | his (C) |
| 497664 | 524288 | 531441 |
| | Apotome. | |

Es ist also gezeigt worden, dass der Ganzton um ein Comma grösser ist, als 2 kleinere Halbtöne.

| Kleinerer Halbton | Kleinerer Halbton | Comma | |
|---|---|---|---|
| 472392 | 497664 | 524288 | 531441. |
| ais (A) | h (B) | c (C) | his (D) |

Weil nun Alles, was zu beweisen war, in richtiger Berechnung gezeigt worden ist, so wollen wir jetzt die regelrechte Eintheilung für das Monochord geben, welche für die musikalische Institution übrig bleibt. Weil dieser Gegenstand in längerer Darlegung auseinandergesetzt ist, so meinten wir, dass er auf die folgende Untersuchung des nächsten Buches zu verschieben sei.

# BUCH IV.

## I.

### Dass die Differenzen der Stimmen in der (messbaren) Grösse bestehen.

Obschon wir Alles, was zu beweisen war, durch die Abhandlung im vorhergehenden Buche auseinandergesetzt haben, so schadet es dennoch nichts, wenn wir es noch einmal in Kürze zur Hülfe des Gedächtnisses darlegen, allerdings mit einer gewissen Verschiedenheit in der Behandlung, damit wir, wenn dies von Neuem zum Gedächtniss kommt, zu der Theilung der Regel gelangen, worauf die ganze Aufmerksamkeit gerichtet ist. Wenn sich alle Dinge im Zustande der Ruhe befänden, so würde unser Gehör kein Klang berühren. Dies würde aber geschehen, weil bei dem Aufhören aller Bewegung die Dinge unter sich keinen Schlag erregen könnten; zur Existenz der Stimme ist also der Schlag nöthig. Dem Vorhandensein des Schlages muss aber nothwendigerweise Bewegung vorangehen. Wenn also Stimme existiren soll, so muss auch Bewegung vorhanden sein. Jede Bewegung hat in sich bald das Moment der Schnelligkeit, bald das der Langsamkeit. Wenn also eine Bewegung beim Schlagen langsam ist, so wird ein tieferer Klang erzeugt; denn wie die Langsamkeit dem Stillstande am nächsten kommt, so ist auch die Tiefe der Schweigsamkeit benachbart. Eine schnelle Bewegung ergiebt einen hohen Klang. Ausserdem gelangt eine tiefe Stimme durch Erhöhung bis zur Mitte, eine hohe aber durch Erniedrigung zur Mitte. Daher kommt es, dass jeder Klang gleichsam aus gewissen Theilen zusammengesetzt zu sein scheint. Die ganze Verbindung der Theile wird durch eine gewisse Proportion zusammengefügt. Die Verbindung der Klänge besteht also aus Proportionen. Die Proportionen aber betrachtet man hauptsächlich in den Zahlen. Die einfache Proportion der Zahlen findet man in vielfachen, übertheiligen und übermehrtheiligen. Nach den vielfachen oder übertheiligen Proportionen hört man die consonirenden oder dissonirenden Stimmen (Klänge). Die consonirenden

7 *

Stimmen (Klänge) sind die, welche, gleichzeitig geschlagen, einen angenehmen und vermischten Klang unter einander verbinden. Dissonirende sind die, welche, zugleich geschlagen, keinen lieblichen und vermischten Klang erzeugen. Nach diesen Vorausschickungen, wollen wir ein wenig über die Proportionen sprechen.

## II.

### Verschiedene Untersuchungen über die Intervalle.

Wenn ein vielfaches Intervall mit zwei multiplicirt wird, so geht aus dieser Multiplication wiederum ein vielfaches Intervall hervor. [1] Es sei ein vielfaches Intervall B C, und B sei das Vielfache von C, so kann man erhalten C : B = B : D. Weil also B das Vielfache von C ist, so misst die Zahl C die Zahl B zwei- oder dreimal etc., und es ist C : B = B : D. Es misst also die Zahl B die Zahl D. Deswegen nun, weil die Zahl C die Zahl B misst, wird sie auch D messen. Es ist also auch D ein Vielfaches von C, und C D ist ein Intervall, welches aus der Zusammensetzung und doppelten Verknüpfung des Intervalles B C besteht, das eben mit zwei multiplicirt wurde. Auch durch Zahlen wird dasselbe bewiesen. Es sei B von C das Doppelte, wie 2 : 1, und es möge entstehen C : B = B : D, so wird nun D das Vierfache sein. Vielfach ist aber B : C, d. h. 2 : 1. Vielfach ist auch D : B, d. h. 4 : 2. Vielfach ist also auch D (= 4) : C (= 1). Das Vierfache besteht aus 4 Einheiten und der mit 2 multiplicirten Mitte, und 2 : 1 ist das Intervall B C.

Vielfaches Intervall

| 1 | 2 | 4 |
|---|---|---|
| C | B | D |

[In modernen Tonbestimmungen ausgedrückt erhalten wir, wenn wir C = A, B = a und D = a′ setzen

| 1 | 2 | 4 |
|---|---|---|
| A | a | a′.] |

Wenn ein mit 2 multiplicirtes Intervall ein Vielfaches bewirkt hat, so wird das Intervall auch selbst ein Vielfaches sein. Es sei das Intervall C B, und es werde dann C : B = B : D, und D sei zu C ein Vielfaches, so behaupte ich, dass auch B von C ein Vielfaches ist. Denn

---

1) Hier ist die Buchstabenbenennung des Boetius beibehalten worden; denn der ganze Zusammenhang ergiebt leicht, dass Boetius in dieser Entwickelung keine bestimmten Klanghöhen sich gedacht hat, sondern nur im Allgemeinen durch Buchstaben mathematische Verhältnisse ausdrücken will.

weil D von C ein Vielfaches ist, so wird C die Zahl D und auch die Zahl B messen. Es wurde aber gezeigt, dass, wenn bei proportionaler Aufstellung der Zahlen die erste Zahl bei der Vergleichung die letzte misst, dieselbe auch die mittlere Zahl messen wird. C misst also B, und es ist B ein Vielfaches von C. Dies wollen wir wiederum durch Zahlen deutlich machen. Es sei C = 1, D aber aus verdoppelter Proportion entstanden, BC sei 4, und dies ist das Vielfache von C, da es das Vierfache ist. Weil nun das Vierfache aus der doppelten Proportion B C erzeugt wird, so wird die Proportion B C die Hälfte davon sein. Die Proportion B C ist also eine doppelte. Das Doppelte ist aber vielfach. Es wird also die Proportion B C vielfach sein.

Vielfaches Intervall

$1 : 2 = 2 : 4$

$C : B = B : D.$

Bei einem übertheiligen Intervall wird weder eine, noch werden mehrere mittlere Zahlen proportionaliter dazwischen gesetzt werden können. Es sei BC eine übertheilige Proportion und in derselben Proportion seien die kleinsten Zahlen D F und G. Weil D F und G die kleinsten Zahlen in derselben Proportion sind, so sind es auch die ersten derselben Proportion. Deswegen wird allein die Einheit dieselben messen. Es werde nun G von D F weggenommen, wonach D übrig bleibt. Hier ist also eine gemeinschaftliche Messung beider, und diese wird die Einheit sein. Aus diesem Grunde wird keine Zahl zwischen FD und G fallen, welche kleiner als G und grösser als FD wäre, da diese Zahlen nur durch die Einheit von einander verschieden sind. Wie viel Zahlen aber in den übertheiligen Proportionen proportionaliter zwischen die kleinsten derselben Proportion fallen, ebenso viel werden auch zwischen die übrigen Zahlen derselben Proportion fallen. Es kann nun aber zwischen den kleinsten Zahlen derselben Proportion FD und G keine andere Zahl dazwischen liegen. Es wird also auch zwischen B und C keine Zahl proportionaliter dazwischenfallen. In Zahlen ausgedrückt nehmen wir eine beliebige übertheilige Proportion an, z. B. die Sesquialter-Proportion, also 10 : 15. In derselben Proportion sind die kleinsten Zahlen 2 : 3. Von 3 nehme ich 2 weg, so bleibt 1 übrig, und diese misst beide. Es wird also keine Zahl zwischen 2 und 3 liegen, welche grösser als 2, kleiner aber als 3 ist. Die Einheit wird durch etwas Anderes getheilt, was jedoch nicht hierher gehört. Deswegen wird zwischen 10 und 15 keine Zahl gefunden, welche zu 10 dieselbe Proportion behauptet, die sie zu 15 einnimmt.

Sesquialter-Proportion in den kleinsten Zahlen

2 : 3

Differenz

1

Sesquialter-Proportion

10 : 15

C = 10, G = 2, D = 1, F = 3, B = 15.

Wenn ein nicht vielfaches Intervall durch 2 multiplicirt wird, so ist das, was aus dieser Multiplication entsteht, weder vielfach noch übertheilig. Es sei ein Intervall B C nicht vielfach, und es werde C : B = B : D, so behaupte ich, dass D von C weder vielfach noch übertheilig ist. Gesetzt, es wäre D von C vielfach, so ist bekannt, dass, wenn ein Intervall durch 2 multiplicirt wird und hieraus ein vielfaches Intervall entsteht, auch das Intervall selbst, was mit 2 multiplicirt wurde, ein vielfaches Intervall ist. Dann wird also B C ein vielfaches Intervall sein; als solches ist es aber nicht vorausgesetzt worden. Es wird also D von C kein Vielfaches und auch kein Uebertheiliges sein. Denn es fällt keine mittlere Zahl einer übertheiligen Proportion proportionaliter dazwischen. Zwischen D aber und C ist eine Zahl proportionaliter gesetzt worden, nämlich B. Denn wie C : B so B : D. Unmöglich also wird D von C entweder vielfach oder übertheilig sein, und dies sollte bewiesen werden. Z. B., in Zahlen ausgedrückt, sei also ein nicht vielfaches Intervall 6 : 4 und es werde die Proportion aufgestellt 4 zu 6 wie 6 zu einer beliebigen andern Zahl. Hierzu wird also die Zahl 9 passen, welche weder vielfach noch übertheilig von der Zahl 4 ist.

Nicht vielfach und nicht übertheilig

C : B = B : D

4 : 6 = 6 : 9.

Wenn ein Intervall mit 2 multiplicirt wird, und es entsteht aus dieser Multiplication kein Vielfaches, so wird auch das Intervall selbst kein Vielfaches sein. Es sei das Intervall B C und es werde gesetzt C : B = B : D, D soll von C kein Vielfaches sein. Ich behaupte, dass auch B von C kein Vielfaches sein wird. Denn wenn es ein Vielfaches wäre, so müsste auch D von C ein Vielfaches sein. Dies ist aber nicht der Fall, folglich wird auch B von C nicht vielfach sein.

| Nicht vielfach | | | Nicht vielfach | | |
|---|---|---|---|---|---|
| C | : | B | B | : | D |
| 4 | : | 6 | 6 | : | 9 |

Ein doppeltes Intervall wird aus den beiden grössten übertheiligen verbunden, aus Sesquialter und Sesquiterz. Es sei A von B ein Sesquialter und B von C ein Sesquiterz. Ich behaupte, dass A von C ein Doppeltes ist. Da nun A von B ein Sesquialter ist, so hat es B ganz und dessen Hälfte in sich. $2 \times A$ ist also $= 3 \times B$. Ferner, da B von C ein Sesquiterz ist, so hat B das C ganz und den 3ten Theil desselben in sich. $3 \times B$ ist also $= 4 \times C$. $3 \times B$ war aber gleich $2 \times A$. $2 \times A$ ist also $= 4 \times C$ und daher ist $1 \times A = 2 \times C$. Folglich wird A das Doppelte von C sein. In Zahlen ausgedrückt, sei der Sesquialter $12 : 8$ und der Sesquiterz $8 : 6$. Also ist $12$ von 6 das Doppelte.

Das Doppelte
A : C
12 : 6
Sesquialter
A : B
12 : 8
Sesquiterz
B : C
8 : 6

[Wenn wir bei moderner Tonbestimmung $A = a$ und $C = A$ setzen, dann ist $a : A$ als Octave $= 12 : 6$; ferner ist, bei Bestimmung von $B = d$, $a : d$ der Sesquialter und $d : A$ der Sesquiterz, mithin die Plagaleintheilung der Octave A—d—a dargethan.]

Aus einem doppelten Intervall und dem Sesquialter wird ein dreifaches Intervall erzeugt. Es sei A von B das Doppelte und B von C ein Sesquialter. Ich behaupte, dass A von C das Dreifache ist. Denn wenn A von B das Doppelte ist, so ist $1 \times A = 2 \times B$, und wenn ferner B von C ein Sesquialter ist, so hat B das C ganz und die Hälfte desselben in sich. $2 \times B$ ist also $= 3 \times C$; $2 \times B$ war aber $= 1 \times A$, und folglich ist $1 \times A = 3 \times C$; also ist A das Dreifache von C. In Zahlen ausgedrückt, sei $6 : 3$ das Doppelte, und Sesquialter sei $3 : 2$, dann ist 6 das Dreifache von 2.

Das Dreifache
A : C
6 : 2
Das Doppelte
A : B
6 : 3

Sesquialter

$$B \quad : \quad C$$
$$3 \quad : \quad 2$$

[$C = A$, $A = c'$, $B = e$, $A : e =$ Sesquialter, mithin ist hier die authentische Eintheilung der Octave $A—e—a$ gezeigt].

Wenn von einem Sesquialter-Intervall ein Sesquiterz-Intervall abgezogen wird, so bleibt ein Sesquioctav-Intervall übrig. Es sei A von B Sesquialter und C von B Sesquiterz, so behaupte ich, dass A von C Sesquioctav sei. Denn wenn A von B Sesquialter ist, so hat A das B ganz und die Hälfte desselben in sich. $8 \times A$ ist also $= 12 \times B$. Ferner, wenn C von B Sesquiterz ist, so hat C das B ganz in sich und den dritten Theil desselben. $9 \times C$ ist $= 12 \times B$. $12 \times B$ war aber $= 8 \times A$, und also ist $8 \times A = 9 \times C$; folglich ist $A = C$ und dem achten Theile von C, mithin ist A von C Sesquioctav. In Zahlen ausgedrückt sei nun das Intervall Sesquialter $9 : 6$ und das Intervall Sesquiterz $8 : 6$; $9 : 8$ ist also eine Sesquioctav-Proportion.

Sesquialter

| A | C | B |
|---|---|---|
| 9 | 8 | 6 |

Sesquioctav    Sesquiterz.

[**Moderne Tonbestimmung**

$A = h$, $C = a$, $B = e$, $e : h =$ Sesquialter, $e : a =$ Sesquiterz und $a : h =$ Sesquioctav.]

Sechs Sesquioctav-Proportionen sind grösser als ein doppeltes Intervall. Es sei die Zahl A gegeben. Von dieser sei B, von dieser C, von dieser D, von dieser F, von dieser G, und von dieser K Sesquioctav. Dies geschehe auf die Weise, wie es in der Arithmetik beschrieben wurde. Es seien also die Zahlen A B C D F G K, und es sei $A = 262144$, davon die sesquioctave Zahl $B = 294912$, hiervon das sesquioctave $C = 331776$, davon das sesquioctave $D = 373248$, hiervon das sesquioctave $F = 419904$, davon das sesquioctave $G = 472392$, davon das sesquioctave $K = 531441$. K ist grösser als $2 \times A$. Sechs Sesquioctav-Proportionen sind also grösser als ein doppeltes Intervall.

Sechs Sesquioctav-Proportionen sind grösser als ein doppeltes Intervall

| Sesquioctav | Sesquioctav | Sesquioctav | Sesquioctav | Sesquioctav | Sesquioctav | Sesquioctav |
|---|---|---|---|---|---|---|
| A | B | C | D | F | G | K |
| 262144 | 294912 | 331776 | 373248 | 419904 | 472392 | 531441 |

Die Zahl A, zweimal genommen, ist = Diapason.

Es fehlt dann zur Zahl K die Zahl 7153.

Das doppelte Intervall ist 262144 : 524288.

[Annähernd moderne Tonbestimmung

A = a, B=h, C = cis′, D=dis′, F = eis′, G = fisis′, K=gisis′, mithin

| a | h | cis′ | dis′ | eis′ | fisis′ | gisis′ |
|---|---|---|---|---|---|---|
| 262144 | 294912 | 331776 | 373248 | 419904 | 472392 | 531441 |

a : a′ = 262144 : 524288

a′ : gisis′ = 524288 : 531441 = Comma

531441 — 524288 = 7153.]

## III.

### Benennung der musikalischen Noten durch griechische und lateinische Buchstaben.

Da wir die Saite nach den vorhergenannten Consonanzen eintheilen wollen und eben diese Eintheilung die nöthigen Klänge in allen drei Klanggeschlechtern darstellen wird, so müssen wir zunächst die musikalischen Noten anführen, damit, wenn wir die eingetheilte Reihe mit diesen Noten bezeichnet haben, leicht erkannt werden kann, welcher Name einer jeden zukommt. Denn die alten Musiker haben wegen der kürzeren Schreibweise, um nicht immer das Hinzusetzen der ganzen Namen nöthig zu haben, gewisse Noten ausgedacht, mit welchen die Klänge der Saiten bezeichnet werden, und diese theilten sie nach Geschlechtern und Tonarten ein. Zugleich erlangten sie durch diese Kürze, dass, wenn einmal ein Musiker einen Gesang aufschreiben wollte, er über den Vers, welcher nach der rhythmischen Zusammenstellung des Metrums auseinander gedehnt [nach den einzelnen Versfüssen eingetheilt] war, diese Tonzeichen schrieb, und sie fanden daher auf so wunderbare Weise, dass nicht nur die Worte der Dichtungen, durch Buchstaben dargestellt, sondern auch selbst die Melodien, die eben mit den erwähnten Noten bezeichnet wurden, auf die Nachwelt übergehen konnten.

Von allen diesen Tonarten wollen wir einstweilen nur die eine, »Lydische«, und die Noten derselben in den drei Geschlechtern aufzeichnen ; dasselbe in den übrigen Tonarten zu thun verschieben wir auf spätere Zeit. Wenn wir einmal die Aufstellung der Noten mit Benennung von griechischen Buchstaben beschrieben haben werden, dann dürfte der Leser durch keine Neuheit mehr beunruhigt werden. Diese ganze Beschreibung der Noten geschieht durch griechische Buchstaben, die bald verstümmelt, bald in anderer Stellung gesetzt sind. Wir aber hüten uns, etwas von dem Ansehen des Alterthums zu verändern. Es werden also die zuerst und darüber gesetzten Noten für den Vortrag der Worte, die zu zweit und untergesetzten für das Saitenspiel gelten.

Proslambanomenos, welcher »acquisitus« genannt werden kann, ist ein nicht vollkommenes Zeta $\mathsf{7}$ und ein liegendes Tau $\mathsf{H}=\mathsf{\overset{7}{H}}$.

Hypate hypaton, d. h. principalis principalium, ist ein umgekehrtes Gamma $\mathsf{\daleth}$ und ein richtiges Gamma $\mathsf{\Gamma}=\mathsf{\daleth}$.

Parhypate hypaton, d. h. subprincipalis principalium, ist ein nicht vollständiges Beta $\mathsf{R}$ und ein nach unten umgekehrtes Gamma $\mathsf{L}=\mathsf{\overset{R}{L}}$.

(Lichanos) Hypaton enharmonios, d. h. principalium enharmonios, ist ein nach unten umgekehrtes Alpha $\mathsf{V}$ und ein umgekehrtes Gamma, das nach rückwärts einen Strich hat, $\mathsf{T}=\mathsf{\overset{V}{T}}$.

(Lichanos) Hypaton chromatice, d. h. principalium chromatica, ist ein nach unten umgedrehtes Alpha, welches eine Linie hat, $\mathsf{V}$ und ein umgedrehtes Gamma, welches zwei Linien hat $\mathsf{T}=\mathsf{\overset{V}{T}}$.

(Lichanos) Hypaton diatonos, d. h. principalium extenta (diatonos), ist ein griechisches Phi $\mathsf{\Phi}$ und ein Digammon $\mathsf{F}=\mathsf{\overset{\Phi}{F}}$.

Hypate meson, d. h. principalis mediarum, ist Sigma $\mathsf{C}$ und Sigma $\mathsf{C}=\mathsf{\overset{C}{C}}$.

Parhypate meson, d. h. subprincipalis mediarum ist ein Rho $\mathsf{P}$ und ein umgedrehtes Sigma $\mathsf{U}=\mathsf{\overset{P}{U}}$.

(Lichanos) Meson enharmonios, d. h. mediarum enharmonios, ist ein griechisches Pi $\mathsf{\Pi}$ und ein umgedrehtes Sigma $\mathsf{O}=\mathsf{\overset{\Pi}{O}}$.

(Lichanos) Meson chromatice, d. h. mediarum chromatica, ist ein griechisches Pi mit einem Strich $\mathsf{\Pi}$ und ein umgedrehtes Sigma, welches durch die Mitte einen Strich hat, $\mathsf{\ni}=\mathsf{\overset{\Pi}{\ni}}$.

(Lichanos) Meson diatonos, d. h. mediarum extenta, ist ein griechisches My $\mathsf{M}$ und ein griechisches zersplittertes (unvollkommenes) Pi $\mathsf{\daleth}=\mathsf{\overset{M}{\daleth}}$.

Mese, d. h. media, ist ein Iota $\mathsf{I}$ und ein liegendes Lambda $\mathsf{<}=\mathsf{\overset{I}{<}}$.

Trite synemmenon, d. h. tertia conjunctarum, ist ein Theta $\mathsf{\Theta}$ und ein umgedrehtes Lambda $\mathsf{V}=\mathsf{\overset{\Theta}{V}}$.

(Paranete) Synemmenon enharmonios, d. h. conjunctarum enharmonios, ist ein griechisches Eta H und ein liegendes umgedrehtes Lambda, welches durch die Mitte einen Strich hat, $\gt = \overset{\text{H}}{\gg}$.

(Paranete) Synemmenon chromatice, d. h. conjunctarum chromatica, ist ein griechisches Eta mit einem Strich H' und ein umgekehrtes Lambda mit einem Strich $\gt = \overset{\text{H'}}{\gt}$.

(Paranete) Synemmenon diatonos, d. h. conjunctarum extenta, ist ein Gamma $\Gamma$ und ein Ny $N = \overline{N}$.

Nete synemmenon, d. h. ultima conjunctarum, ist ein umgedrehtes Omega quadratum $U$ und ein Zeta $Z = \overset{U}{\underset{Z}{}}$.

Paramese, d. h. submedia, ist ein Zeta $Z$ und ein liegendes griechisches Pi $\sqsubset = \overset{Z}{\sqsubset}$.

Trite diezeugmenon, d. h. tertia divisarum, ist ein E quadratum $E$ und ein umgedrehtes griechisches Pi $\text{uu} = \overset{E}{\text{uu}}$.

(Paranete) Diezeugmenon enharmonios, d. h. diversarum enharmonios, ist ein Delta und ein liegendes griechisches umgedrehtes Pi $\exists = \overset{\Delta}{\exists}$.

(Paranete) Diezeugmenon chromatice, d. h. divisarum chromatica, ist ein Delta, welches einen Strich hat, $\Delta$ und ein liegendes umgedrehtes griechisches Pi, welches eine Winkellinie hat, $\boxed{Z} = \overset{\Delta}{\boxed{Z}}$.

(Paranete) Diezeugmenon diatonos, d. h. divisarum diatonos, ist ein umgedrehtes Omega quadratum $U$ und ein Zeta $Z = \overset{U}{\underset{Z}{}}$.

Nete diezeugmenon, d. h. ultima divisarum, ist ein liegendes Phi $\ominus$ und ein verzogenes Ny $\text{W} = \overset{\ominus}{\text{W}}$.

Trite hyperbolaeon, d. h. tertia excellentium, ist ein nach unten zugekehrtes Ypsilon, das sich nach rechts hin wendet, $\checkmark$ und ein halbes Alpha, das sich nach links abwärts wendet, $\text{Y} = \overset{\checkmark}{\text{Y}}$.

(Paranete) Hyperbolaeon enharmonios, d. h. excellentium enharmonios, ist ein umgedrehtes Tau $\perp$ und ein halbes nach rechts hin umgedrehtes Alpha $\text{Y} = \overset{\perp}{\text{Y}}$.

(Paranete) Hyperbolaeon chromatice, d. h. excellentium chromatica, ist ein umgedrehtes Tau mit einer Linie $\vdash$ und ein halbes nach rechts hin umgedrehtes Alpha, welches rückwärts eine Linie hat, $\text{Y} = \overset{\vdash}{\text{Y}}$.

(Paranetc) Hyperbolaeon diatonos, d. h. excellentium extenta, ist ein griechisches My mit einem Acutus $M'$ und ein verkürztes Pi mit einem Acutus $⅂'=\stackrel{M'}{⅂}$.

Nete hyperbolaeon ist ein Iota mit einem Acutus $I'$ und ein liegendes Lambda mit einem Acutus $<=\stackrel{I'}{<}$.

Aufstellung der musikalischen Noten durch passende Klänge ausgedrückt in den drei Klanggeschlechtern.

| | | | | | |
|---|---|---|---|---|---|
| fis | Z⌐ | Proslambanomenos | as′ | H⋝ | Paranete synemmenon chromatice |
| gis | ⅃ | Hypate hypaton | a′ | ⌐N | Paranete synemmenon diatonos |
| a | R L | Parhypate hypaton | h′ | U Z | Nete synemmenon |
| bb* | Ѵ⊦ | Lichanos hypaton enharmonios | gis′ | Z Ⴒ | Paramese |
| b | Ѵ⫧ | Lichanos hypaton chromatice | a′ | E ⱴ | Trite diezeugmenon |
| h | Φ F | Lichanos hypaton diatonos | bb′* | Δ ⅃ | Paranete diezeugmenon enharmonios |
| cis′ | C C | Hypate meson | b′ | Δ⊦ Ⴈ | Paranete diezeugmenon chromatice |
| d′ | P Ս | Parhypate meson | h′ | U Z | Paranete diezeugmenon diatonos |
| eses′* | Π Ɔ | Lichanos meson enharmonios | cis″ | Θ ꓳ | Nete diezeugmenon |
| es′ | Π⊦ Ɛ | Lichanos meson chromatice | d″ | ⋎ X | Trite hyperbolaeon |
| e′ | M ⅂ | Lichanos meson diatonos | eses″* | ⊥ Y | Paranete hyperbolaeon enharmonios |
| fis′ | I < | Mese | es″ | Ⱶ ⋎ | Paranete hyperbolaeon chromatice |
| g′ | Θ V | Trite synemmenon | e″ | M′ ⅂′ | Paranete hyperbolaeon diatonos |
| asas′* | H ⋝ | Paranete synemmenon enharmonios | fis″ | I′ < | Nete hyperbolaeon. |

[Der Klang der enharmonischen Töne ist durch moderne Tonbestimmungen eigentlich nicht auszudrücken, daher wir in den betreffenden Fällen zu der Tonbenennung das Zeichen * gesetzt haben.]

(Codex Nr. 4493 der Universitätsbibliothek zu Leipzig.)

## IV.

### Eintheilung des regulären Monochordes im diatonischen Klanggeschlecht.

Nun ist es Zeit, zur Eintheilung des regulären Monochordes zu kommen. In Betreff dieser Sache ist vorauszuschicken, dass, gleichviel ob die zu beschreibende Eintheilung in Rücksicht auf die Mensur der Saite oder auf die Zahlen und ihre Proportion festgestellt wird, ein grösserer Zwischenraum der Saite und eine grössere Mehrheit der Zahl t i e f e r e Klänge bewirkt.

Wenn aber die Länge der Saite verkürzt wurde und in den Zahlen nicht mehr eine solche Mehrheit vorhanden ist, so ist es nothwendig, dass höhere Klänge erzeugt werden.

Aus dieser Vergleichung wird nach demselben Verhältniss ein tieferer oder höherer Klang gefunden, wie sich die längere und aus mehr Zahlen bestehende, oder die kürzere und aus weniger Zahlen bestehende Proportion gestaltet. Der Leser möge sich dadurch nicht beunruhigen lassen, dass wir vorher nach der Höhe die Zwischenräume der Proportionen mit der grösseren Zahl, nach der Tiefe hin mit der kleinern Zahl bezeichnet haben, da Anspannung Höhe, Nachlassen Tiefe hervorbringt. Dort bezeichneten wir nur die Zwischenräume der Proportionen, indem wir nichts über die Eigenthümlichkeit der Tiefe und Höhe erwähnten und daher nach der Höhe zu mit grösseren Zahlen die Spannung, mit kleineren Zahlen nach der Tiefe hin das Nachlassen bezeichneten. Hier aber, wo wir die Zwischenräume der Saiten und die Klänge messen, müssen wir nothwendigerweise der Natur der Sache folgen und der grösseren Länge der Saiten, aus welcher die Tiefe besteht, mehr Zahlen, der kleineren Saite aber, aus welcher die Höhe der Stimme hervorgeht, weniger Zahlen geben. Es sei die Saite A B angespannt, ihr sei eine Schnur gleich, je nach den vorgesetzten Eintheilungen zerlegt, so dass also, wenn diese Schnur der Saite beigefügt wird, dieselben Eintheilungen an der Länge der Saite bezeichnet werden, welche wir vorher in der Schnur gemacht hatten. Wir machen jetzt die Theilung so, dass wir gleichsam die Saite selbst und nicht die Schnur theilen. Es werde also A B in 4 Theile durch 3 Punkte zerlegt: C D E. Es wird nun die ganze Saite A B das Doppelte von D B und A D sein. A D und D B sind die doppelten von A C, C D, D E, E B. Es wird also A B die tiefste Saite d. h. Proslambanomenos, D B aber Mese sein, da es die Hälfte der ganzen Saite ist. Und gleichwie A B von B D das Doppelte dem Zwischenraume nach ist, so ist B D von A B das Doppelte der Höhe nach, da, wie früher

gesagt, die Ordnung des Zwischenraumes und der Höhe immer wechselseitig ist. Denn um wie viel die Saite höher klingt, um so viel kleiner
ist sie an Grösse ; deswegen wird auch E B Nete hyperbolaeon sein, weil
E B die Hälfte von D B der Grösse nach, und das Doppelte der Höhe nach
ist. Ferner ist E B der 4te Theil von A B dem Zwischenraume nach, das
Vierfache aber der Höhe nach. Es wird also Nete hyperbolaeon die doppelte Höhe von Mese haben ; Mese aber die doppelte von Proslambanomenos, Nete hyperbolaeon das Vierfache nach der Höhe hin von Proslambanomenos, und es wird also Proslambanomenos zu Mese im Diapason,
und Mese zu Nete hyperbolaeon wieder im Diapason, und Proslambanomenos zu Nete hyperbolaeon im Bisdiapason ertönen. Ferner, da A C,
C D, D E, E B gleiche Theile sind, so hat A B 4 von denselben Theilen,
von denen C B 3 hat ; A B : C B ist also Sesquiterz, und da C B 3 von den
gleichen Theilen hat, von welchen D B nur 2 besitzt, so wird C B : D B
Sesquialter sein, und ferner, weil C B 3 von den gleichen Theilen hat,
von welchen E B einen besitzt, so wird C B von E B das Dreifache sein;
es wird also C B Lichanos hypaton diatonos sein, und es wird Proslambanomenos zu Lichanos hypaton diatonos in der Consonanz Diatessaron
ertönen. Dieselbe Lichanos hypaton`diatonos wird zu Mese in der Conso-
nanz Diapente erklingen, und zu Nete hyperbolaeon wird Lichanos hypaton diatonos im »Diapason und Diapente« ertönen. Wenn wir ferner von
der ganzen Saite A B den neunten Theil nehmen, also A F, so werden
F B 8 Theile enthalten. Es wird also F B Hypate hypaton zu A B die
Sesquioctav-Proportion bilden, in der Musik aber den Ganzton.

| Bisdiapason | | | | | |
|---|---|---|---|---|---|
| Diapason | | | | | |
| Diatessaron | | Diapason und Diapente | | | |
| Ganzton | | Diapente | Diapason | | |
| (A) | (F) | (C) | (D) | (E) | (B) |
| fis | gis | h | fis' | fis'' | |
| | | | | | Nete hyperbolaeon |
| | | | Mese | | |
| | | Lichanos hypaton diatonos | | | |
| | Hypate hypaton | | | | |
| Proslambanomenos | | | | | |

Um wie viel der Zwischenraum grösser ist, um so viel ist der Klang tiefer, und umgekehrt, um wie viel er kleiner ist, um so viel ist er höher. Indem also A B um den vierfachen Zwischenraum grösser ist, als E B, so wird Proslambanomenos im Vierfachen tiefer und E B im Vierfachen höher sein. A B : F B liegt dem Zwischenraum nach in der Sesquioctav-Proportion, deswegen steht F B im Verhältniss eines Ganztones zu A B, es entsteht also Hypate hypaton. A B : C B steht dem Zwischenraum nach im Sesquiterzverhältniss, es wird daher C B Lichanos hypaton diatonos sein. Es wird also C B nach der Höhe zu A B im Verhältniss der Consonanz Diatessaron stehen. Ferner ist A B dem Zwischenraume nach das Doppelte zu D B, deswegen wird in Bezug auf Höhe auch D B zu A B das Doppelte sein. Und so wird E B als Nete hyperbolaeon erscheinen, was der lehrbegierige Leser leicht erkennt, wenn er es scharf beobachtet.

Die frühere Beschreibung zeigt die daruntergesetzten Tonzeichen aus jener Darstellung, in welcher wir die Noten den Saiten hinzusetzten, weil es zu weitläufig war, die Namen derselben hinzuzuschreiben. Ebenso wenn wir A B durch 3 Einschnitte theilen, so wird der 3te Theil A G sein. Zwei Theile also sind G B. Es wird also A B = Proslambanomenos zu G B = Hypate meson die Consonanz Diapente in der Proportion Sesquialter aufgestellt ergeben, C B aber zu G B wird Sesquioctave sein und wird den Ganzton enthalten und dies liegt in der Ordnung. Denn Lichanos hypaton diatonos, d. h. C B zu Hypate meson, d. h. G B, enthält den Ganzton. Ferner Proslambanomenos == A B zu Lichanos hypaton diatonos == C B enthält die Consonanz Diatessaron.

Proslambanomenos = A B zu Hypate meson = G B enthält die Consonanz Diapente. Ebenso enthält C B zu D B, d. h. Lichanos hypaton diatonos zu Mese, die Consonanz Diapente; G B aber zu D B, d. h. Hypate meson zu Mese, enthält die Consonanz Diatessaron. Lichanos hypaton = C B zu Hypate meson = G B enthält die Entfernung eines Ganztones. Wenn ich aber von C B den 4ten Theil nehme, so wird es C K sein. C B zu K B behauptet also die Proportion Sesquiterz, K B steht von D B um die Proportion Sesquioctave aus einander. Es wird also K B Lichanos diatonos meson sein und C B = Lichanos hypaton diatonos zu K B = Lichanos meson diatonos behauptet die Consonanz Diatessaron. Wenn ich aber von D B den 9ten Theil nehme, so wird es D L sein, und L B ist dann Paramese. Wenn ich von D B den 4ten Theil nehme, so ist es D M, und M B wird Nete synemmenon sein. Wenn ich von D B den 3ten Theil nehme, so ist er D N, und N B wird Nete diezeugmenon sein. Wenn aber K B in zwei gleiche Theile zerlegt wird, so entsteht K X, und X B ist Paranete hyperbolaeon.

A B = fis ⎇ = Proslambanomenos ⎫
G B = cis′ = Hypate meson ⎬ Diapente = Sesquialter

C B = h = Lichanos hypaton diatonos ⎫
G B = cis′ = Hypate meson ⎬ Ganzton = Sesquioctave

A B = fis = Proslambanomenos ⎫
C B = h = Lichanos hypaton diatonos ⎬ Diatessaron = Sesquiterz

C B = h = Lichanos hypaton diatonos ⎫
D B = fis′ = Mese ⎬ Diapente = Sesquialter

G B = cis′ = Hypate meson ⎫
D B = fis′ = Mese ⎬ Diatessaron = Sesquiterz

K B = c′ = Lichanos meson diatonos ⎫
C B = h = Lichanos hypaton diatonos ⎬ Diatessaron = Sesquiterz

D B = fis′ = Mese ⎫
L B = gis′ = Paramese ⎬ Ganzton = Sesquioctave

M B = h′ = Nete synemmenon ⎫
N B = cis″ = Nete diezeugmenon ⎬ Ganzton = Sesquioctave

$XB = e''$ ⸤ℳ⸥ = Paranete hyperbolaeon ⎫

$MB = h'$ ⸤⸥ = Nete synemmenon ⎬ Diatessaron = Sesquiterz.
⎭

## V.
### Eintheilung des Monochordes der Neten hyperbolaeon durch die drei Geschlechter.

Jetzt also ist die Beschreibung des diatonischen Klanggeschlechtes in dem Modus gemacht worden, welcher der einfachere und hauptsächlichste ist, den wir »Lydius« nennen. Ueber diese Tonarten ist jetzt nichts zu erörtern: damit aber die vermischte Beschreibung durch die drei Geschlechter laufe und allen Tönen die eigenthümliche Menge der Zahlen zur Erhaltung der Proportionen hinzugesetzt werde, so ist die Zahl für die Töne und Diesen ausgedacht worden, welche dies Alles ausfüllen kann, so dass sie als grösste dem Proslambanomenos zugeschrieben wird, welche sei 9216; die kleinste aber sei 2304. Die Proportionen der übrigen Töne sind mit denselben verknüpft. Wir schreiten also von unten nach oben und zeigen die Benennungen aller Saiten nicht allein durch Namen, sondern auch durch hinzugesetzte Buchstaben.

Weil wir nun die Eintheilung der drei Geschlechter vornehmen und die Anzahl der Buchstaben von der Reihe der Saiten überschritten wird, so nehmen wir, wo die Buchstaben fehlen, dieselben doppelt auf die Weise, dass, wenn wir bis zu Z gelangt sind, wir die übrigen Saiten so beschreiben $2 \times A = AA$, $2 \times B = BB$, $2 \times C = CC$ [1]. Wir haben also die erste und grösste Zahl, welche den Platz von Proslambanomenos behauptet $= 9216$. Die Beschaffenheit der ganzen Saite gehe von fis (A) bis zu fis'' (LL). Dieses fis (A) $=$ Proslambanomenos $= 9216$ theile ich so in die Hälfte zu fis' (O), dass die ganze Saite fis (A) die doppelte von fis' (O) ist. Ebenso sei fis' (O) die doppelte von fis'' (LL). Es wird also fis (A) Proslambanomenos, fis' (O) aber Mese und fis'' (LL) Nete hyperbolaeon sein, und fis (A) wird die Zahl 9216, fis' (O) die Hälfte davon $= 4608$ enthalten, so dass Mese zu Proslambanomenos in der Consonanz Diapason ertönt. Die Saite fis'' aber (LL) ist die Hälfte der Mese, so dass Proslambanomenos zu Nete hyperbolaeon das Vierfache ist und als Symphonie Bisdiapason zu dieser ertönt; es sei also fis'' (LL) $= 2304$.

---

1) Wir setzen wieder die modernen Tonbestimmungen hinzu. Die in Klammern eingeschlossenen Buchstaben sind die Bezeichnungen des Boetius.

Wenn ich von 2304 den 8ten Theil nehme, also 288, und zu 2304 addire, so erhalte ich 2592, und es wird e″ (K K) = 2592 = Paranete hyperbolaeon zu Nete hyperbolaeon die Entfernung eines Ganztones hehaupten. Ferner nehme ich von e″ (K K) = 2592 den 8ten Theil = 324 und addire ihn zu 2592, so erhalte ich 2916 = d″ (F F) = Trite hyperbolaeon diatonos im diatonischen Geschlecht, was von Paranete hyperbolaeon um einen ganzen Ton und um den Ditonus von Nete hyperbolaeon = fis″ (LL) entfernt ist und im chromatischen Geschlechte als Trite hyperbolaeon chromatice erscheint, im enharmonischen Geschlechte aber als Paranete hyperbolaeon enharmonios. Aus welchem Grunde dies geschieht, sieht man leichter ein, wenn wir die drei ersten Tetrachorde der drei Geschlechter, von Nete hyperbolaeon anfangend, beschrieben haben. Wenn ich von der Proportion Sesquiterz 2 sesquioctave wegnehme, so bleibt ein kleinerer Halbton übrig. Ich nehme den 3ten Theil von fis″ (L L), d. h. von Nete hyperbolaeon, das ist 768. Diese Zahl addire ich zu 2304, so erhalte ich 3072. Zu derselben gehört cis″ (D D) = Nete diezeugmenon, welches mit Trite hyperbolaeon einen kleineren Halbton enthält. Denn weil Nete diezeugmenon zu Nete hyperbolaeon die Consonanz Diatessaron aufweist und Trite hyperbolaeon zu Nete hyperbolaeon um einen Ditonus entfernt ist, so bleibt der Zwischenraum übrig, welcher Nete diezeugmenon und Trite hyperbolaeon trennt, und dieser ist ein kleinerer Halbton.

| Bisdiapason Doppeloctave | |
|---|---|
| · Diapason Octave | Diapason Octave |

Proslambanomenos fis (A)   Mese fis′ (O)   Nete hyperbolaeon fis″ (LL)

9216                4608                2304

Tetrachord hyperbolaeon im diatonischen Geschlecht.

Nete diezeugmenon   = cis″ (D D)   = 3072

Trite·hyperbolaeon   = d″ (F F)   = 2916

Paranete hyperbolaeon = e″ (K K)   = 2592

Nete hyperbolaeon   = fis″ (L L)   = 2304

8*

Nachdem wir das Tetrachord hyperbolaeon im diatonischen Geschlechte vollständig entwickelt haben, sind jetzt die Tetrachorde des
chromatischen und enharmonischen Geschlechtes auf folgende Weise
ergänzend darzulegen. Paranete hyperbolaeon ist also von Nete hyperbolaeon im diatonischen Geschlechte um einen Ganzton entfernt, im chromatischen Geschlecht jedoch um 3 Halbtöne, im enharmonischen aber
um 2 Ganztöne. Wenn wir die Entfernung von Paranete hyperbolaeon
und Nete hyperbolaeon im diatonischen Geschlecht nehmen und noch die
Hälfte von Paranete hyperbolaeon hinzu addiren und dem diatonischen
Geschlechte anfügen, so werden wir die Zahl haben, welche von Nete
hyperbolaeon um 3 Halbtöne entfernt ist, und dieser Ton wird im chromatischen Geschlechte Paranete hyperbolaeon sein. Ich subtrahire also
von 2592, d. h. von Paranete hyperbolaeon des diatonischen Geschlechtes,
2304 d. h. Nete hyperbolaeon, so bleibt übrig 288, dies halbire ich, und
es bleibt übrig 144. Diese Zahl addire ich zu 2592, d. h. zu Paranete
hyperbolaeon des diatonischen Geschlechtes, und ich erhalte 2736; dies
wird Paranete hyperbolaeon chromatice sein. Ferner, weil Trite hyperbolaeon sowohl diatonisch wie chromatisch um 2 Ganztöne von Nete
hyperbolaeon entfernt ist und im enharmonischen Geschlecht Paranete
hyperbolaeon von Nete hyperbolaeon um 2 Ganztöne differirt, so wird im
enharmonischen Geschlechte Paranete hyperbolaeon dasselbe sein, was
im diatonischen oder chromatischen Trite hyperbolaeon ist. Weil aber
Trite hyperbolaeon im diatonischen und chromatischen Geschlechte zu
Nete diezeugmenon den Zwischenraum eines kleineren Halbtons bewahrt,
und das Tetrachord des enharmonischen Geschlechtes aus 2 Ganztönen
und 2 Diesen besteht, welche die halben Zwischenräume von einem kleinern Halbton sind, so nehme ich diese Entfernung zwischen Nete diezeugmenon und Paranete hyperbolaeon enharmonios. Weil Nete diezeugmenon = 3072 und Paranete hyperbolaeon enharmonios = 2916
ist, so ist deren Entfernung 156; davon nehme ich die Hälfte, nämlich
78 und addire dieselbe zu 2916, so erhalte ich 2994. Dies wird E E
sein, nämlich Trite hyperbolaeon enharmonios. Es wurde also das Tetrachord hyperbolaeon in den drei Geschlechtern beschrieben, dessen
Form wir hier hinzugesetzt haben.

Tetrachord hyperbolaeon im diatonischen Geschlecht.

———— Nete diezeugmenon   = cis″(DD)= 3072 ⎫

† Halbton

———— Trite hyperbolaeon   = d″ (FF) = 2916 ⎪

$\overset{o}{†}$ Ganzton

———— Paranete hyperbolaeon diatonos = c″ (KK) = 2592 ⎬   Diatessaron (Quarte)

$\overset{o}{†}$ Ganzton

———— Nete hyperbolaeon   = fis″ (LL)= 2304 ⎭

Tetrachord hyperbolaeon im chromatischen Geschlecht.

———— Nete diezeugmenon   = cis″ (DD) = 3072 ⎫

† Halbton

———— Trite hyperbolaeon chromatice . . . . . . =d″ (FF)=2916 ⎪

† Halbton

———— Paranete hyperbolaeon chro-
matica . . . . . . = es″ (HH) =2736 ⎬   Diatessaron (Quarte)

†††  Drei Halbtöne

———— Nete hyperbolaeon   = fis″ (LL) =2304 ⎭

Tetrachord hyperbolaeon im enharmonischen Geschlecht.

———— Nete diezeugmenon   = cis″ (DD) = 3072 ⎫

𝄽 Diesis

———— Trite hyperbolaeon enharmonios . . . . . = eses″(EE) = 2994 ⎪

𝄽 Diesis

———— Paranete hyperbolaeon en-
harmonios . . . = d″ (NN) = 2916 ⎬   Diatessaron (Quarte)

$\overset{o}{†}\overset{o}{†}$ Zwei Ganztöne

———— Nete hyperbolaeon   = fis″ (LL) = 2304 ⎭

## VI.

### Beweis für die oben auseinandergesetzte Beschreibung.

Drei Tetrachorde sind uns also durch solche Berechnung auseinandergesetzt worden. Denn das ganze Tetrachord enthält die Consonanz Diatessaron , mithin ertönen Nete hyperbolaeon und Nete diezeugmenon in den drei Geschlechtern, im diatonischen, chromatischen und enharmonischen, in der Symphonie Diatessaron. Die Consonanz Diatessaron besteht aber aus 2 Ganztönen und einem kleineren Halbton. In dieser Weise geschah durch die drei Geschlechter die Theilung in den vorangestellten Tetrachorden. Im diatonischen Geschlechte behauptet Paranete hyperbolaeon = 2592 zu Nete hyperbolaeon = 2304 die Entfernung eines Ganztones, welche wir mit einem solchen Zeichen versehen $\overset{\circ}{\mathsf{T}}$. Ferner behauptet Trite hyperbolaeon im diatonischen Geschlechte = 2916 zu Paranete hyperbolaeon im diatonischen Geschlechte = 2592 wiederum die Differenz eines Ganztones, die wir mit $\overset{\circ}{\mathsf{T}}$ bezeichnet haben. Nete diezeugmenon aber zu Trite hyperbolaeon, d. h. 3072 : 2916, zeigt einen Halbton, welchen wir mit einem ähnlichen Zeichen versehen $\acute{\mathsf{T}}$. Der ganze Zwischenraum von Nete diezeugmenon zu Nete hyperbolaeon besteht aus 2 Ganztönen und einem Halbton. Diese 2 Ganztöne und der Halbton sind im chromatischen Geschlechte durch folgende Rechnung getheilt. Das zweite Geschlecht nämlich, das chromatische, wurde auf diese Weise beschrieben. Paranete hyperbolaeon chromatice = 2736 zu Nete hyperbolaeon = 2304 enthält den Zwischenraum, welchen Paranete hyperbolaeon im diatonischen Geschlechte zu Nete hyperbolaeon hat, und dies ist e i n Ganzton, gleich 2 Halbtönen, einem grössern und kleinern, und noch dazu enthält es den wiederum getheilten Zwischenraum von Paranete hyperbolaeon des diatonischen Geschlechtes zu Nete hyperbolaeon. Hieraus geschah die Hälfte eines Ganztones. Sie ist es aber nicht ganz, da, wie oben ausführlich dargethan wurde, ein Ganzton nicht in 2 gleiche Theile zerlegt werden kann. Wir werden also diesen Zwischenraum von 3 Halbtönen, d. h. Ganzton und Halbton, so bezeichnen $\mathsf{T}\,\acute{\mathsf{T}}\,\mathsf{T}$.

Ferner enthält Paranete hyperbolaeon chromatice zu Trite hyperbolaeon den Theil des Ganztones, welchen wir Halbton nennen, der noch von 2 Ganztönen übrig blieb, die zwischen Trite hyperbolaeon diatonos und Nete hyperbolaeon liegen. Wenn wir die 4 Halbtöne wegnehmen, so bleibt vom ganzen Tetrachord der Zwischenraum eines Halbtones übrig, welcher zwischen Nete diezeugmenon und Trite hyperbolaeon liegt. Es besteht also auch dieses Tetrachord aus 2 Ganztönen und dem Halbton, und dasselbe ist so eingetheilt, dass ein Zwischenraum den Umfang von 3 Halbtönen zeigt und 2 Zwischenräume den von 2 Halbtönen besitzen. Diese 3 Zwischenräume werden durch 4 Saiten (Klänge) ausgedrückt.

Im enharmonischen Geschlecht ist es ebenfalls ganz leicht, die Sache zu erkennen. Nete hyperbolaeon = 2304 ist von Paranete hyperbolaeon enharmonios = 2916 um 2 Ganztöne entfernt, welche wir so bezeichnen
o o
T T. Vom ganzen Tetrachord, der aus 2 Ganztönen und dem Halbton besteht, bleibt also nur der Halbton übrig, der zwischen Nete diezeugmenon und Paranete hyperbolaeon enharmonios liegt. In Betreff desselben nahmen wir die Theilung von 2 Diesen vor, nachdem wir Trite hyperbolaeon enharmonios dazwischen gesetzt hatten, und den Zwischenraum der Diesis bezeichnen wir mit ᛃ̇. So also haben wir das Tetrachord hyperbolaeon beschrieben. Nach dieser Abhandlung kommen wir zum Tetrachord diezeugmenon. Wir wollen uns aber bei den übrigen Tetrachorden mit dergleichen Erwähnungen nicht aufhalten, da diese Beschreibung auch bei den übrigen als Beispiel dienen kann.

## VII.

### Eintheilung des Monochordes in Bezug auf die Neten diezeugmenon durch die drei Geschlechter.

Wenn wir von Nete diezeugmenon = 3072 die Hälfte nehmen, so ist dies = 1536. Zu 3072 hinzu addirt, giebt 4608, und das ist Mese, welche wir mit dem Buchstaben fis' (O) bezeichnet haben. Wenn wir von Nete diezeugmenon cis" (DD) = 3072 den 3ten Theil nehmen, so erhalten wir 1024. Zu 3072 hinzu addirt, giebt 4096, was Paramese ergiebt, die wir mit dem Buchstaben gis' (X) bezeichnet haben. Nete diezeugmenon = 3072 zu Mese = 4608 ertönt als Proportion Sesquialter in der Consonanz Diapente. Ebenso behauptet Nete diezeugmenon = 3072 zu Paramese = 4096 als Proportion Sesquiterz die Consonanz Diatessaron. Wenn wir also von Nete diezeugmenon = 3072 den 8ten Theil nehmen, so ist dies 384; zu 3072 addirt, giebt 3456, und es wird dies Paranete diezeugmenon diatonos sein, was wir mit dem Buchstaben h' (CC) bezeichnen und was zu Nete diezeugmenon den Ganzton ergiebt. Wenn wir hiervon, d. h. von 3456, den 8ten Theil nehmen = 432 und zu 3456 addiren, so erhalten wir 3888. Dies ist a' (Y) Trite diezeugmenon diatonos. Weil Nete diezeugmenon zu Paramese die Proportion Sesquiterz behauptet, Trite diezeugmenon aber von Nete diezeugmenon um 2 Ganztöne entfernt ist, so wird zwischen Trite diezeugmenon und Paramese ein kleinerer Halbton sein. Das diatonische Geschlecht ist in diesem Tetrachorde und Pentachorde so ausgefüllt worden, dass in dem Tetrachorde, welches von Nete diezeugmenon bis zu Paramese geht, die

Consonanz Diatessaron, in dem Pentachorde aber von Nete diezeugmenon zu Mese, die Consonanz Diapente vorhanden ist. Das enharmonische und chromatische Geschlecht wollen wir jedoch in diese Berechnung mit hineinziehen. Ich nehme die Entfernung von Nete und Paranete diezeugmenon diatonos, d. h. von 3072 und 3456, deren Differenz 384 ist. Diese theile ich und erhalte 192, welche Zahl, zu Paranete diezeugmenon $=$ 3456 hinzu addirt 3648 giebt. Dies wird Paranete diezeugmenon chromatice sein, bezeichnet mit dem Buchstaben b′ (BB), welcher Klang von Nete diezeugmenon um einen Ganzton und einen Halbton, d. h. um 3 Halbtöne entfernt ist, und früher zu Trite diezeugmenon einen diatonischen Ganzton enthielt, jetzt aber ein chromatisches Intervall, d. h. 3888, als übrigbleibenden Halbton von jenem Ganzton, weil zwischen Paranete diezeugmenon diatonos und Trite diezeugmenon diatonos eine Theilung vorgenommen wurde. Nun bleibt noch von dem Tetrachorde ein anderer Halbton zwischen Trite diezeugmenon chromatice und Paramese übrig, welcher nämlich von der Consonanz Diatessaron abgerechnet ist, die zwischen Nete diezeugmenon und Paramese besteht, nachdem zwei Ganztöne hinweggenommen sind, welche Nete diezeugmenon chromatice und Trite diezeugmenon chromatice enthielten. Was aber im diatonischen Geschlechte Trite diezeugmenon diatonos ist, das ist im chromatischen Trite diezeugmenon chromatice und wird im enharmonischen Geschlechte Paranete diezeugmenon enharmonios genannt, da es um zwei Ganztöne von Nete diezeugmenon entfernt ist. Dieser Klang wird mit a′ (AA) bezeichnet. Zwischen Nete diezeugmenon und Paranete diezeugmenon enharmonios liegt keine Saite, weshalb letzteres mit dem Worte Paranete benannt wird. Den Halbton nun, welcher zwischen Paranete diezeugmenon enharmonios und Paramese liegt, d. h. zwischen a′ (AA) und gis (X), theilen wir auf die Weise, dass 2 Diesen entstehen. Ich nehme die Differenz von Paranete diezeugmenon enharmonios und Paramese, d. h. von 3888 und 4096, so ist dieselbe 208, diese theile ich und erhalte 104; dies zu 3888 hinzu addirt, giebt 3992. Dies wird Trite diezeugmenon enharmonios sein, was mit dem Buchstaben bb′* (Z) bezeichnet wurde. Die Aufzeichnung dieses Tetrachordes in den drei Geschlechtern habe ich unten hinzugefügt und das früher entwickelte Tetrachord hyperbolaeon mit eingereiht, damit von beiden ein Schema vorhanden wäre und die verbundene Form der ganzen Aufstellung etwas deutlicher werden möchte.

**Tetrachord diezeugmenon im diatonischen Geschlecht.**

| | | | |
|---|---|---|---|
| Mese | = 4608 = fis' (O) | | |

Pentachord · Diatessaron

| | |
|---|---|
| Paramese | = 4096 = gis' (X) |
| Trite diezeugmenon diatonos | = 3888 = a' (Y) |
| Paranete diezeugmenon diatonos | = 3456 = h' (CC) |
| Nete diezeugmenon | = 3072 = cis" (DD) |

**Tetrachord diezeugmenon im chromatischen Geschlecht.**

| | |
|---|---|
| Paramese | = 4096 = gis' (X) |
| Trite diezeugmenon chromatice | = 3888 = a' (Y) |
| Paranete diezeugmenon chromatice | = 3648 = b' (BB) |
| Nete diezeugmenon | = 3072 = cis" (DD) |

Diatessaron

**Tetrachord diezeugmenon im enharmonischen Geschlecht.**

| | |
|---|---|
| Paramese | = 4096 = gis' (X) |
| Trite diezeugmenon enharmonios | = 3992 = bb'* (Z) |
| Paranete diezeugmenon enharmonios | = 3888 = a' (AA) |
| Nete diezeugmenon | = 3072 = cis" (DD) |

Diatessaron

Tetrachord diezeugmenon und Tetrachord hyperbolaeon verbunden.

#### 1) Diatonisches Geschlecht.

| | | |
|---|---|---|
| Paramese | $= 4096 = \text{gis}'$ (X) | |
| Trite diezeugmenon diatonos | $= 3888 = \text{a}'$ (Y) | Tetrachord diezeugme- non Diatessaron |
| Paranete diezeugmenon diatonos | $= 3456 = \text{h}'$ (CC) | |
| Nete diezeugmenon | $= 3072 = \text{cis}''$ (DD) | |
| Trite hyperbolaeon diatonos | $= 2916 = \text{d}''$ (FF) | Tetrachord hyberbo- laeon Diatessaron |
| Paranete hyperbolaeon diatonos | $= 2592 = \text{e}''$ (KK) | |
| Nete hyperbolaeon | $= 2304 = \text{fis}''$ (LL) | |

#### 2) Chromatisches Geschlecht.

| | | |
|---|---|---|
| Paramese | $= 4096 = \text{gis}'$ (X) | |
| Trite diezeugmenon chromatice | $= 3888 = \text{a}'$ (Y) | Tetrachord diezeugme- non Diatessaron |
| Paranete diezeugmenon chro- matice . . . . . | $= 3648 = \text{b}'$ (BB) | |
| Nete diezeugmenon | $= 3072 = \text{cis}''$ (DD) | |
| Trite hyperbolaeon chromatice | $= 2916 = \text{d}''$ (FF) | Tetrachord hyperbo- laeon Diatessaron |
| Paranete hyperbolaeon chro- matice . . . . . | $= 2736 = \text{es}''$ (HH) | |
| Nete hyperbolaeon | $= 2304 = \text{fis}''$ (LL) | |

### 3) Enharmonisches Geschlecht.

Paramese        $= 4096 = $ gis$'$ (X)

Trite diezeugmenon enharmonios .     . $= 3992 = $ bb$'*$ (Z)

Paranete diezeugmenon enharmonios .     . $= 3888 = $ a$'$ (AA)

Tetrachord diezeugmenon Diatessaron

Nete diezeugmenos     $= 3072 = $ cis$''$(DD)

Trite hyperbolaeon enharmo-
nios . . . . . . . $= 2994 = $ eses$''*$(EE)

Paranete hyperbolaeon enharmonios . . . . . . $= 2916 = $ d$''$ (NN)

Tetrachord hyperbolaeon Diatessaron

Nete hyperbolaeon . . . $= 2304 = $ fis$''$ (LL)
(folgt umstehende Tabelle, Seite 124).

## VIII.
## Eintheilung des Monochordes in Bezug auf die Neten synemmenon durch die drei Geschlechter.

Zwei mit einander verbundene Tetrachorde, welche jedoch von der Mese getrennt waren, zeigte in ihrer Aufstellung das frühere Schema in den drei Geschlechtern. Jetzt kommen wir zu einem anderen Tetrachord, welches synemmenon genannt wird, weil es mit der Mese verbunden ist. Vorher sagten wir, dass zwischen Nete diezeugmenon und Mese die Consonanz Diapente sei, die Consonanz Diapente aber aus 3 Ganztönen und einem Halbton bestehe; es sind also 3 Ganztöne in diesem Penta-chord, von denen einer zwischen Nete diezeugmenon und Paranete die-zeugmenon diatonos liegt, der andere aber von Paranete diezeugmenon diatonos zu Trite diezeugmenon diatonos, und der dritte von Paramese zu Mese. Es bleibt ein Halbton übrig von Trite diezeugmenon diatonos zu Paramese. Das Tetrachord von Nete diezeugmenon zu Paramese ist nun von Mese um den Ganzton getrennt, welcher zwischen Paramese und Mese liegt. Wenn wir von dem Pentachorde, welches von Nete die-zeugmenon zu Mese gebildet ist, einen Ganzton wegnehmen, nämlich

| | | |
|---|---|---|
| Mese 4608 | | fis' (O) |
| Paramese 4096 | | gis" (X) |
| Trite diez. diatonos 3688 | | a' (Y) |
| | bb'b (Z) |
| Paranete die-zeugmenon diatonos 3456 | | a' (AA) |
| | b' (BB) |
| Nete die-zeugmenon 3072 | | h' (CC) |
| | cis" (DD) |
| | d" (FF) |
| | eses"* (EE) |
| | d" (NN) |
| | es" (HH) |
| | e" (KK) |
| | fis" (LL) |

Mese 4608
Paramese 4096
Trite diez. chrom. 3888
Paran. diez. chrom. 3648
Nete diez. 3072
Trite hyperb. diatonos 2916
Paranete hyper-bolaeon diatonos 2592
Nete hyperb. 2304

Mese 4608
Paramese 4096
Trite diez. diatonos 3688
3456
Nete diez. 3072
Trite hyperb. chrom. 2916
Paran. hyperb. chrom. 2736
Nete hyperb. 2304

Mese 4608
Paramese 4096
Trite diez. en. enharm. 3092
Paran. diez. enharm. 3688
Nete diez. 3072
Trite hyperbol. enhar. 2994
Paran. hyperb. enharm. 2916
Nete hyperb. 2304

den, welcher zwischen Nete diezeugmenon und Paranete diezeugmenon diatonos liegt, so könnten wir ein anderes Tetrachord mit Mese verbinden, so dass ein Tetrachord synemmenon, d. h. ein verbundenes, entstände und zwar auf folgende Weise:

Paranete diezeugmenon = h′ (CC) enthält die Zahl 3456. Von dieser Zahl den 3ten Theil genommen und zu 3456 hinzu addirt, giebt Mese. Die Zahl also, welche im Tetrachord diezeugmenon mit dem Buchstaben h′ (CC) bezeichnet wurde, stand von Nete diezeugmenon im diatonischen Geschlechte um einen Ganzton aus einander und wurde Paranete diezeugmenon diatonos genannt; im Tetrachord synemmenon aber, d. h. der verbundenen (Töne), sei dieser Klang Nete synemmenon in den drei Geschlechtern aufgestellt und mit dem Buchstaben h′ (V) bezeichnet. Hiervon (von 3456) werde der 8te Theil genommen, nämlich 432, und zu 3456 hinzu addirt, was 3888 giebt. Dies ist Paranete synemmenon, welches mit dem Buchstaben a′ (T) notirt wird. Von dieser Zahl wird wieder der 8te Theil genommen, nämlich 486; diesen zu 3888 hinzu addirt, giebt 4374, und dies ist Trite synemmenon diatonos, d. h. g′ (Q). Weil nun Nete synemmenon zu Mese, d. h. 3456 zu 4608, die Proportion Sesquiterz enthält (Diatessaron) Trite synemmenon aber zu Nete synemmenon, d. h. 4374:3456, die Proportion von 2 Ganztönen behauptet, so bleibt die Proportion eines Halbtones von Trite synemmenon diatonos zu Mese. Dieses Tetrachord ist also mit Mese verbunden und daher wird es synemmenon, d. h. gleichsam ein fortlaufendes und verbundenes, genannt. Vom diatonischen Geschlecht ist also die Proportion auf die angegebene Weise gemacht worden. Die Eintheilung des chromatischen Geschlechtes ist folgende:

Ich nehme von Nete synemmenon und Paranete synemmenon, d. h. von 3456 und 3888, die Differenz d. h. 432, diese theile ich so, dass ein Halbton wird; es entsteht 216, und dies addire ich zu 3888, so dass 3 Halbtöne werden, also 4104, und dies ist Paranete synemmenon chromatice, für welchen Klang der Buchstabe as′ (S) gesetzt ist. Zwischen Paranete synemmenon chromatice und Trite synemmenon, was früher diatonisch war, jetzt chromatisch ist, liegt ein Halbton. Von Trite synemmenon chromatice bis Mese findet man einen anderen Halbton. Weil nun von Nete synemmenon bis Trite synemmenon diatonos oder chromatice zwei Ganztöne sind, so ist das, was im diatonischen oder chromatischen Geschlecht Trite synemmenon diatonos oder chromatice ist, im enharmonischen Geschlecht Paranete synemmenon enharmonios, welche Klangstufe die Zahl 4374 hat und mit g′ (R) bezeichnet wird, von welcher bis zu Mese ein Halbton ist. Diesen theile ich in 2 Diesen auf die Weise: ich nehme die Differenz von Paranete synemmenon enharmonios und Mese, d. h. von 4374 und 4608, nämlich 234, diese theile ich, was 117 giebt; dies zu Paranete synemmenon enharmonios, d. h. zu 4374, hinzu addirt, giebt 4491, was mit dem Buchstaben asas'* (P) notirt wird; und es sei dies Trite synemmenon enharmonios. Es wird also zwischen Paranete synemmenon enharmonios und Mese, d. h. zwischen 4374 und 4608, ein Halbton sein, der durch Trite synemmenon enharmonios getheilt wurde, was mit 4491 festgestellt ist. Mithin ist auch die Berechnung dieses Tetrachordes entwickelt worden. Jetzt wollen wir das Schema aufstellen, damit auch dieses Tetrachord mit den übrigen Tetrachorden, hyperbolaeon und diezeugmenon verbunden wird, um einen richtigen Fortschritt in der beschreibenden Darlegung zu bewirken.

### Tetrachord synemmenon im diatonischen Geschlecht.

| | |
|---|---|
| Mese | = 4608 = fis' (O) |
| Trite synemmenon diatonos | = 4374 = g' (Q) |
| Paranete synemmenon diatonos | = 3888 = a' (T) |
| Nete symmenon | = 3456 = h' (V) |

### Tetrachord synemmenon im chromatischen Geschlecht.

| | |
|---|---|
| Mese | = 4608 = fis' (O) |
| Trite synemmenon chromatice | = 4374 = g' (Q) |
| Paranete synemmenon chromatice | = 4104 = as' (S) |
| Nete synemmenon | = 3456 = h' (V) |

### Tetrachord synemmenon im enharmonischen Geschlecht.

| | |
|---|---|
| Mese | = 4608 = fis' (O) |
| Trite synemmenon enharmonios | = 4491 = asas'* (P) |
| Paranete synemmenon enharmonios | = 4374 = g' (R) |

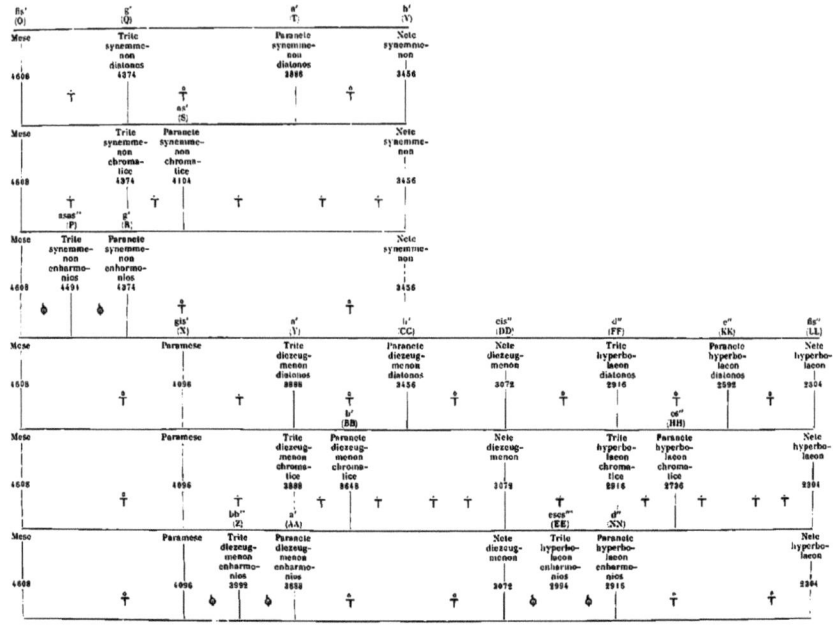

$$\overset{\text{o}}{\underset{}{\text{T}}}\ \overset{\text{o}}{\underset{}{\text{T}}}$$

| | |
|---|---|
| Nete synemmenon | $= 3456 = $ h' (V) |

Die Tetrachorde synemmenon, diezeugmenon und hyperbolaeon mit einander verbunden im diatonischen, chromatischen und enharmonischen Geschlecht aufgezeichnet.

| | |
|---|---|
| Mese | $= 4608 = $ fis' (O) |
| Trite synemmenon enharmonios | $= 4491 = $ asas'* (P) |
| Trite synemmenon diatonos | $= 4374 = $ g' (Q) |
| Trite synemmenon chromatice | $= 4374 = $ g' (Q) |
| Paranete synemmenon enharmonios | $= 4374 = $ g' (R) |
| Paranete synemmenon chromatice | $= 4104 = $ as' (S) |
| Paramese | $= 4096 = $ gis' (X) |
| Trite diezeugmenon enharmonios | $= 3992 = $ bb'* (Z) |
| Paranete synemmenon diatonos | $= 3888 = $ a' (T) |
| Trite diezeugmenon diatonos | $= 3888 = $ a' (Y) |
| Trite diezeugmenon chromatice | $= 3888 = $ a' (Y) |
| Paranete diezeugmenon enharmonios | $= 3888 = $ a' (AA) |
| Paranete diezeugmenon chromatice | $= 3648 = $ b' (BB) |
| Paranete diezeugmenon diatonos | $= 3456 = $ h' (CC) |
| Nete synemmenon | $= 3456 = $ h' (V) |
| Nete diezeugmenon | $= 3072 = $ cis'' (DD) |
| Trite hyperbolaeon enharmonios | $= 2994 = $ eses''* (EE) |
| Trite hyperbolaeon chromatice | $= 2916 = $ d'' (FF) |
| Trite hyperbolaeon diatonos | $= 2916 = $ d'' (FF) |
| Paranete hyperbolaeon enharmonios | $= 2916 = $ d'' (NN) |
| Paranete hyperbolaeon chromatice | $= 2736 = $ es'' (HH) |
| Paranete hyperbolaeon diatonos | $= 2592 = $ e'' (KK) |
| Nete hyperbolaeon | $= 2304 = $ fis'' (LL) |

## IX.

### Eintheilung des Monochordes für das Tetrachord meson durch die drei Geschlechter.

Nachdem dieses Alles vorher gesagt worden ist, meine ich, dass wir nicht nöthig haben, bei den übrigen Tetrachorden längere Zeit zu verweilen. Denn es sollen zum Beispiel für dieselben auch die übrigen Tetrachorde, nämlich das Tetrachord meson und hypaton verknüpft werden. Und vor allen Dingen wollen wir das Tetrachord meson des diatonischen Geschlechtes in dieser Ordnung beschreiben. Von Mese, nämlich fis' (O) $=$ 4608, nehme ich den dritten Theil, dieser ist 1536, diesen addire ich zu 4608 und erhalte dann 6144, dies sei cis' (H) $=$ Hypate meson, welches zu Mese die Consonanz Diatessaron enthält, und diese wird in 2 Ganztöne und einen Halbton folgendermassen eingetheilt. Ich nehme von Mese $=$ 4608 den 8ten Theil, nämlich 576, und addire denselben zu 4608, so erhalte ich 5184. Dies ist Lichanos meson diatonos, d. h. e' (M). Hiervon wird wiederum der 8te Theil genommen $=$ 648 und zu 5184 hinzu addirt, woraus 5832 entsteht. Dies sei d' (I) nämlich Parhypate meson diatonos, welche Klangstufe zu Lichanos meson diatonos einen Ganzton behauptet und um 2 Ganztöne von Mese entfernt ist. Es wird also ein Halbton übrig bleiben, der zwischen Hypate meson diatonos und Parhypate meson diatonos liegt, d. h. zwischen 6144 und 5832. — Dasselbe Tetrachord von Mese zu Hypate meson theilen wir jedoch im chromatischen Geschlecht auf folgende Weise. Ich nehme die Differenz von Mese zu Lichanos meson diatonos, d. h. 4608 zu 5184, diese ist 576 [5184 — 4608 $=$ 576]; von dieser Zahl nehme ich die Hälfte, woraus 288 entsteht. Diese Zahl zu der grösseren Zahl, zu 5184, hinzu addirt, giebt 5472, was Lichanos meson chromatice ist und mit es' (N) bezeichnet wird. Es bleiben nun zwei Halbtöne übrig, einer zwischen Lichanos meson chromatice und Parhypate meson chromatice, d. h. zwischen 5472 und 5832, und ein anderer zwischen Parhypate meson chromatice und Hypate meson, d. h. zwischen 5832 und 6144. — Das enharmonische Geschlecht aber theilen wir auf folgende Weise. Weil nämlich Parhypate meson diatonos oder chromatice zwei Ganztöne von Mese entfernt ist und die Zahl 5832 behauptet, so ist derselbe Klang im enharmonischen Geschlechte Lichanos meson enharmonios, der mit dem Buchstaben d' (L) bezeichnet wird, da er ebenfalls um 2 Ganztöne von Mese absteht. Es bleibt ein Halbton übrig, welcher zwischen Lichanos meson enharmonios und

Hypate meson liegt, d. i. zwischen 5832 und 6144; die Differenz dieser Zahlen ist 312, von welcher ich die Hälfte nehme, was 156 ergiebt. Zu 5832 addirt, entsteht 5988, und dies sei eses'* (K) = Parhypate meson enharmonios. Es sind also 2 Diesen, eine zwischen Lichanos meson enharmonios und Parhypate meson enharmonios, d. h. zwischen 5832 und 5988, die andere zwischen Parhypate meson enharmonios und Hypate meson, d. h. zwischen 5988 und 6144. Es ist also das Tetrachord meson getheilt worden, welches wir so in das Schema hineinsetzen, dass es zu den früher beschriebenen Tetrachorden hinzugerechnet wird.

**Tetrachord meson im diatonischen Geschlecht.**

| | | |
|---|---|---|
| Hypate meson | = 6144 = cis' (H) | |
| Parhypate meson diatonos | = 5832 = d' (J) | |
| Lichanos meson diatonos | = 5184 = e' (M) | Diatessaron |
| Mese | = 4608 = fis' (O) | |

**Tetrachord meson im chromatischen Geschlecht.**

| | | |
|---|---|---|
| Hypate meson | = 6144 = cis' (H) | |
| Parhypate meson chromatice | = 5832 = d' (J) | |
| Lichanos meson chromatice | = 5472 = es' (N) | Diatessaron |
| Mese | = 4608 = fis' (O) | |

**Tetrachord meson im enharmonischen Geschlecht.**

| | | |
|---|---|---|
| Hypate meson | = 6144 = cis' (H) | |
| Parhypate meson enharmonios | = 5988 = eses'* (K) | |
| Lichanos meson enharmonios | = 5832 = d' (L) | Diatessaron |
| Mese | = 4608 = fis' (O) | |

Boetius.

9

Die Tetrachorde meson, synemmenon, diezeugmenon und hyperbolaeon, in den drei Geschlechtern mit ein- ander verbunden.

| | |
|---|---|
| Hypate meson | $= 6144 = $ cis′ (H) |
| Parhypate meson enharmonios | $= 5988 = $ eses′* (K) |
| Parhypate meson diatonos | $= 5832 = $ d′ (J) |
| Parhypate meson chromatice | $= 5832 = $ d′ (J) |
| Lichanos meson enharmonios | $= 5832 = $ d′ (L) |
| Lichanos meson chromatice | $= 5472 = $ es′ (N) |
| Lichanos meson diatonos | $= 5184 = $ ·e′ (M) |
| Mese | $= 4608 = $ fis′ (O) |
| Trite synemmenon enharmonios | $= 4491 = $ asas′* (P) |
| Trite synemmenon diatonos | $= 4374 = $ g′ (Q) |
| Trite synemmenon chromatice | $= 4374 = $ g′ (Q) |
| Paranete synemmenon enharmonios | $= 4374 = $ g′ (R) |
| Paranete synemmenon chromatice | $= 4104 = $ as′ (S) |
| Paramese | $= 4096 = $ gis′ (X) |
| Trite diezeugmenon enharmonios | $= 3992 = $ bb′* (Z) |
| Paranete synemmenon diatonos | $= 3888 = $ a′ (T) |
| Trite diezeugmenon diatonos | $= 3888 = $ a′ (Y) |
| Trite diezeugmenon chromatice | $= 3888 = $ a′ (Y) |
| Paranete ·diezeugmenon enharmonios | $= 3838 = $ a′ (AA) |
| Paranete diezeugmenon chromatice | $= 3648 = $ b′ (BB) |
| Nete synemmenon | $= 3456 = $ h′ (V) |
| Paranete diezeugmenon diatonos | $= 3456 = $ h′ (CC) |
| Nete diezeugmenon | $= 3072 = $ cis″ (DD) |
| Trite hyperbolaeon enharmonios | $= 2994 = $ eses″* (EE) |
| Trite hyperbolaeon diatonos | $= 2916 = $ d″ (FF) |
| Trite hyperbolaeon chromatice | $= 2916 = $ d″ (FF) |
| Paranete hyperbolaeon enharmonios | $= 2916 = $ d″ (NN) |
| Paranete hyperbolaeon chromatice | $= 2736 = $ es″ (HII) |
| Paranete hyperbolaeon diatonos | $= 2592 = $ e″ (KK) |
| Nete hyperbolaeon | $= 2304 = $ fis″ (LL). |

# Tetrachord meson, synemmenon, diezeugmenon und hyperbolaeon.

# X.

### Eintheilung des Monochordes in Bezug auf das Tetrachord hypaton in den drei Geschlechtern und die Aufstellung des ganzen Schemas.

Jetzt wollen wir das Tetrachord hypaton in den drei Geschlechtern eintheilen. Ich nehme von Hypate meson, d. h. von 6144, die Hälfte = 3072 und addire dieselbe zu 6144, so erhalte ich 9216; dies ist Proslambanomenos, welches zu Hypate meson die Consonanz Diapente bewahrt. Wenn ich von Hypate meson, also von 6144, den 3ten Theil nehme, d. i. 2048, und zu 6144 addire, so entsteht 8192, und dies ist gis (B) = Hypate hypaton. Also bildet Hypate meson zu Proslambanomenos die Consonanz Diapente, zu Hypate hypaton aber die Consonanz Diatessaron. Von diesem Klange Hypate meson aber, d. h. 6144, nimmt man den 8ten Theil = 768 und addirt denselben zu 6144, so entsteht 6912. Dies ist Lichanos hypaton diatonos = h (E), welches zu Hypate meson einen Ganzton behauptet. Ferner nimmt man von 6912 den 8ten Theil = 864 und addirt ihn zu 6912, so entsteht 7776, und dies ist a (C) = Parhypate hypaton diatonos, welches zu Lichanos hypaton diatonos die Entfernung eines Ganztones, zu Hypate meson die Entfernung von zwei Ganztönen bewahrt. Es bleibt nun ein Halbton übrig, welcher zwischen Parhypate hypaton diatonos und Hypate hypaton liegt, d. h. zwischen 7776 und 8192. So ist das Tetrachord hypaton im diatonischen Geschlecht. — Chromatisch theilen wir es auf folgende Weise. Ich nehme die Differenz von Hypate meson und Lichanos hypaton diatonos, d. h. von 6144 und 6912 = 768, diese theile ich, so dass ich 2 Halbtöne erhalte; die Hälfte = 384 addire ich zu 6912, so dass 3 Halbtöne entstehen, die daraus resultirende Zahl ist 7296, dies wird b (F), d. h. Lichanos hypaton chromatice, sein, welcher Klang von Hypate meson um 3 Halbtöne entfernt ist. Es bleiben also 2 Halbtöne übrig, der eine zwischen Lichanos hypaton chromatice und Parhypate hypaton chromatice, d. h. zwischen 7296 und 7776. Der andere zwischen Parhypate hypaton chromatice und Hypate hypaton, d. h. zwischen 7776 und 8192. — Es bleibt das enharmonische Geschlecht übrig, dessen Eintheilung nach früherem Beispiel folgende ist. Weil nämlich Parhypate hypaton diatonos oder Parhypate hypaton chromatice = 7776 2 Ganztöne von Hypate meson entfernt ist, so wird im enharmonischen Geschlechte derselbe Klang Lichanos hypaton enharmonios sein, der von Hypate meson um 2 Ganztöne absteht. Von der Consonanz Diatessaron bleibt also ein Halbton übrig, welcher zwischen Lichanos hypaton enharmonios und Hypate hypaton liegt, d. h. zwischen 7776 und 8192; den theilen wir in 2 Diesen folgendermassen: Wir nehmen die Differenz von Lichanos hypaton enharmonios und Hypate hypaton, d. h. von 7776 und 8192, welche 416 ist; hiervon nehmen wir die Hälfte = 208 und addiren dieselbe zu 7776, so erhalten wir 7984; dies ist bb*(D) = Parhypate hypaton enharmonios. Es sind nun 2 Diesen vorhanden, eine zwischen Lichanos hypaton enharmonios, und Parhypate hypaton enharmonios, d. h. zwischen 7776 und 7984; die andere aber zwischen Parhypate hypaton enharmonios und Hypate hypaton, d. h. zwischen 7984 und 8192. Zuletzt liegt jedoch zwischen Hypate hypaton und Proslambanomenos, d. h. zwischen 8192 und 9216, ein Ganzton. Das Tetrachord hypaton ist also gemäss den drei Geschlechtern eingetheilt worden, dem diatonischen, chromatischen und enharmonischen. Wenn dieses Tetrachord mit den früheren Tetrachorden, mit dem Tetrachord hyperbolaeon, diezeugmenon, synemmenon und meson, verbunden wird, so erhält man eine ganz vollständige Beschreibung des durch alle Geschlechter eingetheilten regulären Monochordes.

### Tetrachord hypaton im diatonischen Geschlecht.

| | | | | | | |
|---|---|---|---|---|---|---|
| | | Proslambanomenos | = 9216 = | fis | (A) | |
| Diapente | | Hypate hypaton | = 8192 = | gis | (B) | Diatessaron |
| | | Parhypate hypaton diatonos | = 7776 = | a | (C) | |
| | | Lichanos hypaton diatonos | = 6912 = | h | (E) | |
| | | Hypate meson | = 6144 = | cis′ | (H) | |

### Tetrachord hypaton im chromatischen Geschlecht.

| | | | | | | |
|---|---|---|---|---|---|---|
| | | Proslambanomenos | = 9216 = | fis | (A) | |
| Diapente | | Hypate hypaton | = 8192 = | gis | (B) | Diatessaron |
| | | Parhypate hypaton chromatice | = 7776 = | a | (C) | |
| | | Lichanos hypaton chromatice | = 7296 = | b | (F) | |
| | | Hypate meson | = 6144 = | cis′ | (H) | |

### Tetrachord hypaton im enharmonischen Geschlecht.

| | | | | |
|---|---|---|---|---|
| | Proslambanomenos | | $= 9216 =$ fis (A) | |
| Diapente | Hypate hypaton | | $= 8192 =$ gis (B) | Diatessaron |
| | Parhypate hypaton enharmonios | | $= 7984 =$ bb* (D) | |
| | Lichanos hypaton enharmonios | | $= 7776 =$ a (G) | |
| | Hypate meson | | $= 6144 =$ cis′ (H) | |

Tetrachord hypaton, meson, synemmenon, diezeugmenon und hyperbolaeon, mit einander verbunden in den
drei Geschlechtern.

| | | |
|---|---|---|
| Proslambanomenos | $= 9216 =$ | fis (A) |
| Hypate hypaton | $= 8192 =$ | gis (B) |
| Parhypate hypaton enharmonios | $= 7984 =$ | bb* (D) |
| Parhypate hypaton diatonos | $= 7776 =$ | a (C) |
| Parhypate hypaton chromatice | $= 7776 =$ | a (C) |
| Lichanos hypaton enharmonios | $= 7776 =$ | a (G) |
| Lichanos hypaton chromatice | $= 7296 =$ | b (F) |
| Lichanos hypaton diatonos | $= 6912 =$ | h (E) |
| Hypate meson | $= 6144 =$ | cis′ (H) |
| Parhypate meson enharmonios | $= 5988 =$ | eses′* (K) |
| Parhypate meson diatonos | $= 5832 =$ | d′ (J) |
| Parhypate meson chromatice | $= 5832 =$ | d′ (J) |
| Lichanos meson enharmonios | $= 5832 =$ | d′ (L) |
| Lichanos meson chromatice | $= 5472 =$ | es′ (N) |
| Lichanos meson diatonos | $= 5184 =$ | e′ (M) |
| Mese | $= 4608 =$ | fis′ (O) |
| Trite synemmenon enharmonios | $= 4491 =$ | asas′* (P) |
| Trite synemmenon diatonos | $= 4374 =$ | g′ (Q) |
| Trite synemmenon chromatice | $= 4374 =$ | g′ (R) |
| Paranete synemmenon enharmonios | $= 4374 =$ | g′ (R) |
| Paranete synemmenon chromatice | $= 4104 =$ | as′ (S) |
| Paramese | $= 4096 =$ | gis′ (X) |
| Trite diezeugmenon enharmonios | $= 3992 =$ | bb′* (Z) |
| Trite diezeugmenon diatonos | $= 3888 =$ | a′ (Y) |

| | | |
|---|---|---|
| Trite diezeugmenon chromatice | $= 3888 =$ | a' (Y) |
| Paranete synemmenon diatonos | $= 3888 =$ | a' (T) |
| Paranete diezeugmenon enharmonios | $= 3888 =$ | a' (AA) |
| Paranete diezeugmenon chromatice | $= 3648 =$ | b' (BB) |
| Paranete diezeugmenon diatonos | $= 3456 =$ | h' (CC) |
| Nete synemmenon | $= 3456 =$ | h' (V) |
| Nete diezeugmenon | $= 3072 =$ | cis'' (DD) |
| Trite hyperbolaeon enharmonios | $= 2994 =$ | eses''* (EE) |
| Trite hyperbolaeon diatonos | $= 2916 =$ | d'' (FF) |
| Trite hyperbolaeon chromatice | $= 2916 =$ | d'' (FF) |
| Paranete hyperbolaeon enharmonios | $= 2916 =$ | d'' (NN) |
| Paranete hyperbolaeon chromatice | $= 2736 =$ | es'' (HH) |
| Paranete hyperbolaeon diatonos | $= 2592 =$ | e'' (KK) |
| Nete hyperbolaeon | $= 2304 =$ | fis'' (LL). |

## XI.

### Erläuterung des vorher aufgestellten Schemas.

In der vorerwähnten Form also behauptet Proslambanomenos zu Mese, und Mese zu Nete hyperbolaeon die Consonanz Diapason. Proslambanomenos zu Nete hyperbolaeon aber die Consonanz Bisdiapason. Die Consonanz Diatessaron bewahren Hypate hypaton zu Hypate meson, Hypate meson zu Mese, Mese zu Nete synemmenon, Paramese zu Nete diezeugmenon, Nete diezeugmenon zu Nete hyperbolaeon. Das Verhältniss gestaltet sich nun so, dass wir nach diesen Consonanzen die ganzen Tetrachorde zählen. Um dies klarer zu machen, stelle man sich in dieser Form die Reihe der Saiten vor; mit Berücksichtigung der drei Geschlechter werden nur fünf Tetrachorde verzeichnet sein. Das erste und tiefste heisst Hypaton, dessen tiefster Klang Hypate hypaton und dessen höchster Hypate meson ist. Das zweite Tetrachord heisst Meson, dessen tiefster Klang Hypate meson und höchster Klang Mese ist. Das dritte Tetrachord heisst Synemmenon, dessen tiefster Klang Mese und höchster Klang Nete synemmenon ist. Das vierte Tetrachord heisst Diezeugmenon, dessen tiefster Klang Paramese und höchster Klang Nete diezeugmenon ist. Das fünfte aber heisst Hyperbolaeon, dessen tiefster Klang Nete diezeugmenon und höchster Klang Nete hyperbolaeon ist.

## Das Schema für alle Tetrachorde in den drei Klanggeschlechtern.

Zu Seite [illegible]

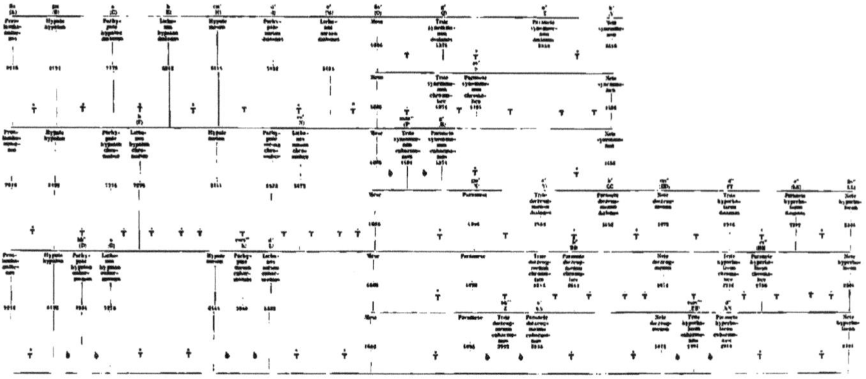

# XII.

## Ueber die feststehenden und beweglichen Klänge.

Von allen diesen Klängen sind einige theils im Ganzen unbeweglich, theils im Ganzen beweglich, und theils weder im Ganzen unbeweglich noch im Ganzen beweglich. Im Ganzen unbeweglich sind Proslambanomenos, Hypate hypaton, Hypate meson, Mese, Nete synemmenon, Paramese, Nete diezeugmenon, Nete hyperbolaeon, und diese heissen deswegen unbeweglich, weil sie in allen drei Geschlechtern dieselben sind und weder die Namen noch Orte verändern, mögen sie Pentachorde oder Tetrachorde enthalten. Pentachorde nämlich wie Proslambanomenos zu Hypate meson, und Mese zu Nete diezeugmenon. Tetrachorde aber, wie Hypate hypaton zu Hypate meson, Hypate meson zu Mese etc. — Bewegliche Klänge sind nun die, welche nach den einzelnen Geschlechtern verändert werden, wie die diatonischen und chromatischen Paraneten und Lichanen, die enharmonischen Triten und Parhypaten. Verschieden sind auch Paranete diezeugmenon diatonos und chromatice, und nicht ist Trite diezeugmenon enharmonios dasselbe, was es in den übrigen Geschlechtern ist; auch sind Paranete synemmenon diatonos und chromatice nicht dieselben Klänge, und Trite synemmenon enharmonios ist verschieden von den Klängen, welche in den anderen Geschlechtern Trite synemmenon heissen. Auch weichen Lichanos meson diatonos und Lichanos meson chromatice von einander ab, ebenso wird Parhypate meson enharmonios in keinem andern Geschlecht in gleicher Weise gefunden. Auch behaupten Lichanos hypaton diatonos und Lichanos hypaton chromatice nicht dieselben Orte und Zahlen, ebenso erscheint Parhypate hypaton enharmonios als ein von den Parhypaten in andern Geschlechtern verschiedener Klang. Im Ganzen nicht unbeweglich oder beweglich sind die, welche in zwei Getern, d. h. im diatonischen und chromatischen, dieselben sind, im enharmonischen aber verändert werden. Man erkennt dies auf folgende Weise: Trite hyperbolaeon diatonos und Trite hyperbolaeon chromatice sind in der früheren Darstellung als dieselben Klänge aufgeführt worden und zwar in den Zahlen 2916. Betrachten wir jedoch das enharmonische Geschlecht, so finden wir eine andere Trite, nämlich 2994. Der in zwei Geschlechtern gemeinschaftliche Klang ist also im dritten verändert worden. Dasselbe findet auch im Tetrachord diezeugmenon statt. Denn Trite diezeugmenon diatonos und Trite diezeugmenon chromatice sind dieselben Klänge und entsprechen sich als solche, Trite diezeugmenon enharmonios aber weicht von jenen ab. Im Tetrachord synemmenon findet ebenfalls dasselbe statt. Denn Trite synemmenon diatonos und Trite synemmenon chromatice sind dieselben Klänge. Trite synemmenon enharmonios ist aber von ihnen verschieden. Ebenso erkennt man Parhypate meson diatonos und Parhypate meson chromatice als dieselben Klänge. Im enharmonischen Geschlecht jedoch findet man, wie früher bei den Triten, so hier Parhypate neben Hypate meson gesetzt; in der Beschaffenheit und Höhe des Klanges ist es jedoch in den andern Geschlechtern verschieden von diesem. Ferner ist Parhypate hypaton diatonos und Parhypate hypaton chromatice derselbe Klang. Aber nicht ist es derselbe Klang, wenn man ihn im enharmonischen Geschlecht sucht. Damit man jedoch die nicht vollkommne Beweglichkeit deutlicher verstehe, wollen wir zum Tetrachord hyperbolaeon zurückkehren. In diesem wird der Klang, welcher im diatonischen und chromatischen Geschlecht Trite hyperbolaeon ist, im enharmonischen verändert und es entsteht Paranete. Ebenso wird der Klang, welcher im diatonischen oder chromatischen Geschlecht Trite diezeugmenon genannt wird, mit Paranete im enharmonischen bezeichnet, und was Trite synemmenon im chromatischen oder diatonischen Geschlechte war, geht im enharmonischen in Paranete über. Was aber als Parhypate meson im chromatischen oder diatonischen Geschlechte erschien, das findet man als Lichanos meson im enharmonischen Geschlechte. Was jedoch Parhypate hypaton im diatonischen oder chromatischen Geschlecht genannt wurde, das bezeichnet man als Lichanos hypaton im enharmonischen Geschlechte. — Es sind also unbewegliche Klänge folgende: Proslambanomenos, Hypate hypaton, Hypate meson, Mese, Nete synemmenon, Paramese, Nete diezeugmenon, Nete hyperbolaeon. Bewegliche Klänge sind aber diese, welche wir Lichanos oder Paranete im diatonischen, chromatischen, enharmonischen Geschlechte nennen. Nicht im Ganzen beweglich oder unbeweglich sind die, welche wir als Parhypate oder Trite im diatonischen oder chromatischen, als Lichanos aber und Paranete im enharmonischen Geschlechte bezeichnen.

## XIII.
### Ueber die Gattungen der Consonanzen [1].

Jetzt wollen wir verhandeln über die Gattungen der ersten Consonanzen. Die ersten Consonanzen sind nämlich Diapason, Diapen , Diatessaron.

[1] Bei den folgenden Klangbezeichnungen liegt die hypodorische Tonart zu Grunde.

Gattung aber bedeutet eine gewisse Aufstellung, welche eine eigene Form hat gemäss eines jeden Geschlechtes, und welche in den Zahlen einer Proportion besteht, die eine Consonanz bewirkt. Z. B. im diatonischen Geschlechte. Denn wenn wir das Tetrachord diezeugmenon zwischen das Tetrachord hyperbolaeon und meson setzen, nachdem wir das Tetrachord synemmenon weggenommen haben, so werden wir im Ganzen 15 Klänge haben, und wenn wir von diesen noch Proslambanomenos wegnehmen, so erhalten wir 14. Diese also werden auf folgende Weise aufgestellt. Es sei H (A) Hypate hypaton, c (B) Parhypate hypaton, d (C) Lichanos hypaton, e (D) Hypate meson, f (E) Parhypate meson, g (F) Lichanos meson, a (G) Mese, h (H) Paramese, c' (J) Trite diezeugmenon, d' (K) Paranete diezeugmenon, e' (L) Nete diezeugmenon, f' (M) Trite hyperbolaeon, g' (N) Paranete hyperbolaeon, a' (O) Nete hyperbolaeon. Von Hypate hypaton zu Paramese ist die Consonanz Diapason. Von Mese aber zu Hypate meson die Consonanz Diatessaron und von Mese zu Lichanos hypaton die Consonanz Diapente. Es wird also Diapason 8 Stimmen (Klänge) umfassen, Diatessaron aber 4 und Diapente 5 Stimmen (Klänge). Und deswegen wird Diatessaron drei Gattungen, Diapente aber vier Gattungen und Diapason sieben Gattungen enthalten, und immer wird (der Zahl nach) eine Gattung weniger vorhanden sein, als Stimmen da sind. Wir fangen von Mese an und erhalten die drei Gattungen der Consonanz Diatessaron auf folgende Weise : Eine Gattung wird sein von a (G) zu e (D). Die zweite von g (F) zu d (C). Die dritte von f (E) zu c (B); bis hierher schreiten die Quartengattungen. Deswegen, weil bis hierher die Gattung zwei Stimmen enthält. Z. B. enthält die erste Gattung a (G) zu e (D) die Stimmen f (E) und g (F). Die zweite Gattung g (F) zu d (C) enthält die Stimmen f (E) und e (D). Die dritte Gattung f (E) zu c (B) enthält die Stimmen d (C) und e (D). Wenn ich aber die Consonanz Diatessaron e (D) zu H (A) hinzunehme, so wird sie nicht von der verschieden sein, welche von a (G) zu e (D) gebildet ist. Denn sie wird mit a—e (G—D) einen Klang gemeinschaftlich haben, nämlich e (D). Es ist also gewissermassen die Consonanz a—e (G—D) ausgeschieden, weil e—H (D—A) dasselbe Diatessaron ist, und man nimmt an, dass Diatessaron drei Gattungen habe. Bei den übrigen Consonanzen findet dasselbe statt.

Von Diapente erhält man vier Gattungen auf folgende Weise : Die erste ist von h (H) zu e (D), die zweite ist von a (G) zu d (C), die dritte von g (F) zu c (B), die vierte von f (E) zu H (A). Vom Diapason werden sieben Gattungen sein auf folgende Weise. Die erste von a' (O) zu a (G),

die zweite von g' (N) zu g (F), die dritte von f' (M) zu f (E), die vierte
von e' (L) zu e (D), die fünfte von d' (K) zu d (C), die sechste von
c' (J) zu c (B), die siebente von h (H) zu H (A). Aus dem Gesagten
erhellt also, dass die Consonanz Diatessaron nur einmal in unbeweglichen und feststehenden Stimmen besteht. Denn wenn ich von Hypate hypaton anfange, so wird H—e (A—D), d. h. von Hypate hypaton bis Hypate
meson, die erste Gattung in dieser Reihenfolge sein. Denn die übrigen
werden nicht von feststehenden Stimmen begrenzt wie c—f (B—E) und
d—g (CF), weil ja Parhypate hypaton und Parhypate meson, Lichanos
hypaton und Lichanos meson als bewegliche Klänge dargestellt worden
sind. Wenn wir wiederum von Hypate meson die Consonanz Diatessaron
anfangen, so wird e—a (D—G) als eine Gattung Diatessaron mit feststehenden Klängen gebildet sein, nämlich von Hypate meson bis Mese. Die
übrigen keineswegs, wie f—h (E—H) und g—c' (F—J). Denn Parhypate meson, Lichanos meson und Trite diezeugmenon sind nicht als
unbewegliche Klänge bewiesen worden. Wenn wir ferner dieselbe Ordnung des Diatessaron von Paramese anfangen, so wird auch die Gattung
des Diatessaron h—e' (H—L), d. h. von Paramese bis Nete diezeugmenon, mit feststehenden Klängen gebildet sein, und dies ist die erste Gattung; denn die übrigen c'—f' (J—M) und d'—g' (K—N) werden von
beweglichen Klängen begrenzt. Von Trite diezeugmenon und Paranete
diezeugmenon, Trite hyperbolaeon und Paranete hyperbolaeon haben
wir ja vorher gesagt, dass es bewegliche Klänge seien. Ebenso enthält
die Consonanz Diapente nur zwei Gattungen, welche durch feststehende
Stimmen (Klänge) eingeschlossen werden. Z. B. wenn wir von Hypate
meson anfangen, so ist die eine Gattung e—h (D—H), d. h. von Hypate
meson bis Paramese. Die andere ist a—e' (G—L), d. h. von Mese bis
Nete diezeugmenon, und dies ist die vierte Gattung. Die übrigen, wie
f—c' (E—J) und g—d' (F—K) sind keinesweges von feststehenden
Klängen eingeschlossen. Denn Parhypate meson und Lichanos meson,
Trite und Paranete diezeugmenon sind als nicht feststehende gezeigt
worden. Eine ähnliche Reihe wird entstehen, wenn man von Nete diezeugmenon nach der Tiefe hin, d. h. zu Mese die Gattungen dieser
Consonanz betrachtet, da sie mit denselben unbeweglichen Klängen, von
denen wir früher gesprochen haben, zusammengehalten werden. Sei es
nun, dass wir von Hypate meson oder von Mese, von Paramese oder
Nete hyperbolaeon die Consonanzen nach der Tiefe hinleiten, so wird
zwischen den beiden, welche mit feststehenden Klängen gebildet sind,
kein Unterschied sein können.

Wenn wir die Ordnung der Consonanz Diapason von Hypate hypaton bis Paramese, oder von Nete hyperbolaeon bis Mese, anfangen, so wird sie nur drei Gattungen behaupten, die von unbeweglichen Klängen eingeschlossen werden. Denn indem wir von Hypate hypaton anfangen, so ist die eine H—h (A—H), nämlich von Hypate hypaton zu Paramese, die erste. Die andere e—e′ (D—L) ist die vierte, nämlich von Hypate meson bis Nete diezeugmenon. Ferner ist a—a′. (G—O) die siebente, nämlich von Mese bis Nete hyperbolaeon. Bei den übrigen Gattungen sind die begrenzenden Stimmen (Klänge) keinesweges mit unbeweglichen Tönen gebildet. Denn Parhypate, Lichanos, Trite und Paranete sind, wie früher schon gesagt, nicht unbeweglich. Auf ähnliche Weise wird die Ordnung der Gattungen mit denselben Stimmen (Klängen) gebildet, wenn wir von Nete hyperbolaeon anfangen, wofür das folgende Schema zur Einsicht verhilft.

| A | ——— | Hypate hypaton | = **H** Feststehend |
| B | ——— | Parhypate hypaton | = c Beweglich |
| C | ——— | Lichanos hypaton | = d Beweglich |
| D | ——— | Hypate meson | = e Feststehend |
| E | ——— | Parhypate meson | = f Beweglich |
| F | ——— | Lichanos meson | = g Beweglich |
| G | ——— | Mese | = **a** Feststehend |
| H | ——— | Paramese | = **h** Feststehend |
| J | ——— | Trite diezeugmenon | = c′ Beweglich |
| K | ——— | Paranete diezeugmenon | = d′ Beweglich |
| L | ——— | Nete diezeugmenon | = e′ Feststehend |
| M | ——— | Trite hyperbolaeon | = f Beweglich |
| N | ——— | Paranete hyperbolaeon | = g′ Beweglich |
| O | ——— | Nete hyperbolaeon | = **a**′ Feststehend. |

## XIV.

Ueber die **Anfänge der Tonarten**, wobei die Stellung der Tonzeichen in den einzelnen Tonarten und Stimmen angegeben wird.

Aus den Gattungen der Consonanz Diapason bestehen also die sogenannten Moden, welche man auch Tropen oder Töne nennt. Es sind aber die Tropen gewisse Aufstellungen in allen Ordnungen der Stimmen, die sich durch Tiefe oder Höhe unterscheiden. Die Aufstellung aber ist der Gesammtkörper der Modulation, der aus der Verbindung von Consonanzen besteht, z. B. aus Diapason, oder Diapason und Diatessaron, oder Bisdiapason. Diapason ist-nämlich die Aufstellung von Proslambanomenos bis Mese mit Hinzurechnung der übrigen Stimmen [1]), welche mitten darin liegen, oder von Mese bis Nete hyperbolaeon mit den dazwischenliegenden Stimmen, oder von Hypate meson bis Nete diezeugmenon, mit den Stimmen, welche von ihnen als mittlere eingeschlossen werden. Diapason und Diatessaron aber ist die Aufstellung, welche von Proslambanomenos bis Nete synemmenon mit den dazwischenliegenden Stimmen besteht. Bisdiapason aber erkennt man von Proslambanomenos bis Nete hyperbolaeon, mit den Stimmen, welche in die Mitte dazwischen gelegt sind. Wenn man diese ganzen Aufstellungen höher oder tiefer macht und zwar gemäss den vorhergenannten Gattungen der Consonanz Diapason, so wird man sieben Moden bewirken, deren Namen folgende sind: Hypodorius, Hypophrygius, Hypolydius, Dorius, Phrygius, Lydius, Mixolydius, deren Ordnung folgendermassen fortschreitet. Es sei im diatonischen Geschlecht die Ordnung der Stimmen aufgestellt von Proslambanomenos bis Nete hyperbolaeon, und dies sei der Modus hypodorius. Wenn man Proslambanomenos um einen Ganzton in die Höhe zieht, und ihn in die Schwebung von Hypate hypaton bringt und die übrigen Stimmen alle um einen Ganzton transponirt, so wird die ganze höhere Ordnung so fortlaufen, als sie es war, bevor man die Transposition um einen Ganzton aufnahm.

Es wird also die ganze höher gemachte Aufstellung der Modus hypophrygius sein. Wenn im hypophrygischen Modus die Stimmen um einen Ganzton höher transponirt werden, so entsteht die Modulation des hypolydischen Modus. Und wenn man den hypolydischen Modus um einen Halbton transponirt, so entsteht der dorische. Die übrigen Moden werden in Bezug auf Transposition nach der Höhe zu ebenso gebildet. Damit man die Einsicht in diese Moden nicht allein mit dem Verstande gewinne, sondern auch ihre Form mit den Augen erkennen kann, so wollen wir das von den alten Musikern überlieferte Schema hinzusetzen:

---

[1]) Stimme wird hier in der Bedeutung von Klang gebraucht, gleichwie auch Saite mit Klang identisch ist.

Facsimile aus dem Cölner Codex.

| Hypmixot | Mixotued | Liduf | Phrygiuf | Doriuf | Hypolid | Hypophrig | Hypodoris | |
|---|---|---|---|---|---|---|---|---|
|  |  |  |  |  |  |  |  | Pflambanom |
|  |  |  |  |  |  |  |  | Hypateypat |
|  |  |  |  |  |  |  |  | Parypatehypat |
|  |  |  |  |  |  |  |  | Lychanofypat |
|  |  |  |  |  |  |  |  | Hyp mefe |
|  |  |  |  |  |  |  |  | Parhyp mef |
|  |  |  |  |  |  |  |  | Lichan mef |
|  |  |  |  |  |  |  |  | M efe |
|  |  |  |  |  |  |  |  | Tritefynemm |
|  |  |  |  |  |  |  |  | Paran fynemm |
|  |  |  |  |  |  |  |  | Nete fynemm. |
|  |  |  |  |  |  |  |  | Para mefe |
|  |  |  |  |  |  |  |  | Trite diezeug |
|  |  |  |  |  |  |  |  | Paranetediezeug |
|  |  |  |  |  |  |  |  | Nete diezeugm |
|  |  |  |  |  |  |  |  | Tritehypbot |
|  |  |  |  |  |  |  |  | Paranete-hypbot |
|  |  |  |  |  |  |  |  | Nete-hypbot |

| Hypermixo-lydius. | Mixolydius oder Hyperdorius. | Lydius. | Phrygius. | Dorius. | Hypolydius. | Hypophrygius. | Hypodorius. | |
|---|---|---|---|---|---|---|---|---|
| ω / ⲅ | ∇ / ⊣ | Z / ⊢ | \ / Ɛ | N / Π | ϙ / H | ϴ / ϴ | ⊓ / ᑫ | Proslambanomenos. |
| Φ / F | ω / ⲅ | ⅂ / Γ | Z / ⊢ | \ / Ɛ | W / ♄ | ϙ / H | ϴ / ϴ | Hypate hypaton. |
| Y / ⲏ | + / ⲅ | R / L | F / ⊥ | ⋏ / ⏘ | V / ⲓ | NV / Π | ♭ / ω | Parhypate hypaton. |
| Π / ⊃ | T / ⅂ | Φ / F | ω / ⲅ | ∇ / ⊣ | Z / ⊢ | \ / Ɛ | N / Π | Lichanos hypaton. |
| M / ⲏ | Π / ⊃ | C / C | Φ / F | ω / ⲅ | ⅂ / Γ | Z / ⊢ | \ / Ɛ | Hypate meson. |
| ⋀ / ◁ | O / K | P / ∪ | Y / ⲏ | + / ⵄ | R / L | F / ⊥ | ⋀ / ⏘ | Parhypate meson. |
| H / Ⴈ | K / ⋀ | M / ⲏ | Π / ⊃ | T / ⅂ | Φ / F | ω / ⲅ | ∇ / ⊣ | Lichanos meson. |
| Γ / N | H / Ⴈ | I / < | M / ⲏ | Π / ⊃ | C / C | Φ / F | ω / ⲅ | Mese. |
| B / Ⳑ | Z / ⊨ | ϴ / V | ⋀ / ⵈ | O / K | P / ∪ | Y / ⲏ | + / ⵄ | Trite synemmenon. |
| ⚹ / ⋋ | A / \ | Γ / N | H / Ⴈ | K / ⋀ | M / ⲏ | Π / ⊃ | T / ⅂ | Paranete synemmenon. |
| ⊥ / ⲩ | ⚹ / ⋋ | ∪ / Z | Γ / N | H / Ⴈ | I / ⋋ | M / ⲏ | Π / ⊃ | Nete synemmenon. |
| ∪ / Z | Γ / N | Z / ⊨ | I / < | M / ⲏ | O / K | C / C | Φ / F | Paramese. |
| ↑ / ⲩ | B / Ⳑ | E / ⯊ | ϴ / V | ⋀ / ⵈ | ⧦ / ⵙ | P / ∪ | Y / ⲏ | Trite diezeugmenon. |
| ⊥ / ⲩ | ⚹ / ⋋ | ∪ / Z | Γ / N | H / Ⴈ | I / < | M / ⲏ | Π / ⊃ | Paranete diezeugmenon. |
| M' / ⲏ' | ⊥ / ⲩ | ϙ / ⲙ | ∪ / Z | Γ / N | Z / ⊨ | I / Ⴈ | M / ⲏ | Nete diezeugmenon. |
| ⋀' / ⵈ' | O' / K' | ⋋ / ⋌ | ↑ / ⲩ | B / Ⳑ | E / ⯊ | ϴ / V | ⋀ / ⵈ | Trite hyperbolaeon. |
| H' / Ⴈ' | ⋀' / ⵈ' | M' / ⲏ' | ⊥ / ⲩ | ⚹ / ⋋ | ∪ / Z | Γ / N | H / Ⴈ | Paranete hyperbolaeon. |
| Γ' / N' | H' / Ⴈ' | I' / ⋋ | M' / ⲏ' | ⊥ / ⲩ | ϙ / ⲙ | ∪ / Z | Γ / N | Nete hyperbolaeon. |

Hypermixolydius.

Mixolydius oder Hyperdorius.

Lydius.

Phrygius.

Dorius.

Hypolydius.

Hypophrygius.

Hypodorius.

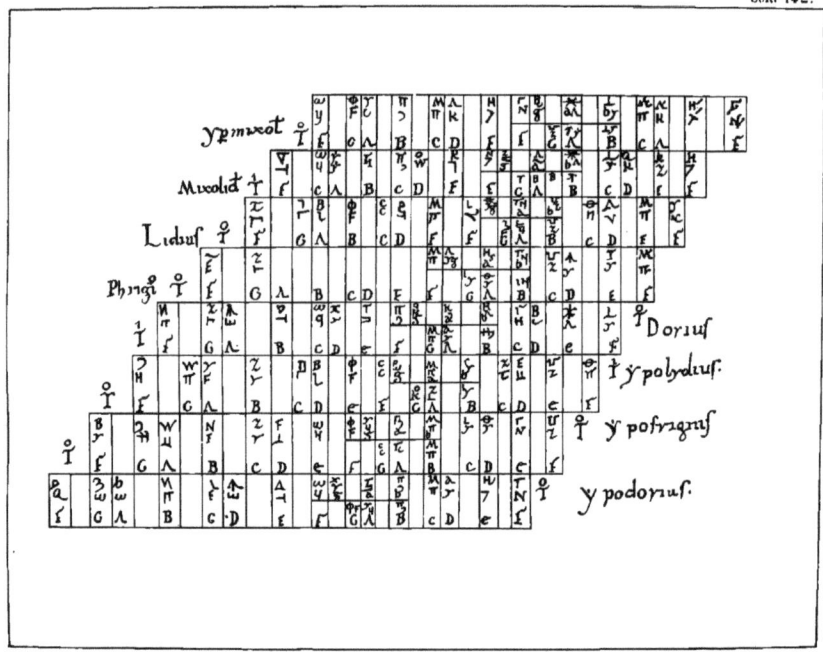

Facsimile aus dem Wolfenbütteler Codex.

# Erklärung der Transpositionsscalen.

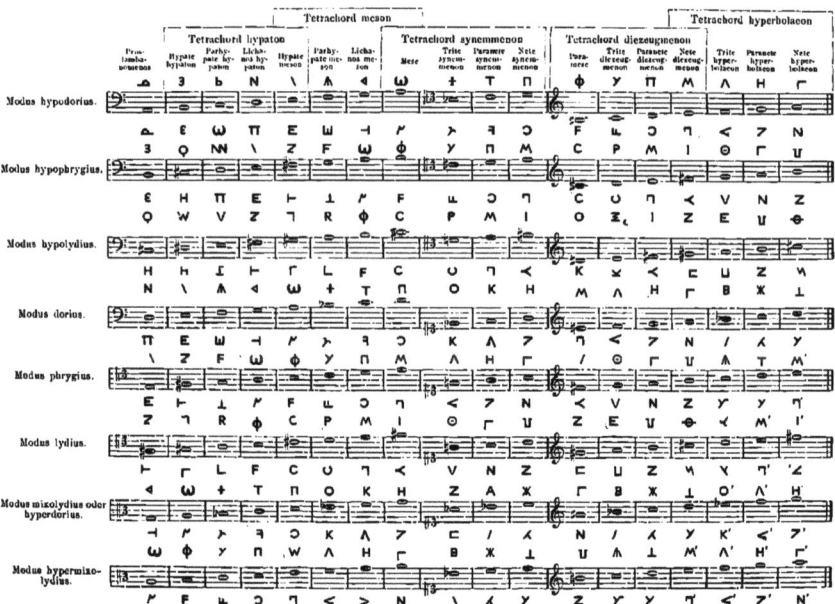

Weil nun von den alten Musikern durch die einzelnen Tonarten eine jede
Stimme (ein jeder Klang) mit verschiedenen Tonzeichen bezeichnet ist,
so erscheint es mir als nothwendig, die Beschreibung der Tonzeichen
(Noten) vorher anzugeben, damit der genauere Einblick in diese Tonarten nach der Erkenntniss der Tonzeichen an sich leichter sei.

## XV.

Das vorhergehende Schema der Klänge also enthält die hinzuge-
schriebenen Namen und die danebengesetzten Tonzeichen; und welches
von diesen einem jeden Modus zukommt, z. B. dem lydischen, phrygischen, dorischen etc., bezeichnet die Hinzufügung der Benennungen.
Weil wir nun sagten, dass diese Moden in den Gattungen der Consonanz
Diapason gefunden werden, so beschreiben wir dieselben nur im diatonischen Geschlecht, damit man ohne Verzug leicht erkenne, welche
Ordnung dieselben haben.

## XVI.

### Die früher aufgestellten Beschreibungen der Moden.

Wir sagten vorher, dass sieben Moden seien; es scheint aber nicht
unpassend zu sein, dass noch ein achter hinzugefügt ist. Ueber die Art
und Weise dieser Hinzufügung sprechen wir ein wenig später. Jetzt ist
das zu betrachten, dass diese kleinen Spalten, welche die richtige Ordnung der Linien unter einander trennt, einige musikalische Zeichen haben,
andere aber keine, z. B. in dem Modus, welcher Hypermixolydius genannt wird. Die erste Spalte ist mit dem Buchstaben Ш, die dritte mit φ
bezeichnet. In der zweiten fehlt ein Zeichen. In dieser Unterbrechung
der Zeichen wird gezeigt, dass ein Ganzton dazwischenliegt. Weil aber
das Zeichen φ in der dritten und das Zeichen Ƴ in der vierten Spalte durch
keine Spalte getrennt wird, aber die Linie in richtiger Ordnung gezogen
ist, so bezeichnet dies, dass ein Halbton dazwischenliegt, was auf diese
Weise dargethan wird. Denn wenn Ш (a) Proslambanomenos ist, φ (h)
Hypate hypaton, Ƴ (c′) Parhypate hypaton, so ist nothwendig, dass zwischen Proslambanomenos, d. i. Ш (a), und zwischen Hypate hypaton,
d. i. φ (h), die Entfernung eines Ganztones, zwischen Hypate hypaton aber, d. h. φ (h), und Parhypate hypaton, d. h. Ƴ (c′), die Entfernung eines Halbtones sei. Dies ist nun regelmässig bei allen zu betrachten, so dass, wenn eine ganze Spalte die Tonzeichen getrennt hat,
wir wissen, dass zwischen diesen Tonzeichen die Entfernung eines Ganz-

tones ist. Wenn aber nur eine Linie und nicht eine Spalte die Tonzeichen trennt, so wissen wir recht wohl, dass dies die Entfernung eines Halbtones anzeigt. Wenn also nach diesen Vorausschickungen zwei in der Consonanz Bisdiapason aufgestellte Ordnungen wechselseitig verglichen werden, um nämlich zu erkennen, welche Ordnung tiefer sei, so sehen wir nothwendigerweise, wenn Proslambanomenos in der einen Ordnung tiefer ist, als Proslambanomenos in der andern, oder irgend eine andere Stimme als tiefer notirt wird, als eine Stimme, die in dem andern Modus dieselbe Stelle einnimmt, wenn sie nämlich in demselben diatonischen Geschlecht aufgestellt ist: dass auch die ganze Ordnung tiefer ist. Dies wird jedoch besser nach der Mitte abgemessen, welche mit Mese bezeichnet wird. Von zwei Moden also in den Consonanzen Bisdiapason wird die ganze Ordnung desjenigen tiefer sein, dessen Mitte tiefer ist. Denn die übrigen Stimmen, einzeln verglichen, werden ebenfalls als tiefer befunden. Wenn also eine Mitte von einer andern Mitte um einen Ganzton höher oder tiefer erscheint, so werden auch alle Stimmen, wenn sie in demselben Geschlecht sind, mit einander einzeln verglichen, um einen Ganzton höher oder tiefer erscheinen. Wenn unter vier Mitten die erste zur vierten die Entfernung Diatessaron bewahrt, so möge die erste von der zweiten und die zweite von der dritten um einen Ganzton, die dritte aber von der vierten um einen Halbton entfernt sein, auf folgende Weise[1]). Es seien die Mitten A B C D (a h cis′ d′), und A (a) zu D (d′) verglichen ergebe die Proportion Sesquiterz, d. h. Diatessaron, so möge auch A (a) von B (h) um einen Ganzton, B (h) von C (cis′) um einen Ganzton abstehen; es bleibt also übrig, dass C (cis′) zu D (d′) die Entfernung eines Halbtons bewahrt.

Die Sesquiterz - Proportion

| Diatessaron | | | |
|---|---|---|---|
| A (a) | B (h) | C (cis′) | D (d′) |
| Ganzton | Ganzton | Halbton | |

Sobald fünf Mitten vorhanden sind, geschieht es auf dieselbe Weise. Wenn die erste von der fünften um die Proportion Sesquialter und die erste von der zweiten, die zweite von der dritten und die vierte von der fünften um einen ganzen Ton entfernt ist, so ist von der dritten zur vier-

---

1) In der folgenden Darstellung bezeichnen die in Klammern gesetzten Buchstaben die moderne Tonbestimmung.

ten die Differenz eines Halbtones. Die Mitten nun von einigen Moden, welche sich Proslambanomenos (des hypodorischen Modus) nähern, gehören zu tieferen Moden; welche sich den Neten nähern, veranlassen höhere Moden. Auf der vorhergehenden Tabelle (s. Seite 142) also sind bei der Beschreibung der Moden nach links hin zuerst die Proslambanomenen aufgestellt. Nach rechts hin aber wird die Tabelle zuletzt durch die Neten begrenzt. Der Modus hypermixolydius wird also von allen der höchste, und der Modus hypodorius von allen der tiefste sein. Wir wollen von dem tiefsten, dem Modus hypodorius anfangen und werden die übrigen nach ihrer Differenz bezeichnen. Im hypodorischen Modus steht Mese Ш (a) von Mese im hypophrygischen Modus um einen Ganzton ab. Dies wird sehr leicht erkannt, wenn man zu Mese des hypophrygischen Modus, welche ist Φ (h), mit Ш (a) desselben hypophrygischen Modus vergleicht, welches ist Mese des hypodorischen Modus, im hypophrygischen aber Lichanos meson. Denn Φ (h) und Ш (a) stehen um einen Ganzton von einander ab, was die dazwischen liegende Spalte zeigt. Ebenso zeigt Mese des hypolydischen Modus von Mese des hypophrygischen Modus die Differenz eines Ganztones. Denn C (cis′), d. h. Mese des hypolydischen Modus, ist um einen Ganzton von Φ (h) entfernt, welcher Klang im hypolydischen Modus Lichanos meson, im hypophrygischen aber Mese ist. Ebenso ist Mese des hypolydischen, d. h. C (cis′), von Mese des dorischen Modus um einen Halbton entfernt. Dies kann daraus erkannt werden, weil die nach oben fortschreitende Ordnung von der Mese des hypolydischen Modus und die nach oben fortschreitende Ordnung von der Mese des dorischen Modus eine Linie, nicht eine Spalte trennt. Daher kommt es, dass Mese des hypodorischen Modus von Mese des dorischen um die vollkommne Consonanz Diatessaron entfernt ist. Dies wird auf folgende Weise dargethan. Was nämlich Ш (a) Mese im hypodorischen Modus ist, ist auch Ш (a) Hypate meson im dorischen. Hypate meson eines jeden Modus und Geschlechtes ist aber von Mese eines jeden Modus und Geschlechtes um die Consonanz Diatessaron entfernt. Ebenso differirt Mese in dem dorischen Modus, d. i. Π (d′), von Mese im phrygischen Modus, d. i. M (e′), um einen Ganzton. Denn was Mese in dem dorischen Modus ist, nämlich Π, dasselbe ist im phrygischen Modus Lichanos meson. Ferner ist Mese im phrygischen Modus, d. h. M (e′), von Mese im lydischen Modus, d. i. I (fis′), um einen Ganzton entfernt. Denn was im phrygischen M (e′) Mese ist, das ist im lydischen Modus Lichanos meson. Ferner ist Mese des lydischen Modus, d. i. I (fis′), von Mese des mixolydischen, d. i. H (g′) um einen Halbton entfernt. Denn wenn die Mitte der richtigen Ord-

Boetius.                                                                    10

nung des lydischen Modus mit der Mitte der richtigen Ordnung des mixolydischen Modus verglichen wird, so ersieht man, dass diese Mitten nicht durch eine Spalte, sondern durch eine Linie getrennt werden. Ebenso ist auch Mese des mixolydischen H (g′) von Mese des hypermixolydischen Modus, d. i. Γ (a′), um einen Ganzton entfernt, deswegen, weil H (g′), was im mixolydischen Modus Mese, im hypermixolydischen Lichanos meson ist. Daher kommt es, dass Mese des dorischen Modus von Mese des mixolyschen um die Consonanz Diatessaron entfernt ist. Dies wird auf folgende Weise dargethan. Π (d′), was in dem dorischen Modus Mese ist, ist nämlich im mixolydischen Hypate meson. Mese zu Hypate meson bewahrt aber in jedem Modus die Consonanz Diatessaron. Ebenso bewahrt Mese des dorischen, d. i. Π (d′), zu Mese des hypermixolydischen Modus, d. i. Γ (a′), die Consonanz Diapente. Denn Mese in dem dorischen Modus, d. i. Π (d′), ist im hypermixolydischen Modus Lichanos hypaton. Wenn Lichanos hypaton aber zu Mese im diatonischen Geschlechte in jedem Modus verglichen wird, so zeigt es die Consonanz Diapente. Warum aber der achte Modus, nämlich der Modus hypermixolydius, hinzugefügt worden ist, erhellt daraus. Es sei die Consonanz Bisdiapason diese:

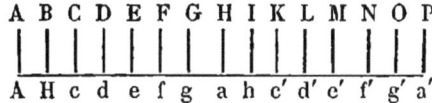

## XVII.

### Beweis für das hier aufgestellte Schema der Moden.

A zu H (A zu a) bewahrt die Consonanz Diapason; denn sie wird durch acht verbundene Klänge gebildet. Wir haben gesagt, dass dies die erste Gattung der Consonanz Diapason sei, nämlich A—H (A—a), die zweite aber B—I (H—h), die dritte C—K (c—c′), die vierte D—L (d—d′), die fünfte E—M (e—e′), die sechste F—N (f—f′), die siebente G—O (g—g′). Es bleibt also ausserdem H—P (a—a′) übrig, welche zur Erfüllung der ganzen Ordnung hinzugefügt ist, und dies ist der achte Modus, den Ptolemaeus noch mit verknüpft.

## XVIII.

### Wie unzweifelhaft die musikalischen Consonanzen mit dem Ohre beurtheilt werden können.

Um aber unzweifelhaft das Wesen der Consonanzen zu beurtheilen, wird kurz und einfach durch ein Instrument bewirkt werden können.

Es sei die Regel (das Monochord) A D sorgfältig ausgespannt, wozu
zwei Halbkugeln, welche die Griechen »Magadis« nennen, hinzugefügt
werden, so dass von der Krümmung E die zu B herabgezogene Linie
rechte Winkel bewirkt. Ebenso soll die von der Krümmung F zum
Punkte C herabgezogene Linie rechte Winkel bilden. Diese Linien seien
aber glatt und sauber gezogen und für den Gebrauch gut vorbereitet.
Ueber denselben werde eine nach allen Seiten hin gleiche Saite angespannt, welche ist A E F D. Wenn ich also die Beschaffenheit der Consonanz Diatessaron finden will, so thue ich es auf folgende Weise. Vom
Punkte E, in welchem die Saite den Halbkreis berührt, bis zum Punkte F,
in welchem wiederum auf der anderen Seite die Saite mit dem andern Halbkreis verbunden wird, theile ich den Zwischenraum E F in sieben Theile
und setze zum vierten dieser sieben Theile den Punkt K. Es ist also
E K zu K F Sesquiterz. Wenn ich also zu K eine den früheren gleiche
Halbkugel hinzufüge und beide wechselseitig, nämlich E K und K F, mit
Anwendung des Plectrums schlage, so wird der Zwischenraum Diatessaron ertönen. Wenn ich die Theile E K und K F zugleich schlage, so erkenne ich die Consonanz Diatessaron. Wenn ich Diapente bewirken will,
so theile ich die ganze Saite in fünf gleiche Theile, d. h. den Zwischenraum von E zu F theile ich und gebe drei Theile der einen und zwei Theile
der andern Proportion und dann wäge ich durch die so gestellte Halbkugel nach der früher angegebenen Weise die Consonanzen und Dissonanzen ab. Ebenso wenn ich die Consonanz Diapason temperiren will,
so theile ich das Ganze in drei Theile; indem ich dann diese drei Theile
in einen und zwei zerlege, und dieselben zugleich oder wechselseitig
schlage, erkenne ich leicht, was consonirt oder dissonirt. Auf dreifache
Weise wird es also so wiedergegeben, was aus den vermischten Consonanzen entsteht, so dass, wenn wir die ganze Saite in vier Theile zerlegen und diese ganze Ausdehnung der Saite in drei und einen Theil
getheilt wird, dann die den drei Theilen zugefügte Halbkugel die Dissonanz und Consonanz der dreifachen Proportion wiedergiebt.

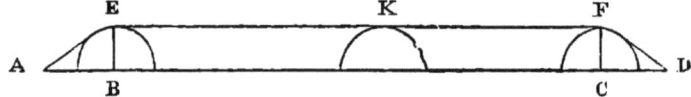

# BUCH V.

## Eingang.

Nach der Eintheilung des regulären Monochordes glaube ich noch hinzufügen zu müssen, in welchen Punkten die alten Musikgelehrten verschiedener Meinung waren. Ueber alle muss man ein genaues Urtheil haben und muss das, was dem vorliegenden Werke fehlt, aus dem Haushalt mässiger Gelehrsamkeit ergänzen. Es kann nämlich auch eine andere Eintheilung geben, in welcher nicht eine Saite angenommen wird, die man nach den aufgestellten Proportionen theilt. Sondern man kann acht oder noch mehr Saiten annehmen, wie es bei der Kithar zu geschehen pflegt und dann kann man die ganze gleichsam vor Augen gerückte Berechnung der Proportionen erkennen, wie viel Saiten nothwendig sind.

## I.

**Ueber die Gewalt der Harmonie und welche Instrumente für deren Beurtheilung vorhanden sind und wieweit man den Sinnen Glauben beimessen dürfe.**

Hierüber wollen wir ein wenig später sprechen. Jetzt müssen wir sagen, welche Kraft die Harmonie besitzt, über deren Einrichtung wir vier Bücher vollgeschrieben haben. Die Natur derselben aber und den Ausdruck ihrer Kraft haben wir für den Verlauf dieses fünften Buches aufgespart. Harmonie ist nämlich die Fähigkeit, welche die Differenzen der hohen und tiefen Töne mit dem Gefühle und der Vernunft abwägt. Denn Gefühl und Vernunft sind gleichsam gewisse Instrumente der harmonischen Fähigkeit. Das Gefühl nämlich nimmt etwas noch Verworrenes wahr, obschon zwar das Gefühlte der wahren Beschaffenheit nahe kommt. Die Vernunft aber beurtheilt die Richtigkeit und richtet ihre Aufmerksamkeit allein auf die Differenzen. Daher findet das Gefühl etwas noch Ungeordnetes, obgleich es der Wahrheit nahe kommt, erfasst jedoch durch Hinzutreten der Vernunft die Richtigkeit. Hingegen findet wohl die Vernunft die Richtigkeit, nimmt aber durch Hinzutreten des Gefühls die noch ungeordnete obgleich der Wahrheit nahekommende Wahrscheinlichkeit auf. Denn das Gefühl erfasst nichts, was geradezu ganz richtig wäre, es gelangt nur bis zu einem der Wahrheit sehr naheliegenden Punkte; die Vernunft hingegen beurtheilt. Z. B. wenn man mit der Hand einen Kreis zeichnet, so meint das Auge vielleicht, dass dieser Kreis richtig ist; die Vernunft sieht aber ein, dass dies durchaus nicht so richtig ist, was ähnlich erscheint. Das kommt daher, weil der Sinn an die Materie gebunden ist und Gattungen in derselben zusammenfasst, die so zerflossen, unvollkommen, unbestimmt und nicht bis zur Nagelprobe ausgeglättet sind, gleichwie es die Materie selbst ist. Deswegen folgt dem Sinn selbst auch Verwirrung; weil nun die Materie die geistige Vernunft nicht aufhält, so betrachtet letztere die Einzelnheiten, welche sie vorher sieht, nicht subjectiv und es begleiten daher dieselbe (Vernunft) Richtigkeit und Wahrheit, und was der Sinn mehr oder weniger verfehlt, verbessert und ergänzt sie. Vielleicht möchte aber das, was der Sinn nicht vollständig, sondern verworren und nicht ganz der Wahrheit gemäss gleichsam als unkundiger Beurtheiler aufnimmt, im Einzelnen nicht gerade viele Irrthümer zeigen. Wenn die Irrthümer jedoch gesammelt werden, so vervielfältigen sie sich zu einer Summe und deswegen bewirken sie eine grosse Differenz. Wenn z. B. der Sinn meint, dass zwei Stimmen einen ganzen Ton von einander liegen und dies ist nicht der Fall, oder er meint, dass von der einen der beiden Stimmen bis zur dritten die Entfernung eines Ganztones sei, und es ist nicht die vollkommne und wahre Entfernung eines Ganztones; oder er hält die Entfernung von der dritten und vierten für einen ganzen Ton und er irrt auch darin, indem es nicht die Entfernung eines Ganztones ist: oder er meint, dass von der vierten zur fünften die Entfernung eines Halbtones sei und er urtheilt auch darin nicht ganz wahr und richtig, so möchte vielleicht im Einzelnen der Irrthum weniger gross erscheinen. Was aber der Sinn im ersten Ganzton übrig liess, und was im zweiten und dritten Ganzton und im vierten Halbton verfehlt wurde, das wird, zu einem Ganzen verbunden und gesammelt, bewirken, dass die erste zur fünften Stimme die Consonanz Diapente nicht enthält, was geschehen müsste, wenn drei Ganztöne und einen Halbton der Sinn richtig beurtheilt hätte. Was also in den einzelnen Tönen weniger klar erschien, das zeigt sich gesammelt deutlich in der Consonanz. Um nun zur Erkenntniss zu bringen, dass der Sinn Verworrenes zusammenfasst, auf keine Weise aber bis zur Unfehlbarkeit der Vernunft emporsteigt, wollen wir folgende Betrachtungen anstellen. Zu einer gegebenen Linie eine andere grössere oder kleinere zu finden, ist für den Sinn weiter nicht schwer. Nach einer bestimmten Messung jedoch eine um ein bestimmtes Mass grössere oder kleinere Linie zu finden, wird nicht die erste Erfassung des Sinnes bewirken können, sondern nur die geistige Erfindung der Vernunft. Wenn ferner die Aufgabe vorliegt, eine gegebene Linie zu verdoppeln oder in die Hälfte zu theilen, so ist es vielleicht in diesem Falle dem Sinne gestattet, etwas genauer als verworren eine grössere oder kleinere Linie zu finden, dennoch muss es durch Erfindung der Vernunft festgestellt werden. Wenn aber die Aufgabe gestellt ist, dass das Dreifache der vorliegenden Linie gesetzt, oder von derselben der dritte Theil abgeschnitten, oder das Vierfache gesetzt oder der vierte Theil abgeschnitten werde, würde dies für den Sinn nicht unmöglich erscheinen, wenn nicht die Unfehlbarkeit der Vernunft hinzuträte? Das also fehlt dem Sinn, weil im Fortgang für die Vernunft der Platz wächst[1]. Wenn man die Aufgabe stellt, den achten Theil von einer vorliegenden Linie wegzunehmen, oder das Achtfache derselben zu geben, so wird man im ersteren Falle veranlasst, die Hälfte des Ganzen zu nehmen, sodann die Hälfte dieser Hälfte, so dass diese der vierte Theil des Ganzen ist, und dann wiederum die Hälfte des vierten Theiles, so dass diese der achte Theil des Ganzen ist. Im letzteren Falle muss man das Doppelte des Ganzen, dann das Doppelte des Doppelten, d. i. gleich dem Vierfachen des Ganzen, sodann das Doppelte des Vierfachen, d. i. gleich dem Achtfachen des Ganzen, nehmen. Also bewirkt in so grosser Zählung der Dinge der Sinn nichts, da sein Urtheil ein zwar schnelles aber ganz oberflächliches ist und eine Folgerichtigkeit durchaus nicht herzustellen vermag. Deswegen darf man auch nicht das ganze Urtheil dem Gehörssinn zutrauen, sondern es ist auch die Vernunft in Erwägung zu ziehen, welche den irrenden Sinn richtet und regiert, und auf welche sich der irrende und unvollkomne Sinn gleichwie auf einen Stab stützt. Wie aber die einzelnen Künste Instrumente haben, mit welchen sie theils etwas Verworrenes bilden, z. B. die Maurerkelle, theils aber auch solche, mit welchen man das Ganze abwägt, z. B. den Zirkel, so hat auch die harmonische Kraft zwei Theile des Urtheils, von denen der eine derjenige ist, mit welchem der Sinn die Differenzen der vorhandenen Stimmen umfasst, der andere aber derjenige, durch welchen er in genauester Weise die Reihe und Messung der Differenzen betrachtet.

---

1) Der Sinn nimmt zuerst eine Sache auf; die genaue Erkenntniss derselben, die Begründung ihres Wesens, kurz, alle logischen Erörterungen fallen der Vernunft zu.

## II.

**Was harmonische Regel sei, oder wie die Pythagoreer oder Aristoxenus oder Ptolemaeus die harmonische Spannung erklärt haben.**

Ein Instrument der Art, auf welchem mit Anwendung einer Art von Berechnung die Differenzen der Töne erforscht werden, wird harmonische Regel genannt, in welcher Sache sich die Meinung vieler Gelehrten im Zwiespalt befindet. Gewisse Leute nämlich, welche den Lehren der Pythagoreer am meisten Glauben schenkten, sagten, dass alles Vernunftgemässe daraus hervorgehe, dass nämlich gewissermassen der Sinn die Samenkörner der Erkenntniss ausstreue, die Berechnung (Vernunft) letztere zur Reife bringe. Aristoxenus hingegen sagte, dass im Gegentheil der Verstand Gefährte und Begleiter sei und dass Alles nach dem Urtheil des Gefühls abgemessen werde und die Messung und Uebereinstimmung ebendesselben aufrecht zu erhalten sei. Von Ptolemäus aber wird gewissermassen die Anspannung der Harmonie so definirt, dass nichts dem Gehör und der Vernunft entgegen sein könne. Dies nämlich scheint der Harmoniker nach Ptolemäus zu bezwecken, dass dies, was das Gefühl beurtheilt, auch die Vernunft abwägt und die Vernunft die Proportionen so findet, dass sich das Gefühl dagegen nicht sträubt und durch die Eintracht dieser beiden die ganze Anspannung der Harmonie gemischt wird. Darin tadelt er hauptsächlich den Aristoxenus und die Pythagoreer, weil Aristoxenus in nichts der Vernunft, sondern nur den Sinnen traut, die Pythagoreer aber, weil sie am allerwenigsten auf die Sinne, am allermeisten jedoch auf die Berechnungsverhältnisse Gewicht legen.

## III.

**Wie Aristoxenus oder die Pythagoreer oder Ptolemäus festgestellt haben, worin Tiefe und Höhe bestehe.**

Weil nun Alle darin übereinstimmen, dass der Klang ein Schlag der Luft sei, so setzten die Anhänger des Aristoxenus und die Pythagoreer die Differenz von Tiefe und Höhe in ein verschiedenes Verhältniss. Aristoxenus nämlich meint, dass die Differenzen der Töne nach der Tiefe und Höhe in der Qualität beständen. Die Pythagoreer stellten sie in der Quantität fest. Ptolemäus scheint den Pythagoreern näher zu stehen, weil er selbst glaubt, dass Tiefe und Höhe nicht in der Qualität, sondern in der Quantität aufgestellt werden; denn dichtere und feinere Körper

brächten Höhe, seltnere und ausgebreitetere Tiefe hervor, so dass jetzt
nichts über die Art und Weise der Anspannung und des Nachlassens gesagt wird; obschon auch, wenn sich etwas lockert, dies gleichsam eine
seltnere dickere, wenn es aber angespannt wird, eine dichtere und feinere Gestalt annimmt.

## IV.

### Ueber die Differenzen der Klänge nach der Meinung des Ptolemäus.

Nachdem dies so entwickelt wurde, theilt Ptolemäus die Differenzen
der Klänge auf folgende Weise; einige der Stimmen sind unison, andere
nicht. Unison sind diejenigen, von welchen nur ein Ton entweder in
der Tiefe oder in der Höhe vorhanden ist. Nicht unison sind die, von
denen die eine tiefer, die andere höher ist. Von diesen sind nun
einige so beschaffen, dass die Differenz derselben unter einander
durch ein gemeinschaftliches Ende verbunden wird. Denn nicht ist sie
getrennt, sondern sie wird von der Tiefe nach der Höhe so geleitet, dass
sie stetig erscheint. Andere aber sind nicht unison, deren Differenz durch
dazwischen erscheinendes Stillschweigen getrennt wird. Die Verbindung
der Stimmen durch ein gemeinschaftliches Ende geschieht aber auf folgende Weise. Wenn man z. B. in den Wolken einen Bogen erblickt, so
sind die Farben desselben einander so nahe, dass es keine bestimmte
Grenze giebt, wenn die eine von der andern unterschieden werden sollte,
z. B. der Uebergang vom Rothen zum Gelben, und dass sich der Bogen
in stetiger Veränderung zur folgenden Farbe befindet, indem keine bestimmte Farbe in der Mitte dazwischenliegt, welche beide von einander
trennt. Ebenso ist es auch bei den Tönen; wenn nämlich Jemand eine Saite
in Schwingung versetzt und dieselbe während der schwingenden Bewegung dreht (anspannt), so geschieht es, dass im Anfang das Tönen ein
tieferes ist, beim Drehen aber jene Stimme (jener Klang) höher wird und
daher ein stetiges Tönen einer tiefen und hohen Stimme (eines tiefen und
hohen Klanges) entsteht.

## V.

### Welche Stimmen für die Harmonie passend sind.

Wenn nun also einige von den nicht unisonen Stimmen stetig, andere getrennt sind, so sind »stetige« solche, deren Differenz unter einander
durch ein gemeinschaftliches Ende verbunden wird, und nicht möchte

die hohe und tiefe Stimme einen bestimmten Ort haben, welchen sie fest-
hielte. Die »getrennten« aber haben eigene Plätze, gleichwie die unver-
mischten Farben, deren Differenz, durch ihren gewissen Platz festgestellt,
untersucht wird. Stetige nicht unisone Stimmen sind von der harmonischen Wissenschaft ausgeschlossen. Denn sie sind an sich selbst unähn-
lich und erzeugen keinen bestimmten Schall. Getrennte Stimmen aber
dienen der harmonischen Kunst als Unterlage. Denn die Differenz der
auseinanderliegenden und an sich unähnlichen Stimmen kann abgewogen
werden, unter welchen die, welche in der Verbindung einen Gesang bewirken, ἐμμελεῖς (melodische) genannt werden: ἐκμελεῖς (unmelodische)
aber diejenigen, aus deren Verbindung kein Gesang hervorgehen kann.

## VI.

### Welche Zahl der Proportionen die Pythagoreer feststellen.

Consonirende werden die Stimmen genannt, welche in ihrer Verknüpfung gemischte und liebliche Töne hervorbringen. Dissonirende
diejenigen, bei welchen dies keinesweges der Fall ist. So weit geht nun
das Urtheil des Ptolemäus über die Differenzen der Töne. Jetzt scheint
uns aber nöthig zu sein, mitzutheilen, was von den übrigen Musikern
bei Aufstellung der Consonanzen Verschiedenes aufgestellt ist. Die Pythagoreer halten nämlich die Consonanzen Diapente und Diatessaron für einfache, und aus diesen verbinden sie eine Consonanz Diapason, auch seien
»Diapente und Diapason« und Bisdiapason Consonanzen, jene in dreifacher, diese in vierfacher Proportion.

»Diapason und Diatessaron« aber halten sie nicht für eine Consonanz:
deswegen, weil sie nicht in eine übertheilige und vielfache Proportion
fällt, sondern in eine vielfach übermehrtheilige. Diese Proportion der Stimmen ist nämlich wie 8:3; wenn Jemand in die Mitte dieser Zahlen 4 setzt,
so erhält er die Zahlen 8, 4, 3. Von diesen bewirken 8 : 4 die Consonanz Diapason, 4 : 3 Diatessaron. 8 : 3 wird aber in die vielfach übermehrtheilige Proportion gestellt. Welche Bedeutung die vielfach übermehrtheilige Proportion hat, ist aus den »arithmetischen Büchern« zu
erkennen und aus dem, was wir im zweiten Buche dieser Institution
entwickelt haben. Die Pythagoreer setzen die Consonanzen in die vielfachen und übertheiligen Proportionen, gleichwie es in eben demselben
zweiten und vierten Buche gesagt worden ist. Auf welche Art die Pythagoreer Diapason mit der doppelten Proportion, Diatessaron mit dem Ses-

quiterz und Diapente mit dem Sesquialter verbinden, ist aus dem zweiten und vierten Buche dieser »musikalischen Institution« zu erlernen.

## VII.
### Dass Ptolemäus die Pythagoreer in der Zahl der Proportionen angreift.

Ptolemäus aber greift die Pythagoreer an, und zwar diesen ganzen
Beweis, welchen wir in den vorgenannten Büchern auf mehrfache Art
entwickelt haben, worin auch das Alles vorkommt, dass sie (die Pythagoreer) Diatessaron und Diapente mit dem Sesquialter und Sesquiterz
verbinden, zu den übrigen übermehrtheiligen Proportionen aber, da sie
von derselben Gattung sind, überhaupt keine Consonanzen hinzufügen.

## VIII.
### Beweis nach Ptolemäus für die Consonanz Diapason und Diatessaron.

Er beweist, dass aus »Diapason und Diatessaron« eine gewisse Symphonie deswegen entstehe, weil die Consonanz Diapason eine solche Ver-
schmelzung des Klanges bewirkt, dass sie ein und dieselbe Saite zu sein
scheint, und dies meinen auch die Pythagoreer. Daher müsse man,
wenn mit dieser eine andere Consonanz verknüpft würde, eine vollkommne und unverletzliche Consonanz erhalten. Denn sie wird ja der
Consonanz Diapason, gleichwie e i n e r Saite hinzugefügt. Es sei z. B.
die Consonanz Diapason, welche im Umfange von Hypate meson und
Nete diezeugmenon liegt. Diese beiden stimmen so zusammen und verbinden sich durch den Klang so mit einander, dass eine einzige Stimme
gleichsam einer Saite nicht gleichsam als eine Mischung von zwei Saiten
das Ohr berührt. Jedwede Consonanz also, die wir mit dieser Consonanz Diapason verbinden, zeigt sich wieder als eine vollkommne Consonanz, weil sie gleichsam mit e i n e r Stimme und Saite verbunden wird.
Wenn also mit Hypate meson und Nete diezeugmenon nach der
Höhe zwei Diatessaron verbunden würden, also mit Nete diezeugmenon
die, welche ist Nete hyperbolaeon, mit Hypate meson aber die, welche
ist Mese, so werden beide zu beiden in Consonanzen ertönen, sowohl
Mese zu Nete diezeugmenon, also auch ebendieselbe Mese zu Hypate
meson. Ebenso Nete hyperbolaeon zu Nete diezeugmenon und zu Hypate
meson. Wenn ferner in der Tiefe die Consonanzen von zwei Diatessaron
angefügt werden, so wird zu Hypate meson die Consonanz Diatessaron
Hypate hypaton enthalten, zu Nete diezeugmenon aber Paramese. Und

es wird Hypate hypaton zu Hypate meson und zu Nete diezeugmenon ebenso consonirend ertönen, wie Paramese zu Nete diezeugmenon und zu Hypate meson. In dieser Weise enthält die tiefere Saite mit ihrer nächst höheren die Consonanz Diatessaron, zu ihrer letzten aber »Diatessaron und Diapason«; z. B. enthält Hypate hypaton zu Hypate meson die Consonanz Diatessaron, zu Nete diezeugmenon die Consonanz »Diatessaron und Diapason«. Ebenso Nete hyperbolaeon, welche die höhere Saite ist, enthält zu ihrer nächst tieferen Nete diezeugmenon die Consonanz Diatessaron, zu Hypate meson die Consonanz »Diatessaron und Diapason«.

## IX.

### Welches die Eigenthümlichkeit der Consonanz Diapason ist.

Dies aber pflegt deswegen zu geschehen, weil Diapason beinahe eine einzige Stimme, und eine solche Consonanz ist, dass sie gewissermassen nur einen Ton erzeugt. Gleichwie durch die Zahl 10 diejenige Zahl, welche hinzugefügt oder dazwischen gesetzt wurde, vollkommen und unverletzt bewahrt wird, obgleich dies bei den übrigen Zahlen nicht der Fall ist, so ist es auch bei dieser Consonanz. Denn wenn man 2 zu 3 hinzufügt, so erhält man unmittelbar 5 und die Zahlengattung ist also verändert worden. Wenn man aber 2 zu 10 addirt, so erhält man 12; und 2 ist in der Verbindung mit 10 erhalten worden. Ebenso ist es mit der Zahl 3 und den übrigen auf dieselbe Weise. So also bleibt auch die Symphonie Diapason in ihrer Stellung als Consonanz, mag sie eine andere Consonanz, welche es sei, zu sich genommen haben; nicht verändert sie sich, nicht entsteht aus dem consonirenden Intervall ein dissonirendes. Denn gleichwie die Symphonie Diapente mit der Consonanz Diapason verbunden in dreifacher Proportion die Consonanz »Diapason und Diapente« bewahrt, so auch ergiebt die Verbindung der Consonanz Diatessaron mit Diapason eine andere Consonanz, und es entsteht nach Ptolemäus die Hinzufügung einer anderen Consonanz, d. h. der, welche ist »Diapason und Diatessaron«, die in der vielfach übermehrtheiligen Proportion besteht. Und es ist diese Proportion die zweifach überzweitheilige wie 8 : 3, denn die Zahl 8 enthält 3 zweimal und zwei Theile derselben in sich, d. h. 2 Einheiten.

# X.

## Auf welche Weise Ptolemäus die Consonanzen aufstellt.

Ueber die Meinung der Pythagoreer urtheilt Ptolemäus folgendermassen; — wir müssen jedoch davon anfangen, auf welche Weise er selbst die Proportionen und Zahlen der Consonanzen aufspürt. — Die Stimmen, sagt er, sind unter einander entweder unison oder nicht unison. Von den nicht unisonen Stimmen sind einige »ähnlichtönend«, einige »consonirend«, einige »melodisch«, einige »dissonirend«, einige »unmelodisch«. Unison sind nämlich diejenigen, welche, einzeln in Schwingung gesetzt, ein und denselben Ton wiedergeben. Aehnlichtönend sind aber die, welche, zugleich in Schwingung versetzt, einen Klang aus zwei Tönen und zwar einen gewissermassen ähnlichen Ton bewirken, wie Diapason und deren Verdoppelung Bisdiapason. Consonirend sind aber die, welche in ihrer Zusammensetzung und Vermischung dennoch einen angenehmen Klang hervorbringen, wie Diapente und Diatessaron. Melodisch aber sind die, welche zwar nicht consonirend sind, welche aber dennoch richtig zum Gesange passen können; sie sind gleichsam die Stimmen, welche die Consonanzen verbinden. Dissonirend sind aber die, welche die Töne nicht vermischen, und unangenehm das Gefühl berühren. Unmelodisch aber sind die, welche bei Verbindung der Consonanzen nicht aufgenommen werden, über welche wir bald darauf bei der Eintheilung der Tetrachorde sprechen werden. Weil also die ähnlichtönenden Stimmen der Vergleichung mit e i n e r Stimme zunächst liegen, so ist es nothwendig, dass zu den gleichen Zahlen d i e s e Ungleichheit der Zahlen hinzugefügt werde, welche den gleichen zunächst liegt. Der Gleichheit der Zahlen liegt zunächst die doppelte Proportion. Denn diese ist sowohl die erste Gattung der Vielfachheit als auch überschreitet die grössere Zahl, wenn sie die kleinere übertrifft, diese um `sich selbst, so dass mithin 2 die Zahl 1 um 1 überschreitet, welche ebenderselben Einheit gleich ist, mit Recht daher die doppelte Proportion für die ähnlichtönenden Klänge passt, also für Diapason. Bisdiapason aber gehört für die zweimal doppelte, d. h. für die vierfache Proportion. Welche Proportionen nun die doppelte Proportion der ersten und vorzüglichsten Consonanz theilen, diesen Proportionen sind die Consonanzen anzupassen, welche die Consonanz Diapason um ein Gleiches theilen. Daher kommt es, dass Diapente mit der Sesquialter-Proportion, Diatessaron aber mit der Sesquiterz-Proportion verbunden wird. Die Consonanzen aber bewirken in ihrer Verbindung mit den ähnlichtönenden andere Consonanzen, wie

»Diapente und Diapason« in dreifacher Proportion, »Diatessaron und Diapason« in der Proportion 8 : 3. Melodisch sind nun die, welche »Diapente und Diatessaron« theilen, wie der Ganzton und die übrigen Proportionen, da sie ähnliche Theile derselben sind, über welche wir bald nachher bei der Eintheilung der Tetrachorde sprechen werden.

## XI.

### Welche Stimmen ähnlichtönend, welche consonirend und welche melodisch sind.

Aehnlichtönende Stimmen sind also Diapason und Bisdiapason, weil durch deren Beschaffenheit und Mischung gewissermassen ein einziger und einfacher Ton bewirkt wird. Die Consonanzen aber sind die ersten in den übertheiligen Proportionen, nämlich im Sesquialter und Sesquiterz, d. h. Diapente und Diatessaron ; »Diapason und Diapente« sowohl, als auch »Diapason und Diatessaron« sind aus ähnlichtönenden Consonanzen zusammengesetzt und verbunden. Die übrigen, »melodischen«, können zwischen dieselben gesetzt werden, so dass zwischen Diatessaron und Diapente der Ganzton als Differenz erscheint, und es werden gewissermassen die ähnlichtönenden aus den Consonanzen verbunden, wie Diapason aus Diatessaron und Diapente, die consonirenden aber aus denen, welche melodische Töne (ἐμμελεῖς) genannt werden, wie z. B. Diapente und Diatessaron aus den Ganztönen und den übrigen nachher zu nennenden Proportionen. Wie aber das Verhältniss all dieser Klänge gewonnen werden kann, ist aus der Beschreibung der Stelle im vierten Buche am Ende zu entnehmen, wo eine Saite über die Halbkugeln gespannt wurde. Daselbst findet man die Aequisonanz Diapason und Bisdiapason, die einfachen Consonanzen Diapente und Diatessaron, die zusammengesetzten Consonanzen »Diapason und Diapente« und »Diapason und Diatessaron« und auch die melodischen Klänge, wie sie in der Differenz eines Ganztones bestehen.

## XII.

### Wie Aristoxenus das Intervall betrachtet.

Was hierüber Aristoxenus meint, ist in der Kürze zu eröffnen. Weil jener nun gar keine Behandlung für die Berechnung aufgestellt hat, sondern Alles dem Urtheil der Ohren überlässt, deswegen bezeichnet er die Stimmen selbst nicht mit Zahlen, um etwa die Proportionen derselben

zu erhalten, sondern er nimmt die Differenz derselben in der Mitte, so
dass er also die Forschung nicht an den Stimmen (Klängen) selbst vornimmt, sondern dort findet, wo sie unter einander differiren; er verfährt
hierbei allzu unvorsichtig, wenn er glaubt, die Differenz derjenigen Stimmen zu kennen, von denen er keine Grösse oder Mensur aufstellt. Er
behauptet also, dass Diatessaron eine Consonanz von zwei Ganztönen
und einem Halbton, Diapente eine Consonanz von drei Ganztönen und
einem Halbton und Diapason eine Consonanz von sechs Ganztönen sei,
wovon in den frühern Büchern gezeigt wurde, dass dies nicht der Fall
sein könne.

## XIII.

**Beschreibung des Octachordes, worin gezeigt wird, dass die Consonanz
Diapason kleiner ist, als sechs Ganztöne.**

Ptolemäus lehrt aber durch die Eintheilung eines gewissen Octachordes, dass Diapason in weniger als sechs Ganztönen liege.

Man spanne acht Saiten an, nämlich A B C D E F G H und es liege
AK in der Sesquioctav-Proportion zu BL, ebenso BL von CM, und
CM von der, welche ist DN, und DN von der, welche ist EX und EX von
der, welche ist FO, und FO von der, welche ist GP. Es werden also
sechs Ganztöne sein. Ferner werde zwischen FO und GP die mittlere
Saite HR gezogen. Es wird also AK das Doppelte von dem sein, welches ist HR. Zugleich in Schwingung gesetzt, werden AK und HR in
der Aequisonanz Diapason ertönen. Wenn man aber GP in Schwingung
versetzt, so wird diese Saite immer ein wenig höher sein als HR. Und
um dieses werden sechs Ganztöne die Consonanz Diapason überschreiten.
Wenn nämlich AK und GP in Schwingung versetzt im Diapason ertönten, so wäre Diapason eine Consonanz von sechs Ganztönen. Wenn aber,
anstatt dieser nicht consonirenden Töne AK und GP, die Töne AK und
HR im Diapason ertönten, und HR höher wäre, als GP, so würde die
Consonanz Diapason sechs Ganztöne überschreiten. Weil nun jetzt bei
den consonirenden Tönen AK und HR eben derselbe Ton HR von dem,
welcher ist GP, tiefer gefunden wird, so kann nicht bezweifelt werden,
dass sechs Ganztöne die Consonanz Diapason überschreiten. Und so
kann man auch mit dem Sinne wahrnehmen, dass die Consonanz Diapason innerhalb eines Zwischenraumes liegt, welcher geringer ist als sechs
Ganztöne. So also wird der Irrthum des Aristoxenus ohne Zweifel unwiderleglich bewiesen.

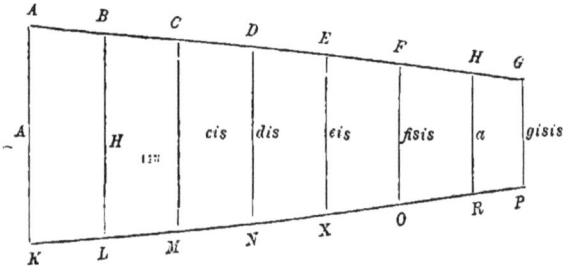

## XIV.

### Dass die Consonanz Diatessaron in einem Tetrachord enthalten ist.

Jetzt müssen wir über die Eintheilung der Tetrachorde sprechen. Denn die Consonanz Diatessaron wird durch vier Saiten bewirkt, deswegen wird sie auch Diatessaron genannt. Damit also durch zwei auf beiden Seiten in Rücksicht auf die Symphonie Diatessaron aufgestellte consonirende Saiten ein Tetrachord entstehe, ist es nothwendig, dass zwei Saiten in der Mitte aufgestellt werden, welche zu einander wechselseitig und zu den äussersten Saiten drei Proportionen bewirken.

## XV.

### Wie Aristoxenus den Ganzton und die Klanggeschlechter eintheilt, nebst der Aufstellung dieser Eintheilung.

Dieses Diatessaron theilt nun Aristoxenus in den Klanggeschlechtern auf folgende Weise ein. Er theilt nämlich den Ganzton in zwei Theile und jeden derselben nennt er Halbton. Diesen theilt er in drei Theile, wovon er den dritten »Diesis des weichen chromatischen Geschlechts« nennt; er theilt ihn in vier Theile, wovon er den vierten Theil mit der eigentlichen Mitte, d. h. mit dem achten Theile des ganzen Tones, »Diesis des hemiolisch-chromatischen Geschlechts« nennt. Ferner nennt er den vierten Theil allein »Diesis enharmonios«.

Da es sich also so verhält und die Eintheilung der Geschlechter nach ihm (Aristoxenus) eine doppelte ist: so ist nämlich ein Geschlecht weicher, das andere erregter. Und das weichere ist das enharmonische, das erregtere aber das diatonische. Zwischen diesen besteht das chromatische, welches der Erregung und Weichheit theilhaftig ist; nach dieser

Ordnung also entstehen die Unterschiede von sechs Geschlechtern. Das erste nämlich ist das enharmonische, dann folgen drei chromatische, nämlich: das weiche chromatische, das hemiolisch-chromatische und das tonisch-chromatische. Die beiden übrigen sind das weiche und das erregte diatonische Geschlecht. Von diesen allen ist nach Aristoxenus die Eintheilung folgende. Weil nun der vierte Theil des Ganztones, wie vorher erwähnt, »Diesis enharmonios« genannt wird, und weil Aristoxenus nicht die Stimmen selbst unter einander vergleicht, sondern die Differenz der Stimmen und das Intervall abmisst, und nach ihm der Ganzton aus 12 Einheiten besteht, so wird also der vierte Theil desselben drei enharmonische Diesen haben. Weil nun ferner die Consonanz Diatessaron aus zwei Ganztönen und dem Halbton verbunden wird, so wird die ganze Consonanz Diatessaron aus $2 \times 12$ und 6 Einheiten bestehend aufgestellt. Da es nun oft geschieht, dass, wenn man den Ganzton bis zu seinen achten Theilen zerlegen will, man nicht auf ganze Zahlen, sondern auf einige Theile derselben trifft, so muss man deswegen die ganze Consonanz Diatessaron mit der Zahl 60 bezeichnen. Der Ganzton hat nun 24, der Halbton 12 Einheiten, der vierte Theil des Ganztones, welcher »Diesis enharmonios« genannt wird, 6 Einheiten, der achte Theil hingegen 3. Die Verbindung des vierten mit dem achten Theile, d. h. 6 mit 3, so dass es eine hemiolisch-chromatische Diesis giebt, wird in 9 Einheiten bestehen. Nach diesen Bestimmungen glaubte Aristoxenus, dass die drei Geschlechter: nämlich das enharmonische, chromatische, diatonische, diese Eigenthümlichkeiten hätten, dass sie theils dicht, theils nicht dicht genannt werden. Dicht sind die, von denen zwei tiefere Verhältnisse das eine, welches nach der Höhe zu angefügt wurde, an Grösse nicht übertreffen. Nicht dicht aber die, von denen zwei Proportionen die eine übrige übertreffen können. Das enharmonische und chromatische ist nun dicht, das diatonische aber nicht dicht. Daher wird das enharmonische Geschlecht nach Aristoxenus so eingetheilt 6, 6, 48, so dass sich zwischen der tiefsten und ihr zunächst liegenden Saite der vierte Theil des Ganztones befindet, welcher enharmonische Diesis genannt wird, da der Ganzton aus 24 Einheiten bestehend aufgestellt ist. Ebenso ist dann das zweite Intervall von der zweiten zur dritten Saite der vierte Theil des Ganztones. Die übrigen Ganztöne jedoch, welche von 60 übrig bleiben, woraus die ganze Proportion besteht, liegen, von der tiefsten Saite an gerechnet, zwischen der dritten und der vierten höchsten Saite, sie bestehen in der Zahl 48, und die beiden Proportionen nach der Tiefe 6 und 6 übertreffen nicht die eine übrige

Proportion nach der Höhe, nämlich 48. Vom weichen chromatischen Geschlecht macht er diese Eintheilung 8, 8, 44, so dass 8 und 8 die dritten Theile der Ganztöne sind, da der Ganzton, wie gesagt, aus 24 Einheiten besteht. Dieser dritte Theil des Ganztones wird Diesis des weichen chromatischen Geschlechts genannt. Ferner wird das Diatessaron des hemiolisch-chromatischen Geschlechts in 9, 9, 42 eingetheilt. Die Diesis des hemiolisch-chromatischen Geschlechts ist der achte Theil des Ganztones verbunden mit dem vierten, d. h. von 24 Einheiten sind es 6 + 3 Einheiten. Ferner ist nach Aristoxenus die Eintheilung des tonisch-chromatischen Geschlechts eine solche 12, 12, 36, indem er nämlich in zwei Intervallen zwei einzelne Halbtöne aufstellt und das Uebrigbleibende in das letzte Intervall setzt. In all diesen Geschlechtern übertreffen die beiden dem tiefsten Klange zunächstliegenden Proportionen keinesweges an Grösse die nach der Höhe zu übrigbleibende Proportion und gehören daher, wie schon gesagt, zu den dichten Geschlechtern. Dichte Geschlechter nämlich sind das enharmonische und chromatische. Aber auch die diatonische Eintheilung ist eine doppelte ; und zwar geschieht die Eintheilung des weichen diatonischen Geschlechtes auf folgende Weise : 12, 18, 30, so dass 12 Halbton, 18 Halbton und der vierte Theil des Ganztones, 30 aber das Uebrigbleibende ist ; 12+18 ist nämlich = 30 und wird nicht von dem Theile, welcher übrig bleibt, übertroffen. Ferner ist die Eintheilung des erregten diatonischen Geschlechts eine solche, dass sie einen Halbton und zwei Ganztöne enthält, nämlich 12, 24, 24, von welchen 24 und 12, d. h. 36, nicht übertroffen werden von dem übrigen Theile, welcher nach der Höhe zu liegt, sondern sie übertreffen vielmehr diesen. Es ist also nach Aristoxenus die vorhergenannte Eintheilung der Tetrachorde so, wie es durch die hinzugefügte Beschreibung gezeigt wird.

1) Enharmonisches Geschlecht
$$48 + 6 + 6 = 60$$

2) Weich-chromatisches Geschlecht
$$44 + 8 + 8 = 60$$

3) Hemiolisch-chromatisches Geschlecht
$$42 + 9 + 9 = 60$$

4) Tonisch-chromatisches Geschlecht
$$36 + 12 + 12 = 60$$

5) Weich-diatonisches Geschlecht
$$30 + 18 + 12 = 60$$

6) Erregtes diatonisches Geschlecht
$$24 + 24 + 12 = 60.$$

## XVI.

### Wie Archytas die Tetrachorde eintheilt und die Beschreibung derselben.

Archytas, der Alles in der Berechnung zu begründen suchte, vernachlässigte nicht nur die Beobachtung des Gehörssinnes bei den ersten
Consonanzen, sondern er folgte bei Eintheilung der Tetrachorde nur der
Berechnung. Ja er machte es sogar so, dass weder er die Berechnung,
welche er erforschte, wirksam entwickelte, noch auch die von ihm aufgestellte Berechnung mit dem Sinne übereinstimmte. Jener meint nämlich, dass es drei Geschlechter gäbe, das enharmonische, chromatische
und diatonische. In diesen bestimmt er zuvörderst die tiefsten und höchsten Töne, und zwar setzt er in allen Geschlechtern die tiefsten Töne in
die Zahl 2016, die höchsten aber in die Zahl 1512. Zwischen diesen
Zahlen, behauptet er, liege die der tiefsten Saite zunächst stehende Saite
in der Zahl 1944 und bewahre zu 2016 die Proportion Sesquivicesima
septima (d. h. 27 : 28). Hierauf setzt er die zunächstliegende höhere
Saite, also die dritte von der tiefsten an gerechnet, in das enharmonische
Geschlecht, und diese ist 1890, mit welcher 1944 durch die Proportion
Sesquitricesima quinta (d. h. 35 : 36) verbunden wird. 1890 zur höchsten Saite, also 1512, behaupte die Proportion Sesquiquart (d. h. 4 : 5).
Ferner setzt er im diatonischen Geschlechte die Saite, welche von der
tiefsten an gerechnet die dritte, von der höchsten an gerechnet die zweite
ist, in die Zahl 1701, zu welcher 1944 durch die Proportion Sesqui-
septima (d. h. 7 : 8) verbunden ist. 1701 zur höchsten Saite 1512 liegt
in der Proportion Sesquioctav (d. h. 8 : 9). Im chromatischen Geschlecht
aber stellt er die Ansicht auf, dass die Saite, welche von der tiefsten an gerechnet die dritte und von der höchsten an gerechnet die zweite ist, zu
1701, welche Zahl im diatonischen Geschlechte die dritte Saite von der
tiefsten an gerechnet bezeichnet, dieselbe Proportion ergebe, wie 256 :
243. Diese Saite ist 1792, welche die zweite von der höchsten an gerechnet ist. Es hat also die zweite Saite im diatonischen Geschlechte von der
höchsten Saite aus gerechnet, d. h. 1701, zu der zweiten Saite im chromatischen Geschlecht von der höchsten aus gerechnet, d. h. 1792, dieselbe Proportion wie 243 zu 256. Die Gestalt dieser eingetheilten Tetrachorde nach der Meinung des Archytas zeigt das nachfolgende Schema.

1) Enharmonisches Geschlecht

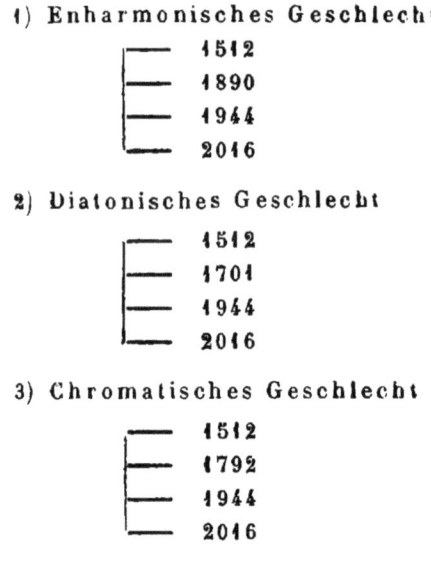

    — 1512
    — 1890
    — 1944
    — 2016

2) Diatonisches Geschlecht

    — 1512
    — 1701
    — 1944
    — 2016

3) Chromatisches Geschlecht

    — 1512
    — 1792
    — 1944
    — 2016

## XVII.

### Wie Ptolemäus die Tetrachordeintheilungen des Aristoxenus und Archytas tadelt.

Ptolemäus tadelt aber beide Tetrachordeintheilungen auf folgende Weise. Vor allen Dingen tadelt er den Archytas, weil er die zweite Saite von der höchsten an gerechnet, also 1792, im chromatischen Geschlecht so aufstellte, dass sie weder zur höchsten = 1512, noch zu ihrer nächst tieferen = 1944 irgend eine übertheilige Proportion bewirkt, da doch Archytas eine so grosse Achtung für die übertheiligen Verhältnisse hatte, dass er sie sogar bei Berechnung der Consonanzen aufnahm. Ferner tadelt er ihn, weil der Sinn die erste Proportion von der tiefsten Saite an gerechnet im chromatischen Geschlechte für eine grössere erkennt, als sie Archytas angenommen hat, indem dieser im chromatischen Geschlechte 1944 zu 2016 als Proportion Sesquivicesima septima (d. h. 27:28) aufstellte, hingegen es nach der gewöhnlichen Modulation des chromatischen Geschlechtes die Proportion Sesquivicesima prima (d. h. 21:22) sein müsste. Ferner ist die Proportion, welche das enharmonische Geschlecht als die erste nach der Eintheilung des Archytas enthält, von der Beschaffenheit, dass sie weit kleiner sein muss, als sie in den übrigen Geschlechtern gefunden wird. Dieser jedoch behauptete, dass sie ganz gleich sei mit den übrigen Geschlechtern, indem er die ersten Propor-

tionen in den drei Geschlechtern, von der tiefsten Saite an gerechnet, als
Sesquivicesima septima-Proportionen (d. h. 27 : 28) aufstellt. Den Aristoxenus hingegen beschuldigt er, weil er, im weichen chromatischen und
im hemiolisch-chromatischen Geschlechte die ersten und zweiten Proportionen, von der tiefsten Saite an gerechnet, so aufgestellt hat, dass zwischen ihnen ein so geringer Abstand wäre, wie es der Sinn nicht unterscheiden könnte. Das erste Verhältniss im weichen chromatischen Geschlecht ist nämlich nach Aristoxenus 8 ; aber im hemiolisch-chromatischen
9. 8 : 9 stehen um die Differenz der Einheit aus einander. Der Ganzton
besteht nur nach seiner Aufstellung oder vielmehr Vorstellung aus 24 Einheiten, von denen die Einheit der 24ste Theil ist. Die ersten Proportionen, von der tiefsten Saite an gerechnet, des weichen chromatischen und
hemiolisch-chromatischen Geschlechtes weichen also um den 24sten Theil
des Ganztones von einander ab, was wegen der Geringfügigkeit der Differenz auf keine Weise das Gehör empfindet. Derselbe tadelt auch den
Aristoxenus, dass er vom diatonischen Geschlechte nur zwei Eintheilungen gemacht habe, so dass er es in ein weiches und erregtes eintheilt,
da auch noch andere Gattungen vom diatonischen Geschlecht gefunden
werden könnten.

## XVIII.
### Wie er sagt, dass die Eintheilung der Tetrachorde geschehen müsse.

Ptolemäus theilt die Tetrachorde durch verschiedene Berechnung.
Das stellt er zu Anfang auf, dass zwischen den beiden äussersten Tönen
solche Stimmen angepasst werden, welche für sich in übertheiligen Proportionen hervortreten, und zwar in ungleichen, weil die übertheilige
Proportion nicht in gleiche Theile zerlegt werden kann, so dass also die
ganze Proportion der höchsten zur tiefsten Saite grösser ist als die drei
anderen, welche in den übrigen Stimmen vorzunehmen sind. In diesen
müssen die, welche wir dichte nennen, von der Beschaffenheit sein,
dass die zwei Proportionen, welche der Tiefe zunächst liegen, kleiner
sind, als die Proportion, welche nach der Höhe zu übrig bleibt; in den
nicht dichten aber wie in den diatonischen Geschlechtern findet eine
Uebertheiligkeit statt (d. h. die beiden tiefern Proportionen sind zusammen grösser, als die nach der Höhe zu übrigbleibende).

# Sachliche Erklärungen.

Boetius beginnt seine
## »Vorrede«
mit allgemeinen Betrachtungen über Wahrnehmung und Erkenntniss
der Dinge. Die Sinne sind nach seiner Ansicht allerdings dem Menschen
verliehen, damit sie den Geist auf die ausser ihm liegenden Gegenstände hinführen; sie vermögen aber nicht allein ein vollgültiges Urtheil
zu erzielen, welches erst durch umfassende Verstandesthätigkeit gewonnen werden kann. Von den Sinnen, welche zur Aufnahme von
sinnlich wahrnehmbaren Dingen geschickt sind, nennt er zunächst den
Gesichtssinn, bei dessen Erwähnung er unbestreitbar auf die Platonische
Analyse des »Sehens« hindeutet, welche sich im »Timaeus« Cap. 16 [1])
vorfindet. Plato sagt an der bezeichneten Stelle, dass die Götter zuerst
in dem Umfange des Kopfes nach Anbringung des Gesichts die »Werkzeuge« befestigt hätten, welche für die gesammte Ueberlegungsthätigkeit
der Seele dienen sollten .... und zwar zunächst die Leiter des Lichtes,
die »Augen« .... »Sobald Tageslicht mit der Strömung des Seh-
strahls in Verbindung trat,« sagt Plato, »da bildete sich, indem Gleich-
artiges zu Gleichartigem ausströmte und ein Zusammengesetztes wurde,
ein einziger verwandter Körper in der geraden Richtung der Augen da,
wo nur das von innen Strömende dem, was von aussen hinzukam, ent-
gegentrat. Dieser war nun in Folge der ähnlichen Beschaffenheit ganz
und gar für gleiche Eindrücke empfänglich und verursachte bei jedem
Gegenstande, mit dem er in Berührung kam und der mit ihm in eine
gewisse Verbindung trat, — indem die entstandene Bewegung den
ganzen Körper bis zur Seele durchzog, — die Empfindung, durch
welche man behauptet zu sehen.« Ebenso deuten die Ansichten des

---

1) Plato, Timaeus cap. 16 (45 B) διὸ πρῶτον μὲν περὶ τὸ τῆς κεφαλῆς etc.

Boetius über den Gehörssinn auf die Meinungen Plato's hin, welcher nach den Theorien über den Gesichtssinn die S t i m m e und die H ö r w e r k - z e u g e behandelt. Gleichwie Gott das Gesicht für die Menschen erfunden habe, damit sie die Umkreisungen der Vernunft am Himmel sähen und für die Umläufe des Denkens im eigenen Innern Gewinn zögen, so seien auch S t i m m e und G e h ö r zu demselben Zwecke Geschenke der Götter. »Denn sowohl die Rede ist zu eben diesem bestimmt und trägt den grössten Theil dazu bei, als auch aller Nutzen, den die Musik der Stimme dem Gehör gewährt, der Harmonie wegen gegeben ist [1]. Die Harmonie aber, welche den Umkreisungen der Seele in uns verwandte Umläufe hat, scheint dem, welcher vernünftig mit den Musen Umgang pflegt, nicht zu einem vernunftlosen Vergnügen zu dienen, sondern ist uns von den Musen als Helferin verliehen worden, um den regelmässig gewordenen Umlauf der Seele in uns zur Ordnung und Uebereinstimmung mit sich selbst zurückzuführen. Auch der Rhythmus wurde uns wegen der Unregelmässigkeit in uns und wegen des der Grazien bedürftigen menschlichen Wesens von den Göttern verliehen.« Da Boetius diese Platonischen Theorien kannte, so wusste er auch, wie der griechische Weise die Philosophie für das höchste Gut hielt und am meisten nach Erforschung der Wahrheit strebte. Daher betont er als Eklektiker die scharfe, fachmännische Verstandesthätigkeit, mit deren Anwendung erst nach geschehener Wahrnehmung das rechte Ziel zu erreichen sei. Bei der Musik müsse jedoch auch die Gemüthserregung beachtet werden, welche als Folge jener Kunst erscheine; sie übe aus diesem Grunde einen so grossen Einfluss aus, dem alle Lebensalter unterworfen wären, so dass wohl Plato sehr richtig sage, die Weltseele bestehe aus einer musikalischen Harmonie. Indem er nun Auszüge aus seinem Gewährsmanne bringt, die besonders auf die Knabenerziehung und das Staatsleben hinzielen, stellt er zugleich die Behauptung auf, dass bei ganzen Nationen die Verwandtschaft ihrer Sitten mit den Tonweisen ganz deutlich ausgeprägt sei. Als schlagendes Beispiel erwähnt er die Geten, welche bekanntlich nach Strabon's Bericht Frömmigkeit mit Abhärtung in ihren Sitten vereinigten und deren Neigung zu den kräftigen Tonweisen besonders charakteristisch war. Gemäss der Lehre des Plato dürfe man daher bei der Knabenerziehung nicht alle Tonweisen in Anwendung bringen, sondern nur die kräftigen und einfachen, damit die Jugend zum tüchtigen Staats-

---

1) ὅσον τ'αὖ μουσικῆς φωνῇ χρήσιμον πρὸς ἀκοήν, ἕνεκα ἁρμονίας ἐστὶ δοθέν.

bürgerthum erzogen werde. Boetius giebt dabei nicht bestimmt an, welche Tonarten und Weisen der griechische Philosoph hauptsächlich empfiehlt; er beschränkt sich in seinen Bemerkungen auf die allgemeine ethische Bedeutung, aus deren Beschaffenheit man jedoch die Stelle zu entdecken vermag, die ihm als Unterlage diente. Plato entwickelt nämlich »de republ.« III, p. 398 das Ethos der Tonarten, welche bei Betrachtung des vierten Buches von uns genauer erörtert werden sollen; er empfiehlt auch besonders die dorische Tonart als eine für den griechischen Geist und das Staatswesen ganz geeignetes harmonisches System [1]). Wie Plato gegen den Verfall der Sitten zum Segen des Staatslebens ankämpfte, so auch der von Boetius citirte griechische Philosoph Aristoteles, dessen Anschauungen über das Wesen der Musik und über dieselbe als Erziehungsmittel dem lateinischen Eklektiker vollständig bekannt waren. Besonders hatte Boetius jedenfalls die Stellen im Sinne, welche sich in der »Politik« des Aristoteles VIII. B., 3. u. 5. Cap. vorfinden, wo der Begründer der Logik auch die Frage aufwirft »Wozu lernt man Musik?« und darauf antwortet: »Jetzt treibt man sie fast blos zum Vergnügen. Die Alten aber übten sie im ernsthaften Studium und betrachteten sie als wesentliches Erziehungsmittel, weil sie den Menschen nicht blos zur Geschicklichkeit an Geschäften, sondern auch dazu bilden wollten, dass er mit Anstand geschäftlos sein könnte .... In den uns von den Alten überlieferten Erziehungsmethoden liegt nun ein Zeugniss dafür, dass es Dinge giebt, die man um ihrer selbst willen lehren und lernen muss. Dahin gehört offenbar die Musik.

»Unsere Frage ist nun: Soll die Musik einen Theil der Erziehung ausmachen oder nicht? und welcher unter den drei Endzwecken — Bildung des Geistes, lustiger Zeitvertreib und anständige Beschäftigung — ist eigentlich der, den das Musiklernen hervorbringt? Am vernünftigsten scheint es, die Musik zu allen drei Classen zugleich zu rechnen und anzunehmen, dass sie von jedem dieser drei Endzwecke etwas erreicht. Sie kann allerdings als Zeitvertreib, als Kurzweil betrachtet werden. Denn was ist dieses anders als Erholung, als Ausruhen nach der Arbeit? Sie soll ein angenehmes Heilmittel des Schmerzes sein, den angestrengte Arbeit verursacht hatte. Auch zur anständigen und angenehmen Beschäftigung in Stunden der Musse eignet sich die Musik. Wer giebt nicht zu, dass Instrumental- und Gesangsmusik zu den an-

---

[1]) Laches, p. 488 D.

genehmsten Dingen gehört. So sagt schon Musaeus: Süss ist den Sterblichen melodischer Gesang.

»Daher wird bei allen fröhlichen Zusammenkünften die Musik als das Mittel, Freude zu erwecken, herbeigerufen. Schon dies allein, sollte man glauben, gäbe der Musik ein Recht, in die Erziehung der Jugend aufgenommen zu werden. Denn alles Angenehme, was zugleich unschädlich ist, muss man sich eigen machen, da es zu zwei Verhältnissen passt, zu dem letzten Ziele des Menschen und zur Erholung auf dem Wege zu diesem Ziele. Nur selten glückt es den Menschen, das Ziel zu erreichen. Aber sehr oft müssen sie im Streben darnach ausruhen. Es wird also gut sein, zu solchen Erholungen ein so anständiges Mittel, wie die Musik, bereit zu haben. Die Musik ist nicht nur zum Zeitvertreib, sondern auch zur wirklichen Erholung und zur Ersetzung der Kräfte nach mühsamer Arbeit nützlich. Doch vielleicht ergiebt sich bei näherer Untersuchung, dass dies nur ein zufälliger Nebenerfolg, aber ihre wesentliche Natur edler, ihr Endzweck von höherer Art ist. Vielleicht ist es nicht genug, des allgemeinen Vergnügens durch sie theilhaftig zu werden, das alle Menschen bei ihr empfinden; ein Vergnügen, das körperlicher Art und deswegen bei aller Verschiedenheit des Alters und der Charaktere dasselbe ist. Wir müssen sehen, ob sie nicht auch auf die Seele Einfluss haben und auf den Charakter wirken könne. Die Erfahrung kann dies am besten entscheiden. Es kommt darauf an, ob Menschen durch die Musik niemals in ihrem Charakter anders geworden sind, als sie vorher waren. Dies müssen wir offenbar bejahen. Von mehreren Arten der Musik, insbesondere von den Gesängen des Olympus[1]) ist es bekannt. Letztere erwecken

---

1) Es ist dieser alte Olympus derselbe, welchen Plutarch Cap. 11 (nach Westphal Cap. 8) erwähnt; hier wird von ihm gesagt, Aristoxenus habe ihn für den Erfinder des enharmonischen Klanggeschlechts gehalten, weil vor ihm Alles diatonisch und chromatisch gewesen sei. Aristoxenus theilt ferner die Entstehung des enharmonischen Geschlechts in folgender Weise mit: „Olympus habe das Melos oft zur diatonischen Parhypate, bald von der Paramese, bald von der Mese aus hingeführt und die Schönheit des aus solcher Führung entstandenen melodischen Charakters bewundert, wenn er nämlich die diatonische Lichanos unberührt liess Die diatonische Lichanos ist z. B. im Tetrachord e-f-g-a der Ton g, im chromatischen Geschlecht wird sie um einen chromatischen Halbton tiefer bewegt, also nach ges, und im enharmonischen Geschlecht tritt sie an die Stelle der Parhypate, repräsentirt mithin den Klang f, während die Parhypate eine Diesis im Aristoxenischen Sinne, d. h. ein Viertelstonintervall abwärts steigt. Wenn

nach Aller Geständniss einen gewissen Enthusiasmus in der Seele. Der
Enthusiasmus ist aber doch eine Modification des Sittlichen, oder dessen,
was zum Charakter gehört. Ferner, wenn der blosse nachahmende
Ausdruck der Rede, ohne Rhythmus und Melodie, uns zu einer Mit-
empfindung bringen, uns in den vorgestellten Zustand versetzen kann:
wie vielmehr wird die Musik dies zu bewirken vermögen! Es ist überhaupt eine Eigenschaft der Musik, dass sie Vergnügen macht. Die Mora-
lität aber hat besonders das Mass der Lust und die entstehenden Neigungen der Liebe wie des Hasses zu bestimmen und auf die gehörigen
Gegenstände zu lenken. Daher ist kein Studium wichtiger als das, was
den Menschen in den Stand setzt, über das Angenehme und Unange-
nehme richtig zu urtheilen und besonders an guten Charakterzügen, so
wie an edlen Handlungen Wohlgefallen zu finden. Es giebt aber ausser
der Natur nichts, worin Zorn und Sanftmuth, Tapferkeit, Mässigung
und alle andern moralischen Eigenschaften nebst ihrem Entgegengesetzten sich so deutlich und ähnlich abbildeten, als Gesang und Rhythmus.
Die Erfahrung beweist es. Aendert sich doch die ganze Stimmung des
Gemüths, wenn man verschiedene Arten der Musik hört. Das Vergnügen oder Missvergnügen aber, das man aus der Aehnlichkeit einer
Darstellung mit ihrem Original schöpft, kommt demjenigen sehr nahe,
was dieses selbst erregt. Ueberdies findet in andern sinnlichen Darstellungen das Sittliche weniger Ausdruck als in den musikalischen.
Farben und Gestalten enthalten nicht sowohl einen Ausdruck des Sittlichen, sondern sind vielmehr nur Zeichen desselben, um der beobach-
teten steten Verbindung willen. Solche Zeichen der Seele im Körperlichen

---

Olympus also seine Melodie so anordnete, dass sie sich auf den Tönen e-f-a
hielt, (vielleicht in der recht wohlklingenden Melodieformel h-a-f-e), so
vermied er gemäss der Angabe des Plutarch den charakteristischen Klang
des diatonischen Geschlechts, nämlich die Lichanos = g, den charakteristischen Klang des chromatischen Geschlechts, d. h. die chromatische Lichanos
= ges, und die in Folge der Bewegung des Klanges Lichanos entstandene enharmonische Parhypate = fes *, mithin war das alte enharmonische Geschlecht
des Olympus ganz verschieden von den drei späteren Klanggeschlechtern, dem
diatonischen e-f-g-a, chromatischen e-f-ges-a und enharmonischen e-fes*-f-a.
Nur ist die Frage, ob unter der Paramese der Klang h oder die alte Paramese
= b, welche später Trite synemmenon hiess, gemeint ist. Weiterhin spricht
Plutarch von dem Intervall a-b, welches bei den archaischen Auleten nicht
durch den Viertelston getheilt werde. Es kann sich diese Erörterung aber auch
nur als Beispiel auf das Tetrachord synemmenon beziehen, in welchem sich
die Auleten nach archaischer Weise ebenso wie Olympus bei Anwendung des
Tetrachords bewegten, (d. h. mit Auslassung der Lichanos) z. B. a-b-d!

zeigen sich in allen Leidenschaften. Was aber die Musik betrifft, so ist wohl ganz offenbar, dass in den Tönen und ihrer Verbindung ein Ausdruck vieler sittlicher Eigenschaften liegt. Alle Hauptunterschiede bezüglich der moralischen Zustände finden sich wesentlich in den verschiedenen Gattungen der Musik, daher auch die Zuhörer von jeder in andere Gemüthsstimmung versetzt werden. Bei gewissen Tonarten, z. B. der mixolydischen, werden wir zur Traurigkeit gestimmt; durch andere zu einer gewissen Erschlaffung und Gleichgültigkeit; noch andere, hauptsächlich die dorische, entfernen uns von beiden Extremen und bringen uns in eine mittlere, ruhige Fassung. Die phrygische Tonart begeistert zu einer raschen, heftigen Thätigkeit. Alle diese Unterschiede sind von denen sehr richtig bemerkt worden, die über diesen Zweig der Erziehung philosophirt haben, und sie berufen sich dabei auf Thatsachen. Ebenso verhält es sich mit dem Rhythmus. Manche Rhythmen oder Tactarten stimmen zur Ruhe, andere treiben zur Bewegung an. Von den letzteren reizen einige zu heftigen, ausgelassenen, andere zu sanften, anständigen Bewegungen. Ist nun die Musik, welche Melodie und Rhythmus in sich vereinigt, fähig, dem moralischen Theil der Seele gewisse Eigenschaften einzuprägen, so muss auch unstreitig der Unterricht in derselben als ein Stück der Erziehung der Jugend angesehen werden. Dazu kommt, dass dieser Unterricht zur Natur des jugendlichen Alters vollkommen passt. Denn mit nichts beschäftigt sich die Jugend gern, was nicht mit Vergnügen gewürzt ist. Und diese Würze ist keinem Unterrichte so natürlich, als dem in der Musik. Endlich scheint zwischen der Natur der Seele und zwischen der Natur der Harmonien und Rhythmen eine Verwandtschaft zu sein, daher auch viele Philosophen von der Seele behauptet haben, dass sie entweder selbst Harmonie sei, oder dass sie Harmonie in sich enthalte.«

Nach diesen Hinweisen belegt Boetius seine Excerpte mit historischen Thatsachen und erzählt uns, dass Zucht, Ehrbarkeit und Sitte in der Tonkunst von dem berühmten spartanischen Musiklehrer T h a l e t a s aus G o r t y n a stets aufrecht erhalten worden sei, als dieser die Knaben in der Musik für hohe Preise unterrichtete, wodurch aufs Neue die Richtigkeit der Forschungen bestätigt wird, dass man im Alterthum den Musikunterricht bereits zu Erwerbszwecken, wenn auch hauptsächlich im Dienste des Staates, benutzte. Ein solcher Pädagog wie T h a l e t a s [1]),

---

1) Vgl. Plut. de musica cap. 10 (Westphal cap. 7), ferner Athen. 15, p. 678 C; ed. Tauchnitz Tom. 4, pag. 123. Thaletas von Gortyna gehört auch zu den Begründern der zweiten musischen Katastasis; denn Plutarch erzählt:

welcher nach dem gewichtigen Zeugnisse des Plutarch und des Polymnastus [1]) aus Gortyna oder Gortys, der bedeutenden am Lethäus gelegenen, schon von Homer mit »mauern- und burgenreich« [2]) bezeichneten Stadt Creta's, stammte und nach der gewöhnlichen Annahme innerhalb des Zeitraums von 647 und 586 v. Chr. thätig war [3]), musste natürlich auf die Jugend den grössten Einfluss ausüben, da er musikalische Kenntnisse und Fertigkeiten mit philosophischem Ernst und wissenschaftlicher Bildung vereinigte. Als Gegenstück ist T i m o t h e u s aus M i l e t genannt, dessen Abschweifungen vom classischen Geiste der Tonkunst und sinnbethörende Neuerungen auf die Knabenherzen, ja überhaupt auf die Gemüther verderblich einwirkten, und somit als staatsgefährlich beseitigt werden mussten. Deshalb verbannten ihn die Lacedämonier und verhängten über ihn den auf Seite 4 im dorischen Dialect angeführten Senatsbeschluss, welchen wir zum bessern Verständniss hier im attischen Dialect und in deutscher Uebersetzung mittheilen :

Ἐπειδὴ Τιμόθεος ὁ Μιλήσιος παραγιγνόμενος εἰς τὴν ἡμετέραν πόλιν τὴν παλαιὰν μοῦσαν ἠτίμαζε καὶ τὴν διὰ τῶν ἑπτὰ χορδῶν κίθαριν ἀποστρεφόμενος πολυφωνίαν εἰσάγων λυμαίνεται τὰς ἀκοὰς τῶν νέων καὶ διὰ τῆς πολυχορδίας καὶ τῆς κενότητος τοῦ μέλους ἀγενῆ καὶ ποικίλην ἀντὶ ἁπλῆς καὶ τεταγμένης ἀμφιέννυται τὴν μοῦσαν ἐπὶ χρώματος συνιστάμενος τὴν τοῦ μέλους διασκευὴν ἀντὶ τῆς ἐναρμονίου πρὸς τὴν ἀντίστροφον ἀμοιβήν, παρακληθεὶς δὲ καὶ εἰς τὸν ἀγῶνα τῆς Ἐλευσινίας Δήμητρος ἀπρεπῆ διεσκευάσατο τὴν τοῦ μύθου διασκευὴν τὴν τῆς Σεμέλης ὀδύνης οὐκ ἔνδικα τοὺς νέους διδάσκει δεδόχθαι · ἔφη [scil. ὁ δῆμος] περὶ τούτοιν τοὺς βασιλέας καὶ τοὺς ἐφόρους μέμψασθαι Τιμό-

---

Die erste Feststellung der musischen Kunstnormen ist in Sparta geschehen und zwar durch Terpander. Die zweite ist vorzugsweise auf folgende Meister zurückzuführen: Thaletas von Gortyna, Xenodamus von Cythera, Xenocritus den Lokrer, Polymnastus den Kolophonier und Sakadas den Argiver . . . . Thaletas, Xenodamus, Xenocritus und deren Nachfolger waren Componisten von Päanen; Polymnastus und seine Nachfolger waren Componisten der· sogenannten Orthioi ; Sakadas und seine Nachfolger waren Componisten von Elegien.

1) Paus. 1, 14, 3. ed. Schubart Vol. I, Seite 31. ἀλλ' ὁ μὲν Κνώσιος etc.

2) τειχιόεσσα, vergl. Il. 2, 646. Od. 3, 293 : ἔστι δέ τις λισσὴ etc.

3) Plutarch hält ihn nach dem Zeugnisse des Glaucus für älter als Xenocritus und sagt, dass er nach Archilochus gelebt habe. Vgl. Plut. c. 10 gegen das Ende hin. Man wird nicht irren, wenn man die Lebenszeit des Archilochus in das 8. Jahrhundert versetzt, da derselbe nach Glaucus bei Plut. jünger als Terpander war und dieser als Schöpfer der alten Kitharodik nicht später als ungefähr 800 v. Chr. gewirkt haben kann. Vgl. Plut. c. 4.

θεον, ἐπαναγκάσαι δὲ καὶ τῶν ἕνδεκα χορδῶν ἐκταμόντας τὰς περὶ ταύτας, ὑπολιπομένους τὰς ἑπτά, ὅπως ἕκαστός τὸ τῆς πόλεως βάρος ὁρῶν
εὐλαβῆται εἰς τὴν Σπάρτην ἐπιφέρειν τι τῶν μὴ καλῶν ὄντων, μή ποτε
ταράττηται κλέος ἀγώνων.

» Sintemal Timotheus aus Milet, eingewandert in unsern Staat, die
von Alters her gültige Musik verachtete und durch Abschaffung der sie-
bensaitigen Kithar und Einführung der Vielstimmigkeit das Gehör der
Jünglinge verderbt und weil er durch die Saitenmenge und durch die
Schlechtigkeit seiner neuen Harmonie die einfache und wohlgeordnete
Musik umgewandelt zu einer unedlen und verworrenen, indem er die
harmonische Ausschmückung ins chromatische Geschlecht versetzt an
Stelle des enharmonischen [1] zu gegenseitiger Abwechselung, ferner in
Anbetracht, dass er, berufen zum Wettkampf der eleusinischen Demeter,
die Darstellung der Göttersage — nämlich der Geburtsschmerzen Se-
mele's — ins Unschickliche hineingezogen hat und die Jünglinge Ungebührliches zu glauben lehrt: deshalb beauftragte das Volk die Könige
und die Ephoren, den Timotheus zu rügen und zu verbannen, sowie
von den elf Saiten die überflüssigen herauszuschneiden und nur die sieben alten übrig zu lassen, damit Jeder im Hinblick auf die Würde des
Staates sich scheue, etwas Ungebührliches in Sparta einzuführen, und
damit der Ruhm der Wettkämpfe nicht im Mindesten geschmälert werde.«

Mit den Angaben des Boetius über den vielberüchtigten Timotheus
aus Milet sind die im Plutarch enthaltenen Verse zu vergleichen, welche
der geistvolle R u d o l f  W e s t p h a l [2] in so treffender, charakteristischer
Weise ins Deutsche übertragen hat. Plutarch erzählt nämlich, dass der
Komiker Pherecrates die Musik als Frauenrolle personificirt, mit Spuren
der Misshandlung am ganzen Leibe auf die Bühne gebracht und die
Gerechtigkeit nach der Ursache dieser Schmach sich erkundigen lässt ;
darauf antwortet nach des Dichters Anordnung die Musik :

» Nicht red' ich ungern, denn zu reden trägt mein Herz
. Verlangen, wie das deine sich zu hören sehnt.
Von meinen Unglücksbringern war M e l a n i p p i d e s
Der erste, denn er fasste mich und schwächte mich
Und machte durch der Saiten zwölf mich windelweich.

---

1) Hier ist wohl das erwähnte alte enharmonische Geschlecht des O l y m -
p u s gemeint, welches keine Diesis im Aristoxenischen Sinne besass. ,

2) Vgl. R. Westphal, Plutarch über die Musik. (Verlag von F. E. C.
Leuckart: Constantin Sander.) S. 54.

Ich darf jedoch trotzdem mit ihm zufrieden sein,
Gedenk' ich meiner gegenwärtigen grossen Noth.
Darauf hat Kinesias, der verfluchte Attiker,
Mit seinen unharmonischen Strophenwindungen
Mich so geschändet, dass wie einst im Kriegesheer,
So auch in seinen Dithyrambenpoesien
Zur rechten Hand sich seine linke Seite zeigt.
Doch zu ertragen war mir selbst noch dieser Mann.
Auch Phrynis hat durch Drehen, wie man Kreisel dreht,
Und Biegen mich zu Grund gerichtet ganz und gar,
Darstellend auf zwölf Saiten seine Harmonien.
Doch auch mit diesem könnt' ich noch zufrieden sein.
Denn was er fehlte, macht' er später wieder gut.
Jetzt aber hat **Timotheus** aufs Schmählichste
Mich ruinirt, o Freundin!« — »Was für ein
Timotheus ist dies?« — »Der Rothkopf aus Milet.« —
»Auch dieser hat misshandelt dich?« — »Er übertrifft
Weit alle andern, singt Ameisenkribbeleien,
Ganz unerhört verruchte, unharmonische,
In hohen Tönen nach der Pickelpfeifen Art,
Und hat mich gänzlich kurz und klein wie Kohl zerhackt
Und angefüllt mit üblen Ingredienzien.
Und als ich einst allein ging, übermannt' er mich,
Entblösste mich und band mich mit zwölf Saiten fest.«

Nachdem Timotheus als der Sittenverderber hingestellt worden ist,
tritt die ehrwürdige Gestalt des Pythagoras (geb. zwischen 580 und
568 v. Chr.) hervor, welcher inmitten wissenschaftlicher Forschungen
die Gewalt der Musik zu guten Thaten anwendet. Er besänftigt in passender Weise einen eifersüchtigen Jüngling, beruhigt mehrere berauschte,
durch Flötenspiel aufgeregte junge Männer, welche in Folge seiner Anordnung durch spondeisch gegliederte Melodien zur gesetzten Stimmung und massvollen Haltung zurückgeführt werden. Die Wirkung der
spondeischen Lieder ist hier von Boetius gewiss nicht in übertriebener
Weise geschildert, da ja selbst die Gebildetsten der modernsten Zeit durch
Choräle, welche im spondeischen Rhythmus erklingen, Gemüthsruhe,
Erhebung und edle Denkart erlangen. Etwas Fabelhaftes könnte dagegen vielleicht in den Erzählungen von Terpander und Arion gefunden
werden. Terpander war bekanntlich der berühmte Verbesserer der
Kithar, Virtuos und Componist der Nomoi. Durch seine glänzenden

Eigenschaften mag er jedenfalls eine ausserordentliche Macht auf den psychischen Zustand seiner Hörer ausgeübt und körperlich Leidende so ergötzt haben, dass sie bei dem Genuss der herrlichen Kitharodik ihre Schmerzen vergassen. Von seiner historischen Bedeutung giebt uns Plutarch einen noch genaueren Bericht als Boetius und über seine Compositionstechnik erfahren wir durch ein Citat des griechischen Autors aus Heraclides, dass Terpander als Componist kitharodischer Nomoi seinen eigenen oder Homers Hexametern für jeden einzelnen Nomos Melodien hinzugefügt und dieselben in den Agonen gesungen habe. »Terpander (heisst es weiter bei Heraclid) sei auch der erste gewesen, welcher den einzelnen kitharodischen Nomen bestimmte Namen gab. Die kitharodischen Nomoi wurden viel früher als die aulodischen durch Terpander festgestellt; er war der erste, welcher die kitharodischen zuerst mit besonderen Namen benannte: Nomos Boiotios und Aiolios, Trochaios und Oxys, Kepion und Terpandreios; auch hiess ein Nomos Tetraiodios. Ferner sind kitharodische Prooimien von Terpander componirt. Dass die alten kitharodischen Nomoi aus Hexametern bestanden, davon legt Timotheus einen Beweis ab. Seine ersten Nomoi trug er nämlich so vor, dass er dithyrambische Phraseologie und episches Metrum vereinte, um nicht gleich Anfangs als Uebertreter der alten musischen Kunstnormen zu erscheinen.« Ueber das Zeitalter des Terpander hat R. Westphal die eingehendsten und scharfsinnigsten Forschungen angestellt, welche zu dem Resultate führten, dass man ungefähr das Jahr 800 als die Zeit seiner Wirksamkeit annehmen dürfe [1]), da er ja nach Plutarch »älter als Archilochus« war. Der von Boetius neben Terpander genannte Arion aus Methymna, der nördlichsten Stadt auf der Insel Lesbos, gehörte wahrscheinlich zur Schule Terpanders [2]), des lesbischen Sängers aus Antissa, während er in der Dichtkunst als Schüler Alcmans bezeichnet wird. Seine Lieder sang er etwa in den Jahren von 628—585 v. Chr. und seine Bedeutung knüpft sich besonders an die von ihm erfundene Anordnung, dass er den Dithyrambos, das bakchische Festlied, kunstvoll ausbildete und ihn durch Chöre, die sich im Kreise um den Altar bewegten, vortragen liess [3]). Weniger wichtig ist der angeführte Thebaner Ismenias, Schüler des Antigonides, welcher zur Zeit Alexanders d. Gr. die Flöte in virtuoser Weise blies und jedenfalls durch gefällige Melodien sich beliebt und

---

1) Vgl. Plutarch, de musica cap. 3—6, u. R. Westphal's Uebertragung S. 36.

2) Plehn, Lesbiacorum liber, caput quintum, pag. 165: »Scholae Terpandri etiam Arionem Methymnaeum etc.«.

3) Daher kyklische Chöre (κύκλιοι χοροί).

nützlich machte, auch wohl durch den Vortrag tänzelnder Rhythmen die Tanzlust erregte und daher aus müden Beinen den Schmerz bannte, wogegen Empedocles (490 v. Chr.) als musikalischer Philosoph, welcher die ionische Physik, eleatische Metaphysik und pythagoreische Harmonik zu combiniren suchte, als bedeutsame Persönlichkeit in der Kunstgeschichte hervortritt. Seine Handlungsweise gegenüber dem wüthenden Jüngling bestätigt die Gewalt der Musik und des ernsten Rhythmus, als dessen Grundelemente die Bewegungen des menschlichen Körpers gelten müssen. Wie diese selbst mit dem inneren Menschen im Zusammenhange stehen, beweist nach der Ansicht des Boetius der Zustand des Democritus (geb. zwischen 470 und 460 v. Chr.), des nach der Sage »stets lachenden« [1] Philosophen, der als Ziel aller Erkenntniss die Gemüthsruhe annahm und in der Ethik, Physik, Naturgeschichte, Mathematik, Technik, Musik wohl erfahren war. Hippocrates (470), der wissenschaftliche Begründer der Medicin, hörte von dem für wahnsinnig gehaltenen Philosophen, dass die Herzschläge mit den Bewegungen des Körpers gleiches Tempo innehielten, was jedoch vor der neueren medicinischen Wissenschaft kaum als Wahrheit bestehen dürfte.

Jene Erzählungen in der Vorrede sollen nur die Behauptung begründen, dass alle Menschen trotz der Verschiedenheit in Charakter, Gewohnheiten und Neigungen in der Liebe zur Musik übereinstimmen müssten, so dass kein Alter und Geschlecht eine Ausnahme mache. Dabei berührt Boetius die Kraft des Trostes, welche in der Tonkunst liege, wie man deutlich aus der Sitte Trauergesänge anzustimmen erkennen möge. Um in Kürze das Hauptsächlichste anzuführen, wollen wir hier bemerken, dass man unter den Trauerliedern besonders die Wehklage oder den Olophyrmos, den Ialemos und den Linos oder Ailinos unterschied. Die »Wehklage« meint Athenäus [2]), hiess das Lied, welches bei Todesfällen, oder bei anderen traurigen Gelegenheiten gesungen wurde. Ialemos war der Name eines Gesanges, welchen man während der Trauer anstimmte, wie Aeschylus [3]), Euripides [4]) und Aristophanes, den Athenäus citirt, hinreichend bezeugen. Daher kommt das vom Hesychius gebrauchte Sprüchwort: »kläglicher oder frostiger, als ein Ialemos« [5]).

---

1) γελασῖνος.
2) Athen. 14, c. 3, Sect. 10 (p. 619 B).
3) Aeschylus Suppl. 100 ἰή. ἰή! ἰηλέμοισιν ἐμπρεπῆ.
4) Euripides in Troad. 578 οἶος, ἰάλεμος, οἷά τε πένθη! etc.
5) Erasm. Adag. chil. 2, centur. 10, adag. 86 »Ialemo frigidior«; Baseler Ausgabe vom Jahre 1517, Seite 46.

Adrianus Junius führt ebenfalls das griechische Sprüchwort in etwas
anderer Form an, wenn er von einer unglücklichen Sache bemerkt, dass
sie »werth sei, unter die Ialemen gesetzt zu werden«[1]. Dies gründet
sich auf eine Stelle des komischen Dichters M e n a n d e r, welcher meint:
»Wenn ein Liebhaber nicht Kühnheit besitzt, so ist er ein unglücklicher
Mensch, der unter die Ialemen oder Klagelieder gehört.« — Ueber das
griechische Lied Linos endlich schreibt Herodot[2] Folgendes: »Die
Aegypter haben das Lied Linos, welches in Phönicien, Cypern und anderen Ländern berühmt ist, wo es nach der Verschiedenheit der Völker
verschiedene Namen führt. Es ist ausgemacht, dass es eben das Lied
sei, welches bei den Griechen unter dem Namen Linos gesungen wird . . .
Uebrigens heisst der Linos bei den Aegyptern Maneros. Sie behaupten,
dass Maneros der einzige Sohn ihres ersten Königs gewesen sei; als ihn
nun ein frühzeitiger Tod ihnen entrissen, so hätten sie seinem Gedächt-
nisse zu Ehren diese Art von Trauerlied gesungen, welches also seinen
Ursprung blos ihnen zu danken habe.« Der Text des Herodot beweist
deutlich, dass der Linos ein Leichenlied gewesen ist. Sophocles[3] redet
von dem Liede Ailinos ganz in demselben Sinne. Später übertrug man
die Form jenes Trauergesanges auch auf Lieder heiteren Inhalts, wie
man aus den Worten des Euripides beim Athenäus[4] ersieht. Desgleichen erzählt Pollux[5], dass der Linos und Lityerses Lieder der Feldarbei-
ter gewesen seien, woraus man in Anbetracht der verschiedenen Zeitalter
jener Schriftsteller sicher schliessen darf, dass der Gebrauch und die Bedeutung des ursprünglichen Trauergesanges »Linos« Veränderungen erlitt.

Solche Trauergesänge der angedeuteten Art hatte wohl Boetius im
Sinne, wenn er den in seinen Schilderungen oft gekünstelten und schwül-
stigen Dichter P a p i n i u s S t a t i u s (64 n. Chr.) citirt, zu dessen kurzer
Beschreibung der Leichenbestattungsmusik die Herzensfreudigkeit, welche
heitere Melodien und Tanzlieder bei den Menschen hervorbringen, als
Gegensatz dient, wonach unser Autor im Schlusssatz den Gedanken noch
einmal kurz zusammenfasst, dass die Musik ein Geschenk der Natur und
somit vom Wesen des Menschen gar nicht zu trennen sei: eine solche
herrliche Gabe müsse man hochhalten und ausbilden, was nur durch

---

1) Hesychius sagt: ἰαλέμου οἰκτρότερος und Adrianus Junius: εἰς τοὺς ἰαλέ-
μους ἐγγραπτέος.

2) Herod. 2, cap. 79; ed. Abicht, ¡Band I, S. 285.

3) Sophocles im Ajax, V 627: αἴλινον, αἴλινον etc.

4) Athen. 14, Sect. 10, pag. 619.

5) Pollux 1, cap. 1; ed. Francof. pag. 12.

wissenschaftliche Forschung und Erkenntniss geschehen könne. Zu dieser sucht er durch seine Abhandlung beizutragen, welcher er in

## Cap. II

die Aufzählung der Musik-Gattungen vorausschickt, indem er die Musik des Weltalls, die menschliche Musik d. h. den Gesang und die Instrumentalmusik unterscheidet. Die Musik des Weltalls definirt Boetius wieder nach Platonischer Anschauungsweise, indem er jedenfalls die im Timäus enthaltenen Erörterungen über die harmonischen Theile der Weltseele im Auge hatte und geradezu den Inhalt der Gedanken Plato's excerpirte. Besonders bezieht sich das hier im 2ten Capitel Gesagte auf die im 7ten und 8ten Capitel des Timäus enthaltenen Theorien, in welchen der griechische Philosoph nach Entwickelung der vier Elemente Feuer, Wasser, Luft und Erde, die auch Boetius kurz erwähnt, die akustische Proportionalität auseinandersetzt. Dieselbe entspringt nach den leitenden Ideen aus der Theilung des Weltbildners, von welcher Plato sagt: »Zuerst nahm er einen Theil von dem Ganzen hinweg, darauf das Doppelte desselben, zum dritten das Anderthalbfache des Zweiten und Dreifache des Ersten, zum vierten das Doppelte des Zweifachen, zum fünften das Dreifache des Dritten, zum sechsten das Achtfache des Ersten, zum siebenten das Siebenundzwanzigfache des Ersten. Hierauf füllte er sowohl die zweifachen als dreifachen Zwischenräume aus, indem er noch Theile von dort (d. h. vom Ganzen) abschnitt und in die Mitte zwischen diese setzte, so dass in jedem Zwischenraume zwei Mittelglieder sich befanden, von denen das eine um denselben Theil der äussersten Glieder diese übertraf und übertroffen wurde, das andere aber um das Gleiche der Zahl nach sie sowohl übertraf, als übertroffen wurde. Da aber Zwischenräume von $1\frac{1}{2}$, $1\frac{1}{3}$ und $1\frac{1}{8}$ durch diese Verbindungsglieder in den vorigen Zwischenräumen entstanden waren, so füllte er mit dem Zwischenraume von $1\frac{1}{8}$ die Zwischenräume von $1\frac{1}{3}$ aus, indem er von einem jeden derselben einen Theil übrig liess, so dass dieser übrig gelassene Zwischenraum des Theiles rücksichtlich des Zahlenverhältnisses die Glieder 256 zu 243 hatte.« Wir haben in dieser Stelle Plato's den Grund aller musikalischen Proportionen, auf deren Wesen Boetius im weiteren Verlaufe ausführlich eingeht, wo er dasselbe, was bereits Plutarch[1]) anführt, genauer betrachtet. Es liegt nämlich die Proportion $6:8=9:12$ zu Grunde, und dem Texte nach würden für die dreifachen Abstände z. B. zwischen den Zahlen 3 und 9 die Mittel-

---

1) Plut. de mus. c. 22.

glieder in den Werthen $^9/_2$ und 6 bestehen, mithin als Proportion $3 : \frac{9}{2} = 6 : 9$ aufzustellen sein. Zur Ausfüllung der Zwischenräume 1 und 2, 1 und 3, 2 und 3 etc. kommen natürlich auch Brüche als Mittelglieder vor; denn $1 : \frac{4}{3} = \frac{3}{2} : 2$; $1 : \frac{3}{2} = 2 : 3$; $2 : \frac{8}{3} = 3 : 4$; $4 : \frac{16}{3} = 6 : 8$; $9 : \frac{27}{2} = 18 : 27$ [1]). Da nun Plato die Verhältnisse $2 : 1$, $3 : 2$, $4 : 3$, $9 : 8$, $256 : 243$ anführt, so hat er die Intervalle der Octav, Quinte, Quarte, des Ganztons und Halbtons, mithin den harmonischen Grund des Tonsystems mit der Weltseele in Verbindung gebracht, an welche Boetius in der beregten Stelle erinnert. Es wurde ja die ganze Pythagoreische und Platonische Zahlenphilosophie auf jene akustischen Verhältnisse zurückgeführt, in welche man aus Verehrung für die hohe ethische Bedeutung der Musik im Alterthume das Seelen- und Geistesleben bannte [2]). Die Zahlen 1, 2, 3, 4 bildeten nämlich die Tetraktys der Pythagoreer; sie enthielten die drei consonirenden Intervalle $2 : 1 =$

---

1) Es ist hier an die arithmetische und harmonische Theilung der Octave zu denken, mit der mittleren arithmetischen und harmonischen Proportionale, von welcher B o e c k h (Vergl. Boeckh, Studien von Daub und Creuzer, Band III, S. 57) die Formel aufstellte:

$M =$ grösseres Glied

$m =$ kleineres Glied

$H =$ mittlere Proportionale

$d =$ Differenz der kleineren äusseren und mittleren

$D =$ Differenz der mittleren und grösseren äusseren

$d + D =$ Differenz der beiden äusseren Glieder.

Dann ist:

1) $m : d = M : D$

2) $m D = M d$

3) $m + M : d + D = m : d = M : D$

4) $(m + M) d = (d + D) m$, oder $(m + M) D = (d + D) M$

5) $(m + M) H = 2 m M$

6) $d = \dfrac{(d + D) m}{m + M}$

$D = \dfrac{(d + D) M}{m + M}$

7) $H = \dfrac{2 m M}{m + M}$

8) $H = m + \dfrac{(d + D) m}{m + M}$ und

$H = M - \dfrac{(d + D) M}{m + M}$

2) Vergl. R. Westphal, Griech. Rhythmik und Harmonik S. 64.

Octav, $3 : 2 =$ Quint, $4 : 3 =$ Quart. Jene vier Zahlen addirt $1 + 2 + 3 + 4 = 10$ ergab die bedeutsame Pythagoreische Dekas. Hierzu noch die Zahlen 8 und 9, welche in ihrem Verhältniss den Ganzton repräsentirten, hinzugenommen, giebt $1 + 2 + 3 + 4 + 8 + 9 = 27$, welche sieben Zahlen die Heptas Plato's bilden, auf deren Ordnung oben hingedeutet wurde. Desgleichen hält sich Boetius an den Timäus, wenn er von den Jahreszeiten spricht, welche Stelle keiner Analyse bedarf. Auch sind schon die Ansichten des Aristoteles über die Gewalt der Tonkunst angeführt, dessen Theorien unser Autor bei Angabe der Organisation des menschlichen Seelenlebens wieder berührt und hier besonders darauf hinweist, dass die Theile der Seele durch Harmonie verknüpft seien, daher die menschliche Musik, d. h. der Gesang, körperlich und unkörperlich (psychisch) in der Natur des Menschen liegen und sich auf dessen Empfindungen, mögen diese bewusst oder unbewusst sein, gründen müsse. In Bezug auf das Material unterscheidet sich vom Gesang die Instrumentalmusik, welche auf Saiten-, Blas-, Wasser- und Schlaginstrumenten ausgeübt wird. Die hauptsächlichsten S a i t e n i n s t r u m e n t e der Alten waren die **Lyra** und **Kithara**. Schon D r i e b e r g hat mit Recht darauf hingewiesen, dass man an manchen Stellen der griechischen Schriftsteller unter Lyra nicht ein Instrument, sondern musikalisches Grundsystem zu verstehen habe, welches nach und nach zu grösserer Vollkommenheit gelangte; diese Bedeutung von Lyra ist auch bei der späteren Abhandlung des Boetius, wo er das Anwachsen der Saitenzahl historisch erläutert, sicherlich anzunehmen, während er hier an diesem Orte nur die Tonwerkzeuge als solche im Auge hat. Mit . dem Namen Lyra wurden nun im Allgemeinen S a i t e n i n s t r u m e n t e m i t f r e i l i e g e n d e n S a i t e n bezeichnet; von diesen waren in der classischen Zeit des griechischen Alterthums die K i t h a r i s und K i t h a r a hauptsächlich im Gebrauch und man kann, nach den Stellen in den Schriftstellern zu urtheilen, fast zuversichtlich annehmen, dass der Name »Lyra« meistentheils für das kleinere, leicht tragbare Hausinstrument »Kitharis« galt, während man das im Agon figurirende, zum Preis-Singen gespielte grosse Instrument als »Kithara« bestimmt von jenem trennend aufführte. Die Terpandriden benutzten jedenfalls das mächtigere Saiteninstrument zum Wettkampfe, in welchem sie so oft vor der versammelten Griechenmenge ihre ruhmgekrönte Virtuosität offenbarten. Ohne Zweifel waren die Griechen im Instrumentenbau erfahren, und mit Sicherheit darf man die Meinung aussprechen, dass sie bei ihren frühzeitigen Beziehungen zu Aegypten, in welchem Lande selbst Pythagoras seine musikwissenschaftlichen Kenntnisse bereichert haben soll, auch von den daselbst gebräuchlichen harfenartig gebauten, mit mächtigen Resonanzkörpern versehenen Saiteninstrumenten Kunde erhielten. Die Kithara der Griechen wird wohl an Grösse und Bedeutung den ägyptischen mindestens gleich gewesen und als Nationalinstrument mit der grössten Sorgfalt akustisch zubereitet worden sein, wie sich nach den subtilen Unterschieden der Klangfärbungen gewiss annehmen lässt. Mithin darf als kaum zu widerlegende Behauptung aufgestellt werden, dass die Abbildungen der Lyra des Apollo nur als Symbole zu betrachten sind, welche für die wirkliche Beschaffenheit des Instrumentes keine Norm abgeben. Dabei müssen wir noch erwähnen, wie sich das Beiwort »siebensaitige« oder »achtsaitige« Lyra, welches irrthümlicherweise für die Beschreibung der gesammten Saitenzahl genommen wurde, mit der complicirteren Einrichtung des wahrscheinlich an Tonmitteln weit reicheren Saiteninstruments vereinigen lässt. Offenbar bezieht sich nämlich jenes Attribut nur auf das für die Lyra oder Kitharis und für die Kithara zu Grunde gelegte Tonsystem; denn wollte man den auf viersaitiger oder siebensaitiger Lyra spielenden Mercur oder den mit siebensaitiger Kithar plastisch geformten Apollo als Vorbilder der griechischen Virtuosen betrachten, welche sich etwa gleicher Instrumente bedient hätten, dann würde man auch, wie Drieberg richtig sagt, von den griechischen Frauen annehmen müssen, sie seien von zwei Sperlingen gezogen worden, weil Aphrodite mit zwei Sperlingen fahrend abgebildet erscheint. Auf die nach theoretischen Grundsätzen geregelte Construction der Lyra weiterhin eingehend, bemerken wir hier nur zunächst das äussere Aussehen der beiden hauptsächlichsten griechischen Saiteninstrumente. Burette[1] unterscheidet bereits beide Tonwerkzeuge mit Genauigkeit und keinenfalls darf man die Behauptung R. Westphal's[2] anzweifeln, dass zwischen beiden Klangkörpern eine erweisliche Verschiedenheit bestanden habe. Die Kithara war sicherlich ein aus mehreren einzelnen Stücken zusammengesetztes Instrument, die beiden Hauptseiten desselben in der Form von zwei Ochsenhörnern gegen einander gekrümmt, nach oben auswärts, nach unten einwärts gebogen, in der Mitte der Arm (πῆχυς), die Saiten unten und oben durch Querstege (κάλαμοι und δόνακες) gehalten, von denen einer

---

1) Burette, Dissert. sur la Symphonie des Anciens und a. a. O.; die Schriften dieses französischen Musikhistorikers sind verzeichnet in C. F. Becker's mus. Literatur.

2) R. Westphal, Geschichte d. alten und mittelalterl. Musik, Erste Abtheilung pag. 87—95.

auf dem unten befestigten hohlen Resonanzboden (ἠχεῖον) lag. Pollux [1]) nennt den unteren Steg H y p o l y r i o n (ὑπολύριον), Lucian [2]) aber M a g a d i o n (μαγάδιον), welcher das untere Ende einer jeden Saite festhielt. Der obere Steg hatte verschiedene Löcher mit darin befestigten W i r b e l n (κόλλοπες, κόλλαβοι) als Saitenhalter, welche durch einen S c h l ü s s e l (χορδότονον) oder Saitendreher zum Zweck des Herauf- oder Herabstimmens der Saiten herumgedreht werden konnten. —

Die Lyra oder Kitharis, bei Homer Phorminx, ist ein kleineres Instrument, dessen zwei Hauptseiten weniger auseinanderstanden; der Boden desselben glich einer Schildkrötenschale, an welche sich die so oft erzählte fabelhafte Erfindung durch Mercur knüpfen lässt, worüber jede brauchbare Mythologie Auskunft ertheilt. Da nun der Boden rund war, so konnte die Lyra oder Kitharis nicht aufrecht gestellt, sondern musste mit den Knien gehalten werden. Auf die Stellen im Homer, wo Lyra, Kitharis und Phorminx zu identificiren sind, hat Westphal mit scharfsinnigen Auseinandersetzungen hingewiesen; doch dürfte die Annahme, Terpander habe nur die Kitharis, nicht aber die Kithara gespielt, zu bezweifeln sein, weil unserer Ansicht nach der Unterschied beider Instrumente schon in den Fabeln von Mercur und Apollo angedeutet ist und wahrscheinlich die Verschiedenheit der Schallkörper bis fast zur Homerischen Zeit hinaufreicht. Terpander spielte jedenfalls sowohl auf der Phorminx als auch auf der Kithara, er konnte deshalb die Phorminx d. h. die Kitharis als sein Instrument bezeichnen, und Kapion, der Terpandride, führte wohl später eine Verbesserung der Kithara ein, ohne dass er den Anspruch zu erheben berechtigt war, als E r f i n d e r des im Agon gebräuchlichen Saiteninstruments zu gelten. Endlich sei noch bemerkt, dass sich in der auch von Westphal citirten Stelle des Ammonius unwiderlegbar der Unterschied von Kitharis und Kithara und die Identificirung der ersteren mit der Lyra durch Aristoxenus bestätigt findet [3]). Gewiss ist ferner anzunehmen, dass die Chelys, wo sie in der Bedeutung von Saiteninstrument auftritt, gleichbedeutend mit der Kitharis erscheint und insbesondere mit der aus Schildkrötenschale verfertigten

---

1) Pollux onomast. lib. 4, c. 9; ed. Francof. pag. 187.

2) Lucian, Dial. Deor. Apoll. et Vulc. p. 223; ed. J. Th. Lehmann pag. 27 Χελώνην που νεκράν etc.

3) Ammon. de diff. vpc. p. 82: κίθαρις καὶ κιθάρα διαφέρει, φησὶν Ἀριστόξενος ἐν τῷ περὶ ὀργάνου. Κίθαρις γάρ ἐστιν ἡ λύρα καὶ οἱ χρώμενοι αὐτῇ κιθαρισταὶ οὓς ἡμεῖς λυρῳδούς φαμεν, κιθάρα δὲ ᾗ χρῆται ὁ κιθαρῳδός.

Lyra[1]). Aus der classischen Zeit Griechenlands sind uns mithin als Hauptinstrumente mit offenen Saiten überliefert :

1) Die Kitharis = Phorminx = Lyra = Chelys (kleineres Instrument),

2) die Kithara (für die Wettkämpfe gebrauchtes Instrument mit mächtigerem Klange).

Hieran schliessen sich die zwar in der classischen Zeit bekannten, aber besonders in der nachclassischen Zeit gespielten Instrumente an, zunächst

Die Magadis ; sie diente nach Ptolemäus und Boetius als Tonmesser zur Bestimmung der Intervalle, war aber auch ein von den Lydiern erfundenes und später besonders in Mitylene gebräuchliches Saiteninstrument[2]) in dreieckiger Form, also harfenähnlich gebaut, das wohl zugleich den Namen Pektis führte[3]). Dasselbe war mit 20 Saiten bezogen, die im Tonverhältniss der Octave zu einander stimmten und welche der Virtuos mit beiden Händen in Vibration versetzte, indem er mit der linken Hand die tieferen, mit der rechten jedoch die höheren Saiten berührte. Hiervon unterschied sich nach Boeckh der Magadis als Blasinstrument d. h. eine zur Magadis gespielte Flöte, welche zugleich einen hohen und tiefen Ton gab. Arten der Magadis sind a) Psalterion[4]), b) Nabla[5]), c) Trigonon[6]), welches letztere der Beschreibung nach besonders der Harfe gleicht und ägyptischen oder lydisch-phrygischen Ursprungs ist. Es war mit vielen Saiten bespannt und daher äusserst tonreich.

Zu derselben Gattung gehören die Instrumente, welche Pollux ohne genaue Unterscheidung in seinem Lexicon erwähnt[7]), wir nennen zuerst das mit vielen Saiten bezogene Barbiton[8]), welches besonders auf der Insel Lesbos im Gebrauch war, daher von Horaz Lesboum genannt[9]) ;

---

1) H. Hom. Merc. 33 ; ib. 25, 153 ; ed. Matthiae Lips. 1805 pag. 49, p. 48, wo bei dem 25ten Verse bemerkt ist: Vs. 25 e lemmate marginali ortus, jud. Ruhnk, u. pag. 60 ; Ath. 14, p. 617, 618 u. 627.

2) Athen. 14, p. 634.

3) Athen. 14, p. 635 A. B. 636 ff. ὁ μάγαδις s. Athen. 4, pag. 182 μάγαδις = παλαιομάγαδις als Blasinstrument aufgeführt.

4) Apollod. bei Ath. 14, p. 636 F. ὃ νῦν ἡμεῖς λέγομεν ψαλτήριον, τοῦτ' εἶναι μάγαδιν.

5) Suidas sagt ψαλτήριον ὄργανον, ὅπερ καὶ νάβλα καλεῖται.

6) τρίγωνον Arist. probl. 19, 23 ; Ath. 4, p.175, 182, 183 ; vergl. auch Ptolem. harm. 3, 7 ; Plat. rep. 3, 399 C und D ; Arist. pol. 8, cap. 6 und 7.

7) Pollux, (Frankfurter Ausgabe 1608) pag. 186, 25 ff.

8) Theocr. 16, 45, als Dreisaiter erwähnt bei Athen. 4, p. 183 B.

9) Hor. carm. 1, 1, 34.

als dessen Erfinder figuriren Alcäus [1], Terpander [2], Anacreon [3]). Zugleich führte es den Namen Barmos [4] oder Barymiton [5]), welche Bezeichnung auf den gewichtigen Klang hindeutet. Ferner die Sambuca, ausgestattet mit hohen Tönen, gebräuchlich bei den Parthern, Syrern und Troglodyten [6]), von welchem Instrumente berichtet wird, dass es mit sehr kurzen Saiten bespannt gewesén sei [7]), jedenfalls ein der modernen Zither ähnliches Tonwerkzeug. Als eine Gattung desselben gilt das auch von Pollux erwähnte Instrument Lyrophönikion [8]) ; gleicher Art mag das vom Athenäus als phönizische Erfindung namhaft gemachte Saiteninstrument Phönix gewesen sein, während die Pandura oder Panduris als ein dreisaitiges assyrisches Instrument angeführt ist [9]). Das Epigonion, vom Epigonus aus Ambracia erfunden, gehörte gleichfalls zur Gattung der Instrumente mit offenen Saiten, deren Zahl auf 40 angegeben wird. Zugleich erzählt uns Pollux, der Erfinder habe sein Instrument ohne Plectrum gespielt [10]) ; das Simikion oder Simikon, welches 35 Saiten hatte, scheint, der betreffenden Angabe des erwähnten Schriftstellers nach zu urtheilen, ebenfalls ohne Plectrum tractirt worden zu sein, d. h. ohne das nach Art einer Schreibfeder zugespitzte Instrument zum Anreissen der Saiten, wodurch diese einen schärferen Klang erhielten, als durch das Berühren mit unbewaffneten Fingern. Wahrscheinlich existirten schon von Alters her beide Spielweisen, wie aus Ovid hervorgeht, welcher vom Apoll bezüglich des Wettstreites mit Marsyas erwähnt, dass er bald mit den Fingern, bald mit dem elfenbeinernen Plectrum gespielt habe [11]). Endlich sei noch die oben angedeutete Aufzählung der Instrumente angeführt, welche uns Pollux mittheilt, woraus man ersehen möchte, dass

---

1) Hor. carm. 1, 32, 1.

2) Athen. 14, p. 635 D.

3) Athen. 4, p. 175 E.

4) βάρμος Athen. 14, p. 636 C.

5) Pollux 4, c. 9. pag. 186 (ed. Francof.). Der lateinische Uebersetzer schreibt Barymitum, er liest also βαρύμιττον und legt mithin die Zusammensetzung βαρύς und μίτος zu Grunde, daher Starksaiter, ein Instrument mit gewichtigem Klange. Im griechischen Texte steht jedoch βαρύμιχτον, was vielleicht den Sinn geben würde, dass das Instrument eine Mischung, harmonische Vereinigung tiefer Klänge besitze.

6) Athen. 14, p. 633 F.

7) Aristid. Quint. p. 101.

8) Athen. 4, p. 174 D und 183. Phoenix: Athen. 14, 636 B. 637 B.

9) Pollux 4, cap. 9, p. 186, 30 (ed. Francof.).

10) Pollux 4, c. 9, p. 186, 40 ff. (ed. Francof.).

11) nunc digitis, nunc plectro pulsat eburno.

er wohl selbst bei den Instrumenten mit offenen Saiten keinen bedeutenden Unterschied im Klangcharakter annahm. Er nennt hinter einander: Lyra, Kithara, Barbiton == Barymiton (Barymikton), Chelys, Psalterion, Trigonon, Sambuca, Pektis, Phorminx, Phönix, Spadix, Lyrophönikion, Klepsiambos, Pariambos, Iambyke, Skindapsos, Epigonion und die übrigen; — aus den letzten Worten »und die übrigen« ist zu schliessen, dass es noch viele Instrumente ähnlicher Art gab, die aber keine besondere Rolle spielten. Für die B l a s i n s t r u m e n t e, welche der kunstmässigen Ausübung in der Musik dienten, war bei den Lateinern die Bezeichnung »Tibiae« gebräuchlich. Eine T i b i a, griech. αὐλός, war ein langes, rundes, hohles, mit Löchern versehenes Instrument, welches mit den Fingern behandelt wurde, während das Anblasen durch ein Mundstück (lingula, griech. γλῶσσα oder γλωσσίς) geschah. Die Erfindung wird bekanntlich bald dem Apollo bald der Pallas zugeschrieben und in der Bibel wird Jubal als Schöpfer der Blasmusik erwähnt. Anfangs aus Halmen [1] (Calamus) verfertigt, desgleichen aus Schilfrohr [2], Lorberbaum [3] oder Lotos [4], Buchsbaum [5], von Sambucus oder Holunder [6], Eselsknochen [7], Hirschbein [8], Elfenbein [9], Messing [10], Silber [11], sogar von Gold [12], versah man sie nur mit drei oder vier Tonlöchern, bis Diodorus von Theben eine Vermehrung der Oeffnungen einführte [13] und so nach und nach die gebräuchliche Anzahl derselben auf 7 stieg. Man unterschied die Tibien sowohl nach ihrem Klangcharakter, als auch nach ihrer Bestimmung. Die Rohrblasinstrumente wurden nun auf verschiedene Art und bei mannigfaltigen Gelegenheiten gespielt, z. B. spielte man mit »offenen Löchern« [14], wo die Finger sich von den Oeffnungen entfernt hielten; man gebrauchte (nach Scaliger) bei Gastgeboten gleiche Instrumente [15], um die Gleich-

1) Virg. Ecl. 6, v. 69 ff. und Ecl. 8, 24.
   Nemes. Ecl. 1, v. 3 ff.
3) Pollux lib. 4, c. 9. n. 6; ed. Francof. p. 189.
4) Athen. 4, p. 182 D.
5) Ovid. Fast. lib. 6, v. 697 u. a. a. O. Plin.; H. N. lib. 16, c. 36.
6) Isidor. lib. 2, c. 20.
7) Plin. ibid.; Plut. sap. conv. c. 5, ed. Wyttenbach p. 101.
8) Philostr. Vit. Apollon. lib. 5, cap. 21, pag. 204 u. 205 (ed. Olearius 1709).
9) Propert. lib. 4, Eleg. 6, v. 8.
10) Philostr. ibid.
11) Plin. ibid.
12) Philostr. ibid.
13) Pollux lib. 4, c. 10. n. 3; ed. Francof. p. 191.
14) Daher Tibiae apertae, Quinct. Instit. lib. 11, c. 3, 20.
15) Scalig. Poet. lib. 1, cap. 20.

heit der Gäste anzudeuten (?!), bei den Gastmalen erklangen die Tibien zur Erheiterung der Gäste [1]), wobei auch zur Tibia gesungen wurde [2]). Ein Hauptunterschied bei den Lateinern bestand nun in den sogenannten Rechts- und Links-Tibien [3]). Zur Erklärung dieser Bezeichnung haben sich verschiedene Ansichten geltend machen wollen. In älterer Zeit nahm man an, dass der Grund hiervon in der äusseren Haltung des Spielers allein zu suchen sei, und man stellte daher die Behauptung auf, eine »Rechts-Tibie« wäre auf der rechten Seite in den Mund genommen und mit der rechten Hand gespielt worden, eine »Links-Tibie« dagegen hätte man auf der linken Seite mit der linken Hand gespielt. Auch seien zuweilen beide Arten zum Vortrag verbunden gewesen [4]). Klar bewiesen ist gegenüber dieser nicht genügend motivirten Behauptung, dass die »Rechts-Tibien« einen höheren, die »Links-Tibien« einen tieferen Klang gaben, weil man die »Links-Tibien« von den unteren Theilen des Rohrs, d. h. von dickerem Material mit grösserer Luftsäule, die »Rechts-Tibien« von den oberen Theilen des Rohrs, d. h. von weniger umfangreichem Material mit kleinerer Luftsäule anfertigte [5]). Die »Rechts-Tibien« waren nun in der Regel die anstimmenden und melodieführenden [6]), die »Links-Tibien« die accompagnirenden [7]), weshalb dieselben auch bestimmte Plätze im Theater einnahmen und zwar die »Rechts-Tibien« auf der rechten, die »Links-Tibien« auf der linken Seite, wonach die Bezeichnung als eine praktisch-künstlerische erscheint [8]). Boeckh sagt kurz, dass die Lateiner die Tibien Links-Tibien genannt hätten, auf welchen ein tieferes Diapason ertönte, Rechts-Tibien, auf denen ein höheres Diapason erklang [9]). Bei Leichenbegängnissen gebrauchte man »Trauer-Tibien«, theils zur Erhebung der Feierlichkeit [10]), theils zur Tröstung der

---

1) Quint. lib. 1, 10.
2) Quint. ibid.
3) Tibiae dextrae und Tibiae sinistrae.
4) Vergl. Gesneri Thesaurus Tom. III, pag. 795.
5) Plin. H. N. lib. 16, c. 36.
6) incentivae.
7) succentivae; vergl. Varr. de R. R. lib. 1, c. 2.
8) Manut. Quaesit. lib. 3, epist. 4.
9) Boeckh, de metris Pindari lib. 3, cap. 11, p. 259 »Latini autem eas tibias, quarum diapason-est gravius, vocarunt sinistras; quarum acutius, dextras, ut alibi evicimus.« Hierzu giebt er die Anmerkung »In Annal. Heidelberg, 1810. fasc. 13. p. 166 sqq. Quamquam ibi haec non iisdem verbis dicta sunt, ita tamen intelligi nunc velim.«
10) Claudian. de Raptu Proserp. lib. 3, v. 130.

Leidtragenden[1]), worauf Boetius selbst bei Anführung der Trauergesänge hinzielt. Die Bestattung des Julius Cäsar[2]) und anderer Persönlichkeiten giebt hiefür hinreichenden Beweis[3]). »Schauspiel-Tibien«[4]) gab es natürlich ebenfalls, wie oben erwähnt wurde, gleichwie man zum Tempeldienste Tibienbläser anstellte, die, wie Livius berichtet, im Weingenuss nicht immer ganz enthaltsam waren[5]). Sodann sind zu erwähnen: »Hochzeits-Tibien« zum Vergnügen der Festtheilnehmer[6]), wobei gewöhnlich eine kleinere[7]) und eine grössere Art figurirte[8]). Scaliger macht die äusserst komische Bemerkung, man habe zwei Tibien und zwar ungleiche zusammengefügt, um die Bewandtniss des Ehestandes auf glückliche Art anzudeuten[9]) (!). »Knaben-Tibien«[10]) spielten die Knaben, »Jungfrauen-Tibien«[11]) hatten einen hellen Klang, »Weihen-Tibien«[12]) klangen wie das Geschrei der Weihen, »Pythische Tibien«[13]) fanden Anwendung bei den Pythischen Spielen und passten zur Ausführung von Päanen, d. h. Lobgesängen auf Apollo. »Opfer-Tibien«[14]), »Spondeische Tibien« mit ernstem Klange[15]), »Triumph-Tibien«[16]) etc. nannte man die Blasinstrumente

---

1) Boetius a. b. O.
2) Sueton. Jul. Caes. c. 84.
3) Ovid. Trist. lib. 5, eleg. 1, v. 48.
4) Cic. de leg. lib. 2, c. 15; Horat. de arte poet. v. 202.
5) Liv. lib. 9, c. 30.
6) Claudian. Nupt. Honor. et Mariae, v. 195; Fescenn. 14, v. 30.
7) Ovid. Met. lib. 4, v. 760.
8) Pollux lib. 4, c. 10.
9) Scalig. Poet. lib. 1, c. 20.
10) Tibiae pueriles, Pollux lib. 4, c. 10.
11) Tibiae puellatoriae.
12) Tibiae milvinae.
13) Pollux lib. 4, c. 10. Boeckh sagt über die Pythischen Tibien: »Quae Graecis appellantur Pythiae, ob gravitatem sunt masculae, paeanibus aptae: magis femineae choricae διὰ τὸ ἐς ὀξύτητα εὐχερές, adhibitae inprimis dithyrambis; utraeque tamen tensione mediae: unde illud firmatur, quod Pindarici chori melopoeiam dixi mediam (μεσοειδῆ) Spondiacae hymnis conveniunt, quippe ob insignem gravitatem, eaeque a dactylicis non differre videntur. Pythiae dicuntur esse αὐλοὶ τέλειοι, hoc est, viriles (ἀνδρεῖοι), quales sunt etiam οἱ ὑπερτέλειοι, quippe graves utrique; sed acuti sunt αὐλοὶ παιδικοὶ et παρθένιοι; tensione diversi omnes. Aliae tibiae usu differunt, ut αὐλοὶ ἐμβατήριοι, ὑποθέατροι etc.«
14) Tibiae sacrificae. Vergl. Ovid. Fast. 6, v. 659; — Isidor. lib. 2, c. 20. — Athen. lib. 14, c. 2. — Censor. de Die Natal. c. 12.
15) σπόνδαυλοι.
16) Tibiae triumphales, Censor. de Die Natal. c. 12 (w. oben).

je nach der Verschiedenheit des Gebrauchs[1]). Bei den Griechen sind

---

[1]) Uebersichtlich zusammengestellt treten uns folgende Gattungen der Tibien entgegen (vergl. Pollux lib. 4, cap. 9, ed. Francof. pag. 190):

1. Tibiae vascae, griech. πλαγίαυλοι, wurden mit Directionsflöten erklärt (Solinus 5, § 19) und hatten mehr Löcher, als die praecentoriae, waren den sinistris gleich und fanden Anwendung beim Probiren von Musikstücken (Salmas. ad Vopisc. Carin. p. 818 b und 825 b ed. Lugd. Batav. a. 1671). Hingegen erklärt Boeckh die vasca als eine Flöte mit leichtfertigem Ton.

2. Tibiae spondaicae = σπόνδαυλοι = Opfertibien (sieh. ob.)

3. Tibiae serranae, entweder = Sägetibien, von Serra, wegen des schwirrenden Klanges (Turneb. Advers. lib. 28, c. 34 pag. 1080, 45) oder von Sarra = Tyrus(Salmas. ad Vopisc. Carin. p. 828 a). Sie waren von derselben Beschaffenheit wie die pares, gleichwie die Tibiae Phrygiae zu den imparibus in Parallele zu stellen sind (Serv. ad Vergil. Aen. 9, v. 618).

4. Tibiae sacrificae = Opfertibien (s. ob.).

5. Tibiae Pythiae (s. ob.).

6. Tibiae pueriles (s. ob.).

7. Tibiae puellatoriae (Solin. 5, § 19 ff).

8. Tibiae praecentoriae sollen bei den Pulvinaribus, in den Tempeln vor den Altären gebraucht worden sein, auch incentivae geheissen und dieselbe Construction wie die dextrae besessen haben, jedoch mit starkem, vollem Klange (Salmas. ad Vopisc. Carin. s. o.).

9. Tibiae Phrygiae waren bei den Lateinern krumm und aus Horn gefertigt (Ovid. Fast. 4, v. 181).

10. Tibiae pares und Tibiae impares. Die früheren Erklärungen, welche sich an die Erörterungen Scaliger's anschlossen (Vergl. Scaliger Poet. lib. 1, c. 20) beschränkten sich auf die Angabe, dass Tibiae pares zwei verbundene Flöten gewesen seien, welche gleiche Löcher hatten, impares solche, von denen eine mehr Löcher besass, als die andere. Boeckh hat jedoch mit richtiger Quellenangabe klar gestellt, dass pares entweder zwei dextrae oder zwei sinistrae waren, die impares aber in der Verbindung von einer dextra und einer sinistra erschienen, wobei zu beobachten ist, dass die dextrae die Klänge des hohen Diapason, die sinistrae die des tiefen Diapason in sich enthielten, weil ja der Modus oder die Tonart der Griechen und Römer, mochte man die dorische, lydische, hypodorische Tonreihe als systematische Klangunterlage annehmen, einen Umfang von zwei Octaven repräsentirte. Die Stelle bei Boeckh ist insofern interessant, als hier in logischer Folge diese Sache genauer betrachtet worden ist. Boeckh sagt (de metr. Pind. p. 265): »Pares aut dextrae ambae, hoc est acutae, aut sinistrae, hoc est graves. Dextrae tibiae pares erant, qui Graecis sunt αὐλοὶ παροίνιοι, teste Polluce (IV, 80) σμικροὶ μὲν, ἴσοι δ'ἄμφω. Impares erant in γαμηλίῳ αὐλήματι, in quo, auctore eodem, δύο αὐλοὶ ἦσαν, συμφωνίαν μίαν (μίαν scripsi pro vulgato μὲν: συμφωνίαν μίαν, quippe diapason) ἀποτελοῦντες, μείζων δὲ ἄτερος, ὅτι μείζονα χρὴ τὸν ἄνδρα εἶναι. Harum imparium altera est dextra, altera sinistra. Jam quae inaequalitas erat inter dextram et sinistram, ea in Phrygio certe modo in ipsa sinistra conjuncta erat. Ea tota quidem gravior debebat esse quam Phrygia dextra; sed rursus habebat duo fo-

jedoch als Hauptunterschiede anzuführen: die Lydische, Phrygische, Dorische, Aeolische, Ionische, Syntonolydische etc., aus welcher Bezeichnung schon hervorgeht, dass dadurch die Stimmung angezeigt

---

ramina, quorum alterum gravem, alterum acutum sonum praebebat. Auctor Varro: 'Tibia Phrygia, inquit, dextra unum foramen habet, sinistra duo, quorum unum acutum sonum habet, alterum gravem.' Haec aliter intelligi nequeunt, quam de binis diapason in eadem tibia cantatis per homophoniam, quemadmodum in magadide fidibus intensa: ac talis tibia a Graecis vocata est μάγαδις αὐλός.«

11. Tibiae nuptiales (s. ob.).
12. Tibiae milvinae (s. ob.).
13. Tibiae militares (s. ob.).
14. Tibiae ludicrae (s. ob.).
15. Tibiae funebres (s. ob.).
16. Tibiae convivales (s. ob.). Boeckh hat eigentlich nur die beiden Unterschiede »dextra« und »sinistra« besonders ins Auge gefasst; eingehend polemisirend spricht er sich in einer Kritik über Bothe's Ausgabe der Comödien des Terenz mit grosser Genauigkeit über die Tibia dextra und Tibia sinistra aus. Wir müssen jedoch bemerken, dass Boeckh zwar den Salmasius ganz richtig corrigirt, in seiner Auseinandersetzung aber nichts Neues anführt; denn schon im 18. Jahrhundert war die Forschung über diesen Gegenstand bereits zur Klarheit gelangt und es unterlag während der Thätigkeit Boeckh's keinem Zweifel mehr, dass die dextrae sich in der oberen, die sinistrae sich in der unteren Tonregion bewegten. Beherzigenswerth ist indess in beregter Kritik besonders eine Stelle, welche Boeckh aus sich selbst geschöpft hat. Er sagt nämlich sehr richtig: »Das ganze Alterthum nennt alles Fröhliche, Heitere, Glückliche rechts, alles Düstere, Traurige, Unglückbedeutende links; sollte es in der Musik, die dem Gemüthe so nahe liegt, eine Ausnahme gemacht haben? Die dextra tibia muss die fröhliche, die sinistra die düstere, jene die hohe, diese die tiefe sein. Dasselbe verlangt der Gebrauch, welchen sie in den verschiedenen Stücken davon machten. Die Römer müssten doch sehr roh gewesen sein, wenn sie den terenzischen Eunuch, welcher tibiis duabus dextris gegeben worden, mit zwei tieferen Flöten begleitet hätten; nur eine lustige Musik passte zu seiner Fröhlichkeit, und diese hatte er, wenn dextrae Discantflöten sind. Der Heautontimorumenos, der anfangs natürlich weniger lustig ist, hatte vornherein die Musik imparium tibiarum, welche aus Discant und Bass zusammengesetzt ist; hernach wird er mit duabus dextris fortgesetzt. Also die glückliche Katastrophe sollte mit traurigern Tönen begleitet worden sein, als der Anfang? Unmöglich! Dextrae müssen höhere Töne haben. Ueberhaupt giebt es kein sicheres Beispiel, dass eine Comödie ganz mit paribus sinistris aufgeführt wäre, welches doch wohl vorkommen müsste, wenn sinistrae lustige Flöten wären.« Ferner entwickelt er, dass die drei Flötengattungen Sarranae, Phrygiae und Lydiae den drei ältesten Tonarten, der tiefsten dorischen, der mittleren phrygischen, der höchsten lydischen entsprechen, über deren Beschaffenheit wir weiterhin Erklärung geben werden.

wurde. Wollte man mit den heutzutage im Orchester gebräuchlichen Flöten einen Vergleich anstellen, wie dies wohl auch von neueren Historikern irrthümlicherweise geschehen ist, so würde man die Vorstellung von dem Blasinstrument, welches bei den Griechen Aulos und bei den Römern Tibia hiess, nur verwirren. Unsere Orchesterflöte überschreitet in ihrer tiefsten Klangregion nicht die Töne der eingestrichenen Octave, während man aus den alten Schriftstellern erkennt, dass die griechischen und römischen Auloi und Tibien, sobald » Rechts- und Linkstibien « verbunden wurden, beide Octaven auch der tiefsten Tonarten enthielten. Dass es sogar Auloi oder Tibien gab, mit welchen ein Umfang von zwei Octaven auf einem einzigen Instrument herzustellen war, dürfte nach den auch von Boeckh angeführten Zeugnissen kaum zweifelhaft sein. Dieser verdienstvolle Philolog, welcher sich in den musikhistorischen Analysen unvergängliche Verdienste erwarb, scheint nicht auf einen passenden Vergleich mit neueren Blasinstrumenten gekommen zu sein ; in dem heutigen Orchester entspricht selbst die Oboe nicht den Beschreibungen der Alten, wie überhaupt die zum künstlerischen Ausdruck verwendeten Tonwerkzeuge des 19. Jahrhunderts keine Parallele mit den antiken Tibien verstatten. Dagegen waren im 16. und 17. Jahrhundert unserer Zeitrechnung Instrumente im Gebrauch, welche unbedingt, ihrer Construction nach zu urtheilen, mit den alten Aulois oder Tibien zu vergleichen sind ; ja fast möchte man die Behauptung aufstellen, sie seien mit den griechischen Holzblasinstrumenten identisch gewesen. Auch weist ihre Heimath Italien auf eine directe römische und somit zugleich griechische Ueberlieferung hin. Diese Instrumente sind die sogenannten » Plockflöten «, von welchen Prätorius in seinem 1615 erschienenen » Syntagma musicum « eine genaue Abbildung und Beschreibung giebt. Sie haben im Aeussern Aehnlichkeit mit den jetzt noch vorzüglich in Baiern vielgeblasenen Flageolets, sie waren aber in der Bohrung und Einrichtung vollkommener als diese.

Gleich den Aulois und Tibiis unterschied man tiefere und höhere Plockflöten, worüber uns Prätorius in folgender Weise belehrt : »Plockflöten (Latinis Fistula), so von den Italiänern Flauto, von den Engelendern Recordor gennet werden, haben durch alle Stimmen in jedem Corpore sieben Löcher fornen, und eins hinten. Denn ob gleich fornen gar unten zwey Löcher neben einander sein, so sind doch dieselbe beyde einerley am Thon, und allein dahin gerichtet, dieweil etliche Instrumentisten die lincke, etliche aber die rechte Handt unten brauchen« u. s. w. Sodann giebt dieser Autor des 17. Jahrh. acht verschiedene Arten an, mit welchen ein Tonumfang »vom Contra-D bis über das dreigestrichene e hinaus herzustellen war, wenn man nämlich die einzelnen Gattungen zusammenstellte.« Hieraus ist leicht begreiflich, wie auch die Griechen mit ihren dorischen, phrygischen, lydischen Aulois und mit denen, welche auf die Plagaltonarten gestimmt wurden, die Grenzen des bei ihnen erlaubten und gebräuchlichen Tongebietes erreichen konnten. Mit der Meinung Richard Volkmann's[1]), dass die römische Tibie oder der griechische Aulos mit der Clarinette vergleichbar sei, können wir als Musiker durchaus nicht übereinstimmen; denn gerade dieses Instrument ist eine Errungenschaft der neuern Zeiten und lässt keine Parallele mit dem Alterthume zu. Jedenfalls darf man doch nicht von dem Gebrauch, das Mundstück in ein Futteral zu stecken — wie dies unsere Clarinettisten thun — darauf schliessen, dass auch die Glossa (γλῶσσα = Mundstück) der Griechen, welche in dem Glossokomeion (γλωσσοκομεῖον = Mundstückbehälter)[2]) aufbewahrt wurde, ein Clarinettenschnabel gewesen sei. Die Plockflötenbläser hatten ebenfalls ihre Taschen für die Fistulen, d. h. die kleinen Mundstücke, welche sie vor dem Gebrauche der Instrumente ansteckten, und sie ersetzten die ausgeblasenen[3]) und unbrauchbar gewordenen durch neue. Zu den Blasinstrumenten gehörten auch die T u b e n, welche jedoch gleich den H ö r n e r n mehr Signalinstrumente waren und keine künstlerische Bedeutung im Alterthume errangen. Es dürfte hierüber die kurze Angabe genügen, dass die Tuba, griech. Salpinx, ein aus Erz[4]) gefertigtes Instrument in gerader Richtung war und vorn einen weiten Schallbecher hatte. Sie wurde geblasen vermittelst eines Mundstückes von Knochen[5]) und bestand möglicherweise aus sechs verschiedenen Arten[6]), d. h. Grössen; man gebrauchte sie im Kriege[7]), bei Leichenbegängnissen[8]), für die Schauspiele[9]) und auch bei Opfern[10]). Sie soll zuerst von den Tyrrhenern oder Tusciern erfunden

---

1) Vergl. R. Volkmann, de organis sive instrumentis veterum musicis epimetrum, p. 143 in seiner Ausgabe von Plutarch's de musica.

2) Vergl. Pollux lib. 7, cap. 33, p. 362 ed. Frf.

3) ἐξηυλημέναι oder παρεξηυλημέναι von ἐξαυλέω oder παρεξαυλέω.

4) Soph. El. v. 711.

5) Vgl. Pollux lib. 4, c. 11.

6) Dies ist jedoch zweifelhaft.

7) Horat. Carm. 1, 1, 23.

8) Pers. Sat. 3, v. 103; Virg. Aen. lib. 11, v. 192.

9) Vergl. Virg. Aen. 5, v. 113; Juvenal. Sat. 6; Plin. lib. 2. epist. 7.

10) Varro. de L. L. lib. 5, c. 24, § 117 ed. Müller.

worden sein [1]). Möglicherweise kamen auch zu Olympia und bei andern Festspielen Wettkämpfe der Tubabläser vor [2]). Unter den »Instrumenten, welche mit Gebrauch des Wassers bewegt werden,« versteht Boetius die sogenannten Wasserorgeln, über deren Construction wir kurz Folgendes angeben wollen:

Die W a s s e r o r g e l , vom Ctesibius (um 150 v. Chr.) erfunden, welcher nach dem Zeugnisse des Aristocles bei Athen. 4, p. 174 unter der Regierung des Ptolemäus Euergetes II. lebte (für den Manche Euergetes I. bezeichnen, cf. Buttmann in Comment. Acad. Berol. a. 1811, p. 169), wird auch zuweilen dem Archimedes zugeschrieben, wofür Tertullian de anima, c. 14, als Zeuge anzuführen ist.

Athenäus schildert sie lib. 4 am bezeichneten Ort als ein Instrument mit süssem Tone, und die Beschreibung ihrer Construction befindet sich ausser in den Schriften des Hero auch noch bei Vitruv de Architectura lib. 10, cap. 13. Die Zeichnung in meiner »Geschichte des Claviers«, Leipzig, A. H. Payne, Seite 43 (Fig. 1), lässt leicht erkennen, dass der grössere Behälter unter der Windlade, auf welcher die sieben Pfeifen stehen, ein Wasserbehälter ist, in welchem sich eine hohle, unten auf beiden Seiten offene Halbkugel befindet; aus dieser führt eine Röhre in die Windlade. Das Wasser im Behälter dient dazu, um den in die Halbkugel durch eine mit dem Windbehälter verbundene Röhre strömenden Wind in seinem Drucke zu reguliren. Der Wind selbst wird durch einen in den Windbehälter vermittelst eines Hebels kräftig getriebenen Stössel hervorgebracht. Bei der vom Hero beschriebenen pneumatischen Orgel fällt der Wasserbehälter fort [3]), ihr Ton wird deshalb wahrscheinlich stärker, aber ungleichmässiger gewesen sein, weil zu damaliger Zeit sicherlich noch keine Windproben in unserm Sinne existirten. Wasserorgel und Windorgel sind also neben einander gebraucht worden [4]).

---

1) Stat. Theb. lib. 6, v. 404; Athen. 4, p. 184 A: Τυῤῥηνῶν δ'ἐστὶν εὕρημα κέρατά τε καὶ σάλπιγγες.

2) Boeckh, Oecon. publ. 2, p. 361.

3) Vergl. Paul, Gesch. des Claviers S. 44, Fig. 2.

4) In meiner Gesch. des Clav. sind die Zeichnungen den Abbildungen des vortrefflichen Manuscriptes vom Hero entnommen, welches die Leipziger Stadtbibliothek aufbewahrt. Bezüglich der Windorgeln ist noch zu bemerken, dass durch die Verse des Julian ihr Gebrauch im 4. Jahrh. n. Chr. ausser Zweifel gestellt wird (ἀλλοίην ὁρόω δονάκων φύσιν ἦπον ἀπ' ἄλλης etc.). Vgl. über Wasser- und Windorgel auch die älteren Analysen von Schurtzfleisch Antiqu. Eccl. Controv. 19, § 4, § 9, § 12, § 13, § 16 u. Wilh. Malmesburiensis ap. Salmas. ad Lamprid. Heliog. in Verbindung mit den Quellenzeugnissen. Auch Sponsel's Historie von der Orgel ist nicht zu übergehen.

Was nun endlich die Schlaginstrumente betrifft, welche in einem hohlen ehernen Gefässe bestehen und mit dem Klöppel geschlagen werden, so ist schon aus diesem kurzen Characteristicum zu ersehen, dass Boetius Tonwerkzeuge im Sinne hatte, welche unseren Schlaginstrumenten im Wesentlichen entsprachen. In der That finden wir auch bestimmte Zeugnisse, die solche Erklärung bestätigen. Drei Hauptarten von Schlaginstrumenten sind in Kürze namhaft zu machen, weil an diese drei Boetius gedacht haben mag: nämlich die Cymbaln, Tympanen und Symphonien. Die Cymbaln hatten Aehnlichkeit mit unseren »Becken« in den Orchestern, waren aber so tief ausgehöhlt, dass man bequem aus diesen »erzenen Gefässen«[1] trinken konnte. Dass die Cymbaln[2] im Zusammenhang mit den Tympanen erschienen, mithin eine ähnliche Bestimmung hatten wie bei uns, dürften die Worte des Seneca[3] beweisen, in welchem er auseinandersetzt, dass die Tympanen und Cymbaln musikalische Töne von sich geben, und zwar, indem jene Luft enthalten, die geschlagen wird, diese aber allein in Folge ihrer materiellen Beschaffenheit erklingen. Allerdings war der Klang der Cymbaln mehr ein rhythmisches Geräusch[4]), gleichwie auf dem Tympanum kein reinerer Klang zu erzeugen war, als auf der Handpauke, welche ja bei allen antiken Völkern vorkommt. Das Instrument wurde mit der einen Hand geschlagen und mit der andern bewegt, so dass es als ein mit dem Tamburin identisches erscheint[5]). Auch diente dasselbe bei den Barbaren als Kriegsinstrument, wogegen die Symphonien mehr zu künstlerischen Zwecken verwendet wurden, weil sie als vollkommenere Tonwerkzeuge einen nach Höhe und Tiefe zu abgemessenen Ton enthalten konnten. Isidorus Hispalensis giebt uns eine ziemlich genaue Beschreibung[6]), aus welcher man ersieht, dass die Symphonien mit einem Felle bespannt waren und mit Klöppeln tractirt erklangen; jedoch mögen diese Pauken meist aus Holz gefertigt worden sein[7]). — Nach den allgemeinen Vorausschickungen über den Werth und die Bedeutung der Tonkunst geht Boetius in

---

1) Joseph. Antiq. 7, 12, 3; ed. Oberthür 1782 p. 809.
2) Clem. Alex. Paedag. lib. 2, cap. 4. (ed. Par. 1641) pag. 164.
3) Senec. Quaest. nat. lib. 2, cap. 29.
4) gr. ψόφος, lat. tinnitus. Virg. Georg. 4, 64; Arnob. 7, 32.
5) Isid. Etym. 2, 21; vgl. Forkel, Gesch. der Mus. B. 1, 420.
6) Auch bei Gerbert, Script. eccles. Tom. I, p. 24 B.
7) Dies zeigt der Ausdruck an: lignum cavum.

## Cap. III

zu den akustischen Principien über, welche er in Cap. IV, V, VI, VII, VIII und IX hinreichend klar und ausführlich entwickelt; und dabei sucht er besonders den Grund der Consonanzen mit Bezugnahme auf die mathematischen Ausdrücke, wie er sie in seiner Arithmetik exponirte, festzustellen, damit der Leser zunächst einen Ueberblick erhalte.

Höchst interessant ist die Gegenüberstellung der Consonanzen und Dissonanzen, welche von moderner Anschauung gar nicht so weit entfernt erscheint. Zu näherer Begründung der historischen Bedeutung des Consonanzverhältnisses citirt er in

## Cap. X

die Forschung des Pythagoras, dessen Erfindung der Consonanzen dem von Plutarch [1]) — welcher den Aristoteles als Schüler des Plato citirt — angegebenen Verhältniss vollkommen entspricht. Ebenso finden wir dieselbe Zahlentheorie in Plato's Timäus, wo die bereits oben auseinandergesetzte Entwickelung der Verhältnisse den Grund der Consonanzen in Verbindung mit der Weltseele enthält. Dass hier in der fabelhaften Erfindung des Pythagoras ein akustischer Irrthum vorliegt, hat schon Galileo Galilei bemerkt; denn erstens wäre es ein ganz merkwürdiger Zufall gewesen, wenn die Schmiedehämmer das angegebene Verhältniss besessen hätten, und dann würde Pythagoras auch nur durch vier Saiten von ungleicher Länge und Dicke, nämlich nach den Verhältnissen 6 : 8 : 9 : 12 die richtigen Töne gewonnen haben, nicht aber durch die Verschiedenheit der Gewichte. Uebrigens ist durch die Forschung des Vincenzo Galilei, des Vaters von Galileo Galilei, klar gestellt worden, dass man diese Erfindung, hauptsächlich nach dem Zeugniss des Suidas, auch einem gewissen Diocles zuschrieb, welcher bei einem Spaziergange, der ihn vor das Haus eines Töpfers führte, die Verhältnisse aus dem Anschlagen verschiedener Töpfe heraushörte [2]). Die Darstellung des Boetius ist jedoch trotz des akustischen Irrthums und des Fabelhaften in der ganzen Erzählung insofern sehr lehrreich, als man erkennt, mit welchem Eifer man sich im Alterthume den Gesetzen der Transversal- und Longitudinalschwingungen zuwandte. In

## Cap. XI

weist Boetius bestimmt darauf hin, dass man sich mit Erforschung der Saitenschwingungen und des Wesens der klingenden Luftsäule in den

---

1) Plutarch, de musica cap. 13, bei R. Westphal cap. 15.
2) Dialogo della Musica antica e moderna, pag. 127, ed. 1581 u. 1602.

Pfeifen eingehend beschäftigte. Die Methode der akustischen Messung ist zwar nicht ganz klar zu erkennen, jedoch ersieht man aus der Stelle, dass bei Berechnung der Intervalle der Cyathus und das Acetabulum gebraucht wurden. Der Cyathus war eigentlich ein Mass für Flüssigkeiten und zwar der zwölfte Theil eines Sextarius, welcher 20 Unzen an Wein und Wasser wog. Mithin war der Cyathus ein Mass von $1\frac{2}{3}$ Unze an Wasser und Wein, während das Acetabulum als ein Mass in Form eines glockenähnlichen Gefässes erscheint, welches den achten Theil eines Sextarius oder $\frac{5}{2}$ Unzen in sich fasst. Es geht daraus hervor, dass die Zahl zwölf als Ausgangspunkt diente und jedenfalls durch die Vergleichung von 12, 9, 8 und 6 Cyathen Flüssigkeit in den mit einem Klöppel angeschlagenen Acetabulen die Verhältnisse festgestellt wurden [1].

Nach der Darstellung des Boetius unterliegt es keinem Zweifel, dass der griechische Philosoph Pythagoras die Luft als Vehikel und die in den Theilen eines klingenden Körpers erzeugte Bewegung derselben als die Ursache des Schalles ansah. Dieser Schall ist nun höher und tiefer, je nachdem die Erzitterungen schneller und langsamer sind [2]. Pythagoras wusste also schon das Grundgesetz der Höhe und Tiefe, er kannte aber auch die Grundtheorie des musikalischen Klanges, dessen Schall messbar sein muss ; denn die Quelle des Schalles, d. h. der tönende Körper, und die Leitung desselben, d. h. die Luft, sind nur dann zur Hervorbringung eines musikalischen Klanges befähigt, wenn die regelmässigen Bewegungen beider in einer gewissen Gleichartigkeit zu einander in Beziehung stehen. Die Regelmässigkeit der Bewegungen entsteht nun dadurch, dass eine Bewegung der anderen in gewissen gleichen Zeitabschnitten und in gleichartiger Weise richtig folgt, weshalb man dieselben auch p e r i o d i s c h e Bewegungen genannt hat. Daher fasst Helmholtz seine Definition so zusammen: »Die Empfindung eines Klanges wird

---

[1] Sonst war Acetabulum eigentlich ein Essiggeschirr, Essignäpfchen für den Tisch, welches die Griechen ὀξύβαφον nannten, von ὀξύ Essig und βάπτειν eintauchen, weil man Brot in Essig tauchte. Vergl. Suidas in ὀξύβαφον, auch als musikalisches Spielzeug in Form eines Glockenspiels mag es Verwendung gefunden haben. Friedrich Bellermann citirt in seinem Anonymus den Zeitgenossen des Boetius, nämlich den Cassiodorus mit diesen Worten: »Acetabula C a s s i o d o r u s quoque in definitione instrumentorum, quae pulsantur, exhibet: Percussionalia, ut sunt acetabula aenea et argentea, vel alia quae metallico rigore percussa, reddunt cum suavitate tinnitum, quem locum exscripsit Isidorus Hispal. in origg. libr. 2, pag. 897 Gothofr.«

[2] Porphyr. Comment. in Ptolem. Harmon. p. 192 ed. Wallis.

durch schnelle periodische Bewegungen der tönenden Körper hervorgebracht, die eines Geräusches durch nicht periodische Bewegungen.«
Die Akustik bedient sich für die Art solcher regelmässigen Bewegungen
des Ausdruckes S c h w i n g u n g e n, welche, wie schon gesagt, in gleichen Zeitabschnitten, d. h. p e r i o d i s c h, erfolgen müssen. Aus diesem Grunde nennt man die Länge der gleichen Zeitabschnitte, d. h. die
Dauer von einer Schwingung zur nächstfolgenden, die »S c h w i n g u n g s -
d a u e r« oder die »P e r i o d e« der Bewegung, für welche jetzt die Se-
cundenmessung besteht. Dass nun auch dem Pythagoras das akustische
Verhältniss mit Bezug auf Länge und Dicke der Saiten nicht unbekannt
war, darf nach den Worten des Boetius, welcher unter der harmonischen Regel das hölzerne Tonmass, das Monochord, verstand, gar nicht
zweifelhaft sein. Aus dem weiteren Verlaufe der Abhandlung ist klar
ersichtlich, dass für die C o n s o n a n z e n: Octav, Quinte und Quarte
(Diapason, Diapente und Diatessaron) die antike Theorie der Griechen
und des Boetius mit der modernen Akustik übereinstimmt. Letztere
stellt bekanntlich folgende Hauptgrundsätze auf: [1])

»1) Die Schwingungszahl einer Saite verhält sich umgekehrt wie
ihre Länge, d. h. wenn eine Saite auf irgend einem Instrumente, wie
einer Violine, einer Guitarre etc., aufgespannt ist und in einer gegebenen
Zeit eine bestimmte Anzahl von Schwingungen macht, so macht sie in
derselben Zeit zweimal, dreimal, viermal u. s. w. so viel Schwingungen,
wenn man bei unveränderter Spannung nur $\frac{1}{2}$, $\frac{1}{3}$, $\frac{1}{4}$ etc. der ganzen
Länge schwingen lässt; sie würde $\frac{3}{2}$, $\frac{4}{3}$ mal so schnell schwingen,
wenn man nur $\frac{2}{3}$, $\frac{3}{4}$ der ganzen Länge schwingen liesse.

»2) Die Zahl der Schwingungen einer Saite ist der Quadratwurzel
aus den spannenden Gewichten proportional, d. h. wenn das Gewicht,
welches die Saite spannt, viermal, neunmal, sechszehnmal so gross gemacht wird, während ihre Länge unverändert bleibt, so wird die Ge-
schwindigkeit der Schwingungen zweimal, dreimal, viermal so gross.

»3) Die Schwingungszahlen verschiedener Saiten derselben Materie
verhalten sich umgekehrt wie ihre Dicke. Wenn man z. B. zwei Stahl-
saiten von gleicher Länge nimmt, deren Durchmesser sich wie 1 : 2 verhalten, so wird die dünnere bei gleicher Spannung in derselben Zeit
doppelt so viel Schwingungen machen als die dickere. Für Darmsaiten
ist dieses Gesetz wohl nicht immer genau wahr, weil sie nicht immer
absolut gleichartig sind.

---

1) Vgl. Johannes Müller, Lehrb. d. Physik.

» 4) Die Schwingungszahlen von Saiten verschiedener Materien verhalten sich umgekehrt wie die Quadratwurzeln ihrer specifischen Gewichte. Wenn z. B. eine Saite von Kupfer, deren specifisches Gewicht
9 ist, und eine Darmsaite, deren specifisches Gewicht 1 ist, gleiche Länge
und gleichen Durchmesser haben und wenn beide durch gleiche Gewichte gespannt sind, so schwingt die Kupfersaite dreimal langsamer als
die Darmsaite.

» Es versteht sich von selbst, dass diese Gesetze nur für solche Saiten gelten, die ihrer ganzen Dicke und Länge nach homogen sind, dass
sie also nicht auf Darmsaiten, welche mit Metallfäden übersponnen sind,
angewendet werden können. Die metallische Hülle ist hier eine träge
Masse, welche durch die Elasticität der Saite in Bewegung gesetzt werden muss und welche also die Schwingungsdauer vergrössert.«

Als das erste Instrument der Schöpfung gilt allen musikalischen
Schriftstellern die menschliche Stimme, und von dieser geht auch
Boetius in

## Cap. XII

aus, wo er die stetige Stimme und intervallartige unterscheidet.
Es stimmt nun die Definition unseres Autors genau mit dem überein, was
wir aus den griechischen Schriftstellern über die »Bewegung der Stimme« [1]
erfahren. Nach der Ansicht der Alten entsteht der Klang durch eine
Thätigkeit der Stimme, und zwar ist diese keine regellose, sondern sie ist
einem bestimmten Gesetze unterworfen. Die regellose Thätigkeit der
Stimme würde zwar ein Hörbares, z. B. Laut, Schall, Geräusch u. s. w.,
wo das klingende Element mehr oder weniger bemerkbar wäre, hervorbringen, sie würde aber nie im Stande sein, einen reinen musikalischen
Klang frei von jedem Nebenbegriffe zu erzeugen. Die geregelte
Thätigkeit besteht nun darin, dass die Stimme bei Erzeugung des Klanges ein gewisses Verhältniss der Höhe und Tiefe erfassen muss, und
dieses Verhältniss wird Klanghöhe genannt [2]. Höhe und Tiefe
sind allgemeine Begriffe, Klanghöhe ist das Besondere des Allgemeinen, das Bestimmbare des Unbestimmten. Daher sagt Aristoxenus:
»Klang ist Fall der Stimme auf eine Klanghöhe; denn der Klang scheint
erst dann für das Melos verwendbar zu sein, wenn die Stimme auf einer

---

1) Vgl. Paul, Absol. Harmonik der Griechen S. 1 u. 2.

2) Höhe und Tiefe = ὀξύτης καὶ βαρύτης, Stimme = φωνή, Klanghöhe
= τάσις.

Klanghöhe zu stehen scheint «[1]). Da es Höhe und Tiefe giebt, so giebt es auch höhere und tiefere Klänge. Wenn nun die Stimme von einem höheren zu einem tieferen, oder umgekehrt von einem tieferen zu einem höheren Klange übergeht, so nennen dies die Griechen : »die Bewegung der Stimme«[2]). Die klangliche Bewegung der Stimme ist aber wohl zu unterscheiden von derjenigen, welche beim Sprechen bemerkbar ist. Die Rede bedarf keiner bestimmten Klanghöhen, sie ist niemals gebunden an gewisse Plätze, wie sie der musikalischen Stimme durch Klangverhältnisse angewiesen sind. Die Stimme bewegt sich in der Rede stetig ohne Festhaltung bestimmter Klanghöhen[3]). Im Melos muss sich aber die Stimme von der Höhe zur Tiefe und umgekehrt dem Orte nach[4]), d. h. in bestimmten Klangverhältnissen bewegen; sie hat hier Klanghöhen zu durchlaufen, von denen eine jede auch bei der schnellsten Bewegung für das Gehör zur Erscheinung gelangen muss. Daher heisst diese Bewegung im Gegensatz zu der stetigen, d. h. zu der nirgends feststehenden: eine intervallartige[5]). Wie nun Boetius erzählt, habe Albinus noch eine Bewegung der Stimme angenommen, welche zwischen dem Gesange und der prosaischen Rede im Ausdruck die Mitte halten sollte, nämlich die zur Recitation von Gedichten brauchbare. Man weiss, dass die Redner gern in einem bestimmten Tonumfange ihre Stimme ertönen liessen, um stets das rechte Mass in der Modulation ihres

---

1) Aristoxenus p. 15. Συντόμως μὲν οὖν εἰπεῖν, φωνῆς πτῶσις ἐπὶ μίαν τάσιν ὁ φθόγγος· τότε γὰρ φαίνεται φθόγγος εἶναι τοιοῦτος, οἶος εἰς μέλος τάττεσθαι ἡρμοσμένον, ὅταν ἡ φωνὴ φανῇ ἑστάναι ἐπὶ μιᾶς τάσεως· ὁ μὲν οὖν φθόγγος τοιοῦτός ἐστι.

2) κίνησις φωνῆς.

3) κίνησις συνεχὴς φωνῆς.

4) κατὰ τόπον κινεῖσθαι, vgl. Aristoxenus, pag. 3, 8, 9, 10; Aristid. Quint. pag. 8, 9; Nicomachus p. 3, 4; Gaudentius pag. 2, 3; Euclid. pag. 2. Auch Ptolemäus pag. 16, 17 unterscheidet ähnlich die ungleich tönenden Geräusche (ψόφοι ἀνισότονοι) in stetige (συνεχεῖς) und getrennte (διωρισμένοι), und er lehrt, dass jene der Harmonie fremd (ἁρμονικῆς ἀλλότριοι), diese derselben eigen (οἰκεῖοι) seien. Aristides Quintil. pag. 7 setzt ebenso wie Boetius lib. 1, cap. 12 zwischen die genannten Bewegungen die mittlere (κίνησις μέση), welche diejenigen in Anwendung bringen, deren Aufgabe es ist, ein Gedicht zu recitiren.

5) κίνησις διαστηματική. Diese Bewegung der Stimme müssen die Sänger (οἱ μελῳδοῦντες) anwenden; sie kann also auch eine melodische Bewegung »κίνησις μελῳδική«, im Gegensatz zur Bewegung der Stimme beim Sprechen »κίνησις λογική« genannt werden, weil von denen, welche erstere gebrauchen, gesagt wird, nicht dass sie sprechen »λέγειν«, sondern dass sie singen »ᾄδειν«. Aristoxenus pag. 9, 10; Euclid. pag. 2; Nicomachus pag. 3; Gaudentius pag. 2.

Organs festzuhalten, weshalb ein Bläser zum Tonangeben angestellt wurde. Da nun bei den Römern namentlich zu Anfang der Kaiserzeit die Sitte aufkam und diese in Augustus einen eifrigen Förderer fand, dass die Autoren ihre schriftlichen Werke, Gedichte, etc. vor Versammlungen im Theater, auf dem Forum, in Tempeln, Gärten, Bädern vorlasen, resp. recitirten, so ist leicht einzusehen, wie Boetius es für nöthig hält, auch diese Art der Stimmmodulation zu erwähnen. Er citirt hierbei Albinus, welchen einige unserer Historiker für Aristides Quintilianus gehalten haben, weil dieser allerdings pag. 7 bei Meibom die beregte Art der Stimmbewegung ausdrücklich anführt. Jedoch beruht eine solche Annahme, den citirten Albinus mit Aristides Quintilianus zu identificiren, auf subjectiver Willkür, da jene Bewegung der Stimme beim Reden gewiss allgemein als ästhetisches Gesetz bekannt war. Vielmehr ist mit Wahrscheinlichkeit anzunehmen, dass jener genannte Albinus der von Cassiodorus [1]), dem Freunde des Boetius, als bedeutender Mann aufgeführte [2]) gewesen sei. Cassiodor sagt dabei, das Werk des Albinus sei auf der Bibliothek in Rom vorhanden, und er habe dasselbe auch mit grosser Aufmerksamkeit gelesen.

Die gesammte Modulation ist auf ein gewisses Mass reducirt, wie in Uebereinstimmung mit den griechischen Autoren Boetius in

## Cap. XIII

darlegt. Durch den Athem wird die stetige Stimme begrenzt, d. h. sie hat nur die Kraft, eine gewisse Anzahl von Worten in einem Athem vorzutragen, durch die natürliche Beschaffenheit der Singstimme ist wiederum in Bezug auf Höhe und Tiefe der Klangregion eine Grenze gesetzt. Es dürfte hier der Platz sein, kurz auseinanderzusetzen, welche Ansichten im Alterthum und gewiss auch zur Zeit des Boetius über die Natur des menschlichen Stimmorgans sich geltend machten. Nach dem Galenus (geb. 131 n. Chr.) wurde die Luft von den Intercostalmuskeln mit Gewalt gegen den Larynx und durch die Stimmritze getrieben [3]). Der Larynx ist nun der Hauptsitz der Stimme. Je mehr die Glottis sich verengt, desto feiner d. h. höher wird die Stimme, je weiter, desto tiefer. Die Verengerung der Stimmritze wird durch die Ac-

---

1) De musica Tomus II, pag. 557 b (ed. Venet. a. 1729).

2) Vir magnificus.

3) Claudii Galeni opera omnia ed. D. Car. Gottl. Kühn: Tom. II, 841; III, 402, 525, 551—557, 558, 562, 563, 577, 581 ff., 589; IV, 278, 279; V, 231, 718; VI, 421; VIII, 45, 50, 53 u. 267; X, 366; XI, 305; XII, 293; XIV, 579 u. 628; XV, 323, 793; XVI, 204; XVIII B, 950.

tion der Muskeln bewirkt, welche den Luftröhrenkopf aufwärts ziehen, und die Erweiterung geschieht durch das Herabziehen desselben [1]. Wenn nun eine beträchtliche Luftmasse mit Schnelligkeit bewegt wird, so entsteht die starke Stimme; die schwache aber wird erzeugt, wenn sich nur eine geringe Menge Luft langsam bewegt. (Daraus erklärt er den Ausspruch des Hippocrates [2]), dass die Thiere die stärkste Stimme haben, welche die meiste eingepflanzte Wärme oder die thätigste Lebenskraft besitzen.)

Nach Aristoteles [3]) ist die Stimme ein Schall, der durch geistigen Antrieb und durch Hülfe der Imagination erzeugt und vollbracht wird [4]). Den Unterschied der Stimme und Sprache erklärt er so: »Der Ton ist vom Schalle unterschieden, und von beiden unterscheidet sich die Sprache. Ausser der Luftröhre wird in keinem Gliede des Körpers die Stimme hervorgebracht. Demnach sind die Thiere ohne Lungen stumm. Die Sprache aber ist die Articulation der Töne mit Hülfe der Zunge [5].« Von den Gliedern, welche zur Hervorbringung der Stimme gehören, nennt Aristoteles die Lunge, die Luftröhre und den Mund. Die Lungen, deren Gefässe bis ans Herz reichen [6]), enthalten eine Menge luftigen Geistes, — sie seien gewissermassen der Blasebalg und hätten insofern auf die Modulation der Töne Einfluss, als sie nach ihrer verschiedenen Grösse, Härte, Weichheit und Zusammenziehungsfähigkeit die Luft, welche in der Luftröhre enthalten ist, auf verschiedene Weise erschüttern. Zur Hervorbringung aller Modulationen seien die Lungen am geschicktesten, welche recht gross und weich, auch gehörig getheilt wären, weil sie in solchem Zustande viel Luft aufnehmen und wieder ausstossen könnten, der Weichheit und leichteren Compressionsfähigkeit wegen. Bezüglich der Luftröhren-Construction sagt er, dass diese von grossem Nutzen für die Stimme sein könne. Er nennt sie Arterie, auch Pharynx; die Arterie besteht aus knorpligen Körpern, die nicht nur des Athmens, sondern auch der Stimme wegen glatt und fest sind [7]). Durch viele Beispiele, die von der Einrichtung geblasener Werkzeuge hergenommen sind, sucht er zu erweisen, dass die Stimme in der Luftröhre nach denselben Gesetzen gebildet werde, wie die Töne in einer Pfeife [8]).

---

1) Galen. comment. Tom. 1561, 562, 566, 568, 569, 575.
2) Galen. comment. 4 in lib. 6. Tom. XVII B, 201.
3) Aristoteles, geb. zu Stagira 384 v. Chr.
4) Aristotel. de anima lib. 2, c. 8.
5) Aristotel. histor. animal. lib. 4, c. 9. ed. Weise.
6) Aristotel. histor. animal. lib. 1, c. 13.
7) Aristotel. de partib. animal. lib. 3, c. 3.
8) Aristotel. de partib. animal. lib. 3, c. 3.

Aristoteles kannte natürlich nicht genau die Function der Stimmbänder und der Stimmritze; die neuere Forschung hat ja klar gestellt, dass die normalen Stimmbänder wie durchschlagende Zungen erscheinen, wogegen sich der sehr scharfe Stimmklang mit unangenehmer Tonfärbung darauf zurückführen lassen dürfte, dass die Ränder der Stimmbänder nicht glatt oder gerade genug sind, um sich zu einem engen geradlinigen Spalte zusammenlegen zu können, ohne dabei an einander zu stossen, und dass dadurch der Kehlkopf sich mehr den aufschlagenden Zungenwerken nähert, die eine viel schärfere Klangfarbe haben [1]). Aristoteles sagt nun weiter, dass zu einer starken Stimme die Erschütterung der Luft in der Luftröhre gehöre, welche die Lungen zu bewirken hätten. Der Ton, meint er, ist desto voller, je kräftiger die Luft ausgetrieben wird, weshalb auch die Stimme der Männer am vollsten und stärksten erscheint. Dabei setzt er klar aus einander, dass die Verschiedenheit der Töne in Rücksicht auf Höhe und Tiefe nicht von der Bewegung überhaupt, sondern von der Schnelligkeit der Vibrationen und der zitternden Schwingungen herrühre. Er leitet nun die Tiefe und Höhe des Tones von der grösseren oder geringeren Schnelligkeit der zitternden Erschütterungen der Luft, die Stärke oder Schwäche des Schalles aber blos von der Menge der erschütterten Luft her [2]). Sodann widerlegt er die Theoretiker, welche die Schnelligkeit der Erschütterungen als eine von der grösseren Luftmenge ausgehende betrachten, weil die Langsamkeit der Bewegungen immer von der grösseren Masse der Körper herrühre, die also beide Zustände mit einander verwechseln. Wenn dies sich so verhielte, so könnte niemals ein tiefer Ton zugleich schwach, ein hoher Ton stark sein. Daher behauptet er, dass die Stärke des Tones allein von der Menge der erschütterten Luft herrühre, dass die Höhe und Tiefe des Tones nicht allein von der Menge, sondern auch von der Gewalt abhänge, mit welcher die Luft erschüttert werde, und dass man zugleich auf das Verhältniss der Kraft und der Masse Rücksicht zu nehmen habe. Wenn z. B. bei Thieren wegen der verschiedenen Länge des Luftcanals die Menge der bewegten Luft grösser oder geringer ist, so sucht er die Entstehung der Höhe oder Tiefe des Tones in denselben aus der verschiedenen Anstrengung der Kräfte herzuleiten, womit die Luft durch die Stimmritze getrieben wird [3]).

---

1) Helmholtz, die Lehre von den Tonempfindungen, 1. Aufl. S. 164. Hierbei beachte man die Theorie der Obertöne bei den Klängen der Vocale.

2) Aristotel. de generat. animal. lib. 5, c. 7.

3) Aristotel. l. c.

Zur Erklärung von der Natur des Stimmorgans fügt B o e t i u s in

## Cap. XIV

die Art und Weise des Hörens, welche Ansichten davon Zeugniss able-
gen, dass ihm der Grund der Schwingungsgesetze nicht unbekannt war.
Ein besonderes Interesse erregt hierbei das Zusammentreffen in den Meinungen des Boetius und des neuesten hervorragendsten Forschers auf
dem Gebiete der Akustik. H e l m h o l t z, der bedeutende Physiolog, bedient sich nämlich zur Veranschaulichung der Schwingungsgesetze fast
ganz desselben Bildes, welches Boetius zur Erläuterung anwendet. Es
werden von ihm die Wasserwellen in Parallele gestellt zu den Luftwel-
len, und in Bezug auf diese Wellenbewegungen erklärt nun Helmholtz
ganz übereinstimmend mit Boetius [1]: » Man denke sich in eine ebene
ruhige Wasserfläche einen Stein geworfen. Um den getroffenen Punkt
der Fläche bildet sich sogleich ein kleiner Wellenring, welcher nach allen
Richtungen hin gleichmässig fortschreitend sich zu einem immer grösser
werdenden Kreise ausdehnt. Diesem Wellenringe entsprechend geht
in der Luft von einem erschütterten Punkte der Schall aus und schreitet
nach allen Richtungen fort, so weit die Grenzen der Lufmasse es erlau-
ben. Der Vorgang in der Luft ist im Wesentlichen ganz derselbe, wie
auf der Wasserfläche, der Hauptunterschied ist nur, dass der Schall in
dem räumlich ausgedehnten Luftmeere nach allen Seiten kugelförmig
fortschreitend sich ausbreitet, während die Wellen an der Oberfläche
des Wassers nur. ringförmig fortschreiten können. Den Wellenbergen
der Wasserwellen entsprechen in den Schallwellen Schichten, in denen
die Luft verdichtet ist, den Wellenthälern verdünnte Schichten. An der
freien Wasseroberfläche kann die Masse nach oben ausweichen, wo sie
sich zusammendrängt und so die Berge bildet. Im Innern des Luft-
meeres muss sie sich verdichten, weil sie nicht ausweichen kann. Die
Wasserwellen also schreiten beständig vorwärts ohne umzukehren; aber
man muss nicht glauben, dass die Wassertheilchen, aus denen die Wellen
zusammengesetzt sind, eine ähnliche fortschreitende Bewegung haben,
wie die Wellen selbst. Die Bewegungen der Wassertheilchen längs der
Oberfläche des Wassers können wir leicht sichtbar machen, indem wir
ein Hölzchen auf dem Wasser schwimmen lassen. Ein solches macht die
Bewegungen der benachbarten Wassertheilchen vollständig mit. Nun wird
ein solches Hölzchen von den Wellenringen nicht mitgenommen, sondern

---

1) Helmholtz, Lehre von den Tonempfindungen, S. 16.

nur auf und ab geschaukelt und bleibt schliesslich an der Stelle ruhen, an der es sich zuerst befand. Wie das Hölzchen, so auch die benachbarten Wassertheilchen. Wenn der Wellenring bei ihnen ankommt, werden sie in Schwankungen versetzt; wenn er vorüber gezogen ist, sind sie wieder an ihren alten Stellen und bleiben nun in Ruhe, während der Wellenring zu immer neuen Stellen der Wasserfläche fortschreitet und diese in Bewegung setzt. Es werden also die Wellen, welche über die Wasseroberfläche hinziehen, fort und fort aus neuen Wassertheilchen aufgebaut, so dass dasjenige, was als Welle fortrückt, nur die Erschütterung, die veränderte Form der Oberfläche ist, während die einzelnen Wassertheilchen in vorübergehenden Schwankungen hin- und hergehen, sich aber nie weit von ihrem ersten Platze entfernen.«

Nach dem vergleichsweise angeführten Bilde kommen wir in

## Cap. XV

zu der Ordnung der Theoreme, für welche Boetius feststellt, dass er zunächst die Proportionen der Consonanzen, dann das allmälige Wachsen der Zahl der Saiten, sodann als Hauptsache die Klanggeschlechter besprechen wolle; letztere gehören zur Lehre der harmonischen Erfindung, d. h. zur Lehre über das Modulationswesen der Tonverbindungen, und greifen unmittelbar in die musikalische Praxis ein, da eine jede Tonweise in ihrer Bewegung an das Gesetz von den Klanggeschlechtern gebunden sei. Vor Entwicklung desselben kommt er in

## Cap. XVI, XVII, XVIII, XIX

übersichtlich auf die Proportionen der Consonanzen, des Ganztones und Halbtones zu sprechen, welche Auseinandersetzung keiner Erklärung bedarf, da sie sich an allgemein Angenommenes anschliesst. Die Octav (Diapason, d. h. durch alle Töne διὰ πασῶν scil. φθόγγων) hat das Verhältniss von 1 : 2, d. h. während der Grundton eine Schwingung macht, finden im Octavton 2 Schwingungen statt; die Quinte (Diapente = διὰ πέντε = durch fünf Töne) steht in der Proportion von 2 : 3; die Quarte (Diatessaron = διὰ τεσσάρων = durch vier Töne) hat das Verhältniss von 3 : 4; der Ganzton als Differenz von Quarte und Quinte $4/_3 : 3/_2$, die Proportion 8 : 9; der Halbton 243 : 256. Es ist hier nun bei Boetius besonders der Beweis geführt, dass 243 : 256 nicht die genaue Hälfte eines Ganztones, sondern etwas kleiner sei, jedoch ist nicht gesagt, wie man auf das Halbtonverhältniss gekommen sein mag. Die Erklärung ist nicht schwer, sobald man sich vergegenwärtigt, dass die

Alten von einem Tone ausgingen und zwei Quinten der Reihe nach aufstellten und dann mit drei Quarten der Reihe nach verglichen, z. B.

$$A - e - h \ (2 \text{ Quinten}),$$

$$A - d - g - c' \ (3 \text{ Quarten}),$$

das Verhältniss von h : c' war nun

$$\frac{9}{4} : \frac{64}{27} = \frac{256}{243}, \text{ oder}$$

vier Quarten und Quinte mit Octave, z. B. :

$$A - d - g - c' - f' \ (4 \text{ Quarten})$$

$$A - e \text{—————} e' \ (\text{Quinte mit Octave}),$$

woraus sich das Verhältniss ergab :

$$\frac{256}{81} : \frac{3}{1} = \frac{256}{243}$$

und damit war zugleich gefunden, dass das Diapason aus fünf Ganztönen
und zwei kleineren Halbtönen bestand, d. h. solchen Halbtönen, welche
nicht die genauen Hälften eines Ganztones waren ; das Verhältniss des
Diapason war also :

$$\overset{9}{/}_{8} \ \overset{256}{/}_{243} \ \overset{9}{/}_{8} \quad \overset{9}{/}_{8} \ \overset{256}{/}_{243} \ \overset{9}{/}_{8} \quad \overset{9}{/}_{8}$$
$$A - H - c - d - e - f - g - a$$

während wir den diatonischen Halbton als Unterschied der grossen Terz
$5/4$ und der Quarte $4/3$ in dem Zahlenverhältniss 15 : 16 finden, die Halbtöne e : f und H : c also in der Proportion 15 : 16 stehen. Nach jenen
übersichtlich aufgestellten akustischen Verhältnissen geht er in

## Cap. XX

zu den Erfindern und Verbesserern musikalischer Systeme über.

Hier benutzt Boetius einen Bericht des Nicomachus, welcher weit
vollständiger erscheint, als die kurze Erzählung des Nicomachus in der
Ausgabe von Meibom. Dieser verdienstvolle Herausgeber macht schon
in den Noten [1] darauf aufmerksam, dass Nicomachus auch andere Bücher
über Musik geschrieben habe, deren Inhalt Boetius excerpirte. Es ist zu
bedauern, dass derselbe uns nicht den Titel der ihm vorgelegenen Schrift
des Nicomachus nennt. Möglicherweise ist aber die von Boetius benutzte
Abhandlung dieselbe, welche Meibom in seine Sammlung der griechischen
Musiker aufnahm ; denn offenbar fehlt in dieser nach den Worten, dass
Orpheus der Schüler des Lyra-Erfinders Hermes, Thamyris und Linus
die Jünger des Orpheus, Hercules und Amphion die Schüler des Linus
gewesen seien, dass ferner die Lyra zum Terpander über das Meer gekommen wäre und dieser mit den ägyptischen Priestern, die Lyra ver-

---

1) Meibom. auct. sept. p. 42.

bessernd, verkehrt hätte, ältere Schriftsteller jedoch die Lyra-Erfindung von Cadmus, dem Sohn des Agenor, herleiteten, ein weiterer historischer Excurs, welcher mit dem Vorhergehenden im logischen Zusammenhange stehen müsste. Hier sind jedenfalls die Manuscripte unzureichend gewesen, wie jeder mit der Sache Vertraute sofort erkennen wird [1].

Die Kithara-Stimmung [2] des Orpheus wird nun vom Boetius in folgender Weise angegeben:

$$e\text{-}a\text{-}h\text{-}e'.$$

Denn unbedingt ist das älteste dorische System hier anzunehmen, welches wir mit dem Klange e beginnen, um auch in der modernen Musik die Einfachheit dadurch auszudrücken, dass wir keine Vorzeichen zu gebrauchen nöthig haben. Wollte man behaupten, dass auch das e wirklich genau ein e nach der Leipziger Stimmung gewesen wäre, so würde dies jeder Musiker vom Fach für Phantasterei erklären. Sind doch in der neuesten Zeit an verschiedenen Orten auch verschiedene Stimmungen im Gebrauch, warum sollte die griechische Stimmung genau einer der neueren entsprechen? Palestrina componirte mit Zugrundelegung der ionischen Tonart im regulären System stets in C-dur und im transponirten System in F-dur; er überliess dann ruhig den Sängerchören die Transposition, nur musste das System gewahrt bleiben, — und auf dieses, nicht auf die absolute Klanghöhe kommt es hier hauptsächlich an. Jeder Ton erhält im Verhältniss zu anderen Tönen, im Tonartensystem erst seine verständige Bestimmung und Bedeutung, zu welcher die absolute Klanghöhe nur den Ausgangspunkt bietet. Möge man nun f oder e = 1 setzen, die Verhältnisse werden sich dann gemäss dem akustischen Consonanzengesetze als geordnete ergeben, so dass bei richtigem Quellenverständniss ein Irrthum unmöglich ist [3].

Die Stimmung des Orpheus, welcher nach dem Plutarch Keinen nachgeahmt haben soll, weil vor ihm nur Auleten vorhanden waren, zu denen die Weisen des Orpheus in keiner Beziehung standen [4], ist jeden-

---

1) Die Worte p. 30 bei Meibom Εἰσὶν οὖν οἱ ἀριθμοί etc. schliessen sich durchaus nicht naturgemäss an die vorhergehenden παραλαβεῖν τὴν καταρχήν an; es fehlt hier sicherlich ein längeres Stück, welches vielleicht Boetius als Unterlage benutzte.

2) Es ist hier nicht genau zu unterscheiden, ob Boetius die Kitharis, d. h. das kleinere Instrument, oder die Kithara, das Instrument für den Agon, im Auge hatte.

3) Auf die eigenthümliche und musikalisch recht sonderbare Anschauung Friedrich Bellermann's kommen wir weiterhin zu sprechen.

4) Die Kunstschulen vor der Zeit Homers gehören der Fabel an, nach wel-

falls eine Annahme der späteren Musikgeschichtsschreiber, um die Entstehung der Geschlechter zu beweisen; denn auf diese wird sicherlich im Folgenden Bezug genommen, wo es heisst, dass Torrebus [1] die 5te, Hyagnis die 6te, Terpander die 7te und Lichaon aus Samos die 8te Saite hinzugefügt habe. Wenn wir annehmen, dass die Stimmung e-a-h-e' von Torrebus um den Klang f, von Hyagnis um den Klang g und von Terpander um den Klang d' bereichert worden ist und Lichaon aus Samos zwischen Paramese $=$ h, die auch Trite genannt wurde, und Paranete $=$ d' die richtige Trite $=$ c' setzte, so ist die Erklärung auf einfache Weise gefunden. Dass hier aber in dem Berichte mit der Unterscheidung der Trite und Paramese eine Ungenauigkeit vorliegt, geht aus der Gegenüberstellung des Terpandrischen Heptachords und des Octachordes des Lichaon hervor, welche beweist, dass unter dem Heptachord Terpanders die Reihe e-f-g-a-b-c'-d', d. h. ein System von zwei verbundenen Te-

---

cher man allerdings zwei Kunstschulen in die älteste Zeit versetzen kann, von denen die Thracische mit Orpheus und Amphion als kitharodische, die Phrygische aber des Olympus als auletische gelten. Aus beiden soll die Lesbische Schule des Terpander hervorgegangen sein, von welcher die dorische Musik im Peloponnes hergeleitet werden könnte. Der Phrygischen Schule wird ausser der Kunst des Flötenspieles noch das später anzuführende enharmonische Geschlecht, sowie das phrygische und lydische Diapason zugesprochen. Zu den phrygischen Musikern gehörten die in der Fabel genannten Hyagnis, Marsyas, Olympus, während Strabo lib. 10, cap. 3, § 14 (ed. G. Kramer Volumen II, pag. 383) für Hyagnis den Seilenos anführt, obschon derselbe bei anderen Schriftstellern bald mit Corybantes, bald mit Marsyas selbst identificirt wird. Hierzu kommt Babys, Bruder des Marsyas, welcher ein so geringer Musiker war, dass ihn Apollo nicht einmal einer Strafe für werth hielt. Athen. 14, 624; Zenob. 4, 81. Cf. Leutsch in Paroemiog. graec. 2 pag. 689. Sodann ist Agnes, ein phrygischer Musiker, von welchem (bei Betrachtung der Erfindungen musikalischer Instrumente und anderer Dinge) Clemens Alex. Strom. lib. 1, pag. 307 (ed. Paris. 1644) überliefert, dass er die diatonische Harmonie erfunden habe. Die Reihe schliesst Cotalus, dessen Flötencomposition bei Athen. 4, p. 176 C erwähnt ist. Vgl. Rhein. Museum für Philol. herausg. von Welcker u. Ritschl, Jahrg. 1, Seite 359 (unter Cap. II »Glauce citharistria«). Noch andere Namen phrygischer Musiker finden sich bei Athen. 14, p. 624 B. Die älteste Dorische Schule führt die delphische Tempelsage auf die Sänger Chrysothemis und Philamon zurück. Vergl. Paul, Absol. Harm. S. 12.

1) Nicht Chorebus, wie Friedlein mit Glarean schreibt (vergl. Paul, Absol. Harm., wo die Zeugnisse zusammengestellt sind). Denn es ist hier derselbe Torrebus (Τόρρηβος) gemeint, von welchem Plutarch de mus. cap. 15 sagt, dass er nach dem historischen Zeugnisse des Dionysius Iambus die lydische Tonart zuerst in der Harmonie gebraucht habe.

trachorden, unter dem Octachord des Lichaon die Reihe e-f-g-a-h-c′-d′-e′,
d. h. ein System von zwei getrennten Tetrachorden, zu verstehen ist.
Es muss also der Klang b bald in die Reihe hineingekommen, und zur
Bildung des von Terpander angenommenen Systems benutzt worden sein.
Was wir früher schon aussprachen hinsichtlich der harmonischen Erfin-
dungen Terpanders dürfte kaum anzuzweifeln sein, obgleich alle dem-
selben zugeschriebenen Erfindungen mit Fabeln durchsetzt sind; denn von
Terpander [1]) an beginnt erst die historische Zeit, von welcher wir wohl

---

1) In der Absol. Harmon. bemerkten wir Folgendes: »Dass neben jenem
Heptachord mit der Trite, welches von manchen Schriftstellern, so auch vom
Aristoteles, bis in die ältesten Zeiten hinauf versetzt wird, noch eine andere
Stimmung des Terpander existirt haben muss, zeigt die Stelle des Aristoteles
Problemata 19, 32 : διὰ τί διὰ πασῶν καλεῖται, ἀλλ' οὐ κατὰ τὸν ἀριθμὸν δι' ὀκτώ,
ὥσπερ καὶ διὰ τεττάρων καὶ διὰ πέντε; Ἡ ὅτι ἑπτὰ ἦσαν αἱ χορδαὶ τὸ ἀρχαῖον; εἶτ'
ἐξελὼν τὴν τρίτην Τέρπανδρος, τὴν νήτην προςέθηκε, καὶ ἐπὶ τούτῳ ἐκλήθη διὰ
πασῶν, ἀλλ' οὐ δι' ὀκτώ· δι' ἑπτὰ γὰρ τήν.

»Die Stimmung kann nach diesemBericht keine andere als e-f-g-a-c′-d′-e′
gewesen sein; denn Aristoteles kann mit der Entfernung der Trite nur die alte
Paramese oder Trite = b, und mit der Hinzufügung der Nete nur die bei Plutarch angeführte dorische Nete = e′ gemeint haben. Vergl. Plutarch de musica
cap. 28: οἱ γὰρ ἱστορήσαντες τὰ τοιαῦτα Τερπάνδρῳ μὲν τήν τε Δώριον νήτην
προςετίθεσαν οὐ χρησαμένων αὐτῇ τῶν ἔμπροσθεν κατὰ τὸ μέλος. Es würde diese
Stimmung den Uebergang bilden zum Octachord des Lichaon aus Samos, welcher die achte Saite, d. h. die eigentliche »Paramese«, im diazeuktischen System der Lyra oder Kitharis zutheilte.« Dass Terpander auch das Heptachord
e-f-g-a-b-c′-d′ mit der dorischen Nete verband und somit als Erfinder der mixolydischen Octavengattung gelten kann (Plutarch ebendaselbst: καὶ τὸν Μιξολύδιον δὲ τόνον ὅλον προςεξευρῆσθαι λέγεται), ist möglich, obgleich τόνος ὅλος Transpositionsscala bezeichnet.
»Es ist dies ein Punkt, in welchem wir von Westphal abweichender Meinung sind, da dieser Historiker angiebt, dass Terpander bereits zwei Hepta-
chorde vorgefunden habe, nämlich: 1. h-c-d-e-f-g-a, welches er das »dorisch-
plagalische« Heptachord nennt, und 2. c-f-g-a-h-c-d, dem er die Bezeichnung
»äolisch-plagalisch« beilegt. Abgesehen von der ungenauen Bezeichnung, da
man nicht weiss, welcher Octave die Klänge angehören, halten wir auch in der
Sache Beides für unerwiesen, ja für unrichtig. Allerdings wurde, wie man aus
den Theoretikern nach Aristoxenus erkennt, die Octavengattung von c zu e′ dorisch genannt; diese B e n e n n u n g gehört aber erst der Zeit nach Terpander
an, wo das getrennte System in Gebrauch kam. Denn wenn Westphal die Stelle
bei Plutarch de mus. cap. 28, wo gesagt wird, dass die »G e s c h i c h t s s c h r e i-
b e r dem Terpander den Gebrauch der dorischen Nete beilegen«, so versteht,
als habe Terpander zu e die höhere Octave zwar hinzugefügt, aber aus der
Scala den Ton c entfernt, »um der alten einfachen Weise möglichst treu zu
bleiben und die herkömmliche Zahl von 7 Saiten oder 7 Tönen festzuhalten«,
so scheint uns diese Conjectur nur gemacht zu sein, um die historisch beglau-

glauben dürfen, dass schon zu Anfang das verbundene System (Systema synemmenon) und das getrennte System (Systema diezeugmenon) ge-

---

bigte Thatsache nicht zu verletzen, dass Terpander ein System von 7 Saiten benutzt habe.

»Warum sollte aber der Virtuose Terpander auf seinem siebensaitigen Instrumente nicht auch den achten Klang, welcher nach der Zeit des Pythagoras die dorische Nete hiess, hervorzubringen im Stande gewesen sein, da diese Klangerzeugung durch das Drehen des Wirbels ja leicht bewerkstelligt werden konnte? Vielleicht dürfte unsere Ansicht um so gerechtfertigter erscheinen, als es gleich darauf im Plutarch heisst, dass Terpander der Erfinder des ganzen mixolydischen Tones sei. Jedenfalls stammt auch hier wieder der Name »mixolydisch« aus späterer Zeit. Die Geschichtsschreiber konnten aber wohl sagen, dass Terpander den ganzen mixolydischen Ton erfunden habe, weil die Scala Terpanders e-f-g-a-b-c'-d'-e' ihrem Systeme nach'später das mixolydische Diapason oder der mixolydische Ton genannt wurde. Nach den später zu erörternden Tabellen des Claudius Ptolemäus ist der Klang e' die thetische und dynamische Nete diezeugmenon im dorischen Ton der hypodorischen Tonart und die thetische Nete diezeugmenon im mixolydischen Ton der dorischen Tonart, weshalb der Ausdruck »dorische Nete« vollkommen gerechtfertigt ist. Die Stelle des Aristoteles, wonach Terpander seiner Kitharis zuweilen mit Hinweglassung der Trite = b (nicht gleich c, wie Westphal meint) die Stimmung e-f-g-a-c'd'e' gegeben hat, ist bereits angeführt worden, und somit glauben wir die subjective Anschauung Westphal's widerlegt zu haben.«

Bryennius (lib. 2, sect. 5; lib. 1, sect. 1; lib. 3, sect. 1 etc.) wendet übrigens ein Octachord an, in welchem die Hyperhypate vorkommt, nämlich:

| | | |
|---|---|---|
| Hyperhypate | = d | |
| Hypate | = e | |
| Parhypate | = f | Tetra-chord meson |
| Lichanos | = g | |
| Mese | = a | |
| Trite | = b | |
| Paranete | = c' | Tetra-chord synemmenon |
| Nete | = d' | |

und dieses nennt er die achtsaitige Lyra des Pythagoras (Πυθαγόρου ὀκτάχορδος λύρα), während es bei den übrigen als eine Verbindung des Tetrachord meson und diezeugmenon erscheint. Bryennius bezeichnet auch den Siebensaiter, welcher aus der Verbindung des Tetrachord meson und synemmenon entsteht, die siebensaitige Lyra Mercurs (ἀρχαιότροπος ἑπτάχορδος λύρα Ἑρμοῦ) Bryen. lib. 1, sect. 1. Das aus 15 Saiten bestehende vollkommene System will Bryennius entstanden wissen aus zwei wechselseitig zusammengesetzten Lyren, von welchen er die eine von Proslambanomenos bis Mese als die tiefere (Πυθαγόρου ὀκτάχορδος λύρα βαρυτέρα), die andere als die höhere des Pythagoras (Πυθαγόρου ὀκτάχορδος λύρα ὀξυτέρα) ansieht. Aehnlich nennt er auch das Heptachord (H-c-d-e-f-g-a) von Hypate hypaton bis Mese die alte tiefere siebensaitige

kannt waren. Es ist also mit Wahrscheinlichkeit anzunehmen, dass Terpander das System synemmenon

$$e\text{-}f\text{-}g\text{-}a\text{-}b\text{-}c'\text{-}d'$$

gebraucht hat und zugleich jene Tonreihe e-f-g-a-c'-d'-e' in Anwendung brachte. Von der ganzen Tonreihe, wie sie nach und nach in einer Ausdehnung von Proslambanomenos bis Nete hyperbolaeon entstand, erhalten wir nicht allein durch den Text, sondern auch durch die hinzugefügte Figur vollgültigen Beweis, dass sich dieselbe in folgenden Systemen gestaltete:

### A) System diezeugmenon.

| | |
|---|---|
| Proslambanomenos | = **A** |
| Hypate hypaton | = **H** |
| Parhypate hypaton | = c |
| Lichanos hypaton | = d |
| Hypate meson | = e |
| Parhypate meson | = f |
| Lichanos meson | = g |
| Mese | = **a** |
| Paramese | = **h** |
| Trite diezeugmenon | = c' |
| Paranete diezeugmenon | = d' |
| Nete diezeugmenon | = e' |
| Trite hyperbolaeon | = f' |
| Paranete hyperbolaeon | = g' |
| Nete hyperbolaeon | = **a'** |

in welchem von H zu e das Tetrachord hypaton, von e zu a das Tetrachord meson, von h zu e' das Tetrachord diezeugmenon und von e' zu a' das Tetrachord hyperbolaeon liegt;

Lyra des Mercur (Ἑρμοῦ τρισμεγίστου ἀρχαιότροπος βαρυτέρας ἑπτάχορδος und das Heptachord von Paramese bis Nete hyperbolaeon die höhere siebensaitige Lyra des Mercur (Ἑρμοῦ τρισμεγίστου ἑπτάχορδος λύρα ὀξυτέρα).

Nach unseren Angaben wird Jedermann erkennen, dass wir über den hochverdienten Forscher Westphal, dessen Arbeiten wir als ganz bedeutende Errungenschaften der modernen Musikwissenschaft betrachten, keinen Tadel aussprechen, sondern nur zur Klarstellung einzelner schwieriger Punkte beitragen wollen. Auch unsere Ansicht über Terpanders harmonische Systeme ist nur Hypothese; sie dürfte aber die grösste Wahrscheinlichkeit für sich in Anspruch nehmen.

## B) System synemmenon.

| | |
|---|---|
| Proslambanomenos | = **A** |
| Hypate hypaton | = **H**– |
| Parhypate hypaton | = c |
| Lichanos hypaton | = d |
| Hypate meson | = **e**– |
| Parhypate meson | = f |
| Lichanos meson | = g |
| Mese | = **a**– |
| Trite synemmenon | = b |
| Paranete synemmenon | = c′ |
| Nete synemmenon | = **d′**– |

in welchem die drei Tetrachorde hypaton, meson und synemmenon verbunden erscheinen. Ueber Orpheus, Torrebus, Hyagnis, Terpander, Lichaon, Theophrastus[1], Histiäus aus Colophon, Timotheus aus Milet haben wir uns schon früher[2] so weit als thunlich ausgesprochen; die von Fabeln umgebenen Darstellungen ihrer Wirksamkeit helfen jedoch nichts zum Verständniss der griechischen Harmonik, mit welcher wir es hier allein zu thun haben.

Fassen wir nun zusammen, was die griechischen Theoretiker unter Harmonik verstehen, und setzen wir dies in Beziehung zu den Erörterungen des Boetius bis zur Aufstellung der eben erwähnten Tonsysteme, so finden wir kurz Folgendes: Die »Musik« im Allgemeinen wird von Aristoxenus[3] aufgefasst als die Wissenschaft, welche sich mit dem Melos beschäftigt, gleichwie Aristides Quintilianus[4] sie als »die Wissenschaft des Gesanges und der Dinge, welche das Melos betreffen« definirt. Schon Meibom hat in den Noten zum Euclid[5] nach dem Porphyrius die Theile der Musik aufgezählt; sie waren nach dieser Anschauung: Harmonik, Rhythmik, Metrik, Organik, Poetik, Hypokritik, während Alypius[6] Harmo-

---

1) Friedlein schreibt mit einigen Manuscripten Prophrastus; es heisst aber in richtiger Lesart Theophrastus, welcher auch von Nicomachus (Meibom. Nicom. lib. 2, p. 35) mit den Worten erwähnt ist: ὥσπερ δὴ καὶ Θεόφραστός τε ὁ Πιερίτης τὴν ἐννάτην χορδὴν προςέθηκεν.

2) Vergl. Paul, Absol. Harm. d. Griechen.

3) Aristox. p. 1 περὶ μέλους ἐπιστήμη.

4) Aristid. Quint. p. 5 ἐπιστήμη μέλους καὶ τῶν περὶ μέλος συμβαινόντων.

5) Euclid. p. 44.

6) Alyp. introduct. mus. pag. 1.

nik, Rhythmik und Metrik als Hauptabtheilungen der Musik namhaft macht,
Aristoxenus jedoch mit diesen dreien noch Organik verbindet. Von diesen handelt nun die Harmonik über Systeme und Tonarten[1]). Zunächst gehört in ihr Bereich die Betrachtung der Stimme und des Ver-
hältnisses von Höhe und Tiefe der Klänge[2]), daher auch Ptolemäus[3]) die
Harmonik als die Auffassungskraft der Differenzen in den Klängen hinstellt. Man erhält nach den Ansichten des Aristoxenus eine Klanghöhe,
wenn der musikalische Klang auf einen bestimmten Grad von Höhe und
Tiefe gebracht wird, oder wörtlich genommen : Klang ist der »Fall der
Stimme auf eine Klanghöhe«[4]), und eine solche Klanghöhe wurde je nach
der Stellung im System durch bestimmte Namen ausgedrückt; mithin
bezeichnete man durch Proslambanomenos, Hypate hypaton etc., kurz,
durch die Benennungen der Töne, die Klanghöhen, welche im System
brauchbar waren. An die Definition der Klanghöhe[5]) knüpft sich der
»Unterschied« verschiedener Klanghöhen, welcher als musikalisches
»Intervall« erscheint[6]). Das Intervall ist also gewissermassen der Platz,
welcher zwischen zwei Klanghöhen liegt. Aus der Zusammensetzung
der Intervalle entstehen die Systeme und aus diesen erkennt man dann
den Unterschied der Intervallgattungen je nach der Grösse, der Consonanz und Dissonanz, dem Geschlechte etc., auf welchen Boetius später zu sprechen kommt. Das Grundsystem ist das Tetrachord, dessen
Eintheilung in drei Geschlechter in

## Cap. XXI

angeführt wird. In Uebereinstimmung mit dieser Anordnung befinden
sich auch die griechischen Theoretiker: Aristoxenus[7]), Gaudentius[8]),
Euclid[9]) etc.; sie stellen ebenfalls das diatonische, chromatische und
enharmonische Geschlecht auf, von welchen das erste aus dem Halbton
und zwei Ganztönen, z. B. e-f-g-a, das zweite aus zwei Halbtönen und

---

1) Aristox. pag. 1 πρὸς τὴν τῶν συστημάτων τε καὶ τόνων θεωρίαν; vergl. die
Theile der Mus. lib. II, p. 32.

2) ὀξύτης καὶ βαρύτης φθόγγων.

3) Ptolem. ed. Wallis pag. 1. Ἁρμονικὴ μέν ἐστι δύναμις καταληπτικὴ τῶν
ἐν τοῖς ψόφοις περὶ τὸ ὀξὺ καὶ τὸ βαρὺ διαφορῶν.

4) Aristox. pag. 15 φωνῆς πτῶσις ἐπὶ μίαν τάσιν.

5) Vgl. Aristox. pag. 10,11,12,13 ; Aristid. Quint. pag. 8, 9 ; Euclid. pag. 2.

6) διαφορὰ τῶν τάσεων = διάστημα.

7) pag. 19, 44.

8) pag. 5.

9) pag. 8, 9, 10

der übermässigen Secund, z. B. e–f–ges–a, das dritte aus zwei Diesen und der grossen Terz, z. B. e–fesfes\*–f–a, bestand [1]).

In Bezug auf diese musikalische Eintheilung sind alle Theoretiker einig, nicht so in der akustischen Zahlentheorie und in den Klangfärbungen, welche Boetius in den folgenden Büchern eingehender auseinandersetzt und dabei die Ansichten der Aristoxener und Pythagoreer einander gegenüberstellt. In

## Cap. XXII

giebt er noch einmal die ganze Reihe der Töne in besonderer Beziehung zu den drei Geschlechtern an. Uebereinstimmend mit Aristoxenus bemerkt er dabei, dass Lichanos diezeugmenon im diatonischen Geschlechte auch Diatonos diezeugmenon, im chromatischen aber Diatonos chromatice oder Lichanos diezeugmenon chromatice, und im enharmonischen Diatonos diezeugmenon enharmonios oder Diatonos hypaton enharmonios genannt werden könne, gleichwie ein ähnliches Verhältniss bei den entsprechenden Tönen in den übrigen Tetrachorden stattfindet. Die Reihen in den drei Geschlechtern sind also, auf unsere Mollscala ohne Vorzeichen übertragen, folgende :

### A) Diatonisches Geschlecht:

| | |
|---|---|
| Proslambanomenos | $= \mathbf{A}$ |
| Hypate hypaton | $= \mathbf{H}$ |
| Parhypate hypaton | $= c$ |
| Lichanos hypaton diatonos | $= d$ |
| Hypate meson | $= e$ |
| Parhypate meson | $= f$ |
| Lichanos meson | $= g$ |
| Mese | $= \mathbf{a}$ |
| Trite synemmenon | $= b$ |
| Paranete synemmenon oder Lichanos synemmenon oder | |
| Diatonos synemmenon | $= c'$ |

---

[1]) Dass die akustische Berechnung der Tonhöhen theilweise eine andere war, als bei uns, leuchtet sofort ein, wenn man in Erwägung zieht, wie die Griechen das ursprüngliche diatonische Geschlecht, z. B. H-c-d-e, welches in unserer Musik die Verhältnisse besitzt $\frac{16}{15} \times \frac{9}{8} \times \frac{10}{9} = \frac{4}{3}$, in den Proportionen $\frac{256}{243} \times \frac{9}{8} \times \frac{9}{8} = \frac{4}{3}$ aufstellten, und die Theilung des Halbtones in Viertelstöne bei uns keinen Ausdruck findet.

| | |
|---|---|
| Nete synemmenon | $= d'$ |
| Paramese | $= h$ |
| Trite diezeugmenon | $= c'$ |
| Paranete diezeugmenon oder Lichanos diezeugmenon oder Diatonos diezeugmenon | $= d'$ |
| Nete diezeugmenon | $= e'$ |
| Trite hyperbolaeon | $= f'$ |
| Paranete hyperbolaeon oder Diatonos hyperbolaeon | $= g'$ |
| Nete hyperbolaeon | $= a'$ |

## B) Chromatisches Geschlecht:

| | |
|---|---|
| Proslambanomenos | $= A$ |
| Hypate hypaton | $= H$ |
| Parhypate hypaton | $= c$ |
| Lichanos hypaton chromatice oder Diatonos chromatice | $=$ des |
| Hypate meson | $= e$ |
| Parhypate meson | $= f$ |
| Lichanos meson chromatice oder Diatonos meson chromatice | $=$ ges |
| Mese | $= a$ |
| Trite synemmenon | $= b$ |
| Paranete synemmenon oder Diatonos synemmenon chromatice oder Lichanos synemmenon chromatice | $=$ ces' |
| Nete synemmenon | $= d'$ |
| Paramese | $= h$ |
| Trite diezeugmenon | $= c'$ |
| Paranete diezeugmenon chromatice oder Diatonos diezeugmenon chromatice | $=$ des' |
| Nete diezeugmenon | $= e'$ |
| Trite hyperbolaeon | $= f'$ |
| Paranete hyperbolaeon oder Hyperbolaeon chromatice | $=$ ges' |
| Nete hyperbolaeon | $= a'$ |

## C) Enharmonisches Geschlecht:

| | |
|---|---|
| Proslambanomenos | $= A$ |
| Hypate hypaton | $= H$ |
| Parhypate hypaton (enharmonios) | $=$ cesces* |
| Lichanos hypaton enharmonios | $= c$ |
| Hypate meson | $= e$ |
| Parhypate meson (enharmonios) | $=$ fesfes * |

| | |
|---|---|
| Lichanos meson enharmonios oder Diatonos meson enharmonios | = f |
| Mese | = **a** |
| Trite synemmenon (enharmonios) | = bb* |
| Paranete synemmenon (enharmonios) oder Diatonos synemmenon enharmonios oder Lichanos synemmenon enharmonios | = b |
| Nete synemmenon | = **d′** |
| Paramese | = **h** |
| Trite diezeugmenon (enharmonios) | = cesces′* |
| Paranete diezeugmenon (enharmonios) oder Diatonos diezeugmenon enharmonios oder Diatonos hypaton enharmonios | = c′ |
| Nete diezeugmenon | = **e′** |
| Trite hyperbolaeon (enharmonios) | = fesfes′* |
| Paranete hyperbolaeon enharmonios oder Hyperbolaeon enharmonios | = f′ |
| Nete hyperbolaeon | = **a′** |

Wir haben hier deswegen die Klanggeschlechter noch einmal zusammengestellt, um auch die verschiedenen Benennungen ein und desselben Klanges, z. B. der Lichanos in den drei Geschlechtern deutlich hervorzuheben, weil dies zum Verständniss der griechischen Autoren unbedingt nothwendig ist und die neueren Forscher darauf keine Rücksicht genommen haben, z. B. Friedrich Bellermann in seinen Tonleitern und Musiknoten der Griechen, wo auch die moderne Bezeichnung im chromatischen und enharmonischen Geschlechte gar nicht der griechischen Anschauung von den feststehenden und beweglichen Klängen entspricht, welcher Gegenstand weiterhin behandelt wird. Aus der Anordnung geht hervor, dass im diatonischen Geschlecht das Trihemitonium, welches wir z. B. zwischen Hypate hypaton = H und Lichanos hypaton = d finden, kein unzusammengesetztes Intervall ist, sondern dass es als ein aus Halbton und Ganzton zusammengesetztes erscheint, mithin der modernen kleinen Terz in der musikalischen Darstellung entspricht, die in der akustischen Berechnung bei uns das Verhältniss von 5:6, bei den Griechen die Proportion $\frac{243}{256} \times \frac{8}{9} = 27 : 32$ enthielt. Es ist dies aber dasselbe Verhältniss, welches auch wir im Tonsystem und zwar in derselben Proportion von 27:32 als kleine Terz empfinden; denn haben wir z. B. das Dur-System mit den Hauptmann'schen Buchstaben ausgedrückt

$$D \mid F a C e G h D \mid F$$

so steht D : F im Verhältniss von 27 : 32, welches ebenfalls als kleine Terz bezeichnet wird. Chladni hat somit Unrecht, wenn er jenes Verhältniss zu den »Grübelterzen« der Griechen zählt, weil doch ohne jegliche Grübelei sich auch in unserer Musik das Verhältniss vorfindet [1].

Das chromatische und enharmonische Geschlecht wird in den folgenden Büchern ebenfalls eingehender erläutert, während er hier nach Cap. XXIII

### in Cap. XXIV und XXV

noch einmal klar die Bedeutung der Synaphe, d. h. der Verbindung zweier Tetrachorde, und der Diazeuxis, d. h. der Trennung, veranschaulicht und dann in

### Cap. XXVI

wieder den Albinus und seine Uebersetzung der griechischen Namen in das Lateinische erwähnt. Aus diesem Albinus, den Boetius citirt, hat wahrscheinlich auch Martianus Capella [2] seine lateinische Namenübersetzung geschöpft; dieselbe ist mit Hinzufügung der deutschen Uebersetzung folgende:

| Griechisch. | Lateinisch. | Deutsch nach dem Griechischen. |
|---|---|---|
| Proslambanomenos | = Adquisitus | = Hinzugenommener Klang |
| Hypate hypaton | = Principalis principalium | = der erhabenste der erhabenen, d. h. der tiefste der tiefen. |
| Parhypate hypaton | = Subprincipalis principalium | = der neben dem tiefsten liegende. |
| Hypate meson | = Principalis mediarum | = der tiefste der mittleren Klänge. |
| Parhypate meson | = Subprincipalis mediarum | = der neben dem tiefsten der mittleren Klänge liegende. |
| Lichanos meson oder Diatonos meson | = Mediarum extenta | = Zeigefingerklang der mittleren. |
| Mese | = Media | = Mitte. |

---

[1] Gerade durch dieses Verhältniss dürfte der Beweis geliefert sein, dass die Griechen ihre praktische Musik in denselben Ganzton- und Halbtonverhältnissen empfanden, als wir, und dass nur die Berechnung in dieser Hinsicht theilweise verschieden war.

[2] Meibom, Martian. Cap. S. 179 und 180.

| Griechisch. | Lateinisch. | Deutsch nach dem Griechischen. |
|---|---|---|
| Trite synemmenon | = Tertia conjunctarum | = der dritte Klang der verbundenen. |
| Paranete synemmenon oder Synemmenon diatonos | = Conjunctarum extenta | = der neben dem letzten liegende, der vorletzte Klang der verbundenen. |
| Nete synemmenon | = Ultima conjunctarum | = der letzte Klang der verbundenen. |
| Paramese | = Propemedia | = der Klang neben der Mese. |
| Trite diezeugmenon | = Tertia divisarum | = der dritte Klang von den getrennten. |
| Paranete diezeugmenon oder Diatonos diezeugmenon | = Divisarum extenta | = der Klang neben der Nete diezeugmenon. |
| Nete diezeugmenon | = Ultima divisarum | = der letzte Klang der gegetrennten. |
| Trite hyperbolaeon | = Tertia excellentium | = der dritte der darüber hinausgehenden Klänge. |
| Paranete hyperbolaeon oder Diatonos hyperbolaeon | = Excellentium extenta | = der vorletzte Klang von den darüber hinausgehenden. |
| Nete hyperbolaeon | = Ultima excellentium | = der letzte Klang von den darüber hinausgehenden. |

Nach Hindeutung auf diese Namen geht Boetius in

## Cap. XXVII

auf die astronomische Symbolik über, welche sich auch in ähnlicher Weise bei Nicomachus findet[1]). Hier sind zwei Ordnungen angegeben, nämlich: Hypate für Saturnus, Nete für Luna, Mese für Sol, Parhypate für Jupiter, Paramese für Venus, nicht für Mercur. Oder auch Paramese für Mars, Trite für Venus. Umgekehrt theilen einige der Luna die Hypate und dem Saturn die Nete zu. Cicero[2]) giebt die Vergleichung in der von Boetius überlieferten Form an, was aus der bezeichneten Stelle hervorgeht.

## Cap. XXVIII und XXIX

behandelt das Wesen der Consonanzen, welches in den Intervallen Dia-

---

1) Nicom. apud Meibom. lib. 2, p. 33. Vergl. auch Boeckh, welcher nach Porphyrius, Theon u. A. die astronomische Symbolik entwickelt. Studien von Daub und Creutzer, Band III, S. 87 bis 95.

2) Cicero, de republica lib. 6 (Fragm.) cap. 18, ed. Orellius, Volumen IV, Pars I, pag. 489. Friedlein schreibt unrichtig: una sede semper haeret, anstatt: ima sede semper haeret.

pason (Octav), Diapente (Quint), Diatessaron (Quart), Diapason mit Diapente und nach Ptolemäus auch Diapason mit Diatessaron, Bisdiapason gefunden wird. Terzen und Sexten, welche für die moderne Musik consonirend sind, gehören bei den Griechen und Römern zwar zu den melodischen Intervallen, aber nicht zu den symphonischen, d. h. consonirenden. Hinsichtlich der Schwingungstheorien stellt Boetius nun in

## Cap. XXX und XXXI

die Ansichten des Plato und Nicomachus gegen einander. Wir haben schon oben erklärt, dass die Griechen als Grundlage der Musik die Klänge (φθόγγοι) annehmen und sie zunächst nach Höhe (ὀξύτης) und Tiefe (βαρύτης) beurtheilen ; erstere rührt von Anspannung (ἐπίτασις), letztere vom Nachlassen (ἄνίεσις) her. Die gemessene Entfernung zweier Klänge oder ihr Zwischenraum ist das Intervall [1]) und dieses ist entweder einfach (ἀσύνθετον) oder zusammengesetzt (σύνθετον). Die Mischung zweier Klänge so, dass ihr Unterschied ganz oder zum Theil schwindet, heisst Uebereinstimmung, Consonanz (συμφωνία). Kurz berührt nun Boetius diese Verhältnisse in

## Cap. XXXII und XXXIII,

welche nur übersichtlich das andeuten sollen, was er später akustisch genauer entwickelt. Zugleich zielt er in

## Cap. XXXIV

darauf hin, inwiefern er den Stand des Musikers abgeschätzt wissen will ; denn nach seiner Meinung sind weder Virtuosen noch Componisten, welche nur instinctiv musiciren, wissenschaftlich gebildete Musiker, sondern diejenigen allein dürfen auf jene Ehre Anspruch erheben, deren Urtheil durch wissenschaftliche Forschung gereift ist. Dies stimmt mit den Ansichten Plato's überein, welcher zur Bestimmung der Harmonie zwei Mittel unterscheidet, nämlich die intellectuellen (νοητικά) und die sinnlichen (αἰσθητά) Dinge. Die intellectuelle Harmonie hat ihren Sitz in den Zahlen und wird mittelst der Vernunft und des Denkens beurtheilt ; die sinnliche haftet an den Instrumenten und wird je nach dem Gutachten (dem Urtheil) der Ohren abgeschätzt, oder, wie

---

1) Euclid. Sect. Canon. 1 : διάστημά τι περιεχόμενον ὑπὸ δύο φθόγγων ἀνομοίων ὀξύτητι καὶ βαρύτητι, oder Plutarch von der Entstehung der Weltseele zu Plato's Timäus c. 17 : Ἔστι γὰρ διάστημα ἐν μελφδίᾳ πᾶν τὸ περιεχόμενον ὑπὸ δυοῖν φθόγγων ἀνομοίων τῇ τάσει.

Plato selbst sagt : »nach vernunftloser Uebung, nach Empfindung und Meinung, ohne Verstand und Einsicht « (ἀλόγῳ τινὶ τριβῇ, αἰσθήσει καὶ δόξῃ ἄνευ λόγου καὶ φρονήσεως). Die intellectuelle Harmonie traut nur dem Urtheile der Vernunft, nicht allein dem Gutachten der Ohren ; nach der intellectuellen Harmonie nennt Plato im Timäus die Seele eine Harmonie. Welche es mit dem Urtheile der Vernunft halten und darauf ihre musikwissenschaftlichen Forschungen begründen, die heissen Harmoniker, die Anhänger der instinctiven Ausübung aber Organiker. Unter jene gehören Pythagoras und seine Schüler, desgleichen auch Plato, welcher die Organiker mit Satyre und Spott überschüttet [1].

Da nun Pythagoras nach dem übereinstimmenden Urtheile der Alten als derjenige gilt, welcher zuerst die Zahlentheorie in richtiger Ordnung und mit begründenden Beweisen aufstellte, so übergeht auch Boetius im

## Zweiten Buch

diese Autorität nicht, sondern stellt nach einer als

### Cap. I

bezeichneten Vorrede, welche erklärt, dass er nun zur Lehre von den Berechnungen komme, in

### Cap. II

den Pythagoras als das philosophische Orakel hin, auf welches alle Weisheit zurückzuführen sei. Eigentlich hätten wir zu den folgenden Capiteln keine Erklärung hinzuzufügen, weil Boetius selbst hinreichend ausführlich, mitunter fast weitschweifig erscheint. Das Verweisen auf sein Werk über Arithmetik wäre bei den umfänglichen Erklärungen der mathematischen Methoden gar nicht nothwendig gewesen ; denn mit subtiler Genauigkeit behandelt er in

### Cap. III

den Unterschied von Menge und Vielheit in Bezug auf den Begriff von stetiger und getrennter Grösse, das Wesen der unendlichen Vergrösserung und Verkleinerung ; in

### Cap. IV

die Natur des Vielfachen, Uebertheiligen und Uebermehrtheiligen ;

---

1) Plat. respubl. 7, 530 ff.

## Cap. V

den Grund für den Vorzug der Vielfachheit hinsichtlich der musikalischen Consonanz, welche ja auch von der Einheit des Klanges ausgeht; in

## Cap. VI

die Quadratzahlen, d. h. die Gegenübersetzung von Grund- und Quadratzahlen; in

## Cap. VII

die Entwickelung der Ungleichheit aus der Gleichheit durch Addition; in

## Cap. VIII—XXXI

die stetigen Proportionen, die Differenzen der Zahlen, die Multiplication der vielfachen Verhältnisse durch die Zahl 2, die Entstehung des Vielfachen aus dem Uebertheiligen, die arithmetische, geometrische und harmonische Mitte, mit welchen er sich von Cap. XII bis inclus. Cap. XVII ausschliesslich beschäftigt, und dann die Ordnung der Consonanzen nach Nicomachus, welcher die Reihenfolge 1) Diapason, 2) Diapason und Diapente, 3) Bisdiapason, 4) Diapente, 5) Diatessaron, annimmt, mithin die ersten drei Consonanzen in der Reihenfolge unserer Obertöne, z. B. A-a-e'-a' aufstellt, und nachher erst Diapente und Diatessaron, was auch darin seinen Grund habe, dass die Vielfachheit der Uebertheiligkeit vorangehen müsse. Im Gegensatze zu Nicomachus erwähnt er dabei die älteren Akustiker Eubulides aus Milet, Schüler des Euclid, von dem erzählt wird, dass er mit vieler Mühe seinen Zögling Demosthenes dahin gebracht habe, den Buchstaben R aussprechen zu können, und Hippasus aus Metaponte, einen pythagoreischen Philosophen, welcher gleich dem Lasus aus Hermione die Natur der Saitenschwingungen untersuchte [1]. Beide stellten die Ordnung auf: 1) Diapason, 2) Diapente, 3) Diapason und Diapente, 4) Diatessaron, 5) Bisdiapason; worauf nun die Gegenmeinungen des Nicomachus citirt werden. Die Beweise für die vielfachen und übertheiligen Proportionen in Rücksicht auf die Consonanzen dürften ganz verständlich sein, gleichwie man auch den Grund einsicht, warum die Pythagoreer das Intervall Diapason und Diatessaron als inconsonirendes ansahen, weil nämlich das Verhältniss 3 : 8 weder ein vielfaches, noch übertheiliges, sondern ein übermehrtheiliges war. Jedenfalls kam aber auch hier die Beobachtung mit dem Gehör hinzu,

---

[1] Vgl. Theon Smyrn. 2, c. 12, p. 91 ed. Bulliald., und Zenob. 2, 91, ed. Leutsch et Schneidewin (a. 1839) pag. 55.

welcher sich die Pythagoreer doch nicht ganz entziehen konnten, ja
sicherlich ist ihre Analyse von der Ansicht über den Grad des Wohlklanges mit beeinflusst worden. Zur Vergleichung dürfte es nicht uninteressant sein, was Helmholtz über die Quarte und deren Verbindung
mit der Octave in Rücksicht auf den Grad des Wohlklanges der Consonanzen entwickelt hat [1]. » Die bevorzugte Stellung, welche der Quarte
neben der grossen Sexte und grossen Terz gegeben wird, verdankt sie
mehr dem Umstande, dass sie die Umkehrung der Quinte ist, als ihrem
hervorstechenden Wohlklange. Die Quarte sowohl, wie die grosse und
kleine Sexte verschlechtern sich, wenn sie um eine Octave erweitert
werden, weil sie dann in die Nähe der Duodecime zu liegen kommen,
und daher sowohl die Störung durch die charakteristischen Töne der Duodecime 1 und 3 stärker wird, als durch die nebenliegenden Intervalle 2 : 5
und 2 : 7, welche mehr stören als 4 : 5 und 4 : 7 in der unteren Octave.«
Der Wohlklang ist mithin in der reinen Quarte allein grösser als in der
Verbindung von Octave und Quarte, woher auch wahrscheinlich die Ver-
werfung des letztgenannten Intervalles als Consonanz herkam. Ferner setzt
Boetius klar aus einander, welches Zahlenverhältniss dem Halbton zu-
gehöre, wie man den Ganzton nicht in zwei gleiche Hälften theilen
könne, sondern in Apotome und kleineren Halbton, der früher Diesis oder
auch Limma hiess [2]. Gegenüber den Aristoxenern entwickelt nun Boetius im letzten Capitel des zweiten Buches, dass Diapason nicht aus 6
Ganztönen bestehen könne, welche Beweise er im dritten Buche mit
nachdrücklicher Polemik gegen Aristoxenus selbst fortsetzt, wobei er auf
das Comma und die kleinsten Tonverhältnisse zu sprechen kommt.

## Das dritte Buch,

welches sich dem ganzen Inhalte nach von Cap. I bis XVI mit der Messung der Verhältnisse beschäftigt und zwar hauptsächlich mit scharfer
Polemik gegen Aristoxenus, erwähnt auch den Pythagoreer Philolaus (im
5. Jahrh. v. Chr.), dessen Eintheilung des Ganztones eigenthümlicher
Art ist, aber sicherlich auf falscher Speculationstheorie beruht. Es
dürfte hier zur Vergleichung nicht unnütz erscheinen, das Wichtigste aus
der Klangmessung griechischer Autoren im Zusammenhange mitzutheilen.

---

1) Helmholtz, Lehre von den Tonempfindungen S. 289.

2) So gebraucht Nicomachus den Ausdruck Diesis, und nach Macrobius
(Traum Scipio's 2, 4) soll Pythagoras das Limma »Diesis« genannt haben, was
auch mit Theon von Smyrna übereinstimmt.

Die Klänge und Differenzen derselben kann man in Rücksicht auf ge-
spannte Saiten in doppelter Weise akustisch ausdrücken : 1) nach der Saitenlänge, 2) nach der Zahl der Schwingungen. In ersterem Verhältniss entspricht der kleineren Zahl der höhere Klang und der grösseren Zahl der tiefere Klang, in letzterem besteht gerade das Umgekehrte. Die Proportionen
selbst sind verschiedener Natur : nämlich 1) vielfache [1]) , z. B. zweifache 2 : 1 , 4 : 2 , 6 : 3, dreifache, z. B. 3 : 1, 6 : 2, 9 : 3, vierfache :
4 : 1, 8 : 2, 12 : 3, oder sie sind 2) übertheilige [2]), wenn das grössere
Glied aus dem kleineren und einem aliquoten Theile desselben durch
Addition entsteht. Hierzu gehören die schon von Plato an der angeführten Stelle des Timäus gebrauchten Verhältnisse : die Sesquialterpro-
portion 3 : 2 [3]) , Sesquiterzproportion 4 : 3 [4]), Sesquioctavproportion
9 : 8 [5]) u. s. w., wie dies von Boëtius deutlich auseinandergesetzt ist.
Die kleinsten Zahlen der Proportion heissen Wurzel [6]) und das Verhältniss selbst ist entweder commensurabel [7]) oder incommensurabel [8]) , je
nachdem es durch die Einheit messbar ist oder nicht. Die Mischung
zweier Klänge in einträchtlicher Vereinigung heisst Zusammenstimmung,
Consonanz [9]) ; daher unterscheiden sich die Klänge in consonirende
(σύμφωνοι) und dissonirende (διάφωνοι); die vollkommenste Consonanz
bildet der Einklang (λόγος ἴσος) , welches Plato im Philebus ein homo-
tones Verhältniss nennt.

Minder gute Consonanz geben, obschon die Mischung noch vollständig ist, die antiphonen Klänge (ἀντίφωνοι) ; die paraphonen Klänge (παράφωνοι) aber sind solche, welche nur den wahren Consonanzen ähnliche bilden.

Pythagoras nun soll, wie schon bemerkt, zuerst die Intervalle dieser
Consonanzen in Zahlen bestimmt haben. Ohne die Wahrheit dieser
Nachricht zu prüfen, finden wir wenigstens die Pythagoreische Zahlen-

---

1) πολλαπλάσιοι λόγοι.

2) ἐπιμόριοι λόγοι.

3) λόγος ἡμιόλιος = ratio sesquialtera, mathematischer Ausdruck für
Quinte = Diapente.

4) λόγος ἐπίτριτος = ratio sesquitertia,, mathematischer Ausdruck für
Quarte=Diatessaron.

5) λόγος ἐπόγδοος = ratio sesquioctava, mathematischer Ausdruck für
Ganzton = tonus.

6) πυθμήν = radix.

7) λόγος σύμμετρος.

8) ἀσύμμετρος.

9) συμφωνία.

lehre als Quelle der für obige Bestimmung aufgestellten Theorie. Beinahe für jede Sphäre der Wissenschaft nämlich hatten die Pythagoreer eine sogenannte Tetraktys, d. h. den Inbegriff von vier ähnlichen Gliedern, in welchem eine vorzügliche Kraft und Wirksamkeit enthalten sein sollte. Theon von Smyrna (Arithm. S. 50, 59, 61. Mus. S. 150 ff.) zählt deren elf auf, wovon die beiden ersten sich auf Zahlen beziehen. Die erste heisst die Tetraktys der Zehnzahl ($\dot{\eta}$ $\tau\tilde{\eta}\varsigma$ δεκάδος τετρακτύς) und besteht aus den Gliedern 1, 2, 3, 4, deren Summe als die vollkommenste Zahl gilt. Daher wird auch dieser Tetraktys besondere Macht und Vortrefflichkeit beigelegt. Ueber die einzelnen Glieder erfahren wir u. A. von Theon Folgendes: Die Einheit (μονάς) ist unzusammengesetzt, geht nie aus sich heraus, d. h. verändert sich nie durch Multiplication mit sich selbst, ist von Allem der Anfang, das Beständige, die Identität, Vernunft, Idee, Substanz, gleich und ungleich, wenn nicht der Wirklichkeit, doch der Möglichkeit nach Alles. Der erste Uebergang und das erste Herausgehen der Einheit aus sich ist die Zweiheit (δυάς), das Gewordene, die Bewegung, die Verschiedenheit, die Materie, die kleinste gerade Linie, die erste gerade Zahl, das Sinnliche, die Verneinung der Substanz. Sie entstand aus der zu sich hinzugethanen Einheit. Aus beiden zusammen wird die Dreiheit (τριάς), die erste Zahl, welche Anfang, Mitte und Ende hat, die erste Vielheit, die erste ungerade Zahl, die erste Kreiszahl, die erste Flächenzahl als Dreieck; auch der Körper, wegen der drei Dimensionen. Die Vierzahl (τετράς) entsteht entweder aus Addition der Einheit und Dreiheit, oder aus Multiplication der Zweiheit mit sich selber, ist das erste Quadrat, und zwar einer geraden Zahl, zugleich die erste körperliche Zahl, als dreiseitige Pyramide. Diese erste Tetraktys entstand, wie oben bemerkt, durch Addition; die zweite, auf welche Plato Rücksicht nimmt, durch Multiplication und ist eine doppelte, eine gerade, 1, 2, 4, 8, in welcher der Exponent 2 ist, und eine ungerade, 1, 3, 9, 27, in welcher der Exponent 3 ist. Jedes erste Glied bedeutet hier den Punkt, das zweite die kleinste Linie, das dritte die kleinste Fläche, das vierte den kleinsten Körper, und zwar in der geraden allemal geradlinicht, in der ungeraden kreisförmig genommen. Die ganze Tetraktys ist 1, 2, 3, 4, 8, 9, 27. Die Summe der sechs ersten Glieder ist dem siebenten gleich. Die herrliche und gewaltige Siebenzahl umschliesst (vergl. Plutarch über die Entstehung der Weltseele u. s. w. c. 11 und ff.) die ganze, sie selbst aber umfasst auch die erste Tetraktys. Diese Tetraktys ist nach der Pythagoreer Ansicht die Ursache aller Dinge ; aus ihr entspringen alle Consonanzen, aus dem ersten Intervall 2 : 1 eine ἀντίφωνος, aus den folgenden 3 : 2, 4 : 3 παράφωνοι, aus 9 : 3 eine ἀντίφωνος κατὰ συνέχειαν, zuletzt bleibt das dreifache Intervall 3 : 1 übrig, das ebenfalls zu den Consonanzen gehört. Mit diesem Systeme, auf welches die Harmonik der Griechen basirt war, versuchte man auch die Ordnung des Weltalls zu erklären, und der innere Zusammenhang und die scheinbare Consequenz haben demselben viele Jahrhunderte hindurch die Herrschaft verschafft.

Ein vielfaches Intervall zweimal zusammengesetzt ist wieder vielfach, z. B. das doppelte Intervall 2 : 1 zweimal zusammengesetzt 4 : 2 = 2 : 1, giebt das Vierfache 4 : 1. Das erste der vielfachen, das doppelte, wird von den zwei ersten übertheiligen, (dem ἡμιόλιον) 3 : 2 und (dem ἐπίτριτον) 4 : 3 ausgefüllt : 4, 3, 2. Die Beweise dafür giebt schon Euclid.

Das doppelte Intervall 2 : 1 nennt man Diapason (διὰ πασῶν), weil es alle Saiten des Octachordes (über dieses s. weiter unten) umfasst, daher es auch noch die Octava heisst. Dieses zweimal zusammengesetzt 4 : 1 wird Disdiapason (δὶς διὰ πασῶν), dreimal 8 : 1 Trisdiapason (τρὶς διὰ πασῶν), viermal 16 : 1 Tetrakisdiapason (τετράκις διὰ πασῶν) u. s. w. genannt. Diapason enthält 2 Consonanzen, eine vollkommnere und eine unvollkommnere ; jene ist grösser 3 : 2, und heisst Diapente (διὰ πέντε), die Quinte, diese kleiner 4 : 3, und wird Diatessaron (διὰ τεσσάρων) genannt, die Quarte.

Das dreifache Intervall endlich besteht offenbar aus dem Doppelten und dem Sesquialter (ἡμιόλιον), 3, 2, 1, also aus Diapason und Diapente, daher es auch Diapason und Diapente (διὰ πασῶν καὶ διὰ πέντε) heisst. Dasjenige Intervall aber, um welches Diapente grösser ist, als Diatessaron, wird Ganzton (τόνος, nicht zu verwechseln mit Ton = Klang, φθόγγος) genannt und hat das Verhältniss 9 : 8, d. h. die Griechen haben das Intervall von einem ganzen Tone, wenn die Schwingungen des höheren zu denen des tieferen in gleichen Zeiten sich wie 9 : 8, oder wenn die Zeittheile, welche der höhere Ton braucht, um dieselben Schwingungen, wie der nächste tiefere, zu vollenden, sich wie 8 : 9 verhalten. Denn man nehme von Diapente 9 : 6, weg Diatessaron 8 : 6, so bleibt 9 : 8. Und da nun Diapason Diapente und Diatessaron in sich fasst, so enthält es auch Diatessaron, Ganzton und Diatessaron.

Durch die mittlere arithmetische Proportionale wird Diapason in Diapente und Diatessaron getheilt vom Hohen gegen das Tiefe. Diapason ist 4 : 2, Diatessaron 4 : 3, Diapente 3 : 2. Durch die mittlere

harmonische Proportionale wird Diapason in Diatessaron und Diapente getheilt vom Hohen zum Tiefen, in Zahlen 12, 8, 6. Diapason
ist 12 : 6, Diapente 12 : 8, Diatessaron 8 : 6. Durch beide Proportionalen wird also Diapason in Diatessaron, Ganzton (τόνος), Diatessaron
getheilt: 12, 9, 8, 6. Diapason ist 12 : 6, 9 ist arithmetische, 8 harmonische Proportionale, Diatessaron 12 : 9, Ganzton 9 : 8, Diatessaron
8 : 6. Diapason und Diapente besteht aus Diapente, Diatessaron, Diapente. Nun wird Diapason und Diapente durch die mittlere arithmetische Proportionale in Diapason und Diapente getheilt vom Hohen zum
Tiefen: 3, 2, 1; durch die mittlere harmonische aber in Diapente und
Diapason auf eben diese Art: 6, 3, 2, folglich durch beide in Diapente,
Diatessaron, Diapente, 6, 4, 3, 2.[1])

Der Ganzton (τόνος) kann nicht in gleiche Theile getheilt werden,
d. h. es fällt zwischen das Intervall des Ganztones weder eine noch mehrere mittlere arithmetische Proportionalen. Denn der Ganzton ist ein
übertheiliges Intervall, zwischen keins derselben aber fällt eine oder mehrere dergleichen Proportionalen. Denn diese müsste ja um dieselbe Zahl
grösser als das kleinere und kleiner als das grössere Glied sein; sie
müsste also die Einheit, welche hier die Differenz beider Glieder ist,
theilen, diese aber ist untheilbar[2]). Es giebt also nach der Ansicht der
Pythagoreer genau genommen keine Ganztonhälfte (ἡμιτόνιον, hemitonium), sondern der eine Theil ist immer grösser, der andere kleiner als
ein halber Ton. Dieser heisst Limma oder auch Diesis (λεῖμμα, hemitonium minus)[3]), jener Apotome (ἀποτομή, hemitonium maius); beide
Namen sind vom Diatessaron hergenommen. Ein unzusammengesetztes
Intervall von einem Ganzton und Limma heisst Trihemitonium (τριή-
μιτόνιον), im diatonischen Geschlecht kleine Terz. Die Hälfte des
halben Tones heisst enharmonische Diesis (δίεσις) und gilt für das
kleinste Intervall, welches die menschliche Stimme hervorbringen kann[4]).
Ausserdem kannten die Griechen noch unzusammengesetzte Intervalle von
Ganzton und Ganzton: Zweiton (δίτονον), jetzt die grosse Terz; von
drei Ganztönen: Dreiton (τρίτονος), übermässige Quart; Vier-
ton (τετράτονος), kleine Sexte; Fünfton (πεντάτονος), kleine
Septime.

---

1) Vgl. Plutarch, de Mus. c. 23.
2) Vgl. Euclid. Sect. Canon. theorem. 3. 16.)
3) Vgl. Plutarch über d. Entstehung d. Weltseele a. m. O.
4) Vgl. Theon S. 87; Aristoxen. Elem. Harm. 1, p. 21; Bacchius Einl.
in die Mus. S. 2.

Diatessaron wird ausgefüllt von Ganzton und Limma. Da $4 : 3 =$
$256 : 192$, so ist letzteres Diatessaron. Nun ist $216 : 192 = 9 : 8$,
$243 : 216 = 9 : 8$, der Ganzton ist also zweimal im Diatessaron. Der
nächste Ganzton ist $273^3/_8 : 246 = 9 : 8$. Aber Diatessaron reicht
nur bis $256$, folglich ist $256 : 243$ nur ein halber Ton. Nun ist das
Intervall $256 : 243$ kleiner als das andere $273^3/_8 : 256$, weil $243 : 256$
$= 256 : 269^{169}/_{243}$, folglich ist $256 : 243$ das L i m m a, und da Plato
dieses Zahlenverhältniss bei dem übrig gelassenen Zwischenraum (Intervall) zu Grunde legt, so war eben dieses Intervall ein Limma. Dagegen die A p o t o m e ist $273^3/_8 : 256$ oder in ganzen Zahlen $2187 : 2048$.
Das Intervall, um welches die Apotome grösser ist als das Limma,
heisst C o m m a und ist offenbar $273^3/_8 : 269^{169}/_{243}$ oder in ganzen
Zahlen $531441 : 524288$. Alle diese Verhältnisse bestimmt Boetius genau.
Das diatonische Trihemitonium wird gefunden, wenn man von Diatessaron
einen Ganzton wegnimmt: Diatessaron ist $32 : 24$, nimmt man davon den
Ganzton $27 : 24$, so bleibt die Wurzel des Trihemitoniums $32 : 27$.

Der Complex oder Inbegriff mehrer Intervalle heisst ein S y s t e m.
Es giebt verschiedene Systeme: einige geben Consonanzen, andere Dissonanzen, je nach dem Verhältnisse, von welchem sie repräsentirt werden. Das erste und kleinste ist das T e t r a c h o r d, worunter die Harmoniker das mit f e s t s t e h e n d e n Klängen gebildete Intervall Diatessaron verstehen. Das H e p t a c h o r d umfasst zweimal Diatessaron oder
2 Tetrachorde, so dass der tiefste Klang (φθόγγος) des höheren zugleich der höchste Klang des tieferen ist : und zwei auf diese Art zu-
sammenhängende Tetrachorde heissen v e r b u n d e n e (συνημμένα). Indess da man zweimal Diatessaron nicht als Consonanz wollte gelten
lassen, Diapason aber die vollkommenste Consonanz ist, erfand nach
der Sage·Pythagoras oder Terpander das aus dem Frühern bekannte
O c t a c h o r d, indem er zwischen die beiden Tetrachorde das Intervall des Ganztons (τόνος) setzte, woraus ein Tetrachord mit einem
Pentachord verbunden entstand, oder 2 g e t r e n n t e Tetrachorde (διε-
ζευγμένα) ; denn die T r e n n u n g (διάζευξις, disjunctio) ist zwischen
zwei auf einander folgenden in der Mitte gleichen Tetrachorden ein
Ganzton (τόνος) in der Mitte, sowie die Verbindung (συναφή, conjunctio)
zwischen denselben aus einem gemeinschaftlichen Klange (φθόγγος)
besteht. Und so ist das Intervall eines vollständigen Diapason entstanden, welches, wie oben gezeigt, Diatessaron, Ganzton, Diatessaron enthält. Diese beiden Tetrachorde waren diejenigen, welche in späterer
. Zeit Tetrachord meson (τετράχορδον μέσων) und Tetrachord diezeug-

menon (τετράχορδον διεζευγμένων) heissen, und erst später hat man ihnen gegen das Tiefe das Tetrachord hypaton (τετράχορδον ὑπάτων) nebst einem Ganztone (τόνος), nach dem Hohen zu aber das Tetrachord hyperbolaeon (τετράχορδον ὑπερβολαίων) zugesetzt, so dass das ganze System zweimal Diapason umfasste. Die alten Musiker nämlich der mittleren Zeit haben zwei sogenannte vollkommene Systeme (συστήματα τέλεια), ein kleineres, welches durch Conjunction fortschreitet, vom Tiefen aus durch einen Ganzton und die Tetrachorde hypaton, meson, synemmenon (ὑπάτων, μέσων, συνημμένων), so dass es Diapason und Diatessaron enthält; und ein grösseres, welches aus 4 Tetrachorden besteht, je zwei und zwei verbunden und für sich bestehend, vom Tiefen aus fortschreitend durch einen Ganzton, die Tetrachorde hypaton und meson (ὑπάτων und μέσων) und wiederum durch einen Ganzton und die Tetrachorde diezeugmenon und hyperbolaeon (διεζευγμένων und ὑπερβολαίων), aber das Intervall δὶς διὰ πασῶν umfassend. Aus diesen beiden Systemen zusammengesetzt wird das sogenannte unveränderte System (σύστημα ἀμετάβολον), welches denselben Umfang wie das grössere der vollkommnen, die Tetrachorde von allen beiden und gegen das Tiefe noch einen Ganzton (τόνος) enthält, und als besonders charakteristischen Klang den mittleren, die dynamische Mese (μέση κατὰ δύναμιν) besitzt, während das nur aus vier Tetrachorden mit der Diazeuxis bestehende System zwar ebenfalls die dynamische Mese als charakteristischen Klang hat, aber auch zulässt, dass aus ihm mit Beobachtung der feststehenden und beweglichen Klänge zweioctavige Systeme, die sogenannten Octavengattungstonarten (τόνοι κατὰ τὸ εἶδος) entwickelt werden, von denen jede eine eigene thetische Mese aufweist.

Die Art, nach welcher man das Tetrachord eintheilte, nannte man das Klanggeschlecht (γένος). Solcher Geschlechter giebt es 3, das diatonische, von grosser Kraft, Ruhe, Würde und Einfachheit hat gegen das Tiefe zu die Intervalle von Ganzton, Ganzton und Limma; das chromatische, gefällig zwar, aber weichlich und schlaff, hat nach dem Tiefen zu die Intervalle: chromatisches Trihemitonium, Halbton und Halbton; das enharmonische, das jüngste von allen, bei den Virtuosen beliebt, hat ein unzusammengesetztes Intervall von zwei Ganztönen, dann Diesis, Diesis [1]). Man spricht aber auch von ver-

---

1) Diese Geschlechter haben wieder Gestalten, Färbungen oder Schattirungen (εἴδη, χρόαι, species, welche nicht zu verwechseln sind mit

mischtem Geschlechte, wenn es aus mehreren zusammengesetzt ist (— ja Ptolemäus Harm. 2, cap. 15 bemerkt sogar, es sei nur das diatonische Geschlecht ganz unvermischt gesungen worden, das chromatische und enharmonische aber niemals —), und von einem gemeinschaftlichen (κοινόν), welches die allen Geschlechtern gemeinsamen Klänge enthält, die darum auch unbewegliche (ἐστῶτες, immobiles) heissen, nämlich die Grenzen der Tetrachorde, vom Tiefen nach dem Hohen, so genannt :

Proslambanomenos $=$ (Προςλαμβανόμενος)
Hypate hypaton $=$ (Ὑπάτη βαρεῖα, Ὑπάτη ὑπάτων)
Hypate meson $=$ (Ὑπάτη μέσων)
Mese $=$ (Μέση)
Paramese $=$ (Παραμέση)
Nete synemmenon $=$ (Νήτη συνημμένων)
Nete diezeugmenon $=$ (Νήτη διεζευγμένων)
Nete hyperbolaeon $=$ (Νήτη ὑπερβολαίων).

Diejenigen, welche sich je nach dem Geschlechte ändern, nennt man bewegliche (φερόμενοι, mobiles). Die Bestimmung beider nach der Länge der Saiten an einer Linie, welcher der Kanon (Monochord) genannt wird, ist die Sectio canonis (κανόνος κατατομή) und diese ist besonders Gegenstand der Kanonik, welche die Pythagoreer übten [1].

---

den Octavengattungen [εἴδη], von welchen nachher die Rede sein wird), von denen eine immer, wie die Alten (Gaudentius Einl. in d. Harm. S. 17; Ptolemäus Harm. 2, geg. Ende) sich ausdrücken, dem Geschlechte selbst wieder gleich ist. Die Harmonie hat nur eine Gattung, nämlich das Geschlecht selbst; das Diatonon ist theils σύντονον, was mit dem Geschlechte selbst übereinkommt, theils μαλακόν (molle) welches gegen die Tiefe getheilt wird in ein unzusammengesetztes Intervall von 5 Diesen, in ein dergleichen von 3 Diesen, und in ein Limma. Das Chroma ist theils τονιαῖον, auch σύντονον genannt, welches dieselbe Theilung hat wie sein Geschlecht, theils ἡμιόλιον (sesquialterum), welches gegen die Tiefe zu ein unzusammengesetztes Intervall von 7 enharmonischen Diesen, ein andres von 1½ dergleichen und ein drittes von demselben Masse mit dem zweiten; theils endlich μαλακόν, welches nach derselben Ordnung modulirt wird durch ein unzusammengesetztes Intervall eines Ganztones, eines Hemitoniums und einer chromatischen Diesis (eine solche ist der dritte Theil des Ganztones), dann durch eine chromatische Diesis und wiederum durch dieselbe. (Die nähere Erklärung im Boetius und weiterhin bei der Theorie des Ptolemäus.)

[1] Diese Operation besteht zuerst in der Betimmung der unbeweglichen Saiten, dann in Ausfüllung der daraus entstandenen Intervalle mit neuen durch

A

C  Νήτη ὑπερβολαίων ⎫
M  Παρανήτη ὑπερβολαίων * ⎬ Τετράχορδον ὑπερβολαίων
N  Τρίτη ὑπερβολαίων * ⎭

F  Νήτη διεζευγμένων ⎫
G  Νήτη συνημμένων oder ⎪
   Παρανήτη διεζευγμένων * ⎬ Τετράχορδον διεζευγμένων
O  Τρίτη διεζευγμένων * ⎪
H  Παραμέση ⎭

P  Τρίτη συνημμένων * *
D  Μέση

Q  Λιχανὸς μέσων * ⎫
R  Παρυπάτη μέσων * ⎬ Τετράχορδον μέσων
I  Ὑπάτη μέσων ⎭

E  Λιχανὸς ὑπάτων * ⎫
S  Παρυπάτη ὑπάτων * ⎬ Τετράχορδον ὑπάτων
L  Ὑπάτη βαρεῖα ⎭

B

Προςλαμβανόμενος

Bestimmung der beweglichen, welches letztere καταπύκνωσις (condensatio), bei Plato ξυμπληροῦσθαι heisst. Denn eine ähnliche Operation lässt Plato hier Gott vornehmen. Wird das Verhältniss der Töne oder ihrer Saiten in Zahlen ausgedrückt und auf einer ebenen Figur dargestellt, so heisst diese das Diagramm. Im Vorstehenden geben wir nun die Schneidung des Kanons für das Diatonon (Syntonon), als das gewöhnlichste Geschlecht, wofür man das Diagramm leicht selbst finden wird. (Vergl. übrigens Gaudentius a. a. O.) Vergl. Boeckh, Stud. v. Daub. u. Creutzer, Seite 67.

15 *

Das Wesentlichste der dabei einzuschlagenden Methode geben Euclid und Thrasyllus beim Theon (Mus. S. 79) an die Hand. Zuerst werden die unbeweglichen Töne verzeichnet. Das System umfasst Disdiapason, d. i. zweimal Diapason, oder 4 : 1, wie früher gezeigt worden. Daher muss die tiefste Saite προςλαμβανόμενος gegen die höchste νήτη ὑπερβολαίων sich verhalten, wie 4 : 1. AB sei προςλαμβανόμενος, so ist, wenn AB in C, D, E in vier gleiche Theile getheilt wird, A C νήτη ὑπερβολαίων, A D μέση, welche die tiefste des τετράχορδον συνημμένων und die höchste des τετράχορδον μέσων ist. Die tiefste Saite des τετράχορδον ὑπερβολαίων und die höchste des διεζευγμένων ist die νήτη διεζευγμένων, folglich wenn AC : AF = 3 : 4, so ist AF νήτη διεζευγμένων. Es sei ferner AF : AG = 8 : 9 oder AC : AG = 2 : 3, so ist AG νήτη συνημμένων die höchste des τετράχορδον συνημμένων. Wenn AF : AH = 3 : 4, so ist AH παραμέση, die tiefste des τετράχορδον διεζευγμένων; die μέση AD aber ist die tiefste des τετρ. συνημμένων. Es sei dann AD : AI = 3 : 4 so ist AI ὑπάτη μέσων, die tiefste des τετρ. μέσων und die höchste des τετρ. ὑπάτων. Es sei auch AI : AL = 3 : 4, so ist AL ὑπάτη βαρεῖα, welche die tiefste ist des τετρ. ὑπάτων. So weit die unbeweglichen Klänge. Die mit einem Sternchen * bezeichneten (s. S. 227) sind bewegliche und ihre Ausfüllung nach dem diatonischen Geschlechte ist diese : AC : AM = 8 : 9, also AM παρανήτη ὑπερβολαίων, AM : AN = 8 : 9, also AN τρίτη ὑπερβολαίων. Nun ist AN : AF = 243 : 256. Dies ist das τετρ. ὑπερβολαίων. Ferner AF : AG = 8 : 9, also AG παρανήτη διεζευγμένων, welche ist die νήτη συνημμένων; AG : AO = 8 : 9, also AO τρίτη διεζευγμένων, welche ist παρανήτη συνημμένων. Nun ist AO : AH = 243 : 256. Dies ist das τετρ. διεζευγμένων. AO : AP = 8 : 9, also AP τρίτη συνημμένων. Nun ist AP : AD = 243 : 256, und somit auch das τετρ. συνημμένων vollendet. Die τρίτη συνημμένων habe ich ebenfalls nach Boeckh's Vorgange mit 2 Sternchen bezeichnet; denn man muss sie mit Euclid auslassen, weil sonst gegen die diatonische Regel 3 Hemitonia nach einander sind, AO : AH, AH : AP, AP : AD. Es sei nun AD : AQ = 8 : 9, so ist AQ λιχανὸς μέσων; AQ : AR = 8 : 9, so ist AR παρυπάτη μέσων; und AR : AI = 243 : 256. So ist das τετρ. μέσων vollendet. Es sei AI : AE = 8 : 9, so ist AE λιχανὸς ὑπάτων; ferner AE : AD = 3 : 2, indem AD : AI = 3 : 4, AI : AE = 8 : 9, folglich AD : AE = 2 : 3. Ferner AE : AS = 8 : 9, also AS παρυπάτη ὑπάτων und AS : AL = 243 : 256. So ist das τετρ. ὑπάτων vollendet. Die παρανήτη und λιχανὸς jedes Tetrachords im Diatonon heissen auch geradezu διάτονος dieses Tetrachords, z. B. ὑπερβολαίων διάτονος, ὑπάτων διάτονος oder mit dem Zusatze παρανήτη ὑπερβολαίων διάτονος etc.

Jedes System in jedem Geschlechte hat wieder bestimmte Arten (εἴδη, species, σχήματα, figurae), die im Chroma und in der Harmonie nach dem Unterschiede des Dichten, im Diatonon aber von der Lage des Limma bestimmt werden. Mit Umgehung des Diatessaron und Diapente wollen wir die Arten des Diapason betrachten, deren der Combination gemäss 7 sein müssen. Es sind dies die von den Neueren so genannten Octavengattungen, welche wohl von den weiter unten angeführten Tonarten zu unterscheiden sind. Die erste hat vom Tiefen das Limma in der ersten, vom Hohen das andere in der vierten Stelle, und geht von ὑπάτη ὑπάτων bis παραμέση. Die zweite hat vom Tiefen dasselbe in der dritten, vom Hohen in der ersten, und reicht von παρυπάτη ὑπάτων bis τρίτη διεζευγμένων. Die dritte hat das Limma beiderseits in der zweiten Stelle, von λιχανὸς ὑπάτων sich erstreckend bis zur παρανήτη διε-ζευγμένων. Die vierte hat das Limma in der ersten vom Tiefen, in der dritten vom Hohen, geht von ὑπάτη μέσων bis νήτη διεζευγμένων. Die fünfte hat in der vierten vom Hohen das Limma, vom Hohen in der ersten, reicht von παρυπάτη μέσων bis τρίτη ὑπερβολαίων. Die sechste hat dasselbe in der dritten vom Tiefen, vom Hohen in der zweiten, von λιχανὸς μέσων bis παρανήτη ὑπερβολαίων. Die siebente hat es in der zweiten vom Tiefen, in der dritten vom Hohen, reichend von der μέση bis zur νήτη ὑπερβολαίων, von προςλαμβανόμενος bis zur μέση. So lehren Euclid, Aristides Quintilianus, Gaudentius und Bacchius.

Zur Feststellung der Intervalle dient auch ein Instrument, welches die Griechen Helikon (ἑλικών) nannten (vergl. Ptolemäus Harmon. 2, c. 2 Aristid. Quint. S. 117 ff.).

Man denke sich ein Quadrat ABCD, die Seite AD werde in a, die Seite DC in e halbirt; dann verbinde man A mit e, ziehe die Diagonale DB und durch

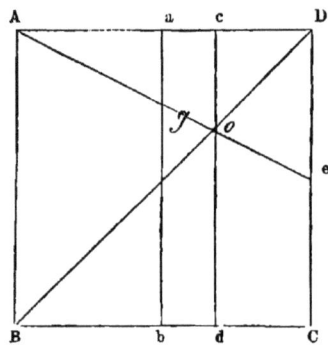

den Halbirungspunkt a die Gerade ab parallel mit AB, endlich durch den Punkt o, in welchem Ae und BD sich schneiden, die Gerade cd parallel mit AB. Dann erhalten wir:

1) De = eC = ½ AB.   Ausserdem verhält sich:

$$AD : De = Aa : ag$$
$$AB : \tfrac{1}{2} AB = \tfrac{1}{2} AB : ag$$
$$1 : \tfrac{1}{2} = \tfrac{1}{2} AB : ag, \text{ d. h.}$$

2) ag = ½ AB, also auch

3) gb = ¾ AB. Man kann aber auch setzen:

$$AD : De = Ac : co$$
$$AB : \tfrac{1}{2} AB = od : co$$
$$2 : 1 = (AB - co) : co$$
$$2\,co = AB - co$$
$$3\,co = AB, \text{ d. h.}$$

4) co = ⅓ AB und

5) od = ⅔ AB.

Zieht man über die 4 Linien AB, ab, cd, DC 4 Saiten von gleicher Stärke und gleicher Spannung, damit sie im Einklang stehen, und bringt darunter die

Die Eintheilung des regulären Monochordes, welche Boetius im

## Vierten Buche

entwickelt, geht den Tonarten voraus, zu deren Analyse wir die Erörterungen des Ptolemäus mit in Betracht ziehen müssen.

Dabei aber ist es zum Verständniss der Erörterungen nothwendig, die »Introductio harmonica« des **Euclid** (Εὐκλείδου εἰςαγωγὴ ἁρμονική), welche die Theile der Harmonik übersichtlich zusammenfasst, hier in deutscher Uebertragung mitzutheilen, wodurch auch die Anschauungen der Aristoxener [1] noch mehr in den Vordergrund treten, gegen welche Ptolemäus und Boetius ihre Polemik richten. Dass sich dabei Einiges wiederholen wird, was wir bereits vorher im Einzelnen sagten, ist selbstverständlich ; das bisher Erörterte erhält aber durch genaue Anführung der Quelle eine um so durchgreifendere Bestätigung. Euclid[2] oder vielmehr Pseudo-Euclid entwickelt Folgendes :

» Harmonik ist eine theoretische und praktische Wissenschaft, welche sich mit der Natur der Klangverbindung[3] beschäftigt. Die Klangverbindung besteht aus Klängen und Intervallen, sowie deren Anordnung. Die Theile der Harmonik sind folgende sieben : 1) über Klänge ; 2) über Intervalle ; 3) über Klanggeschlechter ; 4) über Systeme ; 5) über Tonarten ; 6) über den Uebergang[4] ; 7) über Composition[5].

»Klang ist ein melodischer Fall der Stimme auf eine Klanghöhe.

»Intervall ist das von zwei durch Höhe und Tiefe von einander verschiedenen Klängen Umschlossene.

»Klanggeschlecht ist die mit 4 Klängen bewirkte Eintheilungsbeschaffenheit.

scharfe Kante eines Lineals oder einen Steg in der Richtung Ae, ohne jedoch die Spannung dadurch zu ändern, so giebt zur Saite A B die Saite g b die Quart, od die Quint, De und eC die Octave, co die Quint in der folgenden Octave, ag die Doppeloctave u. s. w. Nimmt man nun AB als 1 an, so findet man :

die Saitenlängen der Quart $3/4$, der Quint $2/3$, der Octave $1/2$, des Ganztons $8/9$, die Schwingungsmengen - $4/3$, - - $3/2$, - - $2$, - - $9/8$.

1) Der Verfasser der unter obigem Titel bekannten und bei Meibom enthaltenen Schrift ist jedenfalls Aristoxener, wie aus der ganzen Darstellung hervorgeht, wogegen die Sectio canonis des Euclid ein Pythagoreer verfasst haben muss. Die Erörterungen in dieser letzteren, z. B. dass ein Diapason kleiner als 6 Ganztöne ist u. s. w., stimmen mit den Analysen des Boetius gegenüber den Aristoxenischen Ansichten überein.

2) Man vergl. den griechischen Originaltext bei Meibom pag. 1—22.

3) ἡρμοσμένον.

4) μεταβολή. 5) μελοποιία.

»System ist das aus mehr als einem Intervall Zusammengesetzte.

»Tonart ist ein für ein System geeigneter Ort der Stimme, ohne Breite (d. h. von einem Platze ausgehend, welcher nicht bewegt werden kann. Besser wäre die Lesart ἀπλανής = in stetiger Folge, anstatt ἀπλατής = ohne Breite. wo man sich die τάσις der Tonart denken muss).

»Uebergang ist die Veränderung eines harmonisch ähnlichen Klangplatzes zu einem harmonisch unähnlichen.

»Composition ist der Gebrauch derjenigen Gegenstände, welche der harmonischen Abhandlung zu Grunde liegen, in Rücksicht auf das Eigenthümliche eines jeden Thomas.

»Dies aber wird mit Bezug auf die Beschaffenheit der Stimme in Erwägung gezogen, dass es zwei Bewegungen derselben giebt; die eine ist die stetige und so zu sagen rednerische; die andere aber die intervallartige und (so zu sagen) melodische. Die stetige Bewegung der Stimme macht die Hebungen und Senkungen undeutlich, indem sie nirgends feststeht, als bis Stillschweigen eintritt. Die intervallartige Bewegung der Stimme steht zu der stetigen im Gegensatz; denn sie bildet Ruhepunkte und stellt die Unterschiede zwischen denselben dar; wechselseitig setzt sie bald den einen, bald den andern; die Ruhepunkte nennen wir Klanghöhen, die Unterschiede aber nennen wir Uebergänge von Klanghöhe zu Klanghöhe. Das, was den Unterschied der Klanghöhen ausmacht, ist Hebung und Senkung; die Vollendung derselben ist Höhe und Tiefe. Denn das durch Hebung Werdende führt zur Höhe; das durch Senkung Werdende führt zur Tiefe. Höhe ist also die durch Hebung, Tiefe aber die durch Senkung entstandene Vollendung. Bei beiden ist es der Fall, dass sie eine gewisse Spannung besitzen. Klanghöhen werden auch Klänge genannt. Die Bezeichnung »Klanghöhen« kommt her vom Spielen der Instrumente, vom Anspannen, die Bezeichnung »Klänge« aber von der Ausführung durch die menschliche Stimme. Klänge sind nach ihrer Spannung betrachtet unzählige; ihrer musikalischen Bedeutung und Anwendung nach aber in jedem Geschlechte 18.

»Geschlechter sind nun drei, das diatonische, chromatische und enharmonische. Das diatonische wird nach der Tiefe zu durch Ganzton, Ganzton und Halbton, nach der Höhe zu im Gegensatz durch Halbton, Ganzton und Ganzton gesungen; das chromatische nach der Tiefe zu durch Trihemitonium [1]), Halbton und Halbton, nach der Höhe

---

1) d. h. unzusammengesetztes Trihemitonium gleich der übermässigen Secunde.

zu durch Halbton, Halbton und Trihemitonium; das enharmonische nach der Tiefe zu durch Ditonon, Diesis und Diesis, nach der Höhe zu durch Diesis, Diesis und Ditonon. Es sind nun im diatonischen Geschlechte folgende Klänge:

1) Diatonisches Geschlecht.

A = Proslambanomenos
H = Hypate hypaton
c = Parhypate hypaton
d = Lichanos hypaton diatonos
e = Hypate meson
f = Parhypate meson
g = Lichanos meson diatonos
a = Mese
b = Trite synemmenon
c′ = Paranete synemmenon diatonos
d′ = Nete synemmenon
h = Paramese
c′ = Trite diezeugmenon
d′ = Paranete diezeugmenon diatonos
e′ = Nete diezeugmenon
f′ = Trite hyperbolaeon
g′ = Paranete hyperbolaeon
a′ = Nete hyperbolaeon.

2) Im chromatischen Geschlecht.

A = Proslambanomenos
H = Hypate hypaton
c = Parhypate hypaton
des = Lichanos hypaton chromatice
e = Hypate meson
f = Parhypate meson
ges = Lichanos meson chromatice
a = Mese
b = Trite synemmenon
ces′ = Paranete synemmenon chromatice
d′ = Nete synemmenon
h = Paramese
c′ = Trite diezeugmenon
des′ = Paranete diezeugmenon chromatice
e′ = Nete diezeugmenon

f'     = Trite hyperbolaeon
ges' = Paranete hyperbolaeon chromatice
a'    = Nete hyperbolaeon.

3) Im enharmonischen Geschlecht.

A            = Proslambanomenos
H            = Hypate hypaton
desdes*  = Parhypate hypaton
c            = Lichanos hypaton enharmonios
e            = Hypate meson
gesges*  = Parhypate meson
f            = Lichanos meson enharmonios
a            = Mese                                    .
cesces'* = Trite synemmenon
b            = Paranete synemmenon enharmonios
d'           = Nete synemmenon
h            = Paramese
desdes'* = Trite diezeugmenon
c'           = Paranete diezeugmenon enharmonios
e'           = Nete diezeugmenon
gesges'* = Trite hyperbolaeon
f'           = Paranete hyperbolaeon enharmonios
a'           = Nete hyperbolaeon.

4) In der Mischung der Geschlechter.

A            = Proslambanomenos
H            = Hypate hypaton
desdes*  = Parhypate hypaton
c            = Lichanos hypaton enharmonios
des         = Lichanos hypaton chromatice
d            = Lichanos hypaton diatonos
e            = Hypate meson
gesges*  = Parhypate meson
f            = Lichanos meson enharmonios
ges         = Lichanos meson chromatice
g            = Lichanos meson diatonos
a            = Mese
cesces*  = Trite synemmenon
b            = Paranete synemmenon enharmonios

| | | |
|---|---|---|
| ces' | = Paranete synemmenon chromatice |
| c' | = Paranete synemmenon diatonos |
| d' | = Nete synemmenon |
| h | = Paramese |
| desdes'* | = Trite diezeugmenon |
| c' | = Paranete diezeugmenon enharmonios |
| des' | = Paranete diezeugmenon chromatice |
| d' | = Paranete diezeugmenon diatonos |
| e' | = Nete diezeugmenon |
| gesges'* | = Trite hyperbolaeon |
| f' | = Paranete hyperbolaeon enharmonios |
| ges' | = Paranete hyperbolaeon chromatice |
| g' | = Paranete hyperbolaeon diatonos |
| a' | = Nete hyperbolaeon. [1]) |

Die hier aufgezählten Klänge unterscheiden sich in f e s t s t e h e n d e und
b e w e g l i c h e. Die feststehenden sind solche, welche sich in Rücksicht
auf die Unterschiede der Klanggeschlechter nicht verändern, sondern auf
einer Klanghöhe stehen bleiben; bewegliche aber solche , bei denen das
Gegentheil geschieht; denn sie verändern sich in Bezug auf die Unterschiede der Geschlechter und bleiben nicht auf einer Klanghöhe stehen.

»Feststehende Klänge sind folgende acht :

»Proslambanomenos = A, Hypate hypaton = H, Hypate meson = e,
Mese = a , Nete synemmenon = d', Paramese = h, Nete diezeugmenon = c', Nete hyperbolaeon = a'. Bewegliche Klänge sind aber alle,
welche zwischen den genannten liegen. Von den feststehenden sind die
einen t i e f d i c h t (βαρύπυκροι) die andern n i c h t d i c h t; diese umschliessen nämlich die vollkommenen Systeme.

»T i e f d i c h t e sind folgende fünf: Hypate hypaton = H , Hypate
meson = e, Mese = a, Paramese = h, Nete diezeugmenon = e'.

»N i c h t d i c h t e, d. h. diejenigen, welche die vollkommnen Systeme
umschliessen, sind die übrigen drei, nämlich : Proslambanomenos = A.
Nete synemmenon = d', Nete hyperbolaeon = a'.

»Von den beweglichen Klängen sind die einen m i t t e l d i c h t, die
andern h o c h d i c h t, noch andere d i a t o n i s c h.

»M i t t e l d i c h t e sind nun folgende fünf : Parhypate hypaton = c und
desdes*, Parhypate meson = f und gesges*, Trite synemmenon = b

---

[1]) Zu beachten ist bei dieser Reihe, dass die Parhypaten und Triten im
diatonischen Geschlechte weggefallen sind, weil die enharmonischen Lichanen
und Paraneten an ihre Stelle treten.

und cesces'*, Trite diezeugmenon = c' und desdes'*, Trite hyperbolaeon = f' und gesges'*.

»Hochdichte giebt es in ähnlicher Weise dem Geschlechte nach
fünf; in der Enharmonik die enharmonischen, in der Chromatik die chromatischen; das diatonische Geschlecht ist nicht theilhaftig des Dichten.

» In der Enharmonik sind nun folgende: Lichanos hypaton enharmonios = c, Lichanos meson enharmonios = f, Paranete synemmenon
enharmonios = b, Paranete diezeugmenon enharmonios = c', Paranete
hyperbolaeon enharmonios = f'.

» In der Chromatik sind folgende: Lichanos hypaton chromatice =
des, Lichanos meson chromatice = ges, Paranete synemmenon chromatice = ces', Paranete diezeugmenon chromatice = des', Paranete
hyperbolaeon chromatice = ges'.

» Bei den Intervallen giebt es 5 Unterschiede. Die Intervalle unterscheiden sich 1) der Grösse nach, 2) dem Geschlecht nach, 3) in symphonische und diaphonische, 4) in zusammengesetzte und unzusammengesetzte, 5) in rationale und irrationale. Der Unterschied in Bezug auf
die Grösse besteht darin, dass es grössere und kleinere Intervalle giebt,
z. B. Ditonon, Trihemitonium, Ganzton, Hemitonium, Diesis, Diatessaron,
Diapente, Diapason und ähnliche. Dem Geschlechte nach unterscheiden
sich die Intervalle in diatonische, chromatische, enharmonische. Ferner
unterscheiden sie sich also als symphonische und diaphonische. Symphonische sind Diatessaron, Diapente, Diapason und ähnliche [d. h. Disdiapason, Diapason und Diapente]. Diaphonische sind alle kleineren als Diatessaron und welche zwischen den symphonischen liegen. Kleiner als Diatessaron sind Diesis, Hemitonium, Ganzton, Trihemitonium, Ditonon.
Zwischen den symphonischen liegen: Tritonon, Tetratonon, Pentatonon
u. s. w.

»Symphonie nun ist die Mischung von 2 Klängen, eines höheren und
tieferen. Diaphonie ist das Gegentheil, sie ist die Flucht von 2 Klängen, welche sich nicht mischen, sondern das Gehör beleidigen. Mit Bezug
auf die Zusammensetzung ist der Unterschied dieser, dass es zusammengesetzte und unzusammengesetzte Intervalle giebt. Unzusammengesetzte
Intervalle sind solche, welche von in der Reihe liegenden Klängen umschlossen werden, wie Hypate und Parhypate, Lichanos und Hypate
meson. Dieselbe Regel gilt auch bei den übrigen Intervallen. Zusammengesetzte sind von nicht in der Reihe liegenden Klängen umschlossen,
wie von Mese und Parhypate, Mese und Nete, Paramese und Hypate. Es
sind aber auch einige Intervalle, welche gemeinschaftlich zusammenge-

setzt und nicht zusammengesetzt sind, nämlich die Intervalle von Hemitonium bis Ditonon. Denn das Hemitonium ist in der Enharmonik zusammengesetzt, in der Chromatik und Diatonik unzusammengesetzt. Der
Ganzton ist in der Chromatik zusammengesetzt, in der Diatonik unzusammengesetzt. Das Trihemitonium ist in der Chromatik unzusammengesetzt, in der Diatonik zusammengesetzt. Das Ditonon ist in der Enharmonik unzusammengesetzt, in der Chromatik und Diatonik zusammengesetzt. Die Intervalle, welche kleiner als das Hemitonium sind, gehören
alle zu den unzusammengesetzten. Hingegen sind alle grösseren Intervalle, als das Ditonon, zusammengesetzt. Der Unterschied des Rationalen
und Irrationalen ist ein solcher, nach welchem einige der Intervalle rational, andere irrational sind. Rationale sind solche, von denen die
Grösse bestimmbar ist, wie der Ganzton, das Hemitonium, Ditonon, Tritonon und ähnliche ; irrationale aber, welche diese Grössen in Rücksicht
auf Vergrösserung oder Verringerung überschreiten, unausdrückbar durch
irgendwelche Grösse.

» Es giebt aber die bereits vorhergenannten 3 Klanggeschlechter. Das
ganze Melos wird nun entweder diatonisch, chromatisch, enharmonisch,
gemeinschaftlich, oder aus diesen gemischt sein. Das diatonische ist das,
welches die diatonische Eintheilung anwendet ; das chromatische aber die
chromatische ; das enharmonische die enharmonische. Das gemeinschaftliche ist aus den stehenden Klängen zusammengesetzt. Das gemischte aber,
in welchem 2 oder 3 Gattungs-Charaktere erscheinen, z. B. vom diatonischen und chromatischen, oder vom diatonischen und enharmonischen,
oder vom chromatischen und enharmonischen oder vom diatonischen,
chromatischen und enharmonischen. Die Unterschiede der Geschlechter
entstehen durch die beweglichen Klänge. Der Klang Lichanos wird im
Umfange eines Ganztones bewegt, Parhypate im Umfang einer Diesis. Die
höchste Lichanos ist die, welche einen Ganzton entfernt ist von dem höhern
derjenigen Klänge, welche das Tetrachord umschliessen ; die tiefste,
welche ein Ditonon entfernt ist. Ebenso ist die tiefste Parhypate die,
welche eine Diesis entfernt ist von dem tiefern der das Tetrachord umschliessenden Klänge ; die höchste, welche um ein Hemitonium entfernt ist.

» F a r b e ist die specielle Trennung des Geschlechts. Rationale und ver-
ständliche Farben giebt es sechs. Vom enharmonischen eine, vom chromatischen 3, vom diatonischen 2. Die Farbe der Enharmonik gebraucht mit
dem enharmonischen Geschlecht dieselbe Differenz ; denn sie wird gesungen durch Diesis, d. h. den 4ten Theil des Ganztons, und wiederum durch
eine gleiche Diesis und durch ein unzusammengesetztes Ditonon. Von

den chromatischen Trennungen wird das weiche (μαλαχὸν χρῶμα) chromatische, das hemiolische und das toniäische gesungen. Das weiche chromatische wird gesungen durch Diesis, d. h. den 3ten Theil des Ganztones, durch eine gleiche Diesis und durch ein unzusammengesetztes Intervall, welches gleich ist dem Ganztone, der Hälfte und dem 3ten Theil desselben. Das hemiolische wird gesungen durch Diesis, welche anderthalb mal so gross ist, als eine enharmonische Diesis, durch eine dieser gleiche Diesis und durch ein unzusammengesetztes Intervall, welches 7 Diesen gross ist, von denen eine jede den 4ten Theil des Ganztones beträgt. Das toniäische Chroma gebraucht dieselbe Farbe des Geschlechts; denn es wird gesungen durch Hemitonium, Hemitonium und Trihemitonium. Die genannten chromatischen werden so genannt von den dichten [Intervallen], welche in ihnen liegen; das toniäische von der Zusammensetzung des Ganztones, welcher in ihm liegt; das hemiolische, von den Diesen, d. h. den hemiolisch-enharmonischen Diesen, welche in ihm liegen; das weiche von dem kleinsten dichten, ebenso wie das Chroma, sobald das in ihm liegende dichte Chroma gesenkt und aufgelöst wird. Von den diatonischen Eintheilungen wird nun das eine das weiche diatonische und das andere das syntonische genannt. Die Farbe (Färbung) des weichen diatonischen wird gesungen durch Halbton und ein unzusammengesetztes Intervall von 3 Diesen und ein unzusammengesetztes Intervall von 5 Diesen. Die Farbe des syntonisch-diatonischen hat mit dem Geschlechte die Eintheilung gemeinsam; denn sie wird gesungen durch Halbton, Ganzton und Ganzton.

»Die Färbungen werden nun durch Zahlen folgendermassen ausgedrückt: es wird nämlich der in 12 kleinste Theile zerlegte Ganzton gesetzt, von denen (selbstverständlich) ein jeder der 12te Theil des Ganztones ist. Analog dem Ganztone sind auch die übrigen Intervalle; denn das Hemitonium zerlegt sich in 6 Zwölftheile, die Diesis als Viertheil in 3 Zwölftheile; die Diesis als Dritttheil in 4 Zwölftheile; das ganze Diatessaron in 30 Theile. Die Enharmonik nun werde gesungen in einer Grösse von 3 Zwölftheilen $+$ 3 Zwölftheilen $+$ 24 Zwölftheilen. Das weiche chromatische in einer Grösse von 4 Zwölftheilen $+$ 4 Zwölftheilen $+$ 22 Zwölftheilen. Das hemiolisch-chromatische von $\left(\frac{4}{12} + \frac{1}{24}\right)$[1] $+ \left(\frac{4}{12} + \frac{1}{24}\right) + \frac{21}{12}$. Das toniäisch-chromatische aus $\frac{6}{12} + \frac{6}{12} + \frac{18}{12}$. Das weiche diatonische aus $\frac{6}{12} + \frac{9}{12} + \frac{15}{12}$. Das syntonische aus $\frac{6}{12} + \frac{12}{12} + \frac{12}{12}$.

---

1) τεσσάρων ἥμισυ.

» Es giebt 7 Unterschiede der Systeme, von denen 4 dieselben sind wie bei den Intervallen, nämlich der Unterschied 1) der Grösse nach, 2) dem Geschlecht nach, 3) in symphonische und diaphonische, 4) in rationale und irrationale; 3 Unterschiede giebt es aber speciell für die Systeme, nämlich: 1) in Bezug auf Ordnung und Versetzung, 2) auf Verbindung und Trennung, 3) auf Unveränderlichkeit und Veränderlichkeit. Der Grösse nach unterscheiden sich die grössern Systeme von den kleinern, z. B. Diapason vom Tritonon oder Diapente oder Diatessaron oder von andern auf ähnliche Weise; dem Geschlechte nach die diatonischen von den enharmonischen oder chromatischen, oder die chromatischen oder enharmonischen von den übrigen. In Bezug auf das Symphonische werden sich die symphonischen Einschlussklänge von den diaphonischen unterscheiden. Symphonische (Systeme) sind in dem unveränderten System sechs: 1) das kleinste, Diatessaron, bestehend aus 2 Ganztönen und einem Halbton, wie z. B. (die Folge) von Hypate hypaton zu Hypate meson; 2) Diapente, bestehend aus 3 Ganztönen und einem Halbton, z. B. (die Folge) von Proslambanomenos zu Hypate meson, 3) Diapason, bestehend aus 6 Ganztönen, z. B. von Proslambanomenos zu Mese; 4) Diapason und Diatessaron, bestehend aus 8 Ganztönen und einem Halbton, z. B. von Proslambanomenos zu Nete synemmenon oder Paranete diezeugmenon diatonos; 5) Diapason und Diapente, bestehend aus 9 Ganztönen und einem Halbton, z. B. das Intervall von Proslambanomenos zu Nete diezeugmenon; 6) Disdiapason, bestehend aus 12 Ganztönen, z. B. von Proslambanomenos zu Nete hyperbolaeon. Das sogenannte System synemmenon schreitet vor bis zum 4ten symphonischen (System. Die symphonischen Systeme sind): 1) Diatessaron; 2) Diapente; 3) Diapason; 4) Diapason und Diatessaron; 5) Diapason und Diapente; 6) Disdiapason. Der Platz der Stimme wird vergrössert bis zum 8ten symphonischen wie Disdiapason und Diatessaron, ja sogar Disdiapason und Diapente. Diaphonische sind alle, welche kleiner sind als Diatessaron, und alle, welche zwischen den genannten symphonischen liegen. Es entstehen aber auch Gestalten von derselben Grösse, welche aus denselben unzusammengesetzten zusammengesetzt sind, und zwar der Zahl nach, wenn die Ordnung derselben unter einander verändert wird, indem dann irgend etwas Unähnliches vorhanden ist. Denn welche aus allen gleichen oder ähnlichen Gestalten bestehen, besitzen keine Differenz unter einander. Deswegen giebt es 3 Gattungen des Diatessaron, 1) das von tiefdichten umschlossene, wie von Hypate hypaton zu Hypate meson; 2) das von mitteldichten umschlossene, wie

von Parhypate hypaton zu Parhypate meson ; 3) das von hochdichten umschlossene, wie von Lichanos hypaton zu Lichanos meson. In der Enharmonik und Chromatik werden in Bezug auf das Verhältniss des Dichten
die Gestalten der symphonischen (Systeme) genommen. Im Diatonischen
geschieht es beim Dichten nicht. Denn dieses Geschlecht zerlegt sich in
Halbton und Ganztöne. — Es sind nämlich in der Consonanz Diatessaron
ein Halbton und 2 Ganztöne vorhanden ; ähnlich in Diapente ein Halbton
und 3 Ganztöne ; in Diapason 2 Halbtöne und 5 Ganztöne. Je nach dem
Verhältniss der Halbtöne werden die Gestalten betrachtet. Die erste Gattung (Gestalt) von Diatessaron ist nun die, wo das Hemitonium nach der Tiefe
zu von den Ganztönen liegt ; die andere Gattung, wo es in der Mitte zwischen den Ganztönen ; die dritte, wo es als erstes nach der Höhe zu von den
Ganztönen liegt. Es existiren aber auch dieselben Gestalten in den übrigen Geschlechtern von denselben Klängen zu denselben. Von Diapente
giebt es 4 Gestalten (Gattungen). Die erste ist von tiefdichten umschlossen, wo der Ganzton zuerst in der Höhe liegt, sie ist nämlich von Hypate
meson zu Paramese, die zweite ist von mitteldichten umschlossen,
wo der Ganzton zu zweit nach der Höhe zu liegt, sie ist von Parhypate
meson zu Trite diezeugmenon. Die dritte ist von hochdichten umschlossen, wo der Ganzton von der Höhe aus gerechnet zu dritt liegt ; sie
liegt von Lichanos meson zu Paranete diezeugmenon. Die 4te aber ist von
tiefdichten umschlossen, wo der Ganzton von der Höhe aus zu viert
liegt ; sie ist von Mese zu Nete diezeugmenon oder von Proslambanomenos zu Hypate meson. Im Diatonischen nun ist die erste Gestalt, wo
das Hemitonium in der Tiefe zuerst steht ; die 2te, wo es zuerst in der
Höhe steht ; die 3te, wo es zu zweit in der Höhe steht, die 4te, wo es
zu dritt in der Höhe steht. Vom Diapason giebt es 7 Gattungen. Die
erste ist von tiefdichten Klängen gebildet, wo der Ganzton an erster Stelle
in der Höhe liegt ; sie ist von Hypate hypaton zu Paramese ; von den
Alten wurde die Gattung mixolydisch genannt. Die 2te ist von mitteldichten Klängen gebildet, wo der Ganzton zu zweit in der Höhe liegt ;
sie ist von Parhypate hypaton zu Trite diezeugmenon ; sie wurde lydisch
genannt. Die 3te ist von hochdichten umschlossen, wo der Ganzton zu
dritt in der Höhe liegt ; sie ist von Lichanos hypaton zu Paranete diezeugmenon ; sie wurde phrygisch genannt. Die 4te ist von tiefdichten
gebildet, wo der Ganzton zu viert in der Höhe liegt ; sie ist von Hypate
meson zu Nete diezeugmenon ; sie wurde dorisch genannt. Die 5te ist
von mitteldichten umschlossen, wo der Ganzton zu fünft in der Höhe
liegt ; sie ist von Parhypate meson zu Trite hyperbolaeon ; sie wurde

h y p o l y d i s c h genannt. Die 6te ist von hochdichten umschlossen, wo
der Ganzton an 6ter Stelle in der Höhe liegt; sie ist von Lichanos meson zu Paranete hyperbolaeon; sie wurde h y p o p h r y g i s c h genannt.
Die 7te ist von tiefdichten umschlossen, wo der Ganzton zuerst in der
Tiefe liegt; sie ist von Mese zu Nete hyperbolaeon oder von Proslambanomenos zu Mese; sie wurde gemeinschaftlich sowohl l o k r i s c h, als
auch h y p o d o r i s c h genannt. Im diatonischen Geschlechte ist die erste
Gattung des Diapason, wo der Halbton an erster Stelle in der Tiefe und
an 4ter Stelle in der Hehö liegt. Die zweite Gattung, wo jener an 3ter
Stelle in der Tiefe und an erster Stelle in der Höhe liegt. Die 3te Gattung, wo derselbe an 2ter Stelle auf beiden Seiten liegt. Die 4te Gattung, wo er an erster Stelle in der Tiefe, an 3ter in der Höhe liegt. Die
5te Gattung, wo er an 4ter Stelle in der Tiefe, an erster in der Höhe
liegt. Die 6te Gattung, wo er an 3ter in der Tiefe, an 2ter in der Höhe
liegt. Die 7te Gattung aber, wo er an 2ter Stelle in der Tiefe, an 3ter in
der Höhe liegt [1]). Diese Gattungen sind von denselben Klängen zu denselben ebenso in der Enharmonik und Chromatik und werden mit denselben Namen genannt. — In Bezug auf den Unterschied des Rationalen
und Irrationalen unterscheiden sich die Systeme so, dass die einen aus
rationalen, die anderen aus irrationalen Intervallen zusammengesetzt sind;
wie viele nun rational sind, die sind aus rationalen Intervallen zusammengesetzt; wie viele irrational, aus irrationalen. — Nach dem Unterschiede der Ordnung und Versetzung unterscheiden sich die Systeme in

---

1) Da man weiss, dass der diazeuktische Ganzton (a—h) das Tetrachord
meson vom Tetrachord diezeugmenon trennt und die Lage der Halbtoninter-
valle in den verschiedenen Gattungen genau angegeben ist, so kann man auch
dieselben mit Sicherheit ausdrücken. Die Quartengattungen waren also:

1) H c d e oder e f g a, 2) c d e f, 3) d e f g
Die Quintengattungen:

1) e f g a h, 2) f g a h c', 3) g a h c' d', 4) a h c' d' e' oder A H c d e
Die Octavengattungen:

1) H c d e f g a h     = Mixolydisch

2) c d e f g a h c'     = Lydisch

3) d e f g a h c' d'     = Phrygisch

4) e f g a h c' d' e'     = Dorisch

5) f g a h c' d' e' f'     = Hypolydisch

6) g a h c' d' e' f' g'     = Hypophrygisch

7) a h c' d' e' f' g' a' oder = Hypodorisch oder

    A H c d e f g a        Lokrisch

solche, welche durch in der Reihe liegende Klänge gesungen werden, und in solche, welche durch in der Versetzung liegende gesungen werden. Nach dem Unterschiede der Verbindung und Trennung unterscheiden sich die Systeme in solche, deren Zusammensetzung durch verbundene Tetrachorde, und in solche, deren Zusammensetzung durch getrennte Tetrachorde geschieht.

»Synaphe ist nun ein Klang, welcher zwei solchen Tetrachorden gemeinschaftlich ist, die der Reihe nach gesungen werden und die der Gestalt nach harmonisch ähnlich sind. Diazeuxis aber ist ein in der Mitte zwischen zwei der Reihe nach gesungenen und der Gestalt nach gleichen Tetrachorden liegender Ganzton; es sind im Ganzen 3 Synaphen: die mittlere, höchste und tiefste. Die tiefste ist vom Tetrachord hypaton und meson gebildet. Diese Tetrachorde verbindet der gemeinschaftliche Klang Hypate meson. Die mittlere Synaphe ist vom Tetrachord meson und synemmenon gebildet. Beide Tetrachorde verbindet der gemeinschaftliche Klang Mese. Die höchste Synaphe ist vom Tetrachord diezeugmenon und hyperbolaeon gebildet. Beide verbindet der gemeinschaftliche Klang Nete diezeugmenon. Diazeuxis giebt es nur eine, welche aus den Tetrachorden meson und diezeugmenon gebildet ist. Beide trennt der gemeinschaftliche Ganzton, welcher zwischen Mese und Paramese liegt. — Vollkommne Systeme giebt es zwei, von denen das eine kleiner, das andere grösser ist. Und zwar liegt das eine in der Synaphe von Proslambanomenos bis Nete synemmenon. Es sind in ihm 3 verbundene Tetrachorde vorhanden: das Tetrachord hypaton, meson und synemmenon und ein Ganzton von Proslambanomenos bis Hypate hypaton. Es wird durch das symphonische Intervall Diapason mit Diatessaron begrenzt. Das grössere liegt in der Diazeuxis von Proslambanomenos bis Nete hyperbolaeon. Es sind in ihm 4 Tetrachorde vorhanden, welche durch je zwei unter einander verbundene getrennt sind, nämlich die Tetrachorde hypaton und meson, diezeugmenon und hyperbolaeon und noch 2 Ganztöne, nämlich von Proslambanomenos zu Hypate hypaton und von Mese zu Paramese. Das ganze System wird durch das symphonische Intervall Disdiapason begrenzt. Es sind aber 5 Tetrachorde im unveränderlichen System, welches aus den 2 vollkommnen zusammengesetzt ist. 2 Tetrachorde sind einem jeden der vollkommnen Systeme gemeinschaftlich, nämlich die von hypaton und meson. Nicht gemeinschaftliche giebt es in Bezug auf die Synaphe das Tetrachord synemmenon; in Bezug auf die Diazeuxis das Tetrachord diezeugmenon und hyperbolaeon. — In Bezug auf den Unterschied der Unveränderlichkeit und Veränderlichkeit unterscheiden sich die einfachen Systeme von den nicht einfachen. Die einfachen nun sind die zu einer Mitte verbundenen; die zweifachen zu zwei Mitten, die dreifachen zu drei, die vielfachen zu vielen. Mese ist aber die Bedeutung des Klanges, bei dem sich in der Diazeuxis nach der Höhe zu ein unzusammengesetzter Ganzton befindet, indem das System unverletzlich bleibt; nach der Tiefe zu ein Ditonon entweder zusammengesetzt oder unzusammengesetzt. In der Synaphe ist seine Bedeutung diese, dass er entweder der höchste des mittleren Tetrachords, oder der tiefste des höchsten ist. Von Mese aus werden auch die Bedeutungen der übrigen Klänge erkannt; denn wie sich ein jeder derselben zur Mese verhält, ist offenbar.

»Das Wort »Tonus« wird auf vierfache Art gebraucht, je nach der Beschaffenheit des Klangs, des Intervalls, des Platzes der Stimme, der Klanghöhe. Beim Klange nun gebrauchen diejenigen den Ausdruck, welche die Phorminx siebentönig nennen, wie Terpander und Ion. Denn der eine sagt: »»Wir, die wir Gesänge von vier Stimmen verschmähen, wir werden auf siebentöniger Phorminx neue Hymnen erklingen lassen.«« Der andere aber auf der zehnsaitigen Lyra: »»Sie besitzt bei zehnschrittiger Ordnung die dreiwegigen symphonischen Harmonien. Vorher besangen dich alle Hellenen auf siebensaitiger Lyra, nach Quarten gestimmt, indem sie eine ärmliche Muse emporhoben.«« Und andere nicht wenige gebrauchten diese Benennung. In Bezug auf das Intervall aber (gebrauchen wir den Ausdruck »Tonus«), wenn wir sagen, dass von Mese zu Paramese ein Ganzton sei. In Bezug auf den Platz der Stimme, wenn wir sagen, es sei ein dorischer oder phrygischer oder lydischer Ton (Tonart), oder einer von den übrigen. Nach Aristoxenus sind 13 Töne (Tonarten). 1) Der hypermixolydische, auch hyperphrygische genannt; 2) 2 mixolydische, ein höherer und ein tieferer, von denen der höhere auch hyperiastisch genannt wird, der tiefere auch hyperdorisch; 3) 2 lydische, ein höherer und ein tieferer, welcher auch äolisch genannt wird; 4) 2 phrygische, der eine ist tiefer, welcher auch iastisch genannt wird, der andere höher; 5) ein dorischer; 6) 2 hypolydische, ein höherer und ein tieferer, welcher auch hypoäolisch genannt wird; 7) 2 hypophrygische, von denen der tiefere auch hypoiastisch heisst; 8) ein hypodorischer; der höchste nun von diesen ist der Hypermixolydius. Die Töne (Tonarten) aber der Reihe nach von dem höchsten bis zum tiefsten übertreffen einander durch einen Halbton; nebeneinanderliegende aber durch ein Trihemitonium; ähnlich wird es sich beim Zwischenraum der übrigen Tonarten verhalten. Der Hypermixolydius ist um Diapason höher, als der Hypodorius. Ton wird anstatt Klanghöhe gesagt, wann wir die Ausdrücke anwenden: hochtönen oder tieftönen oder den mittleren Ton der Stimme gebrauchen.

»(Das Wort) »Uebergang« aber wird in vierfacher Weise gebraucht; dem Geschlecht nach, dem System nach, der Tonart nach, der Melopöie nach. Dem Geschlecht nach geschieht der Uebergang, wenn aus dem diatonischen zu einer Färbung oder zur Enharmonik, oder aus dem chromatischen oder enharmonischen zu irgend einer der übrigen Stimmungen übergegangen wird. Dem System nach, wenn aus Synaphe zur Diazeuxis oder umgekehrt der Uebergang geschieht; der Tonart nach, wenn von der dorischen zur phrygischen, oder von der phrygischen zur lydischen oder hypermixolydischen oder hypodorischen oder im Ganzen, wenn aus irgend einer der 13 Tonarten zu irgend einer der übrigen ein Uebergang stattfindet. Es werden aber die Uebergänge vom Halbton anfangen und bis zum Diapason ausgedehnt werden, von denen also einige nach symphonischen Intervallen geschehen, andere nach diaphonischen. Von diesen sind einige weniger melodisch oder unmelodisch, andere mehr. Bei welchen sich nun also eine grössere Gemeinschaft vorfindet, die sind melodischer; bei welchen eine geringere, die sind unmelodischer. Da bei jeder Veränderung etwas Gemeinschaftliches (Verwandtes) nothwendigerweise vorhanden sein muss, entweder ein Klang oder ein Intervall oder ein System, so wird die Gemeinschaftlichkeit (Verwandtschaft) nach der Aehnlichkeit der Klänge aufgenommen. Denn wenn in den Uebergängen harmonisch verwandte Klänge wechselseitig in das dichte Intervall fallen, so ist der Uebergang melodisch. Wenn sie aber nicht verwandt sind, so ist der Uebergang unmelodisch. Nach der Melopöie geschieht ein Uebergang, wenn von einem aufregenden Charakter [1]) zu einem sanfteren oder ruhigen, oder von einem ruhigen zu einem der übrigen der Uebergang geschieht. Es gehört aber das diastaltische Ethos der Melopöie an, durch welches die Grossartigkeit und die männliche Erhebung der Seele, heroische Handlungen und diesen ähnliche Affecte bezeichnet werden. Diese Dinge gebraucht am meisten die Tragödie und welche von den übrigen diesem Charakter angehören. Das systaltische aber ist dasjenige, wo durch die Seele zur Niedergeschlagenheit und zum unmännlichen Standpunkt (zur unmännlichen Stimmung) zusammengedrückt wird. Ein solcher Standpunkt (eine solche Stimmung) (κατάστημα) wird für erotische Affecte, wie Klagen und Jammern und Dinge ähnlicher Art, passen. Der ruhige Charakter der Melopöie ist der, welchem Ruhe der

---

[1]) Aristid. Quint. 1, pag. 30.

Seele folgt und ein wohlbehäbiger friedlicher Standpunkt (eine leiden-
schaftlose, friedliche Stimmung). Für ihn passen Hymnen, Päane, Lob-
gesänge, Gebete und ähnliche.

»Melopöie ist praktische Anwendung der vorher genannten Theile
der Harmonik, welche die vorliegende Bedeutung haben. Es sind 4 Theile,
durch welche die Melopöie noch vollendet wird : die Agogê, Plokê, Petteia,
und Tonê. .Die A g o g ê ist nun der Weg des Melos durch die in der Reihe
liegenden Klänge. Die P l o k ê aber ist der wechselseitig sich verändernde
Standpunkt der Intervalle. Die P e t t e i a aber ist der auf einem Tone oft
stattfindende Schlag. Die T o n ê ist die Ausdehnung bis zu einer grösseren Zeit, welche in einem gewissen Vortrag der Stimme entsteht. D i a -
g r a m m aber ist eine breite Gestalt, welche die Bedeutungen der melodischen Klänge umfasst. Bedeutung aber ist eine Klangordnung, durch
welche wir einen jeden der Klänge erkennen. Melopöie aber ist G e -
b r a u c h derjenigen Dinge, welche der harmonischen Abhandlung zur
Unterlage dienen in Rücksicht auf die Eigenthümlichkeit einer jeden Annahme. Hier ist die Grenze (das Ende) der Abhandlung in Bezug auf das
Harmonische.« —

Hinsichtlich der Tonarten ist nun zu untersuchen, wie der verdienstvolle Friedrich Bellermann und der geniale Rudolph Westphal die Zeugnisse der verschiedenen Schriftsteller für ihre Analysen benutzt und
welche Resultate dieselben gewonnen haben. Um dies genau festzustellen,
nehmen wir das unveränderte System (mit Weglassung des Tetrachord
synemmenon) der Griechen an, welches unserer abwärts laufenden melodischen Mollscala entspricht, z. B. A H c d e f g a h c′ d′ e′ f′ g′ a′.
Dies als tiefstes System aufgestellt und das Tetrachord synemmenon in
Klammern ausgedrückt, ergeben sich nun die Aristoxenischen Scalen in
folgender Weise:

Hypodorische Tonart:

A | H c d e f g a (b c d) h c d e f g a

Tiefere hypophrygische oder hypoiastische Tonart:

B | c des es f ges as b (ces des es) c des es f ges as b

Höhere hypophrygische Tonart:

H | cis d e fis g a h (c d e) cis d e fis g a h

Tiefere hypolydische oder hypoäolische Tonart:

c | d es f g as b c (des es f) d es f g as b c

Höhere hypolydische Tonart:

cis | dis e fis gis a h cis (d e fis) dis e fis gis a h cis

Dorische Tonart:

d | e f g a b c̄ d̄ (es f̄ ḡ) c̄ f̄ ḡ ā b̄ c̿ d̿

Tiefere phrygische oder iastische Tonart:

es | f ges as b c̄es d̄es ēs (f̄es ḡes ās) f̄ ḡes ās b̄ c̿es d̿es ēs

Höhere phrygische Tonart:

e | fis g a h c̄ d̄ ē (f̄ ḡ ā) f̄is ḡ ā h̄ c̿ d̿ ē

Tiefere lydische oder äolische Tonart:

f | g as b c̄ d̄es ēs f̄ (ḡes ās b̄) ḡ ās b̄ c̿ d̿es ēs f̿

Höhere lydische Tonart:

fis | gis a h c̄is d̄ ē f̄is (ḡ ā h̄) ḡis ā h̄ c̿is d̿ ē f̿is

Tiefere mixolydische oder hyperdorische Tonart:

g | a b c̄ d̄ es f̄ ḡ (ās b̄ c̄) ā b̄ c̿ d̿ es f̿ ḡ

Höhere mixolydische oder hyperiastische Tonart:

gis | ais h c̄is d̄is ē f̄is ḡis (ā h̄ c̄is) āis h̄ c̿is d̿is ē f̿is ḡis

Hypermixolydische oder hyperphrygische Tonart:

a | h c̄ d̄ ē f̄ ḡ ā (b̄ c̿ d̿) h̄ c̿ d̿ ē f̿ ḡ ā

Nach dem Bericht des Pseudo-Euclid bildeten die Octavengattungen einen
Hauptbestandtheil des Systems; sie waren, wie oben erwähnt, die

| | |
|---|---|
| Mixolydische | = H c d e f g a h |
| Lydische | = c d e f g a h c' |
| Phrygische | = d e f g a h c' d' |
| Dorische | = e f g a h c' d' e' |
| Hypolydische | = f g a h c' d' e' f' |
| Hypophrygische | = g a h c' d' e' f' g' |
| Hypodorische | = a h c' d' e' f' g' a' oder dieselbe |
| Lokrische | = A H c d e f g a |

wobei noch besonders hervorzuheben ist, dass auch die anderen Musiker: Gaudentius pag. 20, Aristides pag. 18, Bacchius sen. pag. 18—19,
Ptolemäus lib. 2, cap. 10 genau dieselben Namen als Octavengattungen
der Alten überliefern, ohne andere Namen wie iastisch etc. hinzuzusetzen. In ganz irriger Weise behauptet nun der verdienstvolle Friedrich
Bellermann (S. 9 der »Tonleitern und Musiknoten der Griechen«), dass
jede dieser Octavengattungen in zwei Tetrachorde getheilt worden sei,
z. B. Phrygisch d' e' f' g' a' h' c'' d''. Abgesehen von der zu hoch genommenen Octavlage, da man doch jenes aufgestellte System von zwei
Octaven festhalten muss, welches nicht über das a' in der Höhe hinaus-

ging, ist auch die Bezeichnung der Tetrachorde falsch; denn diese wurden stets von feststehenden Klängen aus gebildet — mithin im System von H zu e, e zu a, h zu e' und e' zu a', im Tetrachord synemmenon aber von a zu d'. Friedrich Bellermann hat hier offenbar etwas Modernes hineingetragen, was der griechischen Harmonik fremd war. Diese unterschied genau die Quartengattungen vom Tetrachord, und man könnte daher nur behaupten, dass die phrygische Octavengattung aus Zusammensetzung der beiden zweiten Quartengattungen bestand. Durch Friedrich Bellermann's Aufstellung wird der Begriff von Tetrachord und Diatessaron aber in unklarem Durcheinander verwirrt. Ferner behauptet derselbe verdienstvolle Forscher Folgendes: »Athenäus sagt im 14ten Buche pag. 624 und 625, den Heraclides Ponticus (aus dem 4ten Jahrhundert vor Chr.) zum Gewährsmann anführend, die phrygische und die lydische Tonart seien barbarische Tonarten; griechische seien nur die dorische, ionische und äolische, deren letztere die hypodorische Octavengattung habe; und da die Ionier (womit er die asiatischen bezeichnet, die Milesier namentlich anführend) dem barbarischen Einfluss ausgesetzt wären, so sei eigentlich auch die ionische keine ächt griechische Tonart, wohl aber die lokrische. Auch von dieser lokrischen sagen Euclides pag. 16, Gaudentius p. 20 und Bacchius p. 19, sie sei hypodorisch. Da also neben der mit der hypodorischen gleich gesetzten äolischen Tonart noch die lokrische als eine von ihr verschiedene, aber doch auch hypodorische Octavengattung genannt wird, so kann diese lokrische nur die hyperphrygische sein, die sich von der hypodorischen durch verschiedene Tetrachordverbindung unterscheidet; sie ist, wie wir Neuern sagen würden, die plagialische Tonart (von unten gerechnet aus Quarte und Quinte bestehend) zur authentischen (aus Quinte und Quarte bestehenden) äolischen.«

Das Willkürliche dieser ganzen Annahme leuchtet sofort ein: 1) verwechselt der verehrte Friedrich Bellermann die Quartengestalten mit den Tetrachordverbindungen und zweitens behauptet er hinsichtlich der hypodorischen und lokrischen Octavengattung Dinge, welche gar nicht in den griechischen Schriftstellern stehen. Vielmehr sagt die Schrift des Pseudo-Euclid ausdrücklich, die lokrische sei mit der hypodorischen identisch, habe den diazeuktischen Ganzton an erster Stelle, und werde gebildet von Mese bis Nete hyperbolaeon oder von Proslambanomenos bis Mese. Friedrich Bellermann bildet seine lokrische aber nicht mit Berücksichtigung des charakteristischen diazeuktischen Ganztonintervalls, was der griechischen Anschauung vollkommen widerspricht. Die lokrische oder hypodorische, welche nach Heraclides Ponticus früher äolische hiess, hatte also folgende Tetrachordeintheilung: a h c′ d′ e′ f′ g′ a′

| diazeuktischer Ganzton | Tetra-chord | Tetra-chord |
|---|---|---|

Wie aus Obigem hervorgeht, ist die Ansicht Westphal's, dass sich diese Stelle, wo Heraclides von der hypodorischen und äolischen Harmonie spricht, auf die hypodorische Octavengattung der Alten beziehe [1]), scheinbar zu vertheidigen, weil es ja möglich sein könnte, dass im 4ten Jahrh. v. Chr. neben lokrisch und hypodorisch auch noch der im Mittelalter beibehaltene Name äolisch für die betreffende Octavengattung existirte, obgleich natürlich die Sache dadurch weder etwas gewinnt, noch etwas verliert. Vor allen Dingen hat man sich jedoch daran zu halten, was sicher aus den Quellen zu erweisen ist, und nicht an das, was mehr oder minder auf Vermuthungen basirt. Heraclides Ponticus ist, beiläufig bemerkt, überhaupt nicht als musikalische Autorität zu betrachten, und am allerwenigsten darf man Citaten aus demselben, welche von einem 500 Jahre später lebenden Compilator zusammengetragen sind, unbedingten Glauben beimessen. Hauptsächlich ist also das zu betrachten, was aus den Musikern als sicheres Resultat gewonnen wird. Bezüglich der T o n - a r t e n und O c t a v e n g a t t u n g e n wurden nun unserer Ansicht nach die Quellen nicht in richtiger Weise zusammengestellt. Besonders ist nämlich zu beachten, dass uns die Musiker für die O c t a v e n g a t t u n - g e n der Alten keine anderen Namen aufbewahrt haben, als diese sieben: Mixolydisch, Phrygisch, Lydisch, Dorisch, Hypolydisch, Hypophrygisch, Hypodorisch oder Lokrisch [2]). Aristoxenus hat diese Octavengattungen sicherlich in derselben Weise namhaft gemacht, wie seine Ausschreiber; diese bezeugen aber auch seine Aufstellung der 13 Transpositionsscalen,

---

1) Die Stelle bei Athenäus »διὸ καὶ περιέχουσι τὸ τῆς ὑποδωρίου καλουμένης ἁρμονίας ἦθος« lässt sicher schliessen, dass nicht, wie die verdienten Forscher meinen, hypodorisch der äolischen gleichgesetzt wird, sondern dass die Tonarten der Alten das Ethos der hypodorischen u m s c h l i e s s e n, was darauf hindeutet, dass das aus der hypodorischen Octavengattung gebildete System, welches auch äolisch genannt wird, sich innerhalb der drei Transpositionsscalen vorfindet, wie das bei Ptolemäus der Fall ist.

2) Es ist noch einmal zu erinnern, dass jeder von den Musikern, Ptolemäus, Gaudentius, Euclid, Bacchius, welche uns die Octavengattungen mittheilen, dieselben Namen gebraucht; nirgends finden wir eine Abweichung, wogegen bei den Transpositionsscalen von Aristoxenus ganz bestimmt verschiedene Namen für einzelne Tonarten angegeben sind, — ein historischer Beweis, dass in den Quellen, wo andere Namen vorkommen, die Transpositionsscalen gemeint sind und nicht die Octavengattungen.

unter welchen wir zwei lydische finden, eine höhere und eine tiefere, welche man auch A e o l i u s nannte; ferner zwei phrygische, von welchen die tiefere auch I a s t i u s hiess.

Ptolemäus erzählt uns nun in klarer Auseinandersetzung, sowohl im Cap. 6, als auch im Cap. 10 des 2ten Buches, dass die Alten nur drei Transpositionsscalen kannten und zwar die d o r i s c h e, p h r y - g i s c h e, l y d i s c h e, welche um einen Ganzton von einander entfernt waren, und von denen als die t i e f s t e die dorische galt. Diese drei Tonarten (mit Hinweglassung des Tetrachords synemmenon), in moderner Bezeichnung für das diatonische Geschlecht ausgedrückt, sind [1]) :

Dorisch $\quad = \overbrace{d\ e\ f}\ \overbrace{g\ a\ b}\ c'\ d'\ \overbrace{e'\ f'\ g'}\ \overbrace{a'\ b'\ c''}\ d''$

Phrygisch $= e\ \overbrace{fis\ g\ a}\ h\ c'\ d'\ e'\ \overbrace{fis'\ g'\ a'}\ h'\ c''\ d''\ e''$

Lydisch $\quad = \overbrace{fisgis\ a}\ h\ cis'\ d'\ e'\ \overbrace{fis'gis'}\ a'\ h'\ cis''\ d''\ e''\ fis''$

Wendet man hierauf die später zu erklärenden Octavengattungen an, so erhält man für die dorische Transpositionsscala einen Umfang vom grossen A bis zum zweigestrichnen g, mithin eine Klangregion, welche die Verbindung einer Männer- und Knabenstimme repräsentirt und in der Höhe für die Knabenstimme, in der Tiefe für die Männerstimme ohne Anstrengung erreichbar ist, daher auch zum kräftigen, natürlichen, würdigen Ausdruck geeignet erscheint. Ohne Zweifel sind diese als Tonarten der Alten bezeichneten Transpositionsscalen identisch mit den bei Plutarch erwähnten Tonarten: Dorisch, Phrygisch, Lydisch. R. Westphal übersetzt ganz correct und dem Sinne des Griechischen entsprechend: »Zur Zeit des Polymnastus und des Sakadas gab es drei Tonarten, die dorische, phrygische und lydische [2]) ; in jeder dieser drei Tonarten soll Sakadas eine Strophe componirt und durch den Chor als Didaskalos zur Aufführung gebracht haben, die erste Strophe dorisch, die zweite phrygisch, die dritte lydisch, und dieses Wechsels wegen soll jener Nomos »Trimeres« genannt worden sein. In der sikyonischen Anagraphe über die Componisten ist Klonas als Erfinder des Nomos Trimeres aufgezeichnet.« Wir erfahren hieraus also, dass schon zu den Zeiten des

---

1) Friedrich Bellermann würde die dorische Tonart in Rücksicht auf seinen tiefsten Klang Proslambanomenos = F eine verminderte Quart tiefer notiren, was aber dann dem System der Griechen widerspricht; denn nach den Quellen soll der Proslambanomenos der dorischen Tonart von dem der hypodorischen ein Diatessaron und n i c h t eine übermässige Terz (F-Ais) entfernt sein.

2) Ptolemäus sagt also ganz richtig παλαιοί, wenn er Polymnastus und Sakadas im Sinne hat.

Polymnastus und Sakadas jene drei Transpositionsscalen populär waren, welche auch Aristides Quintilian pag. 25 als die drei Haupttonarten anführt und hinsichtlich ihrer verschiedenen Klanghöhe betrachtet. Ausdrücklich hebt er hervor, die dorische Tonart sei geeignet für die klanglich tiefere Thätigkeit der Stimme, die lydische für die höhere, die phrygische für die mittlere zwischen den beiden, der dorischen und lydischen. Es ist nun entschieden irrig, zu behaupten, dass der Ausdruck ἁρμονία bei den Alten für εἶδος gebraucht worden sei; denn gerade die Stellen des Plutarch, Plato und Aristoteles beweisen, dass ἁρμονία überhaupt harmonisches System bedeutete und daher auch das vollkommne System einer Tonart. Plutarch nennt bestimmt Diatessaron, Diapente und Diapason als T h e i l e der Harmonie nach der Meinung des Aristoteles, und zwar wird ausdrücklich dann das mittlere Diapason einer Harmonie, d. h. einer Transpositionsscala von der Nete zur Hypate beschrieben. Weil nun die Forscher nur die letzten Sätze in Betracht zogen, nicht aber bemerkten, wie vorher das Zeugniss des Aristoteles angeführt wird, dass Diapason ein Theil der Harmonie sei und nicht die Harmonie selbst, entstand wohl jener Irrthum, ἁρμονία bedeute Octavengattung. Plutarch sagt [1]), Diapason als Theil bestehe wieder aus Theilen, d. h. aus Quinte und Quarte in arithmetischer und geometrischer Theilung, was er an dem mittleren Diapason des Systems beweist, z. B. an e zu c' im folgenden System

A H c d e f g a h c' d' e' f' g' a'.

Dann sind e-h-e' und c-a-e' die Verhältnisse, welche er hauptsächlich ins Auge fasst, sie sind dieselben wie das Verhältniss von A-e-a und H-e-h, und aus solchen Theilen besteht eben die Harmonie, d. h. ein ganzes Tonsystem, in welchem es Octaven, Quinten, Quarten, Ganzton und Halbton, auch Schwingungstheile giebt; 6 : 12 (d. h. die Octave ist eben der grösste Theil der Harmonie), 6 : 9 (d. h. die Quinte der nächst kleinere), 6:8 (d. h. die Quarte der noch kleinere), und 8:9 (d. h. der Ganzton) ist der Unterschied der kleineren harmonischen Theile. Diese übertreffen [2]) sich selbst in dem harmonischen System um die genannten Theile, z. B. übertrifft Diapason das Diatessaron um Diapente und umgekehrt, Diapente das Diatessaron um den Ganzton; sie werden aber auch selbst durch dieselben übertroffen; denn das mittlere Diapason von der Nete diezeugmenon zur Hypate meson, d. h. von e zu e', wird in der Höhe um

---

1) Plutarch, de musica cap. 23.

2) Die Differenzen (ὑπεροχαί) zwischen den Consonanzen sind hier bei Plutarch sehr genau dargestellt.

Diatessaron e' zu a' in der Tiefe um Diapente A zu e, oder das Intervall
Diapente e' zu a, d. h. von Nete diezeugmenon zu Mese, wird nach der
Tiefe im harmonischen System um Diapason a zu A, nach der Höhe zu
um Diatessaron übertroffen, kurz aus diesen Theilen und ihren akustischen Zusammensetzungen besteht die Harmonie, d. h. das musikalische
System. Es wäre sicherlich um die dorischen Melodien traurig bestellt
gewesen, wenn sich dieselben nicht in verschiedenen Octavengattungen
bewegt hätten. Würde aber Plato unter der dorischen Harmonie nicht
ein vollkommnes System mit sieben Octavengattungen verstehen, sondern
nur die dorische Species, oder das mittlere Diapason des vollkommnen
Systems, dann hätten ja nicht Knaben und Männer in Octaven zusam-
mensingen können, was doch ausdrücklich bezeugt wird und es würden
keine Systemübergänge vorhanden gewesen sein; denn in jedem vollkommnen System bilden die Octavengattungen, jede als mittleres Diapason gesetzt, wiederum Nebensysteme, von denen ein jedes eine andere
thetische Mese hat [1]. Diese konnte doch Plato gar nicht entbehren,
wenn er überhaupt den Knaben das Singen von Melodien gestattete. Es
ist nun die Frage, warum Plato die mixolydische und syntonolydische
als weinerliche Tonarten bezeichnet und auch die ionische und lydische
zum Zweck der Erziehung für nicht geeignet hält. Ein modernes Beispiel wird hier wohl auch die Philologen auf die musikalische Anschauung lenken, welche hier allein zum Ziele verhilft. Bei Besprechung des
»Messias« sagt z. B. Eduard Krüger: »Wohlgewählt und kräftig, in wohl-
erwogenem steigernden Zusammenhange, ist die Folge der Tonarten:
im ersten Theile vom »feuchtwarmen« E-moll zum »männlich ernsten«
B-dur; im zweiten emporsteigend vom »dumpfen« G-moll zum freudig
glänzenden D-dur; im dritten zurücksinkend vom »glühenden Schim-
mer« des E-dur zum »frischen« D-dur, das die Stimmung des zweiten
Schlusses bestätigt«; und im weiteren Verlauf spricht er auch vom
»einfältig klaren« C-dur. Idealisten, die nicht zugleich Musiker vom
Fach waren, haben zu jeder Zeit den Tonarten bestimmte Charaktere
beigelegt, so auch Plato, welcher bei Betrachtung der dorischen findet,
dass ihr ganzer Umfang (mit Einschluss der Octavengattungen) gerade
für den männlich ernsten Ausdruck passe und die Knaben nicht in Tonregionen führe, die höchstens nur für Weiberstimmen passe und keinen
natürlichen Ausdruck mehr für Männer und Knaben verstatte. Die übri-

---

1) Hierauf bezieht sich auch die Stelle in Bacch. sen. pag. 14: Ὅταν ἐκ τοῦ
ὑποκειμένου συστήματος εἰς ἕτερον σύστημα ἀναχωρήσῃ ἡ μελῳδία, ἑτέραν μέσην
κατασκευάζουσα.

gen Tonarten betrachtet er stets in Beziehung zur dorischen, und zwar,
weil sie auf höheren Tonstufen, als diese, erscheinen, legt er ihnen in
Bezug auf die echt griechische dorische jene Charaktereigenschaften bei.
Der Musiker, wie Ptolemäus, hält sich frei vom Idealismus; er sagt einfach : das ist gesund und natürlich, was für die Stimme passt; jede Transpositionsscala ist gleichberechtigt mit der anderen und jede erscheint als
dieselbe wie die andere. Die verschiedene Natur der Menschenstimme
bedingt aber die Mehrzahl der Transpositionsscalen. Wahrheit liegt nach
unserer Anschauung namentlich dann in der Aufstellung verschiedener
Charaktere für die Tonarten der Alten, wenn man sie in Bezug auf
ihre Klanghöhe und in Rücksicht auf die Octavengattungen so vergleicht,
wie dies Ptolemäus im 2ten Buche seiner Harmonik gethan hat. Im
Tonstück z. B. kann ein Uebergang von D nach E den Enthusiasmus ausdrücken, das E kann ja nach der geschickten Wendung des Componisten durch die Steigerung nach der Höhe zu wieder erscheinen
im Gegensatz zum tieferen D, oder im griechischen Sinne: die phrygische Transpositionsscala ist erregter, enthusiastischer im Verhältniss
zur dorischen; schwerlich wird auch ein Componist der Jetztzeit tiefer liegende Tonarten zur Steigerung wählen, als diejenige, von welcher er die
Steigerung beginnt. Wie nun gerade die Tonhöhe in ihrem Verhältniss
auf drei mit einander vergleichbare Tonarten für den Charakter mit entscheidend ist, das beweisen die drei Hauptstimmungen der Clarinette.
Die C-Clarinette als die höchte ist »härter« als die B-Clarinette, welche
als mittlere, so zu sagen, den edelsten Charakter besitzt. Unnatürlich ist
es also gar nicht, wenn Plato einen bestimmten Tonumfang für den edelsten
hält, und in diesem Sinne ist auch die Besprechung seiner Harmonien,
d. h. der Tonsysteme, zu fassen; denn auf die Octavengattungen allein
und ohne Rücksicht auf das Verhältniss der Octavengattungssysteme innerhalb der Transpositionsscalen bezogen, hat seine idealistische Betrachtung wenig Sinn, sie würde dann nur als dilettantische Auffassung der
Melodie erscheinen. Bei einfachen Volksmelodien wünschen auch wir,
dass sich die melodischen Wendungen innerhalb einer Tonart halten,
oder im Platonischen Sinne : die männlich ernsten, natürlichen Volkslieder
haben die Harmonie, das Tonsystem der dorischen Tonart, welche in ihren
Octavengattungssystemen genug Spielraum zu charakteristischen Wendungen verstattet, streng zu bewahren, und nicht in höher liegende,
der menschlichen Stimme nicht mehr angemessene, z. B. in die syntonolydische, mixolydische, überzuspringen, welche, mit Rücksicht auf die
dorische, weinerlich oder unnatürlich etc. etc. erscheinen. — Aber auch

historisch und sprachlich hat es gar keinen Sinn, die Erörterungen des
Charakters blos auf die Octavengattungen an sich zu beziehen; denn
Ptolemäus stellt fest: es giebt drei Transpositionsscalen der Alten, die
dorische, phrygische, lydische, sie weichen von einander um den Ganzton ab und von ihnen ist die dorische die tiefste: dasselbe bezeugt Aristides Quintilian, Plutarch und Heraclides Ponticus. Gerade der letztere, welcher nicht mit Recht als Hauptgewährsmann von
den modernen Forschern angeführt wird, sagt bestimmt in Bezug auf die
Transpositionsscalen der Alten: es sei nicht nöthig den Namen Phrygisch und Lydisch zu gebrauchen, sondern mit Rücksicht auf die
Völkerstämme wäre es besser für die drei Harmonien, d. h. Transpositionsscalen, zu sagen: Dorisch, Aeolisch, Ionisch oder Iastisch. Wenn
diese Namen nicht im Gebrauch gewesen wären, möchte das Namenver-
zeichniss des Aristoxenus für die Transpositionsscalen gar keinen Sinn
haben. Aristoxenus, der Sammler und praktische Redactor des vorhandenen Materials in der musikalischen Praxis, welcher nicht gerade ein
bedeutender Akustiker war, sondern mehr als Musiklehrer ohne tiefe
theoretische Speculation das Bequeme für Lernende ins Auge fasste,
führt nun entschieden zwei lydische an, von welchen er die tiefere
äolisch nennt. Heraclides meint jedenfalls, dass man auch die höhere
äolisch nennen dürfe. Ferner führt Aristoxenus zwei phrygische an,
von welchen er die tiefere als iastisch = ionisch bezeichnet. Heraclides meint, man könne auch die alte phrygische iastisch nennen, es sei
nicht nöthig, sie mit phrygisch zu bezeichnen, woraus sich auch erklärt,
was Plutarch in Cap. 16 sagt, dass die nachgelassene lydische (ἐπανειμένη Λυδιστί), welche das Gegentheil von der mixolydischen sei (weil
diese nämlich höher liegt), ganz in der Nähe der iastischen sich befinde
(παραπλησία οὖσα τῇ 'Ιάδι). Die iastische des Heraclid ist gleich der
phrygischen des Aristoxenus vom Tone e aus gebildet, die nachgelassene
lydische, welche Aristoxenus äolisch nennt, liegt nun unmittelbar neben
dieser Heraclidisch-iastischen oder Aristoxenisch-phrygischen weil sie
vom Tone f aus geführt wird. Der verdienstvolle Forscher Friedrich
Bellermann ist hier in einen sehr bedeutenden sprachlichen Irrthum verfallen, indem er, wie aus seiner Erörterung hervorgeht, παραπλησία mit
»plagial« erklärt. Das Plagiale bezeichneten aber die Griechen stets
mit harmonisch ähnlich (d. h. mit ὅμοιον), während παραπλήσιον musikalisch das in der Nähe Liegende bedeutet [1]). Zum Unterschiede von

---

1) Zur Vergleichung geben wir hier die ganze Stelle Friedrich Bellermann's
(Tonleitern und Musiknoten der Griechen, S. 10 — 12): »Athenäus sagt im

der nachgelassenen lydischen erscheint nun die syntonolydische, d. h. die angespannte lydische, weil sie einen Halbton höher gespannt ist, als

14ten Buche pag. 624 und 625, den Heraclides Ponticus (aus dem 4. Jahrh. vor Chr.) zum Gewährsmann anführend, die Phrygische und die Lydische Tonart seien barbarische Tonarten; Griechische seien nur die Dorische, Ionische und Aeolische, deren letztere die Hypodorische Octavengattung habe; und da die Ionier (womit er die Asiatischen bezeichnet, die Milesier namentlich anführend) dem barbarischen Einfluss ausgesetzt wären, so sei eigentlich auch die Ionische keine ächt Griechische Tonart, wohl aber die Lokrische. Auch von dieser Lokrischen sagen Euklides p. 16, Gaudentius p. 20 und Bacchius p. 19, sie sei Hypodorisch. Da also neben der mit der Hypodorischen gleichgesetzten Aeolischen Tonart noch die Lokrische als eine von ihr verschiedene, aber doch auch hypodorische Octavengattung genannt wird, so kann diese Lokrische nur die Hyperphrygische sein, die sich von der Hypodorischen durch verschiedene Tetrachordverbindung unterscheidet; sie ist, wie wir Neuern sagen würden, die plagialische Tonart (von unten gerechnet, aus Quarte und Quinte bestehend) zur authentischen (aus Quinte und Quarte bestehenden) Aeolischen. Es stehen also sicher diese fünf: die Dorische, die Aeolische oder Hypodorische, die Lokrische, die Phrygische und die Lydische. Da diese nun sämmtlich melodische sind, so kann die noch übrige Ionische, die Athenäus Anfangs zu den ächtgriechischen stellte, keine unmelodische sein; es bleibt also nur übrig, dass sie die Hypophrygische oder die Hyperlydische ist. Von diesen beiden nur durch Tetrachordeintheilung verschiedenen Octavengattungen wird man nach Analogie der bereits sichern Tonarten lieber die Hypophrygische der Ionischen geben, als ihre plagialische, die Hyperlydische, da auch dort die (plagialische) Lokrische nicht ohne ihre zugehörige authentische, die Aeolische, da ist. — Nun bezeichnet Plato im 3ten Buche der Republik pag. 398 c zuvörderst als schlechte weinerliche Tonarten die Mixolydische und Syntonolydische, worauf er für den Zweck ächtgriechischer Erziehung, die Ionische und Lydische als zu weichliche verwerfend, allein die Dorische und Phrygische beibehält. Er muss also erstens unter der Dorischen jedenfalls die ebenso ächtgriechische Aeolische mitverstanden haben, zweitens muss, da von den beiden weinerlichen eine die unmelodische Mixolydische ist, die zweite derselben nothwendig die andere unmelodische sein, und die Syntonolydische ist also die Hypolydische Octavengattung. Denn nur diese ist nebst der Hyperlydischen noch übrig; die Hyperlydische kann es aber nicht sein; sonst würde die getadelte Syntonolydische einerlei Octavengattung haben mit der Ionischen.

»Mit obigen Stellen übereinstimmend sagt Pollux 4, 9, 65: Tonarten sind die Dorische, Ionische, Aeolische als die ersten; auch die Phrygische und die Lydische; auch die Lokrische, des Philoxenus Erfindung. — Dieselben, ohne die Lokrische, werden bei Cassiodorus im 40sten Briefe des 2ten Buches aufgezählt; ebenso in des Appulejus Florida pag. 115, wo Asium statt Ionium steht, entweder als Schreibfehler für Iasium (d. i. Ionisch),

die nachgelassene, und Aristoxenus unterscheidet ja ganz klar zwei lydische, so dass es also gar keinem Zweifel unterliegen kann, wie in den

---

oder es wird, entsprechend dem vorher aus A t h e n ä u s Angeführten, die Ionische Tonart A s i a t i s c h genannt. — Mit Auslassung der Aeolischen Tonart, die,
wie in der obigen Stelle aus P l a t o, unter der Dorischen mit zu verstehen ist,
werden die Dorische, Ionische, Phrygische und Lydische zusammengestellt
von Pl a to im Laches pag. 188 d, und zu Anfang von L u c i a n's Harmonides;
und ebenso zählt P o l l u x 4, 10 als Tonarten für die Flöte auf: die Dorische,
Phrygische, Lydische und Ionische, setzt aber die (unmelodische) Syntonolydische
hinzu, als spätere Erfindung des A n t h i p p u s. — Sehr häufig wird auch die
Ionische weggelassen, die auf dieselbe Weise unter der Phrygischen mit verstanden wird, wie die Aeolische unter der Dorischen, daher A r i s t i d e s p. 25
sagt, es gebe d e r G a t t u n g n a c h d r e i : Dorisch, Phrygisch, Lydisch; jede
nämlich repräsentirt die Tonarten, welche aus denselben Tetrachorden zusammengesetzt sind, die in diesen dreien als getrennte stehen. Endlich sagt A r i -
s t o t e l es in der Republik 4, 3, nur zwei Klassen anführend, die Tonarten wären entweder D o r i s c h oder P h r y g i s c h, indem er unter den letzteren alle
mit nichtgriechischen Tetrachorden, und unter den ersteren die beiden ächt
Griechischen versteht.

»Somit wären von den nach Octavengattung, Quartengattung und Tetrachordverbindung möglichen n e u n Tonarten a c h t in den Schriftstellern nachgewiesen, so dass nur noch die Hyperlydische übrig bleibt, welcher man also
die n a c h g e l a s s e n e (ἐπανειμένη) Lydische wird zutheilen müssen, die
Pl u t a r c h Cap. 16 als Erfindung des D a m o n anführt, und die er der Ionischen
ä h n l i c h nennt. Denn ähnlich ist nur diese der Ionischen, als plagialische
Tonart zu jener authentischen, so wie man die Lokrische der Aeolischen ähnlich nennen kann. Sonst kann man von allen sieben verschiedenen Octavengattungen keine der anderen ähnlich nennen; sie haben jede ihren auffallend
verschiedenen Charakter. Der Name der n a c h g e l a s s e n e n Lydischen und
der S y n t o n o l y d i s c h e n (angespannt Lydischen) erklärt sich, wenn man sie
unter sich und mit der Lydischen vergleicht, welche ihre Lydischen Tetrachorde
über die ganze Octave ausbreitet, während die S y n t o n o l y d i s c h e sie als
Lydisches Heptachord in die Höhe gespannt und die n a c h g e l a s s e n e sie in
die Tiefe nachgelassen hat. Dabei darf es nicht stören, dass gerade die H y p o -
oder U n t e r l y d i s c h e die a n g e s p a n n t e heisst und die H y p e r - oder U e b e r -
lydische die n a c h g e l a s s e n e; denn Hypo heisst in allen diesen Octavengattungen, dass der diazeuktische Ton unten liegt, und Hyper, dass er oben liegt.
Diese selben Ausdrücke bezeichnen in den 15 Mollscalen freilich tiefere und
höhere Lage; aber diese kommt bei den Octavengattungen gar nicht in Betracht, was an sich klar ist, und zum Ueberfluss von A t h e n ä u s a. a. O. gesagt
wird: Man muss die tadeln, die die Verschiedenheit nach der Gattung nicht
einsehen, und nach der Höhe und Tiefe gehen, und eine Hypermixolydische
Tonart machen (was ein die ganze Analogie störender Name für die Hyperphrygische Mollscale ist, s. pag. 6) und darüber wieder eine u. s. w. Eben so wenig
können wir von Moll und Dur sagen, dass eins eine höhere Tonlage habe, als

Quellen die Transpositionsscalen gemeint sind, welche überdies bald
neben den drei ältesten, der dorischen, phrygischen und lydischen, entstanden. Friedrich Bellermann hat diese drei ältesten ganz unberück-
sichtigt gelassen in Bezug auf ihre Tonverhältnisse, welche gerade musikalisch entscheidend sind, und von den Stellen des Aristides [1]) und Plu-

das andere, da man beide hoch und tief singen kann. Wohl aber sagen wir,
Moll habe einen tiefern Klang oder Charakter als Dur, weil drei seiner Stufen
tiefer zum Grundton liegen als in Dur; in diesem Sinne liegt in der nachgelassenen Lydischen eine Stufe (die 7te) und ausserdem ein ganzes Tetrachord
tiefer als in der Lydischen, und dagegen in der Syntonolydischen eine Stufe
(die 4te) und ein ganzes Tetrachord höher als in der Lydischen. — Der Name
Mixolydisch deutet darauf hin, dass man den 2ten bis 5ten Ton dieser Scale als
Lydisches Tetrachord ansah; da das höhere dann unvollständig ist und seine
Ergänzung an den tiefsten Ton der ganzen Scale abgetreten hat, so ist es eben
eine vermischte oder verwirrte Lydische Scale. Dies bestätigt Plutarch,
welcher Cap. 16 sagt, Lamprocles habe zuerst entdeckt, dass diese Scale
ihren diazeuktischen Ton in der Höhe hat, und nicht da, wo man früher glaubte
(zwischen f und g). Durch diese Veränderung also wurde diese Tonart, wie-
wohl unmelodisch, doch verständlicher, und bekam Griechische Tetrachorde;
daher Plutarch aus Aristoxenus hinzufügt, sie wäre (nämlich in diesem
Sinne) von der Sappho und in der Tragödie gebraucht worden.« —

1) Aristid. Quint. lib. 1, pag. 25 sagt: Εἰσὶ δὲ τῷ γένει τρεῖς· δώριος, φρύγιος, λύδιος· τούτων ὁ μὲν δώριος πρὸς τὰ βαρύτερα τῆς φωνῆς ἐνεργήματα χρή-
σιμος· ὁ δὲ λύδιος πρὸς τὰ ὀξύτερα· ὁ δὲ φρύγιος πρὸς τὰ μέσα.

Hieran fügen wir die Hauptstellen in Bezug auf die ältesten Transpositionsscalen: Dorisch, Phrygisch, Lydisch, Plutarch, cap. 8: Τόνων γοῦν
τριῶν ὄντων κατὰ Πολύμνηστον καὶ Σακάδαν, τοῦ δὲ Δωρίου καὶ Φρυγίου καὶ Λυδίου, ἐν ἑκάστῳ τῶν εἰρημένων τόνων στροφὴν ποιήσαντά φασι τὸν Σακάδαν διδά-
ξαι ᾄδειν τὸν χορόν, Δωριστὶ μὲν τὴν πρώτην, Φρυγιστὶ δὲ τὴν δευτέραν, Λυδιστὶ
δὲ τὴν τρίτην.

Heraclides Ponticus bei Athenäus lib. 14, pag. 624, Sect. 19: Ἡρακλείδης
δὲ ὁ Ποντικὸς ἐν τρίτῳ περὶ μουσικῆς οὐδ᾽ ἁρμονίαν φησὶ δεῖν καλεῖσθαι τὴν
Φρύγιον, καθάπερ οὐδὲ τὴν Λύδιον. Ἁρμονίας γὰρ εἶναι τρεῖς. Τρία γὰρ καὶ
γενέσθαι Ἑλλήνων γένη, Δωριεῖς, Αἰολεῖς, Ἴωνας .... Τὴν οὖν ἀγωγὴν τῆς
μελῳδίας, ἣν οἱ Δωριεῖς ἐποιοῦντο, Δώριον ἐκάλουν ἁρμονίαν· ἐκάλουν δὲ καὶ
Αἰολίδα ἁρμονίαν, ἣν Αἰολεῖς ᾖδον· Ἰαστὶ δὲ τὴν τρίτην ἔφασκον, ἣν ἤκουον
ᾀδόντων τῶν Ἰώνων. — Hierzu in Vergleichung die Theilung des Aristoxenus in
zwei phrygische, die auch nach Heraclid iastisch genannt werden konnten, und
in zwei lydische, die auch äolisch hiessen. Darum spricht Plutarch von einer
nachgelassenen lydischen (Plutarch cap. 16: ἀλλὰ μὴν καὶ τὴν ἐπανειμένην
Λυδιστί, ἥπερ ἐναντία τῇ Μιξολυδιστί, παραπλησίαν οὖσαν τῇ Ἰάδι,
ὑπὸ Δάμωνος εὑρῆσθαί φασι τοῦ Ἀθηναίου), und Plato erwähnt die angespannte
lydische (συντονολυδιστί). Plato de republica lib. 3, pag. 398 D am Ende:
Τίνες οὖν θρηνώδεις ἁρμονίαι; λέγε μοι· σὺ γὰρ μουσικός. Μιξολυδιστί, ἔφη, καὶ
συντονολυδιστὶ καὶ τοιαῦταί τινες. Οὐκοῦν αὗται, ἦν δ᾽ ἐγώ, ἀφαιρετέαι· ἄχρηστοι

tarch erwähnt der kluge Forscher nicht den Inhalt. Die geistreiche Conjectur Westphal's entbehrt, da sie auf der Bellermann'schen Anschauung fusst, ebenfalls des musikalischen Grundes, obgleich man ihm natürlich für die Ordnung und Darlegung des reichhaltigen Quellenmaterials ausserordentlich dankbar sein muss.

Alles, was hier mit Rücksicht auf die Transpositionscalen und die Octavengattungen auseinandergesetzt wurde, findet noch genauere Bestätigung durch Ptolemäus selbst. Die Capitel 5 bis 11 aus dem zweiten Buche dieses interessanten Musikers habe ich deshalb im griechischen Texte und deutscher Uebersetzung beigegeben, weil sie bisher nicht in dieser Weise vorgeführt, sondern nur immer auf Grund irriger Auffassungen zu Streitfragen benutzt wurden.

Fassen wir noch einmal die Sache kurz zusammen, so haben wir die Transpositionsscalen

Dorisch, Phrygisch, Lydisch,

welche nach Heraclides Ponticus auch heissen

Dorisch, Ionisch oder Iastisch, Aeolisch.

Dorisch ist einfach vorhanden, Phrygisch und Lydisch zweifach, daher nach Aristoxenus die Anfangstöne, z. B.

Dorisch, (Iastisch) Phrygisch, (Aeolisch) Lydisch
d     es und e     f und fis,

somit bei Plutarch die nachgelassene lydische = f, bei Plato die angespannte lydische (syntonolydische) = fis, woraus sich ohne moderne Zuthaten und Willkürlichkeiten die Stellen in den Quellen leicht erklären.

---

γὰρ καὶ γυναιξὶν ἃς δεῖ ἐπιεικεῖς εἶναι, μὴ ὅτι ἀνδράσιν. Πάνυ γε. 'Αλλὰ μὴν μέθη γε φύλαξιν ἀπρεπέστατον καὶ μαλακία καὶ ἀργία. Πῶς γὰρ οὔ. Τίνες οὖν μαλακαί τε καὶ σύμποτικαὶ τῶν ἁρμονιῶν; 'Ιαστί, ἦ δ' ὅς, καὶ λυδιστί, αἵτινες χαλαραὶ καλοῦνται. Ταύταις οὖν, ὦ φίλε, ἐπὶ πολεμικῶν ἀνδρῶν ἔσθ' ὅ τι χρήσει; Οὐδαμῶς, ἔφη· ἀλλὰ κινδυνεύει σοι δωριστὶ λείπεσθαι καὶ φρυγιστί. Dass die mixolydische Transpositionsscala von der Sappho erfunden worden sei, von welcher sie die Tragödiendichter erlernt hätten, sagt Aristoxenus bei Plutarch cap. 16, ebenso, dass man dieselbe mit der dorischen verknüpft habe, gleich wie dies Ptolemäus bei Herstellung der Synemmenon-Systeme aus den diazeuktischen thut. Nach Andern soll schon Terpander die ganze mixolydische Tonart (vielleicht das mixolydische System innerhalb der dorischen Tonart?) erfunden haben, Plut. cap. 28, ferner spricht derselbe cap. 33 von der Verknüpfung der hypodorischen, mixolydischen, dorischen, hypophrygischen und phrygischen. Zu vergleichen sind die Stellen bei Aristot. Polit. 8, 5; pag. 327 sq. ed. Schneid.; Aristoteles de republ. 8, c. 7. Aristid. Quint. lib. 1, p. 22, wo er Plato citirt. Plato Laches 188 D), wo er die dorische als echt hellenische hervorhebt und die iastische, phrygische, lydische verwirft.

Denn wo Plato von der ionischen an sich spricht, hat er natürlich die
Trennung im Sinne, wie sie uns von Aristoxenus, dem Schüler des Aristoteles und Sammler des vorhandenen praktisch musikalischen Materials,
überliefert worden ist. In der That ist auch die ionische, d. h. die tiefere phrygische, im Verhältniss zur höheren phrygischen weicher und
schlaffer, und die mixolydische ist gleich der (nachgelassenen) lydischen
und syntonolydischen wegen zu hoher Lage im Verhältniss zur dorischen
und phrygischen unpraktisch, schlecht, weinerlich, weibisch, oder wie
Moritz Hauptmann in Bezug auf solche neuere Musik, welche allzu hohe
Tonregionen für Menschenstimmen gebraucht, nicht mit Unrecht scherz-
weise äusserte: »sie winselt in zu hohen Lagen herum«, d. h. ihr
Charakter ist ein unnatürlicher. Pollux konnte ferner neben den drei
Tonarten Dorisch, Ionisch, Aeolisch auch Phrygisch und Lydisch nennen,
weil man Phrygisch und Lydisch theilte und die Namen, nach Heraclid,
mit einander versetzte; dass er dabei die lokrische erwähnt, ist ebenfalls
natürlich, weil die lokrischen Octavengattungen A bis a oder a bis a′ mit
den hypodorischen Octavengattungen identisch sind, diese aber zusammen dasselbe System haben, wie die hypodorische Tonart, d. h. die
hypodorische Transpositionsscala. Die dorische und phrygische sind
nach Plato und Aristoteles die Haupttonarten, mit welchen man nach
seiner Ansicht vollkommen ausreichen konnte.

Was nun die Bezeichnung durch Noten anlangt, so sind uns
die griechischen Scalen am vollständigsten durch Alypius aufbewahrt worden. Von einer dilettantischen Spielerei, wie sie entsteht, wenn man die historische Ueberlieferung aufgiebt und den
Proslambanomenos $=$ F annimmt, so dass die tiefste hypodorische
als F-moll aufgezeichnet wird und alle übrigen Transpositionsscalen eine grosse Terz tiefer notirt erscheinen, halten wir uns fern.
Friedrich Bellermann, der zwar höchst verdienstvolle Forscher, aber
auch der Schöpfer dieser dem Wesen der Sache ganz unnützlichen Bezeichnung, welche in keiner Weise historisch gerechtfertigt ist und nur
aus dilettantischer Anschauung der akustischen Verhältnisse hervorgegangen sein kann, nimmt nämlich ebenso wie Fortlage, dessen Werk kurz
nach dem Bellermann'schen erschien [1]), den Proslambanomenos $=$ F an

---

1) Fortlage sagt ehrlich in seinem 1847 erschienenen Werke auf der vor-
letzten Notentabelle, die Annahme, dass der Proslambanomenos der lydischen
Tonart unserem d (mithin der Proslambanomenos der hypodorischen Tonart
$=$ F) entspreche, sei »willkürlich«.

und zwar hauptsächlich auf Grund einer Stelle aus Ptolemäus. **Wie**
diese hierzu gar keinen Anhaltepunkt liefert, sondern gerade das Gegentheil beweist, soll weiterhin klargestellt werden; aber auch ganz un-
haltbar ist von ihm die Herleitung des Proslambanomenos vom Umlegen
der Zeichen. Er wählt nämlich aus seiner Aufstellung der chromatischen
Leiter den Klang b' aus und geht nun abwärts schreitend bis zum Klange G,
woraus sich nach seiner Anschauung das ausserordentliche Resultat ergiebt, dass der Limma-Schritt immer durch das Umlegen der Zeichen ausgedrückt wird, z. B., sagt er, »wird G-As ausgedrückt durch ε–ω«. Um
die Sache recht mystisch darzustellen, vermeidet er bei seiner Analyse
unter Anwendung der Instrumentalnoten moderne Tonbestimmungen
und gebraucht für dieselben griechische Buchstaben. Wer mit der
Sache nicht genau vertraut ist, mag sich durch solche aus dem musikalischen Dilettantismus hervorgegangene Experimente täuschen lassen, wir
wollen aber hier die Sache auseinandersetzen, um das »Willkürliche«
dieser Annahme klarzustellen.

Friedrich Bellermann giebt folgendes Schema, aus dem er den
Proslambanomenos $=$ F vermeintlich entwickelt:

| 1 | 2 | 3 | 4 |
|---|---|---|---|
| $\tau$ $\upsilon$ $\varphi$ | $\chi$ $\psi$ $\omega$ | $\alpha$ $\beta$ $\gamma$ | $\delta$ $\varepsilon$ $\zeta$ |

| 5 | 6 | 7 | 8 |
|---|---|---|---|
| $\eta$ $\vartheta$ $\iota$ | $\varkappa$ $\lambda$ $\mu$ | $\nu$ $\xi$ $o$ | $\pi$ $\varrho$ $\sigma$ |

| 9 | 10 | 11 | 12 |
|---|---|---|---|
| $\tau$ $\upsilon$ $\varphi$ | $\chi$ $\psi$ $\omega$ | $\alpha$ $\beta$ $\gamma$ | $\delta$ $\varepsilon$ $\zeta$ |

| 13 | 14 | 15 | 16 |
|---|---|---|---|
| $\eta$ $\vartheta$ $\iota$ | $\varkappa$ $\lambda$ $\mu$ | $\nu$ $\xi$ $o$ | $\pi$ $\varrho$ $\sigma$ |

Indem er nun die Klangreihe

G A H c d e f g a h c' d' e' f' g' a'

mit den seiner Ansicht nach passenden Zeichen aufstellt, kommt er zu
dem Resultate, dass immer der Limma-Schritt durch das Umlegen bezeichnet werde, was er in folgendem Schema zeigt:

u. s. w.

wonach er dann meint: »Z. B. von e aus ( ᒣ ᒥ) bildet den Ganzton-
schritt aufwärts fis, welches um ein Limma und eine Apotome höher ist
als e. Ges ( Ψ ᚷ) ist nur um zwei Limmen höher als e ( ᒣ ᒥ); folglich ist das um einen Ganzton (ein Limma und eine Apotome) höhere,
mit ges, d. i. Ψ ᚷ auf einerlei chromatischer Stufe stehende Zeichen
ᚷ ᚻ unserem fis gleich; und so ist es mit allen übrigen. Hieraus ergiebt sich also die bisherige Uebertragung der griechischen Noten in
unsere, der gemäss der hypodorische Proslambanomenos unser F ist, als
nothwendig, indem jede der beiden andern, pag. 37 als möglich gesetzten Annahmen nicht ursprüngliche Noten in die Uebertragung der tiefsten
Zeichen bringen würde, welche sich jetzt als die ursprünglichen bewährt
haben, von denen die andern als Limma- und Apotomeerhöhungen ab-
geleitet sind.« — Dass die Bellermann'sche Aufstellung akustisch ganz
falsch ist, geht aus der Einleitung zu meiner Uebertragung der musikalischen Abhandlung des Boetius hervor; abgesehen von den theoretisch-
akustischen Irrthümern hätte doch aber auch ein Dilettant nicht
vergessen dürfen, dass man in der modernen Musik jéde Tonart als erste annehmen kann, von welcher man ausgeht und Consequenzen zieht. Transponiren wir z. B. das obere Schema eine
grosse Terz höher, so kommt für Limma und Apotome nach Bellermann'scher Ansicht dasselbe Resultat heraus, nur eben auf höheren
Tonstufen. Indem aber nun Friedrich Bellermann für die Tonzeichen seine moderne Notirung zu Grunde legte, nahm er ja schon
an, dass F der tiefste Proslambanomenos sei; er hat ihn also trotz vieler
Worte gar nicht entwickelt, sondern gleich vor der Entwickelung vor-
ausgenommen. Hätte er, anstatt vom Klange b′ auszugehen, die chro-

matische Scala von d′ begonnen, und dieselben Zeichen untergelegt, so würde er gefunden haben, dass A der tiefste Proslambanomenos sei. Ueberdies liegt in der Darstellung Friedrich Bellermann's bezüglich der Tonarten auch eine grosse Unklarheit hinsichtlich der Tonarten des Mittelalters, wenn er S. 12 die Vertauschung der Namen im Mittelalter in Beziehung setzt zu den Transpositionsscalen der Griechen. Wer die mittelalterlichen Schriftsteller kennt, weiss, dass die Transpositionsscalen des Boetius ihre Geltung bis zu Guido von Arezzo behaupteten, daneben aber die Octavengattungen der Kirchentöne in umgekehrter Ordnung genannt wurden, wie die Octavengattungen der Alten, gewiss aus dem Grunde, weil Boetius, diese oberste Autorität für die mittelalterlichen Schriftsteller, im vierten Buche sagt, dass man sowohl die Octavengattung von H zu h als auch die von A zu a als erste annehmen und die anderen darnach abzählen könne. Da nun die mittelalterlichen Autoren die von Ptolemäus überlieferten Namen wussten, so geschah die Verwechselung ganz der Ordnung gemäss folgendermassen:

| Griechisch | | | Mittelalterlich | |
|---|---|---|---|---|
| 8 = 1 Hypodorisch | A — a | | Hypodorisch | 8 = 1 |
| u. Aeolisch, | a — a′ | | und Aeolisch, auch | |
| auch Lokrisch | | | Hypermixolydisch | |
| 7 = 2 Hypophrygisch | g — g′ | | Mixolydisch | 7 = 2 |
| 6 = 3 Hypolydisch | f — f′ | | Lydisch | 6 = 3 |
| 5 = 4 Dorisch | e — e′ | | Phrygisch | 5 = 4 |
| 4 = 5 Phrygisch | d — d′ | | Dorisch | 4 = 5 |
| 3 = 6 Lydisch | c — c′ | | Hypolydisch | 3 = 6 |
| 2 = 7 Mixolydisch | H — h | | Hypophrygisch | 2 = 7 |
| 1 = 8 Hypodorisch | A — a | | Hypodorisch | 1 = 8 |

Die Sache ist so einfach, dass man die langen unfruchtbaren Conjecturen des verdienstvollen Friedrich Bellermann gar nicht begreift. Gewiss wurden aber die 7 Transpositionsscalen des Boetius in ganz richtiger Form erhalten, so dass wir im Mittelalter eine directe Ueberlieferung von den Griechen besitzen. Da nun im Mittelalter auch die hypodorische Transpositionsscala, wie aus Hucbald und Guido hervorgeht, als A H c d e f g a (b c′ d′) h c′ d′ e′ f′ g′ a′ angenommen wurde, so ist es einzig und allein historisch begründet, bei den Scalen des Boetius und Ptolemäus, folglich auch bei denen des Aristoxenus, für die hypodorische Transpositionsscala den dynamischen Proslambanomenos = A festzuhalten, zumal wenn man in Uebereinstimmung mit den Quellen davon ausgeht, wie die dorische Tonart die ursprüngliche Tonart der Alten war. Aus der Aufstellung des Nicomachus bezüglich der antiken Systeme erfahren wir, dass mit der alten Hyperhypate=Lichanos hypaton zwei Tonsysteme in der ältesten Zeit griechisch-musikalischer Cultur gebildet wurden; sie heissen

$$d \overbrace{e\ f\ g\ a\ b}\ \overbrace{c'\ d'}$$
$$d\,|\underbrace{e\ f\ g\ a}\ \underbrace{h\ c'\ d'}\ e'$$

Das erste repräsentirt die untere Octave der sogenannten dorischen Transpositionsscala, das zweite die dorische Octavengattung mit der alten Hyperhypate. Nun erwähnt Ptolemäus besonders, die Alten hätten auch das System synemmenon gebraucht, weil sie keine tiefere Transpositionsscala kannten, als die dorische; — dasselbe, mit dem alten von Nicomachus überlieferten System [1]) zusammengestellt, ist:

A = Proslambanomenos
H = Hypate hypaton
c = Parhypate hypaton
d = (Hyperhypate) Lichanos hypaton
e = Hypate meson
f = Parhypate meson
g = Lichanos meson
a = Mese
b = Trite synemmenon
c′ = Paranete synemmenon
d′ = Nete synemmenon.

Aus Ptolemäus ersieht man, dass sie ein hypodorisches System anwandten, ohne es als solches zu nennen, und erst als man oberhalb das Tetrachord hyperbolaeon angefügt hatte, war ein mit der dorischen Octavengattung gewonnenes System vorhanden, welches man auch auf die dorische Transpositionsscala leicht übertragen konnte, indem man nur an die vorhandene Octave d-d′ eine gleiche anzusetzen nöthig hatte. Daraus erklärt sich auch die Namengebung »hypodorisch« und die historische wie harmonische Beziehung beider Transpositionsscalen. Wie nun im Alterthume die Systeme verknüpft wurden, darüber giebt der kundige Ptolemäus (siehe weiter unten) sicheren Aufschluss, welche Erklärung zugleich die Stelle bei Plutarch cap. 33, wo von einer Verknüpfung der hypodorischen zu Anfang einer Composition, der dori-

---

1) Dieses führt ja auch der verdienstvolle Friedrich Bellermann als ursprüngliches an.

schen und mixolydischen zum Schluss und der hypophrygischen und
phrygischen in der Mitte derselben die Rede ist, zum rechten Verständniss
bringt. Es sind mithin, wenn wir das Ursprüngliche im Alterthume mit
dem Einfachen in unserer Musik in Beziehung setzen, von diesen Systemen die Notenzeichen anzuführen. Wir sind gewiss dem hochverdienten
Forscher Friedrich Bellermann zum grössten Danke verpflichtet, dass er
die einzelnen Figuren der Notenzeichen, wie sie in den Quellenschrift-
stellern vorkommen, sorgsam verglichen hat. Dabei ist jedoch zu berück-
sichtigen, dass schon Meibom bei der Herausgabe der griechischen Musiker
die vollkommenste Sachkenntniss entwickelt und er gerade für die Vermit-
telung der griechischen Notenzeichen das Hauptverdienst in Anspruch zu
nehmen hat. Man darf jedoch nicht ausser Acht lassen, dass die aus
dem alten griechischen Alphabet hervorgegangenen Zeichen unter der
Hand der Abschreiber zuweilen eine etwas verschiedene Gestalt annahmen, so dass man selbst bei genauester und gewissenhaftester Vergleichung nicht im Stande ist zu behaupten, ob das Zeichen auch ganz
bestimmt in der ursprünglichen Gestalt den oder jenen Strich in gerader
Richtung oder etwas nach unten oder oben gezogen besitzt. Derartige
kleine Abweichungen werden sich stets herausstellen, ohne dass dadurch
die Kenntniss der Systeme abgeschwächt wird. Sind wir doch sogar in
der modernen Musik über einige Notenstellungen einer einzigen Handschrift, nämlich der Seb. Bach's, im Zweifel, warum sollte man nun bei
den griechischen Handschriften hinsichtlich der Notenzeichen das Un-
fehlbarkeitsdogma aufs Schild erheben? Sehr interessant und feinsinnig
hat Rudolph Westphal das Sprachlich-Historische der Zeichen entwickelt;
er nimmt jedoch den Bellermann'schen Proslambanomenos $= F$ auf,
daher man seine Systeme nicht allein akustisch reguliren, sondern
auch eine grosse Terz höher transponiren muss, wenn man sich
an die historische Ueberlieferung hält, dass die hypodorische Transpositionsscala nach Aristoxenus auch im Mittelalter mit der von A
beginnenden identisch war. Seine Entwickelung jedoch, dass zu
den Singnoten die 24 Buchstaben des neuionischen Alphabets
und zu den Instrumentalnoten grösstentheils die Buchstaben eines
altgriechischen Localalphabets verwandt wurden, steht in
jeder Beziehung als vollkommen gesichert fest. Er sagt dabei u. A.:
»Ueberliefert sind uns diese Notenzeichen zwar erst von den Musikern
der Kaiserzeit; aber obgleich sie damals fast ein Jahrtausend lang im
Gebrauche gewesen waren und sich in der Länge der Zeit für einzelne
Zeichen manche Corruptionen eingeschlichen hatten, so müssen wir doch

im Allgemeinen sagen, dass die alte ursprüngliche Form der Buchstaben mit einer Treue bewahrt ist, die uns unbegreiflich erscheinen könnte, wenn wir nicht wüssten, dass gerade in der Tradition der Kunstschulen eine grosse Zähigkeit in der Bewahrung alter Formen sich geltend machte.« Für den Westphal'schen Ausdruck »Corruptionen« möchten wir lieber das mildere Wort »Veränderungen« gebrauchen; denn in ähnlicher Weise, wie sich die Mensuralnote nach und nach in einzelnen Zeichen veränderte, theilweise aber auch behauptete, so war es auch bei den alten griechischen Notenzeichen, deren Figuren in der Hauptsache bestehen blieben, in einzelnen Kleinigkeiten jedoch abgeändert wurden, ohne dass man von einer Verderbniss sprechen möchte. Wie schon bemerkt, hat Alypius das Verzeichniss der Notentabellen am vollständigsten aufbewahrt. Friedrich Bellermann führt dabei gewissenhaft an: »Die vom Herausgeber, *Meibomius*, benutzten Handschriften enthielten (aber) nur die 15 diatonischen, die 15 chromatischen und von den enharmonischen etwas über acht. In diesem Geschlecht nämlich waren von der Hyperphrygischen Tonart nur die sechs ersten Noten (bis Parhypate meson) vorhanden; die übrigen zwölf, und die ganze Ionische, Hypoionische, Hyperionische, Dorische, Hypodorische und Hyperdorische Scale fehlten. Gerade so ist es auch in der Leipziger Handschrift, welche überdies, ausser einigen Auslassungen einzelner Noten, auch vorher schon eine grössere Lücke hat, nämlich gleichfalls im enharmonischen Geschlecht, von der Nete synemmenon der Aeolischen Tonart bis zur Paramese der Hypoäolischen einschliesslich, so dass ihr hier 20 Noten nebst den Beschreibungen fehlen. Da indessen, wie sich sogleich zeigen wird, die vorhandenen enharmonischen Scalen mit den entsprechenden chromatischen ganz einerlei Zeichen haben, so muss dies natürlich auch bei den fehlenden der Fall sein; *Meibomius* hat daher diese Lücke durch blosses Wiederholen der entsprechenden chromatischen Zeichen und Beschreibungen vollkommen richtig ergänzt.«

In unserer Darstellung halten wir die von Ptolemäus besonders hervorgehobene harmonische Verwandtschaft fest und beginnen mit der Aufzeichnung der dorischen Transpositionsscala, wonach wir die hypodorische und nach demselben Verhältnisse die andern folgen lassen. In folgendem Schema verzeichnen wir nicht die enharmonischen Parhypaten und Triten, weil sie gleiche Zeichen haben mit den diatonischen Klängen, welche dieselben Namen tragen, und weil jene enharmonischen Klänge in der modernen Musikpraxis unausdrückbar sind.

# Transpositionsscalen des Alypius.

1) Dorische Transpositionsscala[1].

| | | | |
|---|---|---|---|
| **Proslambanomenos.** | И Ⴀ = d | | |
| **Hypate hypaton.** | ‒ Ɛ = e | | |
| Parhypate hypaton. | ⩕ Ɯ = f | | |
| Lichanos hypaton. | Ⴔ ⊣ = g | Chromatice | ⊣Ⴒ = ges |
| | | Enharmonios | ⊣Ⴒ = f |
| **Hypate meson.** | Ω Γ = a | | |
| Parhypate meson. | Ψ ⵕ = b | | |
| Lichanos meson. | Т Ⴗ = c' | Chrom. | Ж Ⴈ = ces' |
| | | Enharm. | Ж Ⴈ = b |
| **Mese.** | Γ Ɔ = d' | | |
| Trite synemmenon. | O K = es' | | |
| Paranete synemmenon | K ⋏ = f' | Chrom. | N Ж = fes' |
| | | Enharm. | N Ж = es' |
| **Nete synemmenon.** | H > = g' | | |
| **Paramese.** | ⋀ Π = e' | | |
| Trite diezeugmenon. | Λ ⋖ = f' | | |
| Paranete diezeugmenon. | H > = g' | Chrom. | K ⋏ = ges' |
| | | Enharm. | K ⋏ = f' |
| **Nete diezeugmenon.** | Γ N = a' | | |
| Trite hyperbolaeon. | B / = b' | | |
| Paranete hyperbolaeon. | Ж Λ = c'' | Chrom. | A \ = ces'' |
| | | Enharm. | A \ = b' |
| **Nete hyperbolaeon.** | ⊥ ⅄ = d'' | | |

2) Hypodorische Transpositionsscala.

| | | | |
|---|---|---|---|
| **Proslambanomenos.** | ⌐Q Ⴍ = A | | |
| **Hypate hypaton.** | 3 Ɛ = H | | |
| Parhypate hypaton. | b ω = c | | |
| Lichanos hypaton. | И Ⴀ = d | Chrom. | ⊔ 3 = des |
| | | Enharm. | ⊔ 3 = c |
| **Hypate meson.** | ‒ Ɛ = e | | |
| Parhypate meson. | ⩕ Ɯ = f | | |
| Lichanos meson. | Ⴔ ⊣ = g | Chrom. | ⊣Ⴒ = ges |
| | | Enharm. | ⊣Ⴒ = f • |

---

1) Das Zeichen links gilt für den Gesang, das Zeichen rechts für die Instrumente.

| —**Mese.** | Ω Ր = a | |
|---|---|---|
| Trite synemmenon. | Ψ Ⲁ = b | |
| Paranete synemmenon. | T ⌐ = c' | Chrom. X Ⲥ = ces' |
| | | Enharm. X Ⲥ = b |
| —**Nete synemmenon.** | Ⲅ C = d' | |
| ⁃ **Paramese.** | ϕ F = h | |
| Trite diezeugmenon. | Υ Ⴑ = c' | |
| Paranete diezeugmenon. | Ⲅ C = d' | Chrom. T ⌐ = des' |
| | | Enharm. T ⌐ = c' |
| —**Nete diezeugmenon.** | Ⲙ Π = e' | |
| Trite hyperbolacon. | Λ < = f' | |
| Paranete hyperbolaeon. | H > = g' | Chrom. K λ = ges' |
| | | Enharm. K λ = f' |
| —**Nete hyperbolaeon.** | Ⲅ N = a' | |

### 3) Tiefere Mixolydische oder Hyperdorische Transpositionsscala.

| **Proslambanomenos.** | Ⲍ ⫟ = g | |
|---|---|---|
| —**Hypate hypaton.** | Ω ր = a | |
| Parhypate hypaton. | Ψ Ⲍ = h | |
| Lichanos hypaton. | T ⌐ = c' | Chrom. X Ⲥ = ces' |
| | | Enharm. X Ⲥ = b |
| —**Hypate meson.** | Ⲅ C = d' | |
| Parhypate meson. | O K = es' | |
| Lichanos meson. | K λ = f' | Chrom. N Ⲋ = fes' |
| | | Enharm. N Ⲋ = es' |
| —**Mese.** | H > = g' | |
| Trite synemmenon. | Z Ⴑ = as' | |
| Paranete synemmenon. | A \ = b' | Chrom. Δ ⌐ = bb' |
| | | Enharm. Δ ⌐ = as' |
| —**Nete synemmenon.** | Ж Λ = c'' | |
| —**Paramese.** | ⲅN = a' | |
| Trite diezeugmenon. | B / = b' | |
| Paranete diezeugmenon. | Ж Λ = c'' | Chrom. A \ = ces'' |
| | | Enharm. A \ = b' |
| —**Nete diezeugmenon.** | ⊥ Ⴑ = d'' | |
| Trite hyperbolaeon. ⠄ | O K' = es'' | |
| Paranete hyperbolacon. | K λ' = f'' | Chrom. N Ⲋ' = fes'' |
| | | Enharm. N Ⲋ' = es'' |
| —**Nete hyperbolaeon.** | H >' = g'' | |

4) Tiefere Phrygische oder Iastische Transpositionsscala.

**Proslambanomenos.**   W h = es

┌─**Hypate hypaton.**   H Ǝ = f
│ Parhypate hypaton.   Ʒ ⊢ = ges
│ Lichanos hypaton.   ⅂Γ = as          Chrom.  Ʋ ⅃ = asas
│                                        Enharm.  Ʋ ⅃ = ges
│
├─**Hypate meson.**   X ʮ = b
│ Parhypate meson.   Φ F = ces'
│ Lichanos meson.   C C = des'          Chrom.  T Ǝ = desdes'
│                                        Enharm.  T Ǝ = ces'
│
├─**Mese.**   O K = es'
│ Trite synemmenon.   Ƹ ✕ = fes'
│ Paranete synemmenon.   I < = ges'     Chrom.  N ʞ = geses'
│                                        Enharm.  N ʞ = fes'
│
├─**Nete synemmenon.**   Z ⊏ = as'
├─**Paramese.**   K ʎ = f'
│ Trite diezeugmenon.   I < = ges'
│ Paranete diezeugmenon.   Z ⊏ = as'    Chrom.  H > = asas'
│                                        Enharm.  H > = ges'
│
├─**Nete diezeugmenon.**   A \ = b'
│ Trite hyperbolaeon.   U Z = ces''
│ Paranete hyperbolaeon.   ⊖ N = des''  Chrom.  ✕ ⋀ = desdes'
│                                        Enharm.  ✕ ⋀ = ces'
│
└─**Nete hyporbolaeon.**   O K' = es''

5) Tiefere Hypophrygische oder Hypoiastische Transpositionsscala.

**Proslambanomenos.**   ⅃ T = B
┌─**Hypate hypaton.**   ⅃ Ʒ = c
│ Parhypate hypaton.   Q H = des
│ Lichanos hypaton.   W h = es         Chrom.  И ꟼ = eses
│                                        Enharm.  И ꟼ = des
│
├─**Hypate meson.**   H Ǝ = f
│ Parhypate meson.   Ʒ ⊢ = ges
│ Lichanos meson.   ⅂Γ = as            Chrom.  Ʋ ⅃ = asas
│                                        Enharm.  Ʋ ⅃ = ges
│
├─**Mese.**   X ʮ = b

Trite synemmenon.    **Φ F** = ces′

Paranete synemmenon.    **C C** = des′     Chrom. **T ꓱ** = desdes′

                                         Enharm. **T ꓱ** = ces′

—**Nete synemmenon.**    **O K** = es′

—**Paramese.**    **T ꓱ** = c′

Trite diezeugmenon.    **C C** = des′·

Paranete diezeugmenon.    **O K** = es′     Chrom. **Γ Ɔ** = eses′

                                          Enharm. **Γ Ɔ** = des′

—**Nete diezeugmenon.**    **K 𝝀** = f′

Trite hyperbolaeon.    **I <** = ges′

Paranete hyperbolaeon.    **Z ⊏** = as′     Chrom. **H >** = asas′

                                          Enharm. **H >** = ges′

—**Nete hyperbolaeon.**    **A \** = b′

6) Höhere Mixolydische oder Hyperiastische Transpositionsscala.

**Proslambanomenos.**    **ꓶ Γ** = gis

—**Hypate hypaton.**    **X ꓵ** = ais

Parhypate hypaton.    **Φ F** = h

Lichanos hypaton.    **C C** = cis′     Chrom. **T ꓱ** = c′

                                          Enharm. **T ꓱ** = h

—**Hypate meson.**    **O K** = dis′

Parhypate meson.    **Ƹ ꓴ** = e′

Lichanos meson.    **I <** = fis′     Chrom. **N ꓘ** = f′

                                          Enharm. **N ꓘ** = e′

—**Mese.**    **Z ⊏** = gis′

Trite synemmenon.    **E ꓶ** = a′

Paranete synemmenon.    **Ʊ Z** = h′     Chrom. **𝝙 ꓱ** = b′

                                          Enharm. **𝝙 ꓱ** = a′

—**Nete synemmenon.**    **Ꙩ ꓵ** = cis″

—**Paramese.**    **A \** = ais′

Trite diezeugmenon.    **Ʊ Z** = h′

Paranete diezeugmenon.    **Ꙩ ꓵ** = cis″     Chrom. **Ж Λ** = c″

                                          Enharm. **Ж Λ** = h′

—**Nete diezeugmenon.**    **O K′** = dis″

Trite hyperbolaeon.    **Ƹ ꓴ′** = e″

Paranete hyperbolaeon.    **I <** = fis″     Chrom. **N ꓘ″** = f″

                                          Enharm. **N ꓘ′** = e″

—**Nete hyperbolaeon.**    **Z ⊏′** = gis″

### 7) Höhere Phrygische Transpositionsscala.

| | | |
|---|---|---|
| **Proslambanomenos.** | — E = e | |
| ┌**Hypate hypaton.** | ﻉ ├ = fis | |
| │Parhypate hypaton. | F ⊥ = g | |
| │Lichanos hypaton. | Ω ʅ = a | Chrom. ⩒ ⊣ = as |
| | | Enharm. ⩒ ⊣ = g |
| ┌**Hypate meson.** | φ F = h | |
| │Parhypate meson. | ϒ ⊔ = c' | |
| │Lichanos meson. | Γ Ͻ = d' | Chrom. T ⅂ = des' |
| | | Enharm. T ⅂ = c' |
| ┌**Mese.** | Μ Π = e' | |
| │Trite synemmenon. | Λ ⋖ = f' | |
| │Paranete synemmenon. | H > = g' | Chrom. K λ = ges' |
| | | Enharm. K λ = f' |
| └**Nete synemmenon.** | Γ N = a' | |
| ┌**Paramese.** | I < = fis' | |
| │Trite diezeugmenon. | Θ V = g' | |
| │Paranete diezeugmenon. | Γ N = a' | Chrom. H > = as' |
| | | Enharm. H > = g' |
| ┌**Nete diezeugmenon.** | Ʊ Z = h' | |
| │Trite hyperbolaeon. | ⋔ Λ = c'' | |
| │Paranete hyperbolaeon. | ⊥ ⅄ = d'' | Chrom. Ж ʌ = des'' |
| | | Enharm. Ж ʌ = c'' |
| └**Nete hyperbolaeon.** | Μ Π' = e'' | |

### 8) Höhere Hypophrygische Transpositionsscala.

| | | |
|---|---|---|
| **Proslambanomenos.** | ʓ ε = H | |
| ┌**Hypate hypaton.** | Ϙ H = cis | |
| │Parhypate hypaton. | ⋈ ¹) ⊎ = d | |
| │Lichanos hypaton. | — E = e | Chrom. И ⱶ = es |
| | | Enharm. И ⱶ = d |
| ┌**Hypate meson.** | ﻉ ├ = fis | |
| │Parhypate meson. | F ⊥ = g | |
| │Lichanos meson. | Ω ʅ = a | Chrom. ⩒ ⊣ = as |
| | | Enharm. ⩒ ⊣ = g |
| ┌**Mese.** | φ F = h | |

¹) oder ⋈

| | | | |
|---|---|---|---|
| Trite synemmenon. | ϒ ⌐ = c′ | | |
| Paranete synemmenon. | Γ Ͻ = d′ | Chrom. | Τ Ⅎ = des′ |
| | | Enharm. | Τ Ⅎ = c′ |
| —Nete synemmenon. | Μ Π = e′ | | |
| —Paramese. | C C = cis′ | | |
| Trite diezeugmenon. | Ρ ◡ = d′ | | |
| Paranete diezeugmenon. | Μ Π = e′ | Chrom. | Γ Ͻ = es′ |
| | | Enharm. | Γ Ͻ = d′ |
| —Nete diezeugmenon. | Ι < = fis′ | | |
| Trite hyperbolaeon. | Θ V = g′ | | |
| Paranete hyperbolaeon. | Γ Ν = a′ | Chrom. | Η > = as′ |
| | | Enharm. | Η > = g′ |
| —Nete hyperbolaeon. | Ц Ζ = h′ | | |

9) Hypermixolydische oder Hyperphrygische Transpositionsscala.

| | | | |
|---|---|---|---|
| **Proslambanomenos.** | Ω Ր = a | | |
| **—Hypate hypaton.** | ϕ F = h | | |
| Parhypate hypaton. | ϒ ⌐ = c′ | | |
| Lichanos hypaton. | Γ Ͻ = d′ | Chrom. | Τ Ⅎ = des′ |
| | | Enharm. | Τ Ⅎ = c′ |
| **—Hypate meson.** | Μ Π = e′ | | |
| Parhypate meson. | Λ ⪦ = f′ | | |
| Lichanos meson. | Η > = g′ | Chrom. | Κ λ = ges′ |
| | | Enharm. | Κ λ = f′ |
| **—Mese.** | Γ Ν = a′ | | |
| Trite synemmenon. | Β Ι = b′ | | |
| Paranete synemmenon. | Ж Ր = c″ | Chrom. | Α \ = ces″ |
| | | Enharm. | Α \ = b′ |
| **—Nete synemmenon.** | ⊥ λ = d″ | | |
| **—Paramese.** | Ц Ζ = h′ | | |
| Trite diezeugmenon. | ⋔ ʌ = c″ | | |
| Paranete diezeugmenon. | ⊥ λ = d″ | Chrom. | Ж Ր = des″ |
| | | Enharm. | Ж Ր = c″ |
| **—Nete diezeugmenon.** | Μ Π′ = e″ | | |
| Trite hyperbolaeon. | Λ ⪦′ = f″ | | |
| Paranete hyperbolaeon. | Η >′ = g″ | Chrom. | Κ λ′ = ges″ |
| | | Enharm. | Κ λ′ = f″ |
| **—Nete hyperbolaeon.** | Γ Ν′ = a″ | | |

10) Aeolische oder Tiefere Lydische Transpositionsscala.

| | | | | |
|---|---|---|---|---|
| **Proslambanomenos.** | ⌐Ⅎ = f | | | |
| **Hypate hypaton.** | ⩂ ⊣ = g | | | |
| Parhypate hypaton. | ⌐ Γ = as | | | |
| Lichanos hypaton. | Ⅹ ⅄ = b | Chrom. | Ⅴ ⊨ = bb | |
| | | Enharm. | Ⅴ ⊨ = as | |
| **⌐Hypate meson.** | Τ ⅂ = c′ | | | |
| Parhypate meson. | C C = des′ | | | |
| Lichanos meson. | O Κ = es′ | Chrom. | Γ Ɔ = eses′ | |
| | | Enharm. | Γ Ɔ = des′ | |
| **⌐Mese.** | Κ λ = f′ | | | |
| Trite synemmenon. | Ⅰ < = ges′ | | | |
| Paranete synemmenon. | Ζ ⊏ = as′ | Chrom. | Η > = asas′ | |
| | | Enharm. | Η > = ges′ | |
| **⌐Nete synemmenon.** | Α \ = b′ | | | |
| **⌐Paramese.** | Η > = g′ | | | |
| Trite diezeugmenon. | Ζ ⊏ = as′ | | | |
| Paranete diezeugmenon. | Α \ = b′ | Chrom. | Δ ⅂ = bb′ | |
| | | Enharm. | Δ ⅂ = as′ | |
| **⌐Nete diezeugmenon.** | Ж ⋀ = c″ | | | |
| Trite hyperbolaeon. | ⊖Ⅿ = des″ | | | |
| Paranete hyperbolaeon. | O Κ′ = es″ | Chrom. | ⊥ ⅄ = eses″ | |
| | | Enharm. | ⊥ ⅄ = des″ | |
| **⌐Nete hyperbolaeon.** | Κλ′= f″ | | | |

11) Hypoäolische oder Tiefere Hypolydische Transpositionsscala.

| | | | | |
|---|---|---|---|---|
| **Proslambanomenos.** | ⌐ 3 = c | | | |
| **⌐Hypate hypaton.** | Ⅿ Α = d | | | |
| Parhypate hypaton. | W h = es | | | |
| Lichanos hypaton. | ⌐Ⅎ = f | Chrom. | Ⅹ ⊣ = fes | |
| | | Enharm. | Ⅹ ⊣ = es | |
| **⌐Hypate meson.** | ⩂ ⊣ = g | | | |
| Parhypate meson. | ⌐Γ = as | | | |
| Lichanos meson. | Ⅹ ⅄ = b | Chrom. | Ⅴ ⊨ = bb | |
| | | Enharm. | Ⅴ ⊨ = as | |
| **⌐Mese.** | Τ ⅂ = c′ | | | |

| | | | |
|---|---|---|---|
| Trite synemmenon. | C C = des′ | | |
| Paranete synemmenon. | O K = es′ | Chrom. | Γ Ɔ = eses′ |
| | | Enharm. | Γ Ɔ = des′ |
| —Nete synemmenon. | K ⅄ = f′ | | |
| —Paramese. | Γ Ɔ = d′ | | |
| Trite diezeugmenon. | O K = es′ | | |
| Paranete diezeugmenon. | K ⅄ = f′ | Chrom. | N Ӿ = fes′ |
| | | Enharm. | N Ӿ = es′ |
| —Nete diezeugmenon. | H > = g′ | | |
| Trite hyperbolaeon. | Z ⊏ = as′ | | |
| Paranete hyperbolaeon. | A \ = b′ | Chrom. | Δ ⅂ = bb′ |
| | | Enharm. | Δ ⅂ = as′ |
| —Nete hyperbolaeon. | Ӿ Λ = c″ | | |

## 12) Hyperäolische Transpositionsscala.

| | | | |
|---|---|---|---|
| **Proslambanomenos.** | Ӿ ꓱ = b | | |
| —**Hypate hypaton.** | T ꓱ = c′ | | |
| Parhypate hypaton. | C C = des′ | | |
| Lichanos hypaton. | O K = es′ | Chrom. | Γ Ɔ = eses′ |
| | | Enharm. | Γ Ɔ = des′ |
| —**Hypate meson.** | K ⅄ = f′ | | |
| Parhypate meson. | I < = ges′ | | |
| Lichanos meson. | Z ⊏ = as′ | Chrom. | H > = asas′ |
| | | Enharm. | H > = ges′ |
| —**Mese.** | A \ = b′ | | |
| Trite synemmenon. | U Z = ces″ | | |
| Paranete synemmenon. | ⊖ И = des″ | Chrom. | Ӿ Λ = deses″ |
| | | Enharm. | Ӿ Λ = ces″ |
| —**Nete synemmenon.** | O K′ = es″ | | |
| —**Paramese.** | Ӿ Λ = c″ | | |
| Trite diezeugmenon. | ⊖ И = des″ | | |
| Paranete diezeugmenon. | O K′ = es″ | Chrom. | ⊥ ⅄ = eses″ |
| | | Enharm. | ⊥ ⅄ = des″ |
| —**Nete diezeugmenon.** | K ⅄′ = f″ | | |
| Trite hyperbolaeon. | I <′ = ges″ | | |
| Paranete hyperbolaeon. | Z ⊏′ = as″ | Chrom. | H >′ = asas″ |
| | | Enharm. | H >′ = ges″ |
| —**Nete hyperbolaeon.** | A \′ = b″ | | |

13) Höhere Lydische Transpositionsscala.

| | | |
|---|---|---|
| **Proslambanomenos.** | 7⊦ = fis | |
| ┌**Hypate hypaton.** | ⅂Γ = gis | |
| Parhypate hypaton. | RL = a | |
| Lichanos hypaton. | ΦF = h | Chrom. Ɏ Ɫ = b |
| | | Enharm. Ɐ Ⱶ = a |
| ─**Hypate meson.** | C C = cis' | |
| Parhypate meson. | P Ʊ = d' | |
| Lichanos meson. | M Π = e' | Chrom. Ᵽ ⴳ = es' |
| | | Enharm. Γ Ͻ = d' |
| ─**Mese.** | I < = fis' | |
| Trite synemmenon. | Ɵ V = g' | |
| Paranete synemmenon. | ΓN = a' | Chrom. H' ⨠ = as' |
| | | Enharm. H > = g' |
| ─**Nete synemmenon.** | Ʊ Z = h' | |
| ┌**Paramese.** | Z Ⱖ = gis' | |
| Trite diezeugmenon. | E ⅃ = a' | |
| Paranete diezeugmenon. | Ʊ Z = h' | Chrom. Δ'Ȝ = b' |
| | | Enharm. Δ⅃ = a' |
| ─**Nete diezeugmenon.** | Ꝋ Ͷ = cis'' | |
| ⸱⸱⸱ite hyperbolaeon. | ⅃ Ⱶ = d'' | |
| │ Paranete hyperbolaeon. | M Π' = e'' | Chrom. ⊥ ⅄' = es'' |
| | | Enharm. ⊥ ⅄' = d'' |
| ─**Nete hyperbolaeon.** | I <' = fis'' | |

14) Höhere Hypolydische Transpositionsscala.

| | | |
|---|---|---|
| **Proslambanomenos.** | Ọ H = cis | |
| ─**Hypate hypaton.** | W ⱶ = dis | |
| Parhypate hypaton. | V ⵣ = e | |
| Lichanos hypaton. | 7 ⊦ = fis | Chrom. Ɀ ⱶ = f |
| | | Enharm. Ɀ H = e |
| ─**Hypate meson.** | ⅂Γ = gis | |
| Parhypate meson. | Ꞃ Γ = a | |
| Lichanos meson. | Φ F = h | Chrom. Ɐ Ⱶ = b |
| | | Enharm. Ɐ Ⱶ = a |
| ─**Mese.** | C C = cis' | |
| Trite synemmenon. | PᏌ = d' | |
| Paranete synemmenon. | M Π = e' | Chrom. Γ Ͻ = es' |
| | | Enharm. Γ Ͻ = d' |
| ─**Nete synemmenon.** | I < = fis' | |

| | | | |
|---|---|---|---|
| ⌐Paramese. | O K = dis′ | | |
| Trite diezeugmenon. | Ƨ⫫ = c′ | | |
| Paranete diezeugmenon. | I < = fis′ | Chrom. | N Ж = f′ |
| | | Enharm. | N Ж = e′ |
| ⌐Nete diezeugmenon. | Z ᒧ = gis′ | | |
| Trite hyperbolaeon. | E ⅃ = a′ | | |
| Paranete hyperbolaeon. | Ʊ Z = h′ | Chrom. | Δ ⅂ = b′ |
| | | . Enharm. | Δ ⅂ = a′ |
| ⌐Nete hyperbolaeon. | ⊖ И = cis″ | | |

### 15) Hyperlydische Transpositionsscala.

| | | | |
|---|---|---|---|
| Proslambanomenos. | φF = h | | |
| ⌐Hypate hypaton. | C C = cis′ | | |
| Parhypate hypaton. | P Ʊ = d′ | | |
| Lichanos hypaton. | M Π = e′ | Chrom. | Π Ɔ = es′ |
| | | Enharm. | Π Ɔ = d′ |
| ⌐Hypate meson. | I < = fis′ | | |
| Parhypate meson. | ⊖ V = g′ | | |
| Lichanos meson. | Γ N = a′ | Chrom. | H > = as′ |
| | | Enharm. | H > = g′ |
| ⌐Mese. · | Ʊ Z = h′ | | |
| Trite synemmenon. | ⋔ ∧ = c″ | | |
| Paranete synemmenon. | ⊥ ⅄ = d″ | Chrom. | Ж ∧ = des″ |
| | | Enharm. | Ж ∧ = c″ |
| ⌐Nete synemmenon. | M Π′ = e″ | | |
| ⌐Paramese. | ⊖ И = cis″ | | |
| Trite diezeugmenon. | ⅃ ⅄ = d″ | | |
| Paranete diezeugmenon. | MΠ′ = e″ | Chrom. | ⊥ ⅄ = es″ |
| | | Enharm. | ⊥ ⅄ = d″ |
| ⌐Nete diezeugmenon. | I <′ = fis″ | | |
| Trite hyperbolaeon. | ⊖ V′ = g″ | | |
| Paranete hyperbolaeon. | Γ N′ = a″ | Chrom. | H >′ = as″ |
| | | Enharm. | H >′ = g″ |
| ⌐Nete hyperbolaeon. | Ʊ Z′ = h″ | | |

Es ist nun jedenfalls nach Berücksichtigung der Angaben des Ptolemäus ganz klar, dass die Griechen die dorische Transpositionsscala, welche sie nicht in eine tiefere und höhere theilten, zum Ausgangspunkt nahmen und dann die übrigen als harmonisch verwandte (τόνοι ὅμοιοι)

durch die kleinste Symphonie, d. h. durch das Diatessaron, in fortlaufender Progression fanden;

$$\text{d-A-E-H}_\text{,}\text{-Fis}_\text{,}\text{-Cis}_\text{,}\text{-Gis}_\text{,,}$$

würden die Anfangsklänge der Transpositionsscalen sein, wenn wir in
Quarten abwärts schreiten wollten. Ptolemäus meint aber, man solle sich
nach dem Umfange einer Octave richten, damit die Stimme im Melos
Alles richtig erfassen und ausdrücken könne, mithin seien für die zu tiefen Anfangsklänge (Proslambanomenoi) die höheren Octaven zu wählen,
welche sich innerhalb der Octave von A bis a befinden, also :

$$\text{d-A-e-H-fis-cis-gis};$$

und nach der Höhe zu von der dorischen Transpositionsscala ausgegangen, ergeben sich die Anfangsklänge :

$$\text{d-g-c}'\text{-f}'\text{-b}'\text{-es}''$$

oder innerhalb der Octave von A-a :

$$\text{d-g-c-f-B-es}.$$

In der ersteren Reihe finden wir also :

| | |
|---|---|
| d  = Dorisch, | A  = Hypodorisch, |
| e  = Höheres Phrygisch, | H  = Höheres Hypophrygisch, |
| fis  = Höheres Lydisch | cis  = Höheres Hypolydisch, |
| gis = Höheres Mixolydisch oder Hyperiastisch. | |

In der zweiten Reihe erhalten wir :

| | |
|---|---|
| d  = Dorisch, | g  = Mixolydisch, |
| c  = Tieferes Hypolydisch oder Hypoäolisch, | |
| f  = Tieferes Lydisch oder Aeolisch, | |
| B  = Tieferes Hypophrygisch oder Hypoiastisch, | |
| es = Tieferes Phrygisch oder Iastisch. | |

Somit erhalten wir vom Einfachen ausgehend alle Dur und Mollscalen in
natürlicher Ordnung.

Die hypermixolydische Transpositionsscala von a ab ist die Wiederholung der hypodorischen auf der nächst höheren Octave ; die hyperäolische von b ab die Wiederholung der hypoiastischen, harmonisch
verwandt mit der äolischen, daher der Name hyperäolisch ; die hyperlydische von h ab die Wiederholung der höheren hypophrygischen,
harmonisch verwandt mit der höheren lydischen, daher auch der Name
hyperlydisch.

Eine chromatische Scala in unserem Sinne gebrauchten die Griechen
nicht in ihrer Praxis, sondern sie bewegten sich je nach Bedürfniss und
dem Stimmumfang in den Transpositionsscalen, von denen jede ihre besonderen Systeme durch die Octavengattungen erhielt, welche sich haupt-

sächlich nach dem Ptolemäus erörtern lassen. Wollten wir jedoch etwas Modernes in die antike Theorie hineintragen, wie dies Friedrich Bellermann [1]) und Fortlage gethan haben, so könnten wir aus den Transpositionsscalen die chromatische Leiter herstellen und die einzelnen chromatischen und enharmonischen Klanghöhen, welche sich bei der Zusammenstellung jener Scalen ergeben, hinzusetzen. Dabei ist zu merken, dass die chromatischen und enharmonischen Lichanen und die chromatischen und enharmonischen Paraneten ganz gleiche Zeichen haben, obgleich sie in der Klanghöhe verschieden sind. Z. B. heisst in der hypodorischen Transpositionsscala das Tetrachord hypaton

### a) Diatonisch

| Hypate hypaton | = H | = ⅀ |
| Parhypate hypaton | = c | = Ь |
| Lichanos hypaton | = d | = N |
| Hypate meson | = e | = E |

### b) Chromatisch

| Hypatę hypaton | = H | = ⅀ |
| Parhypate hypaton | = c | = Ь |
| Lichanos hypaton | = des | = ⊔ |
| Hypate meson | = e | = E |

### c) Enharmonisch

| Hypate hypaton | = H | = ⅀ |
| Parhypate hypaton | = desdes* | = Ь |
| Lichanos hypaton | = c | = ⊔ |
| Hypate meson | = e | = E |

---

4) Friedrich Bellermann notirt die dorische Tonart in Aismoll; die einfachen Lieder der Griechen sind also nach seiner Ansicht in Aismoll gesungen worden. Passt dies zur Einfachheit und Natürlichkeit des nationalen Tonsystems? Würden wir nicht die Notation belächeln, welche uns germanische Volkslieder in Aismoll vorführte? Diese unnatürliche Bezeichnung entsteht aber auch aus der Annahme, dass der Proslambanomenos der hypodorischen Transpositionsscala = F heisse. Aber nicht allein musikalisch unnatürlich ist

Man sieht also, dass die Lichanen im chromatischen und enharmonischen Geschlecht durch die Zeichen nicht unterschieden sind, obgleich sie an Klanghöhe um einen halben Ton von einander abweichen; desgleichen ist die diatonische und chromatische Parhypate dem Zeichen nach von der enharmonischen nicht verschieden, obgleich jene im Aristoxenischen Sinne um ein Viertelstonintervall von dieser absteht. Die Praxis, die sich nach dem Ergreifen der Lichanos richtete, ergab leicht die Auffindung des Correcten, weil die Griechen dann wussten, in welchem Klanggeschlecht sie sich bewegten, sobald sie die Lichanos ergriffen hatten. Schon hieraus, dass sie im Zeichen das chromatische und enharmonische nicht trennten, obgleich es der Sache nach verschieden war, ersieht man, dass die Griechen keine chromatisch-enharmonische Scala in unserem Sinne anwandten. Die Zusammenstellung der chromatisch-enharmonischen Scala ist nun eine rein mechanische, welche Jeder leicht selbst vornehmen kann; sie hat aber gar keinen Zweck, da uns ausdrücklich von den griechischen Autoren bezeugt wird, dass man sich in den Transpositionsscalen mit Rücksicht auf die Octavengattungen bewegte und dass jede Transpositionsscala als Ausgangspunkt je nach der für die Stimme passenden Klanghöhe genommen werden konnte.

Nach dieser Auseinandersetzung gehen wir zur Darstellung der Tonsysteme des Ptolemäus über, schicken aber voraus, dass wir die Darstellung des chromatischen Klanggeschlechts von Seiten Friedrich Bellermann's (s. »Tonleitern und Musiknoten der Griechen« S. 23) auch für eine irrige halten.

Der verdienstvolle Forscher behandelt nämlich das chromatische Trihemitonium ganz gleich mit dem diatonischen Trihemitonium. Das diatonische Geschlecht besitzt jedoch das Trihemitonium als zusammengesetztes Intervall; z. B. heisst im ursprünglichen System das Tetrachord diezeugmenon

$$\overbrace{\text{h c}'\ \text{d}'}\ \text{e}'$$

wo h–d' als Trihemitonium (kleine Terz) erscheint und zwar im Verhältniss von $\dfrac{243}{256} \times \dfrac{8}{9} = \dfrac{27}{32}$; das chromatische Trihemitonium stellt

diese Notation, sondern auch historisch falsch. Nach Ptolemäus ist zwischen dem Anfangstone der hypolydischen und dem der dorischen ein Limma, z. B. cis–d, Herr Friedrich Bellermann notirt aber die Apotome A–Ais, während doch, wenn man wirklich den Bellermann'schen Proslambanomenos = F gelten lassen wollte, der Unterschied A–B sein müsste. Wie kann nun sein Experiment von der chromatischen Zeichensetzung überhaupt haltbar sein, wenn nicht einmal die Grundelemente der griechischen Notation gewahrt sind?

Friedrich Bellermann nun ebenso diatonisch dar, indem er für das chromatische Geschlecht h c′ cis′ e′ schreibt, wo cis′-e′ nach seiner Ansicht das chromatische Trihemitonium ist. Da nun aber cis′-e′ ebenfalls als ein diatonisches Trihemitonium erscheint und zwar in der Notentabelle Friedrich Bellermann's von Paramese zu Paranete diezeugmenon der ionischen Transpositionsscala, in unserer Tabelle mit denselben Klängen gebildet in der hypophrygischen Transpositionsscala, so müsste natürlich auch das akustische Verhältniss der Griechen für das chromatische Trihemitonium dasselbe sein, wie für das diatonische, also 27 : 32. Aus der Berechnung für das reguläre Monochord im Boetius geht nun aber hervor, dass das Verhältniss für das chromatische Trihemitonium 3072 zu 3648 ist, also wie 16 : 19, und dass nur ein einziger griechischer Musiker, nämlich Archytas, das Verhältniss 27:32, in den Zahlen 1512:1792 ausgedrückt, gelten liess, wozu aber Boetius bemerkt: »Archytas machte es so, dass er weder die Berechnung, welche er erforschte, wirksam entwickelte, noch auch die von ihm aufgestellte Berechnung mit dem Sinne (Gefühle) übereinstimmte.« Die Griechen haben mithin das chromatische Trihemitonium anders gefühlt, als das diatonische, wie dies auch aus der Natur der Sache hervorgeht. Denn sie sagen sehr deutlich, dass zur Bildung des chromatischen Geschlechts die diatonischen Lichanen abwärts, nicht aber, dass die Parhypaten und Triten aufwärts bewegt werden. Friedrich Bellermann hat nun das Letztere gethan, indem er c′, die diatonische Trite, aufwärts nach cis′ bewegt und diesen Klang als chromatische Paranete bezeichnet, während doch die diatonische Paranete = d′ chromatisch abwärts bewegt werden musste, mithin nach des′. Die kleinen akustischen Verhältnisse der Griechen stimmen überhaupt theilweise nicht mit den unsrigen überein, man hat sich deshalb an die Darstellung der Autoren genau zu halten und ihren Vorschriften von den feststehenden und beweglichen Klängen Folge zu leisten, — und dies giebt dann auch wirklich ein Chroma, während Bellermann's Notirung gar kein Chroma aufweist. Consequenterweise ist dann natürlich auch seine chromatisch-enharmonische Scala der Akustik der Griechen und ihrer musikalischen Anschauung nicht entsprechend. Ebenso irrthümlich bemerkt der genannte Forscher (S. 12) bezüglich der alten »Octavengattungen«: »Sollten also Melodien, die den Umfang jener verschiedenen Octavengattungen umfassten, auf diese Art in Masse gesungen werden, so mussten diese Octavengattungen alle in eine bequem sangbare Tonhöhe (für uns etwa d-d oder cis-cis) gebracht werden. Dies thaten die Griechen und brachten sie alle

in die (bei ihnen etwa so tief klingende) Octave f-f', setzten aber eine
jede ober- und unterhalb so weit fort, bis aus ihr eine zwei Octaven
lange Mollscala entstand, welcher sie dann denselben Namen gaben, den
die in ihr innerhalb des Bereichs von f-f' liegende Octavengattung hatte.«
Der Musiker erkennt sofort, dass nur ein Nichtmusiker auf eine solch
merkwürdige Anschauung verfallen konnte; die griechischen Theoretiker,
diese feinsinnigen Denker, waren sicherlich viel zu klug, als dass sie
ihren Octavengattungen eine derartige Beschränkung auferlegt hätten.
Dann würde die harmonische Verwandtschaft im Melos, von welcher
Ptolemäus so eingehend und gediegen musikalisch spricht, ganz über-

---

## Ptolemäus, II, 5—11.

### Capitel 5.

**Wie die Benennungen der Klänge in Bezug auf die [ab-
solute] Stellung (thetisch) und in Bezug auf die [relative]
Bedeutung (dynamisch) angenommen werden.**

Weswegen nun das System von »Diapason und Diatessaron«[1] mit
Bisdiapason in Verbindung gebracht worden ist, soll uns in den folgenden Erörterungen vor Augen treten. Die Klänge in dem wirklich vollständigen Bisdiapason, fünfzehn an der Zahl, — deswegen weil ein dem
tieferen und höheren Diapason gemeinschaftlicher Klang auch der mittlere von allen Klängen ist —, benennen wir bisweilen nach ihrer [ab-
soluten] Stellung (thetisch), d. h. bezüglich ihrer höhern oder tiefern Lage schlechthin, und zwar »Mese« den erwähnten gemeinschaftlichen Klang der zwei Diapason, »Proslambanomenos« den tiefsten und
und »Nete hyperbolaeon« den höchsten. Sodann nennen wir die Klänge,
die auf Proslambanomenos folgen, nach der Höhe zu bis zur Mese: »Hypate hypaton«, »Parhypate hypaton«, »Lichanos hypaton«, »Hypate meson«, »Parhypate meson«, »Lichanos meson«; die nach der Mese folgenden
in ähnlicher Weise bis zur Nete hyperbolaeon: »Paramese«, »Trite diezeugmenon«, »Paranete diezeugmenon«, »Nete diezeugmenon«, »Trite
hyperbolaeon«, »Paranete hyperbolaeon«. Bisweilen aber [benennen wir

---

1) Das System von »Diapason und Diatessaron« ist z. B.

A | H c d e f g a b c' d' |

welches Ptolemäus mit dem System

A | H c d e f g a h c' d e' f' g' a' |

in Verbindung bringen will. Oder nehmen wir anstatt der hypodorischen

flüssig sein, die Aufstellung seiner sieben Transpositionsscalen hätte keinen Sinn, die Klanggeschlechter würden aufeinandergehäuft und theilweise musikalisch gar nicht ordentlich ausführbar erscheinen, die Tetrachord-Eintheilung fiele weg, die dynamischen Benennungen, welche sich nach der feststehenden Mese und den übrigen feststehenden Klängen richteten, wären vollständig unbrauchbar und die thetischen Verhältnisse hätten in Beziehung zu den dynamischen auch keinen Sinn. Da nun diese von Bellermann hineingebrachte Octave f-f′ auch von Westphal adoptirt worden ist, so ist es nothwendig, die ganze Erörterung des Ptolemäus, von Cap. 5 bis Cap. 11 des zweiten Buches, welche zu den Streitfragen Veranlassung gegeben hat, griechisch und deutsch vorzuführen.

## Ptolemäus, II, 5 — 11.

### ε′.

Πῶς αἱ τῶν φθόγγων ὀνομασίαι πρὸς τὴν θέσιν ἐκλαμβάνονται καὶ τὴν δύναμιν.

Πόθεν μὲν οὖν τὸ διὰ πασῶν καὶ διὰ τεσσάρων σύστημα παρέζευκται τῷ δὶς διὰ πασῶν, ἐν τοῖς ἑξῆς ἡμῖν ὑπ' ὄψιν ἔσται. Τοὺς δὲ τοῦ τῷ ὄντι τελείου καὶ δὶς διὰ πασῶν φθόγγους πεντεκαίδεκα συνισταμένους — διὰ τὸ κοινὸν ἕνα γίνεσθαι τοῦ τε βαρυτέρου καὶ τοῦ ὀξυτέρου διὰ πασῶν καὶ μέσον πάντων — ποτὲ μὲν παρ' αὐτὴν τὴν θέσιν, τὸ ὀξύτερον ἁπλῶς ἢ βαρύτερον, ὀνομάζομεν· μέσην μὲν τὸν εἰρημένον κοινὸν τῶν δύο διὰ πασῶν, προσλαμβανόμενον δὲ τὸν βαρύτατον, καὶ νήτην ὑπερβολαίων τὸν ὀξύτατον· εἶτα τοὺς μετὰ τὸν προσλαμβανόμενον ἐπὶ τὸ ὀξὺ μέχρι τῆς μέσης ὑπάτην ὑπατῶν καὶ παρυπάτην ὑπατῶν καὶ λιχανὸν ὑπατῶν καὶ ὑπάτην μέσων καὶ παρυπάτην μέσων καὶ λιχανὸν μέσων, τοὺς δὲ μετὰ τὴν μέσην ὁμοίως μέχρι τῆς νήτης τῶν ὑπερβολαίων παραμέσην καὶ τρίτην διεζευγμένων καὶ παρανήτην διεζευγμένων καὶ νήτην διεζευγμένων καὶ τρίτην ὑπερβολαίων καὶ παρανήτην ὑπερβολαίων· ποτὲ δὲ παρὰ τὴν δύναμιν αὐτήν, τό πρός τι πῶς ἔχειν· ᾧ δὴ πρότερον ἐφαρμόσαντες ταῖς θέσεσι τὰς κατὰ τὸ καλούμενον ἀμετάβολον σύστημα δυνάμεις τοῦ δὶς διὰ πασῶν, εἶτα κοινὰς ἐπ' αὐτοῦ ποιησάμενοι τὰς κατηγορίας

---

Transpositionsscala die dorische an, so ist das System synemmenon, d. h. das aus »Diapason und Diatessaron« bestehende, dieses:

d | e f g a b c′ d′ es′ f′ g′ | ,

das System diezeugmenon aber, welches zwei Octaven umfasst, folgendes:

d | e f g a b c′ d′ e′ f′ g′ a′ b′ c″ d″ | .

sie] nach ihrer relativen Bedeutung (dynamisch), d. h. darnach
wie sie sich in Bezug auf etwas Anderes verhalten. Nachdem wir nun
vorher zu den absoluten Stellungen die auf das sogenannte unveränderte
System [z. B. die hypodorische Tonart] bezüglichen relativen Bedeutungen des Bisdiapason hinzugefügt und sodann in demselben die Verhältnisse der absoluten Stellungen und der relativen Bedeutungen
gemeinsam für beide gemacht haben werden, verändern wir sie in
den übrigen Systemen. Nachdem wir nämlich von den beiden im Bisdiapason befindlichen diazeuktischen Ganztönen den einen, den von der
thetischen Mese aus genommen und neben denselben nach beiden Seiten
zwei verbundene Tetrachorde gesetzt haben, so dass also vier Tetrachorde im Ganzen sind; nachdem wir ferner den andern jener beiden
Ganztöne dem übrigen [1] und tiefsten Intervalle überwiesen haben, werden
wir »Mese« der relativen Bedeutung nach [»dynamische Mese«] bei der
eben angenommenen Anordnung den Klang nennen, welcher der tiefere
ist von der oberen [höheren] Diazeuxis, und »Paramese« den höhern
Klang [derselben]; »Proslambanomenos« aber und »Nete hyperbolaeon«
den tieferen Klang der unteren [tieferen] Diazeuxis, und »Hypate hypaton« den höheren; ferner »Hypate meson« den gemeinschaftlichen Klang
der beiden verbundenen tieferen Tetrachorde, die auf die tiefere Diazeuxis folgen; »Nete diezeugmenon« aber den gemeinschaftlichen Klang
der beiden verbundenen höheren Tetrachorde, die auf die höhere Diazeuxis folgen; und ferner »Parhypate hypaton« den nächsten Klang von
dem tiefsten Klange des Tetrachordes nach der tieferen Diazeuxis, und
»Lichanos hypaton« den dritten; »Parhypate meson« aber den zweiten
Klang von dem tiefsten Klange des Tetrachordes vor der höheren Diazeuxis, und »Lichanos meson« den dritten; darauf »Trite diezeugmenon«
den zweiten von dem tiefsten Klange des Tetrachordes nach der höheren
Diazeuxis, und »Paranete diezeugmenon« den dritten; »Trite hyperbolaeon« den zweiten Klang von dem tiefsten Klange des Tetrachordes vor
der tieferen Diazeuxis, und »Paranete hyperbolaeon« den dritten [2]. Nach
diesen Benennungen, d. h. nach den dynamischen, möchten nun allein
rechtsgültig von den Klängen folgende als feststehende in den Veränderungen der Klanggeschlechter bezeichnet werden: Proslambanomenos, Hypate hypaton, Hypate meson, Mese, Paramese, Nete diezeugme-

---

1) d. h. dem, welches nach Abzug des Tetrachordes hypaton von Diapente
(z. B.) A-e übrig bleibt, also A-H.

2) Denn bei Nete hyperbolaeon beginnt wieder die tiefere Diazeuxis, weil
Nete hyperbolaeon = Proslambanomenos ist.

τῶν τε θέσεων καὶ τῶν δυνάμεων μεταλαμβάνομεν αὐτὰς ἐπὶ τῶν ἄλλων. Τὸν γὰρ ἕτερον τῶν ἐν τῷ δὶς διὰ πασῶν δύο τόνων ἀπὸ τῆς τῇ θέσει μέσης ἐκλαβόντες καὶ παραθέντες αὐτῷ καθ' ἑκάτερον μέρος δύο τετράχορδα συνημμένα, τῶν ἐν τῷ ὅλῳ τεσσάρων, εἶτα τὸν ἕτερον τόνον τῷ λοιπῷ καὶ βαρυτάτῳ τῶν διαστημάτων ἀποδόντες, μέσην μὲν τῇ δυνάμει καλοῦμεν ἀπὸ τῆς τότε καταστάσεως τὸν βαρύτερον τῆς ὀξυτέρας διαζεύξεως καὶ παραμέσην τὸν ὀξύτερον· προσλαμβανόμενον δὲ καὶ νήτην ὑπερβολαίων τὸν βαρύτερον τῆς βαρυτέρας διαζεύξεως καὶ ὑπάτην ὑπατῶν τὸν ὀξύτερον· εἶτα μέσων μὲν ὑπάτην τὸν κοινὸν τῶν συνημμένων δύο βαρυτέρων τετραχόρδων μετὰ τὴν βαρυτέραν διάζευξιν, νήτην δὲ διεζευγμένων τὸν κοινὸν τῶν συνημμένων δύο. ὀξυτέρων τετραχόρδων μετὰ τὴν ὀξυτέραν διάζευξιν· καὶ πάλιν παρυπάτην μὲν ὑπατῶν τὸν ἀπὸ τοῦ βαρυτάτου δεύτερον τοῦ μετὰ τὴν βαρυτέραν διάζευξιν τετραχόρδου καὶ λιχανὸν ὑπατῶν τὸν τρίτον· παρυπάτην δὲ μέσων τὸν ἀπὸ τοῦ βαρυτάτου δεύτερον τοῦ πρὸ τῆς ὀξυτέρας διαζεύξεως τετραχόρδου καὶ λιχανὸν μέσων τὸν τρίτον · εἶτα τρίτην μὲν διεζευγμένων τὸν ἀπὸ τοῦ βαρυτάτου δεύτερον τοῦ μετὰ τὴν ὀξυτέραν διάζευξιν τετραχόρδου καὶ παρανήτην διεζευγμένων τὸν τρίτον· τρίτην δὲ ὑπερβολαίων τὸν ἀπὸ τοῦ βαρυτάτου δεύτερον τοῦ πρὸ τῆς βαρυτέρας διαζεύξεως τετραχόρδου καὶ παρανήτην ὑπερβολαίων τὸν τρίτον. Καὶ δὴ κατὰ ταύτας τὰς ὀνομασίας, τοῦτ' ἔστι τὰς τῶν δυνάμεων, μόνως ἂν καλοῖντο κυρίως τῶν φθόγγων ἑστῶτες μὲν ἐν ταῖς τῶν γενῶν μεταβολαῖς προσλαμβανόμενος καὶ ὑπάτη ὑπατῶν καὶ ὑπάτη μέσων καὶ μέση καὶ παραμέση καὶ νήτη διεζευγμένων καὶ νήτη ὑπερβολαίων μία τις οὖσα καὶ ἡ αὐτὴ τῷ προσλαμβανομένῳ, κινούμενοι δὲ οἱ λοιποί. Μεταβιβαζομένων γὰρ τῇ θέσει τῶν δυνάμεων οὐκέτι τοῖς αὐτοῖς τόποις ἐφαρμόζουσιν οἱ τῶν ἑστώτων καὶ κινουμένων ὅροι. Δῆλον δὲ, ὅτι καὶ τὸ μὲν πρῶτον εἶδος τοῦ διὰ πασῶν ἐν τῷ προκειμένῳ συστήματι (καλουμένῳ δ' ἀμεταβόλῳ) διὰ τὴν εἰρημένην αἰτίαν περιέχουσιν ἥ τε παραμέση καὶ ἡ ὑπάτη τῶν ὑπατῶν, τὸ δὲ δεύτερον ἥ τε τρίτη τῶν διεζευγμένων καὶ ἡ παρυπάτη τῶν ὑπατῶν, τὸ δὲ τρίτον ἥ τε παρανήτη τῶν διεζευγμένων καὶ ἡ λιχανὸς τῶν ὑπατῶν, τὸ δὲ τέταρτον ἥ τε νήτη τῶν διεζευγμένων καὶ ἡ ὑπάτη τῶν μέσων, τὸ δὲ πέμπτον ἥ τε τρίτη τῶν ὑπερβολαίων καὶ ἡ παρυπάτη τῶν μέσων, τὸ δὲ ἕκτον ἥ τε παρανήτη τῶν ὑπερβολαίων καὶ ἡ λιχανὸς τῶν μέσων, τὸ δὲ ἕβδομον ἥ τε νήτη τῶν ὑπερβολαίων ἢ ὁ προσλαμβανόμενος καὶ ἡ μέση. Ὡς ἔχουσι τοῦ προχείρου τῆς ἐπιβολῆς ἕνεκεν αἱ ὑποκείμεναι τοῦ ἀμεταβόλου συστήματος παρασημειώσεις.

non, und Nete hyperbolaeon, welch letzter Klang genau derselbe ist wie Proslambanomenos; als **bewegliche** aber die übrigen. Wenn sich nun die relativen Bedeutungen ihrer Stellung nach verändern [1]), so stimmen die Klanggrenzen der feststehenden oder beweglichen Klänge nicht mehr mit denselben Plätzen überein. Es ist aber deutlich, dass die erste Gestalt des Diapason in dem vorliegenden System, nämlich dem sogenannten unveränderten, aus der angegebenen Ursache von Paramese und Hypate hypaton umschlossen wird; die zweite Gestalt von Trite diezeugmenon und Parhypate hypaton; die dritte Gestalt von Paranete diezeugmenon und Lichanos hypaton; die vierte von Nete diezeugmenon und Hypate meson; die fünfte von Trite hyperbolaeon und Parhypate meson; die sechste von Paranete hyperbolaeon und Lichanos meson; die siebente von Nete hyperbolaeon oder Proslambanomenos und Mese. So verhalten sich — wegen der Klarstellung unseres Planes — die vorliegenden Bezeichnungen des unveränderten Systems.

### System diezeugmenon.

#### (Vollkommnes, unverändertes System.)

Höhe

| | |
|---|---|
| $\zeta = a'$ | **Nete hyperbolaeon** |
| $\varsigma = g'$ | Paranete hyperbolaeon |
| $\varepsilon = f'$ | Trite hyperbolaeon |
| $\delta = e'$ | **Nete diezeugmenon** |
| $\gamma = d'$ | Paranete diezeugmenon |
| $\beta = c'$ | Trite diezeugmenon |
| $\alpha = h$ | **Paramese** |
| $\zeta = a$ | **Mese** |
| $\varsigma = g$ | Lichanos meson |
| $\varepsilon = f$ | Parhypate meson |
| $\delta = e$ | **Hypate meson** |
| $\gamma = d$ | Lichanos hypaton |
| $\beta = c$ | Parhypate hypaton |
| $\alpha = H$ | **Hypate hypaton** |
| $\zeta = A$ | **Proslambanomenos** |

Tiefe

---

[1]) z. B. wenn das ursprüngliche System

A H c d e f g a h c' d' e' f' g' a',

in welchem die dynamischen Benennungen von Proslambanomenos bis Nete hyperbolaeon mit den thetischen ganz gleich sind, nach der Tiefe oder **Höhe** fortrückt, als:

Σύστημα τέλειον διεζευγμένον, ἀμετάβολον.

Ὀξύ

| | |
|---|---|
| ζ | Νήτη ὑπερβολαίων |
| ς | Παρανήτη ὑπερβολαίων |
| ε | Τρίτη ὑπερβολαίων |
| δ | Νήτη διεζευγμένων |
| γ | Παρανήτη διεζευγμένων |
| β | Τρίτη διεζευγμένων |
| α | Παραμέση |
| ζ | Μέση |
| ς | Λιχανὸς μέσων |
| ε | Παρυπάτη μέσων |
| δ | Ὑπάτη μέσων |
| γ | Λιχανὸς ὑπατῶν |
| β | Παρυπάτη ὑπατῶν |
| α | Ὑπάτη ὑπατῶν |
| ζ | Προςλαμβανόμενος |

Βαρύ

## Nach der Tiefe

| Thetisch | | Dynamisch |
|---|---|---|
| Proslambanomenos | G | Paranete hyperbolaeon |
| Hypate hypaton | **A** | **Nete hyperbolaeon** oder **Proslambanomenos** |
| Parhypate hypaton | **H** | **Hypate hypaton** |
| Lichanos hypaton | c | Parhypate hypaton |
| Hypate meson | d | Lichanos hypaton |
| Parhypate meson | e | **Hypate meson** |
| Lichanos meson | f | Parhypate meson |
| Mese | g | Lichanos meson |
| Paramese | a | **Mese** |
| Trite diezeugmenon | h | **Paramese** |
| Paranete diezeugmenon | c′ | Trite diezeugmenon |
| Nete diezeugmenon | d′ | Paranete diezeugmenon |
| Trite hyperbolaeon | e′ | **Nete diezeugmenon** |
| Paranete hyperbolaeon | f′ | Trite hyperbolaeon |
| Nete hyperbolaeon | g′ | Paranete hyperbolaeon. |

## Nach der Höhe

| Thetisch | | Dynamisch |
|---|---|---|
| Proslambanomenos | **H** | **Hypate hypaton** |
| Hypate hypaton | c | Parhypate hypaton |
| Parhypate hypaton | d | Lichanos hypaton |

## Capitel 6.

**Wie die aus Diapason und Diatessaron verbundene Systemgrösse die Geltung des vollkommenen Systems haben konnte.**

Dieses System also [d. h. Bisdiapason] wird auch »diezeugmenon« [d. h. getrenntes] genannt zum Unterschiede von demjenigen, welches man als aus Diapason und Diatessaron zusammengesetzte Grösse erhält und welches »synemmenon« [d. h. verbundenes] genannt wird, weil es an Stelle der Diazeuxis ein anderes mit der Mese verbundenes Tetrachord nach der Höhe zu enthält; und wir benennen, von diesem Umstande ausgehend, auch das System selbst »synemmenon«, gerade wie das andere »diezeugmenon«. In ersterem sodann benennen wir mit »Trite synemmenon« den Klang zunächst der Mese, »Paranete synemmenon« aber den folgenden, den sowohl an der Spitze des Tetrachordes als auch feststehenden »Nete synemmenon«.

| | | |
|---|---|---|
| Lichanos hypaton | e | **Hypate meson** |
| Hypate meson | f | Parhypate meson |
| Parhypate meson | g | Lichanos meson |
| Lichanos meson | a | **Mese** |
| Mese | h | **Paramese** |
| Paramese | c′ | Trite diezeugmenon |
| Trite diezeugmenon | d′ | Paranete diezeugmenon |
| Paranete diezeugmenon | e′ | **Nete diezeugmenon** |
| Nete diezeugmenon | f′ | Trite hyperbolaeon |
| Trite hyperbolaeon | g′ | Paranete hyperbolaeon |
| Paranete hyperbolaeon | a′ | **Nete hyperbolaeon** oder **Proslambanomenos** |
| Nete hyperbolaeon | h′ | **Hypate hypaton** |

Dann sind also die im Grundsystem festgestellten **dynamischen** Klänge ihrer Stellung nach verändert; denn das System von zwei Octaven beginnt nicht mehr mit dem **dynamischen** Proslambanomenos und endigt auch nicht mit der **dynamischen** Nete hyperbolaeon. — Ptolemäus hat in diesem Cap. 5 also zugleich erwähnt, dass in der Grundform des unveränderten Systems diezeugmenon die dynamischen und thetischen Benennungen mit einander identisch sind. Die hypodorische Transpositionsscala im diatonischen Grundsystem heisst z. B.:

| Thetische Benennungen | | Dynamische Benennungen |
|---|---|---|
| **Proslambanomenos** | A | **Proslambanomenos** |
| **Hypate hypaton** | H | **Hypate hypaton** |
| Parhypate hypaton | c | Parhypate hypaton |
| Lichanos hypaton | d | Lichanos hypaton |
| **Hypate meson** | e | **Hypate meson** |

ς'.

Πῶς τὸ συνημμένον μέγεθος ἐκ τοῦ διὰ πασῶν καὶ διὰ
τεσσάρων τελείου συστήματος ἔσχε δόξαν.

Τοῦτο μὲν οὖν τὸ σύστημα λέγεται καὶ διεζευγμένον, πρὸς ἀντι-
διαστολὴν τοῦ λαμβανομένου κατὰ τὸ συντιθέμενον μέγεθος ἐκ τοῦ διὰ
πασῶν καὶ διὰ τεσσάρων, ὃ καλεῖται συνημμένον ἕνεκεν τοῦ συνημμένον
ἔχειν (ἀντὶ τῆς διαζεύξεως) τῇ μέσῃ τετράχορδον ἕτερον ἐπὶ τὸ ὀξύ·
προσαγορευόμενον καὶ αὐτὸ συνημμένον ἀπὸ τοῦ συμβεβηκότος, ὥςπερ
καὶ τὸ διεζευγμένον· ἐφ' οὗ πάλιν τρίτην μὲν συνημμένων τὸν μετὰ
τὴν μέσην φθόγγον, παρανήτην δὲ συνημμένων τὸν ἑξῆς, καὶ τὸν ἡγού-
μενον τοῦ τετραχόρδου καὶ ἑστῶτα νήτην συνημμένων.

Σύστημα συνημμένον.

Ὀξύ

- Νήτη συνημμένων
- Παρανήτη συνημμένων
- Τρίτη συνημμένων
- Μέση
- Λιχανὸς μέσων
- Παρυπάτη μέσων
- Ὑπάτη μέσων
- Λιχανὸς ὑπατῶν
- Παρυπάτη ὑπατῶν
- Ὑπάτη ὑπατῶν
- Προςλαμβανόμενος

Βαρύ

| Parhypate meson | f | Parhypate meson |
| Lichanos meson | g | Lichanos meson |
| **Mese** | a | **Mese** |
| **Paramese** | h | **Paramese** |
| Trite diezeugmenon | c' | Trite diezeugmenon |
| Paranete diezeugmenon | d' | Paranete diezeugmenon |
| **Nete diezeugmenon** | e' | **Nete diezeugmenon** |
| Trite hyperbolaeon | f' | Trite hyperbolaeon |
| Paranete hyperbolaeon | g' | Paranete hyperbolaeon |
| **Nete hyperbolaeon** | a' | **Nete hyperbolaeon.** |

Er betont dabei ausdrücklich, dass nur auf Grund der dynamischen Benennungen die Unterscheidung der feststehenden und beweglichen Klänge
stattfindet, weil die thetischen Benennungen bei Veränderung des Systems nicht
mehr dieselben Klanghöhen bezeichnen, wie die dynamischen. Dies gründet
sich auf die Anordnung der nach den Gattungen des Diapason gebildeten zweioctavigen Systeme, worauf schon die oben angeführten hindeuten.

System synemmenon.

Höhe

| | | |
|---|---|---|
| d' = | ———————— | **Nete synemmenon** |
| c' = | ———————— | Paranete synemmenon |
| b = | ———————— | Trite synemmenon |
| a = | ———————— | **Mese** |
| g = | ———————— | Lichanos meson |
| f = | ———————— | Parhypate meson |
| e = | ———————— | **Hypate meson** |
| d = | ———————— | Lichanos meson |
| c = | ———————— | Parhypate hypaton |
| **H** = | ———————— | **Hypate hypaton** |
| **A** = | ———————— | **Proslambanomenos** |

Tiefe

Es scheint fürwahr dieses System den Alten nachgeahmt worden zu sein, um eine zweite Gestalt der Modulation herzustellen, gleichsam als ein veränderliches neben jenem unveränderten Systeme. Denn nicht deswegen, weil sich in ihm etwa das Klanggeschlecht nicht änderte, wird dasselbe so genannt — da es doch allen Klanggeschlechtern gemeinschaftlich ist —, sondern weil es sich in Bezug auf die Bedeutung der Klänge in der Tonart verändert. Es giebt aber mit Rücksicht auf die also bezeichnete Tonart zwei Hauptunterschiede der Veränderungen: der erste, nach welchem wir das ganze Melos auf einer höheren Klangstufe durchlaufen oder wiederum auf einer tieferen, indem wir die Uebereinstimmung der ganzen Gestalt des Systems genau einhalten; der zweite, nach welchem nicht das ganze Melos der Klanghöhe nach verändert wird, sondern nur ein Theil in Bezug auf die ursprüngliche Klangfolge. Deswegen möchte auch dieser [letzterer Unterschied] mehr eine Veränderung des Melos [1]) als der Tonart genannt werden. Nach jenem [ersteren] wird nicht das Melos verändert, sondern die Tonart im Ganzen; nach diesem [letzteren] aber wird das Melos aus der eigenen Klangreihe [der Tonart eigenthümlichen Klangreihe] verwandelt, die Klanghöhe jedoch wird nicht als Klanghöhe [der ganzen Tonart], son-

---

1) Es ist dies die Veränderung nach den Octavengattungssystemen, welche Bacchius senior als μεταβολὴ συστηματική bezeichnet (Bacchius sen. ap. Meib. pag. 13 und 14).

Ἔοικε μέντοι τὸ τοιοῦτο σύστημα παραπεποιῆσθαι τοῖς παλαιοῖς πρὸς ἕτερον εἶδος μεταβολῆς, ὡς ἂν εἰ μεταβολικόν τι παρ' ἐκεῖνο ἀμετάβολον. Οὐδὲ γὰρ τῷ κατὰ γένος μὴ μεταβάλλειν λέγεται τοιοῦτον, ὁπότε γε κοινόν ἐστι πάντων τῶν γενῶν, ἀλλὰ τῷ τὴν τοῦ τόνου δύναμιν. Εἰσὶ δὲ καὶ παρὰ τὸν οὕτω λεγόμενον τόνον μεταβολῶν δύο πρῶται διαφοραί· μία μὲν, καθ' ἣν ὅλον τὸ μέλος ὀξυτέρᾳ τάσει διέξιμεν ἢ πάλιν βαρυτέρᾳ, τηροῦντες τὸ διὰ παντὸς τοῦ εἴδους ἀκόλουθον· δευτέρα δὲ, καθ' ἣν οὐχ' ὅλον τὸ μέλος ἐξαλλάσσεται τῇ τάσει, μέρος δέ τι παρὰ τὴν ἐξ ἀρχῆς ἀκολουθίαν· διὸ καὶ καλοῖτ' ἂν αὕτη τοῦ μέλους μᾶλλον ἢ τοῦ τόνου μεταβολή. Κατ' ἐκείνην μὲν γὰρ οὐκ ἀλλάσσεται τὸ μέλος, ἀλλ' ὁ δι' ὅλου τόνος· κατὰ ταύτην δὲ τὸ μὲν μέλος ἐκτρέπεται τῆς οἰκείας τάξεως, ἡ δὲ τάσις οὐχ ὡς τάσις ἀλλ' ὡς ἕνεκα τοῦ μέλους· ὅθεν ἐκείνη μὲν οὐκ ἐμποιεῖ ταῖς αἰσθήσεσι φαντασίαν ἑτερότητος τῆς κατὰ τὴν δύναμιν, ὑφ' ἧς κινεῖται τὸ ἦθος, ἀλλὰ μόνης τῆς κατὰ τὸ ὀξύτερον ἢ βαρύτερον· αὕτη δὲ ὥσπερ ἐκπίπτειν αὐτὴν ποιεῖ τοῦ συνήθους καὶ προσδοκωμένου μέλους, ὅταν ἐπὶ πλέον μὲν συνείρηται τὸ ἀκόλουθον, μεταβαίνῃ δέ που πρὸς ἕτερον εἶδος ἤτοι κατὰ τὸ γένος ἢ κατὰ τὴν τάσιν· οἷον ὅταν ἀπὸ διατονικοῦ συνεχοῦς ἀποκλίνῃ που τὸ γένος ἐπὶ χρωματικόν, ἢ ὅταν ἀπὸ μέλους ἐπὶ τοὺς διὰ πέντε συμφώνους εἰωθότος ποιεῖσθαι τὰς μεταβάσεις ἐπὶ τὸ ἐπὶ τοὺς διὰ τεσσάρων γένηταί τις ἐκτροπή, καθάπερ ἐπὶ τῶν ἐκκειμένων συστημάτων. Ἀναβαῖνον γὰρ τὸ μέλος ἐπὶ τὴν μέσην, ὅταν μή, ὡς ἔθος εἶχεν, ἐπὶ τὸ τῶν διεζευγμένων τετράχορδον ἔλθῃ, κατὰ τὴν διὰ πέντε συμφωνίαν τῷ τῶν μέσων, ἀλλὰ περισπασθὲν ὥσπερ συναιρεθῇ πρὸς τὸ συνημμένον τῇ μέσῃ τετράχορδον, ὥστε ἀντὶ τοῦ διὰ πέντε τὸ διὰ τεσσάρων ποιῆσαι πρὸς τοὺς πρὸ τῆς μέσης φθόγγους· ἐξαλλαγὴ γίνεται καὶ πλάνη ταῖς αἰσθήσεσι τοῦ γενομένου παρὰ τὸ προσδοκηθέν. Καὶ πρόσφορος μὲν ὅταν σύμμετρος ἡ συναίρεσις καὶ ἐμμελής, ἀπρόσφορος δὲ ὅταν τὸ ἐναντίον. Διὸ καλλίστη καὶ μία δυνάμει σχεδόν ἐστιν ἡ ὁμοία τῇ προειρημένῃ τονιαίαν λαμβάνουσα τὴν προσληπτικὴν μετάπτωσιν, ᾗ διαφέρει τὸ διὰ πέντε τοῦ διὰ τεσσάρων. Τῷ μὲν γὰρ κοινὸς εἶναι τῶν γενῶν ὁ τόνος ἐν ἅπασιν αὐτοῖς ἐμφανῆ δύναται ποιεῖν τὴν μεταβολήν· τῷ δὲ τῶν ἐν τοῖς τετραχόρδοις λόγων ἕτερος, ἐξαλλάσσειν τὸ μέλος· τῷ δὲ σύμμετρος, ὡς ἂν πρῶτος συνιστάμενος τῶν ἐμμελῶν μήτε μεγάλας τὰς ἐκβάσεις τοῦ μέλους μήτε βραχείας πάνυ καθιστάναι· δυσδιάκριτον γὰρ ἑκάτερον τούτων ταῖς ἀκοαῖς. Γίνεται μὲν οὖν τρία τετράχορδα κατὰ τὸ ἑξῆς συνημμένα πρὸς τὸ τῆς τοιαύτης μεταβολῆς ἴδιον μίξει τινὶ μερικῇ δύο διεζευγμένων συστημάτων, ὅταν ὅλα διαφέρωσιν ἀλλήλων κατὰ τὸν τόνον τῷ διὰ τεσσάρων. Ἐπεὶ δὲ οὐ προσεκεκόφει τοῖς παλαιοῖς ἡ μέχρι τού-

dern in ihrer Beziehung auf das Melos verändert[1]). Eben deswegen erzeugt jener [ersterer Unterschied] in den Empfindungen nicht eine Erscheinung der Verschiedenheit in Rücksicht auf die Bedeutung, bei welcher der Charakter [des Melos] verändert wird, sondern nur der Verschiedenheit in Rücksicht auf Höheres oder Tieferes (d. h. auf eine höhere oder tiefere Lage). Dieser [letzterer Unterschied] aber lässt sie [die Phantasie] gleichsam herausfallen aus dem gewohnten und erwarteten Melos — sobald sich vielmehr die Folge im Zusammenhang entwickelt, jedoch in eine andere Gestalt übergeht —, sei es in Bezug auf das Klanggeschlecht oder in Bezug auf die Klanghöhe [des Melos]; z. B. wenn vom fortlaufend Diatonischen das Klanggeschlecht zum Chromatischen abbiegt oder wenn vom Melos, welches gewöhnlich die Uebergänge gemäss den Consonanzen Diapente bildet, eine Umwandlung geschieht in dasjenige [Melos], welches sie gemäss den Consonanzen Diatessaron bildet, wie bei den auseinandergesetzten Systemen. Denn wenn das bis zur Mese hinaufschreitende Melos nicht, wie es Sitte war, bis zum Tetrachord diezeugmenon gelangte, gemäss der Consonanz Diapente zu dem Tetrachord meson, sondern, in anderer Weise gewendet, gleichsam zusammengefasst würde zum [d. h. mit dem] Tetrachord synemmenon mit

---

1) z. B. für das Melos ist die hypodorische Transpositionsscala festgestellt

A H c d e f g a h c′ d′ e′ f′ g′ a′.

Wenn das Melos seine Tonart im Ganzen, d. h. seine Transpositionsscala, verändert und diese Veränderung geschieht harmonisch, so würde dasselbe in die dorische

d e f g a b c′ d′ e′ f′ g′ a′ b′ c″ d″

übergehen. Auf diese Veränderung (κατὰ τόνον) bezieht sich auch die später erörterte Verknüpfung des Systems synemmenon. Wird das Melos aber in demselben vollkommnen System A bis a′ verändert, z. B. harmonisch abwärts, dann ergreift es das mit dem ursprünglichen System gebildete, um ein Diatessaron tiefer liegende abgeleitete System, dessen mittlere Octave die erste Octavengattung (die mixolydische) aufweist; mithin heisst das System

E F G A H c d e f g a h c′ d′ e′.

In diesem ist die Klanghöhe nicht dynamisch verändert, d. h. der dynamische Proslambanomenos und die andern Klänge der Reihe nach sind nicht transponirt, sondern die Klanghöhe des Melos ist fortgerückt, sie hat sich thetisch verändert; die dynamischen Benennungen haben also jetzt ein anderes thetisches Verhältniss oder eine andere Stellung. Wenn, wie Ptolemäus weiter sagt, eine Veränderung des Klanggeschlechts hinzutritt, so werden die beweglichen Klänge gemäss der früher entwickelten Eintheilung in die chromatischen und enharmonischen Verhältnisse gebracht.

των παραύξησις τῶν τόνων, (μόνους γὰρ ᾔδεισαν τόν τε Δώριον καὶ τὸν Φρύγιον καὶ τὸν Λύδιον ἑνὶ τόνῳ διαφέροντας ἀλλήλων, ὡς μὴ φθάνειν ἐπὶ τὸν τῷ διὰ τεσσάρων ὀξύτερον ἢ βαρύτερον,) καὶ οὐκ ἔχοντες ὅπως ἀπὸ τῶν διεζευγμένων ποιήσωσιν ἐφ᾽ ἑξῆς τρία τετράχορδα, συστήματος ὀνόματι περιέλαβον τὸ συνημμένον, ἵν᾽ ἔχωσι πρόχειρον τὴν ἐκκειμένην μεταβολήν. Καθ᾽ ὅλου μέντοι γε ἐπὶ τῶν τόνων τῶν τῷ διὰ τεσσάρων ὑπερεχόντων ἀλλήλων, ἐάν τε τῶν πρὸ τῆς ὁμοίας διαζεύξεως ἐν ἑκατέρῳ τετραχόρδων τὸ τοῦ ὀξυτέρου συναφθῇ τῷ τοῦ βαρυτέρου ἐπὶ τὸ ὀξύ, ποιεῖ ἐν τῷ βαρυτέρῳ τρία τετράχορδα συνημμένα, ὧν τὸ μετενεχθὲν γίνεται ὀξύτατον · ἐάν τε τῶν μετὰ τὴν ὁμοίαν διάζευξιν τετραχόρδων τὸ τοῦ βαρυτέρου συναφθῇ τῷ τοῦ ὀξυτέρου ἐπὶ τὸ βαρύ, ποιεῖ πάλιν ἐν τῷ ὀξυτέρῳ τρία τετράχορδα συνημμένα, ὧν τὸ μετενεχθὲν γίνεται βαρύτατον. Ἔστω γὰρ ἀπὸ τοῦ $\overline{α}$ ὀξυτάτου φθόγγου τετράχορδον ἐπὶ τὸ βαρὺ τὸ $\overline{αβ}$, καὶ ἕτερον αὐτῷ συνημμένον τὸ $\overline{βγ}$, καὶ τόνος ἐφ᾽ ἑξῆς διαζευκτικὸς ὁ $\overline{γδ}$, καὶ πάλιν ὑπ᾽ αὐτὸν ἕτερα δύο τετράχορδα συνημμένα τό τε $\overline{δε}$ καὶ τὸ $\overline{εζ}$ · εἰλήφθω δὲ τοῦ μὲν ὀξυτέρου τῷ διὰ τεσσάρων τόνου ἡ μὲν ὁμοία τῇ $\overline{γδ}$ διάζευξις $\overline{ἡ ηθ}$, συνημμένα δ᾽ αὐτῇ πρὸς τὸ βαρὺ δύο πάλιν τετράχορδα τό τε $\overline{θκ}$ καὶ τὸ $\overline{κλ}$ · τοῦ δὲ τῷ διὰ τεσσάρων βαρυτέρου τόνου πρὸς τὸν πρῶτον ἡ μὲν ὁμοία διάζευξις τῇ $\overline{γδ}$ ἡ $\overline{μν}$, συνημμένα δ᾽ αὐτῇ πρὸς τὸ ὀξὺ δύο τετράχορδα τό τε $\overline{νξ}$ καὶ τὸ $\overline{ξο}$. Ἐπεὶ τοίνυν ὁ $\overline{θ}$ φθόγγος ὅμοιός ἐστι τῷ $\overline{δ}$, ὀξύτερος ἔσται αὐτοῦ τῷ διὰ τεσσάρων, ἔστι δὲ καὶ τοῦ $\overline{κ}$ ὀξύτερος τῷ αὐτῷ · ἰσότονοι ἄρα εἰσὶν $\overline{ὅ}$ τε $\overline{δ}$ καὶ ὁ $\overline{κ}$ · ὥστε δυνατὸν ἔσται συναφθῆναι τῷ $\overline{δ}$ ἐπὶ τὸ ὀξὺ τὸ $\overline{κθ}$ τετράχορδον καὶ ποιῆσαι τρία ἐφ᾽ ἑξῆς ἐν τῷ $\overline{αζ}$ τόνῳ τετράχορδα, ὧν αὐτὸ ἔσται ὀξύτατον, τὰ $\overline{ζε}$ καὶ $\overline{εθ}$ καὶ $\overline{θθ}$. Πάλιν ἐπειδὴ ὁ $\overline{ν}$ φθόγγος ὅμοιός ἐστι τῷ $\overline{γ}$, βαρύτερος ἔσται αὐτοῦ τῷ διὰ τεσσάρων, ἔστι δὲ καὶ τοῦ $\overline{ξ}$ βαρύτερος τῷ αὐτῷ · ἰσότονοι ἄρα εἰσὶν ὅ τε $\overline{γ}$ καὶ ὁ $\overline{ξ}$ · ὥστε δυνατὸν ἔσται συναφθῆναι τῷ $\overline{γ}$ ἐπὶ τὸ βαρὺ τὸ $\overline{ξν}$ τετράχορδον καὶ ποιῆσαι πάλιν τρία ἐφ᾽ ἑξῆς ἐν τῷ $\overline{αζ}$ τόνῳ τετράχορδα, ὧν αὐτὸ ἔσται βαρύτατον, τὰ $\overline{αβ}$ καὶ $\overline{βγ}$ καὶ γν. Ἑξῆς ἡ ὑπογραφή.

19

der Mese, so dass es, anstatt Diapente, Diatessaron bewirken würde in Rücksicht auf die Klänge vor der Mese, — dann entsteht für das Gefühl eine Veränderung und Abschweifung, indem dies wider Erwarten geschehen ist. Und diese Veränderung ist angemessen, wenn die Verknüpfung symmetrisch und melodisch ist: sie ist aber unangemessen, wenn das Gegentheil stattfindet. Deshalb ist diejenige Veränderung die schönste und an und für sich fast einzige, welche, ähnlich der vorbesprochenen, den das Ganztonintervall hinzunehmenden Uebergang erfasst, durch welches sich Diapente und Diatessaron unterscheidet[1]). Dadurch dass der Ganzton[2]) den Klanggeschlechtern gemeinschaftlich ist, vermag er in ihnen allen deutlich die Veränderung zu bewirken; dadurch aber, dass er von den Verhältnissen in den Tetrachorden getrennt ist, vermag er das Melos zu verändern; dadurch endlich, dass er symmetrisch ist, gleichsam als erster unter den melodischen aufgestellt, [vermag er] die Fortschreitungen des Melos weder übermässig gross noch übermässig klein zu machen. Denn ein jedes von beiden ist mit dem Gehör schwer zu beurtheilen [zu erfassen]. Es entstehen nun drei der Reihe nach verbundene Tetrachorde, in Rücksicht auf das einer solchen Modulation Eigenthümliche, durch eine theilweise Mischung von zwei Systemen diezeugmenon, sobald sie sich im Ganzen bezüglich der Tonart um Diatessaron[3])

---

1) Ptolemäus legt besonderes Gewicht auf den diazeuktischen Ganzton, welcher zur Bildung des Melos wesentlich beiträgt. Seine theoretische Bedeutung knüpft sich besonders an den Unterschied von Diapente und Diatessaron, ähnlich wie wir in unserem Tonsystem sagen, an die Unterscheidung von Oberdominant (Quinte) und Unterdominant (Quarte); er bestimmt ferner die Unterschiede der Octavengattungen, erscheint in allen Klanggeschlechtern unverändert und ist somit gewissermassen der Hauptangelpunkt der Tonart. Durch die richtige Stellung desselben in den Octavengattungssystemen wird wesentlich die Natur des Melos bestimmt. Deswegen ist auch das System synemmenon, auf welches nun Ptolemäus zu sprechen kommt, eigentlich überflüssig; er erklärt jedoch weiterhin deutlich, warum die Alten das System gebraucht haben, wobei er schon hier auf die ältesten Transpositionsscalen: Dorisch, Phrygisch und Lydisch hinweist.

2) Der Ganzton, durch welchen sich die Diazeuxis bildet, zwischen dem Tetrachord meson und dem Tetrachord diezeugmenon, ist allen Klanggeschlechtern gemeinsam, weil seine Einschlussklänge nicht bewegliche, sondern feststehende Klänge sind.

3) Zwei Tonarten, welche sich i m G a n z e n um Diatessaron unterscheiden sind solche, deren einzelne Klänge um ein Diatessaron von einander abstehen. Die eine ist also gleich der andern, nur um ein Diatessaron höher oder tiefer tönend, z. B. die dorische und hypodorische Transpositionsscala, oder die mixolydische und dorische Transpositionsscala.

unterscheiden. Da aber bei den Alten die Vermehrung der Tonarten
bis dahin nicht gediehen war, — denn sie kannten nur die dorische,
phrygische und lydische Tonart (welche sich von einander um einen
Ganzton unterscheiden), so dass sie nicht zu der um Diatessaron höheren
oder tieferen Tonart gelangten, und wussten daher nicht, wie sie von
den Systemen diezeugmenon drei Tetrachorde bilden sollten, — so umfassten sie mit dem Namen »System« das System synemmenon, damit
sie die dargelegte Veränderung zur Hand hätten. Im Ganzen nun findet
bei den Tonarten, welche um Diatessaron von einander abstehen, Folgendes statt : einestheils, wenn von den Tetrachorden vor der harmonisch
ähnlichen Diazeuxis in jeder von beiden [Tonarten] das Tetrachord der
höheren [Tonart] verknüpft wird mit dem der tieferen [Tonart] nach der
Höhe zu, so bewirkt es in der tieferen [Tonart] drei verbundene Tetrachorde, von denen das übertragene [1]) das höchste wird ; anderntheils,
wenn von den Tetrachorden hinter der ähnlichen Diazeuxis das Tetrachord der tieferen [Tonart] verknüpft wird mit dem der höheren [Tonart]
nach der Tiefe zu, so bewirkt es wiederum in der höheren Tonart drei
verbundene Tetrachorde, von denen das übertragene [2]) das tiefste wird.
Es sei z. B. von dem höchsten Klange d″ (α) ein Tetrachord nach der
Tiefe zu d″-a′ (αβ) und ein anderes ihm verbunden a′-e′ (βγ) und in
der Reihenfolge ein diazeuktischer Ganzton e′-d′ (γδ), und ferner unter
dem letzteren zwei andere verbundene Tetrachorde d′-a (δε) und a-e
(εζ) ; von der um Diatessaron höheren Tonart möge man genommen
haben die der mit e′-d′ (γδ) bezeichneten ähnliche Diazeuxis a′-g′ (ηϑ),
mit ihr verbunden nach der Tiefe zu wiederum zwei Tetrachorde g′-d′
(ϑϰ) und d′-a (ϰλ) ; von der rücksichtlich der erstgenommenen [Tonart]
um Diatessaron tieferen Tonart aber die der mit e′-d′ (γδ) bezeichneten
ähnliche Diazeuxis a-h (μν) und mit ihr verbunden nach der Höhe zu
zwei Tetrachorde h-e′ (νξ) und e′-a′ (ξο). Da nun der Klang g′ (ϑ)
ähnlich dem Klange d′ (δ), so wird er höher als derselbe sein um Diatessaron. Er ist aber auch um Diatessaron höher als der Klang d′ (ϰ),
folglich sind die Klänge d′ (δ) und d′ (ϰ) gleichklingend ; so dass es
möglich sein wird, mit d′ (δ) nach der Höhe zu das Tetrachord d′-g′ (ϰϑ)
zu verknüpfen und in der Tonart d″-e (αζ) der Reihe nach drei Tetrachorde herzustellen, von denen es [das Tetrachord d′-g′ (ϰϑ)] das höchste
sein wird, nämlich e-a (ζε), a-d′ (εδ) und d′-g′ (δϑ). Ferner weil der Klang

---

1) d. h. das von der höheren Tonart in die tiefere.
2) d. h. von der tieferen Tonart in die höhere.

h (ν) ähnlich dem Klange e′ (γ) ist, so wird er um Diatessaron tiefer sein als letzterer; er ist aber auch um Diatessaron tiefer als der Klang e′ (ξ), also sind e′ (γ) und e′ (ξ) gleichklingend; daher wird es möglich sein, mit e′ (γ) nach der Tiefe zu das Tetrachord e′-h (ξν) zu verknüpfen und wiederum drei Tetrachorde der Reihe nach in der Tonart d″-e (αζ) herzustellen, von denen es [das Tetrachord e′-h (ξν)] das tiefste sein wird, nämlich d″-a′ (αβ), a′-e′ (βγ) und e′-h (γν). Untenstehend folgt ein kurzer Umriss [1]).

1) Stellen wir drei Tonarten auf:

so haben wir sogleich die ganz einfache Combination des Ptolemäus; denn einmal gewinnt er die Klangreihe aufwärts

das andere Mal die Klangreihe abwärts

so dass also aus den diazeuktischen Systemen die Systeme synemmenon combinirt worden sind. Nach seiner Ansicht ist daher das System synemmenon für das Melos ganz überflüssig, weil die diazeuktischen Systeme schon hinreichend erscheinen. Unter dem »Aehnlichen« (ὅμοιον) versteht er stets das »in Quarten Verwandte«.

## Capitel 7.

Ueber die Veränderungen nach den sogenannten Tonarten.

Dass nun das System synemmenon, indem doch die Veränderung gemäss der Consonanz Diatessaron für die vollkommenen Systeme diezeugmenon vorliegt, überflüssig ist, das mag — abgesehen davon, dass dasselbe, wie wie wir gezeigt haben, in keiner Beziehung die Beschaffenheit des vollständigen Systems hat — durch die vorangegangene Darstellung deutlich geworden sein. Ferner müssen wir feststellen, dass die Zahl der bezüglich der sämmtlichen Zusammenstellungen entstehenden Modulationen — welche wir so recht eigentlich Tonarten nennen, deswegen weil die Unterschiede nach der Klanghöhe zu nehmen sind — an und für sich unbegrenzt [1]) ist, gleichwie auch die Zahl der Klänge; (unterscheidet sich doch dadurch allein von dem Klange die also bezeichnete Tonart, dass sie zusammengesetzt ist, neben jenem, der nicht zusammengesetzt ist, gleichwie die Linie im Vergleich zum Punkte, indem auch hier nichts uns hindern würde, entweder den einzelnen Punkt oder die ganze Linie weiter zu führen zu unendlichen Plätzen [2]);) in der Wirklichkeit aber mit Rücksicht auf das Gefühl ist sie begrenzt, da auch

---

[1]) Hier zeigt sich, dass zur Zeit des Ptolemäus eine grosse Mannigfaltigkeit in den Modulationen existirte und die Transpositionsscalen das reichste Material für dieselben boten.

[2]) Ptolemäus meint in Uebereinstimmung mit Boetius, dass man von der Einheit des Klanges ausgehend das Klangbereich und darum auch die Menge der Tonarten sich unendlich denken könne, gleichwie man vom Punkte anfangend eine Linie sich als unendliche vorzustellen vermöge; aber der musikalische Sinn und die menschliche Empfindung verlange eine Grenze. Drei Hauptbetrachtungen bestimmt er darauf für die Tonarten, nämlich 1) wie sich die Klänge der höchsten und tiefsten Tonart zu einander verhalten, 2) wie die Verhältnisse der übrigen Tonarten zu diesen beiden äusseren beschaffen sind; 3) wie sich die Differenzen, welche zwischen den einzelnen Tonarten der Reihe nach stattfinden, gestalten; Differenz ist gewissermassen ein Ueberschuss ὑπεροχή; denn wenn ein Ganzton in zwei Theile zerlegt wird, so ist, wenn man den Halbton vom Ganzton wegnimmt, die Apotome ein Ueberschuss oder auch umgekehrt. Ferner meint er, bei den Tonarten ist es im Grossen ebenso, wie im Kleinen bei der Eintheilung des Diatessaron. Bei dieser kommt auch 1) der Unterschied des tiefsten und höchsten Klanges in Frage; 2) betrachtet man die einzelnen Verhältnisse, welche zwischen den äusseren Klängen vorhanden sind, in Beziehung zu den beiden äusseren; 3) untersucht man die Differenzen der einzelnen Verhältnisse.

die Zahl der Klänge begrenzt ist. Deshalb dürfte es auch bei der Untersuchung über die Tonarten drei Grenzen [Unterscheidungspunkte] geben,
gleichwie in jeder beliebigen Consonanz: die erste, nach welcher das
Verhältniss der äussersten Tonarten; die zweite, nach welcher die Anzahl der in der Mitte zwischen den äussersten Tonarten befindlichen
Verhältnisse; die dritte, nach welcher die Ueberschüsse [Differenzen]
zu einander der Reihe nach aufgestellt werden. Als Beispiel kann die
Consonanz Diatessaron dienen; hier bilden erstens die äussersten der
Klänge das Verhältniss Sesquiterz, zweitens drei Verhältnisse für sich
genommen bilden zusammengesetzt das ganze, drittens von solcher Beschaffenheit sind die Unterschiede der Verhältnisse. Nur dass jede
dieser Grenzen ihren eigenen Grund hat. In den Tonarten aber folgen
der ersten dieser Grenzen die beiden übrigen, zusammengefasst durch
ein und dieselbe Beobachtung, deren nothwendige Folge die Meisten
übersehen haben, weshalb sie auf verschiedene Weise die einzelnen
Grenzen festsetzen. Die Einen haben sie auf weniger als das Diapason
beschränkt, die Anderen genau auf das Diapason festgesetzt, noch Andere auf mehr als dasselbe, indem fortgesetzt die Neueren im Vergleich
zu den Aelteren nach einer fast stetigen Zunahme haschen, welche in
Bezug auf das Harmonische der Natur und der Reconstruction widerspricht[1]; durch sie allein muss man die Unterschiede der sich bilden-
denden äussersten Klänge begrenzen, da weder in Bezug auf die Menschenstimme der Uebergang ein und dieselbe Grenze zu haben vermag,
noch in Bezug auf die übrigen Schallkörper[2]. Denn nicht möchten

[1] Aus den Transpositionsscalen des Alypius ist zu ersehen, wie die Neueren nicht blos von den Klängen aus, welche innerhalb des Diapason lagen,
Transpositionsscalen bildeten, sondern wie sie über das Diapason hinausgingen
und ganz unnützer Weise die tiefsten Transpositionsscalen um ein Diapason
höher transponirten.

[2] Ptolemäus meint, es giebt tiefere und höhere Stimmen. Mit Rücksicht
auf diese geschehen aber nicht die für das Melos besonders geeigneten Uebergänge, welche gemäss den Octavengattungssystemen mit Bezug auf eine bestimmte Tonart, d. h. innerhalb einer Transpositionsscala zu bilden seien; denn
wenn man das Melos nur in Rücksicht auf die absolute Klanghöhe höher oder
tiefer vortragen, oder wie wir sagen, wenn man eine Melodie transponirt singen will, dann genüge es ja, dass man die begleitenden Instrumente höher oder
tiefer stimme. Der Charakter im Melos werde aber nicht durch die Transposition
bestimmt, sondern durch die Octavengattungssysteme, in denen z. B. theilweise
ein ähnlicher Unterschied stattfindet, wie zwischen Dur und Moll, was aus
Cap. 11 hervorgeht. Er betont die Natur des Harmonischen im Verhältniss zur
Natur der Menschenstimme.

## Περὶ τῶν κατὰ τοὺς καλουμένους τόνους μεταβολῶν.

Ὅτι μὲν οὖν παρακειμένης τοῖς διεζευγμένοις τελείοις συστήμασι τῆς κατὰ τὸ διὰ τεσσάρων παραβολῆς παρέλκει τὸ συνημμένον σύστημα, — μετὰ τοῦ μηδὲ τὴν τοῦ τελείου φύσιν, ὡς εἴπομεν, ἔχειν — διὰ τούτου γεγονέτω δῆλον. Διοριστέον δὲ πάλιν ὅτι τῶν καθ' ὅλας τὰς συστάσεις γινομένων μεταβολῶν, ἃς καλοῦμεν ἰδίως τόνους παρὰ τὸ τῇ τάσει λαμβάνειν τὰς διαφοράς, δυνάμει μὲν ἄπειρόν ἐστι τὸ πλῆθος ὥσπερ καὶ τὸ τῶν φθόγγων· (μόνῳ γὰρ διαφέρει φθόγγου ὁ οὕτω λεγόμενος τόνος τῷ σύνθετος εἶναι παρ' ἐκεῖνον ἀσύνθετον, καθάπερ γραμμὴ παρὰ σημεῖον, οὐδενὸς οὐδ' ἐνταῦθα κωλύσαντος ἐάν τε τὸ σημεῖον μόνον ἐάν τε τὴν ὅλην γραμμὴν μεταφέρωμεν ἐπὶ τοὺς συνεχεῖς τόπους·) ἐνεργείᾳ δὲ τῇ πρὸς τὴν αἴσθησιν ὡρισμένον, ἐπειδὴ καὶ τὸ τῶν φθόγγων. Διὸ καὶ τρεῖς ἂν εἶεν ὅροι τῶν περὶ τοὺς τόνους θεωρουμένων, ἐφ' ἑκάστης τῶν συμφωνιῶν· πρῶτος μὲν καθ' ὃν ὁ τῶν ἄκρων τόνων λόγος συνίσταται, δεύτερος δὲ καθ' ὃν τὸ πλῆθος τῶν μεταξὺ τῶν ἄκρων, τρίτος δὲ καθ' ὃν αἱ πρὸς ἀλλήλους ὑπεροχαὶ τῶν ἐφ' ἑξῆς. Καθάπερ ἐπὶ τοῦ διὰ τεσσάρων, φέρε εἰπεῖν, ὅτι τε τὸν ἐπίτριτον ποιοῦσι λόγον οἱ ἄκροι τῶν φθόγγων καὶ ὅτι μόνοι τρεῖς οἱ συντιθέντες τὸν ὅλον καὶ ὅτι τοιαίδε αἱ τῶν λόγων διαφοραί· πλὴν καθ' ὅσον τούτων μὲν τῶν ὅρων ἕκαστος ἴδιον ἔχει τὸ αἴτιον. Ἐπὶ δὲ τῶν τόνων ἕπονταί πως τῷ πρώτῳ τῶν ὅρων οἱ λοιποὶ δύο μιᾶς καὶ τῆς αὐτῆς ἐχόμενοι παραφυλακῆς· ἧς τὸ ἀκόλουθον ἀγνοήσαντες οἱ πλεῖστοι διαφόρως ἕκαστον ἐκτίθενται τῶν ὅρων, οἱ μὲν ἐπ' ἔλαττον τοῦ διὰ πασῶν φθάσαντες, οἱ δ' ἐπ' αὐτὸ μόνον, οἱ δὲ ἐπὶ τὸ μεῖζον τούτου· προσκοπήν τινα σχεδὸν τοιαύτην ἀεὶ τῶν νεωτέρων παρὰ τοὺς παλαιοτέρους θηρωμένων, ἀνοίκειον τῆς περὶ τὸ ἡρμοσμένον φύσεώς τε καὶ ἀποκαταστάσεως, ᾗ μόνῃ περαίνειν ἀναγκαῖόν ἐστι τὴν τῶν ἐσομένων ἄκρων τόνων διάστασιν, ὡς ἂν μήτε τῆς κατὰ τὴν φωνὴν μεταβάσεως ἕνα καὶ τὸν αὐτὸν ἔχειν ὅρον δυναμένης μήτε τῆς κατ' ἄλλο τι τῶν ποιησάντων τοὺς ψόφους. Οὐδὲ γὰρ ἕνεκεν τῶν βαρυτέρων ἢ ὀξυτέρων φωνῶν εὕροιμεν ἂν τὴν σύστασιν τῆς κατὰ τὸν τόνον μεταβολῆς γεγενημένην, (ὁπότε πρὸς τὴν τοιαύτην διαφορὰν ἡ τῶν ὀργάνων ὅλων ἐπίτασις ἢ πάλιν ἄνεσις ἀπαρκεῖ, μηδεμιᾶς γε παραλλαγῆς περὶ τὸ μέλος ἀποτελουμένης, ὅταν ὅλον ὁμοίως ὑπὸ τῶν βαρυφωνοτέρων ἢ τῶν ὀξυφωνοτέρων ἀγωνιστῶν διαπεραίνηται,) ἀλλ' ἕνεκα τοῦ κατὰ τὴν μίαν φωνὴν τὸ αὐτὸ μέλος ποτὲ μὲν ἀπὸ τῶν ὀξυτέρων τόπων ἀρχόμενον, ποτὲ δὲ ἀπὸ τῶν βαρυτέρων τροπήν τινα τοῦ ἤθους ἀπο-

wir finden, dass auf Grund der tieferen oder höheren Stimmen die Aufstellung der mit Rücksicht auf die Tonart geschehenen Veränderung er-
folgt ist, — da zu einem derartigen Unterschied die Erhöhung oder Erniedrigung aller Instrumente genügt, indem keinerlei Veränderung be-
treffs des Melos eintritt, sobald das ganze [Melos] in gleicher Weise von
den höher oder tiefer singenden Künstlern durchgeführt wird, — sondern deshalb, weil bei ein und derselben Stimme eben dasselbe Melos
bald von höheren, bald von tieferen Plätzen angefangen, eine Abänderung des Charakters bewirkt, dadurch, dass im Wechsel der Tonarten
den beiden Grenzen des Melos nicht mehr diejenigen der Menschenstimme entsprechen, sondern immer nach der einen Seite die Abgrenzung der Stimme eher aufhört, als die des Melos, nach der anderen
die Abgrenzung des Melos eher als die der Stimme, so dass das Melos,
welches ursprünglich mit der Ausdehnnng der Stimme [d. h. von zwei
Octaven] übereinstimmte, alsdann, bei den Veränderungen nach der
einen Richtung zurücklassend, nach der anderen hinzunehmend, dem
Gehör ein Klangbild anderen Charakters gewährt [1]).

## Capitel 8.

Beweis, dass durch Diapason die Spitzen (d. h. die äussersten Klänge) der Tonarten begrenzt werden müssen.

Die erste und hauptsächlichste Reconstruction der Aehnlichkeit in
Bezug auf das Harmonische bestehe also im jeweilig ersten der Gleich-
klänge, d. h. im Diapason, indem die dasselbe umschliessenden Klänge,
wie wir gezeigt haben, sich gleichsam als einer verhalten. Und wie
die Consonanzen, welche mit Diapason verbunden werden, dasselbe bewirken, was sie bewirken würden, wenn sie an und für sich erklängen:

---

[1]) Ptolemäus sagt: In einer Transpositionsscala, welche in Rücksicht auf
den Umfang irgend einer Stimme ergriffen wird, z. B. auf eine Stimme berechnet von A bis a' (hypodorische Transpositionsscala), verändert man den Charakter des Systems, sobald man die thetischen Benennungen dem Klange nach
verändert, z. B. es werde von
$$\text{A H c d e f g a h c' d' e' f' g' a'}$$
die erste Gattung des Diapason, nämlich die mixolydische
$$\text{H c d e f g a h}$$
als mittlere gesetzt; dann heisst das schon früher erwähnte Octavengattungssystem von zwei Octaven
$$\text{E F G A H c d e f g a h c' d' e'}$$

τελεῖν· τῷ μηκέτι πρὸς ἑκάτερα τὰ πέρατα τοῦ μέλους συναπαρτίζεσθαι
τὰ τῆς φωνῆς ἐν ταῖς τῶν τόνων ἐναλλαγαῖς, ἀλλ' ἀεὶ προκαταλήγειν
ἐπὶ μὲν θάτερα τὸ τῆς φωνῆς πέρας τοῦ τοῦ μέλους, ἐπὶ δὲ τὰ ἐναντία
τὸ τοῦ μέλους πέρας τοῦ τῆς φωνῆς, ὥστε τὸ ἐξ ἀρχῆς ἐφαρμόσαν τῇ
διαστάσει τῆς φωνῆς μέλος πῇ μὲν ἀπολεῖπον ἐν ταῖς μεταβολαῖς πῇ δὲ
ἐπιλαμβάνον ἑτέρου ἤθους φαντασίαν παρέχει ταῖς ἀκοαῖς.

η'.

Ὅτι τῷ διὰ πασῶν ὁρίζεσθαι δεῖ τοὺς ἄκρους τῶν τόνων.

Ἔστω τοίνυν ἡ πρώτη καὶ κυριωτάτη τῆς κατὰ τὸ ἡρμοσμένον
ὁμοιότητος ἀποκατάστασις ἐν τῷ πρώτῳ πάλιν τῶν ὁμοφώνων, τοῦτ'
ἔστι τῷ διὰ πασῶν, τῶν περιεχόντων αὐτὸ φθόγγων ὡς ἐπεδείξαμεν ἀδια-
φορούντων ἑνός. Καὶ ὥςπερ αἱ συντιθέμεναι μετ' αὐτοῦ τῶν συμφωνιῶν τοῦτο ποιοῦσιν, ὅπερ ἂν ἐποίουν, εἰ καὶ καθ' αὑτὰς ἦσαν· οὕτως
καὶ τῶν μελῶν ἕκαστον ἐπὶ μόνης τῆς κατὰ τὸ πρῶτον ὁμόφωνον δια-
στάσεως ἢ τῆς ἀπ' αὐτοῦ συντιθεμένης· δύναται τὴν ἀρχὴν λαβὼν ἀφ'
ἑκατέρου τῶν ἄκρων φθόγγων ὁμοίως διεχδραμεῖν. Διὸ κἂν ταῖς τῶν
τόνων μεθαρμογαῖς, ὅταν τὸν τῷ διὰ πασῶν ὀξύτερον καὶ βαρύτερον θε-
λήσωμεν μεταλαβεῖν, οὐδένα κινοῦμεν τῶν φθόγγων, ἀεί τινας κινοῦν-
τες ἐν ταῖς λοιπαῖς· ἀλλ' αὐτός τε ὁ τόνος ὁ αὐτὸς γίνεται τῷ
ἐξ ἀρχῆς· καὶ πάλιν ἀκολούθως ὁ μὲν κατὰ τὸ διὰ τεσσάρων τοῦ ἐξ ἀρχῆς διαφέρων τῷ κατὰ τὸ διὰ πασῶν καὶ διὰ τεσσάρων διαφέροντι τοῦ
αὐτοῦ, ὁ δὲ κατὰ τὸ διὰ πέντε τοῦ ἐξ ἀρχῆς διαφέρων τῷ κατὰ τὸ διὰ
πασῶν καὶ διὰ πέντε διαφέροντι τοῦ αὐτοῦ, καὶ ἐπὶ τῶν ἄλλων ὁμοίως.
Ὡς οἱ μὲν ἐνδοτέρω τοῦ διὰ πασῶν ἀφορίζοντες τοὺς ἄκρους τῶν τόνων
οὐκ ἂν εἶεν ἀποκαθεστηκότες τὸ ἡρμοσμένον, ἔσται γάρ τις ὑπὲρ αὐτοὺς
ἀνόμοιος ἅπασι τοῖς πρώτοις· οἱ δὲ ὑπερεκπίπτοντες τοῦ διὰ πασῶν τοὺς
ἀπ' αὐτοῦ τοῦ διὰ πασῶν ἀπωτέρω παρελκόντως ὑποτίθενται, τοὺς αὐ-

---

und die thetischen Benennungen verhalten sich zu den dynamischen auf die früher angegebene Weise (S. 283).— Nach der einen Seite hin, nach oben, hört nun
hier das Melos eher auf, als der ursprünglich angenommene Stimmumfang, welcher bis a' reichte; nach der andern Seite, nach unten, hört aber der ursprünglich angenommene Stimmumfang eher auf als das Melos. Oben fehlt zum Stimmumfang ein Diatessaron, unten überschreitet das Melos den Stimmumfang um
Diatessaron, und dieses ganze Octavengattungssystem bietet dem Gehöre ein
Klangbild anderen Charakters, als das ursprüngliche System von A bis a'; das
Melos hat also nach der einen Richtung hin vom ursprünglichen System einige
Klänge zurückgelassen, nach der anderen Richtung hin einige Klänge desselben
hinzugenommen.

so kann ein jedes Melos bei der einfachen Ausdehnung in Bezug auf den ersten homophonen Klang oder bei der von diesem aus zusammengesetzten auf gleiche Weise hindurchlaufen, nachdem es von jeder der beiden Klanggrenzen seinen Anfang genommen hat [1]. Deshalb, wenn wir die um Diapason höhere und tiefere Tonart verwechseln wollen, bewegen wir in den Veränderungen der Tonarten keinen der Klänge, — während wir doch immer bei den übrigen Veränderungen einige bewegen, — sondern die Tonart selbst ist dieselbe mit der ursprünglichen, und ferner, als nothwendige Folge, ist die Tonart, welche sich gemäss der Consonanz Diatessaron von der ursprünglichen unterscheidet, dieselbe mit der, welche um Diapason und Diatessaron von ihr entfernt ist, und die um Diapente von der ursprünglichen entfernte Tonart dieselbe

---

1) Ptolemäus nimmt also eine Transpositionsscala, z. B. A bis a' an, deren Klänge sozusagen von A bis a' hindurchlaufen, als

A H c d e f g a h c' d' e' f' g' a'.

Ferner meint er nun, dass die Tonart, welche um ein in »einfacher Ausdehnung« hingestelltes Diapason beginnt, ganz dieselbe ist, wie die erstgenannte. Mithin ist die hypermixolydische Transpositionsscala

a h c' d' e' f' g' a' h' c'' d'' e'' f'' g'' a''

mit der hypodorischen identisch. Zugleich betont er aber auch, dass eine mit Diapason »zusammengesetzte« Consonanz, z. B. Diapason und Diatessaron A-d' in Bezug auf die Tonartenbildung dieselbe ist, wie die einfache A-d, oder Diapason und Diapente A-e' dieselbe ist, wie A-e, so dass eine Transpositionsscala, welche in Rücksicht auf die tiefste genommen um Diapason und Diatessaron von dieser entfernt ist, genau als dieselbe erscheint, wie die um das einfache Diatessaron von derselben entfernte, oder eine um Diapason und Diapente von der zu Grunde gelegten abstehende Transpositionsscala ebenfalls mit derjenigen identisch ist, welche um das einfache Intervall Diapente von der ursprünglichen absteht. Die um Diapason von einander entfernten Tonarten sind ganz gleich, die anderen aber zeigen in ihrer Vergleichung, dass einzelne Klänge von ihren Plätzen bewegt sind; z. B.

Hypodorisch A H c d e f g a h c' d' e' f' g' a' und
Phrygisch e fis g a h c' d' e' fis' g' a' h' c'' d'' e''

mit einander verglichen, zeigt, dass nicht allein in der Stellung einige Klänge anders sind, sondern dass auch z. B. Hypodorisch ein f zur dynamischen Parhypate meson hat, Phrygisch jedoch ein fis zur Hypate hypaton, — oder Hypodorisch und Dorisch mit einander verglichen:

A H c d e f g a h c' d' e' f' g' a'
d e f g a b c' d' e' f' g' a' b' c'' d''

dass die dynamischen Klänge in der dorischen Transpositionsscala ein Diatessaron höher liegen und hier anstatt des Klanges h ein b erscheint, wie dies geschieht, wenn die Tonart im Ganzen bewegt wird und nicht das Melos, für welches die thetische Ordnung der Verhältnisse massgebend ist.

τοὺς ἀεὶ γινομένους τοῖς προειλημμένοις, τοῦτ’ ἔστι, τὸν μὲν διὰ πασῶν τῷ ἐξ ἀρχῆς, τοὺς δὲ ἴσον ἀπέχοντας τοῦ διὰ πασῶν τοῖς ἴσον

mit der um Diapason und Diapente von ihr entfernten; und bei den
übrigen findet dasselbe Verhältniss statt. So dass Diejenigen, welche
die Spitzen der Tonarten innerhalb des Diapason abgrenzen, das Harmonische nicht reconstruirt haben dürften; denn es wird über sie hinaus irgend eine allen den ersten unähnliche sein. Diejenigen aber,
welche über das Diapason hinausschreiten, legen überflüssiger Weise
die weiter als das Diapason entfernten [Tonarten] zu Grunde, welche
immer dieselben mit den vorhergenommenen sind, die eine um Diapason
gewordene ist dieselbe mit der ursprünglichen, die anderen aber, welche
auf gleiche Weise von der um Diapason entfernten abstehen, sind dieselben
mit denen, welche sich in gleicher Weise mit derselben Beziehung von
der ursprünglichen entfernen. Unrichtiger Weise zählen sogar Diejenigen, welche nur bis zum Diapason vorschreiten, zu den Tonarten
diejenige hinzu, welche um Diapason zu der ursprünglichen entstanden
ist. Denn als solche, die ebendasselbe zugelassen haben, werden sie
Denen erscheinen, welche die von ihnen festgesetzte Grenze [d. h. Dia-
pason] überschreiten, mit dem einzigen Unterschied, dass Erstere um
eine, Letztere um mehrere Tonarten [sie überschreiten]. Daher dürfte
ihnen mit Recht von ihren getadelten Gegnern vorgehalten werden, dass
sie selbst den Anfang und den Grund zur Ueberschreitung gelegt hätten. Denn wenn einmal eine Tonart hinzugenommen wird, welche dieselbe mit einer der gegebenen ist, wie die um Diapason von der ursprünglichen entfernte, — was hindert daran (dürften sie entgegnen), auch
diejenigen hinzuzunehmen, die den übrigen der Reihe nach entsprechen.
Und wahrlich dafür, dass es nicht nothwendig ist, nach der Anzahl der
Klanggrenzen des Diapason die in ihm vorhandenen Bedeutungen zu
messen, sondern nach der Anzahl der in Bezug auf dasselbe zusammengesetzten Verhältnisse, — dafür haben wir ein recht klares Beispiel an den von demselben umfassten Gestalten. Denn in ihrer Siebenzahl legen wir alle ohne Ausnahme diese [die Verhältnisse] zu Grunde,
während doch acht Klänge vorhanden sind, welche sie bewirken; und Niemand möchte wohl sagen, dass der von der tiefsten Tonart z. B. nach
der Tiefe zu genommene Klang eine andere Gestalt [Octavengattung] bewirkt, als der erste und nach derselben Richtung hin von der höchsten
Tonart aus genommene Klang; deswegen weil jedes Beliebige, was
in Rücksicht auf ein und denselben Tropos von jeder der beiden

Klanggrenzen des Diapason anfängt, ein und dieselbe Bedeutung bewirkt [1).

# Capitel 9.

**Beweis, dass allein in ihrer Siebenzahl die Tonarten zu Grunde gelegt werden müssen, welche den Gattungen des Diapason der Zahl nach gleich sind.**

Es hat uns also unsere Erörterung zur Betrachtung der Anzahl der Tonarten geführt. Es möchte nämlich gut angehen, sie selbst den Gattungen des Diapason an Zahl gleich zu machen, weil es ebensoviele sind, wie die der beiden ersten Consonanzen [Diapente und Diatessaron] zusammen,

---

1) Ptolemäus stellt also auf, dass Diejenigen Unrecht haben, welche bei Tonartenbildungen über das Diapason hinausgehen; denn wenn sie einmal bis zum Diapason gekommen sind, also von den einzelnen Klängen aus, die sich zwischen A und a, mithin von A bis g (oder fis) befinden, Transpositionsscalen gebildet haben, so müssen diejenigen Transpositionsscalen, welche von Klängen anfangen, die über jenes Diapason hinausliegen, nur die Wiederholungen früherer sein, und in der That sind auch die hyperäolische und hyperlydische Transpositionsscalen nur Wiederholungen der hypoiastischen und hypophrygischen. Diejenigen aber, welche nicht bis zum Diapason kämen, also nur bis (fis oder f), daher keine Transpositionsscala von g (oder gis) bildeten, verfielen in einen Irrthum, weil ja eine Transpositionsscala, nämlich die von g (oder gis), übrig bleibe, welche von den übrigen verschieden wäre. Sie dürfe deshalb nicht weggelassen werden. Endlich wären Diejenigen auch im Irrthum, welche von A bis g (oder gis) gekommen, noch die von a aus gebildete Tonart hinzufügten; denn sie sei ja mit der hypodorischen identisch und es werde damit nur der Anfang zur Ueberschreitung gemacht. Nach seiner Ansicht haben daher die Alten Unrecht, welche nicht bis zum Diapason in der Tonartenbildung kommen, die Neueren begehen Thorheiten, weil sie über das Diapason hinausschreiten, und die Gegner dieser Neuerer sind auch zu tadeln, wenn sie auf dem äquisonen Klange noch eine Tonart bilden, weil sie damit den Anfang zur Wiederholung machen. Ptolemäus weist dabei noch auf die Octavengattungssysteme hin, indem er meint, das tiefste Octavengattungssystem der tiefsten Transpositionsscala ist gleich dem tiefsten der auf dem höheren äquisonen Klange gebildeten Transpositionsscala; denn das mixolydische System in der hypodorischen Transpositionsscala ist

E F G A H c d e f g a′ h c′ d′ e′

und das mixolydische Octavengattungssystem in der hypermixolydischen ist:

e f g a h c′ d′ e′ f′ g′ a′ h′ c″ d″ e″

Bei der obigen Darstellung von der Bildung der Tonarten habe ich fis und gis in Klammern geschlossen, weil Ptolemäus die Zahl der Transpositionsscalen auf 7 beschränkt und dafür weiterhin einen sehr scharfsinnigen Beweis giebt.

ἀπέχουσιν ἐπὶ τὰ αὐτὰ τοῦ ἐξ ἀρχῆς. Οὐ δεόντως οὖν οὐδὲ οἱ μέχρι μό- νου τοῦ διὰ πασῶν προελθόντες συγκαταριθμοῦσι τοῖς τόνοις τὸν τῷ ἐξ ἀρ- χῆς διὰ πασῶν. Ταὐτὸν γὰρ φανήσονται πεπονθότες τοῖς ὑπερβαίνουσι τὸν ἐκκείμενον ὅρον· πλὴν καθ᾽ ὅσον οὗτοι μὲν ἐφ᾽ ἑνός, ἐκεῖνοι δὲ ἐπὶ πλειόνων. Ὥστε δικαίως ἂν αὐτοῖς ὑπαντηθῆναι παρὰ τῶν ἐπιτιμωμέ- νων, ὡς τὴν ἀρχὴν καὶ τὴν αἰτίαν παρασχοῦσι τῆς ὑπερβολῆς· εἰ γὰρ ἅπαξ λαμβάνεταί τις ὁ αὐτὸς ἐπὶ τῶν προκειμένων, ὡς ὁ διὰ πασῶν τῷ ἐξ ἀρχῆς, τί κωλύει (φήσαιεν ἂν) προστίθεσθαι καὶ τοὺς τοῖς λοιποῖς ἑξῆς ὄντας ἀνάλογον. Καί τοί γε τοῦ μὴ δεῖν τῷ πλήθει τῶν ὅρων τοῦ διὰ πασῶν μετρεῖσθαι τὰς ἐν αὐτῷ δυνάμεις, ἀλλὰ τῷ πλήθει τῶν συν- τιθέντων αὐτὸ λόγων, παράδειγμα προσφυέστατον ἔχομεν ἀπὸ τῶν ὑπ᾽ αὐτοῦ περιεχομένων εἰδῶν· ἑπτὰ γὰρ μόνα ταῦτα πάντες ἀπαξαπλῶς ὑποτιθέμεθα, τῶν ποιούντων αὐτὰ φθόγγων ὀκτὼ τυγχανόντων· καὶ οὐδὲ εἷς ἂν εἴποι τὸν ἀπὸ τοῦ βαρυτάτου φέρε εἰπεῖν ἐπὶ τὸ βαρὺ λαμ- βανόμενον ἕτερον εἶδος ποιεῖν τοῦ πρώτου καὶ ἐπὶ τὰ αὐτὰ ἀπὸ τοῦ ὀξυ- τάτου, διὰ τὸ καὶ καθ᾽ ὅλου πᾶν ὁτιοῦν τὸ κατὰ τὸν αὐτὸν τρόπον ἀφ᾽ ἑκατέρου τῶν ἄκρων τοῦ διὰ πασῶν ἀρχόμενον τὴν αὐτὴν ἀπεργάζεσθαι δύναμιν.

θ΄.

Ὅτι μόνους ἑπτὰ δεῖ τοὺς τόνους ὑποτίθεσθαι, τοῖς εἴ- δεσι τοῦ διὰ πασῶν ἰσαρίθμους.

Ἐνήγαγε δ᾽ οὖν ἡμᾶς ὁ λόγος εἰς τὸ πλῆθος τῶν τόνων συνιδεῖν. Καλῶς γὰρ ἂν ἔχοι τοῖς τοῦ διὰ πασῶν εἴδεσιν ἰσαρίθμους αὐτοὺς ποιεῖν, ὅτι τοσαῦτά ἐστι καὶ τὰ συναμφοτέρων τῶν πρώτων συμφωνιῶν, κατὰ τὸ ἀκόλουθον εἰλημμένα τοῖς καθ᾽ ἕκαστον λόγοις, ὧν ἡ φύσις οὔτε πλείους οὔτε ἐλάττους ὑποτίθεσθαι συγχωρεῖ. Καθάπερ οὖν εἴ τις ἐθέλοι κατὰ πλείω μέρη ποιεῖσθαι τὰς διαιρέσεις (εἰ τύχοι, τοῦ διὰ τεσσάρων, παρὰ τὰς τρεῖς) ἢ νὴ Δία τοσαύτας ἐν τυχούσαις ὑπεροχαῖς ἢ πάλιν ἐν ὡρι- σμέναις μέν, ἐν ἑτέραις δὲ τῶν κατὰ τὸν ἁρμόζοντα λόγον εἰλημμένων· εὐθὺς ἐνίσταται τό τε εὔλογον καὶ τὸ φαινόμενον. Οὕτω καὶ τοῖς ὑπὸ τῶν διὰ πασῶν περιεχομένους τόνους ἀκολούθους ὄντας τῇ φύσει τῶν συμφωνιῶν καὶ τὴν γένεσιν ἐκείνων ἕνεκεν εἰληφότας (ἵνα καὶ ὅλα τὰ συστήματα συμφώνους λαμβάνῃ διαφοράς) ἢ πλείους τῶν ἑπτὰ τοῦ διὰ πασῶν εἰδῶν τε καὶ λόγων ὑποτιθεμένοις ἢ κατ᾽ ἴσας πάντων ὑπεροχὰς ἀλλήλων, οὐ συγχωρητέον· ἐπεὶ μηδὲ ἔχουσιν εἰπεῖν πιθανὴν αἰτίαν μήτε τῆς κατὰ τὴν δι᾽ ὅλων παραύξησιν ἰσότητος (ἀπροσφόρου παντά-

folgerecht genommen nach den Verhältnissen für eine jede Gattung, von welchen die Natur weder mehrere noch weniger zu Grunde zu legen duldet [1]. Z. B. wenn Jemand die Unterschiede in noch mehr Theile für sich herstellen wollte, etwa die vom Diatessaron ausser den drei [bestehenden Unterschieden desselben], oder fürwahr (beim Zeus) ebensoviele in etwaigen [willkürlichen] Ueberschüssen [Differenzen, welche darüber hinaus liegen], oder wiederum in begrenzten zwar, aber in anderen als die nach dem harmonischen Verhältniss genommenen, — dann stellt sich sogleich das Rationale [Begründete] und das Scheinbare [Grundlose] entgegen. Wenn daher gewisse Leute von den Gattungen des Diapason umschlossene Tonarten, die folgerecht nach der Natur der Consonanzen bestehen und ihren Ursprung auf Grund jener [Consonanzen] genommen haben, (damit sämmtliche Systeme symphonische Unterschiede nehmen sollen,) sei es in grösserer Anzahl als die sieben Gestalten und Verhältnisse des Diapason zu Grunde legen, sei es nach unter einander gleichen Ueberschüssen aller, — so darf man ihnen auf keinen Fall nachgeben. Haben sie doch nicht einmal einen einleuchtenden Grund anzuführen, weder von der Gleichheit der Vermehrung durch alle Tonarten, indem überhaupt in der Harmonie eine solche Annahme als unzuträglich verworfen wird, noch davon, dass, so zu sagen, alle Ueberschüsse ganztonweise oder halbtonweise oder diësenweise sind; von welchen Unterlagen aus sie auch die Zahl der Tonarten begrenzen in Rücksicht auf die Anzahl der Dinge, welche Diapason bilden [2]. Denn was möchte sie wohl mehr bewegen, die Ueberschüsse so vielfältig zu machen, als das Symphonische, welches nach ihrer Meinung sowohl diese als jene und noch mehrere andere zulässt, sowohl in den Reihen der Klanggeschlechter, als in denen der Systemunterschiede? Denn es ist ihnen nicht möglich zu sagen, dass diese eine Grösse das Diapason vollständig, jene aber es nicht vollständig theilt, oder dass diese in geradzahlige, jene in ungeradzahlige Theile es zerlegt. Ja wenn etwa der Ganzton das Diapa-

---

1) Ptolemäus erinnert an die 4 Quinten- und 3 Quartengattungen, welche zusammen 7 Gattungen ausmachen; da nun die Octave stets aus einer Quinten- und Quartengattung zusammengesetzt ist, so müssen nothwendig sieben Octavengattungen herauskommen.

2) Er sagt, man muss die bestehende Anzahl der Gattungen festhalten, weil diese allein harmonische Verhältnisse bilden; dabei schleudert er seine Satyre gegen die Aristoxener, welche von den harmonischen Verhältnissen nichts verstehen, indem sie den Ganzton, so zu sagen, mitten entzwei hacken und dann ihre Diapasoneintheilung in 6 Ganztöne oder 12 Halbtöne oder 18 Dritteltöne oder 24 Vierteltöne vornehmen.

πασιν ἐν ἁρμονίᾳ τοῦ τοιούτου καταλαμβανομένου) μήτε τοῦ τονιαίας (φέρε εἰπεῖν) εἶναι πάσας τὰς ὑπεροχὰς ἢ πάλιν ἡμιτονιαίας ἢ διεσιαίας· ἀφ' ὧν ὑποτιθεμένων καὶ τὸν ἀριθμὸν ὁρίζονται τῶν τόνων κατὰ τὸ τῶν ποιούντων διὰ πασῶν πλῆθος. Τί γὰρ μᾶλλον τηλικαύτας ἂν αὐτὰς ποιοῖεν, τοῦ συμφώνου (κατ' αὐτοὺς) καὶ ταύτας κἀκείνας καὶ πλείους ἄλλας ἐπιδεχομένου κἂν ταῖς τῶν γενῶν κἂν ταῖς τῶν διαστάσεων τάξεσιν; Οὐδὲ γὰρ ἔνεστιν αὐτοῖς λέγειν, ὅτι τοῦτο μὲν τὸ μέγεθος ἀπηρτισμένως διαιρεῖ τὸ διὰ πασῶν, ἐκεῖνο δὲ οὐκ ἀπηρτισμένως, ἢ τοῦτο μὲν ἀρτίοις εἰ τύχοι μερισμοῖς, ἐκεῖνο δὲ ἐν περισσοῖς· ἀλλ' ἐὰν ὁ τόνος εἰς ἓξ διαιρῇ τὸ διὰ πασῶν καὶ τὸ ἡμιτόνιον εἰς δώδεκα καὶ τὸ τοῦ τόνου τρίτον εἰς ὀκτωκαίδεκα καὶ τὸ τέταρτον εἰς εἴκοσι καὶ τέσσαρα, καὶ οὕτω τούτων οὐδὲν ἀνεπαίσθητον ἔχει τὴν διαφοράν. Τίνας οὖν (εἴποι τις) διοριστέον τῶν ἑπτὰ τόνων ὑπεροχάς; ἐπεὶ μήτε εἰς ἑπτὰ ἴσους λόγους διαιρεῖται τὸ διὰ πασῶν, μήτε ἀνίσων ὄντων πρόχειρόν ἐστι τὸ ποίους αὐτῶν ὑποτίθεσθαι προσήκει. Τοὺς ὑπὸ τῶν πρώτων συμφωνιῶν κατ' ἐπακολούθησιν εὑρημένους ῥητέον, τοῦτ' ἔστι, τοὺς περιλειπομένους ἐκ τῆς τοῦ διὰ τεσσάρων ἐντὸς τοῦ διὰ πασῶν ἐφ' ἑκάτερα παραυξήσεως τῆς αὐτῆς οὔσης τῆς τῶν διὰ πέντε πρὸς τἀναντία συνισταμένης· ὅτε γὰρ τῷ διὰ τεσσάρων τινὸς βαρύτερος φθόγγος τῷ διὰ πέντε τοῦ ὁμοφώνου αὐτῷ κατὰ τὸ βαρύτερον γίνεται ὀξύτερος καὶ ὁ τῷ διὰ τεσσάρων τινὸς ὀξύτερος τῷ διὰ πέντε τοῦ ὁμοφώνου αὐτῷ κατὰ τὸ ὀξύτερον γίνεται βαρύτερος. Ἀναγκαῖον δέ ἐστιν οὐκ ἐνταῦθα μόνον ἀλλὰ καὶ πανταχῆ προηγεῖσθαι καὶ προϋποτίθεσθαι τὰ ὁμόφωνα τῶν συμφώνων, τὰ δὲ σύμφωνα τῶν ἐμμελῶν, ὥστε καὶ τῶν τόνων τοὺς συμφώνους δεῖ λαμβάνεσθαι πρῶτον, εἶτα τοὺς διὰ τῆς ὑπεροχῆς τούτων εὑρισκομένους, ὁποῖοί τινες ἂν ὦσιν· ὡς οὐχ οὕτω τῆς εἰς τοὺς ἐφ' ἑξῆς τόνους μεταβάσεως πρόσφορον ποιούσης τὴν μεταβολὴν ὡς τῆς εἰς τοὺς ταῖς πρώταις διαφέροντας συμφωνίαις.

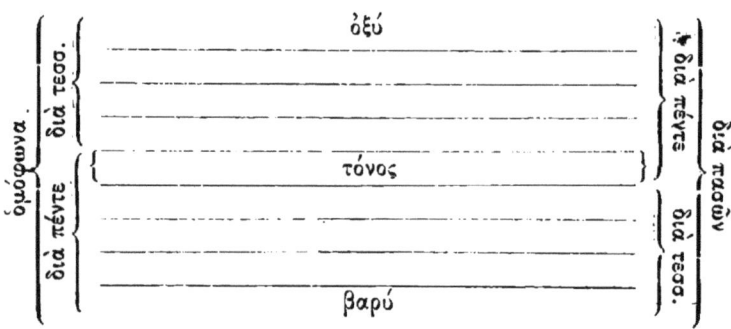

son in 6 und der Halbton es in 12 [gleiche Theile] zerlegte und der dritte
Theil des Ganztones in 18 und der vierte Theil in 24, auch dann hat
keines von diesen Dingen den Unterschied als einen wahrnehmbaren.
Welche Ueberschüsse [Differenzen] sind denn also, möchte Jemand ein-
werfen, von den sieben Tonarten festzusetzen? Lässt sich doch das Diapason weder in sieben gleiche Verhältnisse theilen, noch auch liegt es,
da sie ungleich sind, schlechthin auf der Hand, in welcher Beschaffenheit dieselben zu Grunde gelegt werden müssen. Es sind noch die
von den ersten Consonanzen [Diapente und Diatessaron] folgemässig
gefundenen Verhältnisse zu nennen, d. h. die, welche aus der Vermehrung von Diatessaron innerhalb des Diapason nach beiden Seiten hin
übrig bleiben, indem diese Vermehrung dieselbe ist wie die nach der
entgegengesetzten Seite aufgestellte Vermehrung von Diapente. Denn
ein Klang, der um Diatessaron tiefer ist als ein anderer, wird um Diapente höher sein als der dem letzteren nach der Tiefe zu homophone
[um Diapason entfernte] Klang. Es ist aber nothwendig, nicht bloss
hier, sondern auch im Allgemeinen, dass das Homophone vorangehe und
vorher aufgestellt werde vor dem Symphonischen, das Symphonische
aber vor dem Melodischen, so dass auch von den Tonarten die symphonischen zuerst genommen werden müssen, darauf diejenigen, welche
durch den Ueberschuss derselben gefunden werden, von welcher Beschaffenheit sie eben sind; da der Uebergang zu den der Reihe nach
folgenden Tonarten keine so glückliche Modulation bewirkt, als zu den
Tonarten, welche durch die ersten Consonanzen von einander unterschieden sind[1]).

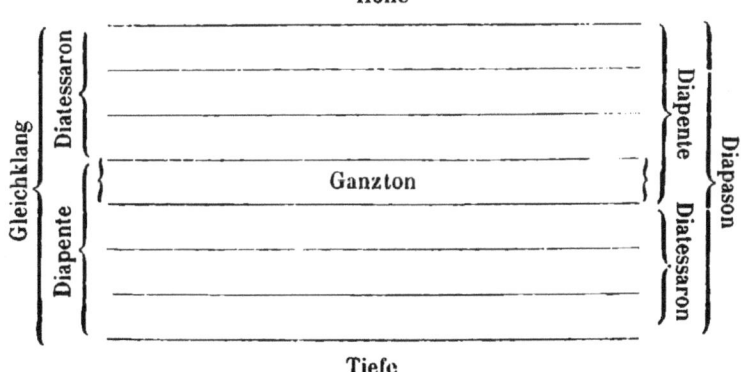

**Höhe**

Gleichklang / Diatessaron / Diapente

Ganzton

Diapente / Diapason / Diatessaron

**Tiefe**

---

[1] Der langen Rede kurzer Sinn ist einfach: Zwei Quarten abwärts geführt,
ergeben denselben Klang, wie zwei Quinten aufwärts, z. B. a-e-H oder A-e-h,

# Capitel 10.

### Wie auf vernünftige Weise die Unterschiede der Tonarten genommen werden dürften.

Es scheinen aber Diejenigen, welche bis zu acht Tonarten fortgeschritten sind, wegen der einen, welche zu den sieben überflüssig hinzugezählt wird, auf die ihnen selbst eigenthümlichen Differenzen in irgendwelcher Weise verfallen zu sein, nicht jedoch mit Rücksicht auf die nothwendige Betrachtung. Denn sie haben einfach die drei ältesten [Tonarten] zu Grunde gelegt, nämlich die dorische, phrygische und lydische, sogenannt nach dem Namen derjenigen Völker, von welchen sie ursprünglich herrühren — oder wie Jemand auf andere Weise die Ursache der Benennung begründen will [1]) — und zwar als solche, welche sich von einander um den Ganzton unterscheiden ; und deswegen nennen sie dieselben »isotone« [d. h. um einen Ganzton in gleicher Weise unterschiedene]. Von diesen aus bilden sie eine erste consonirende Veränderung, nämlich von der tiefsten der drei [Tonarten], von der dorischen, die Veränderung um Diatessaron nach der Höhe zu, und sie haben diese Tonart als »mixolydische« bezeichnet wegen der Nähe zur lydischen, weil sie den Ueberschuss zu letzterer nicht mehr als vollständigen Ganzton bildet, sondern in Rücksicht auf den Theil des Diatessaron, welcher nach dem von der dorischen zur lydischen Tonart bestehenden Ditonus übrig bleibt. Sodann weil unterhalb dieser [der mixolydischen Tonart] um Diatessaron die dorische lag, so nannten sie — um auch den übrigen Tonarten die um Diatessaron tieferen hinzuzufügen — die unter der lydischen [um Diatessaron] entstehende Tonart die »hypolydische«, die unter der phrygischen die »hypophrygische«, die unter der dorischen die »hypodorische«. Die Tonart, welche zu letzterer um Diapason nach der Höhe zu entsteht, welche also mit ihr ein und dieselbe ist, nannten sie die »hypermixolydische«, von dem Umstande ausgehend, dass sie gleichsam oberhalb der mixolydischen genommen wurde, indem sie das Wort ὑπό [d. h. unterhalb] gebrauchten in Rücksicht auf den

---

und umgekehrt: zwei Quinten abwärts denselben, wie zwei Quarten aufwärts, a-d-G oder A-d-g, h homophon von H und g homophon von G. Nach diesen Intervallen sind die Tonarten der Reihe nach zu nehmen, was er später entwickelt.

1) Man denke hier an die Benennung des Heraclid Dorisch, Aeolisch, Iastisch.

ι'.

## Πῶς ἂν ὑγιῶς λαμβάνοιντο τῶν τόνων αἱ ὑπεροχαί.

Ἐοίκασι δὲ οἱ μέχρι τῶν ὀκτὼ τόνων προελθόντες (διὰ τὸν ἕνα τὸν περισσῶς τοῖς ἑπτὰ συναριθμούμενον) ταῖς μὲν οἰκείαις αὐτῶν ὑπεροχαῖς ὁπωσοῦν ἐπιπεσεῖν, οὐ μέντοι κατὰ τὴν δέουσαν ἐπιβολήν. Ἁπλῶς γὰρ τοὺς τρεῖς τοὺς ἀρχαιοτάτους, καλουμένους δὲ Δώριον καὶ Φρύγιον καὶ Λύδιον (παρὰ τὰς ἀφ᾽ ὧν ἤρξαντο ἐθνῶν ὀνομασίας ἢ ὅπως τις ἑτέρως αἰτιολογεῖν βούλεται), τόνῳ διαφέροντας ἀλλήλων ὑποθέμενοι καὶ διὰ τοῦτο ἰσοτόνους αὐτοὺς ὀνομάζοντες, ἀπὸ τούτων ποιοῦσι πρώτην μεταβολὴν σύμφωνον, ἀπὸ τοῦ βαρυτάτου τῶν τριῶν καὶ Δωρίου τὴν ἐπὶ τὸ ὀξὺ διὰ τεσσάρων, προσαγορεύσαντες τοῦτον τὸν τόνον Μιξολύδιον ἐκ τῆς πρὸς τὸν Λύδιον ἐγγύτητος, ὅτι μηκέτι τονιαίαν ὅλην πρὸς αὐτὸν ἐποίει τὴν ὑπεροχὴν ἀλλὰ κατὰ τὸ περιλειπόμενον τοῦ διὰ τεσσάρων μέρος μετὰ τὸ ἀπὸ τοῦ Δωρίου ἐπὶ τὸν Λύδιον δίτονον. Εἶτα ἐπειδήπερ ὑπὸ τοῦτον οὖν διὰ τεσσάρων κείμενος ὁ Δώριος, ἵνα καὶ τοῖς λοιποῖς ὑποβάλωσι τοὺς διὰ τεσσάρων βαρυτέρους, τὸν μὲν ὑπὸ τὸν Λύδιον ἐσόμενον Ὑπολύδιον ὠνόμασαν, τὸν δὲ ὑπὸ τὸν Φρύγιον Ὑποφρύγιον, τὸν δὲ ὑπὸ τὸν Δώριον Ὑποδώριον· ᾧ τόνῳ τὸν διὰ πασῶν ἐσόμενον ἐπὶ τὸ ὀξύ, τὸν αὐτὸν ὄντα, προσηγόρευσαν Ὑπερμιξολύδιον ἀπὸ τοῦ συμβεβηκότος ὡς ὑπὲρ τὸν Μιξολύδιον εἰλημμένον, τῷ μὲν ὑπὸ καταχρησάμενοι πρὸς τὴν ἐπὶ τὸ βαρύτερον ἔνδειξιν, τῷ δὲ ὑπὲρ πρὸς τὴν ἐπὶ τὸ ὀξύτερον. Καὶ γίνεται κατὰ τὴν τῶν πρώτων ἀκολουθίαν Ὑποδωρίου μὲν πάλιν πρὸς Ὑποφρύγιον ὑπεροχὴ τόνος, καὶ ὁμοίως Ὑποφρυγίου πρὸς Ὑπολύδιον, τούτου δὲ πρὸς τὸν Δώριον ἡ τοῦ λείμματος, ὃ θέλουσι ποιεῖν ἡμιτόνιον. Οὐ δεῖ δὲ, ὡς ἔφαμεν, ἀπὸ τῶν ἐμμελῶν λαμβάνεσθαι τὰ σύμφωνα, τοὐναντίον δὲ ἀπὸ τούτων ἐκεῖνα, διότι τὰ σύμφωνα καὶ εἰληπτότερά ἐστι καὶ κυριώτερα πρός τε τὰ ἄλλα πάντα καὶ πρὸς τὰς μεταβολάς. Ὅπερ ἂν γένοιτο κατὰ τὸν προσήκοντα τρόπον, εἰ ὀξύτερον τόνον προθέντες ὡς τὸν $\overline{α}$, λάβοιμεν πρῶτον τὸν τούτῳ διὰ τεσσάρων ἐπὶ τὸ βαρύτερον ὡς τὸν $\overline{β}$, ταῖ τὸν ἔτι τούτου τῷ διὰ τεσσάρων βαρύτερον ἐντός γε τοῦ διὰ πασῶν ἐλευσόμενον ὡς τὸν $\overline{γ}$· εἶτα ἐπειδήπερ ὁ τούτῳ διὰ τεσσάρων ἐπὶ τὸ βαρύτερον ὑπερπίπτει τοῦ διὰ πασῶν, τὸν ἰσοδυναμοῦντα αὐτῷ, τοῦτ᾽ ἔστι τὸν ὀξύτερον τοῦ $\overline{γ}$ τῷ διὰ πέντε, λαβόντες ὡς τὸν $\overline{δ}$, πάλιν αὖ τὸν τούτου βαρύτερον τῷ διὰ τεσσάρων θείημεν ὡς τὸν $\overline{ε}$· καὶ ἔτι ἀντὶ μὲν τοῦ βαρυτέρου τῷ διὰ τεσσάρων τοῦ $\overline{ε}$ (διὰ τὸ καὶ τοῦτον ὑπερεκπίπτειν τοῦ διὰ πασῶν) ποιήσαιμεν ὀξύτερον τοῦ $\overline{ε}$ τῷ διὰ πέντε, τὸν $\overline{ζ}$· τούτου δὲ πάλιν τὸν βαρύτε-

Hinweis zum Tieferen, das Wort ὑπέρ [d. h. oberhalb] aber in Rücksicht auf den Hinweis zum Höheren. Es entsteht — consequent mit den
ersten Tonarten [1]) — von der hypodorischen zur hypophrygischen ein
Ganzton-Ueberschuss und auf gleiche Weise von der hypophrygischen
zur hypolydischen ; von dieser aber zur dorischen der Ueberschuss des
Leimma, welches sie zum Hemitonium [Halbton] [2]) machen wollen. Es
ist aber nicht nöthig, wie wir sagten, von dem Melodischen das Consonirende abzunehmen, sondern im Gegentheil jenes von diesem ; deswegen weil das Consonirende sowohl das leichter Fassliche, als das
Hauptsächlichere ist in Bezug auf alles Andere, ebensowie auf die Veränderungen. Dies dürfte geschehen bezüglich des hierher gehörenden
Tropos, wenn wir nach Annahme einer höheren Tonart, etwa der von
$\bar{\alpha}$ [der mixolydischen Tonart = g], als erste diejenige nehmen, welche
von derselben um Diatessaron tiefer ist, z. B. die von $\bar{\beta}$ [die dorische
= d], und noch eine um Diatessaron tiefere als diese, die innerhalb des
Diapason hervortreten wird, z. B. die von $\bar{\gamma}$ [die hypodorische = A].
Ferner weil die Tonart, welche um Diatessaron tiefer ist als letztere, über das
Diapason hinausgeht, so nehmen wir die mit ihr gleichbedeutende, d. h. die
um Diapente höhere als $\bar{\gamma}$, nämlich die von $\bar{\delta}$ [die phrygische = e].
Wiederum stellen wir die um Diatessaron tiefere als letztere auf, näm-
die von $\bar{\epsilon}$ [die hypophrygische = H], und noch dazu — anstatt der um
Diatessaron tieferen als $\bar{\epsilon}$, weil auch dies über das Diapason hinaus-
schreitet, — die um Diapente höhere als $\bar{\epsilon}$ (H), nämlich die von $\bar{\zeta}$ [die lydische = fis]. Hinwiederum setzen wir die um Diatessaron tiefere als
letztere, nämlich die von $\bar{\eta}$ [die hypolydische = cis]. Nachdem nun
diese so genommen worden sind, so wird deshalb wegen der stetigen
Verringerung um Diatessaron nach der Tiefe zu, was, wie wir sagten,
ein und dasselbe ist mit der Vermehrung um Diapente nach der Höhe
zu, durchaus folgen, dass die Unterschiede von $\bar{\gamma}\varepsilon$ [A-H] von $\bar{\eta}\varepsilon$ [cis-H]
und von $\bar{\beta}\bar{\delta}$ [d-e] als Ganzton-Unterschiede aufgestellt worden sind, die
von $\bar{\eta}\beta$ [cis-d] und von $\bar{\zeta}\alpha$ [fis-g] aber als solche, die das sogenannte
Leimma enthalten. Denn da die Tonart $\bar{\delta}$ [e] um Diatessaron höher

---

1) Die ersten Tonarten, wie sie auch bei Plato und Aristoteles vorkommen,
sind Dorisch, Phrygisch, Lydisch, Mixolydisch von d, e, fis, g aus gebildet;
consequent in Bezug auf diese Folge entsteht Hypodorisch, Hypophrygisch,
Hypolydisch bis zu Dorisch: A, H, cis, d.

2) Die späteren Aristoxener wollten das Leimma als gerade Hälfte des
Ganztones annehmen, was aber nach den Pythagoreern irrig ist, welche den
Ganzton in Apotome und Leimma zerlegen.

ρον τῷ διὰ τεσσάρων θείημεν, τὸν η̄. Τούτων γὰρ οὕτως εἰλημμέ-
νων, αὐτόθεν ἀπὸ μὲν τῆς τοῦ διὰ τεσσάρων, πρώτου συμφώνου, συνεχοῦς ἐπὶ τὸ βαρὺ καθαιρέσεως, ἥτις ἐστίν, ὡς ἔφαμεν, ἡ αὐτὴ τῇ διὰ
πέντε πρὸς τὸ ὀξὺ παραυξήσει, πάντως ἐπακολουθήσει, τὸ τὰς μὲν τῶν
γ̄ε καὶ τῶν η̄ε καὶ τῶν β̄δ καὶ τῶν δ̄ζ ὑπεροχὰς τονιαίας συνίστασθαι,
τὰς δὲ τῶν η̄β καὶ ζ̄α τοῦ καλουμένου λείμματος περιεκτικάς. Ἐπειδὴ
γὰρ ὁ δ̄ τόνος τοῦ μὲν ε̄ τῷ διὰ τεσσάρων ὀξύτερος ὑπόκειται, τοῦ δὲ γ̄
τῷ διὰ πέντε, τόνος ἔσται ἡ τῶν γ̄ε ὑπεροχή. Ὁμοίως ἐπειδὴ ὁ ζ̄ τοῦ
μὲν η̄ τῷ διὰ τεσσάρων ἐστὶν ὀξύτερος, τοῦ δὲ ε̄ τῷ διὰ πέντε, τόνος
ἔσται καὶ ἡ τῶν ε̄η ὑπεροχή. Πάλιν ἐπεὶ ὁ γ̄ διτόνῳ βαρύτερός ἐστι
τοῦ η̄, τοῦ δὲ β̄ τῷ διὰ τεσσάρων, ἡ τῶν β̄η ὑπεροχὴ περιέξει τὸ
λεῖμμα. Λοιπὸν δέ, ἐπειδήπερ διὰ τεσσάρων εἰσὶν οἵ τε β̄γ καὶ οἱ δ̄ε
καὶ οἱ ζ̄η καὶ οἱ ᾱβ, ὥστε τὴν μὲν τῶν ε̄γ ὑπεροχὴν ἴσην συνίστασθαι
τῇ τῶν δ̄β, τὴν δὲ τῶν ε̄η τῇ τῶν ζ̄δ, τὴν δὲ τῶν β̄η τῇ τῶν ᾱζ· το-
νιαία μὲν ἔσται καὶ ἑκατέρα τῶν β̄δ καὶ ζ̄δ, τοῦ δὲ λείμματος ἡ τῶν ᾱζ.
Κἂν λάβωμεν δέ τινα τῷ γ̄ διὰ πασῶν ἢ τῷ ᾱ, τονιαίαν δηλονότι καὶ
οὕτως ἕξει τὴν πρὸς τὸν ἐχόμενον ὑπεροχήν, διὰ τὸ τοὺς ᾱγ δὶς διὰ τεσσάρων ποιοῦντας τῷ τόνῳ λείπειν τοῦ διὰ πασῶν. Καὶ ἔστιν ὁ μὲν ᾱ
κατὰ τὸν Μιξολύδιον, ὁ δὲ ζ̄ κατὰ τὸν Λύδιον, ὁ δὲ δ̄ κατὰ τὸν Φρύγιον,
ὁ δὲ β̄ κατὰ τὸν Δώριον, ὁ δὲ η̄ κατὰ τὸν Ὑπολύδιον, ὁ δὲ ε̄ κατὰ τὸν
Ὑποφρύγιον, ὁ δὲ γ̄ κατὰ τὸν Ὑποδώριον, ὥστε εὑρεθήσεσθαι τῷ λόγῳ
τὰς ὁπωσοῦν παραδεδομένας αὐτῶν ὑπεροχάς.

| | Ὀξύ | |
|---|---|---|
| | ——————— | Ὑπερμιξολύδιος |
| | τόνος | |
| α | ——————— | Μιξολύδιος |
| | λεῖμμα | |
| ζ | ——————— | Λύδιος |
| | τόνος | |
| δ | ——————— | Φρύγιος |
| | τόνος | |
| β | ——————— | Δώριος |
| | λεῖμμα | |
| η | ——————— | Ὑπολύδιος |
| | τόνος | |
| ε | ——————— | Ὑποφρύγιος |
| | τόνος | |
| γ | ——————— | Ὑποδώριος |
| | Βαρύ | |

liegt als die von $\bar{\varepsilon}$ [H] und um Diapente höher als die von $\bar{\gamma}$ [A], so wird ein Ganzton der Unterschied der Tonarten $\bar{\gamma\varepsilon}$ [A-H] sein. Ebenso da die Tonart $\bar{\zeta}$ [fis] um Diatessaron höher ist als die von $\bar{\eta}$ [cis] und um Diapente höher als die von $\bar{\varepsilon}$ [H], so wird ein Ganzton der Unterschied der Tonarten $\bar{\varepsilon\eta}$ [H-cis] sein. Ferner da die Tonart $\bar{\gamma}$ [A] um den Ditonus tiefer ist als die von $\bar{\eta}$ [cis] und um Diatessaron tiefer als die von $\bar{\beta}$ [d], so wird der Unterschied der Tonarten $\bar{\beta\eta}$ [d-cis] das Leimma enthalten. Endlich, da die Tonarten $\bar{\beta\gamma}$ [d-A], $\bar{\delta\varepsilon}$ [e-H], $\bar{\zeta\eta}$ [fis-cis] und $\bar{\alpha\beta}$ [g-d] Diatessaron bilden, so dass sie den Unterschied von $\bar{\varepsilon\gamma}$ [H-A] als gleich hinstellen mit dem von $\bar{\delta\beta}$ [e-d], den von $\bar{\varepsilon\eta}$ [H-cis] als gleich mit dem von $\bar{\zeta\delta}$ [fis-e], den von $\bar{\beta\eta}$ [d-cis] als gleich mit $\bar{\alpha\zeta}$ [g-fis], so wird jeder der beiden Unterschiede $\bar{\beta\delta}$ [d-e] und $\bar{\zeta\delta}$ [fis-e] ein Ganzton-Unterschied, der von $\bar{\alpha\zeta}$ [g-fis] ein Leimma-Unterschied sein. Und wenn wir eine Tonart zu $\bar{\gamma}$ [A] im Diapason nehmen wollten, oder zu $\bar{\alpha}$ [g], auch dann wird sie die Differenz zu der erhaltenen Tonart ganztonweise haben, deswegen, weil $\bar{\alpha\gamma}$ [g-A], Doppeldiatessaron ausmachend, um den Ganzton vom Diapason zurückbleiben. Es bezieht sich die Tonart von $\bar{\alpha}$ [g] auf die mixolydische, die von $\bar{\zeta}$ [fis] auf die lydische, die von $\bar{\delta}$ [e] auf die phrygische, die von $\bar{\beta}$ [d] auf die dorische, die von $\bar{\eta}$ [cis] auf die hypolydische, die von $\bar{\varepsilon}$ [H] auf die hypophrygische, die von $\bar{\gamma}$ [A] auf die hypodorische; so dass auch durch die Berechnung [der harmonischen Verhältnisse] die allenthalben überlieferten Differenzen derselben gefunden werden.

| | | Höhe | |
|---|---|---|---|
| | | ————————— | Hypermixolydisch |
| | | Ganzton | |
| $\alpha =$ | g | ————————— | Mixolydisch |
| | | Leimma | |
| $\zeta =$ | fis | ————————— | Lydisch |
| | | Ganzton | |
| $\delta =$ | e | ————————— | Phrygisch |
| | | Ganzton | |
| $\beta =$ | d | ————————— | Dorisch |
| | | Leimma | |
| $\eta =$ | cis | ————————— | Hypolydisch |
| | | Ganzton | |
| $\varepsilon =$ | H | ————————— | Hypophrygisch |
| | | Ganzton | |
| $\gamma =$ | A | ————————— | Hypodorisch |
| | | Tiefe [1] | |

1) Die sieben Transpositionsscalen sind also die auf der Tabelle zu Seite 142 angegebenen mit Auslassung des Tetrachord synemmenon, also:

ια'.

Ὅτι οὐ δεῖ καθ' ἡμιτόνιον παραύξειν τοὺς τόνους.

Δῆλον δέ, ὅτι καὶ τούτων μὲν ὑποτεθειμένων ἡμῖν τῶν τόνων τῆς καθ' ἕκαστον τῇ δυνάμει μέσης ἴδιός τις γίνεται τοῦ διὰ πασῶν φθόγγος διὰ τὸ ἰσάριθμον αὐτῶν τε καὶ τῶν εἰδῶν. Ἐκλαμβανομένου γὰρ τοῦ διὰ πασῶν κατὰ τοὺς μεταξύ πως τοῦ τελείου συστήματος τόπους, τοῦτ' ἔστι τοὺς ἀπὸ τῆς τῇ θέσει τῶν μεσῶν ὑπάτης ἐπὶ τὴν νήτην διεζευγμένων (ἕνεκα τοῦ τὴν φωνὴν ἐμφιλοχώρως ἀναστρέφεσθαι καὶ καταγίνεσθαι περὶ τὰς μέσας μάλιστα μελῳδίας, ὀλιγάκις ἐπὶ τὰς ἄκρας ἐκβαίνουσαν διὰ τὸ τῆς παρὰ τὸ μέτριον χαλάσεως ἢ καταστάσεως ἐπίπονον καὶ βεβιασμένον)· ἡ μὲν τοῦ Μιξολυδίου μέση κατὰ τὴν δύναμιν ἐφαρμόζεται τῷ τόπῳ τῆς παρανήτης τῶν διεζευγμένων, ἵν' ὁ τόνος τὸ πρῶτον εἶδος ἐν τῷ προχειμένῳ ποιήσῃ τοῦ διὰ πασῶν· ἡ δὲ τοῦ Λυδίου τῷ τόπῳ τῆς τρίτης διεζευγμένων κατὰ τὸ δεύτερον εἶδος· ἡ δὲ τοῦ Φρυγίου τῷ τόπῳ τῆς παραμέσης κατὰ τὸ τρίτον εἶδος· ἡ δὲ τοῦ Δωρίου τῷ τόπῳ τῆς μέσης ποιοῦσα τὸ τέταρτον καὶ μέσον εἶδος τοῦ διὰ πασῶν· ἡ δὲ τοῦ Ὑπολυδίου τῷ τόπῳ τῆς λιχανοῦ τῶν μέσων κατὰ τὸ πέμπτον εἶδος· ἡ δὲ τοῦ Ὑποφρυγίου τῷ τόπῳ τῆς παρυπάτης τῶν μέσων κατὰ τὸ ἕκτον εἶδος· ἡ δὲ τοῦ Ὑποδωρίου τῷ τόπῳ τῆς τῶν μέσων ὑπάτης κατὰ τὸ ἕβδομον εἶδος· ὥστε δύνασθαί τινας ἐν τῷ συστήματι τηρεῖσθαι φθόγγους ἀκινήτους ἐν ταῖς τῶν τόνων μεθαρμογαῖς παραφυλάσσοντας τὸ μέγεθος τῆς φωνῆς, διὰ τὸ μηδέποτε τὰς ἐν διαφόροις τόνοις ὁμοίας δυνάμεις τοῖς τῶν αὐτῶν φθόγγων τόποις περιπίπτειν.

|  |  |
|---|---|
|  | Νήτη ὑπερβολαίων |
|  | Παρανήτη ὑπερβολαίων |
|  | Τρίτη ὑπερβολαίων |
|  | Νήτη διεζευγμένων |
| Μιξολυδίου μέση | Παρανήτη διεζευγμένων |
| Λυδίου μέση | Τρίτη διεζευγμένων |
| Φρυγίου μέση | Παραμέση |
| Δωρίου μέση | Μέση |
| Ὑπολυδίου μέση | Λιχανὸς μέσων |
| Ὑποφρυγίου μέση | Παρυπάτη μέσων |
| Ὑποδωρίου μέση | Ὑπάτη μέσων |
|  | Λιχανὸς ὑπατῶν |
|  | Παρυπάτη ὑπατῶν |
|  | Ὑπάτη ὑπατῶν |
|  | Προσλαμβανόμενος |

# Capitel 11.

## Beweis, dass es nicht nöthig ist, die Tonarten mit Hülfe des Halbtons zu vermehren.

Es ist aber offenbar, dass auch bei diesen von uns zu Grunde gelegten Tonarten ein der dynamischen Mese in einer jeden Tonart eigenthümlicher [charakteristischer] Klang des Diapason entsteht wegen der Gleichzahl ihrer selbst [der Tonarten] sowohl als auch der Gattungen [des Diapason][1]. Denn wenn das Diapason mit Berücksichtigung der Plätze mitten im vollkommenen System herausgenommen wird, d. h. derjenigen Plätze von der thetischen Hypate meson bis zu Nete diezeugmenon — deswegen weil die Stimme sich gern herumbewegt und aufhält gerade in der Gegend der mittleren Melodien, selten bis zu den äussersten Klanggrenzen herausschreitet, da die Senkung und Erhebung wider das rechte Mass beschwerlich und gewaltsam ist —, dann stimmt die dynamische Mese des mixolydischen Tonsystems überein mit dem Platze der Paranete diezeugmenon, so dass der Ganzton die erste Gattung des Diapason in dem vorliegénden [System] bilden wird. Ferner fällt die dynamische Mese des lydischen zusammen mit dem Platze der Trite die-

| | P. hyp. | Hyp. h. | P. Lich. hyp. | H. mes. | P. m. | L. m. | M. | Prm. | Tr. diez. | Pr. d. | N. diez. | Tr. hyp. | Pr. h. | Net. hyp. |
|---|---|---|---|---|---|---|---|---|---|---|---|---|---|---|
| Hypodorisch | A | H | c | d | e | f | g | a | h | c' | d' | e' | f' | g' | a' |
| Hypophrygisch | H | cis | d | e | fis | g | a | h | cis' | d' | e' | fis' | g' | a' | h' |
| Hypolydisch | cis | dis | e | fis | gis | a | h | cis' | dis' | e' | fis' | gis' | a' | h' | cis'' |
| Dorisch | d | e | f | g | a | b | c' | d' | e' | f' | g' | a' | b' | c'' | d'' |
| Phrygisch | e | fis | g | a | h | c' | d' | e' | fis' | g' | a' | h' | c'' | d'' | e'' |
| Lydisch | fis | gis | a | h | cis' | d' | e' | fis' | gis' | a' | h' | cis'' | d'' | e'' | fis'' |
| Mixolydisch | g | a | b | c' | d' | es' | f' | g' | a' | b' | c'' | d'' | es'' | f'' | g''. |

[1] Hier geht nun Ptolemäus zu seiner eigensten Theorie über, indem er die Octavengattungssysteme entwickelt. Er meint: die Transpositionsscalen sind von uns zu Grunde gelegt; in einer jeden giebt es einen charakteristischen Klang, nämlich die dynamische Mese. Da es sieben Transpositionsscalen, so sind sieben dynamische Mesen vorhanden; diese müssen aber auch da sein, weil es in jeder Transpositionsscala sieben Octavengattungssysteme giebt, deren mittleres Diapason das von der thetischen Hypate meson bis zur thetischen Nete diezeugmenon ist. Haben wir nun die erste Gattung des Diapason in einer vorliegenden Transpositionsscala, z. B. in der hypodorischen, so ist H bis h die erste Gattung des Diapason, welches die Alten mixolydisch nannten; das mixolydische Tonsystem in der hypodorischen Tonart (Transpositionsscala) ist also:

zeugmenon in Bezug auf die zweite Gattung; die des phrygischen Tonsystems mit dem Platze der Paramese bezüglich der dritten Gattung; die des dorischen mit dem Platze der Mese, welche die vierte und mittlere Gattung des Diapason bildet; die des hypolydischen mit dem Platze der Lichanos meson hinsichtlich der fünften Gattung; die des hypophrygischen mit dem Platze der Parhypate meson bezüglich der sechsten Gattung; die des hypodorischen mit dem Platze der Hypate meson in Rücksicht auf die siebente Gattung.

## Hypodorische Tonart.

### I. Mixolydisches Tonsystem.

| Stellungen | Bedeutungen | Klänge |
|---|---|---|
| Nete hyperbolaeon | = Nete diezeugmenon | = $\overline{\text{e}}$ |
| Paranete hyperbolaeon | = Paranete diezeugmenon | = $\overline{\text{d}}$ |
| Trite hyperbolaeon | = Trite diezeugmenon | = $\overline{\text{c}}$ |
| Nete diezeugmenon | = Paramese | = h |
| Paranete diezeugmenon | = Mese | = a |
| Trite diezeugmenon | = Lichanos meson | = g |
| Paramese | = Parhypate meson | = f |
| Mese | = Hypate meson | = e |
| Lichanos meson | = Lichanos hypaton | = d |
| Parhypate meson | = Parhypate hypaton | = c |
| Hypate meson | = Hypate hypaton | = H |
| Lichanos hypaton | = Nete hyperbolaeon oder Proslambanomenos | = A |
| Parhypate hypaton | = Paranete hyperbolaeon | = G |
| Hypate hypaton | = Trite hyperbolaeon | = F |
| Proslambanomenos | = Nete diezeugmenon | = E |

*(rechts neben der Klangspalte: Mixolydisches Diapason)*

in welchem ersichtlicherweise die dynamische Mese = a mit der thetischen Paranete diezeugmenon gleichklingend ist und der diazeuktische Ganzton a-h oder A-H, nach dessen Stellung sich die Octavengattungen richten, als Veranlassung zur Bildung der ersten Octavengattung erscheint.

Das lydische Tonsystem innerhalb der hypodorischen Transpositionsscala ist

Πλειόνων δὲ τῶν τόνων παρὰ τούτους ὑποτιθεμένων (ὃ ποιοῦσιν οἱ ἐν τοῖς ἡμιτονίοις τὰς ὑπεροχὰς αὐτῶν παραύξοντες), ἀναγκαῖον ἔσται

## II. Lydisches Tonsystem.

| Stellungen | Bedeutungen | Klänge | |
|---|---|---|---|
| Nete hyperbolaeon | = Trite hyperbolaeon | = $\overline{\overline{f}}$ | |
| Paranete hyperbolaeon | = Nete diezeugmenon | = $\overline{\overline{e}}$ | |
| Trite hyperbolaeon | = Paranete diezeugmenon | = $\overline{\overline{d}}$ | |
| Nete diezeugmenon | = Trite diezeugmenon | = $\overline{c}$ | |
| Paranete diezeugmenon | = Paramese | = h | |
| Trite diezeugmenon | = Mese | = a | |
| Paramese | = Lichanos meson | = g | Lydisches Diapason |
| Mese | = Parhypate meson | = f | |
| Lichanos meson | = Hypate meson | = e | |
| Parhypate meson | = Lichanos hypaton | = d | |
| Hypate meson | = Parhypate hypaton | = c | |
| Lichanos hypaton | = Hypate hypaton | = H | |
| Parhypate hypaton | = Nete hyperbolaeon oder Proslambano-menos | = A | |
| Hypate hypaton | = Paranete hyperbolaeon | = G | |
| Proslambanomenos | = Trite hyperbolaeon | = F | |

wo die dynamische Mese gleichklingend ist mit der thetischen Trite diezeugmenon, und es folgen dann das phrygische, dorische, hypolydische, hypophrygische, hypodorische.

## III. Phrygisches Tonsystem.

| Stellungen | Bedeutungen | Klänge | |
|---|---|---|---|
| Nete hyperbolaeon | = Paranete hyperbolaeon | = $\overline{\overline{g}}$ | |
| Paranete hyperbolaeon | = Trite hyperbolaeon | = $\overline{\overline{f}}$ | |
| Trite hyperbolaeon | = Nete diezeugmenon | = $\overline{\overline{e}}$ | |
| Nete diezeugmenon | = Paranete diezeugmenon | = $\overline{d}$ | |
| Paranete diezeugmenon | = Trite diezeugmenon | = $\overline{c}$ | |
| Trite diezeugmenon | = Paramese | = h | |
| Paramese | = Mese | = a | |
| Mese | = Lichanos meson | = g | Phrygisches Diapason |
| Lichanos meson | = Parhypate meson | = f | |
| Parhypate meson | = Hypate meson | = e | |
| Hypate meson | = Lichanos hypaton | = d | |
| Lichanos hypaton | = Parhypate hypaton | = c | |
| Parhypate hypaton | = Hypate hypaton | = H | |
| Hypate hypaton | = Nete hyperbolaeon oder Proslambano-menos | = A | |
| Proslambanomenos | = Paranete hyperbolaeon | = G | |

|  |  |
|---|---|
|  | Nete hyperbolaeon |
|  | Paranete hyperbolaeon |
|  | Trite hyperbolaeon |
|  | Nete diezeugmenon |
| Dynam. Mese, Mixolydisch $= a$ | Paranete diezeugmenon |
| Dynam. Mese, Lydisch $= a$ | Trite diezeugmenon |
| Dynam. Mese, Phrygisch $= a$ | Paramese |
| Dynam. Mese, Dorisch $= a$ | Mese |
| Dynam. Mese, Hypolydisch $= a$ | Lichanos meson |
| Dynam. Mese, Hypophryg. $= a$ | Parhypate meson |
| Dynam. Mese, Hypodorisch $= a$ | Hypate meson |
|  | Lichanos hypaton |
|  | Parhypate hypaton |
|  | Hypate hypaton |
|  | Proslambanomenos. |

## IV. Dorisches Tonsystem.

| Stellungen | Bedeutungen | Klänge |
|---|---|---|
| Nete hyperbolaeon | = Nete hyperbolaeon | $= \overline{\overline{\mathbf{a}}}$ |
| Paranete hyperbolaeon | = Paranete hyperbolaeon | $= \overline{\overline{g}}$ |
| Trite hyperbolaeon | = Trite hyperbolaeon | $= \overline{\overline{f}}$ |
| Nete diezeugmenon | = Nete diezeugmenon | $= \overline{e}$ |
| Paranete diezeugmenon | = Paranete diezeugmenon | $= \overline{d}$ |
| Trite diezeugmenon | = Trite diezeugmenon | $= \overline{c}$ |
| Paramese | = Paramese | $= h$ |
| Mese | = Mese | $= \mathbf{a}$ |
| Lichanos meson | = Lichanos meson | $= g$ |
| Parhypate meson | = Parhypate meson | $= f$ |
| Hypate meson | = Hypate meson | $= e$ |
| Lichanos hypaton | = Lichanos hypaton | $= d$ |
| Parhypate hypaton | = Parhypate hypaton | $= c$ |
| Hypate hypaton | = Hypate hypaton | $= \mathbf{H}$ |
| Proslambanomenos | = Proslambanomenos | $= \mathbf{A}$ |

Dorisches Diapason

δύο τόνων μέσας ἑνὸς φθόγγου τόπῳ πάντως ἐφαρμόζειν, ὥςτε ὅλα κινεῖσθαι τὰ συστήματα κατὰ τὴν εἰς ἀλλήλους τῶν δύο τούτων τόνων

## V. Hypolydisches Tonsystem.

| Stellungen | Bedeutungen | Klänge |
|---|---|---|
| Nete hyperbolaeon | = Hypate hypaton | = h̄ |
| Paranete hyperbolaeon | = Nete hyperbolaeon oder Proslambano-menos | = ā |
| Trite hyperbolaeon | = Paranete hyperbolaeon | = ḡ |
| Nete diezeugmenon | = Trite hyperbolaeon | = f̄ |
| Paranete diezeugmenon | = Nete diezeugmenon | = ē |
| Trite diezeugmenon | = Paranete diezeugmenon | = d̄ |
| Paramese | = Trite diezeugmenon | = c̄ |
| Mese | = Paramese | = h |
| Lichanos meson | = Mese | = a |
| Parhypate meson | = Lichanos meson | = g |
| Hypate meson | = Parhypate meson | = f |
| Lichanos hypaton | = Hypate meson | = e |
| Parhypate hypaton | = Lichanos hypaton | = d |
| Hypate hypaton | = Parhypate hypaton | = c |
| Proslambanomenos | = Hypate hypaton | = H |

(Klammer rechts: Hypolydisches Diapason)

## VI. Hypophrygisches Tonsystem.

| Stellungen | Bedeutungen | Klänge |
|---|---|---|
| Nete hyperbolaeon | = Parhypate hypaton | = c̄ |
| Paranete hyperbolaeon | = Hypate hypaton | = h̄ |
| Trite hyperbolaeon | = Nete hyperbolaeon oder Proslambano-meuos | = ā |
| Nete diezeugmenon | = Paranete hyperbolaeon | = ḡ |
| Paranete diezeugmenon | = Trite hyperbolaeon | = f̄ |
| Trite diezeugmenon | = Nete diezeugmenon | = ē |
| Paramese | = Paranete diezeugmenon | = d̄ |
| Mese | = Trite diezeugmenon | = c̄ |
| Lichanos meson | = Paramese | = h̄ |
| Parhypate meson | = Mese | = a |
| Hypate meson | = Lichanos meson | = g |
| Lichanos hypaton | = Parhypate meson | = f |
| Parhypate hypaton | = Hypate meson | = e |
| Hypate hypaton | = Lichanos hypaton | = d |
| Proslambanomenos | = Parhypate hypaton | = c |

(Klammer rechts: Hypophrygisches Diapason)

Daher ist es möglich, in dem Systeme bei den Veränderungen der Tonsysteme einige unbewegliche Klänge beizubehalten, welche den Umfang der Stimme wahren, deswegen weil niemals die harmonisch ähnlichen [verwandten] Bedeutungen in verschiedenen Tonsystemen mit den Plätzen derselben Klänge zusammenfallen [1]. Wenn aber ausser diesen mehrere Tonarten (Trans-

## VII. Hypodorisches Tonsystem.

| Stellungen | Bedeutungen | Klänge |
|---|---|---|
| Nete hyperbolaeon | = Lichanos hypaton | = $\overline{\overline{d}}$ |
| Paranete hyperbolaeon | = Parhypate hypaton | = $\overline{\overline{c}}$ |
| Trite hyperbolaeon | = Hypate hypaton | = $\overline{h}$ |
| Nete diezeugmenon | = Nete hyperbolaeon oder Proslambanomenos | = $\overline{a}$ |
| Paranete diezeugmenon | = Paranete hyperbolaeon | = $\overline{g}$ |
| Trite diezeugmenon | = Trite hyperbolaeon | = $\overline{f}$ |
| Paramese | = Nete diezeugmenon | = $\overline{e}$ |
| Mese | = Paranete diezeugmenon | = $\overline{d}$ |
| Lichanos meson | = Trite diezeugmenon | = $\overline{c}$ |
| Parhypate meson | = Paramese | = $\overline{h}$ |
| Hypate meson | = Mese | = $\overline{a}$ |
| Lichanos hypaton | = Lichanos meson | = g |
| Parhypate hypaton | = Parhypate meson | = f |
| Hypate hypaton | = Hypate meson | = e |
| Proslambanomenos | = Lichanos hypaton | = d |

Hypodorisches Diapason

Hypodorisches Diapason

[1] Ptolemäus meint: Wenn man nun mit den zu Grunde gelegten Transpositionsscalen die Systeme bildet, so ist es möglich, einige unbewegliche Klänge beizubehalten. Er sagt mit Vorbedacht »einige« (irgendwelche = τινάς), und nicht »alle«, weil durch das Fortrücken des Systems ja nach der einen oder andern Seite der eine oder der andere feststehende Klang fehlt. Z. B. fehlt im mixolydischen System der hypodorischen Transpositionsscala der feststehende Klang a' = dynamische Nete hyperbolaeon, ebenso im lydischen und phrygischen Tonsystem. Im hypodorischen und hypophrygischen Tonsystem fehlen die feststehenden Klänge A und H, nämlich der dynamische Proslambanomenos und die dynamische Hypate hypaton. Im hypolydischen fehlt der dynamische Proslambanomenos = A, und nur im dorischen sind alle vorhanden, weil hier die dynamischen Benennungen mit den thetischen gleich sind. Dieses letztere System ist also das ursprüngliche; in den Veränderungen desselben stimmen niemals die harmonisch ähnlichen Bedeutungen, z. B. a'-e'-h, a-e-H, (A=a=a' als homophone Klänge) mit den Plätzen derselben Klänge überein oder, was dasselbe ist, mit den Stellungen, mit den thetischen Benennungen; desgleichen stimmen auch in den ganzen Veränderungen niemals die dynamischen Benennungen mit den Plätzen überein. So ist es in Bezug auf

positionsscalen) zu Grunde gelegt werden, was Diejenigen thun, welche mit
Hülfe der Halbtöne die Differenzen derselben [der Tonarten] vermehren :
so wird es nothwendig sein, dass von zwei Tonsystemen die Mesen am
Platze eines Klanges völlig zusammenstimmen [1] , so dass auch die

jede der sieben Transpositionsscalen. Mehr als sieben Transpositionsscalen anzunehmen erscheint Ptolemäus jedoch als ein überflüssiges Verfahren, wie er
weiterhin an zwei Systemen erklärt.

[1] Die doppelte Bedeutung von τόνος : Transpositionsscala und Tonsystem
(der Octavengattung) mag wohl hier die Forscher nicht zur Klarheit geführt
haben, obgleich ja Ptolemäus bei den Octavengattungssystemen ganz deutlich
sagt τόνος κατὰ τὸ εἶδος; die Sache ist aber ebenso einfach, wie sinnreich.
Ptolemäus giebt die Vorschrift, dass von zwei Tonarten die Mesen am Platze
eines Klanges zusammenstimmen sollen. Wie ist das auszuführen? Er giebt
das Verfahren selbst an, indem er sagt: Man verbinde die d y n a m i s c h e
M e s e der hypodorischen Tonart (Transpositionsscala) mit der t h e t i s c h e n
H y p a t e m e s o n. Wenn dies ausgeführt wird, so erhalten wir das h y p o -
d o r i s c h e T o n s y s t e m in der hypodorischen Transpositionsscala, nämlich

### Hypodorisches Tonsystem der hypodorischen Transpositionscala.

| Stellungen | Bedeutungen | Klänge |
|---|---|---|
| Nete hyperbolaeon | = Lichanos hypaton | = d̿ |
| Paranete hyperbolaeon | = Parhypate hypaton | = c̄ |
| Trite hyperbolaeon | = Hypate hypaton | = h̄ |
| Nete diezeugmenon | = Nete hyperbolaeon oder Proslambano-menos | = ā |
| Paranete diezeugmenon | = Paranete hyperbolaeon | = g |
| Trite diezeugmenon | = Trite hyperbolaeon | = f |
| Paramese | = Nete diezeugmenon | = e |
| Mese | = Paranete diezeugmenon | = d |
| Lichanos meson | = Trite diezeugmenon | = c |
| Parhypate meson | = Paramese | = h |
| Hypate meson | = Mese | = a |
| Lichanos hypaton | = Lichanos meson | = g |
| Parhypate hypaton | = Parhypate meson | = f |
| Hypate hypaton | = Hypate meson | = e |
| Proslambanomenos | = Lichanos hypaton | = d |

*Hypodorisches Diapason*

und wenn wir die dynamische Mese der h y p o p h r y g i s c h e n T o n a r t (Transpositionsscala) mit der thetischen P a r h y p a t e m e s o n verbinden, so erhalten
wir das h y p o p h r y g i s c h e T o n s y s t e m in der hypophrygischen Transpo-
sitionscala

ganzen Systeme nach der wechselseitigen Veränderung dieser beiden
Tonsysteme bewegt werden, indem sie nicht mehr die ursprüngliche

## Hypophrygisches Tonsystem der hypophrygischen Transpositions-scala.

| Stellungen | Bedeutungen | Klänge |
|---|---|---|
| Nete hyperbolaeon | = Parhypate hypaton | $= \overline{\overline{d}}$ |
| Paranete hyperbolaeon | = Hypate hypaton | $= \overline{\overline{cis}}$ |
| Trite hyperbolaeon | = Nete hyperbolaeon oder Proslambano-menos | $= \overline{h}$ |
| Nete diezeugmenon | = Paranete hyperbolaeon | $= \overline{a}$ |
| Paranete diezeugmenon | = Trite hyperbolaeon | $= \overline{g}$ |
| Trite diezeugmenon | = Nete diezeugmenon | $= \overline{fis}$ |
| Paramese | = Paranete diezeugmenon | $= \overline{e}$ |
| Mese | = Trite diezeugmenon | $= \overline{d}$ |
| Lichanos meson | = Paramese | $= \overline{cis}$ |
| Parhypate meson | = Mese | $= h$ |
| Hypate meson | = Lichanos meson | $= a$ |
| Lichanos hypaton | = Parhypate meson | $= g$ |
| Parhypate hypaton | = Hypate meson | $= fis$ |
| Hypate hypaton | = Lichanos hypaton | $= e$ |
| Proslambanomenos | = Parhypate hypaton | $= d$ |

(Rechts vom Klang-Block, vertikal gesetzt: Hypophrygisches Diapason)

und hier zeigt sich auch wirklich, dass die thetische Mese in beiden = d'
ist. Beide haben aber einen ganz verschiedenen Charakter. Das hypophrygische
Tonsystem besitzt sozusagen Dur-Charakter, das hypodorische ein mollartiges
Ethos. Wenn nun aber die tiefere hypophrygische Transpositionsscala zu
Grunde gelegt wird, so wird das hypodorische Tonsystem von es aus in der-
selben Weise geführt werden, wie das hypodorische von d aus, also:

es f ges as b c' des' es' f' ges' as' b' c'' des'' es''

das hypophrygische aber von des aus, mithin:

des es f ges as b c' des' es' f' ges' as' b' c'' des''

Beide sind also dem Charakter nach dieselben Tonsysteme wie die früheren, das
hypodorische und hypophrygische, nur etwas höher tönend, nämlich das hypodorische, oder tiefer tönend, d. h. das hypophrygische. Die Transposition
konnte deshalb gesetzmässig und richtig ausgeführt werden, weil ja die dynamische Mese bei den nun entstandenen Tonsystemen, dem hypodorischen
und hypophrygischen, ganz dieselbe ist; denn beide gehören der tieferen
hypophrygischen Transpositionsscala an, welche folgendes Grundsystem besitzt:

B c des es f ges as b c' des' es' f' ges' as' b'
P. H.h. P.h. L.h. H.m. Parh.m. L.m. Mese Prm. Tr. d. P. d. N. d. Tr. hyp. P.h. N.h.

woraus zu ersehen ist, dass die dynamische Mese = b, mithin als dieselbe in
beiden Tonsystemen erscheint. Und nach dieser richten sich die Bedeutungen
der übrigen Klänge, d. h. die feststehenden und beweglichen Klänge im gemein-

μεθαρμογήν, μηχέτι τηροῦντα κοινήν τινα τὴν ἐξ ἀρχῆς τάσιν, ἢ παρα-
μετρηθήσεται τὸ ἴδιον τῆς φωνῆς. Τῆς μὲν γὰρ τοῦ ῾Υποδωρίου φέρε
εἰπεῖν τῇ δυνάμει μέσης συνεζευγμένης τῇ κατὰ τὴν θέσιν τῶν μέσων
ὑπάτῃ, τῆς δὲ τοῦ ῾Υποφρυγίου τῇ τῶν μέσων παρυπάτῃ · τὸν λαμβα-
νόμενον μεταξὺ τούτων τόνον (καλούμενον δὲ ὑπ᾽ αὐτῶν βαρύτερον
῾Υποφρύγιον, παρ᾽ ἐκεῖνον ὀξύτερον) δεήσει τὴν αὐτοῦ μέσην ἤτοι κατὰ
τὴν ὑπάτην ἔχειν ὡς καὶ ὁ ῾Υποδώριος ἢ κατὰ τὴν παρυπάτην ὡς καὶ ὁ
ὀξύτερος ῾Υποφρύγιος · οὗ συμβαίνοντος, ἐπειδὰν εἰς ἀλλήλους μεθαρ-

samen Klanggeschlecht. Somit ist die Theorie des Ptolemäus über die Transpositionsscalen und Octavengattungen in allen Punkten erwiesen. Als Vergleich
führen wir anstatt jeder weiteren Polemik an, was Friedrich Bellermann hierüber in seinen »Tonleitern und Musiknoten der Griechen« (p. 12—14) in ganz
irriger Weise auf Grund dilettantischer Anschauungen sagt:

»Dass nun diese sieben Octavengattungen einerlei Namen mit den
sieben ältesten Tonhöhen der Mollscale haben, oder vielmehr, dass letztere
ihre Namen von den Octavengattungen erhalten haben, wird sich durch folgende Betrachtungen zeigen: Eine Melodie, die von einer grösseren Versamm-
lung gesungen werden soll, wo natürlich Leute von höheren Stimmen (Teno-
risten und Discantisten) mit solchen von tiefern (Bassisten und Altisten) vereinigt sind, darf nur einen beschränkten Umfang haben, damit sie den Bassisten
und den eine Octave höher mitsingenden Altisten nicht zu hoch und den Teno-
risten und den eine Octave höher mitsingenden Discantisten nicht zu tief geht,
und sie wird für die einen oder für die andern unbequem, wenn sie nach heu-
tiger Stimmung die Octave d — d nach der Höhe oder der Tiefe hin sehr überschreitet. Sollten also Melodien, die den Umfang jener verschiedenen Octavengattungen umfassten, auf diese Art in Masse gesungen werden, so mussten diese Octavengattungen alle in eine bequem sangbare Tonhöhe (für uns
etwa von d — d oder cis — cis) gebracht werden. Dies thaten die Griechen und
brachten sie alle in die (bei ihnen etwa so tief klingende) Octave f—f̄, setzten
aber eine jede ober- und unterhalb so weit fort, bis aus ihr eine zwei Octaven
lange Mollscale entstand, welcher sie dann denselben Namen gaben, den die
in ihr innerhalb des Bereiches von f—f̄ liegende Octavengattung hatte. S. die
vornehmlich auf eine Stelle des Ptolemäus gegründete Ausführung dieses Ver-
fahrens in den Vorbemerkungen zum Anonymus pag. 9—11.

»In der auf die beschriebene Art gemachten Tabelle von pag. 13 sind die
Noten der in einerlei Höhe gebrachten Octavengattungen gross gedruckt, und
die Ergänzungen zur Mollscale klein. Man sieht also, dass z. B. die Hypophrygische Molltonart (Gmoll) in ihrem Bereich von f—f̄ die Hypophrygische
Octavengattung enthält, d. i. eine F-Scale mit b und es, welche dieselbe Lage
der Halbtöne hat wie eine G-Scale ohne Vorzeichnung, die deshalb am rechten Rande zur Vergleichung angegeben ist; — ebenso enthält die Dorische
Mollscale (Bmoll) zwischen ihrem f und f̄ die Dorische Octavengattung, deren
Halbtonlagen mit der am rechten Rande angegebenen Octave E — e ohne Vorzeichnung gleich sind, und so alle übrigen.«(Siehe umstehend die Bellermann'sche
Tabelle.)

Klaughöhe als gemeinschaftliche bewahren, nach welcher das eigenthümlich Charakteristische der Stimme ausgemessen wird. **Z. B.** wenn

»1) Hypodorische Scale :  Hypodorische oder Aeolische
Octavengattung, wie A—a.
(Aeolische Kirchentonart.)

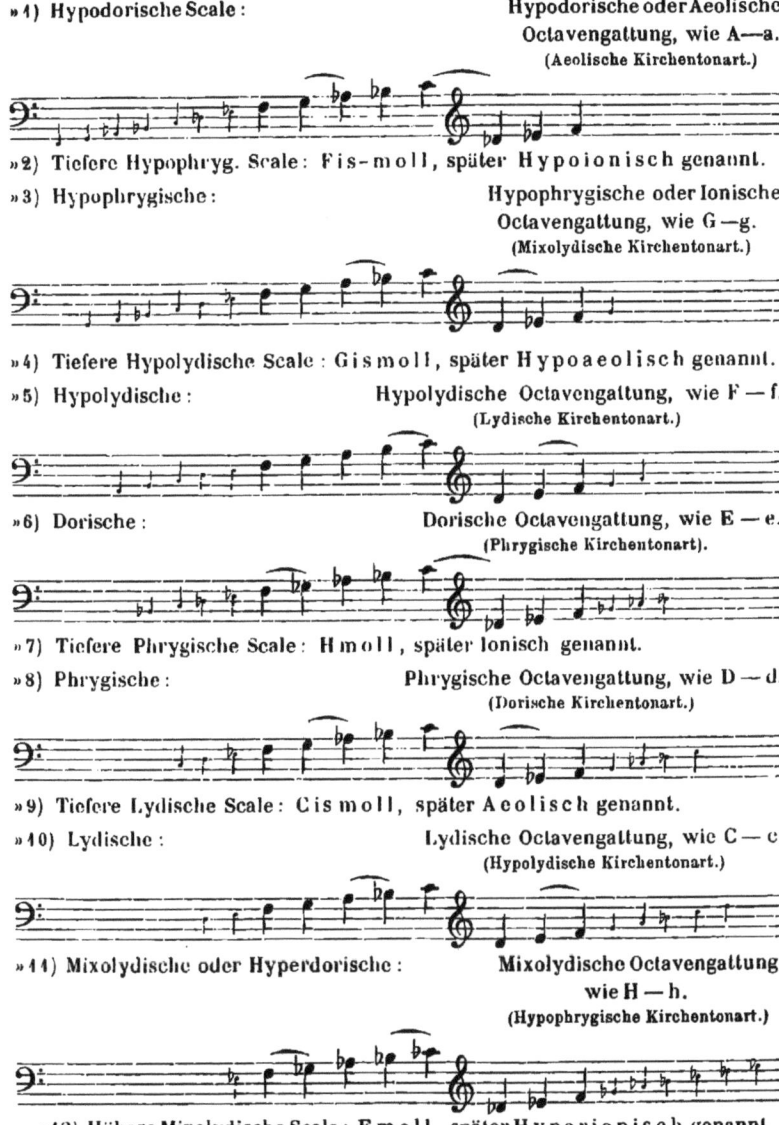

»2) Tiefere Hypophryg. Scale: **Fis-moll**, später **Hypoionisch** genannt.

»3) Hypophrygische :  Hypophrygische oder Ionische
Octavengattung, wie G—g.
(Mixolydische Kirchentonart.)

»4) Tiefere Hypolydische Scale : **Gismoll**, später **Hypoaeolisch** genannt.

»5) Hypolydische :  Hypolydische Octavengattung, wie F — f.
(Lydische Kirchentonart.)

»6) Dorische :  Dorische Octavengattung, wie E — e.
(Phrygische Kirchentonart).

»7) Tiefere Phrygische Scale: **Hmoll**, später **Ionisch** genannt.

»8) Phrygische :  Phrygische Octavengattung, wie D — d.
(Dorische Kirchentonart.)

»9) Tiefere Lydische Scale: **Cismoll**, später **Aeolisch** genannt.

»10) Lydische :  Lydische Octavengattung, wie C — c.
(Hypolydische Kirchentonart.)

»11) Mixolydische oder Hyperdorische :  Mixolydische Octavengattung,
wie H — h.
(Hypophrygische Kirchentonart.)

»12) Höhere Mixolydische Scale : **Emoll**, später **Hyperionisch** genannt.
»13) Hyperphryg. oder Hypermixolydische Scale : **Fmoll**, später angefügt.
»14) Hyperaeolische Scale: **Fismoll**, später angefügt.
»15) Hyperlydische Scale: **Gmoll**, später angefügt.

μοζώμεθα τοὺς τὸν κοινὸν φθόγγον εἰληφότας τόνους· κινηθήσεται μὲν οὗτος ἐπιταθεὶς ἢ χαλασθεὶς ἡμιτονίῳ, τῷ δὲ τὴν αὐτὴν ἐν ἑκατέρῳ

Namen der Octavengattungen der christlichen Kirche:

Aeolisch — Hypophrygisch — Hypolydisch — Dorisch — Phrygisch — Lydisch — Mixolydisch

Wie gänzlich verfehlt diese Annahme F r i e d r i c h B e l l e r m a n n's ist, lässt sich sogleich aus der Zusammenstellung von zwei beliebigen Scalen beweisen: Das dorische System heisst nach Bellermann

f ges as b c' des' es' f' ; dasselbe ist nun gleich dem von

e f g a h c' d' e'. In der Octavengattung e bis e' sind e, a, h und e' unbewegliche Klänge und die übrigen bewegliche, folglich müssen auch im übertragenen System f, b, c' und f' unbewegliche, die andern aber bewegliche Klänge sein. Die lydische Octavengattung heisst c d e f g a h c', auf das System von Bellermann übertragen f g a b c' d' e' f. Nun waren ja aber die Klänge f b c' und f' in der dorischen Octavengattung unbewegliche Klänge, hier erscheinen sie als bewegliche, im chromatischen Klanggeschlecht würden mithin Veränderungen eintreten, die aber dem ursprünglichen System nicht entsprechen könnten, weil in diesem die u n b e w e g l i - lichen Klänge in allen Geschlechtern als dieselben unbeweglichen erscheinen. Die gänzliche Verkennung der griechischen Theorie leuchtet hier sofort ein und lässt namentlich bedauern, dass durch dieselbe so viele Irrthümer in die Musikgeschichte eingeführt wurden. Dieser Irrthum Friedrich Bellermann's stützt sich auf seine eigenste Uebersetzung der Stelle des Ptolemäus, welche er in seinem »A n o n y m u s« anführt und zwar Seite 9 u. 10, wo er jedoch unrichtig citirt Ptolemäus III, cap. 11, anstatt lib. II, cap. 11, jedenfalls ein Druckfehler von ganz untergeordneter Bedeutung. Friedrich Bellermann sagt hier mit Bezug auf die alten Scalen :

» Veteres autem, qui iis utebantur omnibus, quum carmina ita componerent, ut commode ab hominum multitudine cani possent, intra communi cantui aptissimam octavam eas posuerunt, ut cantilena totum modi sui ambitum permeando veram eius indolem prae se ferre posset, id quod P t o l e m a e u s lib. III., cap. 11. his verbis optime exponit:

Ἐκλαμβανομένου γὰρ τοῦ διὰ πασῶν κατὰ τοὺς μεταξύ πως τοῦ τελείου συστήματος τόπους, τοῦτ᾽ ἔστι, τοὺς ἀπὸ τῆς τῇ θέσει τῶν μέσων ὑπάτης ἐπὶ τὴν νήτην διεζευγμένων· (ἕνεκα τοῦ τὴν φωνὴν ἐμ-

Desumpta enim ea octava (c — c̄), quae est fere in media regione systematis duas octavas continentis, i. e. in regione inter eos sonos, qui, tensionem simpliciter indicantes, sunt hypate meson et nete die-

Boetius.                                    21

die dynamische Mese der hypodorischen Tonart mit der thetischen
Hypate meson verbunden ist und die [dynamische Mese] der
hypophrygischen Tonart mit der thetischen Parhypate meson,
so wird es nöthig sein, dass die zwischen diesen [Tonarten] genommene
Tonart, von diesen »tiefere hypophrygische Tonart« genannt neben jener

φιλοχώρως ἀναστρέφεσθαι καὶ καταγίνεσθαι περὶ τὰς μέσας μάλιστα μελῳδίας,
ὀλιγάκις ἐπὶ τὰς ἄκρας ἐκβαίνουσαν, διὰ
τὸ τῆς παρὰ τὸ μέτρον χαλάσεως ἢ κα-
τατάσεως ἐπίπονον καὶ βεβιασμένον)·
ἡ μὲν τοῦ Μιξολυδίου μέση (b), κατὰ τὴν
δύναμιν, ἐφαρμόζεται τῷ τόπῳ τῆς παρανήτης τῶν διεζευγμένων (b), ἵν᾽ ὁ τόνος τὸ πρῶτον εἶδος ἐν τῷ προκειμένῳ
ποιήσῃ τοῦ διὰ πασῶν· ἡ δὲ τοῦ Λυδίου
(a) τῷ τόπῳ τῆς τρίτης τῶν διεζευγμένων
(as), κατὰ τὸ δεύτερον εἶδος· ἡ δὲ τοῦ
Φρυγίου (g) τῷ τόπῳ τῆς παραμέσης (g),
κατὰ τὸ τρίτον εἶδος· ἡ δὲ τοῦ Δωρίου
(f), τῷ τόπῳ τῆς μέσης (f), ποιοῦσα τὸ
τέταρτον καὶ μέσον εἶδος τοῦ διὰ πασῶν·
ἡ δὲ τοῦ Ὑπολυδίου (e) τῷ τόπῳ τῆς λιχανοῦ τῶν μέσων (es), κατὰ τὸ πέμπτον
εἶδος· ἡ δὲ τοῦ Ὑποφρυγίου (d) τῷ τόπῳ τῆς παρυπάτης τῶν μέσων (des),
κατὰ τὸ ἕκτον εἶδος· ἡ δὲ τοῦ Ὑποδωρίου (c) τῷ τόπῳ τῆς τῶν μέσων ὑπάτης
(c) κατὰ τὸ ἕβδομον εἶδος.

zeugmenon: (vox enim circa hos praecipue sonos libentissime prae ceteris ver-
satur et moratur, raro in extremos ex-
currens, quia molesta est et vehemens
nimia sonorum remissio vel intensio):
Mixolydii, si gradum systematis spe-
ctas, mese (octavus sonus b in modo
B molli) subiungitur eius soni loco, qui,
tensione simpliciter spectata, vocatur
paranete diezeugmenon (loco soni b),
ut hic Mixolydius modus in illa propo-
sita octava (inter sonos c et c̄) primam
octavae speciem (i. e. Mixolydiam) ef-
ficiat; Lydii vero mese (octavus modi
A mollis sonus a) eius soni loco tribui-
tur, qui (tensione per se spectata) est
trite diezeugmenon (loco soni as) secundum alteram octavae speciem (i. e.
Lydiam; porro Phrygii mese (octavus
modi G mollis sonus g) loco parameses
(soni g), pro tertia octavae specie (i. e.
Phrygia); et sic porro de ceteris quatuor modis et quatuor octavae specie-
bus.«

Mit dieser willkürlichen Uebersetzung steht dann auch die falsche Erklärung der Thesis und Dynamis im Einklang, welche in einer Note abgethan
wird. Hier im »Anonymus« überträgt Friedrich Bellermann die erwähnten Systeme nicht auf die Octave f bis f', sondern auf die von c bis c', — wodurch
sich die falschen Annahmen auch noch als inconsequente präsentiren. Der
geistvolle R. Westphal hat sich leider durch jene Erörterung Bellermann's täuschen lassen, so dass er das mittlere Diapason des Ptolemäus ebenfalls
nicht richtig fasst. Die akustische Betrachtung von der harmonischen und
arithmetischen Mitte würde ihm sogleich den rechten Weg gezeigt haben.
Vergl. R. Westphal, Gr. Rhythmik u. Harmonik § 32, Zweite Auflage Seite 352
bis 367. Wohl aber ist ihm zu danken, dass er auf die Thesis und Dynamis
hindeutete, wenn er auch musikalisch nicht das rechte Resultat gewann.
Wie gänzlich verschieden die Meinungen R. Westphal's von den unsrigen sind,
möge die folgende Stelle (Westph. S. 355 — 357) beweisen, welche den Kern
seiner Ansichten über die Systeme des Ptolemäus enthält:

τῶν τόνων δύναμιν ἔχειν (τοῦτ' ἔστι τὴν τῆς μέσης) ἀκολουθήσουσιν
αἱ τῶν λοιπῶν ἁπάντων φθόγγων ἐπιτάσεις ἢ χαλάσεις (ἔνεκα τοῦ συν-

---

»Das dynamisch benannte pentekaidekachordische System (sagt Westphal) ist mithin ein solches, auf welchem die darin enthaltenen zwei vollständigen Octaven (vom προςλαμβανόμενος bis zur μέση und von der μέση bis
zur νήτη ὑπερβολαίων) der hypodorischen Octaven-Gattung angehören, also das
auch von allen übrigen Musikern zu Grunde gelegte Doppel-Octav-System. Für
die Transpositions-Scala ohne Vorzeichen:

| προςλαμβ. | ὑπάτ. | | | | μέσων | | | | | διεζευγμ. | | | ὑπερβολ. | |
|---|---|---|---|---|---|---|---|---|---|---|---|---|---|---|
| προςλαμβ | ὑπάτ. | παρυπ. | λιχαν. | ὑπάτ. | παρυπ. | λιχαν. | μέση | παραμεσ. | τρίτη | παραν. | νήτη | τρίτη | παραν. | νήτη |
| A | H | c | d | e | f | g | a | h | c | d | e | f | g | a |

»Von dem thetisch benannten pentekaidekachordischen Systeme des
Ptolemäus, in welchem dieser nur die Abstände zwischen προςλαμβανόμενος,
μέση und νήτη ὑπερβολαίων angibt, die übrigen 12 Töne dagegen in Beziehung
auf ihre Intervalle unbestimmt lässt, können wir eben dieser Angabe des Ptolemäus zufolge nur dies sagen, dass die beiden antiphonisch von einander verschiedenen Octaven desselben einer jeden beliebigen Octaven-Gattung angehören können: es lassen sich für die Transpositionsscala ohne Vorzeichen folgende συστήματα τέλεια der thetischen Onomasie denken:

| | παραλαμβ. | ὑπάτ. | | | μέσων | | | | | διεζευγμ. | | | ὑπερβολ. | | |
|---|---|---|---|---|---|---|---|---|---|---|---|---|---|---|---|
| | παραλαμβ | ὑπάτ. | παρυπ. | λιχαν. | ὑπάτ. | παρυπ. | λιχαν. | μέση | παραμεσ. | τρίτη | παραν. | νήτη | τρίτη | παραν. | νήτη |
| I. | A | H | c | d | e | f | g | a | h | c | d | e | f | g | a |
| II. | H | c | d | e | f | g | a | h | c | d | e | f | g | a | h |
| III. | c | d | e | f | g | a | h | c | d | e | f | g | a | h | c |
| IV. | d | e | f | g | a | h | c | d | e | f | g | a | h | c | d |
| V. | e | f | g | a | h | c | d | e | f | g | a | h | c | d | e |
| VI. | f | g | a | h | c | d | e | f | g | a | h | c | d | e | f |
| VII. | g | a | h | c | d | e | f | g | a | h | c | d | e | f | g |

denn eine jede dieser 7 Doppel-Octaven entspricht genau der von Ptolemäus gegebenen Beschreibung des thetisch benannten τέλειον σύστημα.

»Die Angaben des Ptolemäus sind überall wir können sagen so mathema-
tisch genau, dass man, wenn anders der Text nicht corrupt ist, sich schlechter-
dings auf dieselben verlassen kann, ohne dass man befürchten muss, es etwa
wie bei Aristides und seinen Genossen mit einem ungenauen Ausdrucke zu thun

21 *

höheren, ihre Mese entweder in der Hypate habe, wie auch die hypodorische, oder in der Parhypate, wie auch die höhere hypophrygische. Indem dies nun geschieht, wenn wir wechselseitig die Tonsysteme verändern, welche den gemeinschaftlichen Klang aufgenommen haben, wird dieser um einen Halbton erhöht oder erniedrigt bewegt werden, dadurch

zu haben. Hat Ptolemäus seine Definition der thetischen Onomasie in der eben besprochenen Allgemeinheit gehalten, so folgt daraus, dass sie in der That in jener Allgemeinheit gefasst werden muss. Ein Beweis für die Richtigkeit dieser unserer Interpretation ist in den auf die Ptolemäische Erörterung der dynamischen Onomasie folgenden Worten enthalten p. 59.

Καὶ δὴ κατὰ ταύτας τὰς ὀνομασίας, τουτέστι τὰς τῶν δυνάμεων, μόνως ἂν καλοῖντο κυρίως τῶν φθόγγων, ἑστῶτες μὲν ἐν ταῖς τῶν γενῶν μεταβολαῖς προςλαμβανόμενος καὶ ὑπάτη ὑπάτων καὶ ὑπάτη μέσων καὶ μέση καὶ παραμέση καὶ νήτη διεζευγμένων καὶ νήτη ὑπερβολαίων . . ., κινούμενοι δὲ οἱ λοιποί· μεταβιβαζομένων γὰρ τῇ θέσει τῶν δυνάμεων οὐκέτι τοῖς αὐτοῖς τόποις ἐφαρμόζουσιν οἱ τῶν ἑστώτων ἢ κινουμένων ὅροι.

» Hier spricht Ptolemäus von der schon S. 292 berührten Unterscheidung der φθόγγοι ἑστῶτες und κινούμενοι, welche bei dem Gegensatze der verschiedenen Tongeschlechter und Chroai (»ἐν ταῖς τῶν γενῶν μεταβολαῖς«) von Bedeutung wird, wenngleich sie für die in diesem Kapitel ausschliesslich in Rede stehende diatonische Musik irrelevant ist. Die Grenztöne der auf dem τέλειον σύστημα vorkommenden diazeuktischen Intervalle und (dorischen) Tetrachorde haben nämlich im enharmonischen und chromatischen Tongeschlechte und in den Chroai genau dieselbe Tonhöhe wie in der Diatonik und heissen deshalb ἑστῶτες φθόγγοι d. i. stetige Töne. Die beiden mittleren Töne eines jeden Tetrachordes aber verändern ihre Tonhöhe, wenn die Musik eine enharmonische oder chromatische ist, und heissen deshalb κινούμενοι d. i. bewegliche Töne. In der S. 356 von uns zu Grunde gelegten Transpositionsscala ohne Vorzeichen sind die Töne a h e und deren höhere oder tiefere Octaven φθόγγοι ἑστῶτες, alle übrigen φθόγγοι κινούμενοι. Ptolemäus sagt nun in der zuletzt herbeigezogenen Stelle »in Wahrheit werden blos bei dynamischer Onomasie der προςλαμβανόμενος (A), die ὑπάτη ὑπάτων (H), die ὑπάτη μέσων (e), die μέση (a), die παραμέση (h), die νήτη διεζευγμένων (e), die νήτη ὑπερβολαίων (a) stetige Töne, die übrigen bewegliche Töne heissen. Denn, wenn wir die thetischen Bezeichnungen an Stelle der dynamischen treten lassen, so wird das, was stetiger oder beweglicher Ton ist, nicht mehr an der nämlichen Stelle der Scala stehen wie bei der dynamischen Bezeichnung.« — Soweit Westphal.

Gewiss ist es nicht uninteressant, wie ein aus der Familie Bellermann hervorgegangener Angriff auf meine »absolute Harmonik«, in welcher ich bereits die Theorie des Ptolemäus übersichtlich entwickelte, mich als einen Abschreiber und niedrigen Verkäufer der Erörterungen Westphal's hinzustellen sucht, obgleich doch meine Entwickelungen von denen Westphal's ganz und gar verschieden sind. Denn während ich gerade gemäss den Aussprüchen des Ptolemäus die feststehenden und beweglichen Klänge der Transposi-

τηρεῖν τοὺς πρὸς τὴν μέσην λόγους τοὺς αὐτοὺς τοῖς πρὸ τῆς μεταβολῆς κατὰ τὸ κοινὸν ἀμφοτέρων τῶν τόνων γένος λαμβανομένοις), ὥςτε μηδ' ἂν ἕτερον ἔτι δόξαι τῷ εἴδει τὸν τόνον παρὰ τὸν πρότερον, ἀλλ' Ὑποδώριον πάλιν ἢ τὸν αὐτὸν Ὑποφρύγιον ὀξυφωνότερόν τινος ἢ βαρυφωνότερον μόνον. Τὸ μὲν οὖν εὔλογόν τε καὶ αὐταρκὲς τῶν ἑπτὰ τόνων μέχρι τούτων ὑποτετυπώσθω.

---

tionsscalen zu Grunde lege], bezeichnet Westphal dieselben zur Bildung der Tonarten κατὰ θέσιν und κατὰ δύναμιν als »irrelevant«; er erhält dann Scalen, für welche absolut ebensowenig der Nachweis zu führen ist, wie für diejenigen Bellermann's, dessen Ansichten bezüglich des berüchtigten Systems von F bis f' von Westphal leider acceptirt werden. Der betreffende Artikel aus der Familie Bellermann spricht sich nun wörtlich folgendermassen über meine »absolute Harmonik« aus:

»Meines Erachtens haben Bücher nicht den Zweck, dem Leser Sand in die Augen zu streuen, sondern allein ihn zu belehren und aufzuklären. Um ein Beispiel aus seiner Arbeit zu geben, welche äusserlich auf den Unkundigen den Eindruck wissenschaftlicher Genauigkeit und tiefer Gelehrsamkeit machen soll, nehme ich seine Behandlung der Benennung der Töne κατὰ θέσιν heraus. Herr Dr. Paul hat hier im Wesentlichen die Westphal'sche Ansicht wiedergegeben, welche von der früheren Auffassung dieses Ausdrucks bedeutend abweicht. Die Richtigkeit derselben scheint er als ganz selbstverständlich vorauszusetzen; denn ohne über die erheblichen (schon in rein musikalischer Beziehung) dagegen sprechenden Gründe ein Wort zu sagen, ferner ohne die früher geltende einfache und natürliche Erklärung Friedrich Bellermann's in der Kürze wiederzugeben, und, da er anders darüber denkt, mit Gründen zu beseitigen, macht er sich die Sache pag. 32—38 »die Tonarten des Ptolemäus« äusserst leicht. Nachdem er nämlich nach Ptolemäus II. 5. die dynamischen Tonnamen angegeben, dann nach II. 10. die Intervalle beschrieben, welche durch die Mesai der sieben ptolemäischen Transpositionsscalen gebildet werden und pag. 34—36 eine breitspurige Tabelle dieser Leitern, (in welcher er unnützerweise siebenmal die Namen von Proslambanomenos bis zur Nete hyperbolaion abdrucken lässt) gegeben hat, bespricht er die ganze Westphal'sche Theorie auf dem Raum von noch nicht einer Seite, abermals (pag. 37) es für seine Pflicht haltend, eine Tabelle einzurücken, »um dem Leser die bekannten Namen der sieben Octavengattungen ins Gedächtniss zurückzuführen«. Und zum Schluss dieser Belehrung in nuce wird man auf einen 28 Seiten langen Anhang verwiesen, in welchem nach jener Theorie alle thetischen Benennungen aller sieben Transpositionsscalen, (also 7 $\times$ 7 = 49 zwei Octaven lange Tonreihen) in Tabellen ausgeführt sind. — — Doch was ist der Zweck dieser Tabellen? — — einmal dürften dieselben an und für sich ohne Nutzen sein, zweitens sind sie aber in der That sinnlos, wenn die Westphal'sche Theorie (von deren Richtigkeit den Leser zu überzeugen er Abstand genommen hat) falsch ist, und drittens sind sie selbst bei Richtigkeit jener Lehre unbrauchbar,

aber, dass er in jeder von den beiden Tonarten dieselbe Bedeutung besitzt, nämlich die der Mese, folgen [richten sich nach ihm] die Erhöhungen oder Erniedrigungen aller übrigen Klänge; deswegen, weil sie die Verhältnisse zur Mese als dieselben mit denjenigen bewahren, welche vor der Veränderung in Rücksicht auf das gemeinschaftliche Klanggeschlecht beider Tonarten aufgenommen werden; so dass die Tonart der Gestalt nach als gar keine andere mehr neben der früheren erscheinen dürfte, sondern wiederum als dieselbe hypodorische oder dieselbe hypophrygische, nur höher oder tiefer tönend [als eine von denselben]. Das logisch Richtige und Genügende der sieben Tonarten möge bis hierher klar gemacht worden sein. — — Soweit Ptolemäus.

wenn man sich nicht dazu entschliessen kann, ohne Grund die jetzt allgemein anerkannten Gesetze der Notation zu verwerfen. Hierüber weiter unten.

»Also, statt solche Tabellen beizugeben, hätte Herr Dr. Oscar Paul viel besser gethan, wenn er den Raum zur Erklärung seiner Behauptungen benutzt hätte. Diesen Mangel glaubt er indess dadurch zu ersetzen, dass er in den Anmerkungen unter dem Text die Ansichten Anderer, die ihm augenblicklich im Wege stehen, ohne viel Umstände als falsch und verkehrt bezeichnet. So tadelt er pag. 36 natürlich den Friedrich B., dass er in Bezug auf die Benennung der Töne κατὰ θέσιν nicht das Richtige getroffen (das heisst nicht s e i n e r Ansicht ist); pag. 37 sagt er, es sei verkehrt aus Ptol. II. 11, wie Friedr. B. es gethan, auf die absolute Klanghöhe des tiefsten Proslambanomenos zu schliessen. Hier freilich lässt er einen längeren Passus aus diesem Kapitel abdrucken; was nützt das aber bei einer s o s c h w e r z u v e r s t e h e n d e n S t e l l e , w e n n e r n i c h t U e b e r s e t z u n g u n d E r k l ä r u n g d a z u g i e b t ? Und er kommt gerade bei dieser Stelle noch dadurch in Verlegenheit, dass das ganze Capitel, dem sie entnommen ist, (sowie II, 5. und II, 10.) sehr wohl in einem der genannten Westphal'schen Theorie entgegengesetzten Sinne erklärt werden kann, wie dies neuerdings von A. Ziegler (Untersuchungen auf dem Gebiet der Musik der Griechen, die ὀνομασία κατὰ θέσιν, Lissa 1866) in einer gründlich wissenschaftlichen Weise geschehen ist. Zu erwähnen habe ich dann noch, dass Herr Dr. Oscar Paul den Friedr. Bellermann sogar desswegen der Inconsequenz zeiht, dass derselbe in seinen »Tonleitern und Musiknoten« den Ton F als tiefsten Proslambanomenos angenommen und dass er dagegen in seinem »Anonymus« den Ton C als solchen gesetzt habe. Der ganz einfache Grund dieser Verschiedenheit, den Herr Dr. Paul nicht kennt oder hier mit Stillschweigen übergeht, ist aber der, dass im Jahre 1841 (als der »Anonymus« erschien) noch Niemand, auch Friedrich Bellermann noch nicht, das System der Notation kannte, wohl aber im Jahre 1847, in welchem zuerst Fr. B. seine »Tonleitern und Musiknoten der Griechen« und unabhängig davon bald darauf C. Fortlage »das musikalische System der Griechen« veröffentlicht haben. Beide genannten Schriftsteller sind die e r s t e n , welche Aufschluss über diesen Gegenstand bringen und welche übereinstimmend aus der Zusammengehö-

Es folgen nun die Tabellen der Tonsysteme innerhalb der Transpositionsscalen nach den dynamischen und thetischen Benennungen. Die Octavengattungssysteme bezeichnen wir mit » T ö n e «, als » dorischer Ton « etc., die Transpositionsscalen mit » T o n a r t e n « genau nach der Anordnung des Ptolemäus.

---

rigkeit von je drei Instrumentalzeichen z. B. Ɔ Ʊ C = ais, b, a, ꓶ ⅃ F = gis, as, g, und in den Vocalnoten von je drei Buchstaben des Alphabetes π ρ σ (ais, b, a) τ υ φ (gis as g) unwiderleglich nachgewiesen haben, dass die hypolydische Transpositionsscale ( w a s  d i e  N o t a t i o n  b e t r i f f t) die unserem A-moll entsprechende (d. h. die ohne Vorzeichnung) ist und folglich die eine grosse Terz tiefer stehende hypodorische unserm F-moll gleichkommt. Damit ist aber nur die N o t a t i o n gemeint und noch nicht die absolute Tonhöhe oder der Kammer- oder Gabelton der Griechen bestimmt, von welchem Friedr. B. die höchst einleuchtende und allgemein angenommene Hypothese aufstellt, dass derselbe wohl eine Terz tiefer als bei uns gewesen sein müsse. Von den Regeln der Notation nimmt mein Herr Gegner aber (wie oben gezeigt) gar keine Notiz, auch bei Besprechung der Transpositionsscalen nicht, sondern kehrt wieder zu der alten Burette'schen Ansicht zurück, die hypodorische (die tiefste) Scale entspreche uusern A-moll ; er nimmt also alle Verhältnisse eine grosse Terz höher als wir an. ,

»Nach diesen kurzen Erörterungen kann ich wohl behaupten : wenn Herr Dr. Oscar Paul nicht nachweisen kann, dass die jetzt anerkannten Gesetze der griechischen Notation falsch sind, so muss er zugeben, dass ein grosser Theil der in seiner absoluten Harmonik ausgesprochenen Lehren hinfällig ist, und ferner, sollte die Westphal'sche Theorie nicht haltbar sein (und sie ist es sicher nicht) so dürfte überhaupt wenig von der absoluten Harmonik des Herrn Oscar Paul übrig bleiben. Ich kann mir daher wohl denken, dass es für ihn sehr empfindlich ist, wenn ihm ein anderer, ein praktischer Musiker, in die Karten sehen kann. « —

Man wird vergleichend erkennen, welcher Unwahrheiten sich der mit H e i n r i c h  B e l l e r m a n n unterzeichnete Artikel schuldig gemacht hat.

# I. Hypodorische Tonart.

## 1. Dorischer Ton.

| Stellungen | | Bedeutungen | | Klänge | | |
|---|---|---|---|---|---|---|
| Nete hyperbolaeon | ------- | Nete hyperbolaeon | steh. | $\bar{a}$ | | |
| Paranete hyperbolaeon | $11/7$ | Paranete hyperbolaeon | bew. | g | Tetrachord hyperbolaeon | |
| Trite hyperbolaeon | $11/9$ | Trite hyperbolaeon | bew. | f | | |
| Nete diezeugmenon | $11/20$ | Nete diezeugmenon | steh. | e | | |
| Paranete diezeugmenon | $11/7$ | Paranete diezeugmenon | bew. | d | Tetrachord diezeugmenon | Dorisches Diapason |
| Trite diezeugmenon | $11/9$ | Trite diezeugmenon | bew. | c | | |
| Paramese | $11/20$ | Paramese | steh. | h | | |
| Mese | $11/8$ | Mese | steh. | a | Ton | |
| Lichanos meson | $11/7$ | Lichanos meson | bew. | g | Tetrachord meson | |
| Parhypate meson | $11/9$ | Parhypate meson | bew. | f | | |
| Hypate meson | $11/20$ | Hypate meson | steh. | e | | |
| Lichanos hypaton | $11/7$ | Lichanos hypaton | bew. | d | Tetrachord hypaton | |
| Parhypate hypaton | $11/9$ | Parhypate hypaton | bew. | c | | |
| Hypate hypaton | $11/20$ | Hypate hypaton | steh. | $H$ | | |
| Proslambanomenos | $11/8$ | Proslambanomenos | steh. | $A$ | Ton | |

## 2. Hypolydischer Ton.

| Stellungen | | Bedeutungen | | Klänge | | |
|---|---|---|---|---|---|---|
| Nete hyperbolaeon | ------- | Hypate hypaton | steh. | $\bar{h}$ | | |
| Paranete hyperbolaeon | $11/8$ | Nete hyperb. od. Prosl. | steh. | $\bar{a}$ | Ton | |
| Trite hyperbolaeon | $11/7$ | Paranete hyperbolaeon | bew. | g | Tetrachord hyperbolaeon | |
| Nete diezeugmenon | $11/9$ | Trite hyperbolaeon | bew. | f | | |
| Paranete diezeugmenon | $11/20$ | Nete diezeugmenon | steh. | e | | |
| Trite diezeugmenon | $11/7$ | Paranete diezeugmenon | bew. | d | Tetrachord diezeugmenon | Hypolydisches Diapason |
| Paramese | $11/9$ | Trite diezeugmenon | bew. | c | | |
| Mese | $11/20$ | Paramese | steh. | h | | |
| Lichanos meson | $11/8$ | Mese | steh. | a | Ton | |
| Parhypate meson | $11/7$ | Lichanos meson | bew. | g | Tetrachord meson | |
| Hypate meson | $11/9$ | Parhypate meson | bew. | f | | |
| Lichanos hypaton | $11/20$ | Hypate meson | steh. | e | | |
| Parhypate hypaton | $11/7$ | Lichanos hypaton | bew. | d | Tetrachord hypaton | |
| Hypate hypaton | $11/9$ | Parhypate hypaton | bew. | c | | |
| Proslambanomenos | $11/20$ | Hypate hypaton | steh. | $H$ | | |

## 3. Hypophrygischer Ton.

| Stellungen | | Bedeutungen | | Klänge | |
|---|---|---|---|---|---|
| Nete hyperbolaeon | — | Parhypate hypaton | bew. | $\equiv$ c | |
| Paranete hyperbolaeon | 1 1/20 | Hypate hypaton | steh. | $\overline{h}$ | Tetrachord hyperbolaeon |
| Trite hyperbolaeon | 1 1/8 | Nete hyperb. od. Prosl. | steh. | $\overline{a}$ — Ton | |
| Nete diezeugmenon | 1 1/7 | Paranete hyperbolaeon | bew. | g | |
| Paranete diezeugmenon | 1 1/9 | Trite hyperbolaeon | bew. | f | |
| Trite diezeugmenon | 1 1/20 | Nete diezeugmenon | steh. | e | Tetrachord diezeugmenon |
| Paramese | 1 1/7 | Paranete diezeugmenon | bew. | $\overline{d}$ | |
| Mese | 1 1/9 | Trite diezeugmenon | bew. | c | |
| Lichanos meson | 1 1/20 | Paramese | steh. | h | |
| Parhypate meson | 1 1/8 | Mese | steh. | a — Ton | |
| Hypate meson | 1 1/7 | Lichanos meson | bew. | g | Tetrachord meson |
| Lichanos hypaton | 1 1/9 | Parhypate meson | bew. | f | |
| Parhypate hypaton | 1 1/20 | Hypate meson | steh. | e | |
| Hypate hypaton | 1 1/7 | Lichanos hypaton | bew. | d | Tetrachord hypaton (unvollk.) |
| Proslambanomenos | 1 1/9 | Parhypate hypaton | bew. | c | |

Hypophrygisches Diapason

## 4. Hypodorischer Ton.

| Stellungen | | Bedeutungen | | Klänge | |
|---|---|---|---|---|---|
| Nete hyperbolaeon | — | Lichanos hypaton | bew. | $\overline{d}$ | |
| Paranete hyperbolaeon | 1 1/9 | Parhypate hypaton | bew. | $\overline{c}$ | Tetrachord hypaton (vollk.) |
| Trite hyperbolaeon | 1 1/20 | Hypate hypaton | steh. | $\overline{h}$ | |
| Nete diezeugmenon | 1 1/8 | Nete hyperb. od. Prosl. | steh. | $\overline{a}$ — Ton | |
| Paranete diezeugmenon | 1 1/7 | Paranete hyperbolaeon | bew. | g | |
| Trite diezeugmenon | 1 1/9 | Trite hyperbolaeon | bew. | f | Tetrachord hyperbolaeon |
| Paramese | 1 1/20 | Nete diezeugmenon | steh. | e | |
| Mese | 1 1/7 | Paranete diezeugmenon | bew. | $\overline{d}$ | |
| Lichanos meson | 1 1/9 | Trite diezeugmenon | bew. | c | |
| Parhypate meson | 1 1/20 | Paramese | steh. | h | Tetrachord diezeugmenon |
| Hypate meson | 1 1/8 | Mese | steh. | a — Ton | |
| Lichanos hypaton | 1 1/7 | Lichanos meson | bew. | g | |
| Parhypate hypaton | 1 1/9 | Parhypate meson | bew. | f | Tetrachord meson |
| Hypate hypaton | 1 1/20 | Hypate meson | steh. | e | |
| Proslambanomenos | 1 1/7 | Lichanos hypaton | bew. | d | |

Hypodorisches Diapason

## 5. Phrygischer Ton.

| Stellungen | | Bedeutungen | | Klänge | |
|---|---|---|---|---|---|
| Nete hyperbolaeon | | Paranete hyperbolaeon | bew. | $g$ | |
| Paranete hyperbolaeon | $1\,1/9$ | Trite hyperbolaeon | bew. | $f$ | Tetrachord hyperbolaeon (unv.) |
| Trite hyperbolaeon | $1\,1/20$ | Nete diezeugmenon | steh. | $e$ | |
| Nete diezeugmenon | $1\,1/7$ | Paranete diezeugmenon | bew. | $d$ | Tetrachord diezeugmenon |
| Paranete diezeugmenon | $1\,1/9$ | Trite diezeugmenon | bew. | $c$ | |
| Trite diezeugmenon | $1\,1/20$ | Paramese | steh. | $h$ | |
| Paramese | $1\,1/8$ | Mese | steh. | $a$ | Ton |
| Mese | $1\,1/7$ | Lichanos meson | bew. | $g$ | |
| Lichanos meson | $1\,1/9$ | Parhypate meson | bew. | $f$ | Tetrachord meson |
| Parhypate meson | $1\,1/20$ | Hypate meson | steh. | $e$ | |
| Hypate meson | $1\,1/7$ | Lichanos hypaton | bew. | $d$ | |
| Lichanos hypaton | $1\,1/9$ | Parhypate hypaton | bew. | $c$ | Tetrachord hypaton |
| Parhypate hypaton | $1\,1/20$ | Hypate hypaton | steh. | $H$ | |
| Hypate hypaton | $1\,1/8$ | Nete hyperb. od. Prosl. | steh. | $A$ | Ton |
| Proslambanomenos | $1\,1/7$ | Paranete hyperbolaeon | bew. | $G$ | |

Phrygisches Diapason

## 6. Lydischer Ton.

| Stellungen | | Bedeutungen | | Klänge | |
|---|---|---|---|---|---|
| Nete hyperbolaeon | | Trite hyperbolaeon | bew. | $f$ | |
| Paranete hyperbolaeon | $1\,1/20$ | Nete diezeugmenon | steh. | $e$ | |
| Trite hyperbolaeon | $1\,1/7$ | Paranete diezeugmenon | bew. | $d$ | Tetrachord diezeugmenon |
| Nete diezeugmenon | $1\,1/9$ | Trite diezeugmenon | bew. | $c$ | |
| Paranete diezeugmenon | $1\,1/20$ | Paramese | steh. | $h$ | |
| Trite diezeugmenon | $1\,1/8$ | Mese | steh. | $a$ | Ton |
| Paramese | $1\,1/7$ | Lichanos meson | bew. | $g$ | |
| Mese | $1\,1/9$ | Parhypate meson | bew. | $f$ | Tetrachord meson |
| Lichanos meson | $1\,1/20$ | Hypate meson | steh. | $e$ | |
| Parhypate meson | $1\,1/7$ | Lichanos hypaton | bew. | $d$ | |
| Hypate meson | $1\,1/9$ | Parhypate hypaton | bew. | $c$ | Tetrachord hypaton |
| Lichanos hypaton | $1\,1/20$ | Hypate hypaton | steh. | $H$ | |
| Parhypate hypaton | $1\,1/8$ | Nete hyperb. od. Prosl. | steh. | $A$ | Ton |
| Hypate hypaton | $1\,1/7$ | Paranete hyperbolaeon | bew. | $G$ | Tetrachord hyperbol. (unvollk.) |
| Proslambanomenos | $1\,1/9$ | Trite hyperbolaeon | bew. | $F$ | |

Lydisches Diapason

# 331

## 7. Mixolydischer Ton.

| Stellungen | | Bedeutungen | | Klänge |
|---|---|---|---|---|
| Nete hyperbolaeon | | Nete diezeugmenon | steh. | e |
| Paranete hyperbolaeon | 1 1/7 | Paranete diezeugmenon | bew. | d |
| Trite hyperbolaeon | 1 1/9 | Trite diezeugmenon | bew. | c |
| Nete diezeugmenon | 1 1/20 | Paramese | steh. | h |
| Paranete diezeugmenon | 1 1/8 | Mese | steh. | a |
| Trite diezeugmenon | 1 1/7 | Lichanos meson | bew. | g |
| Paramese | 1 1/9 | Parhypate meson | bew. | f |
| Mese | 1 1/20 | Hypate meson | steh. | e |
| Lichanos meson | 1 1/7 | Lichanos hypaton | bew. | d |
| Parhypate meson | 1 1/9 | Parhypate hypaton | bew. | c |
| Hypate meson | 1 1/20 | Hypate hypaton | steh. | H |
| Lichanos hypaton | 1 1/8 | Nete hyperb. od. Prosl. | steh. | A |
| Parhypate hypaton | 1 1/7 | Paranete hyperbolaeon | bew. | G |
| Hypate hypaton | 1 1/9 | Trite hyperbolaeon | bew. | F |
| Proslambanomenos | 1 1/20 | Nete diezeugmenon | steh. | E |

*Tetrachord diezeugmenon · Ton · Tetrachord meson · Tetrachord hypaton · Ton · Tetrachord hyperbolaeon · Mixolydisches Diapason*

## II. Hypophrygische Tonart.

### 1. Dorischer Ton.

| Stellungen | | Bedeutungen | | Klänge |
|---|---|---|---|---|
| Nete hyperbolaeon | | Nete hyperbolaeon | steh. | h |
| Paranete hyperbolaeon | 1 1/7 | Paranete hyperbolaeon | bew. | a |
| Trite hyperbolaeon | 1 1/9 | Trite hyperbolaeon | bew. | g |
| Nete diezeugmenon | 1 1/20 | Nete diezeugmenon | steh. | fis |
| Paranete diezeugmenon | 1 1/7 | Paranete diezeugmenon | bew. | e |
| Trite diezeugmenon | 1 1/9 | Trite diezeugmenon | bew. | d |
| Paramese | 1 1/20 | Paramese | steh. | cis |
| Mese | 1 1/8 | Mese | steh. | h |
| Lichanos meson | 1 1/7 | Lichanos meson | bew. | a |
| Parhypate meson | 1 1/9 | Parhypate meson | bew. | g |
| Hypate meson | 1 1/20 | Hypate meson | steh. | fis |
| Lichanos hypaton | 1 1/7 | Lichanos hypaton | bew. | e |
| Parhypate hypaton | 1 1/9 | Parhypate hypaton | bew. | d |
| Hypate hypaton | 1 1/20 | Hypate hypaton | steh. | cis |
| Proslambanomenos | 1 1/8 | Proslambanomenos | steh. | H |

*Tetrachord hyperbolaeon · Tetrachord diezeugmenon · Ton · Tetrachord meson · Tetrachord hypaton · Ton · Dorisches Diapason*

## 2. Hypolydischer Ton.

| Stellungen | | Bedeutungen | | Klänge | | |
|---|---|---|---|---|---|---|
| Nete hyperbolaeon | | Hypate hypaton | *steh.* | $\overline{\overline{cis}}$ | | |
| Paranete hyperbolaeon | $1^1/_8$ | Nete hyperb. od. Prosl. | *steh.* | $\overline{h}$ | Ton | Tetra-chord hyper-bolaeon |
| Trite hyperbolaeon | $1^1/_7$ | Paranete hyperbolaeon | *bew.* | $a$ | | |
| Nete diezeugmenon | $1^1/_9$ | Trite hyperbolaeon | *bew.* | $g$ | | |
| Paranete diezeugmenon | $1^1/_{20}$ | Nete diezeugmenon | *steh.* | $\bar{\bar{fis}}$ | | Tetra-chord diezeug-menon |
| Trite diezeugmenon | $1^1/_7$ | Paranete diezeugmenon | *bew.* | $e$ | | |
| Paramese | $1^1/_9$ | Trite diezeugmenon | *bew.* | $d$ | | |
| Mese | $1^1/_{20}$ | Paramese | *steh.* | $cis$ | | |
| Lichanos meson | $1^1/_8$ | Mese | *steh.* | $h$ | Ton | Tetra-chord meson |
| Parhypate meson | $1^1/_7$ | Lichanos meson | *bew.* | $a$ | | |
| Hypate meson | $1^1/_9$ | Parhypate meson | *bew.* | $g$ | | |
| Lichanos hypaton | $1^1/_{20}$ | Hypate meson | *steh.* | $\bar{\bar{fis}}$ | | Tetra-chord hypaton |
| Parhypate hypaton | $1^1/_7$ | Lichanos hypaton | *bew.* | $e$ | | |
| Hypate hypaton | $1^1/_9$ | Parhypate hypaton | *bew.* | $d$ | | |
| Proslambanomenos | $1^1/_{20}$ | Hypate hypaton | *steh.* | $cis$ | | |

*Hypolydisches Diapason*

## 3. Hypophrygischer Ton.

| Stellungen | | Bedeutungen | | Klänge | | |
|---|---|---|---|---|---|---|
| Nete hyperbolaeon | | Parhypate hypaton | *bew.* | $\overline{\overline{d}}$ | | |
| Paranete hyperbolaeon | $1^1/_{20}$ | Hypate hypaton | *steh.* | $\overline{\overline{cis}}$ | | |
| Trite hyperbolaeon | $1^1/_8$ | Nete hyperb. od. Prosl. | *steh.* | $\overline{h}$ | Ton | Tetra-chord hyper-bolaeon |
| Nete diezeugmenon | $1^1/_7$ | Paranete hyperbolaeon | *bew.* | $a$ | | |
| Paranete diezeugmenon | $1^1/_9$ | Trite hyperbolaeon | *bew.* | $g$ | | |
| Trite diezeugmenon | $1^1/_{20}$ | Nete diezeugmenon | *steh.* | $\bar{\bar{fis}}$ | | Tetra-chord diezeug-menon |
| Paramese | $1^1/_7$ | Paranete diezeugmenon | *bew.* | $e$ | | |
| Mese | $1^1/_9$ | Trite diezeugmenon | *bew.* | $d$ | | |
| Lichanos meson | $1^1/_{20}$ | Paramese | *steh.* | $cis$ | | |
| Parhypate meson | $1^1/_8$ | Mese | *steh.* | $h$ | Ton | Tetra-chord meson |
| Hypate meson | $1^1/_7$ | Lichanos meson | *bew.* | $a$ | | |
| Lichanos hypaton | $1^1/_9$ | Parhypate meson | *bew.* | $g$ | | |
| Parhypate hypaton | $1^1/_{20}$ | Hypate meson | *steh.* | $fis$ | | Tetra-chord hypa-ton (un-vollk.) |
| Hypate hypaton | $1^1/_7$ | Lichanos hypaton | *bew.* | $e$ | | |
| Proslambanomenos | $1^1/_9$ | Parhypate hypaton | *bew.* | $d$ | | |

*Hypophrygisches Diapason*

## 4. Hypodorischer Ton.

| Stellungen | | Bedeutungen | | Klänge |
|---|---|---|---|---|
| Nete hyperbolaeon | — | Lichanos hypaton | bew. | e |
| Paranete hyperbolaeon | 1 1/9 | Parhypate hypaton | bew. | d |
| Trite hyperbolaeon | 1 1/20 | Hypate hypaton | steh. | cis |
| Nete diezeugmenon | 1 1/8 | Nete hyperb. od. Prosl. | steh. | h |
| Paranete diezeugmenon | 1 1/7 | Paranete hyperbolaeon | bew. | a |
| Trite diezeugmenon | 1 1/9 | Trite hyperbolaeon | bew. | g |
| Paramese | 1 1/20 | Nete diezeugmenon | steh. | fis |
| Mese | 1 1/7 | Paranete diezeugmenon | bew. | e |
| Lichanos meson | 1 1/9 | Trite diezeugmenon | bew. | d |
| Parhypate meson | 1 1/20 | Paramese | steh. | cis |
| Hypate meson | 1 1/8 | Mese | steh. | h |
| Lichanos hypaton | 1 1/7 | Lichanos meson | bew. | a |
| Parhypate hypaton | 1 1/9 | Parhypate meson | bew. | g |
| Hypate hypaton | 1 1/20 | Hypate meson | steh. | fis |
| Proslambanomenos | 1 1/7 | Lichanos hypaton | bew. | e |

*Klänge-Gruppierungen:* Tetrachord hypaton (un-vollk.) — Ton; Tetrachord hyperbolaeon; Tetrachord diezeugmenon — Ton; Tetrachord meson. — Hypodorisches Diapason.

## 5. Phrygischer Ton.

| Stellungen | | Bedeutungen | | Klänge |
|---|---|---|---|---|
| Nete hyperbolaeon | — | Paranete hyperbolaeon | bew. | a |
| Paranete hyperbolaeon | 1 1/9 | Trite hyperbolaeon | bew. | g |
| Trite hyperbolaeon | 1 1/20 | Nete diezeugmenon | steh. | fis |
| Nete diezeugmenon | 1 1/7 | Paranete diezeugmenon | bew. | e |
| Paranete diezeugmenon | 1 1/9 | Trite diezeugmenon | bew. | d |
| Trite diezeugmenon | 1 1/20 | Paramese | steh. | cis |
| Paramese | 1 1/8 | Mese | steh. | h |
| Mese | 1 1/7 | Lichanos meson | bew. | a |
| Lichanos meson | 1 1/9 | Parhypate meson | bew. | g |
| Parhypate meson | 1 1/20 | Hypate meson | steh. | fis |
| Hypate meson | 1 1/7 | Lichanos hypaton | bew. | e |
| Lichanos hypaton | 1 1/9 | Parhypate hypaton | bew. | d |
| Parhypate hypaton | 1 1/20 | Hypate hypaton | steh. | cis |
| Hypate hypaton | 1 1/8 | Nete hyperb. od. Prosl. | steh. | H |
| Proslambanomenos | 1 1/7 | Paranete hyperbolaeon | bew. | A |

*Klänge-Gruppierungen:* Tetrachord hyperbol. (un-vollk.) — Tetrachord diezeug-menon — Ton; Tetrachord meson; Tetrachord hypaton — Ton. — Phrygisches Diapason.

## 6. Lydischer Ton.

| Stellungen | | Bedeutungen | | Klänge | | |
|---|---|---|---|---|---|---|
| Nete hyperbolaeon | | Trite hyperbolaeon | bew. | $\overline{g}$ | | |
| Paranete hyperbolaeon | $1\frac{1}{20}$ | Nete diezeugmenon | steh. | $\overline{fis}$ | Tetra-chord diezeug-menon | |
| Trite hyperbolaeon | $1\frac{1}{7}$ | Paranete diezeugmenon | bew. | $\overline{e}$ | | |
| Nete diezeugmenon | $1\frac{1}{9}$ | Trite diezeugmenon | bew. | $\overline{d}$ | | |
| Paranete diezeugmenon | $1\frac{1}{20}$ | Paramese | steh. | $\overline{cis}$ | | |
| Trite diezeugmenon | $1\frac{1}{8}$ | Mese | steh. | $h$ | Ton | Lydisches Diapason |
| Paramese | $1\frac{1}{7}$ | Lichanos meson | bew. | $a$ | Tetra-chord meson | |
| Mese | $1\frac{1}{9}$ | Parhypate meson | bew. | $g$ | | |
| Lichanos meson | $1\frac{1}{20}$ | Hypate meson | steh. | $fis$ | | |
| Parhypate meson | $1\frac{1}{7}$ | Lichanos hypaton | bew. | $e$ | Tetra-chord hypaton | |
| Hypate meson | $1\frac{1}{9}$ | Parhypate hypaton | bew. | $d$ | | |
| Lichanos hypaton | $1\frac{1}{20}$ | Hypate hypaton | steh. | $cis$ | | |
| Parhypate hypaton | $1\frac{1}{8}$ | Nete hyperb. od. Prosl. | steh. | $H$ | Ton | |
| Hypate hypaton | $1\frac{1}{7}$ | Paranete hyperbolaeon | bew. | $A$ | Tetra-chord hyper-bol. (un-vollk.) | |
| Proslambanomenos | $1\frac{1}{9}$ | Trite hyperbolaeon | bew. | $G$ | | |

## 7. Mixolydischer Ton.

| Stellungen | | Bedeutungen | | Klänge | | |
|---|---|---|---|---|---|---|
| Nete hyperbol | | Nete diezeugmenon | steh. | $\overline{fis}$ | | |
| Paranete hyperbolaeon | $1\frac{1}{7}$ | Paranete diezeugmenon | bew. | $\overline{e}$ | Tetra-chord diezeug-menon | |
| Trite hyperbolaeon | $1\frac{1}{9}$ | Trite diezeugmenon | bew. | $\overline{d}$ | | |
| Nete diezeugmenon | $1\frac{1}{20}$ | Paramese | steh. | $\overline{cis}$ | | |
| Paranete diezeugmenon | $1\frac{1}{8}$ | Mese | steh. | $h$ | Ton | Mixolydisches Diapason |
| Trite diezeugmenon | $1\frac{1}{7}$ | Lichanos meson | bew. | $a$ | Tetra-chord meson | |
| Paramese | $1\frac{1}{9}$ | Parhypate meson | bew. | $g$ | | |
| Mese | $1\frac{1}{20}$ | Hypate meson | steh. | $fis$ | | |
| Lichanos meson | $1\frac{1}{7}$ | Lichanos hypaton | bew. | $e$ | Tetra-chord hypaton | |
| Parhypate meson | $1\frac{1}{9}$ | Parhypate hypaton | bew. | $d$ | | |
| Hypate meson | $1\frac{1}{20}$ | Hypate hypaton | steh. | $cis$ | | |
| Lichanos hypaton | $1\frac{1}{8}$ | Nete hyperb. od. Prosl. | steh. | $H$ | Ton | |
| Parhypate hypaton | $1\frac{1}{7}$ | Paranete hyperbolaeon | bew. | $A$ | Tetra-chord hyper-bolaeon | |
| Hypate hypaton | $1\frac{1}{9}$ | Trite hyperbolaeon | bew. | $G$ | | |
| Proslambanomenos | $1\frac{1}{20}$ | Nete diezeugmenon | steh. | $Fis$ | | |

## III. Hypolydische Tonart.

### 1. Dorischer Ton.

| Stellungen, | Bedeutungen | | Klänge | | |
|---|---|---|---|---|---|
| Nete hyperbolaeon | Nete hyperbolaeon | steh. | $\overset{=}{cis}$ | | |
| Paranete hyperbolaeon | $1\,^1/_7$ Paranete hyperbolaeon | bew. | $\overline{h}$ | Tetrachord hyperbolaeon | |
| Trite hyperbolaeon | $1\,^1/_9$ Trite hyperbolaeon | bew. | $\overline{a}$ | | |
| Nete diezeugmenon | $1\,^1/_{20}$ Nete diezeugmenon | steh. | $\overline{gis}$ | | |
| Paranete diezeugmenon | $1\,^1/_7$ Paranete diezeugmenon | bew. | $\overline{fis}$ | Tetrachord diezeugmenon | Dorisches Diapason |
| Trite diezeugmenon | $1\,^1/_9$ Trite diezeugmenon | bew. | $\overline{e}$ | | |
| Paramese | $1\,^1/_{20}$ Paramese | steh. | $\overline{dis}$ | | |
| Mese | $1\,^1/_8$ Mese | steh. | $\overline{cis}$ Ton | | |
| Lichanos meson | $1\,^1/_7$ Lichanos meson | bew. | $h$ | Tetrachord meson | |
| Parhypate meson | $1\,^1/_9$ Parhypate meson | bew. | $a$ | | |
| Hypate meson | $1\,^1/_{20}$ Hypate meson | steh. | $gis$ | | |
| Lichanos hypaton | $1\,^1/_7$ Lichanos hypaton | bew. | $fis$ | Tetrachord hypaton | |
| Parhypate hypaton | $1\,^1/_9$ Parhypate hypaton | bew. | $e$ | | |
| Hypate hypaton | $1\,^1/_{20}$ Hypate hypaton | steh. | $dis$ | | |
| Proslambanomenos | $1\,^1/_8$ Proslambanomenos | steh. | $cis$ Ton | | |

### 2. Hypolydischer Ton.

| Stellungen | Bedeutungen | | Klänge | | |
|---|---|---|---|---|---|
| Nete hyperbolaeon | Hypate hypaton | steh. | $\overset{=}{dis}$ | | |
| Paranete hyperbolaeon | $1\,^1/_8$ Nete hyperb. od. Prosl. | steh. | $\overset{=}{cis}$ Ton | | |
| Trite hyperbolaeon | $1\,^1/_7$ Paranete hyperbolaeon | bew. | $\overline{h}$ | Tetrachord hyperbolaeon | |
| Nete diezeugmenon | $1\,^1/_9$ Trite hyperbolaeon | bew. | $\overline{a}$ | | |
| Paranete diezeugmenon | $1\,^1/_{20}$ Nete diezeugmenon | steh. | $\overline{gis}$ | | |
| Trite diezeugmenon | $1\,^1/_7$ Paranete diezeugmenon | bew. | $\overline{fis}$ | Tetrachord diezeugmenon | Hypolydisches Diapason |
| Paramese | $1\,^1/_9$ Trite diezeugmenon | bew. | $\overline{e}$ | | |
| Mese | $1\,^1/_{20}$ Paramese | steh. | $\overline{dis}$ | | |
| Lichanos meson | $1\,^1/_8$ Mese | steh. | $\overline{cis}$ Ton | | |
| Parhypate meson | $1\,^1/_7$ Lichanos meson | bew. | $h$ | Tetrachord meson | |
| Hypate meson | $1\,^1/_9$ Parhypate meson | bew. | $a$ | | |
| Lichanos hypaton | $1\,^1/_{20}$ Hypate meson | steh. | $gis$ | | |
| Parhypate hypaton | $1\,^1/_7$ Lichanos hypaton | bew. | $fis$ | Tetrachord hypaton | |
| Hypate hypaton | $1\,^1/_9$ Parhypate hypaton | bew. | $e$ | | |
| Proslambanomenos | $1\,^1/_{20}$ Hypate hypaton | steh. | $dis$ | | |

### 3. Hypophrygischer Ton.

| Stellungen | | Bedeutungen | | Klänge |
|---|---|---|---|---|
| Nete hyperbolaeon | —— | Parhypate hypaton | bew. | $e$ |
| Paranete hyperbolaeon | $1\tfrac{1}{20}$ | Hypate hypaton | steh. | $\mathit{dis}$ |
| Trite hyperbolaeon | $1\tfrac{1}{8}$ | Nete hyperb. od. Prosl. | steh. | $\mathit{cis}$ — Ton |
| Nete diezeugmenon | $1\tfrac{1}{7}$ | Paranete hyperbolaeon | bew. | $h$ |
| Paranete diezeugmenon | $1\tfrac{1}{9}$ | Trite hyperbolaeon | bew. | $a$ |
| Trite diezeugmenon | $1\tfrac{1}{20}$ | Nete diezeugmenon | steh. | $\mathit{gis}$ |
| Paramese | $1\tfrac{1}{7}$ | Paranete diezeugmenon | bew. | $\mathit{fis}$ |
| Mese | $1\tfrac{1}{9}$ | Trite diezeugmenon | bew. | $e$ |
| Lichanos meson | $1\tfrac{1}{20}$ | Paramese | steh. | $\mathit{dis}$ |
| Parhypate meson | $1\tfrac{1}{8}$ | Mese | steh. | $\mathit{cis}$ — Ton |
| Hypate meson | $1\tfrac{1}{7}$ | Lichanos meson | bew. | $h$ |
| Lichanos hypaton | $1\tfrac{1}{9}$ | Parhypate meson | bew. | $a$ |
| Parhypate hypaton | $1\tfrac{1}{20}$ | Hypate meson | steh. | $\mathit{gis}$ |
| Hypate hypaton | $1\tfrac{1}{7}$ | Lichanos hypaton | bew. | $\mathit{fis}$ |
| Proslambanomenos | $1\tfrac{1}{9}$ | Parhypate hypaton | bew. | $e$ |

Tetrachord hyperbolaeon — Tetrachord diezeugmenon — Tetrachord meson — Tetrachord hypaton (unvollk.). — Hypophrygisches Diapason.

### 4. Hypodorischer Ton.

| Stellungen | | Bedeutungen | | Klänge |
|---|---|---|---|---|
| Nete hyperbolaeon | —— | Lichanos hypaton | bew. | $\mathit{fis}$ |
| Paranete hyperbolaeon | $1\tfrac{1}{9}$ | Parhypate hypaton | bew. | $e$ |
| Trite hyperbolaeon | $1\tfrac{1}{20}$ | Hypate hypaton | steh. | $\mathit{dis}$ |
| Nete diezeugmenon | $1\tfrac{1}{8}$ | Nete hyperb. od. Prosl. | steh. | $\mathit{cis}$ — Ton |
| Paranete diezeugmenon | $1\tfrac{1}{7}$ | Paranete hyperbolaeon | bew. | $h$ |
| Trite diezeugmenon | $1\tfrac{1}{9}$ | Trite hyperbolaeon | bew. | $a$ |
| Paramese | $1\tfrac{1}{20}$ | Nete diezeugmenon | steh. | $\mathit{gis}$ |
| Mese | $1\tfrac{1}{7}$ | Paranete diezeugmenon | bew. | $\mathit{fis}$ |
| Lichanos meson | $1\tfrac{1}{9}$ | Trite diezeugmenon | bew. | $e$ |
| Parhypate meson | $1\tfrac{1}{20}$ | Paramese | steh. | $\mathit{dis}$ |
| Hypate meson | $1\tfrac{1}{8}$ | Mese | steh. | $\mathit{cis}$ — Ton |
| Lichanos hypaton | $1\tfrac{1}{7}$ | Lichanos meson | bew. | $h$ |
| Parhypate hypaton | $1\tfrac{1}{9}$ | Parhypate meson | bew. | $a$ |
| Hypate hypaton | $1\tfrac{1}{20}$ | Hypate meson | steh. | $\mathit{gis}$ |
| Proslambanomenos | $1\tfrac{1}{7}$ | Lichanos hypaton | bew. | $\mathit{fis}$ |

Tetrachord hypaton (unvollk.). — Tetrachord hyperbolaeon — Tetrachord diezeugmenon — Tetrachord meson. — Hypodorisches Diapason.

## 5. Phrygischer Ton.

| Stellungen | | Bedeutungen | | Klänge | |
|---|---|---|---|---|---|
| Nete hyperbolaeon | | Paranete hyperbolaeon | bew. | $\bar{h}$ | |
| Paranete hyperbolaeon | 1 1/9 | Trite hyperbolaeon | bew. | $\bar{a}$ | Tetrachord hyperbol. (un- vollk.) |
| Trite hyperbolaeon | 1 1/20 | Nete diezeugmenon | steh. | $\bar{gis}$ | |
| Nete diezeugmenon | 1 1/7 | Paranete diezeugmenon | bew. | $\bar{fis}$ | Tetrachord diezeugmenon |
| Paranete diezeugmenon | 1 1/9 | Trite diezeugmenon | bew. | $\bar{e}$ | |
| Trite diezeugmenon | 1 1/20 | Paramese | steh. | $\bar{dis}$ | |
| Paramese | 1 1/8 | Mese | steh. | $\bar{cis}$ | Ton |
| Mese | 1 1/7 | Lichanos meson | bew. | $h$ | |
| Lichanos meson | 1 1/9 | Parhypate meson | bew. | $a$ | Tetrachord meson |
| Parhypate meson | 1 1/20 | Hypate meson | steh. | $gis$ | |
| Hypate meson | 1 1/7 | Lichanos hypaton | bew. | $fis$ | |
| Lichanos hypaton | 1 1/9 | Parhypate hypaton | bew. | $e$ | Tetrachord hypaton |
| Parhypate hypaton | 1 1/20 | Hypate hypaton | steh. | $dis$ | |
| Hypate hypaton | 1 1/8 | Nete hyperb. od. Prosl. | steh. | $cis$ | Ton |
| Proslambanomenos | 1 1/7 | Paranete hyperbolaeon | bew. | $H$ | |

*Phrygisches Diapason*

## 6. Lydischer Ton.

| Stellungen | | Bedeutungen | | Klänge | |
|---|---|---|---|---|---|
| Nete hyperbolaeon | | Trite hyperbolaeon | bew. | $\bar{a}$ | |
| Paranete hyperbolaeon | 1 1/20 | Nete diezeugmenon | steh. | $\bar{gis}$ | |
| Trite hyperbolaeon | 1 1/7 | Paranete diezeugmenon | bew. | $\bar{fis}$ | Tetrachord diezeugmenon |
| Nete diezeugmenon | 1 1/9 | Trite diezeugmenon | bew. | $\bar{e}$ | |
| Paranete diezeugmenon | 1 1/20 | Paramese | steh. | $\bar{dis}$ | |
| Trite diezeugmenon | 1 1/8 | Mese | steh. | $\bar{cis}$ | Ton |
| Paramese | 1 1/7 | Lichanos meson | bew. | $h$ | |
| Mese | 1 1/9 | Parhypate meson | bew. | $a$ | Tetrachord meson |
| Lichanos meson | 1 1/20 | Hypate meson | steh. | $gis$ | |
| Parhypate meson | 1 1/7 | Lichanos hypaton | bew. | $fis$ | |
| Hypate meson | 1 1/9 | Parhypate hypaton | bew. | $e$ | Tetrachord hypaton |
| Lichanos hypaton | 1 1/20 | Hypate hypaton | steh. | $dis$ | |
| Parhypate hypaton | 1 1/8 | Nete hyperb. od. Prosl. | steh. | $cis$ | Ton |
| Hypate hypaton | 1 1/7 | Paranete hyperbolaeon | bew. | $H$ | Tetrachord hyperbol. (un- vollk.) |
| Proslambanomenos | 1 1/9 | Trite hyperbolaeon | bew. | $A$ | |

*Lydisches Diapason*

## 7. Mixolydischer Ton.

| Stellungen | | Bedeutungen | | Klänge | | |
|---|---|---|---|---|---|---|
| Nete hyperbolaeon | | Nete diezeugmenon | steh. | $\overline{\overline{gis}}$ | | |
| Paranete hyperbolaeon | $1\frac{1}{7}$ | Paranete diezeugmenon | bew. | $\overline{\overline{fis}}$ | Tetra-chord diezeug-menon | |
| Trite hyperbolaeon | $1\frac{1}{9}$ | Trite diezeugmenon | bew. | $\overline{\overline{e}}$ | | |
| Nete diezeugmenon | $1\frac{1}{20}$ | Paramese | steh. | $\overline{dis}$ | | |
| Paranete diezeugmenon | $1\frac{1}{8}$ | Mese | steh. | $\overline{cis}$ | Ton | Mixolydisches Diapason |
| Trite diezeugmenon | $1\frac{1}{7}$ | Lichanos meson | bew. | $h$ | Tetra-chord meson | |
| Paramese | $1\frac{1}{9}$ | Parhypate meson | bew. | $a$ | | |
| Mese | $1\frac{1}{20}$ | Hypate meson | steh. | $gis$ | | |
| Lichanos meson | $1\frac{1}{7}$ | Lichanos hypaton | bew. | $fis$ | Tetra-chord hypaton | |
| Parhypate meson | $1\frac{1}{9}$ | Parhypate hypaton | bew. | $e$ | | |
| Hypate meson | $1\frac{1}{20}$ | Hypate hypaton | steh. | $dis$ | | |
| Lichanos hypaton | $1\frac{1}{8}$ | Nete hyperb. od. Prosl. | steh. | $cis$ | Ton | |
| Parhypate hypaton | $1\frac{1}{7}$ | Paranete hyperbolaeon | bew. | $H$ | Tetra-chord hyper-bolaeon | |
| Hypate hypaton | $1\frac{1}{9}$ | Trite hyperbolaeon | bew. | $A$ | | |
| Proslambanomenos | $1\frac{1}{20}$ | Nete diezeugmenon | steh. | $Gis$ | | |

## IV. Dorische Tonart.

### 1. Dorischer Ton.

| Stellungen | | Bedeutungen | | Klänge | | |
|---|---|---|---|---|---|---|
| Nete hyperbolaeon | | Nete hyperbolaeon | steh. | $\overline{\overline{d}}$ | | |
| Paranete hyperbolaeon | $1\frac{1}{7}$ | Paranete hyperbolaeon | bew. | $\overline{\overline{c}}$ | Tetra-chord hyper-bolaeon | |
| Trite hyperbolaeon | $1\frac{1}{9}$ | Trite hyperbolaeon | bew. | $\overline{\overline{b}}$ | | |
| Nete diezeugmenon | $1\frac{1}{20}$ | Nete diezeugmenon | steh. | $\overline{a}$ | | |
| Paranete diezeugmenon | $1\frac{1}{7}$ | Paranete diezeugmenon | bew. | $\overline{g}$ | Tetra-chord diezeug-menon | Dorisches Diapason |
| Trite diezeugmenon | $1\frac{1}{9}$ | Trite diezeugmenon | bew. | $\overline{f}$ | | |
| Paramese | $1\frac{1}{20}$ | Paramese | steh. | $\overline{e}$ | | |
| Mese | $1\frac{1}{8}$ | Mese | steh. | $\overline{d}$ | Ton | |
| Lichanos meson | $1\frac{1}{7}$ | Lichanos meson | bew. | $c$ | Tetra-chord meson | |
| Parhypate meson | $1\frac{1}{9}$ | Parhypate meson | bew. | $b$ | | |
| Hypate meson | $1\frac{1}{20}$ | Hypate meson | steh. | $a$ | | |
| Lichanos hypaton | $1\frac{1}{7}$ | Lichanos hypaton | bew. | $g$ | Tetra-chord hypaton | |
| Parhypate hypaton | $1\frac{1}{9}$ | Parhypate hypaton | bew. | $f$ | | |
| Hypate hypaton | $1\frac{1}{20}$ | Hypate hypaton | steh. | $e$ | | |
| Proslambanomenos | $1\frac{1}{8}$ | Proslambanomenos | steh. | $d$ | Ton | |

## 2. Hypolydischer Ton.

| Stellungen | | Bedeutungen | | Klänge |
|---|---|---|---|---|
| Nete hyperbolaeon | | Hypate hypaton | steh. | e |
| Paranete hyperbolaeon | $1\tfrac{1}{8}$ | Nete hyperb. od. Prosl. | steh. | d |
| Trite hyperbolaeon | $1\tfrac{1}{7}$ | Paranete hyperbolaeon | bew. | c |
| Nete diezeugmenon | $1\tfrac{1}{9}$ | Trite hyperbolaeon | bew. | b |
| Paranete diezeugmenon | $1\tfrac{1}{20}$ | Nete diezeugmenon | steh. | a |
| Trite diezeugmenon | $1\tfrac{1}{7}$ | Paranete diezeugmenon | bew. | g |
| Paramese | $1\tfrac{1}{9}$ | Trite diezeugmenon | bew. | f |
| Mese | $1\tfrac{1}{20}$ | Paramese | steh. | e |
| Lichanos meson | $1\tfrac{1}{8}$ | Mese | steh. | d |
| Parhypate meson | $1\tfrac{1}{7}$ | Lichanos meson | bew. | c |
| Hypate meson | $1\tfrac{1}{9}$ | Parhypate meson | bew. | b |
| Lichanos hypaton | $1\tfrac{1}{20}$ | Hypate meson | steh. | a |
| Parhypate hypaton | $1\tfrac{1}{7}$ | Lichanos hypaton | bew. | g |
| Hypate hypaton | $1\tfrac{1}{9}$ | Parhypate hypaton | bew. | f |
| Proslambanomenos | $1\tfrac{1}{20}$ | Hypate hypaton | steh. | e |

Klänge-Gliederung: Ton — Tetrachord hyperbolaeon — Tetrachord diezeugmenon — Ton — Tetrachord meson — Tetrachord hypaton — Hypolydisches Diapason.

## 3. Hypophrygischer Ton.

| Stellungen | | Bedeutungen | | Klänge |
|---|---|---|---|---|
| Nete hyperbolaeon | | Parhypate hypaton | bew. | f |
| Paranete hyperbolaeon | $1\tfrac{1}{20}$ | Hypate hypaton | stch. | e |
| Trite hyperbolaeon | $1\tfrac{1}{8}$ | Nete hyperb. od. Prosl. | stch. | d |
| Nete diezeugmenon | $1\tfrac{1}{7}$ | Paranete hyperbolaeon | bew. | c |
| Paranete diezeugmenon | $1\tfrac{1}{9}$ | Trite hyperbolaeon | bew. | b |
| Trite diezeugmenon | $1\tfrac{1}{20}$ | Nete diezeugmenon | steh. | a |
| Paramese | $1\tfrac{1}{7}$ | Paranete diezeugmenon | bew. | g |
| Mese | $1\tfrac{1}{9}$ | Trite diezeugmenon | bew. | f |
| Lichanos meson | $1\tfrac{1}{20}$ | Paramese | steh. | e |
| Parhypate meson | $1\tfrac{1}{8}$ | Mese | stch. | d |
| Hypate meson | $1\tfrac{1}{7}$ | Lichanos meson | bew. | c |
| Lichanos hypaton | $1\tfrac{1}{9}$ | Parhypate meson | bew. | b |
| Parhypate hypaton | $1\tfrac{1}{20}$ | Hypate meson | steh. | a |
| Hypate hypaton | $1\tfrac{1}{7}$ | Lichanos hypaton | bew. | g |
| Proslambanomenos | $1\tfrac{1}{9}$ | Parhypate hypaton | bew. | f |

Klänge-Gliederung: Ton — Tetrachord hyperbolaeon — Tetrachord diezeugmenon — Ton — Tetrachord meson — Tetrachord hypaton (unvollk.) — Hypophrygisches Diapason.

## 4. Hypodorischer Ton.

| Stellungen | Bedeutungen | | Klänge |
|---|---|---|---|
| Nete hyperbolaeon | ——— Lichanos hypaton | bew. | g |
| Paranete hyperbolaeon | $1\tfrac{1}{9}$ Parhypate hypaton | bew. | f |
| Trite hyperbolaeon | $1\tfrac{1}{20}$ Hypate hypaton | steh. | e |
| Nete diezeugmenon | $1\tfrac{1}{8}$ Nete hyperb. od. Prosl. | steh. | d |
| Paranete diezeugmenon | $1\tfrac{1}{7}$ Paranete hyperbolaeon | bew. | c |
| Trite diezeugmenon | $1\tfrac{1}{9}$ Trite hyperbolaeon | bew. | b |
| Paramese | $1\tfrac{1}{20}$ Nete diezeugmenon | steh. | a |
| Mese | $1\tfrac{1}{7}$ Paranete diezeugmenon | bew. | g |
| Lichanos meson | $1\tfrac{1}{9}$ Trite diezeugmenon | bew. | f |
| Parhypate meson | $1\tfrac{1}{20}$ Paramese | steh. | e |
| Hypate meson | $1\tfrac{1}{8}$ Mese | steh. | d |
| Lichanos hypaton | $1\tfrac{1}{7}$ Lichanos meson | bew. | c |
| Parhypate hypaton | $1\tfrac{1}{9}$ Parhypate meson | bew. | b |
| Hypate hypaton | $1\tfrac{1}{20}$ Hypate meson | steh. | a |
| Proslambanomenos | $1\tfrac{1}{7}$ Lichanos hypaton | bew. | g |

Klänge-Seitenbeschriftung: Tetrachord hypaton (unvollk.), Ton, Tetrachord hyperbolaeon, Tetrachord diezeugmenon, Ton, Tetrachord meson — Hypodorisches Diapason

## 5. Phrygischer Ton.

| Stellungen | Bedeutungen | | Klänge |
|---|---|---|---|
| Nete hyperbolaeon | ——— Paranete hyperbolaeon | bew. | c |
| Paranete hyperbolaeon | $1\tfrac{1}{9}$ Trite hyperbolaeon | bew. | b |
| Trite hyperbolaeon | $1\tfrac{1}{20}$ Nete diezeugmenon | steh. | a |
| Nete diezeugmenon | $1\tfrac{1}{7}$ Paranete diezeugmenon | bew. | g |
| Paranete diezeugmenon | $1\tfrac{1}{9}$ Trite diezeugmenon | bew. | f |
| Trite diezeugmenon | $1\tfrac{1}{20}$ Paramese | steh. | e |
| Paramese | $1\tfrac{1}{8}$ Mese | steh. | d |
| Mese | $1\tfrac{1}{7}$ Lichanos meson | bew. | c |
| Lichanos meson | $1\tfrac{1}{9}$ Parhypate meson | bew. | b |
| Parhypate meson | $1\tfrac{1}{20}$ Hypate meson | steh. | a |
| Hypate meson | $1\tfrac{1}{7}$ Lichanos hypaton | bew. | g |
| Lichanos hypaton | $1\tfrac{1}{9}$ Parhypate hypaton | bew. | f |
| Parhypate hypaton | $1\tfrac{1}{20}$ Hypate hypaton | steh. | e |
| Hypate hypaton | $1\tfrac{1}{8}$ Nete hyperb. od. Prosl. | steh. | d |
| Proslambanomenos | $1\tfrac{1}{7}$ Paranete hyperbolaeon | bew. | c |

Klänge-Seitenbeschriftung: Tetrachord hyperbol. (unvollk.), Tetrachord diezeugmenon, Ton, Tetrachord meson, Tetrachord hypaton, Ton — Phrygisches Diapason

## 6. Lydischer Ton.

| Stellungen | | Bedeutungen | | Klänge | |
|---|---|---|---|---|---|
| Nete hyperbolaeon | | Trite hyperbolaeon | bew. | $\bar{b}$ | |
| Paranete hyperbolaeon | 1 1/20 | Nete diezeugmenon | steh. | $\bar{a}$ | Tetrachord diezeugmenon |
| Trite hyperbolaeon | 1 1/7 | Paranete diezeugmenon | bew. | g | |
| Nete diezeugmenon | 1 1/9 | Trite diezeugmenon | bew. | f | |
| Paranete diezeugmenon | 1 1/20 | Paramese | steh. | e | |
| Trite diezeugmenon | 1 1/8 | Mese | steh. | $\bar{d}$ | Ton |
| Paramese | 1 1/7 | Lichanos meson | bew. | c | |
| Mese | 1 1/9 | Parhypate meson | bew. | b | Tetrachord meson |
| Lichanos meson | 1 1/20 | Hypate meson | steh. | a | |
| Parhypate meson | 1 1/7 | Lichanos hypaton | bew. | g | |
| Hypate meson | 1 1/9 | Parhypate hypaton | bew. | f | Tetrachord hypaton |
| Lichanos hypaton | 1 1/20 | Hypate hypaton | steh. | e | |
| Parhypate hypaton | 1 1/8 | Nete hyperb. od. Prosl. | steh. | d | Ton |
| Hypate hypaton | 1 1/7 | Paranete hyperbolaeon | bew. | c | Tetrachord hyperbol. (unvollk.) |
| Proslambanomenos | 1 1/9 | Trite hyperbolaeon | bew. | B | |

Lydisches Diapason

## 7. Mixolydischer Ton.

| Stellungen | | Bedeutungen | | Klänge | |
|---|---|---|---|---|---|
| Nete hyperbolaeon | | Nete diezeugmenon | steh. | $\bar{a}$ | |
| Paranete hyperbolaeon | 1 1/7 | Paranete diezeugmenon | bew. | g | Tetrachord diezeugmenon |
| Trite hyperbolaeon | 1 1/9 | Trite diezeugmenon | bew. | f | |
| Nete diezeugmenon | 1 1/20 | Paramese | steh. | e | |
| Paranete diezeugmenon | 1 1/8 | Mese | steh. | $\bar{d}$ | Ton |
| Trite diezeugmenon | 1 1/7 | Lichanos meson | bew. | c | |
| Paramese | 1 1/9 | Parhypate meson | bew. | b | Tetrachord meson |
| Mese | 1 1/20 | Hypate meson | steh. | a | |
| Lichanos meson | 1 1/7 | Lichanos hypaton | bew. | g | |
| Parhypate meson | 1 1/9 | Parhypate hypaton | bew. | f | Tetrachord hypaton |
| Hypate meson | 1 1/20 | Hypate hypaton | steh. | e | |
| Lichanos hypaton | 1 1/8 | Nete hyperb. od. Prosl. | steh. | d | Ton |
| Parhypate hypaton | 1 1/7 | Paranete hyperbolaeon | bew. | c | Tetrachord hyperbolaeon |
| Hypate hypaton | 1 1/9 | Trite hyperbolaeon | bew. | B | |
| Proslambanomenos | 1 1/20 | Nete diezeugmenon | steh. | A | |

Mixolydisches Diapason

# V. Phrygische Tonart.

## 1. Dorischer Ton.

| Stellungen | | Bedeutungen | | Klänge | |
|---|---|---|---|---|---|
| Nete hyperbolaeon | | Nete hyperbolaeon | steh. | e | |
| Paranete hyperbolaeon | $1\frac{1}{7}$ | Paranete hyperbolaéon | bew. | d | Tetrachord hyperbolaeon |
| Trite hyperbolaeon | $1\frac{1}{9}$ | Trite hyperbolaeon | bew. | c | |
| Nete diezeugmenon | $1\frac{1}{20}$ | Nete diezeugmenen | steh. | h | |
| Paranete diezeugmenon | $1\frac{1}{7}$ | Paranete diezeugmenon | bew. | a | Tetrachord diezeugmenon |
| Trite diezeugmenon | $1\frac{1}{9}$ | Trite diezeugmenon | bew. | g | |
| Paramese | $1\frac{1}{20}$ | Paramese | steh. | fis | |
| Mese | $1\frac{1}{8}$ | Mese | steh. | e | Ton |
| Lichanos meson | $1\frac{1}{7}$ | Lichanos meson | bew. | d | |
| Parhypate meson | $1\frac{1}{9}$ | Parhypate meson | bew. | c | Tetrachord meson |
| Hypate meson | $1\frac{1}{20}$ | Hypate meson | steh. | h | |
| Lichanos hypaton | $1\frac{1}{7}$ | Lichanos hypaton | bew. | a | |
| Parhypate hypaton | $1\frac{1}{9}$ | Parhypate hypaton | bew. | g | Tetrachord hypaton |
| Hypate hypaton | $1\frac{1}{20}$ | Hypate hypaton | steh. | fis | |
| Proslambanomenos | $1\frac{1}{8}$ | Proslambanomenos | steh. | e | Ton |

*Dorisches Diapason*

## 2. Hypolydischer Ton.

| Stellungen | | Bedeutungen | | Klänge | |
|---|---|---|---|---|---|
| Nete hyperbolaeon | | Hypate hypaton | steh. | fis | Ton |
| Paranete hyperbolaeon | $1\frac{1}{8}$ | Nete hyperb. od. Prosl. | steh. | e | |
| Trite hyperbolaeon | $1\frac{1}{7}$ | Paranete hyperbolaeon | bew. | d | Tetrachord hyperbolaeon |
| Nete diezeugmenon | $1\frac{1}{9}$ | Trite hyperbolaeon | bew. | c | |
| Paranete diezeugmenon | $1\frac{1}{20}$ | Nete diezeugmenon | steh. | h | |
| Trite diezeugmenon | $1\frac{1}{7}$ | Paranete diezeugmenon | bew. | a | Tetrachord diezeugmenon |
| Paramese | $1\frac{1}{9}$ | Trite diezeugmenon | bew. | g | |
| Mese | $1\frac{1}{20}$ | Paramese | steh. | fis | |
| Lichanos meson | $1\frac{1}{8}$ | Mese | steh. | e | Ton |
| Parhypate meson | $1\frac{1}{7}$ | Lichanos meson | bew. | d | |
| Hypate meson | $1\frac{1}{9}$ | Parhypate meson | bew. | c | Tetrachord meson |
| Lichanos hypaton | $1\frac{1}{20}$ | Hypate meson | steh. | h | |
| Parhypate hypaton | $1\frac{1}{7}$ | Lichanos hypaton | bew. | a | |
| Hypate hypaton | $1\frac{1}{9}$ | Parhypate hypaton | bew. | g | Tetrachord hypaton |
| Proslambanomenos | $1\frac{1}{20}$ | Hypate hypaton | steh. | fis | |

*Hypolydisches Diapason*

## 3. Hypophrygischer Ton.

| Stellungen | | Bedeutungen | | Klänge |
|---|---|---|---|---|
| Nete hyperbolaeon | | Parhypate hypaton | bew. | g |
| Paranete hyperbolaeon | $1\tfrac{1}{20}$ | Hypate hypaton | steh. | fis |
| Trite hyperbolaeon | $1\tfrac{1}{8}$ | Nete hyperb. od. Prosl. | steh. | e |
| Nete diezeugmenon | $1\tfrac{1}{7}$ | Paranete hyperbolaeon | bew. | d |
| Paranete diezeugmenon | $1\tfrac{1}{9}$ | Trite hyperbolaeon | bew. | c |
| Trite diezeugmenon | $1\tfrac{1}{20}$ | Nete diezeugmenon | steh. | h |
| Paramese | $1\tfrac{1}{7}$ | Paranete diezeugmenon | bew. | a |
| Mese | $1\tfrac{1}{9}$ | Trite diezeugmenon | bew. | g |
| Lichanos meson | $1\tfrac{1}{20}$ | Paramese | steh. | fis |
| Parhypate meson | $1\tfrac{1}{8}$ | Mese | steh. | e |
| Hypate meson | $1\tfrac{1}{7}$ | Lichanos meson | bew. | d |
| Lichanos hypaton | $1\tfrac{1}{9}$ | Parhypate meson | bew. | c |
| Parhypate hypaton | $1\tfrac{1}{20}$ | Hypate meson | steh. | h |
| Hypate hypaton | $1\tfrac{1}{7}$ | Lichanos hypaton | bew. | a |
| Proslambanomenos | $1\tfrac{1}{9}$ | Parhypate hypaton | bew. | g |

Klänge-Gliederung: Tetrachord hyperbolaeon — Tetrachord diezeugmenon — Ton — Tetrachord meson — Tetrachord hypaton (unvollk.) — Hypophrygisches Diapason

## 4. Hypodorischer Ton.

| Stellungen | | Bedeutungen | | Klänge |
|---|---|---|---|---|
| Nete hyperbolaeon | | Lichanos hypaton | bew. | a |
| Paranete hyperbolaeon | $1\tfrac{1}{9}$ | Parhypate hypaton | bew. | g |
| Trite hyperbolaeon | $1\tfrac{1}{20}$ | Hypate hypaton | steh. | fis |
| Nete diezeugmenon | $1\tfrac{1}{8}$ | Nete hyperb. od. Prosl. | steh. | e |
| Paranete diezeugmenon | $1\tfrac{1}{7}$ | Paranete hyperbolaeon | bew. | d |
| Trite diezeugmenon | $1\tfrac{1}{9}$ | Trite hyperbolaeon | bew. | c |
| Paramese | $1\tfrac{1}{20}$ | Nete diezeugmenon | steh. | h |
| Mese | $1\tfrac{1}{7}$ | Paranete diezeugmenon | bew. | a |
| Lichanos meson | $1\tfrac{1}{9}$ | Trite diezeugmenon | bew. | g |
| Parhypate meson | $1\tfrac{1}{20}$ | Paramese | steh. | fis |
| Hypate meson | $1\tfrac{1}{8}$ | Mese | steh. | e |
| Lichanos hypaton | $1\tfrac{1}{7}$ | Lichanos meson | bew. | d |
| Parhypate hypaton | $1\tfrac{1}{9}$ | Parhypate meson | bew. | c |
| Hypate hypaton | $1\tfrac{1}{20}$ | Hypate meson | steh. | h |
| Proslambanomenos | $1\tfrac{1}{7}$ | Lichanos hypaton | bew. | a |

Klänge-Gliederung: Tetrachord hypaton (unvollk.) — Tetrachord hyperbolaeon — Ton — Tetrachord diezeugmenon — Tetrachord meson — Ton — Hypodorisches Diapason

## 5. Phrygischer Ton.

| Stellungen | | Bedeutungen | | Klänge |
|---|---|---|---|---|
| Nete hyperbolaeon | | Paranete hyperbolaeon | bew. | $\overline{\overline{d}}$ |
| Paranete hyperbolaeon | $1\frac{1}{9}$ | Trite hyperbolaeon | bew. | $\overline{\overline{c}}$ |
| Trite hyperbolaeon | $1\frac{1}{20}$ | Nete diezeugmenon | steh. | $\overline{h}$ |
| Nete diezeugmenon | $1\frac{1}{7}$ | Paranete diezeugmenon | bew. | $\overline{a}$ |
| Paranete diezeugmenon | $1\frac{1}{9}$ | Trite diezeugmenon | bew. | $\overline{g}$ |
| Trite diezeugmenon | $1\frac{1}{20}$ | Paramese | steh. | $\overline{fis}$ |
| Paramese | $1\frac{1}{8}$ | Mese | steh. | $\overline{e}$ |
| Mese | $1\frac{1}{7}$ | Lichanos meson | bew. | $\overline{d}$ |
| Lichanos meson | $1\frac{1}{9}$ | Parhypate meson | bew. | $\overline{c}$ |
| Parhypate meson | $1\frac{1}{20}$ | Hypate meson | steh. | $h$ |
| Hypate meson | $1\frac{1}{7}$ | Lichanos hypaton | bew. | $a$ |
| Lichanos hypaton | $1\frac{1}{9}$ | Parhypate hypaton | bew. | $g$ |
| Parhypate hypaton | $1\frac{1}{20}$ | Hypate hypaton | steh. | $fis$ |
| Hypate hypaton | $1\frac{1}{8}$ | Nete hyperb. od. Prosl. | steh. | $e$ |
| Proslambanomenos | $1\frac{1}{7}$ | Paranete hyperbolaeon | bew. | $d$ |

Tetrachord hyperbol. (un-vollk.) · Tetrachord diezeugmenon · Ton · Tetrachord meson · Tetrachord hypaton · Ton — Phrygisches Diapason

## 6. Lydischer Ton.

| Stellungen | | Bedeutungen | | Klänge |
|---|---|---|---|---|
| Nete hyperbolaeon | | Trite hyperbolaeon | bew. | $\overline{\overline{c}}$ |
| Paranete hyperbolaeon | $1\frac{1}{20}$ | Nete diezeugmenon | steh. | $\overline{h}$ |
| Trite hyperbolaeon | $1\frac{1}{7}$ | Paranete diezeugmenon | bew. | $\overline{a}$ |
| Nete diezeugmenon | $1\frac{1}{9}$ | Trite diezeugmenon | bew. | $\overline{g}$ |
| Paranete diezeugmenon | $1\frac{1}{20}$ | Paramese | steh. | $\overline{fis}$ |
| Trite diezeugmenon | $1\frac{1}{8}$ | Mese | steh. | $\overline{e}$ |
| Paramese | $1\frac{1}{7}$ | Lichanos meson | bew. | $\overline{d}$ |
| Mese | $1\frac{1}{9}$ | Parhypate meson | bew. | $\overline{c}$ |
| Lichanos meson | $1\frac{1}{20}$ | Hypate meson | steh. | $h$ |
| Parhypate meson | $1\frac{1}{7}$ | Lichanos hypaton | bew. | $a$ |
| Hypate meson | $1\frac{1}{9}$ | Parhypate hypaton | bew. | $g$ |
| Lichanos hypaton | $1\frac{1}{20}$ | Hypate hypaton | steh. | $fis$ |
| Parhypate hypaton | $1\frac{1}{8}$ | Nete hyperb. od. Prosl. | steh. | $e$ |
| Hypate hypaton | $1\frac{1}{7}$ | Paranete hyperbolaeon | bew. | $d$ |
| Proslambanomenos | $1\frac{1}{9}$ | Trite hyperbolaeon | bew. | $c$ |

Tetrachord diezeugmenon · Ton · Tetrachord meson · Tetrachord hypaton · Ton · Tetrachord hyperbol. (un-vollk.) — Lydisches Diapason

## 7. Mixolydischer Ton.

| Stellungen | | Bedeutungen | | Klänge |
|---|---|---|---|---|
| Nete hyperbolaeon | | Nete diezeugmenon | *steh.* | $\bar{h}$ |
| Paranete hyperbolaeon | $1\tfrac{1}{7}$ | Paranete diezeugmenon | *bew.* | $\bar{a}$ |
| Trite hyperbolaeon | $1\tfrac{1}{9}$ | Trite diezeugmenon | *bew.* | $\bar{g}$ |
| Nete diezeugmenon | $1\tfrac{1}{20}$ | Paramese | *steh.* | $\bar{fis}$ |
| Paranete diezeugmenon | $1\tfrac{1}{8}$ | Mese | *steh.* | $\bar{e}$ |
| Trite diezeugmenon | $1\tfrac{1}{7}$ | Lichanos meson | *bew.* | $\bar{d}$ |
| Paramese | $1\tfrac{1}{9}$ | Parhypate meson | *bew.* | $\bar{c}$ |
| Mese | $1\tfrac{1}{20}$ | Hypate meson | *steh.* | $h$ |
| Lichanos meson | $1\tfrac{1}{7}$ | Lichanos hypaton | bew. | $a$ |
| Parhypate meson | $1\tfrac{1}{9}$ | Parhypate hypaton | *bew.* | $g$ |
| Hypate meson | $1\tfrac{1}{20}$ | Hypate hypaton | *steh* | $fis$ |
| Lichanos hypaton | $1\tfrac{1}{8}$ | Nete hyperb. od. Prosl. | *steh.* | $e$ |
| Parhypate hypaton | $1\tfrac{1}{7}$ | Paranete hyperbolaeon | *bew.* | $d$ |
| Hypate hypaton | $1\tfrac{1}{9}$ | Trite hyperbolaeon | *bew.* | $c$ |
| Proslambanomenos | $1\tfrac{1}{20}$ | Nete diezeugmenon | *steh.* | $H$ |

Klänge-Seite: Tetrachord diezeugmenon — Ton — Tetrachord meson — Tetrachord hypaton — Ton — Tetrachord hyperbolaeon. Gesamt: Mixolydisches Diapason.

# VI. Lydische Tonart.

## 1. Dorischer Ton.

| Stellungen | | Bedeutungen | | Klänge |
|---|---|---|---|---|
| Nete hyperbolaeon | | Nete hyperbolaeon | *steh.* | $\bar{\bar{fis}}$ |
| Paranete hyperbolaeon | $1\tfrac{1}{7}$ | Paranete hyperbolaeon | *bew.* | $\bar{\bar{e}}$ |
| Trite hyperbolaeon | $1\tfrac{1}{9}$ | Trite hyperbolaeon | *bew.* | $\bar{\bar{d}}$ |
| Nete diezeugmenon | $1\tfrac{1}{20}$ | Nete diezeugmenon | *steh.* | $\bar{\bar{cis}}$ |
| Paranete diezeugmenon | $1\tfrac{1}{7}$ | Paranete diezeugmenon | *bew.* | $\bar{h}$ |
| Trite diezeugmenon | $1\tfrac{1}{9}$ | Trite diezeugmenon | *bew.* | $\bar{a}$ |
| Paramese | $1\tfrac{1}{20}$ | Paramese | *steh.* | $\bar{gis}$ |
| Mese | $1\tfrac{1}{8}$ | Mese | *steh.* | $\bar{fis}$ |
| Lichanos meson | $1\tfrac{1}{7}$ | Lichanos meson | *bew.* | $\bar{e}$ |
| Parhypate meson | $1\tfrac{1}{9}$ | Parhypate meson | *bew.* | $\bar{d}$ |
| Hypate meson | $1\tfrac{1}{20}$ | Hypate meson | *steh.* | $\bar{cis}$ |
| Lichanos hypaton | $1\tfrac{1}{7}$ | Lichanos hypaton | *bew.* | $h$ |
| Parhypate hypaton | $1\tfrac{1}{9}$ | Parhypate hypaton | *bew.* | $a$ |
| Hypate hypaton | $1\tfrac{1}{20}$ | Hypate hypaton | *steh.* | $gis$ |
| Proslambanomenos | $1\tfrac{1}{8}$ | Proslambanomenos | *steh.* | $fis$ |

Klänge-Seite: Tetrachord hyperbolaeon — Tetrachord diezeugmenon — Ton — Tetrachord meson — Tetrachord hypaton — Ton. Gesamt: Dorisches Diapason.

## 2. Hypolydischer Ton.

| Stellungen | | Bedeutungen | | Klänge |
|---|---|---|---|---|
| Nete hyperbolaeon | | Hypate hypaton | steh. | $\overline{\overline{gis}}$ |
| Paranete hyperbolaeon | $1\tfrac{1}{8}$ | Nete hyperb. od. Prosl. | steh. | $\overline{\overline{fis}}$ — Ton |
| Trite hyperbolaeon | $1\tfrac{1}{7}$ | Paranete hyperbolaeon | bew. | $\overline{e}$ — Tetrachord hyperbolaeon |
| Nete diezeugmenon | $1\tfrac{1}{9}$ | Trite hyperbolaeon | bew. | $\overline{d}$ |
| Paranete diezeugmenon | $1\tfrac{1}{20}$ | Nete diezeugmenon | steh. | $\overline{cis}$ |
| Trite diezeugmenon | $1\tfrac{1}{7}$ | Paranete diezeugmenon | bew. | $\overline{h}$ — Tetrachord diezeugmenon |
| Paramese | $1\tfrac{1}{9}$ | Trite diezeugmenon | bew. | $\overline{a}$ |
| Mese | $1\tfrac{1}{20}$ | Paramese | steh. | $\overline{gis}$ |
| Lichanos meson | $1\tfrac{1}{8}$ | Mese | steh. | $\overline{fis}$ — Ton |
| Parhypate meson | $1\tfrac{1}{7}$ | Lichanos meson | bew. | $e$ — Tetrachord meson |
| Hypate meson | $1\tfrac{1}{9}$ | Parhypate meson | bew. | $\overline{d}$ |
| Lichanos hypaton | $1\tfrac{1}{20}$ | Hypate meson | steh. | $\overline{cis}$ |
| Parhypate hypaton | $1\tfrac{1}{7}$ | Lichanos hypaton | bew. | $h$ — Tetrachord hypaton |
| Hypate hypaton | $1\tfrac{1}{9}$ | Parhypate hypaton | bew. | $a$ |
| Proslambanomenos | $1\tfrac{1}{20}$ | Hypate hypaton | steh. | $gis$ |

*(Klammer rechts: Hypolydisches Diapason)*

## 3. Hypophrygischer Ton.

| Stellungen | | Bedeutungen | | Klänge |
|---|---|---|---|---|
| Nete hyperbolaeon | | Parhypate hypaton | bew. | $\overline{\overline{a}}$ |
| Paranete hyperbolaeon | $1\tfrac{1}{20}$ | Hypate hypaton | steh. | $\overline{\overline{gis}}$ |
| Trite hyperbolaeon | $1\tfrac{1}{8}$ | Nete hyperb. od. Prosl. | steh. | $\overline{\overline{fis}}$ — Ton |
| Nete diezeugmenon | $1\tfrac{1}{7}$ | Paranete hyperbolaeon | bew. | $\overline{e}$ — Tetrachord hyperbolaeon |
| Paranete diezeugmenon | $1\tfrac{1}{9}$ | Trite hyperbolaeon | bew. | $\overline{d}$ |
| Trite diezeugmenon | $1\tfrac{1}{20}$ | Nete diezeugmenon | steh. | $\overline{cis}$ |
| Paramese | $1\tfrac{1}{7}$ | Paranete diezeugmenon | bew. | $\overline{h}$ — Tetrachord diezeugmenon |
| Mese | $1\tfrac{1}{9}$ | Trite diezeugmenon | bew. | $\overline{a}$ |
| Lichanos meson | $1\tfrac{1}{20}$ | Paramese | steh. | $\overline{gis}$ |
| Parhypate meson | $1\tfrac{1}{8}$ | Mese | steh. | $\overline{fis}$ — Ton |
| Hypate meson | $1\tfrac{1}{7}$ | Lichanos meson | bew. | $e$ — Tetrachord meson |
| Lichanos hypaton | $1\tfrac{1}{9}$ | Parhypate meson | bew. | $\overline{d}$ |
| Parhypate hypaton | $1\tfrac{1}{20}$ | Hypate meson | steh. | $\overline{cis}$ |
| Hypate hypaton | $1\tfrac{1}{7}$ | Lichanos hypaton | bew. | $h$ — Tetrachord hypaton (unvollk.) |
| Proslambanomenos | $1\tfrac{1}{9}$ | Parhypate hypaton | bew. | $a$ |

*(Klammer rechts: Hypophrygisches Diapason)*

## 4. Hypodorischer Ton.

| Stellungen | | Bedeutungen | | Klänge |
|---|---|---|---|---|
| Nete hyperbolaeon | _____ | Lichanos hypaton | bew. | h |
| Paranete hyperbolaeon | 1 1/9 | Parhypate hypaton | bew. | a |
| Trite hyperbolaeon | 1 1/20 | Hypate hypaton | steh. | gis |
| Nete diezeugmenon | 1 1/8 | Nete hyperb. od. Prosl. | steh. | fis |
| Paranete diezeugmenon | 1 1/7 | Paranete hyperbolaeon | bew. | e |
| Trite diezeugmenon | 1 1/9 | Trite hyperbolaeon | bew. | d |
| Paramese | 1 1/20 | Nete diezeugmenon | steh. | cis |
| Mese | 1 1/7 | Paranete diezeugmenon | bew. | h |
| Lichanos meson | 1 1/9 | Trite diezeugmenon | bew. | a |
| Parhypate meson | 1 1/20 | Paramese | steh. | gis |
| Hypate meson | 1 1/8 | Mese | steh. | fis |
| Lichanos hypaton | 1 1/7 | Lichanos meson | bew. | e |
| Parhypate hypaton | 1 1/9 | Parhypate meson | bew. | d |
| Hypate hypaton | 1 1/20 | Hypate meson | steh. | cis |
| Proslambanomenos | 1 1/7 | Lichanos hypaton | bew. | h |

Tetrachord hyperbolaeon (unvollk.) — Ton — Tetrachord diezeugmenon — Tetrachord meson — Tetrachord hypaton — Ton. — Hypodorisches Diapason

## 5. Phrygischer Ton.

| Stellungen | | Bedeutungen | | Klänge |
|---|---|---|---|---|
| Nete hyperbolaeon | _____ | Paranete hyperbolaeon | bew. | e |
| Paranete hyperbolaeon | 1 1/9 | Trite hyperbolaeon | bew. | d |
| Trite hyperbolaeon | 1 1/20 | Nete diezeugmenon | steh. | cis |
| Nete diezeugmenon | 1 1/7 | Paranete diezeugmenon | bew. | h |
| Paranete diezeugmenon | 1 1/9 | Trite diezeugmenon | bew. | a |
| Trite diezeugmenon | 1 1/20 | Paramese | steh. | gis |
| Paramese | 1 1/8 | Mese | steh. | fis |
| Mese | 1 1/7 | Lichanos meson | bew. | e |
| Lichanos meson | 1 1/9 | Parhypate meson | bew. | d |
| Parhypate meson | 1 1/20 | Hypate meson | steh. | cis |
| Hypate meson | 1 1/7 | Lichanos hypaton | bew. | h |
| Lichanos hypaton | 1 1/9 | Parhypate hypaton | bew. | a |
| Parhypate hypaton | 1 1/20 | Hypate hypaton | steh. | gis |
| Hypate hypaton | 1 1/8 | Nete hyperb. od. Prosl. | steh. | fis |
| Proslambanomenos | 1 1/7 | Paranete hyperbolaeon | bew. | e |

Tetrachord hyperbolaeon (unvollk.) — Tetrachord diezeugmenon — Ton — Tetrachord meson — Tetrachord hypaton — Ton — Phrygisches Diapason

## 6. Lydischer Ton.

| Stellungen | | Bedeutungen | | Klänge | |
|---|---|---|---|---|---|
| Nete hyperbolaeon | | Trite hyperbolaeon | bew. | $\overline{\overline{d}}$ | |
| Paranete hyperbolaeon | $1\frac{1}{20}$ | Nete diezeugmenon | steh. | $\overline{\overline{cis}}$ | Tetra-chord diezeug-menon |
| Trite hyperbolaeon | $1\frac{1}{7}$ | Paranete diezeugmenon | bew. | $\overline{h}$ | |
| Nete diezeugmenon | $1\frac{1}{9}$ | Trite diezeugmenon | bew. | $\overline{a}$ | |
| Paranete diezeugmenon | $1\frac{1}{20}$ | Paramese | steh. | $gis$ | |
| Trite diezeugmenon | $1\frac{1}{8}$ | Mese | steh. | $fis$ | Ton |
| Paramese | $1\frac{1}{7}$ | Lichanos meson | bew. | $e$ | Tetra-chord meson |
| Mese | $1\frac{1}{9}$ | Parhypate meson | bew. | $\overline{d}$ | |
| Lichanos meson | $1\frac{1}{20}$ | Hypate meson | steh. | $\overline{cis}$ | |
| Parhypate meson | $1\frac{1}{7}$ | Lichanos hypaton | bew. | $h$ | Tetra-chord hypaton |
| Hypate meson | $1\frac{1}{9}$ | Parhypate hypaton | bew. | $a$ | |
| Lichanos hypaton | $1\frac{1}{20}$ | Hypate hypaton | steh. | $gis$ | |
| Parhypate hypaton | $1\frac{1}{8}$ | Nete hyperb. od. Prosl. | steh. | $fis$ | Ton |
| Hypate hypaton | $1\frac{1}{7}$ | Paranete hyperbolaeon | bew. | $c$ | Tetra-chord hyper-bol. (un-vollk.) |
| Proslambanomenos | $1\frac{1}{9}$ | Trite hyperbolaeon | bew. | $d$ | |

*Lydisches Diapason*

## 7. Mixolydischer Ton.

| Stellungen | | Bedeutungen | | Klänge | |
|---|---|---|---|---|---|
| Nete hyperbolaeon | | Nete diezeugmenon | steh. | $\overline{\overline{cis}}$ | Tetra-chord diezeugn-menon |
| Paranete hyperbolaeon | $1\frac{1}{7}$ | Paranete diezeugmenon | bew. | $\overline{h}$ | |
| Trite hyperbolaeon | $1\frac{1}{9}$ | Trite diezeugmenon | bew. | $\overline{a}$ | |
| Nete diezeugmenon | $1\frac{1}{20}$ | Paramese | steh. | $gis$ | |
| Paranete diezeugmenon | $1\frac{1}{8}$ | Mese | steh. | $fis$ | Ton |
| Trite diezeugmenon | $1\frac{1}{7}$ | Lichanos meson | bew. | $e$ | Tetra-chord meson |
| Paramese | $1\frac{1}{9}$ | Parhypate meson | bew. | $\overline{d}$ | |
| Mese | $1\frac{1}{20}$ | Hypate meson | steh. | $\overline{cis}$ | |
| Lichanos meson | $1\frac{1}{7}$ | Lichanos hypaton | bew. | $h$ | Tetra-chord hypaton |
| Parhypate meson | $1\frac{1}{9}$ | Parhypate hypaton | bew. | $a$ | |
| Hypate meson | $1\frac{1}{20}$ | Hypate hypaton | steh. | $gis$ | |
| Lichanos hypaton | $1\frac{1}{8}$ | Nete hyperb. od. Prosl. | steh. | $fis$ | Ton |
| Parhypate hypaton | $1\frac{1}{7}$ | Paranete hyperbolaeon | bew. | $c$ | Tetra-chord hyper-bolaeon |
| Hypate hypaton | $1\frac{1}{9}$ | Trite hyperbolaeon | bew. | $d$ | |
| Proslambanomenos | $1\frac{1}{20}$ | Nete diezeugmenon | steh. | $cis$ | |

*Mixolydisches Diapason*

# VII. Mixolydische Tonart.

## 1. Dorischer Ton.

| Stellungen | | Bedeutungen | | Klänge | | |
|---|---|---|---|---|---|---|
| Nete hyperbolaeon | —— | Nete hyperbolaeon | *steh.* | $g$ | Tetra-chord hyper-bolaeon | |
| Paranete hyperbolaeon | $1\frac{1}{7}$ | Paranete hyperbolaeon | *bew.* | $f$ | | |
| Trite hyperbolaeon | $1\frac{1}{9}$ | Trite hyperbolaeon | *bew.* | $es$ | | |
| Nete diezeugmenon | $*1\frac{1}{20}$ | Nete diezeugmenon | *steh.* | $d$ | | Dorisches Diapason |
| Paranete diezeugmenon | $1\frac{1}{7}$ | Paranete diezeugmenon | *bew.* | $c$ | Tetra-chord diezeug-menon | |
| Trite diezeugmenon | $1\frac{1}{9}$ | Trite diezeugmenon | *bew.* | $b$ | | |
| Paramese | $1\frac{1}{20}$ | Paramese | *steh.* | $a$ | | |
| Mese | $1\frac{1}{8}$ | Mese | *steh.* | $g$ | Ton | |
| Lichanos meson | $1\frac{1}{7}$ | Lichanos meson | *bew.* | $f$ | Tetra-chord meson | |
| Parhypate meson | $1\frac{1}{9}$ | Parhypate meson | *bew.* | $es$ | | |
| Hypate meson | $1\frac{1}{20}$ | Hypate meson | *steh.* | $d$ | | |
| Lichanos hypaton | $1\frac{1}{7}$ | Lichanos hypaton | *bew.* | $c$ | Tetra-chord hypaton | |
| Parhypate hypaton | $1\frac{1}{9}$ | Parhypate hypaton | *bew.* | $b$ | | |
| Hypate hypaton | $1\frac{1}{20}$ | Hypate hypaton | *steh.* | $a$ | | |
| Proslambanomenos | $1\frac{1}{8}$ | Proslambanomenos | *steh.* | $g$ | Ton | |

## 2. Hypolydischer Ton.

| Stellungen | | Bedeutungen | | Klänge | | |
|---|---|---|---|---|---|---|
| Nete hyperbolaeon | —— | Hypate hypaton | *steh.* | $a$ | Ton | |
| Paranete hyperbolaeon | $1\frac{1}{8}$ | Nete hyperb. od. Prosl. | *steh.* | $g$ | | |
| Trite hyperbolaeon | $1\frac{1}{7}$ | Paranete hyperbolaeon | *bew.* | $f$ | Tetra-chord hyper-bolaeon | |
| Nete diezeugmenon | $1\frac{1}{9}$ | Trite hyperbolaeon | *bew.* | $es$ | | |
| Paranete diezeugmenon | $1\frac{1}{20}$ | Nete diezeugmenon | *steh.* | $d$ | | Hypolydisches Diapason |
| Trite diezeugmenon | $1\frac{1}{7}$ | Paranete diezeugmenon | *bew.* | $c$ | Tetra-chord diezeug-menon | |
| Paramese | $1\frac{1}{9}$ | Trite diezeugmenon | *bew.* | $b$ | | |
| Mese | $1\frac{1}{20}$ | Paramese | *steh.* | $a$ | | |
| Lichanos meson | $1\frac{1}{8}$ | Mese | *steh.* | $g$ | Ton | |
| Parhypate meson | $1\frac{1}{7}$ | Lichanos meson | *bew.* | $f$ | Tetra-chord meson | |
| Hypate meson | $1\frac{1}{9}$ | Parhypate meson | *bew.* | $es$ | | |
| Lichanos hypaton | $1\frac{1}{20}$ | Hypate meson | *steh.* | $d$ | | |
| Parhypate hypaton | $1\frac{1}{7}$ | Lichanos hypaton | *bew.* | $c$ | Tetra-chord hypaton | |
| Hypate hypaton | $1\frac{1}{9}$ | Parhypate hypaton | *bew.* | $b$ | | |
| Proslambanomenos | $1\frac{1}{20}$ | Hypate hypaton | *steh.* | $a$ | | |

## 3. Hypophrygischer Ton.

| Stellungen | | Bedeutungen | | Klänge |
|---|---|---|---|---|
| Nete hyperbolaeon | ——— | Parhypate hypaton | bew. | b̄ |
| Paranete hyperbolaeon | 1 1/20 | Hypate hypaton | steh. | a |
| Trite hyperbolaeon | 1 1/8 | Nete hyperb. od. Prosl. | steh. | g · Ton |
| Nete diezeugmenon | 1 1/7 | Paranete hyperbolaeon | bew. | f |
| Paranete diezeugmenon | 1 1/9 | Trite hyperbolaeon | bew. | es |
| Trite diezeugmenon | 1 1/20 | Nete diezeugmenon | steh. | d |
| Paramese | 1 1/7 | Paranete diezeugmenon | bew. | c |
| Mese | 1 1/9 | Trite diezeugmenon | bew. | b |
| Lichanos meson | 1 1/20 | Paramese | steh. | a |
| Parhypate meson | 1 1/8 | Mese | steh. | g · Ton |
| Hypate meson | 1 1/7 | Lichanos meson | bew. | f |
| Lichanos hypaton | 1 1/9 | Parhypate meson | bew. | es |
| Parhypate hypaton | 1 1/20 | Hypate meson | steh. | d |
| Hypate hypaton | 1 1/7 | Lichanos hypaton | bew. | c |
| Proslambanomenos | 1 1/9 | Parhypate hypaton | bew. | b |

Tetrachord hyperbolaeon — Tetrachord diezeugmenon — Tetrachord meson — Tetrachord hypaton (unvollk.) — Hypophrygisches Diapason

## 4. Hypodorischer Ton.

| Stellungen | | Bedeutungen | | Klänge |
|---|---|---|---|---|
| Nete hyperbolaeon | ——— | Lichanos hypaton | bew. | c |
| Paranete hyperbolaeon | 1 1/9 | Parhypate hypaton | bew. | b |
| Trite hyperbolaeon | 1 1/20 | Hypate hypaton | steh. | a |
| Nete diezeugmenon | 1 1/8 | Nete hyperb. od. Prosl. | steh. | g · Ton |
| Paranete diezeugmenon | 1 1/7 | Paranete hyperbolaeon | bew. | f |
| Trite diezeugmenon | 1 1/9 | Trite hyperbolaeon | bew. | es |
| Paramese | 1 1/20 | Nete diezeugmenon | steh. | d |
| Mese | 1 1/7 | Paranete diezeugmenon | bew. | c |
| Lichanos meson | 1 1/9 | Trite diezeugmenon | bew. | b |
| Parhypate meson | 1 1/20 | Paramese | steh. | a |
| Hypate meson | 1 1/8 | Mese | steh. | g · Ton |
| Lichanos hypaton | 1 1/7 | Lichanos meson | bew. | f |
| Parhypate hypaton | 1 1/9 | Parhypate meson | bew. | es |
| Hypate hypaton | 1 1/20 | Hypate meson | steh. | d |
| Proslambanomenos | 1 1/7 | Lichanos hypaton | bew. | c |

Tetrachord hypaton (unvollk.) — Ton — Tetrachord hyperbolaeon — Tetrachord diezeugmenon — Tetrachord meson — Hypodorisches Diapason

## 5. Phrygischer Ton.

| Stellungen | | Bedeutungen | | Klänge | | |
|---|---|---|---|---|---|---|
| Nete hyperbolaeon | — | Paranéte hyperbolaeon | bew. | f | Tetrachord hyperbol. (unvollk.) | |
| Paranete hyperbolaeon | 1 1/9 | Trite hyperbolaeon | bew. | es | | |
| Trite hyperbolaeon | 1 1/20 | Nete diezeugmenon | steh. | d | | |
| Nete diezeugmenon | 1 1/7 | Paranete diezeugmenon | bew. | c | Tetrachord diezeugmenon | |
| Paranete diezeugmenon | 1 1/9 | Trite diezeugmenon | bew. | b | | |
| Trite diezeugmenon | 1 1/20 | Paramese | steh. | a | | Phrygisches Diapason |
| Paramese | 1 1/8 | Mese | steh. | g | Ton | |
| Mese | 1 1/7 | Lichanos meson | bew. | f | Tetrachord meson | |
| Lichanos meson | 1 1/9 | Parhypate meson | bew. | es | | |
| Parhypate meson | 1 1/20 | Hypate meson | steh. | d | | |
| Hypate meson | 1 1/7 | Lichanos hypaton | bew. | c | Tetrachord hypaton | |
| Lichanos hypaton | 1 1/9 | Parhypate hypaton | bew. | b | | |
| Parhypate hypaton | 1 1/20 | Hypate hypaton | steh. | a | | |
| Hypate hypaton | 1 1/8 | Nete hyperb. od. Prosl. | steh. | g | Ton | |
| Proslambanomenos | 1 1/7 | Paranete hyperbolaeon | bew. | f | | |

## 6. Lydischer Ton.

| Stellungen | | Bedeutungen | | Klänge | | |
|---|---|---|---|---|---|---|
| Nete hyperbolaeon | — | Trite hyperbolaeon | bew. | es | | |
| Paranete hyperbolaeon | 1 1/20 | Nete diezeugmenon | steh. | d | Tetrachord diezeugmenon | |
| Trite hyperbolaeon | 1 1/7 | Paranete diezeugmenon | bew. | c | | |
| Nete diezeugmenon | 1 1/9 | Trite diezeugmenon | bew. | b | | |
| Paranete diezeugmenon | 1 1/20 | Paramese | steh. | a | | |
| Trite diezeugmenon | 1 1/8 | Mese | steh. | g | Ton | |
| Paramese | 1 1/7 | Lichanos meson | bew. | f | Tetrachord meson | Lydisches Diapason |
| Mese | 1 1/9 | Parhypate meson | bew. | es | | |
| Lichanos meson | 1 1/20 | Hypate meson | steh. | d | | |
| Parhypate meson | 1 1/7 | Lichanos hypaton | bew. | c | Tetrachord hypaton | |
| Hypate meson | 1 1/9 | Parhypate hypaton | bew. | b | | |
| Lichanos hypaton | 1 1/20 | Hypate hypaton | steh. | a | | |
| Parhypate hypaton | 1 1/8 | Nete hyperb. od. Prosl. | steh. | g | Ton | |
| Hypate hypaton | 1 1/7 | Paranete hyperbolaeon | bew. | f | Tetrachord hyperbol. (unvollk.) | |
| Proslambanomenos | 1 1/9 | Trite hyperbolaeon | bew. | es | | |

## 7. Mixolydischer Ton.

| Stellungen | | Bedeutungen | | Klänge | | |
|---|---|---|---|---|---|---|
| Nete hyperbolaeon | —— | Nete diezeugmenon | *steh.* | $\bar{\bar{d}}$ | | |
| Paranete hyperbolaeon | $1\,^1/_7$ | Paranete diezeugmenon | bew. | $c$ | Tetra-chord diezeug-menon | |
| Trite hyperbolaeon | $1\,^1/_9$ | Trite diezeugmenon | bew. | $\bar{b}$ | | |
| Nete diezeugmenon | $1\,^1/_{20}$ | Paramese | *steh.* | $\bar{a}$ | | |
| Paranete diezeugmenon | $1\,^1/_8$ | Mese | *steh.* | $g$ | Ton | Mixolydisches Diapason |
| Trite diezeugmenon | $1\,^1/_7$ | Lichanos meson | bew. | $f$ | Tetra-chord meson | |
| Paramese | $1\,^1/_9$ | Parhypate meson | bew. | $es$ | | |
| Mese | $1\,^1/_{20}$ | Hypate meson | *steh.* | $\bar{d}$ | | |
| Lichanos meson | $1\,^1/_7$ | Lichanos hypaton | bew. | $c$ | Tetra-chord hypaton | |
| Parhypate meson | $1\,^1/_9$ | Parhypate hypaton | bew. | $b$ | | |
| Hypate meson | $1\,^1/_{20}$ | Hypate hypaton | *steh.* | $a$ | | |
| Lichanos hypaton | $1\,^1/_8$ | Nete hyperb. od. Prosl. | *steh.* | $g$ | Ton | |
| Parhypate hypaton | $1\,^1/_7$ | Paranete hyperbolaeon | bew. | $f$ | Tetra-chord hyper-bolaeon | |
| Hypate hypaton | $1\,^1/_9$ | Trite hyperbolaeon | bew. | $es$ | | |
| Proslambanomenos | $1\,^1/_{20}$ | Nete diezeugmenon | *steh.* | $d$ | | |

Man kann nun nach dem für die Transpositionsscalen entwickelten Gesetz der feststehenden und beweglichen Klänge alle drei
Geschlechter in den vorstehenden Tonreihen ausdrücken. Wie man
aus den Tabellen ersieht, legt Ptolemäus das unveränderliche Verhältniss von 8 : 9 für den diazeuktischen Ganzton und das weich
diatonische Geschlecht zu Grunde, welches im Tetrachord die Einthei-
lung besitzt $\frac{21}{20} \times \frac{10}{9} \times \frac{8}{7}$ z. B. $= \overbrace{e\,f}\,\overbrace{g\text{-}a}$). Ueberhaupt aber überliefert uns Ptolemäus lib. II, c. 14 von den fünf Musikern Archytas,
Aristoxenus, Eratosthenes, Didymus und Ptolemäus (er selbst) folgende
Tetrachordeintheilungen:

### Enharmonisches Geschlecht

Archytas: $\quad \frac{5}{4} \times \frac{36}{35} \times \frac{28}{27} = \frac{4}{3}$

Aristoxenus: $\quad 24 + 3 + 3 = 30$

Eratosthenes: $\quad \frac{49}{48} \times \frac{39}{38} \times \frac{40}{39} = \frac{4}{3}$

Didymus: $\quad \frac{5}{4} \times \frac{31}{30} \times \frac{32}{31} = \frac{4}{3}$

Ptolemäus: $\quad \frac{5}{4} \times \frac{24}{23} \times \frac{46}{45} = \frac{4}{3}$

### Chromatisches Geschlecht

Archytas: $\dfrac{32}{27} \times \dfrac{243}{224} \times \dfrac{28}{27} = \dfrac{4}{3}$

Aristoxenus:

$22 + 4\ \ + 4\ \ = 30$ (weich chromatisches $= \mu\alpha\lambda\alpha$-
   $\chi o\tilde{\upsilon}\ \chi\rho\omega\mu\alpha\tau\ \varkappa\dot{\alpha}$)

$21 + 4\frac{1}{2} + 4\frac{1}{2} = 30$ (hemiolisch chromatisches $=$
   $\dot{\eta}\mu\iota o\lambda\dot{\iota}o\upsilon\ \chi\rho\omega\mu\alpha\tau\iota\varkappa\dot{\alpha}$)

$18 + 6\ \ + 6\ \ = 30$ (tonisch chromatisches $= \tau o$-
   $\nu\iota\varkappa o\tilde{\upsilon}\ \chi\rho\omega\mu\alpha\tau\iota\varkappa\dot{\alpha}$)

Eratosthenes: $\dfrac{6}{5} \times \dfrac{19}{18} \times \dfrac{20}{19} = \dfrac{4}{3}$

Didymus: $\dfrac{6}{5} \times \dfrac{25}{24} \times \dfrac{16}{15} = \dfrac{4}{3}$

Ptolemäus:

$\dfrac{6}{5} \times \dfrac{15}{14} \times \dfrac{28}{27} = \dfrac{4}{3}$  (weich chromatisches $= \mu\alpha\lambda\alpha$-
   $\chi o\tilde{\upsilon}\ \chi\rho\omega\mu\alpha\tau\iota\varkappa\ \dot{\alpha}$)

$\dfrac{7}{6} \times \dfrac{12}{11} \times \dfrac{22}{21} = \dfrac{4}{3}$  (angespannt chromatisches $=$
   $\sigma\upsilon\nu\tau\dot{o}\nu o\upsilon\ \chi\rho\omega\mu\alpha\tau\iota\varkappa\dot{\alpha}$)

### Diatonisches Geschlecht

Archytas: $\dfrac{9}{8} \times \dfrac{8}{7} \times \dfrac{28}{27} = \dfrac{4}{3}$

Aristoxenus:

$15 + 9 + \ \ 6 = 30$ (weich diatonisches)
$12 + 12 + \ \ 6 = 30$ (angespannt diatonisches)

Eratosthenes: $\dfrac{9}{8} \times \dfrac{9}{8} \times \dfrac{256}{243} = \dfrac{4}{3}$

Didymus: $\dfrac{9}{8} \times \dfrac{10}{9} \times \dfrac{16}{15} = \dfrac{4}{3}$

Ptolemäus:

$\dfrac{8}{7} \times \dfrac{10}{9} \times \dfrac{21}{20} = \dfrac{4}{3}$ (weich diatonisches $= \mu\alpha\lambda\alpha\varkappa o\tilde{\upsilon}$
   $\delta\iota\alpha\tau o\nu\iota\varkappa\dot{\alpha}$)

$\dfrac{9}{8} \times \dfrac{8}{7} \times \dfrac{28}{27} = \dfrac{4}{3}$ (toniäisch diatonisches $= \tau o$-
   $\nu\iota\alpha\dot{\iota}o\upsilon\ \delta\iota\alpha\tau o\nu\iota\varkappa\dot{\alpha}$)

$\dfrac{9}{8} \times \dfrac{9}{8} \times \dfrac{256}{243} = \dfrac{4}{3}$ (ditoniäisch diatonisches $= \delta\iota$-
   $\tau o\nu\iota\alpha\dot{\iota}o\upsilon\ \delta\iota\alpha\tau o\nu\iota\varkappa\dot{\alpha}$)

$\dfrac{10}{9} \times \dfrac{9}{8} \times \dfrac{16}{15} = \dfrac{4}{3}$ (syntonisch diatonisches $= \sigma\upsilon\nu$-
   $\tau\dot{o}\nu o\upsilon\ \delta\iota\alpha\tau o\nu\iota\varkappa\dot{\alpha}$)

$\dfrac{10}{9} \times \dfrac{11}{10} \times \dfrac{12}{11} = \dfrac{4}{3}$ (gleich diatonisches $= \dot{o}\mu\alpha\lambda o\tilde{\upsilon}$
   $\delta\iota\alpha\tau o\nu\iota\varkappa\dot{\alpha}$)

Zwischen diesen Geschlechtern giebt es nach Ptolemäus also Färbungen ($\chi\rho\dot{o}\alpha\iota$), welche durch unsere Notenschrift nicht ausdrückbar sind. Wohl aber lässt sich auch in der modernen Musik von Färbungen sprechen, wenn wir z. B. den Unterschied von des und cis, kurz die sogenannten enharmonischen Verwechselungen oder auch noch kleinere Unterschiede ins Auge fassen. Z. B. unterscheidet sich die Terz im Dreiklang F a C

von der Quint im Dreiklang D fis **A** dadurch, dass a zu A im Verhältniss von 80 : 81 steht, oder was dasselbe ist : die sechste Stufe in C-dur
ist etwas tiefer als die zweite Stufe in G-dur. Bezeichnen wir die
sechste Stufe von C-dur mit a und die zweite von G-dur mit A nach
Hauptmann's System-Analyse, so verhält sich a : A = 80 : 81, obgleich
natürlich dieser Unterschied der vierten Quint von F $\left(\begin{smallmatrix} F - C - G - D - A \\ \frac{3}{2} \quad \frac{9}{4} \quad \frac{27}{8} \quad \frac{81}{16} \end{smallmatrix}\right)$
und des Terztones von F (in die Octav der vierten Quint erhoben
$= \frac{20}{4}$ oder $\frac{80}{16}$) auf den in temperirter Stimmung stehenden Tasten-
instrumenten Orgel und Clavier nicht wahrnehmbar ist. —

Jene drei » K a n o n i a « (d. h. akustische Zahlengesetze für die drei Geschlechter) der fünf Musiker : Archytas, Aristoxenus, Eratosthenes, Didymus und Ptolemäus wollte Boetius jedenfalls auch noch in seinem Werke
eingehender entwickeln; denn seine Erörterungen im 4. Buche von Cap. 1
bis Cap. 18 und im 5. Buche von Cap. 1 bis Cap. 18 lassen deutlich
erkennen, wie er die Auseinandersetzungen des Ptolemäus als Grundlage der eigenen Darstellung betrachtete. Auch weisen die in den
Manuscripten befindlichen, in der Ausgabe Friedlein's abgedruckten
Titelüberschriften auf das Vorhaben hin, die Färbungen in den Klang-
schlechtern weiter zu exponiren. Nachdem Boetius nämlich im Capitel
18 des 5. Buches die Eintheilung der Tetrachorde nach Ptolemäus angedeutet hatte, sollte gewiss die Ausführung nachbenannter Themen
folgen :

Cap. 19. Wie aus der Gleichheit die Ungleichheit der Proportionen
        entsteht.

Cap. 20. Wie Ptolemäus das Diatessaron in zwei Theile zerlegt.

Cap. 21. Welche Geschlechter dicht, und welche es am wenigsten
        sind, welche Proportionen denselben zukommen und wie
        Ptolemäus die Eintheilung des enharmonischen Geschlechts
        feststellte.

Cap. 22. Die Eintheilung des weichen chromatischen Geschlechts
        nach Ptolemäus.

Cap. 23. Die Eintheilung des erregten (angespannten) chromati-
        schen Geschlechts nach Ptolemäus.

Cap. 24. Aufstellung der dichten Geschlechter des Ptolemäus mit
        den Zahlen und Proportionen.

Cap. 25. Die Eintheilung des weichen diatonischen Geschlechts
        nach Ptolemäus.

Cap. 26. Die Eintheilung des angespannten diatonischen Geschlechts nach Ptolemäus.

Cap. 27. Aufstellung der eingetheilten Geschlechter mit den Zahlen und Proportionen.

Cap. 28. Eintheilung des gleichen diatonischen Geschlechts nach Ptolemäus.

Die drei Kanonia der fünf Musiker, welche Ptolemäus lib. 2, cap. 14 mittheilt, haben uns bereits über den Inhalt der bei Boetius fehlenden Capitel belehrt. Aus dem 15.[1]) u. 16.[2]) Capitel des zweiten Buches in der Abhandlung des Ptolemäus erfahren wir aber auch, welche akustische Beobachtungen der griechische Theoretiker hinsichtlich der Klangverhältnisse für die Instrumente und besonders für die Lyra und Kithara angestellt hat. Ptolemäus erklärt hier, dass er zwar die Unterschiede der Klanggeschlechter dargestellt habe; wegen des Gebrauchs der mit dem Diapason bewirkten Veränderungen bleibe aber übrig, in Rücksicht auf ein und dieselbe Transpositionsscala die Zusammenstellung der Zahlen für einen jeden der (mit Diapason gebildeten) Töne (Tonarten) und mit Bezug auf die in der Melodik gebräuchlichen Klanggeschlechter vorzunehmen[3]). Er greift also eine beliebige Transpositionsscala heraus und stellt dann die Klangfärbungen, die vom praktischen Musiker wohl kaum beachtet, sondern nur vom Theoretiker untersucht wurden, in 14 Tabellen auf. In diesen hat er nach seiner eigenen Aussage 14 Tonreihen behandelt, von welchen je zwei auf einen Ton (d. h. eine Tonart innerhalb der Transpositionsscala) kommen. Es umfassen nun je sieben Reihen die Zahlen, welche das Diapason von der thetischen Nete die-zeugmenon nach der Tiefe zu, also bis zur Hypate meson bilden, und die anderen sieben Reihen enthalten die Zahlen, welche das Diapason von der thetischen Mese oder auch von der thetischen Nete hyperbolaeon nach der Tiefe zu eintheilen, mithin von Mese bis zu Proslambanomenos oder von Nete hyperbolaeon zu Mese[4]), welche beiden Octa-

---

1) Ἔκθεσις τῶν ποιούντων ἀριθμῶν τὰς ἐν τοῖς ἑπτὰ τόνοις τῶν συνήθων γενῶν κατατομάς.

2) Περὶ τῶν ἐν λύρᾳ καὶ κιθάρᾳ μελῳδουμένων.

3) Ptolem. lib. 2´, cap. 15: Λοιπὸν δὲ τῆς διὰ πασῶν τῶν μεταβολῶν χρήσεως ἕνεκεν ἐλάβομεν κατὰ τὸν αὐτὸν τρόπον τοὺς συνισταμένους ἀριθμοὺς ἐφ᾽ ἑκάστου τῶν ἑπτὰ τόνων καὶ τῶν ἐπιδεχομένων τὸ σύνηθες τῆς μελῳδίας γενῶν.

4) Περιέχουσι δὲ οἱ μὲν ὑπερκείμενοι κανόνες ἑπτὰ τοὺς ποιοῦντας ἀριθμοὺς τὸ ἀπὸ τῆς τῇ θέσει νήτης τῶν διεζευγμένων ἐπὶ τὸ βαρὺ διὰ πασῶν· οἱ δὲ

ven ihrem Klangcharakter nach ganz gleich sind, nur dass die Klänge des ersteren Diapason (von Mese bis Proslambanomenos) um eine Octave tiefer ertönen, als die des letzteren (von Nete hyperbolaeon zur Mese).

Ptolemäus giebt dann für seine Tabellen folgende Anordnung: »Die beiden ersteren Reihen, von welchen die eine das Diapason von der thetischen Nete diezeugmenon bis zur thetischen Hypate meson, die andere aber das Diapason von der Mese bis zum Proslambanomenos enthält, umschliessen den mixolydischen Ton, die nächsten beiden den lydischen, die dritten den phrygischen, die vierten und mittleren den dorischen, die fünften den hypolydischen, die sechsten den hypophrygischen, die letzten den hypodorischen[1]). In einem jeden »Tone« zeigen nun die Columnen der Tabellen an erster Stelle die Mischung des syntonisch-chromatischen und des tonisch-diatonischen, an zweiter die Mischung des weich-diatonischen und des tonisch-diatonischen Klanggeschlechtes, an dritter in unvermischter Form das tonisch-diatonische Geschlecht, an vierter die Mischung des tonisch-diatonischen und des ditonischen, an fünfter die Mischung des tonisch-diatonischen und des syntonisch-diatonischen. Genau nach dieser Vorschrift des Ptolemäus sind auch die Tabellen entworfen, welche hier nachfolgen, jedoch mussten wir natürlich zu den Zahlen des Ptolemäus die Interpretation derselben hinzufügen. Es liegt den Kanonien die hypodorische Transpositionsscala zu Grunde, aber auch in jeder anderen Transpositionsscala lässt sich selbstverständlich dieselbe Eintheilung vornehmen. Zur näheren Erklärung fügt Ptolemäus im 16. Capitel noch hinzu, dass auf der Lyra neben dem tonisch-diatonischen Geschlecht auch das weich-chromatische erscheine, dass sich ferner auf der Kithar die Kanonia in der tabellenweise beschriebenen Art darstellen und dass man überhaupt bei der akustischen Eintheilung des Instrumentes die Klangdifferenz von ungefähr 55 zu 125, d. h. von der Höhe zur Tiefe festzuhalten habe. Die wichtigsten Eintheilungen sind nach seiner Ansicht die in den Tabellen aufgezeichneten Klanggeschlechter, mit welchen wir die griechische Harmonik als sachliche Erklärung zum Werke des Boetius beschliessen.

---

ὑποκείμενοι τούτοις τοὺς ποιοῦντας ἀριθμοὺς τὸ ἀπὸ τῆς τῇ θέσει μέσης, ἢ τῆς νήτης τῶν ὑπερβολαίων ἐπὶ τὸ βαρὺ διὰ πασῶν.

1) Ἔτι δὲ, οἱ μὲν προηγούμενοι δύο κανόνες περιέχουσι τὸν μιξολύδιον τόνον· οἱ δὲ δεύτεροι τὸν λύδιον· οἱ δὲ τρίτοι τὸν φρύγιον· οἱ δὲ τέταρτοι καὶ μέσοι τὸν δώριον· οἱ δὲ πέμπτοι τὸν ὑπολύδιον· οἱ δὲ ἕκτοι τὸν ὑποφρύγιον· οἱ δὲ ἔσχατοι τὸν ὑποδώριον,

# Tabellen der Färbungen nach Ptolemaeus mit beigesetzter Erklärung.

# Mixolydischer

## Das Diapason von der thetischen Nete

| Angabe der antiken Klangbenennungen. | | | | Mischung des syntonisch-chromatischen und des tonisch-diatonischen Geschlechts. | | | | | Mischung des weich-diatonischen und des tonisch-diatonischen Geschlechts. | | | | |
|---|---|---|---|---|---|---|---|---|---|---|---|---|---|
| Angabe von stehend und beweglich. | Dynamische Benennungen. | Thetische Benennungen. | Buchstaben des Ptolemaeus. | Annähernd moderne Klangbestimmung. | Zahlen des Ptolemaeus. | Moderne Zahlen. | Genaue Bezeichnung mit Brüchen. | Bezeichnung der Intervalle. | Annähernd moderne Klangbestimmung. | Zahlen des Ptolemaeus. | Moderne Zahlen. | Genaue Bezeichnung mit Brüchen. | Bezeichnung der Intervalle. |
| stehend | Paramese | Nete diezeugmenon | α | h | ξ | 60 | 60 | 1 | h | ξ | 60 | 60 | 1 |
| stehend | Mese | Paranete diezeugmenon | β | a | ξζ λ | 67 30 | $67\frac{1}{2}$ | $\frac{9}{8}$ | a | ξζ λ | 67 30 | $67\frac{1}{2}$ | $\frac{9}{8}$ |
| beweglich | Lichanos meson | Trite diezeugmenon | γ | ges* | οη με | 78 45 | $78\frac{3}{4}$ | $\frac{7}{6}$ | g* | οζ θ | 77 9 | $77\frac{1}{7}$ | $\frac{8}{7}$ |
| beweglich | Parhypate meson | Paramese | δ | f* | πε νε | 85 55 | $85\frac{10}{11}$ | $\frac{12}{11}$ | f* | πε μγ | 85 43 | $85\frac{5}{7}$ | $\frac{10}{9}$ |
| stehend | Hypate meson | Mese | ε | e | ϟ | 90 | 90 | $\frac{22}{21}$ | e | ϟ | 90 | 90 | $\frac{21}{20}$ |
| beweglich | Lichanos hypaton | Lichanos meson | ς | d* | ρα ιε | 101 15 | $101\frac{1}{4}$ | $\frac{9}{8}$ | d* | ρα ιε | 101 15 | $101\frac{1}{4}$ | $\frac{9}{8}$ |
| beweglich | Parhypate hypaton | Parhypate meson | ζ | c* | ριε μγ | 115 43 | $115\frac{5}{7}$ | $\frac{8}{7}$ | c* | ριε μγ | 115 43 | $115\frac{5}{7}$ | $\frac{8}{7}$ |
| stehend | Hypate hypaton | Hypate meson | η | H | ρκ | 120 | 120 | $\frac{28}{27}$ | H | ρκ | 120 | 120 | $\frac{28}{27}$ |

# Mixolydischer

## Das Diapason von der thetischen Mese

| | | | | | | | | | | | | | |
|---|---|---|---|---|---|---|---|---|---|---|---|---|---|
| stehend | Hypate meson | Mese | α | e | ξ | 60 | 60 | 1 | e | ξ | 60 | 60 | 1 |
| beweglich | Parhypate hypaton | Lichanos meson | β | d* | ξζ λ | 67 30 | $67\frac{1}{2}$ | $\frac{9}{8}$ | d* | ξζ λ | 67 30 | $67\frac{1}{2}$ | $\frac{9}{8}$ |
| beweglich | Lichanos hypaton | Parhypate meson | γ | c* | οζ θ | 77 9 | $77\frac{1}{7}$ | $\frac{8}{7}$ | c* | οζ θ | 77 9 | $77\frac{1}{7}$ | $\frac{8}{7}$ |
| stehend | Hypate hypaton | Hypate meson | δ | H | π | 80 | 80 | $\frac{28}{27}$ | H | π | 80 | 80 | $\frac{28}{27}$ |
| stehend | Proslamban. oder Nete hyperb. | Lichanos hypaton | ε | A | ϟ | 90 | 90 | $\frac{9}{8}$ | A | ϟ | 90 | 90 | $\frac{9}{8}$ |
| beweglich | Paranete hyperbolaeon | Parhypate hypaton | ς | Ges* | ρε | 105 | 105 | $\frac{7}{6}$ | G* | ρβ να | 102 51 | $102\frac{6}{7}$ | $\frac{8}{7}$ |
| beweglich | Trite hyperbolaeon | Hypate hypaton | ζ | F* | ριδ λγ | 114 33 | $114\frac{6}{11}$ | $\frac{12}{11}$ | F* | ριδ ιζ | 114 17 | $114\frac{2}{7}$ | $\frac{10}{9}$ |
| stehend | Nete diezeugmenon | Proslambanomenos | η | E | ρκ | 120 | 120 | $\frac{22}{21}$ | E | ρκ | 120 | 120 | $\frac{21}{20}$ |

## Ton.
diezeugmenon bis zur thetischen Hypate meson.

| Das tonisch-diatonische Geschlecht. | | | | | Mischung des tonisch-diatonischen und des ditonischen Geschlechts. | | | | | Mischung des tonisch-diatonischen und des syntonisch-diatonischen Geschlechts. | | | | |
|---|---|---|---|---|---|---|---|---|---|---|---|---|---|---|
| Annähernd moderne Klangbestimmung. | Zahlen des Ptolemaeus. | Moderne Zahlen. | Genaue Bezeichnung mit Brüchen. | Bezeichnung der Intervalle. | Annähernd moderne Klangbestimmung. | Zahlen des Ptolemaeus. | Moderne Zahlen. | Genaue Bezeichnung mit Brüchen. | Bezeichnung der Intervalle. | Annähernd moderne Klangbestimmung. | Zahlen des Ptolemaeus. | Moderne Zahlen. | Genaue Bezeichnung mit Brüchen. | Bezeichnung der Intervalle. |
| h | ξ | 60 | 60 | $1$ | h | ξ | 60 | 60 | $1$ | h | ξ | 60 | 60 | $1$ |
| a | ξζ λ | 67 30 | $67\frac{1}{2}$ | $\frac{9}{8}$ | a | ξζ λ | 60 30 | $67\frac{1}{2}$ | $\frac{9}{8}$ | a | ξζ λ | 67 30 | $67\frac{1}{2}$ | $\frac{9}{8}$ |
| g* | οε νϛ | 75 56 | $75\frac{5}{16}$ | $\frac{9}{8}$ | g* | οε νϛ | 75 56 | $75\frac{5}{16}$ | $\frac{9}{8}$ | g* | οε νϛ | 75 56 | $75\frac{5}{16}$ | $\frac{9}{8}$ |
| f* | πϛ μζ | 86 47 | $86\frac{11}{14}$ | $\frac{8}{7}$ | f* | πϛ μζ | 86 47 | $86\frac{11}{14}$ | $\frac{8}{7}$ | f* | πϛ μζ | 86 47 | $86\frac{11}{14}$ | $\frac{8}{7}$ |
| e | ♭ | 90 | 90 | $\frac{28}{27}$ | e | ♭ | 90 | 90 | $\frac{28}{27}$ | e | ♭ | 90 | 90 | $\frac{28}{27}$ |
| d* | ρα ιε | 101 15 | $101\frac{1}{4}$ | $\frac{9}{8}$ | d* | ρα ιε | 101 15 | $101\frac{1}{4}$ | $\frac{9}{8}$ | d | ρ | 100 | 100 | $\frac{10}{9}$ |
| c* | ριε μγ | 115 43 | $115\frac{5}{7}$ | $\frac{8}{7}$ | c* | ριγ νδ | 113 54 | $113\frac{32}{33}$ | $\frac{8}{7}$ | c | ριβ λ | 112 30 | $112\frac{1}{2}$ | $\frac{9}{8}$ |
| H | ρκ | 120 | 120 | $\frac{28}{27}$ | H | ρκ | 120 | 120 | $\frac{256}{243}$ | H | ρκ | 120 | 120 | $\frac{16}{15}$ |

## Ton.
bis zum thetischen Proslambanomenos.

| | | | | | | | | | | | | | | |
|---|---|---|---|---|---|---|---|---|---|---|---|---|---|---|
| e | ξ | 60 | 60 | $1$ | e | ξ | 60 | 60 | $1$ | e | ξ | 60 | 60 | $1$ |
| d* | ξζ λ | 67 30 | $67\frac{1}{2}$ | $\frac{9}{8}$ | d* | ξζ λ | 67 30 | $67\frac{1}{2}$ | $\frac{9}{8}$ | d | ξϛ μ | 66 40 | $66\frac{2}{3}$ | $\frac{10}{9}$ |
| c* | οζ θ | 77 9 | $77\frac{1}{4}$ | $\frac{8}{7}$ | c* | οε νϛ | 75 56 | $75\frac{5}{16}$ | $\frac{9}{8}$ | c | οε | 75 | 75 | $\frac{9}{8}$ |
| H | π | 80 | 80 | $\frac{28}{27}$ | H | π | 80 | 80 | $\frac{256}{243}$ | H | π | 80 | 80 | $\frac{16}{15}$ |
| A | ♭ | 90 | 90 | $\frac{9}{8}$ | A | ♭ | 90 | 90 | $\frac{9}{8}$ | A | ♭ | 90 | 90 | $\frac{9}{8}$ |
| G* | ρα ιε | 101 15 | $101\frac{1}{4}$ | $\frac{9}{8}$ | G* | ρα ιε | 101 15 | $101\frac{1}{4}$ | $\frac{9}{8}$ | G* | ρα ιε | 101 15 | $101\frac{1}{4}$ | $\frac{9}{8}$ |
| F* | ριε μγ | 115 43 | $115\frac{5}{7}$ | $\frac{8}{7}$ | F* | ριε μγ | 115 43 | $115\frac{5}{7}$ | $\frac{8}{7}$ | F* | ριε μγ | 115 43 | $115\frac{5}{7}$ | $\frac{8}{7}$ |
| E | ρκ | 120 | 120 | $\frac{28}{27}$ | E | ρκ | 120 | 120 | $\frac{28}{27}$ | E | ρκ | 120 | 120 | |

### Das Diapason von der thetischen Nete

| Angabe der antiken Klangbenennungen | | | | Mischung des syntonisch-chromatischen und des tonisch-diatonischen Geschlechts. | | | | | Mischung des weich-diatonischen und des tonisch-diatonischen Geschlechts. | | | | |
|---|---|---|---|---|---|---|---|---|---|---|---|---|---|
| Angabe von stehend und beweglich | Dynamische Benennungen | Thetische Benennungen | Buchstaben des Ptolemaeus | Annähernd moderne Klangbestimmung | Zahlen des Ptolemaeus | Moderne Zahlen | Genaue Bezeichnung mit Brüchen | Bezeichnung der Intervalle | Annähernd moderne Klangbestimmung | Zahlen des Ptolemaeus | Moderne Zahlen | Genaue Bezeichnung mit Brüchen | Bezeichnung der Intervalle |
| beweglich | Trite diezeugmenon | Nete diezeugmenon | α | c* | ξ ʋζ | 60 57 | $60\frac{20}{21}$ | $\frac{64}{63}$ | c* | ξ ʋζ | 60 57 | $60\frac{20}{21}$ | $\frac{64}{63}$ |
| stehend | Paramese | Paranete diezeugmenon | β | h | ξγ ιγ | 63 13 | $63\frac{11}{17}$ | $\frac{28}{27}$ | h | ξγ ιγ | 63 13 | $63\frac{11}{17}$ | $\frac{28}{27}$ |
| stehend | Mese | Trite diezeugmenon | γ | a | οα ζ | 71 7 | $71\frac{1}{3}$ | $\frac{9}{8}$ | a | οα ζ | 71 7 | $71\frac{1}{3}$ | $\frac{9}{8}$ |
| beweglich | Lichanos meson | Paramese | δ | ges* | πβ νη | 82 58 | $82\frac{26}{27}$ | $\frac{7}{6}$ | g* | πα ις | 81 16 | $81\frac{11}{63}$ | $\frac{9}{7}$ |
| beweglich | Parhypate meson | Mese | ε | f* | ♭ λ | 90 30 | $90\frac{1}{2}$ | $\frac{12}{11}$ | f* | ♭ ιη | 90 18 | $90\frac{170}{567}$ | $\frac{10}{9}$ |
| stehend | Hypate meson | Lichanos meson | ζ | e | ♭δ μϑ | 94 49 | $94\frac{22}{27}$ | $\frac{22}{21}$ | e | ♭δ μϑ | 94 49 | $94\frac{22}{27}$ | $\frac{21}{20}$ |
| beweglich | Lichanos hypaton | Parhypate meson | ζ | d* | ρς μ | 106 40 | $106\frac{2}{3}$ | $\frac{9}{8}$ | d* | ρς μ | 106 40 | $106\frac{2}{3}$ | $\frac{9}{8}$ |
| beweglich | Parhypate hypaton | Hypate meson | η | c* | ρχα νδ | 121 54 | $121\frac{1}{2}$ | $\frac{4}{?}$ | c* | ρχα νδ | 121 54 | $121\frac{1}{2}$ | $\frac{8}{7}$ |

**Lydischer**

### Das Diapason von der thetischen Mese

| | | | | | | | | | | | | | |
|---|---|---|---|---|---|---|---|---|---|---|---|---|---|
| beweglich | Parhypate meson | Mese | α | f* | ξ χ | 60 20 | $60\frac{199}{297}$ | $\frac{896}{891}$ | f* | ξ ιβ | 60 12 | $60\frac{340}{1701}$ | $\frac{2180}{2139}$ |
| stehend | Hypate meson | Lichanos meson | β | e | ξγ ιγ | 63 13 | $63\frac{11}{17}$ | $\frac{22}{21}$ | e | ξγ ιζ | 63 13 | $63\frac{11}{17}$ | $\frac{21}{20}$ |
| beweglich | Lichanos hypaton | Parhypate meson | γ | d* | οα ζ | 71 7 | $71\frac{1}{3}$ | $\frac{9}{8}$ | d* | οα ζ | 71 7 | $71\frac{1}{3}$ | $\frac{9}{8}$ |
| beweglich | Parhypate hypaton | Hypate meson | δ | c* | πα ις | 81 16 | $81\frac{11}{63}$ | $\frac{4}{7}$ | c* | πα ις | 81 16 | $81\frac{11}{63}$ | $\frac{4}{?}$ |
| stehend | Hypate hypaton | Lichanos meson | ε | H | πδ ιζ | 84 17 | $84\frac{68}{243}$ | $\frac{28}{27}$ | H | πδ ιζ | 84 17 | $84\frac{68}{243}$ | $\frac{28}{27}$ |
| stehend | Proslamban. oder Nete hyperb. | Parhypate hypaton | ζ | A | ♭δ μϑ | 94 49 | $94\frac{22}{27}$ | $\frac{9}{8}$ | A | ♭δ μϑ | 94 49 | $94\frac{22}{27}$ | $\frac{9}{8}$ |
| beweglich | Paranete hyperbolaeon | Hypate hypaton | ζ | Ges* | ρι λζ | 110 37 | $110\frac{53}{81}$ | $\frac{7}{?}$ | G* | ρη χβ | 108 22 | $108\frac{476}{1323}$ | $\frac{?}{?}$ |
| beweglich | Trite hyperbolaeon | Proslambanomenos | η | F* | ρχ μ | 120 40 | $120\frac{209}{297}$ | $\frac{11}{?}$ | F* | ρχ χδ | 120 24 | $120\frac{680}{1701}$ | $\frac{10}{9}$ |

diezeugmenon bis zur thetischen Hypate meson.

| Das tonisch-diatonische Geschlecht. | | | | | Mischung des tonisch-diatonischen und des ditonischen Geschlechts. | | | | | Mischung des tonisch-diatonischen und des syntonisch-diatonischen Geschlechts. | | | | |
|---|---|---|---|---|---|---|---|---|---|---|---|---|---|---|
| Annähernd moderne Klangbestimmung. | Zahlen des Ptolemaeus. | Moderne Zahlen. | Genaue Bezeichnung mit Brüchen. | Bezeichnung der Intervalle. | Annähernd moderne Klangbestimmung. | Zahlen des Ptolemaeus. | Moderne Zahlen. | Genaue Bezeichnung mit Brüchen. | Bezeichnung der Intervalle. | Annähernd moderne Klangbestimmung. | Zahlen des Ptolemaeus. | Moderne Zahlen. | Genaue Bezeichnung mit Brüchen. | Bezeichnung der Intervalle. |
| $\bar{c}*$ | ξ νζ | 60 57 | $60\frac{20}{21}$ | $\frac{64}{63}$ | $\bar{c}+$ | ξ | 60 | 60 | 1 | $\bar{c}$ | νθ ιϛ | 59 16 | $59\frac{7}{27}$ | $\frac{80}{81}$ |
| h | ξγ ιγ | 63 13 | $63\frac{11}{81}$ | $\frac{28}{27}$ | h | ξγ ιγ | 63 13 | $63\frac{11}{81}$ | $\frac{256}{243}$ | h | ξγ ιγ | 63 13 | $63\frac{11}{81}$ | $\frac{16}{15}$ |
| a | οα ζ | 71 7 | $71\frac{1}{9}$ | $\frac{9}{8}$ | a | οα ζ | 71 7 | $71\frac{1}{9}$ | $\frac{9}{8}$ | a | οα ζ | 71 7 | $71\frac{1}{9}$ | $\frac{9}{8}$ |
| g* | π | 80 | 80 | $\frac{9}{8}$ | g* | π | 80 | 80 | $\frac{9}{8}$ | g* | π | 80 | 80 | $\frac{9}{8}$ |
| f* | Ϸα κϛ | 91 26 | $91\frac{3}{7}$ | $\frac{8}{7}$ | f* | Ϸα κϛ | 91 26 | $91\frac{3}{7}$ | $\frac{8}{7}$ | f* | Ϸα κϛ | 91 26 | $91\frac{3}{7}$ | $\frac{8}{7}$ |
| e | Ϸδ μθ | 94 49 | $94\frac{22}{27}$ | $\frac{28}{27}$ | e | Ϸδ μθ | 94 49 | $94\frac{22}{27}$ | $\frac{28}{27}$ | e | Ϸδ μθ | 94 49 | $94\frac{22}{27}$ | $\frac{28}{27}$ |
| d* | ρϛ μ | 106 40 | $106\frac{2}{3}$ | $\frac{9}{8}$ | d* | ρϛ μ | 106 40 | $106\frac{2}{3}$ | $\frac{9}{8}$ | d | ρε κα | 105 21 | $105\frac{85}{243}$ | $\frac{10}{9}$ |
| c* | ρκα νδ | 121 54 | $121\frac{19}{21}$ | $\frac{8}{7}$ | c* | ρκ | 120 | 120 | $\frac{9}{8}$ | c | ριη λα | 118 31 | $118\frac{14}{27}$ | $\frac{9}{8}$ |

# Ton.

bis zum thetischen Proslambanomenos.

| | | | | | | | | | | | | | | |
|---|---|---|---|---|---|---|---|---|---|---|---|---|---|---|
| f* | ξ νζ | 60 57 | $60\frac{20}{21}$ | $\frac{64}{63}$ | f* | ξ νζ | 60 57 | $60\frac{20}{21}$ | $\frac{64}{63}$ | f* | ξ νζ | 60 57 | $60\frac{20}{21}$ | $\frac{64}{63}$ |
| e | ξγ ιγ | 63 13 | $63\frac{11}{81}$ | $\frac{28}{27}$ | e | ξγ ιγ | 63 13 | $63\frac{11}{81}$ | $\frac{28}{27}$ | e | ξγ ιγ | 63 13 | $63\frac{11}{81}$ | $\frac{28}{27}$ |
| d* | οα ζ | 71 7 | $71\frac{1}{9}$ | $\frac{9}{8}$ | d* | οα ζ | 71 7 | $71\frac{1}{9}$ | $\frac{9}{8}$ | d | ο ιδ | 70 14 | $70\frac{170}{729}$ | $\frac{10}{9}$ |
| c* | πα ιϛ | 81 16 | $81\frac{11}{13}$ | $\frac{9}{8}$ | c* | π | 80 | 80 | $\frac{9}{8}$ | c | οθ α | 79 1 | $79\frac{1}{81}$ | $\frac{9}{8}$ |
| H | πδ ιζ | 84 17 | $84\frac{64}{243}$ | $\frac{28}{27}$ | H | πδ ιζ | 84 17 | $84\frac{64}{243}$ | $\frac{256}{243}$ | H | πδ ιζ | 84 17 | $84\frac{64}{243}$ | $\frac{16}{15}$ |
| A | Ϸδ μθ | 94 49 | $94\frac{22}{27}$ | $\frac{9}{8}$ | A | Ϸδ μθ | 94 49 | $94\frac{22}{27}$ | $\frac{9}{8}$ | A | Ϸδ μθ | 94 49 | $94\frac{22}{27}$ | $\frac{9}{8}$ |
| G* | ρϛ μ | 106 40 | $106\frac{2}{3}$ | $\frac{9}{8}$ | G* | ρϛ μ | 106 40 | $106\frac{2}{3}$ | $\frac{9}{8}$ | G* | ρϛ μ | 106 54 | $106\frac{2}{3}$ | $\frac{9}{8}$ |

| Angabe von stehend und beweglich. | Dynamische Benennungen. | Thetische Benennungen. | Buchstaben des Ptolemaeus. | Annähernd moderne Klangbestimmung. | Zahlen des Ptolemaeus. | Moderne Zahlen. | Genaue Bezeichnung mit Brüchen. | Bezeichnung der Intervalle. | Annähernd moderne Klangbestimmung. | Zahlen des Ptolemaeus. | Moderne Zahlen. | Genaue Bezeichnung mit Brüchen. | Bezeichnung der Intervalle. |
|---|---|---|---|---|---|---|---|---|---|---|---|---|---|
| | | | | **Mischung des syntonisch-chromatischen und des tonisch-diatonischen Geschlechts.** | | | | | **Mischung des weich-diatonischen und des tonisch-diatonischen Geschlechts.** | | | | |
| beweglich | Paranete diezeugmenon | Nete diezeugmenon | α | $\overline{d}$* | ξ | 60 | 60 | 1 | $\overline{d}$* | ξ | 60 | 60 | 1 |
| beweglich | Trite diezeugmenon | Paranete diezeugmenon | β | $\overline{c}$* | ξη λδ | 68 34 | $68\frac{1}{4}$ | $\frac{8}{7}$ | $\overline{c}$* | ξη λδ | 68 34 | $68\frac{1}{4}$ | $\frac{8}{7}$ |
| stehend | Paramese | Trite diezeugmenon | γ | h | οα ζ | 71 7 | $71\frac{1}{5}$ | $\frac{28}{27}$ | h | οα ζ | 71 7 | $71\frac{1}{5}$ | $\frac{28}{27}$ |
| stehend | Mese | Paramese | δ | a | π | 80 | 80 | $\frac{9}{8}$ | a | π | 80 | 80 | $\frac{9}{8}$ |
| beweglich | Lichanos meson | Mese | ε | ges* | ♭γ κ | 93 20 | $93\frac{1}{3}$ | $\frac{7}{6}$ | g* | ♭α κς | 91 26 | $91\frac{3}{7}$ | $\frac{8}{7}$ |
| beweglich | Parhypate meson | Lichanos meson | ς | f* | ρα μθ | 101 49 | $101\frac{9}{11}$ | $\frac{12}{11}$ | f* | ρα λε | 101 35 | $101\frac{31}{63}$ | $\frac{10}{9}$ |
| stehend | Hypate meson | Parhypate meson | ζ | e | ρς μ | 106 40 | $106\frac{2}{3}$ | $\frac{22}{21}$ | e | ρς μ | 106 40 | $106\frac{2}{3}$ | $\frac{21}{20}$ |
| beweglich | Lichanos meson | Hypate meson | η | d* | ρκ | 120 | 120 | $\frac{9}{8}$ | d* | ρκ | 120 | 120 | $\frac{9}{8}$ |

| | | | | | | | | | | | | | |
|---|---|---|---|---|---|---|---|---|---|---|---|---|---|
| beweglich | Lichanos meson | Mese | α | ges* | ξβ ιγ | 62 13 | $62\frac{2}{9}$ | $\frac{24}{27}$ | g* | ξ νζ | 60 57 | $60\frac{20}{21}$ | $\frac{64}{63}$ |
| beweglich | Parhypate meson | Lichanos meson | β | f* | ξζ νγ | 67 53 | $67\frac{22}{33}$ | $\frac{12}{11}$ | f* | ξζ μγ | 67 43 | $67\frac{137}{165}$ | $\frac{10}{9}$ |
| stehend | Hypate meson | Parhypate meson | γ | e | οα ζ | 71 7 | $71\frac{1}{9}$ | $\frac{22}{21}$ | e | οα ζ | 71 7 | $71\frac{1}{9}$ | $\frac{21}{20}$ |
| beweglich | Lichanos nos hypaton | Hypate meson | δ | d* | π | 80 | 80 | $\frac{8}{8}$ | d* | π | 80 | 80 | $\frac{9}{8}$ |
| beweglich | Parhypate hypaton | Lichanos nos hypaton | ε | c* | ♭α κς | 91 26 | $91\frac{3}{7}$ | $\frac{8}{7}$ | c* | ♭α κς | 91 26 | $91\frac{3}{7}$ | $\frac{8}{7}$ |
| stehend | Hypate hypaton | Parhypate hypaton | ς | H | ♭δ μθ | 94 49 | $94\frac{22}{27}$ | $\frac{28}{27}$ | H | ♭δ μθ | 94 49 | $94\frac{22}{27}$ | $\frac{28}{27}$ |
| stehend | Proslamban. oder Nete hyperb. | Hypate hypaton | ζ | A | ρς μ | 106 40 | $106\frac{2}{3}$ | $\frac{9}{8}$ | A | ρς μ | 106 40 | $106\frac{2}{3}$ | $\frac{9}{8}$ |
| beweglich | Paranete hyperbolaeon | Proslambanomenos | η | Ges* | ρκδ κζ | 124 27 | $124\frac{4}{9}$ | $\frac{7}{6}$ | G* | ρκα νδ | 121 54 | $121\frac{19}{21}$ | $\frac{8}{7}$ |

| 80 | $\frac{9}{8}$ | a | π | 80 | 80 | $\frac{9}{8}$ | a | π | 80 | 80 |
|---|---|---|---|---|---|---|---|---|---|---|
| 90 ′ | $\frac{9}{8}$ | g* | ♭ | 90 | 90 | $\frac{9}{8}$ | g* | ♭ | 90 | 90 |
| $102\frac{6}{7}$ | $\frac{8}{7}$ | f* | ρβ να | 102 51 | $102\frac{6}{7}$ | $\frac{8}{7}$ | f* | ρβ να | 102 51 | $102\frac{6}{7}$ |
| $106\frac{2}{3}$ | $\frac{28}{27}$ | ·e | ρς μ | 106 40 | $106\frac{2}{3}$ | $\frac{28}{27}$ | e | ρς μ | 106 40 | $106\frac{2}{3}$ |
| 120 | $\frac{9}{8}$ | d* | ρχ | 120 | 120 | $\frac{9}{8}$ | d | ριη λα | 118 31 | $118\frac{14}{27}$ |

Proslambanomenos.

| 60 | 1 | g* | ξ | 60 | 60 | 1 | g* | ξ | 60 | 60 |
|---|---|---|---|---|---|---|---|---|---|---|
| $68\frac{4}{7}$ | $\frac{8}{7}$ | f* | ξη λδ | 68 34 | $68\frac{4}{7}$ | $\frac{8}{7}$ | f* | ξη λδ | 68 34 | $68\frac{4}{7}$ |
| $71\frac{1}{9}$ | $\frac{28}{27}$ | e | οα ζ | 71 7 | $71\frac{1}{9}$ | $\frac{28}{27}$ | e | οα ζ | 71 7 | $71\frac{1}{9}$ |
| 80 | $\frac{9}{8}$ | d* | π | 80 | 80 | $\frac{9}{8}$ | d | οϑ α | 79 1 | $79\frac{1}{11}$ |
| $91\frac{3}{7}$ | $\frac{8}{7}$ | c* | ♭ | 90 | 90 | $\frac{9}{8}$ | c | πη νγ | 88 53 | $88\frac{8}{9}$ |
| $94\frac{22}{27}$ | $\frac{28}{27}$ | H | ♭δ μϑ | 94 49 | $94\frac{22}{27}$ | $\frac{288}{243}$ | H | ♭δ μϑ | 94 49 | $94\frac{22}{27}$ |
| $106\frac{2}{3}$ | $\frac{9}{8}$ | A | ρς μ | 106 40 | $106\frac{2}{3}$ | $\frac{9}{8}$ | A | ρς μ | 106 40 | $106\frac{2}{3}$ |
| 120 | $\frac{9}{8}$ | G* | ρχ | 120 | 120 | $\frac{9}{8}$ | G* | ρχ | 120 | 120 |

| Angabe der antiken Klangbenennungen. | | | | Mischung des syntonisch-chromatischen und des tonisch-diatonischen Geschlechts. | | | | | Mischung des weich-diatonischen und des tonisch-diatonischen Geschlechts. | | | | |
|---|---|---|---|---|---|---|---|---|---|---|---|---|---|
| Angabe von stehend und beweglich. | Dynamische Benennungen. | Thetische Benennungen. | Buchstaben des Ptolemaeus. | Annähernd moderne Klangbestimmung. | Zahlen des Ptolemaeus. | Moderne Zahlen. | Genaue Bezeichnung mit Brüchen. | Bezeichnung der Intervalle. | Annähernd moderne Klangbestimmung. | Zahlen des Ptolemaeus. | Moderne Zahlen. | Genaue Bezeichnung mit Brüchen. | Bezeichnung der Intervalle. |
| stehend | Nete diezeugmenon | Nete diezeugmenon | α | ē | ξ | 60 | 60 | 1 | ė | ξ | 60 | 60 | 1 |
| beweglich | Paranete diezeugmenon | Paranete diezeugmenon | β | d̄* | ξζ λ | 67 30 | 67½ | $\frac{8}{9}$ | d̄* | ξζ λ | 67 30 | 67½ | $\frac{8}{9}$ |
| beweglich | Trite diezeugmenon | Trite diezeugmenon | γ | c̄* | οζ θ | 77 9 | 77⅓ | $\frac{7}{8}$ | c̄* | οζ θ | 77 9 | 77⅓ | $\frac{7}{8}$ |
| stehend | Paramese | Paramese | δ | h | π | 80 | 80 | $\frac{28}{27}$ | h | π | 80 | 80 | $\frac{28}{27}$ |
| stehend | Mese | Mese | ε | a | ♭ | 90 | 90 | $\frac{8}{9}$ | a | ♭ | 90 | 90 | $\frac{8}{9}$ |
| beweglich | Lichanos meson | Lichanos meson | ς | ges* | ρε | 105 | 105 | $\frac{7}{8}$ | g* | ρβ να | 102 51 | 102⅔ | $\frac{6}{7}$ |
| beweglich | Parhypate meson | Parhypate meson | ζ | f* | ριδ λγ | 114 33 | 114$\frac{6}{11}$ | $\frac{12}{11}$ | f* | ριδ ιζ | 114 17 | 114⅔ | $\frac{10}{9}$ |
| stehend | Hypate meson | Hypate meson | η | e | ρκ | 120 | 120 | $\frac{22}{21}$ | e | ρκ | 120 | 120 | $\frac{21}{20}$ |

| | | | | | | | | | | | | | |
|---|---|---|---|---|---|---|---|---|---|---|---|---|---|
| stehend | Mese | Mese | α | a | ξ | 60 | 60 | 1 | a | ξ | 60 | 60 | 1 |
| beweglich | Lichanos meson | Lichanos meson | β | ges* | ο | 70 | 70 | $\frac{7}{8}$ | g* | ξη λδ | 68 34 | 68⅔ | $\frac{7}{8}$ |
| beweglich | Parhypate meson | Parhypate meson | γ | f* | ος κβ | 76 22 | 76$\frac{4}{11}$ | $\frac{12}{11}$ | f* | ος ια | 76 11 | 76$\frac{4}{21}$ | $\frac{10}{9}$ |
| stehend | Hypate meson | Hypate meson | δ | e | π | 80 | 80 | $\frac{22}{21}$ | e | π | 80 | 80 | $\frac{21}{20}$ |
| beweglich | Lichanos hypaton | Lichanos hypaton | ε | d* | ♭ | 90 | 90 | $\frac{8}{9}$ | d* | ♭ | 90 | 90 | $\frac{8}{9}$ |
| beweglich | Parhypate hypaton | Parhypate hypaton | ς | c* | ρβ να | 102 51 | 102⅔ | $\frac{7}{8}$ | c* | ρβ να | 102 51 | 102⅔ | $\frac{7}{8}$ |
| stehend | Hypate hypaton | Hypate hypaton | ζ | H | ρς μ | 106 40 | 106⅔ | $\frac{22}{21}$ | H | ρς μ | 106 40 | 106⅔ | $\frac{28}{27}$ |
| stehend | Proslambanomenos | Proslambanomenos | η | A | ρκ | 120 | 120 | $\frac{8}{9}$ | A | ρκ | 120 | 120 | $\frac{8}{9}$ |

...iezeugmenon bis zur thetischen Hypate meson.

| Das tonisch-diatonische Geschlecht. | | | | | Mischung des tonisch-diatonischen und des ditonischen Geschlechts. | | | | | Mischung des tonisch-diatonischen und des syntonisch-diatonischen Geschlechts. | | | | |
|---|---|---|---|---|---|---|---|---|---|---|---|---|---|---|
| Annähernd moderne Klangbestimmung. | Zahlen des Ptolemaeus. | Moderne Zahlen. | Genaue Bezeichnung mit Brüchen. | Bezeichnung der Intervalle. | Annähernd moderne Klangbestimmung. | Zahlen des Ptolemaeus. | Moderne Zahlen. | Genaue Bezeichnung mit Brüchen. | Bezeichnung der Intervalle. | Annähernd moderne Klangbestimmung. | Zahlen des Ptolemaeus. | Moderne Zahlen. | Genaue Bezeichnung mit Brüchen. | Bezeichnung der Intervalle. |
| $\bar{e}$ | ξ | 60 | 60 | 1 | $\bar{e}$ | ξ | 60 | 60 | 1 | $\bar{e}$ | ξ | 60 | 60 | 1 |
| $\bar{d}^{*}$ | ξζ λ | 67 30 | $67\frac{1}{2}$ | $\frac{9}{8}$ | $\bar{d}^{*}$ | ξζ λ | 67 30 | $67\frac{1}{2}$ | $\frac{9}{8}$ | $\bar{d}$ | ξς μ | 66 40 | $66\frac{2}{3}$ | $\frac{10}{9}$ |
| $\bar{c}^{*}$ | οζ ϑ | 77 9 | $77\frac{1}{7}$ | $\frac{8}{7}$ | $\bar{c}^{*}$ | οε νς | 75 56 | $75\frac{15}{16}$ | $\frac{9}{8}$ | $\bar{c}$ | οε | ·75 | 75 | $\frac{9}{8}$ |
| h | π | 80 | 80 | $\frac{28}{27}$ | h | π | 80 | 80 | $\frac{256}{243}$ | h | π | 80 | 80 | $\frac{16}{15}$ |
| a | ♭ | 90 | 90 | $\frac{9}{8}$ | a | ♭ | 90 | 90 | $\frac{9}{8}$ | a | ♭ | 90 | 90 | $\frac{9}{8}$ |
| g* | ρα ιε | 101 15 | $101\frac{1}{4}$ | $\frac{9}{8}$ | g* | ρα ιε | 101 15 | $101\frac{1}{4}$ | $\frac{9}{8}$ | g* | ρα ιε | 101 15 | $101\frac{1}{4}$ | $\frac{9}{8}$ |
| f* | ριε μγ | 115 43 | $115\frac{5}{7}$ | $\frac{8}{7}$ | f* | ριε μγ | 115 43 | $115\frac{5}{7}$ | $\frac{8}{7}$ | f* | ριε μγ | 115 43 | $115\frac{5}{7}$ | $\frac{8}{7}$ |
| e | ρχ | 120 | 120 | $\frac{28}{27}$ | e | ρχ | 120 | 120 | $\frac{28}{27}$ | e | ρχ | 120 | 120 | $\frac{28}{27}$ |

# Ton.

bis zum thetischen Proslambanomenos.

| Annähernd moderne Klangbestimmung. | Zahlen des Ptolemaeus. | Moderne Zahlen. | Genaue Bezeichnung mit Brüchen. | Bezeichnung der Intervalle. | Annähernd moderne Klangbestimmung. | Zahlen des Ptolemaeus. | Moderne Zahlen. | Genaue Bezeichnung mit Brüchen. | Bezeichnung der Intervalle. | Annähernd moderne Klangbestimmung. | Zahlen des Ptolemaeus. | Moderne Zahlen. | Genaue Bezeichnung mit Brüchen. | Bezeichnung der Intervalle. |
|---|---|---|---|---|---|---|---|---|---|---|---|---|---|---|
| a | ξ | 60 | 60 | 1 | a | ξ | 60 | 60 | 1 | a | ξ | 60 | 60 | 1 |
| g* | ξζ λ | 67 30 | $67\frac{1}{2}$ | $\frac{9}{8}$ | g* | ξζ λ | 67 30 | $67\frac{1}{2}$ | $\frac{9}{8}$ | g* | ξζ λ | 67 30 | $67\frac{1}{2}$ | $\frac{9}{8}$ |
| f* | οζ ϑ | 77 9 | $77\frac{1}{7}$ | $\frac{8}{7}$ | f* | οζ ϑ | 77 9 | $77\frac{1}{7}$ | $\frac{8}{7}$ | f* | οζ ϑ | 77 9 | $77\frac{1}{7}$ | $\frac{8}{7}$ |
| e | π | 80 | 80 | $\frac{28}{27}$ | e | π | 80 | 80 | $\frac{28}{27}$ | e | π | 80 | 80 | $\frac{28}{27}$ |
| d* | ♭ | 90 | 90 | $\frac{9}{8}$ | d* | ♭ | 90 | 90 | $\frac{9}{8}$ | d | πη νγ | 88 53 | $88\frac{8}{9}$ | $\frac{10}{9}$ |
| c* | ρβ να | 102 51 | $102\frac{6}{7}$ | $\frac{8}{7}$ | c* | ρα ιε | 101 15 | $101\frac{1}{4}$ | $\frac{9}{8}$ | c | ρ | 100 | 100 | $\frac{9}{8}$ |
| H | ρς μ | 106 40 | $106\frac{2}{3}$ | $\frac{28}{27}$ | H | ρς μ | 106 40 | $106\frac{2}{3}$ | $\frac{256}{243}$ | H | ρς μ | 106 40 | $106\frac{2}{3}$ | $\frac{16}{15}$ |
| A | ρχ | 120 | 120 | $\frac{9}{8}$ | A | ρχ | 120 | 120 | $\frac{9}{8}$ | A | ρχ | 120 | 120 | $\frac{9}{8}$ |

# Hypolydischei

## Das Diapason von der thetischen Net[e]

| Angabe der antiken Klangbenennungen | | | | Mischung des syntonisch-chromatischen und des tonisch-diatonischen Geschlechts | | | | | Mischung des weich-diatonischen und des tonisch-diatonischen Geschlechts | | | | |
|---|---|---|---|---|---|---|---|---|---|---|---|---|---|
| Angabe von stehend und beweglich | Dynamische Benennungen | Thetische Benennungen | Buchstaben des Ptolemaeus | Annähernd moderne Klangbestimmung | Zahlen des Ptolemaeus | Moderne Zahlen | Genaue Bezeichnung mit Brüchen | Bezeichnung der Intervalle | Annähernd moderne Klangbestimmung | Zahlen des Ptolemaeus | Moderne Zahlen | Genaue Bezeichnung mit Brüchen | Bezeichnung der Intervalle |
| beweglich | Trite hyperbolaeon | Nete diezeugmenon | α | f̄* | ξ χ | 60 20 | $60\frac{100}{297}$ | $\frac{336}{301}$ | f̄* | ξ ιβ | 60 12 | $60\frac{340}{1701}$ | $\frac{?}{?}$ |
| stehend | Nete diezeugmenon | Paranete diezeugmenon | β | ē | ξγ ιγ | 63 13 | $63\frac{17}{87}$ | $\frac{22}{21}$ | ē | ξγ ιγ | 63 13 | $63\frac{17}{87}$ | $\frac{21}{20}$ |
| beweglich | Paranete diezeugmenon | Trite diezeugmenon | γ | d̄* | οα ζ | 71 7 | $71\frac{1}{9}$ | $\frac{9}{8}$ | d̄* | οα ζ | 71 7 | $71\frac{1}{9}$ | $\frac{9}{8}$ |
| beweglich | Trite diezeugmenon | Paramese | δ | c̄* | πα ις | 81 16 | $81\frac{17}{63}$ | $\frac{8}{7}$ | c̄* | πα ις | 81 16 | $81\frac{17}{63}$ | $\frac{8}{7}$ |
| stehend | Paramese | Mese | ε | h | πδ ιζ | 84 17 | $84\frac{68}{243}$ | $\frac{28}{27}$ | h | πδ ιζ | 84 17 | $84\frac{68}{243}$ | $\frac{28}{27}$ |
| stehend | Mese | Lichanos meson | ς | a | βδ μθ | 94 49 | $94\frac{22}{27}$ | $\frac{9}{8}$ | a | βδ μθ | 94 49 | $94\frac{22}{27}$ | $\frac{9}{8}$ |
| beweglich | Lichanos meson | Parhypate meson | ζ | ges* | ρι λζ | 110 37 | $110\frac{30}{81}$ | $\frac{7}{6}$ | g* | ρη κβ | 108 22 | $108\frac{476}{1323}$ | $\frac{8}{7}$ |
| beweglich | Parhypate meson | Hypate meson | η | f* | ρκ μ | 120 40 | $120\frac{292}{297}$ | $\frac{11}{?}$ | f* | ρκ κδ | 120 24 | $120\frac{680}{1701}$ | $\frac{10}{9}$ |

# Hypolydischer

## Das Diapason von der thetischen Mese

| stehend | Paramese | Mese | α | h | ξ | | 60 | 60 | 1 | h | ξ | 60 | 60 | 1 |
|---|---|---|---|---|---|---|---|---|---|---|---|---|---|---|
| stehend | Mese | Lichanos meson | β | a | ξζ λ | | 67 30 | $67\frac{1}{2}$ | $\frac{9}{8}$ | a | ξζ λ | 67 30 | $67\frac{1}{2}$ | $\frac{9}{8}$ |
| beweglich | Lichanos meson | Parhypate meson | γ | ges* | οη με | | 78 45 | $78\frac{3}{4}$ | $\frac{7}{6}$ | g* | οζ θ | 77 9 | $77\frac{1}{7}$ | $\frac{8}{7}$ |
| beweglich | Parhypate meson | Hypate meson | δ | f* | πε νε | | 85 55 | $85\frac{10}{11}$ | $\frac{12}{11}$ | f* | πε μγ | 85 43 | $85\frac{5}{7}$ | $\frac{10}{9}$ |
| stehend | Hypate meson | Lichanos hypaton | ε | e | ♭ | | 90 | 90 | $\frac{22}{21}$ | e | ♭ | 90 | 90 | $\frac{21}{20}$ |
| beweglich | Lichanos hypaton | Parhypate hypaton | ς | d* | ρα ιε | | 101 15 | $101\frac{1}{4}$ | $\frac{9}{8}$ | d* | ρα ιε | 101 15 | $101\frac{1}{4}$ | $\frac{9}{8}$ |
| beweglich | Parhypate hypaton | Hypate hypaton | ζ | c* | ριε μγ | | 115 43 | $115\frac{5}{7}$ | $\frac{8}{7}$ | c* | ριε μγ | 115 43 | $115\frac{5}{7}$ | $\frac{8}{7}$ |
| stehend | Hypate hypaton | Proslambanomenos | η | H | ρκ | | 120 | 120 | $\frac{22}{21}$ | H | ρκ | 120 | 120 | $\frac{21}{20}$ |

diezeugmenon bis zur thetischen Hypate meson.

| Das tonisch-diatonische Geschlecht. | | | | | Mischung des tonisch-diatonischen und des ditonischen Geschlechts. | | | | | Mischung des tonisch-diatonischen und des syntonisch-diatonischen Geschlechts. | | | | |
|---|---|---|---|---|---|---|---|---|---|---|---|---|---|---|
| Annähernd moderne Klangbestimmung. | Zahlen des Ptolemaeus. | Moderne Zahlen. | Genaue Bezeichnung mit Brüchen. | Bezeichnung der Intervalle. | Annähernd moderne Klangbestimmung. | Zahlen des Ptolemaeus. | Moderne Zahlen. | Genaue Bezeichnung mit Brüchen. | Bezeichnung der Intervalle. | Annähernd moderne Klangbestimmung. | Zahlen des Ptolemaeus. | Moderne Zahlen. | Genaue Bezeichnung mit Brüchen. | Bezeichnung der Intervalle. |
| $\overline{f^*}$ | ξ νζ | 60 57 | $60\frac{20}{21}$ | $\frac{64}{63}$ | $\overline{f^*}$ | ξ νζ | 60 57 | $60\frac{20}{21}$ | $\frac{64}{63}$ | $\overline{f^*}$ | ξ νζ | 60 57 | $60\frac{20}{21}$ | $\frac{64}{63}$ |
| $\overline{e}$ | ξγ ιγ | 63 13 | $63\frac{17}{81}$ | $\frac{28}{27}$ | $\overline{e}$ | ξγ ιγ | 63 13 | $63\frac{17}{81}$ | $\frac{28}{27}$ | $\overline{e}$ | ξγ ιγ | 63 13 | $63\frac{17}{81}$ | $\frac{28}{27}$ |
| $\overline{d^*}$ | οα ζ | 71 7 | $71\frac{1}{9}$ | $\frac{9}{8}$ | $\overline{d^*}$ | οα ζ | 71 7 | $71\frac{1}{9}$ | $\frac{9}{8}$ | $\overline{d}$ | ο ιδ | 70 14 | $70\frac{119}{129}$ | $\frac{10}{9}$ |
| $\overline{c^*}$ | πα ις | 81 16 | $81\frac{17}{63}$ | $\frac{8}{7}$ | $\overline{c^*}$ | π | 80 | 80 | $\frac{9}{8}$ | $\overline{c}$ | οθ α | 79 1 | $79\frac{1}{81}$ | $\frac{9}{8}$ |
| h | πδ ιζ | 84 17 | $84\frac{68}{243}$ | $\frac{28}{27}$ | h | πδ ιζ | 84 17 | $84\frac{68}{243}$ | $\frac{256}{243}$ | h | πδ ιζ | 84 17 | $84\frac{68}{243}$ | $\frac{16}{15}$ |
| a | βδ μθ | 94 49 | $94\frac{22}{27}$ | $\frac{9}{8}$ | a | βδ μθ | 94 49 | $94\frac{22}{27}$ | $\frac{9}{8}$ | a | βδ μθ | 94 49 | $94\frac{22}{27}$ | $\frac{9}{8}$ |
| g* | ρς μ | 106 40 | $106\frac{2}{3}$ | $\frac{9}{8}$ | g* | ρς μ | 106 40 | $106\frac{2}{3}$ | $\frac{9}{8}$ | g* | ρς μ | 106 40 | $106\frac{2}{3}$ | $\frac{9}{8}$ |
| f* | ρχα νδ | 121 54 | $121\frac{1}{21}$ | $\frac{8}{7}$ | f* | ρχα νδ | 121 54 | $121\frac{1}{21}$ | $\frac{8}{7}$ | f* | ρχα νδ | 121 54 | $121\frac{1}{21}$ | $\frac{8}{7}$ |

# Ton.

bis zum thetischen Proslambanomenos.

| | | | | | | | | | | | | | | |
|---|---|---|---|---|---|---|---|---|---|---|---|---|---|---|
| h | ξ | 60 | 60 | 1 | h | ξ | 60 | 60 | 1 | h | ξ | 60 | 60 | 1 |
| a | ξζ λ | 67 30 | $67\frac{1}{2}$ | $\frac{9}{8}$ | a | ξζ λ | 67 30 | $67\frac{1}{2}$ | $\frac{9}{8}$ | a | ξζ λ | 67 30 | $67\frac{1}{2}$ | $\frac{9}{8}$ |
| g* | οε νς | 75 56 | $75\frac{15}{16}$ | $\frac{9}{8}$ | g* | οε νς | 75 56 | $75\frac{15}{16}$ | $\frac{9}{8}$ | g* | οε νς | 75 56 | $75\frac{15}{16}$ | $\frac{9}{8}$ |
| f* | πς μζ | 86 47 | $86\frac{11}{14}$ | $\frac{8}{7}$ | f* | πς μζ | 86 47 | $86\frac{11}{14}$ | $\frac{8}{7}$ | f* | πς μζ | 86 47 | $86\frac{11}{14}$ | $\frac{8}{7}$ |
| e | ♭ | 90 | 90 | $\frac{28}{27}$ | e | ♭ | 90 | 90 | $\frac{28}{27}$ | e | ♭ | 90 | 90 | $\frac{28}{27}$ |
| d* | ρα ιε | 101 15 | $101\frac{1}{4}$ | $\frac{9}{8}$ | d* | ρα ιε | 101 15 | $101\frac{1}{4}$ | $\frac{9}{8}$ | d | ρ | 100 | 100 | $\frac{10}{9}$ |

# Hypophrygischer

Das Diapason von der thetischen Net

| Angabe der antiken Klangbenennungen. | | | | Mischung des syntonisch-chromatischen und des tonisch-diatonischen Geschlechts. | | | | | Mischung des weich-diatonischen und des tonisch-diatonischen Geschlechts. | | | | |
|---|---|---|---|---|---|---|---|---|---|---|---|---|---|
| Angabe von stehend und beweglich. | Dynamische Benennungen. | Thetische Benennungen. | Buchstaben des Ptolemaeus. | Annähernd moderne Klangbestimmung. | Zahlen des Ptolemaeus. | Moderne Zahlen. | Genaue Bezeichnung mit Brüchen. | Bezeichnung der Intervalle. | Annähernd moderne Klangbestimmung. | Zahlen des Ptolemaeus. | Moderne Zahlen. | Genaue Bezeichnung mit Brüchen. | Bezeichnung der Inte… |
| beweglich | Paranete hyperbolaeon | Nete diezeugmenon | α | $\overline{\text{ges}}$* | ξβ ιγ | 62 13 | $62\frac{2}{9}$ | $\frac{28}{27}$ | $\overline{\text{g}}$* | ξ νζ | 60 57 | $60\frac{20}{21}$ | $\frac{6}{6}$… |
| beweglich | Trite hyperbolaeon | Paranete diezeugmenon | β | $\overline{\text{f}}$* | ξζ νγ | 67 53 | $67\frac{29}{33}$ | $\frac{12}{11}$ | $\overline{\text{f}}$* | ξζ μγ | 67 43 | $67\frac{137}{189}$ | $\frac{1}{9}$… |
| stehend | Nete diezeugmenon | Trite diezeugmenon | γ | $\overline{\text{e}}$ | οα ζ | 71 7 | $71\frac{1}{9}$ | $\frac{22}{21}$ | $\overline{\text{e}}$ | οα ζ | 71 7 | $71\frac{1}{9}$ | $\frac{2}{21}$… |
| beweglich | Paranete diezeugmenon | Paramese | δ | $\overline{\text{d}}$* | π | 80 | 80 | $\frac{9}{8}$ | $\overline{\text{d}}$* | π | 80 | 80 | $\frac{9}{8}$ |
| beweglich | Trite diezeugmenon | Mese | ε | $\overline{\text{c}}$* | ϟα κς | 91 26 | $91\frac{3}{7}$ | $\frac{8}{7}$ | $\overline{\text{c}}$* | ϟα κς | 91 26 | $91\frac{3}{7}$ | $\frac{8}{7}$ |
| stehend | Paramese | Lichanos meson | ς | h | ϟδ μϑ | 94 49 | $94\frac{22}{27}$ | $\frac{28}{27}$ | h | ϟδ μϑ | 94 49 | $94\frac{22}{27}$ | $\frac{2}{2}$… |
| stehend | Mese | Parhypate meson | ζ | a | ρς μ | 106 40 | $106\frac{2}{3}$ | $\frac{9}{8}$ | a | ρς μ | 106 40 | $106\frac{2}{3}$ | $\frac{9}{8}$ |
| beweglich | Lichanos meson | Hypate meson | η | ges* | ρκδ κζ | 124 27 | $124\frac{4}{9}$ | $\frac{7}{6}$ | g* | ρκα νδ | 121 54 | $121\frac{19}{21}$ | $\frac{8}{7}$ |

# Hypophrygischer

Das Diapason von der thetischen Mes

| | | | | | | | | | | | | | |
|---|---|---|---|---|---|---|---|---|---|---|---|---|---|
| beweglich | Trite diezeugmenon | Mese | α | $\overline{\text{c}}$* | ξ νζ | 60 57 | $60\frac{20}{21}$ | $\frac{64}{63}$ | $\overline{\text{c}}$* | ξ νζ | 60 57 | $60\frac{20}{21}$ | $\frac{6}{6}$… |
| stehend | Paramese | Lichanos meson | β | h | ξγ ιγ | 63 13 | $63\frac{17}{81}$ | $\frac{28}{27}$ | h | ξγ ιγ | 63 13 | $63\frac{17}{81}$ | $\frac{2}{2}$… |
| stehend | Mese | Parhypate meson | γ | a | οα ζ | 71 7 | $71\frac{1}{9}$ | $\frac{9}{8}$ | a | οα ζ | 71 7 | $71\frac{1}{9}$ | $\frac{9}{8}$ |
| beweglich | Lichanos meson | Hypate meson | δ | ges* | πβ νη | 82 58 | $82\frac{26}{27}$ | $\frac{7}{6}$ | g* | πα ις | 81 16 | $81\frac{17}{63}$ | $\frac{8}{7}$ |
| beweglich | Parhypate meson | Lichanos hypaton | ε | f* | ϟ λ | 90 30 | $90\frac{1}{2}$ | $\frac{12}{11}$ | f* | ϟ ιη | 90 18 | $90\frac{170}{567}$ | |
| stehend | Hypate meson | Parhypate hypaton | ς | e | ϟδ μϑ | 94 49 | $94\frac{22}{27}$ | $\frac{22}{21}$ | e | ϟδ μϑ | 94 49 | $94\frac{22}{27}$ | $\frac{2}{21}$… |
| beweglich | Lichanos hypaton | Hypate hypaton | ζ | d* | ρς μ | 106 40 | $106\frac{2}{3}$ | $\frac{9}{8}$ | d* | ρς μ | 106 40 | $106\frac{2}{3}$ | $\frac{9}{8}$ |
| beweglich | Parhypate hypaton | Proslambanomenos | η | c* | ρκα νδ | 121 54 | $121\frac{19}{21}$ | $\frac{8}{7}$ | c* | ρκα νδ | 121 54 | $121\frac{19}{21}$ | $\frac{8}{7}$ |

diezeugmenon bis zur thetischen Hypate meson.

| Das tonisch-diatonische Geschlecht. | | | | | Mischung des tonisch-diatonischen und des ditonischen Geschlechts. | | | | | Mischung des tonisch-diatonischen und des syntonisch-diatonischen Geschlechts. | | | | |
|---|---|---|---|---|---|---|---|---|---|---|---|---|---|---|
| Annähernd moderne Klangbestimmung. | Zahlen des Ptolemaeus. | Moderne Zahlen. | Genaue Bezeichnung mit Brüchen. | Bezeichnung der Intervalle. | Annähernd moderne Klangbestimmung. | Zahlen des Ptolemaeus. | Moderne Zahlen. | Genaue Bezeichnung mit Brüchen. | Bezeichnung der Intervalle. | Annähernd moderne Klangbestimmung. | Zahlen des Ptolemaeus. | Moderne Zahlen. | Genaue Bezeichnung mit Brüchen. | Bezeichnung der Intervalle. |
| $\overline{g}^*$ | ξ | 60 | 60 | 1 | $\overline{g}^*$ | ξ | 60 | 60 | 1 | $\overline{g}^*$ | ξ | 60 | 60 | 1 |
| $\overline{f}^*$ | ξη λδ | 68 34 | $68\frac{4}{7}$ | $\frac{8}{7}$ | $\overline{f}^*$ | ξη λδ | 68 34 | $68\frac{4}{7}$ | $\frac{8}{7}$ | $\overline{f}^*$ | ξη λδ | 68 34 | $68\frac{4}{7}$ | $\frac{8}{7}$ |
| $\overline{e}$ | οα ζ | 71 7 | $71\frac{1}{9}$ | $\frac{28}{27}$ | $\overline{e}$ | οα ζ | 71 7 | $71\frac{1}{9}$ | $\frac{28}{27}$ | $\overline{e}$ | οα ζ | 71 7 | $71\frac{1}{9}$ | $\frac{28}{27}$ |
| $\overline{d}^*$ | π | 80 | 80 | $\frac{9}{8}$ | $\overline{d}^*$ | π | 80 | 80 | $\frac{9}{8}$ | $\overline{d}$ | οθ α | 79 1 | $79\frac{1}{81}$ | $\frac{10}{9}$ |
| $\overline{c}^*$ | Ϸα χς | 91 26 | $91\frac{3}{7}$ | $\frac{8}{7}$ | $\overline{c}^*$ | Ϸ | 90 | 90 | $\frac{9}{8}$ | $\overline{c}$ | πη νγ | 88 53 | $88\frac{8}{9}$ | $\frac{9}{8}$ |
| h | Ϸδ μθ | 94 49 | $94\frac{23}{27}$ | $\frac{28}{27}$ | h | Ϸδ μθ | 94 49 | $91\frac{22}{27}\frac{216}{243}$ | | h | Ϸδ μθ | 94 49 | $94\frac{22}{27}$ | $\frac{16}{15}$ |
| a | ρς μ | 106 40 | $106\frac{2}{3}$ | $\frac{9}{8}$ | a | ρς μ | 106 40 | $106\frac{2}{3}$ | $\frac{9}{8}$ | a | ρς μ | 106 40 | $106\frac{2}{3}$ | $\frac{9}{8}$ |
| g* | ρχ | 120 | 120 | $\frac{9}{8}$ | g* | ρχ | 120 | 120 | $\frac{9}{8}$ | g* | ρχ | 120 | 120 | $\frac{9}{8}$ |

# Ton.

bis zum thetischen Proslambanomenos.

| Annähernd moderne Klangbestimmung. | Zahlen des Ptolemaeus. | Moderne Zahlen. | Genaue Bezeichnung mit Brüchen. | Bezeichnung der Intervalle. | Annähernd moderne Klangbestimmung. | Zahlen des Ptolemaeus. | Moderne Zahlen. | Genaue Bezeichnung mit Brüchen. | Bezeichnung der Intervalle. | Annähernd moderne Klangbestimmung. | Zahlen des Ptolemaeus. | Moderne Zahlen. | Genaue Bezeichnung mit Brüchen. | Bezeichnung der Intervalle. |
|---|---|---|---|---|---|---|---|---|---|---|---|---|---|---|
| $\overline{c}^*$ | ξ νζ | 60 57 | $60\frac{20}{21}\frac{84}{83}$ | $\overline{c}^*$ | ξ | 60 | 60 | 1 | $\overline{c}$ | νθ ις | 59 16 | $59\frac{7}{27}$ | $\frac{80}{81}$ | | |
| h | ξγ ιγ | 63 13 | $63\frac{11}{17}\frac{28}{27}$ | h | ξγ ιγ | 63 13 | $63\frac{11}{21}\frac{256}{243}$ | h | ξγ ιγ | 63 13 | $63\frac{11}{81}$ | $\frac{16}{15}$ | | |
| a | οα ζ | 71 7 | $71\frac{1}{9}$ | $\frac{9}{8}$ | a | οα ζ | 71 7 | $71\frac{1}{9}$ | $\frac{9}{8}$ | a | οα ζ | 71 7 | $71\frac{1}{9}$ | $\frac{9}{8}$ |
| g* | π | 80 | 80 | $\frac{9}{8}$ | g* | π | 80 | 80 | $\frac{9}{8}$ | g* | π | 80 | 80 | $\frac{9}{8}$ |
| f* | Ϸα χς | 91 26 | $91\frac{3}{7}$ | $\frac{8}{7}$ | f* | Ϸα χς | 91 26 | $91\frac{3}{7}$ | $\frac{8}{7}$ | f* | Ϸα χς | 91 26 | $91\frac{3}{7}$ | $\frac{8}{7}$ |
| e | Ϸδ μθ | 94 49 | $94\frac{22}{27}$ | $\frac{28}{27}$ | e | Ϸδ μθ | 94 49 | $94\frac{22}{27}$ | $\frac{28}{27}$ | e | Ϸδ μθ | 94 49 | $94\frac{22}{27}$ | $\frac{28}{27}$ |
| d* | ρς μ | 106 40 | $106\frac{2}{3}$ | $\frac{9}{8}$ | d* | ρς μ | 106 40 | $106\frac{2}{3}$ | $\frac{9}{8}$ | d | ρε χα | 105 21 | $105\frac{8}{243}$ | $\frac{10}{9}$ |
| c* | ρχα νδ | 121 54 | $121\frac{12}{17}$ | $\frac{9}{8}$ | c* | ρχ | 120 | 120 | $\frac{9}{8}$ | c | ρεη λα | 118 31 | $118\frac{14}{27}$ | |

| Angabe der antiken Klangbenennungen. | | | Buchstaben des Ptolemaeus. | Mischung des syntonisch-chromatischen und des tonisch-diatonischen Geschlechts. | | | | | Mischung des weich-diatonischen und des tonisch-diatonischen Geschlechts. | | | | |
|---|---|---|---|---|---|---|---|---|---|---|---|---|---|
| Angabe von stehend und beweglich. | Dynamische Benennungen. | Thetische Benennungen. | | Annähernd moderne Klangbestimmung. | Zahlen des Ptolemaeus. | Moderne Zahlen. | Genaue Bezeichnung mit Brüchen. | Bezeichnung der Intervalle. | Annähernd moderne Klangbestimmung. | Zahlen des Ptolemaeus. | Moderne Zahlen. | Genaue Bezeichnung mit Brüchen. | Bezeichnung der Intervalle. |
| stehend | Nete hyperbolaeon | Nete diezeugmenon | α | $\bar{a}$ | ξ | 60 | 60 | 1 | $\bar{a}$ | ξ | 60 | 60 | 1 |
| beweglich | Paranete hyperbolaeon | Paranete diezeugmenon | β | $\overline{ges}$* | o | 70 | 70 | $\frac{7}{6}$ | $\bar{g}$* | ξη λδ | 68 34 | 68 $\frac{4}{7}$ | $\frac{8}{7}$ |
| beweglich | Trite hyperbolaeon | Trite diezeugmenon | γ | $\bar{f}$* | oς κβ | 76 22 | 76 $\frac{4}{11}$ | $\frac{12}{11}$ | $\bar{f}$* | oς ια | 76 11 | 76 $\frac{4}{21}$ | $\frac{10}{9}$ |
| stehend | Nete diezeugmenon | Paramese | δ | $\bar{e}$ | π | 80 | 80 | $\frac{22}{21}$ | $\bar{e}$ | π | 80 | 80 | $\frac{21}{20}$ |
| beweglich | Paranete diezeugmenon | Mese | ε | $\bar{d}$* | ♭ | 90 | 90 | $\frac{9}{8}$ | $\bar{d}$* | ♭ | 90 | 90 | $\frac{9}{8}$ |
| beweglich | Trite diezeugmenon | Lichanos meson | ς | $\bar{c}$* | ρβ να | 102 51 | 102 $\frac{6}{7}$ | $\frac{8}{7}$ | $\bar{c}$* | ρβ να | 102 51 | 102 $\frac{6}{7}$ | $\frac{8}{7}$ |
| stehend | Paramese | Parhypate meson | ζ | h | ρς μ | 106 40 | 106 $\frac{2}{3}$ | $\frac{28}{27}$ | h | ρς μ | 106 40 | 106 $\frac{2}{3}$ | $\frac{28}{27}$ |
| stehend | Mese | Hypate meson | η | a | ρκ | 120 | 120 | $\frac{9}{8}$ | a | ρκ | 120 | 120 | $\frac{9}{8}$ |

# Hypodorischer
Das Diapason von der thetischen Mese

| | | | | | | | | | | | | | |
|---|---|---|---|---|---|---|---|---|---|---|---|---|---|
| beweglich | Paranete diezeugmenon | Mese | α | $\bar{d}$* | ξ | 60 | 60 | 1 | $\bar{d}$* | ξ | 60 | 60 | 1 |
| beweglich | Trite diezeugmenon | Lichanos meson | β | $\bar{c}$* | ξη λδ | 68 34 | 68 $\frac{4}{7}$ | $\frac{8}{7}$ | $\bar{c}$* | ξη λδ | 68 34 | 68 $\frac{4}{7}$ | $\frac{8}{7}$ |
| stehend | Paramese | Parhypate meson | γ | h | oα ζ | 71 7 | 71 $\frac{1}{9}$ | $\frac{28}{27}$ | h | oα ζ | 71 7 | 71 $\frac{1}{9}$ | $\frac{28}{27}$ |
| stehend | Mese | Hypate meson | δ | a | π | 80 | 80 | $\frac{9}{8}$ | a | π | 80 | 80 | $\frac{9}{8}$ |
| beweglich | Lichanos meson | Lichanos hypaton | ε | ges* | ♭γ κ | 93 20 | 93 $\frac{1}{3}$ | $\frac{7}{6}$ | g* | ♭α κς | 91 26 | 91 $\frac{3}{7}$ | $\frac{8}{7}$ |
| beweglich | Parhypate meson | Parhypate hypaton | ς | f* | ρα μθ | 101 49 | 101 $\frac{9}{11}$ | $\frac{12}{11}$ | f* | ρα λε | 101 35 | 101 $\frac{31}{53}$ | $\frac{10}{9}$ |
| stehend | Hypate meson | Hypate hypaton | ζ | e | ρς μ | 106 40 | 106 $\frac{2}{3}$ | $\frac{28}{27}$ | e | ρς μ | 106 40 | 106 $\frac{2}{3}$ | $\frac{21}{20}$ |

diezeugmenon bis zur thetischen Hypate meson.

| Das tonisch-diatonische Geschlecht. | | | | | Mischung des tonisch-diatonischen und des ditonischen Geschlechts. | | | | | Mischung des tonisch-diatonischen und des syntonisch-diatonischen Geschlechts. | | | | |
|---|---|---|---|---|---|---|---|---|---|---|---|---|---|---|
| Annaerna moderne Klangbestimmung. | Zahlen des Ptolemaeus. | Moderne Zahlen. | Genaue Bezeichnung mit Brüchen. | Bezeichnung der Intervalle. | Annähernd moderne Klangbestimmung. | Zahlen des Ptolemaeus. | Moderne Zahlen. | Genaue Bezeichnung mit Brüchen. | Bezeichnung der Intervalle. | Annähernd moderne Klangbestimmung. | Zahlen des Ptolemaeus. | Moderne Zahlen. | Genaue Bezeichnung mit Brüchen. | Bezeichnung der Intervalle. |
| ā | ξ | 60 | 60 | 1 | ā | ξ | 60 | 60 | 1 | ā | ξ | 60 | 60 | 1 |
| ḡ* | ξζ λ | 67 30 | 67½ | $\frac{8}{9}$ | ḡ* | ξζ λ | 67 30 | 67½ | $\frac{8}{9}$ | ḡ* | ξζ λ | 67 30 | 67½ | $\frac{8}{9}$ |
| f̄* | οζ ϑ | 77 9 | 77¼ | $\frac{8}{7}$ | f̄* | οζ ϑ | 77 9 | 77¼ | $\frac{8}{7}$ | f̄* | οζ ϑ | 77 9 | 77¼ | $\frac{8}{7}$ |

# Berichtigungen:

Seite 29 Zeile 1 von oben ist nach Diatonos diezeugmenon einzuschalten: », im chromatischen Geschlechte aber Diatonos diezeugmenon chromatice«.

Seite 46 Zeile 4 von unten ist die Zahl 6 anstatt 5 zu lesen.

Seite 88, Zeile 1, 5 und 28 von oben, sowie Seite 89, Zeile 1 von oben lese man Archytas anstatt Architas.

Seite 108 in der Tabelle lese man a anstatt hh*, d′ anstatt eses′*, g′ anstatt asas′*, a′ anstatt hb′*, d″ anstatt eses″*.

Seite 137 Zeile 2 von unten lese man: »die vierte von e (L) zu a (G)« anstatt »die vierte von f (E) zu H (A)«.

Seite 138 Zeile 14 von oben lese man f-b anstatt f-h.

# INDEX.